Pinguets jahrzehntelange Auseinandersetzung mit einem Thema, das ihm als Schlüssel zum Verständnis der Geschichte dient. Die Gegenüberstellung zweier Kulturen erschließt eine wesentliche Dimension zum Verständnis Japans und fordert zu einer neuen Betrachtungsweise der abendländischen Geschichte auf.

Pinguet forscht nach Zeugnissen der unterschiedlichsten Praktiken dieses Aktes und beleuchtet die Umstände, die ihn bedingen: als Apotheose der Laufbahn des Kriegers, als Schlüssel zum Feudalsystem, als Beweis der Liebe, als euphorisches Opfer, als Folge von Verzweiflung und Entwurzelung.

Erzähltes und Reflexion werden auf faszinierende Weise miteinander verbunden, zusammengehalten durch die konzentrierte gedankliche Arbeit eines Autors, der beides ist: Wissenschaftler und Erzähler.

MAURICE PINGUET

Der Freitod in Japan
Geschichte der japanischen Kultur

Aus dem Französischen von Beate von der Osten,
Makoto Ozaki und Walther Fekl

GATZA bei EICHBORN
Herausgegeben von
Mathias Gatza und Thomas Hack

Bei der Schreibung japanischer Namen folgt die Übersetzung dem japanischen Brauch, den Familiennamen dem Vornamen voranzustellen.

Chinesische Namen werden nach der heute üblichen Pinyin-Umschrift transkribiert; ist die früher verwendete Wade-Giles-Umschrift noch gebräuchlich, so wird sie in Klammern beigefügt.

Das Glossar der Originalausgabe wurde in den Worterklärungen gekürzt, mit einem ausführlichen Index versehen und um zusätzliche Begriffe erweitert.

Veröffentlicht mit Unterstützung der Maison des Sciences de l'Homme, Paris, und dem Ministère français chargé de la culture.

Die Deutsche Bibliothek – CIP-Einheitsaufnahme

Pinguet, Maurice:
Der Freitod in Japan : Geschichte der japanischen Kultur /
Maurice Pinguet. [Aus dem Franz. von Beate von der Osten ...].
– 2., korrigierte Aufl. – Frankfurt am Main : Eichborn, 1996
(Gatza bei Eichborn)
Einheitssacht.: La mort volontaire au Japon < dt. >
ISBN 3-8218-0637-0

Die Originalausgabe erschien 1984 unter dem Titel
La mort volontaire au Japon bei Gallimard, Paris.
© 1984 Éditions Gallimard Paris
© 1996 Vito von Eichborn GmbH & Co. Verlag KG, Frankfurt am Main
Lektorat Thomas Hack
Ausstattung Lisa Neuhalfen
Gesetzt aus der 9 Punkt und 8.5 Punkt Bembo Monotype von
Mega-Satz-Service Berlin
Druck und Bindung: Fuldaer Verlagsanstalt
ISBN 3-8218-0637-0
Verlagsverzeichnis schickt gern:
Eichborn Verlag, Kaiserstr. 66, 60329 Frankfurt/Main

Im Gedenken an Roland Barthes

Der Tod, so schwierig und so leicht.   PAUL ÉLUARD

»Nichts Schöneres hätte Jupiter auf der Welt sehen können«, behauptet Seneca, »als Catos Selbstmord.« Und dennoch, wie verwirrend, wie widersprüchlich erscheint dieser Freitod, der herrlichste in der Geschichte des Abendlandes, in der detaillierten Beschreibung Plutarchs. Die Vertrauten Catos, seine Freunde und sein Sohn ahnen bereits, daß er sich töten will, und entwenden ihm während des Nachtmahls sein Schwert, welches am Kopfende seines Lagers hängt. Cato ist unschlüssig, ob er es auch auf die Gefahr hin, seine Absicht offenzulegen, auf der Stelle zurückverlangen soll oder ob es nicht vielleicht geschickter wäre, den Gleichgültigen zu spielen und seine Umgebung zu täuschen, indem er sich noch nicht zum Sterben entschlossen zeigt. Obwohl seine verborgene Absicht fest und rein ist, obwohl nichts in ihm vor dem Akt, den es zu vollziehen, und dem Sinn, den es diesem zu verleihen gilt, zurückschreckt, muß er sich noch bis zum letzten Moment mit List und Gewalt in dem erschöpfendsten aller Kämpfe gegen diejenigen zur Wehr setzen, die ihn vor seinem Entschluß bewahren möchten. Er schlägt seine Diener, schilt seinen Sohn, argumentiert mit seinen Freunden. Endlich gibt man ihm sein Schwert zurück: »Jetzt gehöre ich mir«, sagt er und legt sich auf sein Lager, um die Lektüre des »Phaidon« wiederaufzunehmen; denn Platon ist es, den er darum ersucht, die letzten Momente seines Denkens zu beschäftigen. Er schläft ein, wacht kurze Zeit später wieder auf, liest ein wenig und schläft wiederum ein.

Die Vögel fingen bereits an zu singen, als er wieder eingeschlummert war. Als Butas zurückkehrte und berichtete, im Hafen sei alles ruhig, erwiderte Cato, er solle ihn allein lassen und die Tür hinter sich schließen. Er legte sich auf sein Lager zurück, so als ob er noch den Rest der Nacht ruhen wollte. Doch kaum hatte Butas den Raum verlassen, zog er sein Schwert und versetzte sich einen Stoß unterhalb der Brust. Da aber seine Hand durch eine Entzündung geschwächt war, konnte er nicht so fest zustoßen, als daß er sofort daran gestorben wäre. Seinem Ende dennoch nahe, fiel er auf sein Lager, und indem er bei seinem Sturz einen geometrischen Tisch umwarf, der neben seinem Lager stand, verursachte er einen solchen Lärm, daß seine Diener, die den Lärm vernahmen, sogleich aufschrien und sein Sohn und seine Freunde hereinstürzten. Sie fanden ihn in seinem Blute liegend. Die meisten Eingeweide hingen zum Leib heraus, doch er lebte noch und sah sich um. Alle wurden von Bestürzung ergriffen, der Arzt aber näherte sich ihm und versuchte, die Eingeweide wieder einzusetzen und die Wunde zu vernähen. Als Cato wieder zu sich kam, stieß er den Arzt zurück, riß die Wunde mit seinen Händen wieder auf, zerriß die Eingeweide und starb.[1]

Der Kodex des Freitods

So verlief Catos »Harakiri«, dessen Grausamkeit durch den Widerstand seiner Vertrauten und Freunde nur noch verstärkt wurde. Stellen wir uns nun den einige Jahrhunderte zurückliegenden Selbstmord eines japanischen Kriegers vor, am Abend einer unwiederbringlichen Niederlage und unter nahezu ähnlichen Umständen: Auch hier begegnen wir wieder dem unerbittlichen Entschluß, dem scharf schneidenden Schwert, dem Blut, das aus dem aufgeschlitzten Bauch herausquillt[2] – aber die Anteilnahme der Vertrauten äußert sich durch nichts als Schweigen und Rücksicht; mehr noch: Der teuerste Freund bietet sich an, den Kopf mit einem Schwertstreich abzuschlagen, um die letzten Augenblicke zu verkürzen. Die ganze Szene ordnet sich, formt sich zur Zeremonie. Die traurige Notwendigkeit, diejenigen, die man liebt, zu überlisten, die zusätzliche Gewalt, die nötig ist, die Wunde, die allzu treu ergebene Hände wieder schließen wollen, erneut zu öffnen, und die Anstrengung, bis zum letzten Moment argumentieren zu müssen, um den schweren Todesentschluß durch die Vernunft zu stützen – all das bleibt dem japanischen Krieger erspart, der sich dafür entschied, die Überlegenheit des Siegers nicht anzuerkennen. Seit der Kamakura-Zeit wird diese Form des Freitods kodifiziert, werden die zu treffenden Entscheidungen, die Gesten, die es zu vollziehen, die Gefühle, die es zu zeigen gilt, vorgeschrieben. Es steht außer Frage, daß diese Tradition, die sich auf die Klasse der Krieger *(bushi, samurai)* beschränkt und darüber hinaus recht jungen Datums ist – erst im 12. Jahrhundert nimmt sie feste Formen an –, weit davon entfernt ist, für alle Fälle des Freitodes der japanischen Geschichte als verbindlich zu gelten. Viele werden diese Formen des Selbstmords, die festgesetzten Regeln gehorchen, ablehnen und dem Zufall der Umstände gemäß improvisieren. Das Wesentliche ist jedoch, daß sich Japan grundsätzlich niemals die Freiheit zu sterben hat nehmen lassen – ein Punkt, in dem sich die abendländische Ideologie stets sehr zurückhaltend gezeigt hat.[3]

Ursprünglich sind die Meinungen der antiken Schulen über den Selbstmord geteilt: Die Zyniker und Stoiker halten ihn für legitim, wohingegen die Pythagoräer, die Platoniker und die Peripatetiker ihn verurteilen, wobei sie schon die Argumente andeuten, derer sich Augustinus später bedienen wird, um das radikale Verbot zu untermauern, das das Christentum von einem Jahrhundert zum anderen bis in unsere Zeit hinein behaupten wird. Die divergierenden Stimmen der namhaften Weisen argumentieren im Sinne Catos, der seinen Selbstmord als einen vernunftgemäßen Akt verstanden wissen will: »Sagt meinem Sohn, er möge seinen Vater nicht zwingen, etwas zu tun, dessen Notwendigkeit er nicht durch die Vernunft beweisen kann.« Als wahrer Bürger der antiken Polis, ebenso Philosoph wie Krieger, will Cato bei klarem Bewußtsein eines wohlüberlegten Todes sterben. Jetzt oder nie muß er sein Handeln mit den Konsequenzen seines Denkens in Einklang bringen. Während seiner letzten Tage sieht man ihn in Utica in Begleitung von Apollonidus, einem Stoiker, und Demetrius, einem Peripatetiker, der vielleicht wie sein Meister Aristoteles die Ansicht vertrat, man tue der Gemeinschaft, von der man abhängt, Unrecht, wenn man sich töte. Aber Cato wird gerade deshalb sterben, um seiner Gemeinschaft treu zu bleiben, um der Polis, ihren Gesetzen und ihren Freiheiten bis zur Aufopferung zu dienen. Im Namen dieser öffentlichen Freiheiten hat er gekämpft, doch Caesar ist der Sieger, und die Freiheiten – vor allem die der senatorischen Aristo-kratie – sind im Begriff zu verlöschen. Selbst Waffengewalt kann die Macht des neuen Herrschers nicht mehr brechen, nichts (nicht einmal der Tyran-nenmord) wird im zum Kaiserreich werdenden Rom jene neue Form der Macht, den Caesarismus, verhindern können. Cato weiß sehr wohl, daß sein Besieger bereit wäre, ihn zu begnadigen und ihm das Leben zu schenken, wenn er ihn nur darum bäte. Aber gerade dieser Unterwerfungsgeste ver-weigert sich Cato: »Wollte ich mein Leben durch die Gnade Caesars retten, so bräuchte ich nur zu ihm zu gehen; ich aber will einem Tyrannen für seine Ungerechtigkeit keinerlei Dank schulden oder ihm verpflichtet sein, denn es ist Unrecht, die Macht an sich zu reißen und denjenigen das Leben zu schen-ken, denen zu befehlen man kein Recht hat.«

Verzicht und Auflehnung

Cato wird sich also töten, um sich dieser allmächtigen Entscheidungsgewalt zu verweigern; denn in einer Republik geht die Macht über Leben und Tod nur von den Gesetzen aus, Gnade ist Mißbrauch. Aber mit der Republik er-löschen auch die Freiheiten, die das Gesetz garantiert; Cato zieht es vor, mit ihnen zu verschwinden, und ermöglicht so ihre Wiederauferstehung. Sein Tod ist Ausdruck einer unwiderruflichen Niederlage. Aber dadurch, daß das Scheitern bis zur letzten Konsequenz akzeptiert wird, nimmt dieser Akt auch den Sinn eines Appells an die Zukunft an. Wie jeder Selbstmord ist auch der des Cato zweideutig; denn er ist zugleich Verzicht und Auflehnung, Schwei-gen und Aufschrei, Verzweiflung und Protest. Wie Janus wendet er sich so-wohl der Vergangenheit zu, die er unwiederbringlich macht, als auch der Zukunft, die durch ihn erst möglich wird. Denn seit Montaigne, seit Ma-chiavelli, seit Rousseau durchdringt der Ruf dieses Todes das abendländische Bewußtsein; heute können wir Cato dafür recht geben, auf eine damals un-wahrscheinliche Zukunft gesetzt und das Wiederaufleben der Prinzipien, die mit ihm starben, erst ermöglicht zu haben. Er hob ihren Wert um den Preis seines Lebens hervor und verwandelte die Vorrechte seiner Klasse in zukünf-tige Freiheitsrechte. Der Tod, den der Zufall, sei es durch Unfall oder Krank-heit, bedingt, ist leichter, doch um so bedauerlicher, als er unbedeutend bleibt. Dem Freitod kommt es zu, sich einen Sinn zu geben – und selbst wenn wir ihn zuerst nicht erkennen können (denn es gibt Selbstmorde, deren Motivationen wahnwitzig und verwickelt sind), ahnen wir doch, daß es einen Sinn geben muß, sei er auch noch so verworren, und wir wissen, daß wir letztlich, wenn wir ganz aufmerksam hinhören, den Akt das hinausschreien hören werden, was er sagen will.

Catos Tod markiert einen Einschnitt in der Geschichte der Antike: Auf die Bürgerrepublik wird das Kaiserreich folgen, die Patrizier werden zu Beamten Caesars, die öffentlichen Freiheiten von den persönlichen Rechten einzelner Individuen abgelöst. An die Stelle der Zweikämpfe vor dem Gesetz ebenbürtiger Herren wird der Dienst am Staat treten. Der von Tyrannenmördern und Gesetzgebern gegründeten Polis, an deren Herausbildung die ödipale Tragik von Aischylos und Sophokles gemahnt, gelang es zunächst, die Ausbreitung des orientalischen Despotismus aufzuhalten (Marathon, Salamis). Doch mit Philipp von Mazedonien und Alexander dem Großen, später mit Caesar und Augustus kehrt die Herrschaft eines einzelnen, die aus der Polis selbst erwächst, zurück. Die aufreibenden Rivalitäten der griechischen Poleis, die allzu weiträumigen römischen Eroberungen und der Druck der städtischen Massen erfordern neue Formen der politischen Organisation. Viele Freiheiten, die sich die Bürger der Republik gegenseitig zugestehen, werden erneut in Frage gestellt werden – schließlich auch die tiefgreifendste, das Recht, selbst über seinen Tod verfügen zu können. Bis ins 2. Jahrhundert nach unserer Zeitrechnung rettet der Selbstmord wenigstens die Erbschaft derer vor der Konfiszierung, die man der Majästätsbeleidigung beschuldigt hatte. Doch dann verschwindet dieser Vorteil vor der Gier des Fiskus. Den Untertanen sind die ihnen von den Kodizes zuerkannten Freiheiten garantiert; das Recht auf den eigenen Tod jedoch werden sie sich nach und nach aberkennen lassen. *Tempestiva mors:* lange Zeit hielt man die schwierige Kunst, zur rechten Zeit zu sterben, für den schönsten Beweis eines vernünftigen Mutes, der Schicksalsschlägen und Krankheiten furchtlos entgegentritt. Aber diese Kunst erlischt, und als sie durch das Christentum verurteilt wird, ist sie bereits seit zwei Jahrhunderten in Vergessenheit. Für die Schreiber Diokletians ist der Freitod nur noch die Tat eines Rasenden: »*aliqua furoris rabie constrictus*«, und 150 Jahre später wird das Konzil zu Arles nichts anderes tun, als das Verdikt über den Selbstmörder zu wiederholen, welches ausgerechnet im Namen jenes Kaisers ausgesprochen wurde, der ein geschworener Feind des Christentums war: »*diabolico persecutus furore*«.[4]

Der freie Tod des Unfreien

Allerdings legten sowohl die Bürger Athens wie auch Roms an den Freitod zwei verschiedene Maßstäbe an, worin sich die Doppelstruktur ihrer Gesellschaft widerspiegelte. Sie erachteten ihn für legitim, wenn der, der sich tötete, einer der ihren war, ein freier Mann, der von der nur seinem Stand zugestandenen Entscheidungsgewalt Gebrauch machte. Und sofern nur eine öffentliche Sache diesen Akt zu rechtfertigen schien, wurde ihm höchster Wert zuerkannt. Aber der politische Bereich verdoppelte sich durch einen häuslichen: In seinem Haus war der Bürger Herr seiner Kinder, seiner Frauen, seiner Sklaven. Das öffentliche Gesetz (griechisch *dikè*, römisch *jus*) kreuzte ein anderes, ursprünglicheres *(thémis, fas)*, das Familiengesetz, welches Antigone verkörpern wollte. Durch die Erfindung der Polis war es keineswegs abgeschafft worden. Unterhalb der öffentlichen Ordnung sollte im Hause eine gewohnheitsmäßige herrschen. Wenn sich einer der Untergebenen des häuslichen Bereichs tötete, konnte der Hausherr diesen Akt, der oft seine Autorität in Frage stellte, Einspruch gegen seine Macht erhob und sein Kapital schmälerte, nicht für legitim erachten. Er empfand ihn als Auflehnung, konnte daher das ihm zugrundeliegende Prinzip nur verurteilen. Diese Geste, die er bei einem anderen vielleicht gebilligt und im politischen Bereich sogar bewundert hätte, versuchte er nun zu verschweigen oder, sollte dies nicht möglich sein, als Tat eines schlechten Subjekts zu verleumden, das zu allem bereit und zu nichts gut ist, verrückt und irregeleitet. In der Ideologie der Polis standen sich also zwei Typen des Freitods gegenüber: der des Herrn, prinzipiell legitim und manchmal rühmlich, und der des Sklaven, der als unwürdig und verabscheuenswert angesehen wurde. Der Wert des Aktes war also untrennbar mit dem Stand des Handelnden, ob er von Geburt frei war oder nicht, verbunden. Das universelle Individuum, das homogene Subjekt, dessen Rechte die Juristen Diokletians und Justinians später kodifizieren werden, existierte noch nicht. Auf den erhebenden Selbstmord des Herrn antwortete in der Finsternis die stumme Verzweiflung des unterdrückten Dieners.

Die Verzweiflung des Sklaven

Der Selbstmord des Sklaven hat indes nicht weniger Sinn als der des Herrn. In seiner Verzweiflung regt sich die Auflehnung, und das Schweigen des Todes läßt seinen Protest wie einen Vorwurf klingen. Durch seinen Selbstmord brandmarkt der Sklave das Unrecht, das er erlitten hat; um den Preis des Lebens setzt er einen höchsten Wert, die Gerechtigkeit, einen allgemeingültigen Wert jenseits der Asymmetrie der sozialen Bedingungen. Der Sklave, der sich, dem hegelianischen Schema gemäß, aus dem Kampf auf Leben und Tod zurückzog und es eines Tages hinnahm, sich ohne einen anderen Vorteil, nur für das bloße Überleben, abzumühen, begreift endlich, daß das Nichts einem Leben ohne Gerechtigkeit vorzuziehen ist. Um zu leben, zog er es einst vor, auf jede Freiheit zu verzichten. Doch indem er nun auf das Leben verzichtet, entdeckt er, daß ihm die radikale und absolute, furchtbare, aber

13

unveräußerliche Freiheit niemals genommen werden konnte. In jedem Moment bietet sie sich ihm durch den Tod an. Der Freitod läßt ihn in seinem letzten Augenblick jene neuerstandene Freiheit bis zum Rausch auskosten, die die hingenommenen Niederlagen auslöscht, die festgeschriebene Rollenverteilung überschreitet und alle Resignation aufhebt. Freiheit und Gerechtigkeit: diese Werte, für die der Bürger bereit ist zu sterben, indem er die Gesetze seiner Polis und die Vorrechte seiner Klasse verteidigt, läßt hier der Sklave durch seinen Tod im Schatten des häuslichen Rahmens glänzen. Um den Preis seines Todes werden sie inner- oder außerhalb des Hauses, unter guten oder schlechten sozialen Bedingungen, zu höchsten und allgemeingültigen Werten. Endlich können sie in ihrer ganzen Reinheit erscheinen, sind sie doch nicht länger verquickt mit dem Machtwillen einer Polis, die ihre Kraft aus den Tugenden schöpft, die sie pflegt, einem Händler gleich, der aus seiner Rechtschaffenheit Kapital schlägt. Einzig der uneingeschränkte, unbegründbare, unersättliche Durst nach Gerechtigkeit und Freiheit, den ein Mensch gerade in dem Augenblick erfährt, in dem er sich der unwiderruflichen Gleichgültigkeit des Nichts hingibt.

Von der Sklaverei zur Ethik

Es kann aber auch vorkommen, daß der Sklave, den die Ungerechtigkeit erwachen läßt, sich nicht tötet, sondern statt dessen anfängt zu denken. Er wird, wie Epiktet, zum Philosophen. Und steht nicht jeder Philosoph, selbst wenn er der Geburt nach frei ist, durch seine Denkarbeit auf der Seite des Knechtes? Der Herr arbeitet genausowenig, wie er denkt, und wenn er spricht, so um zu agieren. Der Knecht aber träumt. Jene Polis, die ihn von ihrem politischen Spiel fernhält, kann er von weitem in ihrer Gesamtheit betrachten und so ein Bild von ihr entwerfen, das ihm die Befriedigungen verschafft, die ihm die Wirklichkeit verweigert. So knüpft sich das Netz der Ideologie: Zweideutig wie der Traum legt es sich schützend über den Schlaf der Gesellschaft, vorausgesetzt, die Spannungen, die sie heimsuchen, finden einen symbolischen Ausdruck und die latenten Konflikte eine imaginäre Lösung. Der Philosoph, der jenseits der sozialen Teilung die Einheit der menschlichen Bedingung im Denken verwirklicht, beginnt dadurch aus der Perspektive des Knechtes, des fernen Vorläufers des Intellektuellen, zu denken. Jene Vorrechte des Herrn, die so viele Menschen entbehren müssen, betrachtet das Denken aufmerksam, um sie dann zu verachten. Süße Verachtung dessen, was man nicht hat, was man nicht haben will, weil so viele andere es nicht haben. Ist es nicht, wie Nietzsche meinte, das Ressentiment, welches das Denken bei der Ausformung seines Ideals mit der für seine Arbeit notwendigen Energie versieht? Die Freiheit des Bürgers ist nichts als Schein, wahre Freiheit kann nicht vom Zufall der Geburt abhängen, son-

14

dern nur vom reinen Willen eines jeden. Man besitzt soviel von ihr, wie man besitzen möchte. »Werde dir deiner selbst als völlig frei bewußt, und du wirst die ganze Freiheit besitzen«, behauptet nicht nur ein beliebtes Paradoxon der Stoiker. Sei es auf dem Thron oder in Ketten, der Mensch ist als Selbst frei: Der Zwang mag sich auf den Körper ausüben, die Furcht und die Versuchungen können einen verwirrten Geist trüben, doch dem Selbst, das sich seiner selbst bewußt geworden ist, kann keine Macht der Welt etwas anhaben.

Die Würde des Weisen

Während seiner letzten Mahlzeit erläutert und verteidigt Cato der Jüngere die Meinung der Stoiker: »Nur der Weise und Tugendhafte ist frei und unabhängig, alle Böswilligen sind Diener und Knechte«. Auch wenn die Teilung des sozialen Status also nicht für wesentlich gehalten wird, wird der Dualismus der antiken Polis lediglich idealisiert, werden die Weisen den Dummen, die Guten den Bösen entgegengesetzt. Der Knecht mag, indem er Weiser wird, an der Leichtfertigkeit des Herrn Rache nehmen – doch nur wenn er sich selbst einen inneren Herrn einpflanzt, den Logos, dessen sämtliche Anordnungen befolgt werden wollen. Ein imaginärer, unendlich freier Herr in seinem Innersten, der ihm nur eine Bedingung stellt: jederzeit bereit zu sein, seinen Körper, an den er gebunden ist, zu opfern. Die Freiheit des Weisen ist nur vollkommen, setzt sie sich der Freiheit zu sterben gleich. Die Vertrauten Catos täuschten sich nicht, als sie in der Äußerung jener stoischen Ideen seine stillschweigende Entscheidung erkannten, sich zu töten. Er hatte die Niederlage auf sich genommen und sich durch sie Zugang zur Würde eines Weisen verschafft, den nichts auf der Welt zu besiegen vermochte.

Die später von Seneca gepriesene individuelle Freiheit zu sterben begleitet den Tod der öffentlichen Freiheiten, der unmittelbar aus dem in Rom tobenden Bürgerkrieg resultiert. In der letzten Epoche seiner Entwicklung legt der Stoizismus Wert darauf, einem Trost gleich zu verkünden, daß ein Untertan Neros nicht weniger frei sei als ein Senator der alten Zeiten – wenn er es nur zu wollen wisse. Die Freiheit, im Leben zu agieren, war lediglich durch die Freiheit zu sterben ersetzt worden. Der öffentliche Bereich hat sich wieder geschlossen, der Staat ist zum Privateigentum des Kaisers geworden, der ihn wie sein Erbgut verwaltet, gestützt auf die Waffengewalt seiner Legionen, auf die Achtsamkeit seines Fiskus und seiner Denunzianten. Vor kurzem noch Bürger, nunmehr Untertan, ist jeder auf sein Privatleben, auf sein Einzelschicksal reduziert. Der stoische Abgang ist schon nicht mehr der herrliche Tod des Herrn, der sich weigert, besiegt zu werden, sondern der dunkle Selbstmord des Dieners, den die Ungerechtigkeit seines Loses niederdrückt. Eitle Ermahnung, die den Despotismus eines wahren Despoten lediglich zu

15

schüren vermag. Die in Ungnade gefallenen Untertanen des Tiberius oder des Caligula beeilen sich, der Macht zu gehorchen, die über sie triumphieren wird, und scheinen weniger den Kaiser zu kritisieren, als sich vielmehr, dessen Argwohn bestätigend, selbst zu denunzieren. Auf das tiefste aber betrübt den Herrscher, wenn man ihm Glauben schenken soll, jene undankbare Art und Weise, ihn des Gebrauchs seiner Milde zu berauben. Wer sich tötet oder flieht, gesteht seine Schuld, verurteilt sich selbst. Aber diese erstickten Proteste können die Ordnung der Dinge in keiner Weise verändern; bald werden sie nicht einmal mehr die Erbschaften vor der Gier des kaiserlichen Fiskus schützen können. Ohne die öffentlichen Freiheiten hängt alles von den Zufällen des Schicksals ab, von dem Individuum, das die Herrschaft innehat: Es kann ein Nero sein, wenn ihn seine Leidenschaften taub gegen die Erzieher werden lassen, oder ein Titus oder ein Marc Aurel, ein wahrer Hochgenuß der Menschengattung. Der Stoizismus versucht, dem öffentlichen Unglück mit der Erziehung des Individuums beizukommen, aber diese ethische Anstrengung wird nicht hinreichen, um die kaiserliche Macht zu mäßigen: Die Ermahnungen, selbst wenn sie durch geöffnete Blutadern geschrien werden, bleiben mit der Abgeschmacktheit des Pedantismus behaftet.

Die Oberherrschaft der Metaphysik

Die platonische Metaphysik, die in der Religion Christi ihre Fortsetzung findet, wird den Exzessen der Macht einen wirksameren Riegel vorschieben. Das antike Bewußtsein aber muß sich erst in der Gestalt eines einzigen Gottes seinen absoluten Herrn geben, in dessen Namen es sogar auf die Freiheit zu sterben wird verzichten müssen – auf jene letzte Spur der republikanischen Vorrechte, die dem Stoiker in dem Dialog mit dem Despoten seine Würde verliehen hatte. Der Herrscher des Himmels, der mittels der Ausdehnung des Imaginären die Willkür des Herrschers des Staates begrenzt, scheint dieses Opfer im Tausch gegen den Schutz zu verlangen, den er bietet. Noch bevor das Christentum endgültig den Sieg davonträgt, läßt eine neue Moral der Unterwerfung unter das suprenum bonum, das allerhöchste Gut, die Kunst, zur rechten Zeit zu sterben, immer fragwürdiger erscheinen. Man glaubt, Gott hätte wie der Kaiser Grund zur Beschwerde: Wer sich tötet, offenbart seine Aufsässigkeit gegenüber den Absichten Gottes und entzieht sich dessen Gnade. Das Verbot wird sich sogar auf den für Platon zulässigen euthanatischen Selbstmord des Kranken, der sich von seinen Schmerzen zu befreien sucht, erstrecken. Die epikureische Berechnung von Lust und Leid wird genauso skandalös erscheinen wie das stoische Zurschaustellen der Würde des Weisen. Aber Epikur, der durch seine Verneinung der göttlichen Vorsehung und der Unsterblichkeit der Seele die Angst des Menschen lindern wollte, wird ein besonderer Haß verfolgen. Man wird den mutigen »vernünftigen Abgang«, den Hedonismus und Eudämonismus befürwortet hatten, als feige und verrückt verurteilen: Gott, der einzige Souverän, muß auch der alleinige Herr über den Tod bleiben.

Die Verurteilung des Selbstmordes, die sich im Laufe der ersten christlichen Jahrhunderte bis zum Konzil zu Arles (im Jahre 452) immer mehr verschärfen wird, ist schon lange vorher durch das spekulative Denken der Antike vorbereitet worden. Aristoteles erinnert daran, daß die Souveränität der Polis Vorrang habe vor der besonderen Souveränität, die sich der einzelne anmaße, indem er sich zum Herrn seines Lebens erhebe: »Der Mensch, der sich tötet«, sagt er, »begeht einen unrechten Akt gegen den Staat, und die alten Gesetze hatten nicht Unrecht, sich an ihm zu rächen, indem sie ihm die rechte Hand haben abhacken lassen, die man fernab von der Leiche begrub.« Aber dieses Argument der staatsbürgerlichen Moral brachte den Selbstmord zweifellos weniger in Verruf als das von Platon ausführlich entwickelte der Metaphysik: Die Souveränität des Individuums soll vor der Souveränität des Guten, d. h. vor Gott, erlöschen und der Mensch hat ihm den Moment seines Todes zu überlassen. Schon Pythagoras tadelte diejenigen, die sich töten, und verglich sie mit Soldaten, die treulos den ihnen von der Gottheit zugewiesenen Posten verlassen. Platon verstärkt die geforderte Unterwerfung noch durch die Wahl eines gewichtigeren Bildes: »Wir, die Menschen, befinden uns in einer Art Gehege, und man hat kein Recht, sich selbst daraus zu befreien noch zu entfliehen!« So spricht Sokrates im »Phaidon«, kurz bevor er den Schierlingsbecher leert. Allerdings nimmt er dabei lediglich eine Formel wieder auf, die man im Laufe der Zelebration der Mysterien aussprach. Dieses »Gehege« ist als ein Pferch für Sklaven oder Vieh zu verstehen, und Sokrates präzisiert: »Es sind die Götter, unter deren Obhut wir stehen, und wir Menschen sind ein Teil ihres Besitzes.« So verwurzelt sich gerade durch die Ausdrucksweise, die bei den mystischen Erlösungskulten und den orphischen Sekten gebraucht wurde, die metaphysische Verurteilung des Selbstmordes, die im Abendland bis in unsere Tage herrschen wird. »Sollte es vorkommen, daß sich einer aus deinem eigenen Besitz das Leben nimmt, ohne daß du ihm bedeutet hättest, du wünschtest dir seinen Tod, würdest du dich nicht über ihn erzürnen und ihn bestrafen, wenn du über ein geeignetes Mittel verfügtest?« Zum Zeichen der Strafe wird man die Mörder ihrer selbst an einem menschenverlassenen Ort begraben: »Man beerdige sie, diese dunklen Toten, an ungepflegten, namenlosen Orten an den Grenzen der zwölf Landesteile; keine Stele und keine Inschrift soll den Erdhaufen kennzeichnen, der sie bedeckt.« So hüllt Platon, in »Die Gesetze« den alten, in allen Zivilisationen – und vielleicht heutzutage nicht minder – präsenten Schauder des Volkes vor dem Selbstmord in den Mantel der Philosophie.[5]

Fortan wird das metaphysische und religiöse Denken jeden Selbstmord dem des untreuen und aufrührerischen Dieners gleichsetzen, der über seinen

Herrn verzweifelt und dadurch, daß er sich tötet, einen Teil des Kapitals zerstört, das dessen Herrschaftsbereich angehört. Das Recht der Gottheit auf den Menschen wird im Sinne des Eigentumsrechtes aufgefaßt, das der Herr in der Gesellschaft, in der Platon lebte, auf den Hausknecht ausübte. Die in dieser Ideologie beschriebene Welt soll einem riesigen Haushalt gleichen, der dem Willen des Familienoberhauptes unterworfen ist. Also Knechte allesamt? Schwächen wir die Formel etwas ab: Alles Söhne, also alles Brüder. Ein alleiniger Herr? Vielmehr ein einziger Vater, dessen Wille Liebe, dessen Gesetz Gerechtigkeit ist. Sokrates aber spricht unmißverständlich von Unterwerfung: »Derjenige, unter dessen Obhut wir stehen, ist ein Gott, und wir sind sein Eigentum.« Stalin hätte vielleicht die berühmte Formel, die in aller Naivität offenbart, was er von seinen Mitmenschen dachte, nicht zu erfinden brauchen: »Der Mensch, das kostbarste Kapital.« Alles in allem konnte er sie schon bei Platon finden. Die verschiedenen Herrschaftsformen, sei es, daß sie sich direkt auf das Wirkliche ausüben oder den Umweg über das Imaginäre nehmen, mögen in Opposition zueinander stehen, sich wechselseitig begrenzen, doch die Formeln, die sie zusammenfassen, verraten ihre Verwandtschaft.

Das unglückliche Bewußtsein

Eine harte Bedingung, die die erste Entfaltung der Metaphysik dem Menschen auferlegt: die des Knechtes. Aber man wird sich mit ihr abfinden müssen, um das vom spekulativen Denken versprochene Universalitätsideal zu erreichen, denn die Unterschiede im sozialen Status werden vor der metaphysischen Differenz bedeutungslos: Herren und Knechte, Männer und Frauen, Väter und Söhne, als Gefangene der Höhle sind alle gleich. Die Verschiedenheiten, die die Menschen voneinander trennen, werden also durch die ontologische Differenz gedoppelt, die, jenseits jedes verschiedenen Seienden, die Einheit des unwandelbaren Seins voraussetzt. In einem doppelten Sinn gedoppelt, d.h. verdoppelt, widergespiegelt – aber auch überspielt, denn die Ideologie wiederholt die Widersprüche einer Gesellschaft nur, um ein falsches Spiel mit ihnen zu treiben und eine imaginäre Lösung zu erfinden. Mit Platon beginnt die Odyssee des unglücklichen Bewußtseins und dessen unerschöpflicher Dualismus: die Ewigkeit setzt sich der Zeit entgegen, die unsterbliche Seele dem vergänglichen Körper, das Wesen dem Dasein, die Wahrheit dem Schein, das Ideal dem Wirklichen, das Intelligible dem Sinnlichen, die andere Welt dieser hier unten. Dem Guten allein gehört mit vollem Recht die Souveränität. Gott wird als vollkommen ausgerufen, als ganz und gar unschuldig an unserem Unglück. Die Gottheiten Homers, die zu hassen, zu lieben, zu lachen, zu weinen wußten und die in den Herzen

18

der Sterblichen die zügellosen Leidenschaften zum Leben erweckten, werden der heiter-gelassenen Vollkommenheit des Absoluten weichen müssen.

Im Namen des Ewigen läßt sich das Werden nun lautstark herabwürdigen, und eine Art Groll auf alles, was stirbt, weil es geboren worden ist, nährt und verewigt die Transzendenz. Der poetischen Lobrede auf die Glücksfälle des Wirklichen, der Begeisterung, die einen Menschen darauf stolz macht, sein Schicksal auf dieser Erde zu erfüllen, folgt die Diskreditierung all dessen, was der Zeit unterworfen ist. Platon verbannt alle Dichter aus seiner Stadt. Aber schon bei Sokrates kündigte sich, wie Nietzsche es sah, ein Verfall an. Die präsokratischen Dämmerlichter lassen uns schemenhaft, durch isolierte Bruchstücke hindurch, ein Moment des Anfangs erahnen, in dem das Denken noch nicht der Versuchung nachgegeben hatte, diese Erde zu verachten. Und so stirbt bei Platon die Welt, die von Pindar besungen wurde. »O meine Seele, sehne dich nicht nach dem ewigen Leben, sondern schöpfe das Feld des Möglichen aus.« Jene pindarische Seele war noch nicht unsterblich, sie setzte ihre Erhabenheit darauf, es nicht sein zu wollen, verzichtete auf eine unbegrenzte Zukunft aus Loyalität zu dieser hier gegenwärtigen Welt. Dies entspricht auch der angeborenen Disposition der japanischen Seele. Sie überspielt den Tod nicht, versucht nicht, ihm seine schneidende Schärfe zu nehmen, wohingegen sich die abendländische Seele seit Platon an der Ewigkeit mißt und sich zu deren Dienerin macht. Im Vergleich zu ihrem Heil erscheinen ihr nunmehr die von den Dichtern gefeierten Großtaten seicht, und das spekulative Denken verdrängt die Dichtung. Eine doppelte Spekulation sogar; denn die Sorge um die Zukunft spekuliert über das Jenseits, und das spekulative Denken spiegelt das Wirkliche wider, um es ins Ideal umzukehren. So bereitet sich die antike Polis vor, in einem universellen Imperium aufzugehen, in dem sich die isolierten Individuen nicht mehr in der tödlichen Aktion, sondern im Traum, der über ihre Abwesenheit hinwegtröstet, werden vereinigen können. Das Denken wird versuchen, diese, durch seinen Universalismus ermöglichte, neue Form der Macht zu begrenzen. Als das Römische Kaiserreich auf die Stufe des Despotismus herabzusinken droht, wird es den Stoikern und Platonikern zukommen, diesen zu zügeln. Aber die moralische Ermunterung des Stoizismus wird nicht länger andauern als der Todeskampf der antiken Polis im Kaiserreich. Der metaphysische Widerstand sollte sich hingegen als dauerhafter erweisen, hat sich doch die ganze christliche Legende mit ihm verschmolzen. Dann jedoch bringen heftige Gefühle das theoretische Gerüst des Platonismus ins Wanken, das Machtmonopol wird endgültig gebrochen, als die Kirche die Kraft hat, dem Staat entgegenzutreten und die jahrhundertelange Dialektik in Gang zu setzen, die sich als roter Faden durch die Geschichte des Abendlandes bis hin zur Moderne ziehen wird.

Japan, Land der Immanenz

Es ist nicht nur Caesar, gegen den sich Cato mit seinem Tod wendet, sondern auch die Metaphysik, jener selbe Platon, dessen Lektüre gleichwohl die letzte Stunde seines Lebens erfüllt. Und es ist ihrerseits die Metaphysik, die ihn zögern läßt und die Widerstände aufbaut, die er in der schrecklichen Geste, sich den Bauch mit beiden Händen aufzureißen, überwinden muß. Wenn die japanische Kultur eine Originalität besitzt, über die es sich lohnt nachzudenken, so entspringt sie wohl der völligen Abwesenheit von Metaphysik und Idealismus. Zweifellos hat auch das mittelalterliche Japan durch den Buddhismus, wie das christliche Abendland, die Sorge um das Heil gekannt und mit den Sekten des Reinen Landes sogar einen heftigen und tief empfundenen Fideismus in der Hoffnung auf eine andere Welt. Gleichwohl wurde durch eine solche Form religiöser Empfindsamkeit niemals eine ausschließliche metaphysische Perspektive aufgezwungen, der Absolutismus der Ewigkeit mitnichten zum vorherrschenden Lebensprinzip erklärt. Der universalistischen Tendenz des platonischen oder christlichen Abendlandes stellt sich der japanische Pluralismus entgegen; auf unsere transzendenten Doktrinen antwortet ein instinktiver, genuiner Glaube an die Erscheinungswelt, der kein anderes Absolutes anerkennt als die sinnliche Welt. Seit dem Ursprung ihrer Geschichte sehen wir die Japaner nur am Hier und Jetzt interessiert, an dem, was in dieser Welt vor sich geht. Östlich eines gewissen Längengrades scheint sich die Faszination der Metaphysik zu erschöpfen: Ist sie in Indien noch allmächtig, bewegt oder zumindest beherrscht sie in China schon nicht mehr die Geister. In Japan schließlich zerstreut sich der letzte Rest ihres Ansehens.[6]

Selbst der Einführung des Buddhismus gelingt es nicht, diese angeborenen Dispositionen zu verändern. Einem Ehrenmann genügen die Geschäfte dieser Welt: Es gehört eine gewisse Schwäche dazu, denken die Japaner, sich mit einer anderen Welt zu beschäftigen, liegen doch in dieser hier all unsere Vergnügungen, all unsere Pflichten. Die unerbittliche Seelenwanderung, unter der die indische Seele leidet, stößt somit auf eine lächelnde Indifferenz:

> Vergnüge ich mich
> in dieser Welt,
> werde ich gern
> in der andern,
> – was weiß ich –,
> Vöglein oder Würmchen!

Dieses Gefühl, das Ōtomo no Tabito in seinem Gedicht aus dem 8. Jahrhundert vermittelt, läßt bereits die Verwandlung ermessen, die der Buddhismus inzwischen erfahren haben mag: Er eroberte Japan nur, um für dessen Glauben an die Erscheinungswelt gewonnen zu werden und völlig im Gefühl der Immanenz aufzugehen. Besteht das Ziel immer noch darin, dem Werden, dem *samsara*, zu entkommen und eine Welt zu verlassen, in der das Leben nichts ist als Schmerz? Die Meister des japanischen Buddhismus predigen weniger die Erlösung von jenem Leben als die Befreiung in ihm selbst. So strebt die Tendai-Sekte danach, in diesem menschlichen Körper zum lebenden Buddha zu werden. Der Mönch Annen behauptet gegen Ende des 9.Jahrhunderts in einer kategorischen Formel: »Das Dasein in der Welt ist nichts anderes als das Nirwana.« Für Kūkai, den berühmten Gründer der Shingon-Sekte, sind Menschen und Buddhas wesensgleich. Und selbst die Amidisten, die doch Hoffnung auf eine andere Welt hegen, legen die Betonung auf dieses Leben und auf die Pflichten, die es mit sich bringt. Und was den, dem japanischen Geist so gut angepaßten Zen-Buddhismus betrifft, so ist kein religiöses Denken je entschlossener auf dieses Leben, auf diesen Körper, auf die Dinge, so wie sie sind, auf das, was im Hier und Jetzt, im stets gegenwärtigen Augenblick vor sich geht, zentriert, ja konzentriert gewesen. Die Erleuchtung *(satori)* ist eine plötzliche, einigende Intuition, die alle Dualismen, alle in den Wörtern enthaltenen Unterscheidungen blitzartig auslöscht. Dōgen (1200–1253), der große Gründer der Sōtō-Schule des Zen-Buddhismus, führt die Gegenteile zusammen: »Die Unbeständigkeit ist die Buddha-Natur.« Alle durch den Buddhismus eingeführten Interpretationen werden somit im Sinne eines unmittelbaren Erfassens des Wirklichen neu ausgelegt:

Shakyamuni, der Buddha, hat uns gelehrt, daß der Schein das Wirkliche ist. Das Aufblühen der Blumen, der Fall der Blätter, gerade das ist das Wirkliche. Und dennoch denken die Narren, daß in der Welt des Wahren weder Blumen blühen, noch Blätter fallen dürfen.

Sein ist Zeit

Nach Dōgen ließe sich also mit einem Wort sagen: »Die Zeit ist als solche das Sein und alles Sein ist Zeit.« Kann es eine radikalere Ablehnung der metaphysischen Differenz geben? Zoroastrismus, Vedismus, Judaismus, Platonismus, Christentum, Islam, Manichäismus, so viele verschiedene Traditionen haben im Laufe der Jahrhunderte das Sein jenseits der Zeit gesucht – und alle werden durch diese Formel plötzlich ihrer Grundlagen beraubt: alles Sein ist Zeit, *Sein ist Zeit.*[*] Dōgen scheint uns wieder in die Morgendämmerung des griechischen Denkens eintauchen zu lassen, uns zu Heraklit und Pindar zurückzuführen, bevor sich der Schatten der Ewigkeit über das Leben breitet.

---

[*]   Deutsch im Original.

Unser modernes Abendland findet, nach einer langen Irrfahrt, jene Intuitionen des vergessenen Ursprungs wieder. Der Weg von Heraklit zu Nietzsche führt uns durch 25 Jahrhunderte der Metaphysik, und jetzt ist die Zeit gekommen, wo wir unsere Aufmerksamkeit z. B. darauf lenken können, was der Zen-Buddhismus uns zu denken aufgibt. Und vielleicht werden wir in dem Maße, in dem unser Verständnis Japans und das der Werke, die sich mit ihm beschäftigen, wächst, wie Heidegger es andeutete, neue Schritte auf den Wegen des Denkens tun, die über die alten Transzendenzen hinausweisen. Sich von der den wahren Grenzen feindlich gegenüberstehenden Metaphysik zu lösen, das unglückliche Bewußtsein, das alles Bessere im Namen des Guten verleumdet, zu zerstreuen, das Ressentiment des Nihilismus, der nicht den Tod, sondern alles, was stirbt, für nichtig erklärt, versiegen zu lassen – ja, Japan kann aus der fernsten Ferne seiner Geschichte dieser schwer zu erfüllenden Hoffnung neuen Mut geben.

Der japanische Tod wird kaum von den Ängsten heimgesucht, mit denen die bange Erwartung einer anderen Welt den Todesentschluß überschattet, von dem, was man den abendländischen Hamletismus nennen könnte: »*To die, to sleep – To sleep, perchance to dream, ay, there's the rub.*« Der Entschluß zu sterben und die Geste, sich zu töten, sind noch Teil des Lebens, erhalten ihren Sinn von dieser Welt, und der Tod wird, im Sinne Epikurs, auf die Stufe eines Nichts zurückgeführt, das noch nicht ist, das niemals sein wird. Sich töten: zweifellos eine außerordentliche und pathetische Möglichkeit für ein mit solcher Lebendigkeit begabtes Volk, ein ungestümer, aber akzeptierter und geachteter Exzeß, eine strenge Notwendigkeit, die sich Japan niemals ohne weiteres durch ein Prinzip hat nehmen lassen, als hätte es begriffen, daß mit der Freiheit, sich zu töten, auch ein wesentlicher Teil der Größe und heiteren Gelassenheit einer Kultur ausgelöscht werden würde.

22

Nichtsdestoweniger bringt man sich heutzutage in Japan nicht häufiger um als im Abendland, etwas mehr als in Frankreich vielleicht, seltener jedoch als in Deutschland.

Dennoch gilt Japan in unseren Augen als »das Land des Selbstmords« – und wohl auch in denen der Japaner selbst. Zumindest lautet so der Titel, den der Demograph Okazaki für sein 1960 erschienenes Buch wählte. Eine Illusion, die von der Sprache der Zahlen leicht widerlegt werden kann.

Vergleichen wir einige jüngere Statistiken. Die Angaben zur Selbstmordrate sind pro 100 000 Einwohner gerechnet:

	1965	1966	1967
Japan	14,7	15,2	12,9
Frankreich	15	15,5	15,5

Die japanischen Werte bleiben zumindest für die sechziger Jahre knapp unter denen der Industrieländer.[7] Niemals ist Japan der christlichen oder moslemischen Verurteilung des Selbstmords unterworfen gewesen – diese Tatsache allein macht es jedoch noch nicht zum »Land des Selbstmords«. Die Werte für Ungarn, Dänemark oder Österreich liegen weitaus höher.

Um ehrlich zu sein, waren die Statistiken, auf die sich Okazaki 1960 bezog, bei weitem beunruhigender:

	1954	1955	1956	1957
Japan	23,4	25,2	24,5	23,9

Eine Selbstmordwelle

Zur selben Zeit schwankte die Zahl für Frankreich um 16 Selbstmörder pro 100 000 Einwohner. Jene japanischen Werte für die fünfziger Jahre gehörten somit zu den höchsten der Welt. Okazaki hatte also nicht ganz zu Unrecht vom »Land des Selbstmords« gesprochen, aber er erlag dem Irrtum, ein vorübergehendes Phänomen als eine dauerhafte Gegebenheit der japanischen Gesellschaft anzusehen. Es war lediglich eine Selbstmordwelle, die Japan kurz nach Kriegsende ein Jahrzehnt lang durchquerte, der Flutwelle nach einem Erdbeben vergleichbar, eine Folge des Pazifischen Krieges. Die Statisti-

ken gaben allen Grund zur Beunruhigung: Setzt man die Zahl der Selbstmörder des Jahres 1947 als Ausgangsbasis gleich 100, wird man feststellen,
daß sich 1955 der Wert in Japan auf 160 erhöht, wohingegen er in Frankreich nur auf 125 steigt und in den USA sogar auf 88 fällt. Aber diese Zunahme um 60 % in acht Jahren ist lediglich ein vorübergehender Sekundär-
effekt. 1960 fällt der japanische Wert zunächst auf 21,1 pro 100 000 zurück,
bevor er sich 1967 auf 12,9 verringert.

In einem Artikel von 1964 gelingt es dem Soziologen René Duchac, die
verheerende Selbstmordwelle genauer zu lokalisieren – eine Untersuchung,
die er (ohne es zu wissen) gerade zu der Zeit durchführt, als die Zahlen rück-
läufig werden.[8] Er zeigt deutlich, daß der Anstieg der Werte auf einen starken Zuwachs der Selbstmorde junger Männer zurückzuführen ist. Betrachtet man nur dieses Geschlecht, erreicht Japan 1954 mit 32,5 den zweithöch-
sten Rang der Welt. Einige Jahre später, 1960, fällt es mit 24,6 auf den
fünften Rang und 1964 mit 17,5 auf den dreizehnten zurück, hinter Frankreich, das in jenem Jahr mit 22,4 Selbstmördern pro 100 000 männliche
Einwohner den zehnten Rang einnimmt.

Folgeerscheinungen der Hekatombe

Wie läßt sich diese somit etwas genauer bestimmte Selbstmordwelle der
fünfziger Jahre erklären? Welcher Diskurs deutet sich durch die elliptische
Sprache der Zahlen hindurch an? Was will die Gesellschaft mit dem erstickten Schrei derer, die den Tod wählen, ausdrücken? Handelt es sich um eine
Folge der Angst, die durch die Spannungen des Kalten Krieges und den Ausbruch der Kampfhandlungen im benachbarten Korea hervorgerufen
wurde? Nein, denn 1955 ist die internationale Verunsicherung schon weitgehend abgeklungen, und außerdem lassen Kriege die Selbstmordrate sinken. So blieben die japanischen Zahlen auf dem Höhepunkt der Feindseligkeiten des Zweiten Weltkriegs sehr gemäßigt: 12,5 für 1942 und 11,5 für
1943. Erst nach Kriegsende setzt ein Anstieg ein, der ab 1952 wirklich spür-
bar wird und 1955 seinen Gipfel erreicht, d. h. in der Zeit, als sich die japanische Wirtschaft wieder erholt. Oder soziologisch gesagt: Der Beginn dessen,
was das japanische Wirtschaftswunder werden sollte, läßt die Anzahl der
Freitode sinken, gemäß einem von Durkheim formulierten Gesetz, welches
besagt, daß die Selbstmordrate im umgekehrten Verhältnis zur ökonomischen Aktivität steht. Sollten wir nicht die Psychologie bemühen, um den
Sinn der Zahlen zu verstehen? Nicht die angeblich unwandelbare Psychologie eines ewigen Japan, sondern die historische Psychologie einer bestimmten Epoche, die dem Dasein einer besonderen Generation Schatten und Farben verlieh, die man nie wiedersehen wird. Betroffen sind also die jungen
Leute: Junge Frauen, 1954 zwanzig bis fünfundzwanzig Jahre alt, die auf-

24

grund der verheerenden demographischen Wirkungen des Krieges darüber verzweifeln, vielleicht nie heiraten zu können, und junge Männer, die mit dem Bewußtsein der Niederlage aufgewachsen sind. Vergleicht man die Statistiken von 1955 mit denen von 1920, mit einer Generation Abstand also, stellt man fest, daß sich die über 35jährigen weniger häufig umbringen, die Zahl der jungen, d. h. fünfzehn bis dreißig Jahre alten Selbstmörder aber bei weitem größer ist. Wie sollte man angesichts dessen nicht an die Verwirrung der Helden von Dazai denken und an jenen anderen, damals noch ganz jungen Romancier, Ishihara Shintarō, dessen Zynismus lediglich die Maske der Verzweiflung zu sein scheint? Der junge japanische Selbstmörder, geboren zwischen 1930 bis 1935, in einer Phase der vom Staat propagierten demographischen Expansion, ist bei der Niederlage seines Landes etwa zehn Jahre alt, und nachdem er wie jedes Kind vom Nationalismus mitgerisssen wurde, nachdem er seinen Vater in seiner Phantasie in das pazifische Epos begleitet hatte, sieht er ihn in die Wirklichkeit zurückkehren, besiegt, wenn er nicht gar gefallen ist. Zehn Jahre später muß er sich, inzwischen selbst erwachsen, einen Platz in einer Konkurrenzgesellschaft verschaffen. Aber wie soll er auf die ersten Schwierigkeiten, auf die ersten Mißerfolge hin, den Ekel überwinden können, den ihm der beginnende Aufschwung des neuen, kleinen Profiten hinterherjagenden Japan einflößen mag? Wie überzeugend wird dann der Ruf der Vergangenheit, des tragischen Heroismus und der Traumbilder sein? Wie ließe sich in der Wüste des Tauschwerts die Gefahr einer nostalgischen Identifizierung bannen, die ihn zu einem idealen Vater entfliehen läßt, der dort, so jung noch, für den Ruhm eines nutzlosen Dienstes starb, oder zu einem älteren Bruder, der in eben dem Alter verschwand, das er selbst gerade erreicht? So werden die ganzen fünfziger Jahre hindurch, gerade zu der Zeit, als die Wirtschaft zu ihrem Höhenflug ansetzt, Tausende junger Japaner in den Tod gehen, weil sie nicht den traurigen Mut hatten zu vergessen; sterben, gleichsam als Tribut, den der verbliebene Minotaurus des militärischen Opfers noch zu verlangen scheint. Sie töten sich aufgrund desselben nachträglichen Gehorsams, der die Krieger Japans durch die Institution des *junshi* so lange dazu zwang, ihrem Herrn bis in den Tod zu folgen. Sie sind nicht im Krieg gestorben, wohl aber am Krieg, an seinem Schlachtgetümmel, mit dem er ihre Kindheit erfüllt hatte, und an der moralischen Gebrochenheit, die er ihnen zufügte – auch Mishima sollte später einer von ihnen werden.

Rückgang der Zahlen

Abgesehen von jener Flutwelle der fünfziger Jahre aber halten sich die japanischen Zahlen (seit sie vom Staat veröffentlicht werden, d. h. seit 1882) in ungefähr dem gleichen Bereich wie die abendländischen. 1913 z. B. ist Japan

mit dem Wert 20,2 weit davon entfernt, sich an die Spitze der Länder zu setzen, in denen man sich freiwillig tötet, gehen ihm doch Frankreich (26),
Deutschland (23,2) und Österreich (20,9) voraus. Von 1890 bis 1894 blieben die japanischen Zahlen unterhalb von 20, die chinesischen hingegen stiegen bis auf 50 – eine Zahl, an der sich die Absolutheit der Zivilisationskrise
messen läßt, die das alte Reich der Mitte erlebte, das sich gleichzeitig den
neuen Imperialismen des Abendlandes und Japans ausgesetzt sah –, jenes
schreckliche und romaneske China der Anarchie, des Opiums, der Korruption und der Verwirrung, in dem Japan das Bild jenes Schicksals erkannte,
welches es klugerweise für sein eigenes Land rechtzeitig abzuwenden gewußt hatte, indem es sich selbst im Laufe seiner Verwandlung während der
Meiji-Zeit freiwillig auslöschte, um in einer ungewissen Zukunft wiedergeboren zu werden.[9]

Evolution der Zahlen

Alles in allem verlaufen die statistischen Kurven des Selbstmords in Japan in
ihrer Entwicklung merkwürdigerweise parallel zu den europäischen. In den
abendländischen Nationen verfügt man seit Beginn des 19. Jahrhunderts
über sichere Zahlen, wohingegen sich die Arithmetik der Selbstmorde in Japan um zwei Generationen verspätete. Hier wie dort jedoch beobachtet man
einen weitläufigen und regelmäßigen Anstieg der Selbstmordrate, einer sich
auftürmenden Flutwelle vergleichbar:

	1884	1895	1896	1900	1903	1913
Japan	14,4	17,2	17,5	18,1	20,6	20,2

Die Zahl 20 ist bedeutsam: Japan hat sie zwanzig Jahre nach Frankreich
erreicht, und in beiden Ländern bildet sie einen Plateauwert, der lange stabil
bleiben wird. Danach, 1930, fallen Japans Werte auf 19 bzw. auf 13,7 im
Jahre 1940. Gelingt es also der Anspannung der nationalen Energie, den
Selbstmord auf Distanz zu halten? Wie überall läßt der Krieg den Pegelstand
noch tiefer sinken: 12,5 im Jahre 1942. Der allgemeine Verlauf der japanischen Kurve sieht demnach folgendermaßen aus: Nach zwanzig Jahren
regelmäßigen Anstiegs erreicht sie zu Beginn unseres Jahrhunderts ihren
Plateauwert, fällt dann mit dem Imperialismus und dem Krieg ab, um in
den fünfziger Jahren wieder anzusteigen. 1943 waren es insgesamt 8784
Selbstmorde, 1955 hingegen 22 477. Mit den sechziger Jahren setzt eine
neue Abnahme ein, die zweifellos in Verbindung mit dem ökonomischen
Aufschwung und dem guten Gewissen steht, in dem sich das neue Japan

26

wiegt, überzeugt davon, friedfertig, fleißig und neutral, kurz, eine Art Schweiz des Fernen Ostens geworden zu sein:

	1955	1962	1964	1965	1970
Japan	25,2	24,7	15,1	14,7	15,3

Und dann, in den siebziger Jahren steigt die Kurve erneut an: die Euphorie des vorausgegangenen Jahrzehnts hat sich gelegt; die Betriebe haben es schwerer, die Zahl der Arbeitskräfte verzeichnet eine geringere Zuwachsrate, die Arbeitsplätze sind weniger stabil, die ökologische Krise durch Umweltverschmutzung und Energiemangel wird offenbar, die ökonomische Krise wird jedes Jahr gebannt, doch ohne Unterlaß heraufbeschworen, und trotz der Hochleistungen des Außenhandels scheint die Vitalität des Produktionsapparates kaum weniger durch die Furcht vor der Inflation und der Angst vor der Arbeitslosigkeit bedroht als anderswo. Japan gibt sich nicht mehr der Flucht nach vorne hin, wie einst dem Nationalismus der dreißiger Jahre, der zweifellos eine Halbierung der Selbstmordrate bewirkt hatte – wenn auch am Ende um den Preis der abschließenden Hekatombe des Pazifischen Krieges. Konjunkturelles Unbehagen oder Zivilisationskrise? Diese Frage stellt sich angesichts der geschichtlichen Phase, in der wir heute leben. Noch kann niemand ihren Sinn voraussagen, und Japan ist nicht das einzige Land, das sich heute diese Frage stellt. Auf jeden Fall nähern sich die Zahlen der letzten Jahre wieder dem schicksalhaften Plateauwert von 20 pro 100 000, auf dem sich Japan von 1903 bis 1930 hielt:

1970	1971	1972	1973	1974	1975	1976	1977	1978	1979	1980	1981
15,2	15,5	16,8	17,4	17,6	18,0	17,8	17,9	17,6	18,0	17,7	17,1

Im Innersten des Willens

Die 21 535 Menschen, die 1970 auf den japanischen Straßen starben, stellen einen viel höheren Tribut als die 15 728 Selbstmörder dar. In den darauffolgenden fünf Jahren fand eine doppelte Evolution statt: Die verheerende Zahl der Autounfälle wurde eingedämmt, 1975 fielen ihnen immerhin nur 14 206 Menschen zum Opfer, die Zahl der Selbstmörder hingegen stieg auf 20 000. Beide Kurven haben einander somit gekreuzt. Der Verkehrstod, absurd, zufällig und dumm, war der Tod der sechziger Jahre; man tötete sich, ohne daran zu denken. Es sollte dieser Zeit zukommen, ihm einen Rivalen vorzuziehen – den alten Freitod, stets wachsam und geschäftig und nicht minder nichtig, doch versehen mit allen Trugbildern des klaren oder falschen

27

Bewußtseins. Im heutigen Japan wird immer seltener gestorben: Noch 1950 gab es jährlich unter 100 000 Einwohnern 1000 Todesfälle, dreißig Jahre später nur 600 – aber auch weniger Geburten. Die grausame und wundervolle Erneuerung des Lebens verlangsamt sich. In einer Gesellschaft, die gekennzeichnet ist durch Sicherheit, Frieden und Langlebigkeit, schützt sich der Mensch besser vor dem Tod – dennoch bahnt sich dieser stets denselben Weg zum Innersten des Willens. Der Wert des Lebens an sich scheint zu herrschen: Die Institutionen verteidigen ihn, die übernommenen Ideen berufen sich auf ihn – gleichwohl besteht der Entschluß zu sterben fort. 1930 zählt man 13 919 Selbstmorde unter einer Gesamtzahl von 1 161 509 Todesfällen, das bedeutet einen Anteil von 1,19 %. Zwanzig Jahre später sind es 1,80 %. 1980 steigt der Anteil mit 20 542 Selbstmorden auf 2,84 %. So vergrößert sich in einem Zeitraum von einem halben Jahrhundert sein relatives Gewicht immer mehr. Und nichts hat seine nah empfundene und zugleich schwer faßbare Bedrohung abwenden können.

Wird sich das Unbehagen angesichts des Selbstmords als Schicksal der Moderne akzentuieren? Auch in Frankreich stiegen die Zahlen, nachdem sie von 1949 bis 1977 zwischen 15 und 16 pro 100 000 schwankten, wieder regelmäßig an und überschritten mit 19,7 im Jahr 1980 fast die Schwelle der 20. Aber die Arithmetik der Selbstmorde kann die Zukunft nicht voraussagen, eine Lücke klafft in der Geschichte, die kein soziologisches Gesetz ausfüllen kann. Wird man eines Tages zum Wert von 50 gelangen, den China zur Zeit seiner größten Verwirrung erreicht hatte? Oder aber wird sich, wie zu Beginn des Jahrhunderts, eine dauerhafte Schwankung um den Plateauwert 20 pro 100 000 einpendeln? Der latente Nihilismus, den das Symptom Selbstmord in den Statistiken transkribiert, ist an die historischen, bis vor kurzem nationalen, heute globalen Wandlungen gebunden. Und der Sinn der nie vorhersehbaren Geschichte muß sich stets dem Ruf des Nichts entgegenstellen. Kann der mächtige Wirtschaftsapparat Japans sein weiteres Funktionieren durch Selbststeuerungsmechanismen sicherstellen? Die Aktivität, die vorgibt, zum Leben zu genügen, könnte dann mit ihrem unerschöpflichen Schwung fortfahren, sofern nur die Modalitäten der Produktion, des Tausches und des Konsums der Konjunktur angepaßt werden. Nichts Radikales, nichts Lebenswichtiges müßte man erneut erfinden, nur andere Produkte und Techniken. Diesen Wunsch möchte man wohl hegen können, dächte man, daß der gute Wille, den der japanische Mensch seit dreißig Jahren unter Beweis stellt, indem er sich zum effektivsten *economic animal* machte, diese Art der Belohnung verdiene. Vielleicht aber wird es sogar nötig sein, aus dem schlafwandlerischen Bann der Wirtschaft zu erwachen und sich ihm zu entziehen. Wenn sich der Widerspruch zwischen dieser Kulturform und der allzu sehr vergessenen Natur vertieft, wenn die ökologischen Zwänge die ökonomische Spirale zum Stillstand bringen, wird sich die technische Revision der Modalitäten als bedeutungslos erweisen. Die

28

Lebensform selbst, samt der an sie gebundenen Werte, wird es sein, die man, wie zur Meiji-Zeit, radikal zerstören und wieder aufbauen muß. Selbst wenn der Ausweg fruchtbar sein mag, wird die Angst vor dem Möglichen in einer solchen Krise intensiver erlebt. Wird Japan dem Moment des Nihilismus ausweichen können, für das der Selbstmord als Symptom ein Zeichen setzen wird? Ist es die Morgendämmerung dieser Verwirrung, was die jüngsten Statistiken ausdrücken? Auf dieser Erde, auf der so viele gemeinschaftliche Verpflichtungen miteinander verwoben sind, die nicht den Handelsinteressen unterliegen, wird Japan gewiß nicht die einzige Nation sein, der solche Fristen mit ihrem Anteil an Angst und Hoffnung gesetzt sind.

Die regelmäßige Erhöhung der Selbstmordrate war in Europa bereits festgestellt worden, bevor sie sich in Japan bemerkbar machte. Mit einer zeitlichen Verschiebung um eine Generation verläuft der Anstieg der beiden Kurven parallel. Als Durkheim 1896 seine Studie über den Selbstmord verfaßt, kann er nicht wissen, daß die kurz zuvor erreichte Rate von 20 pro 100 000 im folgenden Jahrhundert nicht mehr überschritten werden sollte. Für Frankreich verzeichnet er folgende Zahlen:

1827	1841-46	1849-55	1856-60	1866-70	1871-75	1876-78	1894
4,8	8,5	10,1	11,2	13,5	15	16	20

Die Flutwelle scheint unerbittlich heranzurollen. Und dies zu einem Zeitpunkt, als die Sterblichkeitsrate von 30 auf 20 pro 1000 sinkt. Die Lebenserwartung steigt in den Ländern, denen es gelungen war, sich zu modernisieren, der Wohlstand breitet sich aus, die hygienischen Verhältnisse verbessern sich, und die Krankheiten gehen zurück. Das abendländische Bürgertum hofft, seinen Kampf gegen den Tod zu gewinnen, zumindest den gegen den eigenen Tod. Warum wird gerade diese gesellschaftliche Schicht mit der Geißel des Selbstmords geschlagen und muß die Erfahrung machen, daß ihr Siegeszug auf tönernen Füßen steht? Dabei hält sich die Selbstmordrate quantitativ in engen Grenzen: Von 100 Toten stirbt gerade einer durch eigene Hand. Qualitativ aber verwirrt das Paradoxon des Freitods so sehr, daß eine zwar nicht faßbare, aber doch als sehr nah empfundene Bedrohung über jedem einzelnen zu schweben scheint, sobald die Sprache der Zahlen ausweichend, aber nichtsdestoweniger unwiderlegbar eine Verschärfung der Situation andeutet. Nährt dies nicht die teils sehr eindringliche Sorge der ersten Demographen und aller Mediziner? Die Gesellschaft ist krank, wie die Zahlen belegen. Die hundertfach wiederholte Anklage, selbstmörderisch zu sein, begleitet die Entwicklung der modernen Gesellschaft.[10]

Die Moralisten und die Mitleidsvollen

Am Rande der ersten Statistiken findet im Europa des 19. Jahrhunderts zunächst ein doppelter, noch stark christlich geprägter Diskurs statt: der der Moralisten und der der Mitleidsvollen. Die Moralisten geben dem Verfall der Sitten und den verheerenden Folgen des Atheismus die Schuld, die Mitleidsvollen hingegen prangern das Elend, die Einsamkeit und die Grausamkeit aller gegen jeden an. »Du bist«, sagt der Moralist zum Selbstmörder, »ein Verbrecher, ein Feigling, bestenfalls ein Wahnsinniger.« – »Nein«, widerspricht der Mitleidsvolle, »ein Opfer, schlimmstenfalls ein Elender, ein Unglücklicher also.« In beiden Fällen herrscht die religiöse Sichtweise vor: Der Selbstmord ist ein Übel. Also, wer ist schuld daran?

Jeder Akt, und sei er noch so einsam, vereinzelt oder schweigsam, verdoppelt sich durch den Kommentar der anderen und erhält eher durch ihn als von der Intention des Subjekts seinen Sinn. Was wir von einem bestimmten oder vom Freitod im allgemeinen halten, trägt zum Aufbau eines Diskursmusters bei, das sich entwickelt, unter bestimmten Bedingungen zutage tritt und gewissen Regeln unterworfen ist. Der Versuch einer unvoreingenommenen Studie des Phänomens Selbstmord mußte sich das ganze 19. Jahrhundert hindurch allmählich von dieser Schuldfrage befreien. Doch endlich kam der Moment, wo man die Empörung als nichtig, grausam und pharisäisch empfand. Der Selbstmord ein Übel? Zweifellos, pflichtete nunmehr so mancher bei, doch eigentlich eher ein Krankheitszeichen der Gesellschaft oder des Individuums. Nicht länger ein Mord, bei dem zu klären ist, wer zur Rechenschaft zu ziehen sei, sondern ein Symptom, dessen Bedeutung zunächst erkannt werden muß, um für Abhilfe sorgen zu können. Die Strenge der Moralisten beeinflußte den Diskurs der Irrenärzte, die vom »Selbstmordwahn« sprachen, während das Mitgefühl der Mitleidsvollen Eingang in die Soziologie fand, die aus den Statistiken ihre Schlüsse zog. Der Ansatz aber, den Selbstmord als Symptom zu betrachten, diese Errungenschaft des 19. Jahrhunderts sollte jedenfalls nicht mehr in Frage gestellt werden, und bis heute gehen alle auf den Selbstmord bezogenen Diskurse, von der Zeitungsmeldung bis zur theoretischen Studie, von ihm aus.

Jedes Frühjahr, wenn die japanische Polizei in Tōkyō die Selbstmordstatistiken des Vorjahres veröffentlicht, werden die Zahlen in allen Zeitungen rituell als ein mehr oder weniger beunruhigendes Symptom für den Zustand der Gesellschaft kommentiert. Gestützt auf objektivierendes Zahlenmaterial und unter Einbeziehung der Themen der modernen Selbstmordforschung bemühen sich Psychologen wie Soziologen in Japan um einen unvoreingenommenen Diskurs über den Selbstmord. Insofern treten sie als die späten Erben der abendländischen Irrenärzte und Statistiker des 19. Jahrhunderts auf, bestrebt, den Menschen zu ihrem zentralen Erkenntnisobjekt zu machen. Selbst die Bemühung um Unvoreingenommenheit hat, wie jede Tugend, ihre Geschichte.

Gesammelte Dummheiten der Medizin

Auf der Suche nach dem Ursprung des Mordes an sich selbst geht der Begriff der Sünde im Wissen der Mediziner und Statistiker des letzten Jahrhunderts

32

auf. Die Psychologen verstanden ihn als Verirrung, Geisteskrankheit und Wahnsinn. Esquirol etwa legt eine beachtliche Selbstsicherheit an den Tag, wenn er behauptet: »Ich habe wohl hinreichend belegt, daß der Mensch lediglich in Wahnzuständen Hand an sich legt und daß alle Selbstmörder geisteskrank sind.« Die gesammelten Dummheiten der Medizin des 19. Jahrhunderts, deren unbeirrbare Bestimmtheit uns immer noch erheitern kann, wären Flauberts »Bouvard und Pécuchet« würdig: »Der Phrenologe Gall hob die Dichte und Dicke der Schädelknochen hervor, ohne jedoch den Selbstmordknochen selbst nachzuweisen. Esquirol widersprach, betonte sogar das seltene Vorkommen von Gehirnschäden bei Selbstmördern und wies statt dessen auf die häufig zu beobachtenden Verletzungen des Darmtraktes hin.«[11] Um der jahrhundertelangen Verurteilung des Selbstmordes durch das Christentum zu entgehen, mußte der Wille zu sterben so weit gehen, daß er sich von den Händen der klinischen Objektivierung in der aberwitzigen Form eines hypothetischen Selbstmordknochens betasten ließ. Die beobachtende Vernunft, die aus jeder Wirklichkeit ein Objekt und aus jedem Objekt ein Ding macht, schließt mit der Feststellung, daß »das Sein des Geistes«, um mit Hegel zu sprechen, »ein Knochen ist«[12]. Der Szientismus, die Umkehrung des unglücklichen Bewußtseins, fixiert die Bewegungen des Willens in der Chemie der Hormone: der Serotoninspiegel im Gehirn des Selbstmörders liegt unter dem Normalwert. Die Trennung des illusorischen Denkens vom realen Körper läßt das lebendige Subjekt, das über einen Willen zu verfügen glaubt, zu einem gefühllosen Organismus werden. Man wird auf Freud warten müssen, damit der Geist sich wieder mit dem Wort verbindet und das Subjekt, wenn schon nicht in dem, was es denkt, so doch zumindest auf der Kehrseite dessen, was es sagt, wiederfindet.

Vom Individualismus zum Nihilismus

Die moralisierenden Statistiker, Vorläufer der Soziologen, erkennen aufgrund immer präziser werdender Statistiken, daß der Selbstmord ein beständiges Phänomen ist, welches überall und mit einer gewissen Regelmäßigkeit auftritt – ein Symptom natürlich, doch das einer diffusen Spannung innerhalb der Gesellschaft. 1841 veröffentlicht Claude-Joseph Tissot eine Untersuchung mit dem Titel »Vom Selbstmordwahn und dem Geist der Auflehnung«, in der er sich mit dem so zerstörerischen und selbstmörderischen Zeitgeist auseinandersetzt: »Die einen bringen sich um«, sagt er, »die anderen möchten die Gesellschaft umbringen – die Verirrung bleibt die gleiche.« Der Selbstmord wird den Geisteskrankheiten zugeschlagen, doch muß man diese nicht ihrerseits mit dem Unbehagen in Zusammenhang bringen, das in unserer Gesellschaft herrscht, seit die Strukturen, die einstmals den Menschen vor sich selbst schützten, erschüttert wurden? Der Romancier Natsume Sōseki wird 1905 bei seiner Kritik des Individualismus die gleiche Erschütterung der alten Strukturen feststellen.

Die Therapeutik des Nihilismus

Woher rührt dieses Unbehagen? Aus der ideologischen Verwirrung oder der ökonomischen Barbarei? An diesem Punkt spaltet sich die im Entstehen begriffene Soziologie in zwei Forschungsansätze. 1881 sieht Thomas Masaryk im Selbstmord eine Massenerscheinung, die mit dem allmählichen Verschwinden des Christentums zusammenhängt, die »traurige Folge des beständig wachsenden Mangels an Religiosität der Massen«.[13] Der Himmel leert sich, und der Tod Gottes bringt den Menschen um. Masaryk übersetzt in seine Thesen das Schicksal der nihilistischen Romanhelden Dostojewskis, deren fürchterliche Einsicht sie dazu bringt zu töten, sich selbst zu töten. Und wie Dostojewski macht er sich auf die Suche nach einer religiösen Erneuerung. Weder die Kunst noch die Wissenschaft vermag den Menschen auszufüllen, noch weniger die Befriedigung seiner Bedürfnisse. Diese Erneuerung würde nicht auf den Dogmen des Christentums, sondern auf seinen Werten aufbauen: Nächstenliebe, Hingabe und Hoffnung. Auch wenn er nicht der Sohn Gottes ist, bleibt Christus doch bewundernswert. Nur die Werte der toten Tradition können, nach Masaryk, den Machtwillen zügeln, der sich im individuellen Egoismus wie im Imperialismus der Staaten entfesselt und unvermeidlich Rückschläge erleidet, die auf den enttäuschten Größenwahn die selbstmörderische Verzweiflung folgen lassen. Eine Religion, nur in ihren Werten transzendent, könnte den Nihilismus bannen – dieses Übel, das zunächst die entchristianisierten Gesellschaften befällt, letztlich aber kein Land verschont, auch nicht Japan, das sich auf dem Weg der Modernisierung befindet. An diesem Punkt treffen sich Masaryk und Nietzsche – allerdings von entgegengesetzten Richtungen her. Denn gerade als jener Anstoß am Selbstmord nimmt, will dieser ihn wieder in seine angestammten Rechte einsetzen. Wo Nietzsche den Umsturz aller religiösen Werte lehrt, tritt Masaryk für ihre Wiedergeburt ein und belebt die moralische Metaphysik, deren letzte Spuren Nietzsche tilgen möchte, indem er den Menschen auffordert, über sich selbst hinauszugehen, jenseits von Gut und Böse. Lediglich in der Diagnose des nihilistischen Unbehagens und in ihrer Skepsis gegenüber den Fähigkeiten des Sozialismus, ihm zu begegnen, sind sich die beiden einig.

34

Versprechungen des Sozialismus

Der Sozialismus brüstete sich zu jener Zeit, den Selbstmord, ebenso wie die Prostitution und den Alkoholismus, bald schon auf den Rang einer Plage der Vergangenheit zu verweisen. In einer Gesellschaft, die auf neuen, dem Dasein wahre Ziele setzenden Produktionsverhältnissen beruht, wird jeglicher Wunsch, sein Leben zu beenden, zerstreut; denn das Leben ist endlich glücklich oder doch zumindest vernünftig geworden. Im Namen dieser Axiome führten die Länder, die sich für sozialistisch hielten, wieder Formen der Unterdrückung (d.h. zunächst des Verschweigens) ein, ähnlich denen, die das alte christliche Tabu hervorgebracht hatte. Zugegeben, der Sozialist Paul Lafargue, der beschlossen hatte, nicht älter als 70 Jahre zu werden, nahm sich 1911 zusammen mit seiner Frau Laura, einer Tochter von Karl Marx, das Leben – aber dennoch ist es meist die alte religiöse Grausamkeit gegenüber dem einzelnen Menschen, die man als Hauptcharakterzug des getauften Marxismus wieder aufleben sieht. Nicht ohne Unbehagen wird man sich der kritischen Schärfe erinnern, mit der Makarenko in seinem »Erziehungsgedicht« von 1933 den Bericht über den Selbstmord eines jungen sowjetischen Pioniers kommentiert. Über die Selbstmordrate schweigt sich die »Große Sowjetische Enzyklopädie« aus, zieht es vor, dieses Problem einfach nicht zur Kenntnis zu nehmen, da man es in der UdSSR für gelöst, anderenorts aber für unlösbar hält. Läßt sich aber ein Fall von Selbstmord nicht vertuschen, scheint es am ratsamsten, ihn als pathologisches Symptom zu interpretieren. Hieran offenbart sich die enge Verbindung der beiden, im 19. Jahrhundert entstandenen Diskurse über den Menschen: Eine Geste, die nicht mehr als Anklage gegen die Krankheit der Gesellschaft angesehen werden kann, muß auf die Bedeutungslosigkeit einer vereinzelt auftretenden Geisteskrankheit reduziert werden.

So erschlossen die Bemühungen des 19. Jahrhunderts, eine in jeder Hinsicht humane Wissenschaft vom Menschen zu entwickeln, zwei scheinbar rivalisierende, tätsächlich aber aufs engste miteinander verbundene Sichtweisen: Den Irrenärzten und Psychiatern antworten die Demographen und Soziologen – und alle besprechen den Akt als ein Symptom. Molekulare Sichtweise hier, dort molare. Die leninistische Metapher vom schwächsten Glied einer Kette faßt diese Dualität zusammen, läßt sich doch ihr Zerreißen sowohl durch die Zerbrechlichkeit eines einzigen ihrer Glieder als auch durch die Spannung, der die ganze Kette ausgesetzt ist, erklären. Die Selbstmordforschung laviert sich zwischen diesen beiden Erklärungen hindurch, stets darauf bedacht, den Selbstmord als einen passiven Akt zu denken. In dem Moment, in dem ich mein Leben wieder in meine eigenen Hände nehme, werde ich zum Betrogenen latenter Kräfte, und niemals werde ich weniger frei sein, als wenn ich glaube, meine Knechtschaft dem Dasein gegenüber endgültig gelöst zu haben.

35

Die Würde des Freitods

Dieser Diskurs über den Selbstmord als Symptom ist heutzutage, auf der Basis von Psychiatrie und Statistik, in Japan nicht weniger verwurzelt als im Abendland. Aber könnten wir die Geschichte nicht bitten, uns von einem Ansatz, den sie einst selbst entwickelte, wieder zu befreien? Sollte es uns nicht möglich sein, die weit entfernten Jahrhunderte einer Kultur zu uns sprechen zu lassen, um Kenntnis anderer Diskurse zu erhalten, die vielleicht in der Lage sind, dem Selbstmord wieder die Würde eines Freitods zu verleihen? In ihrer Aussage bleiben sich die neueren Statistiken in Japan und bei uns in etwa gleich, werden sie doch unter identischen Voraussetzungen erstellt. Aber durch die Zeugnisse der japanischen Vergangenheit eröffnet sich uns die Möglichkeit, in diesem Akt nicht länger nur die Illusion zu sehen, der er entspringt, sondern die Wahrheit, die er begründet. Ein weder als Sünde noch als Symptom verstandener Freitod wird uns nicht mehr als passives Nachgeben gegenüber den Versuchungen und Trieben erscheinen, sondern als die bewußte Wahl einer von mehreren möglichen Lösungen, als eine ethische Geste, die sich auf Prinzipien, auf Werte beruft. Der Umweg über das einstige Japan läßt uns zu einem Punkt gelangen, von dem aus sich die Voraussetzungen unseres Wissens entschleiern lassen. Denn das Wissen ist die Frucht einer Praxis, die durch die bewußte Entscheidung ermöglicht wird. Eine andere Ethik kann uns Wahrheiten eröffnen, die unsere, vom 19. Jahrhundert ausgehenden Selbstmordstudien niemals auch nur in Betracht gezogen hätten.

Freud und Durkheim

Gleichwohl geht es nicht darum, unseren Formen des Wissens ihre Qualität abzusprechen, denn ohne die Fragen, die sie uns stellen lassen, bliebe die Geschichte stumm. Ist sie nicht selbst nur eine Herangehensweise, die sich auf die gleichen Wahrheitswerte gründet wie die Wissenschaft? Lehnen wir also die Psychopathologie und Soziologie nicht als reduzierend und einseitig ab, sondern bedenken wir ihre uneinmütige Zusammengehörigkeit und die Möglichkeiten, die der Wahrheit aus dieser Mißhelligkeit erwachsen. Von Durkheim und Freud können wir noch viel über den Freitod lernen: Ihre Diskurse nähern sich einander nicht an, und doch kreuzen und verknüpfen sie sich letzten Endes, ohne daß einer sein eigenes Gebiet verlassen hätte. Beide bieten dem Freitod, den so viele andere in die Bedeutungslosigkeit oder Verirrung verbannen wollten, wieder eine Heimat. Zwar behandelt Freud dieses Thema nicht direkt, doch sein ganzes Werk trägt dazu bei, den Selbstmord aus der Kategorie der Geisteskrankheit zu befreien, in die ihn die Irrenärzte einordnen möchten. Die Hypothese des Todestriebes läßt ihn als die sichtbare Spitze des Ur-Masochismus erscheinen. Unter so vielen Verhaltensweisen, deren Sinn in der Selbstzerstörung liegt, unterscheidet sich der Selbstmord lediglich durch sein Wissen darum. Auf halbem Weg in den Abgrund des Todeswillens begegnen einem die halsbrecherischen Risiken, die Herausforderungen, die Faszination der Gefahr, die entfesselte Kraft der Motoren oder das russische Roulette, die Rebellionen ohne Grund oder die hoffnungslosen Unterfangen, an denen sich die Neurose des Scheiterns weidet. Dort treffen auch die strengen Selbstbestrafungen, freiwilligen Entbehrungen und Selbstverstümmelungen auf die Härte und Strenge des Über-Ichs, und schließlich auf alle Formen des langsamen und verschleierten Selbstmords wie Alkoholismus, Drogensucht, kompulsiver Verfall, mentale Anorexie und katatonischer Stupor. Wie könnte es verrückt sein, sterben zu wollen, wo sich das Sterben doch als der Sinn so vieler menschlicher Verhaltensweisen abzeichnet – Übertretungen, Bestrafungen und Regression?

Zugegebenermaßen weiß ich nicht, was ich will, wenn ich sterben möchte, denn vom Tod kann ich kein Wissen haben. Doch bedeutet gerade diese Leere des Todes, daß ich mit einem solchen Akt notwendigerweise andere Ziele verfolge, die der Geste des Todes ihren Sinn verleihen. Da der Tod nichts ist, was ich kenne, kann er der Fokus vielfältiger Intentionen sein: Auflehnung oder Verzicht, Aggression oder Aufopferung, Appell oder Flucht, Begeisterung oder Verzweiflung. Kein Akt könnte zweideutiger sein als der Selbstmord, der den Hinterbliebenen oft ein Rätsel aufgeben wird. Durch einen Unfall oder Krankheit zu sterben, heißt nichts als sterben, aber sich töten bedeutet, das Schweigen des Todes in das Echo des Labyrinths zu verwandeln.

Eine Typologie

Dieser mannigfaltige Sinn, den der Selbstmord impliziert, läßt alle, die sich mit ihm befassen, zu Klassifizierungen greifen: Taxonomien oder Typologien mit vier, fünf, zehn oder elf Kategorien. Die einfachste Klassifizierung ist stets die beste. Stellen wir uns also einen sechszackigen Stern vor. Seine vertikale Achse reicht von der Schwermut zur manischen Hochstimmung, um so den depressiven Selbstmord dem enthusiastischen entgegenzusetzen. Rechts dieser Achse vermerken wir die auf die anderen gerichteten Verhaltensweisen: rechts oben das Selbstopfer aus Hingabe, rechts unten den aggressiven Selbstmord, der Anklage und Ressentiment ausdrückt. Links der Achse tragen wir die auf das Individuum selbst gerichteten Verhaltensweisen ein: links oben den vom narzißtischen Ideal bedingten Selbstmord, der Ruhm und Ehre intendiert, links unten den defensiven Selbstmord, der eine Flucht darstellt. In der Mitte des Sterns, innerhalb all dieser Motivationen, verzeichnen wir den siebenten Typus, den sinn- und grundlosen Selbstmord, den Grad Null der Intention, das gleichgültige Vabanquespiel mit dem Tod. Aber beinhaltet nicht dieser Akt, gleich welcher Intention auch immer, daß man über den Sinn hinausgeht und sich selbst der Allmacht und der Frist, die das Schicksal setzt, ausliefert? Wohlgemerkt: Im selben Akt können sich mehrere Intentionen, einander überlagernd, vereinen und ihn letztlich überdeterminieren, bzw. es ist auch denkbar, daß unter der Oberfläche der vom Subjekt wahrgenommenen Absichten unbewußte Motive mitwirken, die immer undurchsichtiger werden, bis sie sich mit der Trägheit selbst vereinen, von Freud Thanatos genannt, jenem Überrest der Unbeweglichkeit in jedem Lebewesen, mit der es gebrochen hat.

Erinnern wir uns an das Quadrat der Modalitäten in der klassischen Logik: Notwendigkeit, Unmöglichkeit, Möglichkeit und Zufälligkeit. Ließe sich nicht sagen, daß der Tod die paradoxe Konvergenz des Unmöglichen und des im Dasein Notwendigen ist? Freud betrachtet die Beziehung, die den Selbstmord zu einer grundsätzlich radikalen Möglichkeit der Conditio humana werden läßt, die sich von der nicht weniger radikalen Unmöglichkeit abhebt, mehr vom Tod zu wissen, als daß er unausweichlich ist – ein blinder Fleck des Nicht-Wissens im Denken. Durkheim hingegen untersucht die Diagonale, die von der Zufälligkeit zur Notwendigkeit führt – die Freiheit des einzelnen Aktes wird dadurch mit Sinn erfüllt, daß sie zwangsläufig ihre Spuren in der Statistik hinterläßt. Denn die Auszählung der Selbstmorde eines ganzen Jahrhunderts erlaubt Durkheim 1896 die höchst überraschende Feststellung, daß ihre Zahl in einer bestimmten Gruppe von Menschen jedes Jahr deutlich konstant bleibt, ja sogar eine weniger schwankende Größe darstellt als die Gesamtzahl der Todesfälle. Jede Nation weist eine spezifische Rate auf, aber auch jede Region, vom Stadt-Land-Gefälle einmal abgesehen, jedes Geschlecht, jede Altersgruppe, jeder Familienstand, jede religiöse und ideologische Gruppierung, jede Gesellschaftsschicht und jede Berufsgruppe. Wenn also die Lebensbedingungen eines Individuums nichts als die Schnittmenge der Komplexe sind, denen es angehört, läßt sich das Selbstmordrisiko berechnen, dem jeder einzelne von uns a priori ausgesetzt ist. Auf der Grundlage statistischer Korrelationen kann somit eine Tabelle der Risiko- und Schutzfaktoren erstellt werden. Es ist bekannt, daß zufällige Ereignisse, wie z. B. Autounfälle, gewissen Gesetzmäßigkeiten unterworfen sind, auf denen die Wahrscheinlichkeitsrechnung beruht. Aber auch der Wille, der selbst zu wählen glaubt, ist wie ein fallender Würfel den Gesetzen des namenlosen Schicksals ausgeliefert, das unser Denken in verschiedene Richtungen lenkt und unser Handeln bestimmt. Ein – um mit Durkheim zu sprechen – »selbstmorderzeugender Strom« von bestimmter Intensität durchzieht jedes soziale Feld. Der Todeswunsch des Individuums entspringt nicht mehr seinem Zentrum, sondern der Außenwelt, dem Raum der Beziehungen, der uns voneinander trennt. Auch Freud ist davon überzeugt, daß der Mittelpunkt des Menschen außerhalb seiner selbst liegt, in den Verbindungen zum anderen. Jeder Selbstmörder ist, um Antonin Artauds Wort über van Gogh aufzugreifen, ein »Selbstmörder durch die Gesellschaft«. Das Gefühl, ein unschuldiges Opfer zu sein, drängt seit Rousseau das abendländische Individuum – und sei es um den Preis der Paranoia –, dazu, die Gesellschaft für jene Mißstände anzuklagen, für die es selbst die Verantwortung zu übernehmen scheut, und kulminiert in einer neu entstehenden Wissenschaft: Die Soziologie kommt, gewappnet mit ihren Zahlen, dem Subjekt bei dessen Auflehnung gegen das Schicksal, das es zu umschlingen, zu erdrücken droht, zu Hilfe. Indem sie sie aufdeckt, verstärkt die Wissenschaft die Entfremdung des Subjekts, das sie zu ihrem Objekt macht.[14]

Durkheims Besorgnisse

Die Selbstmordrate bleibt immer nur kurze Zeit konstant. Diachron durch das Jahrhundert verfolgt, weist sie Abweichungen auf, in denen eine Geschichte erscheint, tiefer als die der Ereignisse. Für Durkheim ist die, vom Beginn bis zum Ende des 19. Jahrhunderts in ganz Europa zu beobachtende, steigende Tendenz der Selbstmordrate von entscheidender Bedeutung: Im Falle Frankreichs ist ein Anstieg von 5 auf 20 pro 100 000 zu vermerken. Allerdings resultiert diese Vervierfachung der Werte zweifellos auch aus der allmählich verbesserten Präzision der Statistiken und der verstärkten Bereitschaft, Selbstmordfälle auch als solche anzuerkennen. Für Durkheim ist die seinerzeit festzustellende Selbstmordrate »pathologisch«. Er kann nicht ahnen, daß sie eine Obergrenze erreicht hat, die das folgende Jahrhundert, welches ohnehin eine rückläufige Tendenz aufweist, nicht mehr überschreiten wird. Wie so viele andere, die sich bemühten, die kranke Gesellschaft zu kurieren, stellt auch Durkheim die Diagnose einer Korrelation von Selbstmord und Moderne. Seine Typologie setzt dem altruistischen Selbstmord den egoistischen entgegen, dem fatalistischen den anomischen. Der Neologismus »Anomie«, den Durkheim analog zur Anarchie prägte, von der das Ende des Jahrhunderts heimgesucht wurde, beschreibt die degenerative Tendenz der Moderne. Die traditionellen Gesellschaften lassen nur den altruistischen Selbstmord aus Hingabe und Aufopferung zu, d. h. das freiwillige Selbstopfer, das im Christentum durch die Kreuzigung eine zentrale Position einnimmt. Diese starren Gesellschaften kennen und verurteilen auch den fatalistischen Selbstmord der ohnmächtig an die unerbittlichen Regeln des Lebens gefesselten Subjekte. Die moderne Gesellschaft glaubte dem Individuum die Freiheit zu schenken, verurteilte ihn jedoch zu Einsamkeit und Unsicherheit. Die Gemeinschaft zerfällt, die egoistischen Selbstmorde, durch die man zu entfliehen glaubt, mehren sich ebenso wie die anomischen, hervorgerufen durch die Aufhebung der Verpflichtungen. Die Lebensbedingungen sind schwierig geworden, die Aufgaben auseinandergerissen und

39

bedeutungslos. Das Zusammengehörigkeitsgefühl, das dem Individuum Halt gab, gerät ins Wanken, die Verbote, die sein eitles Trachten unterdrückten, sind aufgehoben. Alles ist erlaubt. Eine Konkurrenzgesellschaft ist entstanden, in der jeder zum Erfolg verurteilt ist, eine Wüste der Zufälligkeit, die dem Menschen nicht länger den Schutz verläßlicher Lebensbedingungen und dauerhafter Pflichten bietet.

Um gegen dieses oft beschriebene Übel vorzugehen, vertraut Durkheim nicht auf die Heilmittel eines Masaryk oder Marx. Weder eine moralische Wiedergeburt noch die proletarische Revolution befürwortet er, sondern eine Reform, deren Ziel eine Gesellschaft darstellt, die jeden einzelnen miteinbeziehen würde, die wieder die Rolle eines Vermittlers zwischen Staat und Subjekt einnehmen könnte und das Individuum am Leben einer einträchtigen Gemeinschaft teilnehmen ließe. Welcher Gemeinschaft? Gemeint ist vor allem die von der Arbeit bestimmte Gemeinschaft, das berufliche Umfeld. Die Lust am Leben könnte durch die Befriedigung, die ein Klima solidarischer Kooperation verschafft, wiederhergestellt werden, durch die Freude am Schaffen, die dieses soziologische Ideal hervorriefe, durch die endlich freie Betätigung. Kurz: Ergotherapie als Heilmittel gegen die Anomie eitlen Trachtens.

KAPITEL IV

● **Der Selbstmord als Symptom**

Hat nicht auch Japan seine Durkheimschen Aspekte? Scheint es nicht so, als würde diese Gesellschaft, in der die Arbeitsethik eine so große Rolle spielt, seine soziologischen Ratschläge befolgen, ohne daß sie sie hätte hören müssen? Zwar bezieht sich Durkheim auf den Syndikalismus seiner Zeit, wenn er von beruflichen Gruppierungen spricht, während in Japan der Betrieb der wesentliche Rahmen ist. Eine vertikale Solidarität vereint von der Basis bis zur Spitze alle Angehörigen derselben Firma, wohingegen die horizontalen Berufskategorien, welche die Arbeiter gleichen Status und gleicher Fachrichtung firmenübergreifend vereinen könnten, nur eine sehr untergeordnete Rolle spielen. Das Standes-, Kasten- oder Klassenbewußtsein zählt nicht gegenüber dem Bewußtsein der Sippenzugehörigkeit, als deren moderne Form die Firma angesehen werden kann. Innerhalb des Betriebes herrscht eine Solidarität, die insbesondere bei der Selbstmordverhütung von Bedeutung ist. Die Statistiken belegen, daß das Selbstmordrisiko der japanischen Arbeiter und Angestellten während ihres gesamten Berufslebens sehr gering ist. Die Betriebe sorgen für sichere Arbeitsplätze; in schwierigen Zeiten kürzen sie den Lohn, anstatt ihre Beschäftigten zu entlassen. Anstellung auf Lebenszeit, Beförderung nach Dienstalter, Bonussystem, Firmenwohnungen, soziale Einrichtungen – der japanische Kapitalismus tut alles, um die Integration der Arbeiter und Angestellten zu fördern, und übernimmt viele Aufgaben des sozialen Schutzes, die im Abendland einstmals die Kirche wahrnahm und die heute dem Staat zufallen. Die Beziehung von Arbeitgeber und Arbeitnehmer wird nicht als ein punktueller und widerrufbarer Vertrag über den Verkauf der Arbeitskraft erlebt, sondern als ein persönliches Engagement, das einen vorbehaltlosen Einsatz für das Schicksal des Betriebes einschließt.

Klassenkampf und Sippenkampf

Seinem Ursprung nach entwickelte sich der abendländische Kapitalismus in Verbindung mit dem kommerziellen und überseeischen Abenteuer, mit der Anwerbung von Söldnereinheiten, um so mit den Waren Profite zu erwirtschaften. Das japanische Modell hingegen ist erdverbunden, ist das der häuslichen Produktion und der Großfamilie, dem Reisanbau auf einem sich flächenmäßig kaum verändernden, eng umgrenzten Gebiet angepaßt. Zwei völlig verschiedene menschliche Organisationsformen also: instabile, weit entfernte und abstrakt egalitäre Markt- und Vertragsverhältnisse einerseits, traditionelle, enge, dauerhafte und asymmetrische Familienbeziehungen

andererseits. Die Ideologie des japanischen Kapitalismus ist sehr familien-
orientiert, man könnte auch sagen feudalistisch, hat doch der Feudalismus
nichts anderes getan, als die zunächst auf die Familie beschränkten Abhän-
gigkeits-, Schutz- und Verpflichtungsverhältnisse auf die Ebene der Kriegersippen zu übertragen. Diese aus einem offenen und flexiblen System ver-
wandtschaftlicher Beziehungen hervorgegangenen Prinzipien der Arbeitsorganisation, die einstmals für die häusliche Produktionsweise entwickelt
worden waren, wurden später von der Ethik des Feudalismus verherrlicht –
und sie erweisen sich auch bislang als sehr geeignet für die industrielle Produktion. Der produktionshemmende Klassenkampf tritt hinter dem pro-
duktionsfördernden Kampf der Sippen zurück. Das Paradoxon ist also, daß
sich die Modernisierung in Japan auf die traditionellen Züge des Landes
stützt. Zu Unrecht spricht man von einer Amerikanisierung – vielmehr
wurde dieses Land, indem es blieb, was es war, zu dem, was es heute ist. Europäische Manager lassen sich in Tōkyō über Fragen der Arbeitsorganisation
und Gruppendynamik unterrichten, doch der Aufstieg Japans beruht nicht
auf einfachen Erfolgsrezepten.

Aber zeichnen wir kein allzu idyllisches Bild der japanischen Gesellschaft.
Wie alle anderen hat auch sie ihre Grausamkeiten und muß Tag für Tag einen teuren Preis für ihre industrielle Macht zahlen.[15] Denn auch die enge
Einbindung des einzelnen in die Arbeitsgemeinschaft nimmt dem Konkurrenzkampf nichts von seiner Härte. Geht ein Betrieb bankrott, sind die Angestellten um so schutzloser der Ratlosigkeit ausgeliefert, je enger sie sich mit
ihrer Aufgabe und ihrem Unternehmen identifizierten.[16] Unter den Angehörigen mächtiger Firmen, deren Existenz in keiner Weise bedroht werden
kann, ist die Selbstmordrate sehr gering. Aber Japans industrielles System ist
dualistisch und heterogen: Die Spitzenunternehmen erzielen glänzende Ergebnisse – doch an der Basis kämpft eine ständig wachsende Zahl winziger
Zulieferfirmen, Kleinbetriebe und Tagelöhner um ihre Existenz. Diese Arbeiter und Angestellten sind laut Statistik einem ungleich höheren Selbstmordrisiko ausgesetzt. Auch wenn das Wirtschaftsleben in diesem Land
nicht die von Marx im Europa des 19. Jahrhunderts beobachtete kanonische
Form des Klassenkampfes annimmt, ist es mitunter dennoch ein Kampf auf
Leben und Tod.

»Elend schützt«, sagte Durkheim. Das mag für diejenigen zutreffen, die
von Geburt an nichts als Elend kennen und es als unabänderliches Schicksal
erfahren haben – die heruntergekommenen Kleinbürger aber oder die
Lohnempfänger, die ihre Schulden nicht mehr zurückzahlen können, tötet
es. Im Jahre 1979 waren Geldprobleme für über 10 % der Selbstmordfälle
unter Männern verantwortlich. Seit gut 20 Jahren läßt es der japanische
Laxismus zu, daß die Zahl der kleinen Wucherer (zur Zeit sind es etwa
160 000) – neben den traditionellen Pfandleihern – ständig ansteigt. Um
sich von ihnen Geld zu leihen, müssen Studenten und Angestellte nur ihren

Ausweis vorzeigen. Der in zahllosen Prospekten und auf Werbeflächen angegebene Zinssatz beträgt 5% – pro Monat versteht sich. Dank verschiedener Kunstgriffe können die Zinsen aber auch leicht auf 100% steigen. Fällige Schulden werden gewaltsam eingetrieben, und viele dieser sogenannten Büros sind fest in der Hand der Unterwelt. Die am häufigsten angewandte Methode besteht in der Drohung, den Betreffenden an seinem Arbeitsplatz bloßzustellen, woraufhin viele die Flucht ergreifen – manche die in den Tod.[17] Wie dereinst Emma Bovary, die hastig Arsen schluckte, um ihrem Gläubiger zu entgehen.

Wald und Beton

Keines der Übel der industriellen Gesellschaft ist Japan erspart geblieben, weder die Betonwüsten der Großstädte noch die Verkehrskatastrophe oder die Öde der Vorstäde, nur die Kriminalität hält sich bisher in erträglichen Grenzen. 1972, also 15 Jahre nach Errichtung der französischen Trabantenstadt Sarcelles, wurde in Takashimadaira bei Tōkyō ein aus 64 unsäglich eintönigen Gebäuden bestehendes Neubauviertel fertiggestellt, in dem mittlerweile 40 000 Menschen leben. Schon im ersten Jahr profitierten einige Verzweifelte von den Dachgärten und stürzten sich 14 Stockwerke tief auf den Zement der Höfe. Fernsehen und Presse berichteten ausführlich darüber und verschärften so das Problem nur noch mehr. Takashimadaira, nicht sehr witzig »Mekka des Selbstmords« getauft, zieht mittlerweile jedes Jahr rund 20 Todeskandidaten aus dem Großraum Tōkyō an. Die Dachgärten wurden mit Geländern und Stacheldraht versehen, es wird regelmäßig Streife gegangen, die Bewohner sollen jeden melden, der mit wirrem Blick auf die Dächer der Gebäude zu starren scheint, und die Mütter warnen ihre Kinder vor den Körpern, die vom Himmel fallen. Aber alle Vorsichtsmaßnahmen scheinen vergeblich: es ist nun einmal in Mode. Des öfteren konnte man diesen Ansteckungseffekt, der einen bestimmten Ort plötzlich auf Jahre hinaus zum Treffpunkt der Selbstmörder werden läßt, beobachten.

Für die Verzweifelten sind die übervölkerten Betonsilos zweifellos am geeignetsten, für diejenigen aber, die den Tod als eine Rückkehr zur Natur phantasieren, bietet dieses Land der Kontraste auch einen jungfräulichen Ort, der am Fuße des Fuji liegt, 100 km von Tōkyō entfernt, in einem ausgedehnten Waldgebiet, das weder von Straßen noch Wegen durchzogen wird – *Jukai*, »das Meer der Bäume«. Berühmt wurde dieser Ort durch einen 1960 veröffentlichten Roman: Eine junge Frau hat endlich den Mut gefaßt, ihren abscheulichen Ehemann zu verlassen, doch als sie zu ihrem Geliebten gehen will, drängt sie eine innere Stimme, sich in den Zug zu setzen und in die Gegend des Fuji zu fahren. Sie treibt die Frau dazu, die Abhänge emporzuklettern, um schließlich in dem Meer der Bäume zu ertrinken. Ro-

43

mane glauben, das Leben zu imitieren, doch das Leben imitiert die Romane, die guten wie die schlechten. Seither sucht man einzeln oder paarweise diesen Ort auf, um sich zu erhängen, sich zu vergiften oder zu erfrieren. Jeden Oktober, vor den ersten Schneefällen, bahnt sich ein Suchtrupp mühsam seinen Weg durch das dichte Unterholz und findet dabei alljährlich etwa 30 Gerippe, die Füchse, Raben und Wildhunde von ihrem nunmehr nutzlosen Fleisch gesäubert haben. Romaneske Selbstmorde – vor allem junger Frauen. Kleidungsstücke dienen der Polizei, die sehr darum bemüht ist, diesen Leichen einen Namen zu geben, als Indizien, die mit der Liste der Vermißten verglichen werden. Einer sehr langen Liste: allein 1978 wurden 95 000 Suchmeldungen über Personen registriert, die plötzlich verschwanden, getrieben von dem Wunsch nach einem neuen Leben – oder aber nach dem Tod.

Die meisten der jährlich etwa 20 000 Selbstmörder aber wählen weder den Beton von Takashimadaira noch den Wald des Fuji, noch irgendeinen anderen faszinierenden Ort. Genau wie anderswo bringt man sich in Japan zumeist zu Hause, auf Bahngleisen oder aber auf Reisen in seinem Hotelzimmer um. Auch die Verfahren sind die gleichen (Ertrinken, Erhängen, Sturz aus großer Höhe, Vergiftung, Ersticken, Verbrennen, Erschießen oder Erstechen), ebenso wie die Proportionen, in denen sie zueinander stehen. Das Bauchaufschlitzen, diese Tradition, die unter dem Namen *seppuku* vom 13. bis ins 19. Jahrhundert hinein in der Kriegerklasse sehr verbreitet war, ist trotz des noch nicht lange zurückliegenden Beispiels von Mishima fast ausgestorben. Die Motive, die die jährlichen Polizeistatistiken angeben (Krankheit, Familienstreitigkeiten, Liebeskummer, Geldsorgen, berufliches Versagen, Trauer, Depression etc.) können auf dieser sehr oberflächlichen Wahrnehmungsebene nicht viele bedeutsame Informationen liefern. Nur tiefergehende Einzelstudien könnten das Geflecht der komplexen Motivationen entwirren, die oft nicht einmal dem Betreffenden selbst ganz bewußt sind.

Das abgekürzte Altern

Aufschlußreicher ist eine Analyse der Statistiken nach Altersklassen. Sie zeigt, daß Junge und Alte am meisten selbstmordgefährdet sind. Derart nach Altersgruppen geordnet, ergibt sich eine U-förmige Kurve, d. h. die gut in die Arbeitsgemeinschaft integrierten Erwachsenen sind nur einem geringen Risiko ausgesetzt. Aber dieser Schutz hat seinen Preis, vor allem in den Phasen, die vor und nach dem mittleren Lebensabschnitt liegen. Nach der Pensionierung wird das Gefühl, unnütz zu sein, um so erdrückender, je mehr das Arbeitsethos den moralischen Mittelpunkt des Lebens bildete. Tritt noch die Angst vor Krankheit und Elend hinzu, erscheint das Leben unerträglich.

Noch bis vor kurzem war es üblich, daß der älteste Sohn mit Frau und Kindern in seinem Elternhaus wohnte. Oft lebten drei Generationen unter einem Dach. Doch bedingt durch die Enge der städtischen Mietwohnungen trennen sich die Kinder oft schon zu Studienbeginn von ihren Eltern, spätestens aber nach ihrer Heirat. Wie im Westen beschränkt sich das Familienleben in zunehmendem Maße auf das Ehepaar, das sich für die Unabhängigkeit entscheidet, auch wenn diese die Gefahr der Vereinsamung in sich birgt. So umfaßte beispielsweise 1965 ein Haushalt in ländlichen Gebieten durchschnittlich noch 4,51 Personen, in städtischen Wohngebieten lediglich 3,9. Die alten Leute leben also immer häufiger alleine. Wenn man den Meinungsumfragen Glauben schenken darf, wird das Fernsehen zu einem Lebensinhalt, mitunter zum einzigen – auf alle Fälle zum wichtigsten. Eine Zahl kann das Ausmaß dieses Problems belegen. 1979 betrug die Selbstmordrate 18,5 für die Gesamtbevölkerung, mehr als 50 jedoch bei dem Bevölkerungsanteil der über 65jährigen. Der Alterungsprozeß der japanischen Gesellschaft schreitet rasch voran: niedrige Geburtenziffern bei steigender Lebenserwartung. In 20 Jahren wird der Anteil derer, die sich im letzten Drittel ihres Lebens befinden, von derzeit 9 % auf 15 % angestiegen sein. Ein Schicksal, das Japan mit allen Gesellschaften teilt, die sich modernisiert haben.

Die japanischen Ruheständler sind nicht zu beneiden, profitieren sie doch in keiner Weise von dem Wirtschaftswachstum. Wenn sie schließlich aus dem Berufsleben ausscheiden, können sie nicht, wie in Europa, auf eine monatliche, gesetzlich garantierte und regelmäßig angepaßte Rente zählen. Von ihrer Firma erhalten sie eine einmalige Abfindung, einen kleinen Betrag, von dem sich manche ein Haus oder ein kleines Geschäft kaufen. Die meisten aber müssen sich nach einem neuen Arbeitsplatz umsehen und tun am besten daran, ihr Ruhestandsgeld – über den Umweg einer Anlage bei der Bank – wieder den Firmen zur Verfügung zu stellen. Doch damit nicht genug: Die Inflation, der Komplize des Wachstums, wird ihr Kapital unerbittlich schmälern.

Die Selbstmorde der Alten geschehen also aus Einsamkeit, aus dem deprimierenden Gefühl heraus, unnütz zu sein. Die Beschwerden des Alters und die Not werden dadurch als völlig sinnlos und unerträglich empfunden. Wozu noch länger leiden? Hinzu tritt mitunter noch eine Motivation, die man Opferbereitschaft nennen könnte – insbesondere in ländlichen Gegenden, obwohl die alten Menschen dort oft noch von ihren Kindern umgeben sind. Zwar leiden sie dort auch nicht unter Einsamkeit, aber sie sehen keine Möglichkeit, sich nützlich zu machen, und betrachten sich schließlich selbst als eine eigentlich schon tote Last, von der die Familiengemeinschaft befreit werden muß. Es sind vor allem Witwen, die sich aus derartigen Motiven heraus das Leben nehmen, besonders häufig in ärmeren Regionen, wie etwa der Präfektur Niigata, dem Schneeland – oder in Iwate, Kōchi und Shimane.

45

Heutzutage kennen die dortigen Bauernfamilien zwar keine Not mehr, doch so manche Sitte, deren Ursprung in weitaus härteren, gar nicht so lange zurückliegenden Zeiten zu suchen ist, hat bis heute überdauert.[18] In Hungerzeiten war es einstmals Brauch, daß der Sohn seine entkräftete Mutter auf dem Rücken in die Berge trug und sie mit einem Gebet an einem Heiligtum aussetzte, wo sie nachts im Schnee darauf wartete, daß die tödliche Kälte sie durchdrang. Auch heute noch töten sich mehr Frauen über 65 Jahre als Männer im gleichen Alter: 1978 verzeichnete man 2578 weibliche Selbstmorde gegenüber 2277 männlichen. In der japanischen Tradition erfuhren alle weiblichen Haltungen des Verzichts, der Selbstaufgabe und der Selbstaufopferung stets eine starke Aufwertung.

Die ländlichen Gemeinschaften regulierten ihr demographisches Gleichgewicht unter dem Druck ökonomischer Notwendigkeiten: durch das mehr oder weniger freiwillige Selbstopfer überflüssig gewordener Witwen, durch Abtreibung und Kindesmord unmittelbar nach der Geburt (vor allem bei Mädchen). Das Christentum lehrte uns jahrhundertelang nicht den Respekt vor dem Leben (eine buddhistische Tugend), sondern den vor dem menschlichen Individuum, von der Empfängnis bis zum Tod, oder besser gesagt, die Ehrfurcht vor der Souveränität Gottes. Denn seit Abrahams Zeiten stellt man sich Gott als den absoluten Herrn über Leben und Tod vor, eifersüchtig auf jede menschliche Souveränität, die sich die göttlichen Vorrechte anmaßen möchte, indem sie selbst in die Entscheidung über den Moment von Empfängnis oder Tod eingreift. Seien wir jedoch davon überzeugt, daß der japanische Bauer, der einst an einem Winterabend seine entkräftete Mutter in die Berge trug, eine nicht weniger ergreifende Pietät und Tugend verspürte als alle Erben der Maximen Abrahams – seien sie sich dessen bewußt oder nicht –, die am Totenlager eines Elternteils stehen und sich schmerzvoll verbieten, seinen Todeskampf abzukürzen.

Selbstmorde bei Jugendlichen

Noch trostloser aber sind die Selbstmorde von Heranwachsenden oder gar Kindern. Und auch beunruhigender, denn ihre Verweigerung gilt nicht dem letzten, bitteren Lebensabschnitt, sondern dem ganzen Leben, mit all seinen offenen Möglichkeiten. Es scheint, als hätten sie den düsteren Mut gehabt, auf Silens Orakel für König Midas zu hören: »Was ist das Allerbeste und Allervorzüglichste für den Menschen? – Nicht geboren zu sein. Anderenfalls: bald zu sterben.«

Ein Selbstmord ist ein Symptom, d. h. ein Oberflächenergebnis, hervorgerufen von Faktoren, gegenüber denen das Subjekt machtlos ist, wie dies vor allem für die Selbstmorde Jugendlicher zutrifft. Aber er ist nicht nur ein

46

Symptom, sondern auch ein Akt, so unklar und verworren der Anteil des Willens auch sein mag. Er ist eine Ablehnung, zunächst einmal einer gegebenen Situation, darüber hinaus aber auch ein generelles Urteil über den Wert des Lebens. Ein Urteil allerdings, das nach einer Antwort zu verlangen scheint. Der Selbstmord eines jungen Menschen ist stets ein Appell; die durchdringende Bestimmtheit vermischt sich mit einer Frage: »Für mich ist das Leben unerträglich, wie aber ließe sich das Leben leben?« Deutlich spürt man (und gerade deshalb macht der Akt so betroffen), daß eine Kleinigkeit alles hätte ändern können. Ein Akt, der einem Schrei ins Leere gleicht, zufällig wie ein fallender Würfel. »Man wird ja sehen, ob der Tod mich überhaupt haben will.« Ein Tod, gleichsam als Sühne, manchmal aber auch aus Rache: »Was bin ich denn in diesem Leben? Armselig, ungeliebt – und dennoch, obwohl noch ein Kind, bin ich schon fähig, alles mit einer einzigen Geste zu zerstören.« Die letzte infantile Allmachtsphantasie und der erste Souveränitätsakt eines Erwachsenen. »Zumindest werde ich beweisen, daß ich einen Willen habe, nun wird man mich ernst nehmen müssen.«

Man kann sich in jedem Alter sterben lassen – wie jene von René Spitz beobachteten verwaisten Säuglinge, die sich im Krankenhaus weigerten, die Nahrung anzunehmen, die zwar ihre Bedürfnisse gestillt hätte, ohne ihnen jedoch Liebe zu geben. Den Akt der Selbsttötung auszuführen, setzt jedoch einiges voraus: Kraft, Mut, Kühnheit – und eine metaphysische Reife, die der des Körpers vorangehen kann: die Fähigkeit, allein der Totalität des Seins gegenüberzutreten. Jedes Jahr berichten die Zeitungen in Japan über Kinder, die im Alter von zehn, neun oder gar acht Jahren durch eigene Hand sterben. Und dabei schienen sie, was das allerbeunruhigendste ist, gar nicht unglücklich gewesen zu sein. Sie waren in der Schule und zu Hause folgsam, kaum verträumter als andere Kinder, tollten noch am selben Morgen mit ihren Spielkameraden umher. Nicht das geringste Warnsignal – welche Familie könnte sich also in Sicherheit wiegen? Manche Kinder schieben einen nichtigen und lächerlichen Grund vor – aber gerade der brachte das Faß unsagbarer Bitterkeit zum Überlaufen: »Ich habe Angst vor der Prüfung.« »Papa wollte mir keine Skier kaufen.« »Der Lehrer hat mich bestraft.« Meistens aber ist es das Schweigen, das die bestürzten Angehörigen ihrem Zweifel, ihren Gewissensbissen und ihrer Verblüffung überläßt.

Das beunruhigendste der Symptome

In den zehn Jahren von 1965 bis 1975 hat sich die Zahl der jugendlichen Selbstmörder unter 14 Jahren in Japan von 46 auf 95 pro Jahr verdoppelt. Man fand heraus, daß sich die Zahl der Schüler in diesem Alter, bei denen Magengeschwüre auftraten, im gleichen Zeitraum verzehnfacht hatte. Bei den Minderjährigen unter 20 Jahren lag die Selbstmordziffer lange Zeit bei ca. 700 Fällen pro Jahr. Dann, 1977, stieg sie auf 784, um ein Jahr später auf 866 hinaufzuschnellen – eine um so schwerer wiegende Zunahme, als die Zahlen für die anderen Altersgruppen im selben Jahr stabil blieben. Ganz Japan war in Aufregung, denn kann es ein beunruhigenderes soziologisches Symptom geben als die Zahl der jugendlichen Selbstmorde? Im Laufe der ersten Monate des Jahres 1979, in denen diese Zahlen veröffentlicht wurden, behandelten Radio, Fernsehen und Presse dieses Problem wieder und wieder. Der Ministerpräsident beauftragte einen Untersuchungsausschuß, bestehend aus 12 Fachleuten aus den Gebieten Psychiatrie, Pädagogik und Soziologie, das Übel zu diagnostizieren und ein Gegenmittel vorzuschlagen. Das Erziehungsministerium verteilte an alle Schulen des Landes ein Handbuch zur Selbstmordverhütung; in Vorträgen, Broschüren und Diskussionsrunden versuchte man die Eltern aufzuklären. Doch die Situation verschlimmerte sich immer mehr: 919 Japaner unter 20 Jahren nahmen sich in jenem Jahr das Leben. 1980 aber hatte man die Lage unter Kontrolle: 678 Fälle jugendlicher Selbstmorde wurden gemeldet, d. h. die niedrigste Ziffer seit dem Ende des Zweiten Weltkriegs. Läßt sich damit die Wirksamkeit der vorbeugenden Maßnahmen belegen? Handelte es sich nur um kurze Schwankungen oder um eine Tendenz, die sich fortsetzen kann? Alle entwickelten Länder, die auf Konkurrenz und Schulpflicht beruhen, sind mehr oder weniger stark vom Selbstmord Jugendlicher betroffen, dessen langsame Variante der Drogenkonsum ist. Hoffen wir, daß die inzwischen besser gewarnten Menschen dieser unaufhörlichen und weit verstreuten Hekatombe Einhalt gebieten können.

Dieses Phänomen unterscheidet sich grundlegend von der Selbstmordwelle der fünfziger Jahre. Damals waren es junge Erwachsene, Männer um die 20, in einem Alter, in dem man seinen Wehrdienst leistet, um ein Jahrzehnt verspätete *kamikaze*. Heutzutage sind es Heranwachsende im Schulalter, noch Kinder, abhängig, beschützt und geführt. Geht man also von der symptomatischen Bedeutung dieser Selbstmorde aus, läßt sich dann nicht sagen, daß sie nur die grausame Umsetzung einer lange vor dieser Abhängigkeit *(amae)*, diesem Schutz, dieser Führung empfundenen Ambivalenz sind? Wie alle psychischen Symptome haben auch diese Selbstmorde eine widersprüchliche Struktur: In einem einzigen Akt verbinden sie Wunschbefriedigung und dessen Sühne, sind zugleich Bitte und Ablehnung, Auflehnung und Unterwerfung. Das Kind, das Selbstmord begeht, appelliert an diejenigen, von denen es abhängt. Will es unabhängig sein oder noch mehr beschützt werden? Will es endlich erwachsen oder wieder zum Kind werden? Es will zugleich die Vergangenheit und die Zukunft, die Sicherheit und die Freiheit.

Die Bürde der Zukunft

In einer Konkurrenzgesellschaft, in der die Lebensverhältnisse nicht mehr unabänderlich sind, verlangt die Familie vom Kind, »Erfolg zu haben«. In der japanischen Gesellschaft herrscht eine starke Spannung, die vor allem auf der Konkurrenz der Betriebe untereinander, aber auch auf dem Aufstiegsstreben der Familien beruht. Der Heranwachsende soll zugleich Erwachsener und Kind sein: Er soll selbst die Verantwortung für seine Zukunft übernehmen – und dadurch die Bereitschaft bekunden, folgsam nach dem zu streben, was sich die Eltern für ihn wünschen. Aber ist es der ehrliche Wunsch auf seiten der Eltern oder nur die Unterwerfung unter die Norm des Wünschenswerten? Die elterliche Anregung kann auch den umgekehrten Aspekt annehmen: »Erreiche für uns das, was wir dir wünschen«. Die gefühlsmäßige Abhängigkeit, mit der ein Japaner an seine Familie und vor allem an seine Mutter gebunden ist, läßt ihn dieser Erwartungshaltung völlig wehrlos gegenüberstehen: nie könnte er es sich verzeihen, sie enttäuscht zu haben.

Der Gedanke an die Grausamkeit der Übergangsriten (symbolische Verstümmelungen, Mut- und Schmerzproben), die die primitiven Gesellschaften ihren Heranwachsenden auferlegen, läßt uns schaudern. Doch unsere modernen Gesellschaften sind nicht weniger grausam durch die Abwesenheit derartiger Riten. Nicht nur weil sie die Jugendlichen der Ungewißheit preisgeben, sondern auch weil die Rahmen, die jedem Individuum einen Status, eine Rolle, eine Beschäftigung zuweisen, nicht mehr existieren. Jeder einzelne ist dazu verurteilt, sich langsam vortastend auf die Suche nach seinen Wünschen, seiner Berufung, seiner Pflicht, seiner Wahrheit und seiner Zukunft zu machen. Der Selbstmord Jugendlicher drückt die Ablehnung und die Unfähigkeit aus, eine dialektische, stufenweise und positive Antwort auf die für das Subjekt, dem die Ungewißheit seines Daseins durch die soziale Anomie bewußt wurde, beunruhigende Frage nach der Identität zu geben. »Wer bist du? Du bist, was zu werden dir gelingen wird. Sonst nichts.« Dem jungen Mitglied einer traditionellen Gesellschaft, das in die symbolische Ordnung seiner Gemeinschaft eingebunden ist, bleibt diese beherrschende Angst erspart. So mancher Selbstmord scheint die Umsetzung des banalen und erschreckenden Urteilsspruches zu sein: »Du hast keine Zukunft«.

In diesem Klima können die umfangreichen Lehrpläne und die strenge Auslese erdrückend wirken. Zu den sechs Stunden Schulunterricht pro Tag kommen mindestens zwei Stunden Hausaufgaben und zusätzlich oft noch einige Stunden Abendschule hinzu. Man kann schließlich von einem Kind verlangen, für seine Zukunft täglich 11 bis 12 Stunden zu arbeiten. Diese Bürde allein würde schon genügen, das Leben hassenswert erscheinen zu lassen. Wer sich widersetzt, muß in psychiatrische Behandlung. Das Universitätskrankenhaus von Fukuoka hat eine Abteilung eingerichtet, in der lernunwillige Kinder einer psychotherapeutischen Gruppentherapie unterzogen werden. Ende April 1979 stürzten sich ein 19jähriger Junge und ein 17jähriges Mädchen gemeinsam aus einem Fenster dieser Klinik in den Tod.[19]

Alles ist miteinander verkettet: Um eine Anstellung in einer guten Firma zu finden, ist das Abschlußexamen einer guten Universität Voraussetzung, um die Aufnahmeprüfung einer guten Universität zu bestehen, muß man eine gute Oberschule absolviert haben; um dort aufgenommen zu werden, von einer guten Mittel- und Grundschule kommen. Kurz, der Konkurrenzkampf beginnt im Kindergarten, d. h. es muß so früh wie möglich gelingen, auf den Zug aufzuspringen. Das Kind gerät in das Räderwerk, das die Familie über die Schule mit dem Produktionsapparat verzahnt. Sein Schicksal, günstig oder ungünstig, wird ihm von dieser neuen Form des Orakels zugeteilt: der Prüfung. Alle Institutionen sind Komplizen – die Stabilität einer Anstellung auf Lebenszeit, die uns als wohltuende Praxis erscheint, fordert im Gegenzug, daß das Schul- und Hochschulsystem streng seiner selektiven Aufgabe nachkommt. Die Sicherheit des Angestellten, der aufgrund seiner Abschlußzeugnisse Aufnahme in einem mächtigen Unternehmen findet, wird mit dem Scheitern all derer erkauft, die an irgendeinem Punkt dieses Hürdenlaufs disqualifiziert wurden.

Die Sühne für das Scheitern

Tatsächlich aber wäre dieses Scheitern, das im Selbstmord enden kann, kein hinreichendes Motiv für diesen Akt, nähme es nicht durch das in der Familie herrschende Klima und die Verwundbarkeit des Subjekts den Sinn einer Katastrophe an. Erinnern wir uns an das Bild der Kette, deren schwächstes Glied unter der Spannung, der sie insgesamt ausgesetzt ist, zuerst zerbricht. Deutlicher als jede andere Form läßt der Selbstmord Jugendlicher die wechselseitigen Implikationen des soziologischen und psychologischen Aspekts des Symptoms erkennen. Woher aber rührt diese starke Wirkung eines von den Institutionen auferlegten Scheiterns? Von der psychischen Zerbrechlichkeit des einzelnen. Und die Zerbrechlichkeit? Vom Familienklima, welches wiederum von dem sozialen Diskurs (übernommene Meinungen, herrschende Werte), der Handlungen und Institutionen stützt, beinflußt wird.

Der Selbstmord kann eine Geste der Auflehnung gegen die Anforderungen der Eltern sein, ein Versuch, sich aus dem schulischen Joch zu befreien. Umgekehrt kann er aber auch ein Akt der Selbstbestrafung sein, ausgelöst durch die Schuldgefühle, die das Scheitern in einer zerbrechlichen Psyche hervorruft. Die japanische Tradition hat stets die Verantwortung des Individuums gegenüber seiner unmittelbaren sozialen Bezugsgruppe – seiner Familie oder Firma – betont. Diese Solidarität ist ein zweischneidiges Schwert: Sie kann vor dem Selbstmord bewahren, kann ihn aber auch herbeiführen. Strebt ein junger Japaner nach Erfolg, so tut er dies nicht, um sich selbst zu verwirklichen, sich zu befreien oder um zu werden, was er ist, denn es gibt in Japan keine Ideologie des Individualismus, die ihn dazu ermuntern würde. Der Wille zum Erfolg beruht auf der Pflicht, den Eltern die ihnen gebührende Dankbarkeit zu erweisen. Das Subjekt steht unendlich in der Schuld derer, die es zur Welt brachten, schenkten sie ihm doch jenes höchste Gut, das Leben. So will es der Diskurs einer nach wie vor lebendigen, durch den Konfuzianismus verwurzelten Ideologie, die sich in den Erziehungsmethoden fortsetzt. Einmal mehr bedient sich die Modernisierung, d. h. das Aufstiegsstreben, tradierter Maximen.

Die Implosion, die seit ein oder zwei Generationen die japanische Familie nach und nach auf das Geburtenkontrolle praktizierende Ehepaar reduziert, hat in diesem abgeschlossenen Raum zugleich die Intensität der ambivalenten Beziehung zwischen Eltern und Kindern erheblich verstärkt. In der Großfamilie verteilte sich die Verantwortung auf ihre zahlreichen Mitglieder. Jetzt aber konzentriert sie sich auf das selten gewordene, überbehütete Kind, auf das die Eltern zu sehr eingehen und das sie mit zu großer Nachsicht behandeln. Das Versagen in der Schule kann alle Hoffnungen der Familie zerschlagen, alle erbrachten Opfer als Verschwendung erscheinen lassen, denn das Universitätsstudium ist in Japan sehr kostspielig und für viele Mütter mit großen Entbehrungen verbunden. Sie sind stark genug, diese Opfer auf sich zu nehmen, würden aber nie so weit gehen, dies zu verbergen. Nur zu gut wissen sie, daß das unbestimmte Schuldgefühl, das gegenüber ihrem Opfer empfunden wird, ihren Sohn am besten zur Arbeit ansporren wird. Allerdings unterschätzen sie mitunter die Konsequenzen der Selbstbestrafung, die im Falle eines Scheiterns aus diesem Schuldgefühl resultieren können und letztlich dazu führen, daß es als eine nicht wiedergutzumachende Verfehlung empfunden wird.[20]

Nun, die Japaner sind seit jeher darauf trainiert, die Verantwortung für ihre Fehler demonstrativ zu übernehmen. Das kann von der bloßen Höflichkeitsfloskel, von der mechanisch vollzogenen Geste bis hin zum Akt strengster Sühne reichen. Was die Japaner vor allem erstaunt, wenn sie das westliche Leben betrachten, ist, daß wir uns scheuen, uns öffentlich für etwas verantwortlich zu erklären, und uns mit äußeren Umständen oder lauteren Absichten entschuldigen. Zugegeben, durch sieben Jahrhunderte der Beichte ist das christliche Gewissen in seinem Umgang mit der Verantwortung formbarer geworden. Seit dem 13. Jahrhundert gestehen wir unsere Fehler nur dem Strafgericht der Beichte ein, vor dem wir uns wie ein Anwalt verhalten können. Ein moralisches Urteil zu fällen, haben wir anderen überlassen: Welcher Christ würde es wagen, sich diese Autorität anzumaßen und die Gesetzesverletzung notfalls an sich selbst zu rächen? In den Augen der Japaner hingegen ziemt es sich nicht, über einen Fehler, den man selbst begangen hat, zu diskutieren und sich zu rechtfertigen. Nichts schätzen sie mehr als den Mut, sich selbst für schuldig zu erklären. Die Japaner brachten

den Selbstbestrafungsakten, die uns als suspekte und krankhafte Verhaltensweisen erscheinen, seit jeher Sympathie und Bewunderung entgegen, betrachteten sie als eine hinreichende Wiedergutmachung des Irrtums, des
Scheiterns, der Verfehlung. »Es fällt uns Japanern schwer zu begreifen, weshalb die Kirche Petrus und Judas so unterschiedlich behandelt. Beide haben
Christus verraten: Judas wird verdammt, Petrus dagegen zum Oberhaupt
der Kirche erklärt, obwohl sich Judas doch umgebracht hat.«[21]

Diese traditionelle Haltung kann die depressiven Zustände verstärken und
in den Selbstmord hinübergleiten lassen. In der christlichen Kultur verwaltet
die Kirche die Schuld, die sie oft selbst hervorruft, manchmal mäßigt, immer
aber beherrscht. Unser moderner Individualismus, der das Leben zu einem
unveräußerlichen Recht erhebt, kann auch einen hervorragenden Schutz gegen die Strenge des Über-Ichs darstellen. Die Japaner sind weniger geschützt
und dem aus Schande und Schuld zusammengesetzten Gefühl der Verantwortlichkeit wehrlos ausgesetzt. Deutlich erkennbar sind die Spuren tradi-
tioneller Tugenden (das Gesicht wahren, aber die Verantwortung für den
Fehler auf sich nehmen), die sich in den Erziehungsmethoden verewigen und
nichts an Aktualität verlieren.

Das Erwachen des Über-Ichs

In seinen ersten Lebensjahren genießt der kleine Japaner eine Nachgiebigkeit, die uns übertrieben erscheint. Der Vater ist fern, nur gelegentlich präsent, die Mutter aber hat sich Tag und Nacht um das Kind zu kümmern. So
entwickelt sich ein sehr enges Abhängigkeitsverhältnis, eine echte Symbiose.
Strafen, wie die Drohung mit Liebesentzug, sind in Japan keine Mittel, um
das allmählich unternehmungslustig werdende Kind unter Kontrolle zu halten. Statt ein striktes Verbot auszusprechen, und somit in Konflikt mit dem
Wunsch des Kindes zu geraten, weicht die Mutter aus, indem sie seine Aufmerksamkeit auf eine Süßigkeit lenkt oder eine Warnung ausspricht: »Das
macht man nicht! Das ist gefährlich!« Aber vor allem: »Was werden die anderen sagen? Alle werden dich auslachen!« Mit dieser Art, auf äußere Gefahren
oder den Blick Dritter hinzuweisen, betont die Mutter implizit ihre Solidarität mit dem Kind: »Du brauchst dich nicht vor meinem Zorn zu fürchten,
nicht vor mir mußt du dich schämen, sondern vor allen anderen, insbesondere vor dem Vater.« Ist eine Entschuldigung nicht zu umgehen, wird die
Mutter sie anstelle des Kindes aussprechen – allerdings nicht ohne das Kind
wissen zu lassen, daß sie beschämt und verwirrt die Verantwortung für seine
kleinen Vergehen tragen muß. Die abschreckende Wirkung der Schande
wird somit durch das Heraufbeschwören eines viel tiefergehenden Gefühls
noch vervielfacht: »Die anderen bringst du zum Lachen – mich aber zum
Weinen.« Im erwachenden japanischen Über-Ich verknüpft sich die Schande

mit dem Vergehen. Die Erben Kains können dem Auge Gottes nicht entgehen, schon gar nicht durch eine Flucht aus dieser Welt. In Japan aber kann man sich hinter dem Tod verstecken, sich durch ihn auslöschen und mit dem eigenen Verschwinden das Vergehen wiedergutmachen.

Auch im Abendland fehlt es nicht an selbstmordgefährdeten Depressiven, die Phantasmen – zwanghafte Vorstellungen – der Selbstbestrafung hegen. Der japanischen Kultur jedoch scheint daran gelegen zu sein, das Schuldgefühl noch zu verstärken, indem sie es mit der Scham verbindet. Alle projektiven Tests (Vervollständigung eines angefangenen Satzes, Erzählen einer Geschichte ausgehend von einem Bild) bestätigen, daß die Aggressivität der Japaner dadurch, daß ihnen die Ungeduld der Mutter fehlte, sehr früh gebremst wurde und nicht ausgelebt werden konnte. Sie kann kaum nach außen dringen, hält sich also zurück, enthält sich und wendet sich schließlich in Form von Angst und Verantwortungsgefühl gegen das Subjekt selbst (ein Mechanismus der *Wendung* im Freudschen Sinne). Das heutige Japan ist zwar keine Gesellschaft ohne Verbrecher, doch belegen die Statistiken, daß die Zahl der Selbstmorde dreimal so hoch ist wie die der Morde, während beispielsweise in Mexiko auf einen Selbstmord zehn Mordfälle kommen. Unter der Rubrik »Vermischtes« berichten die japanischen Zeitungen gelegentlich, daß ein Verbrechen im Selbstmord des Täters seinen Abschluß fand, somit kompensiert wurde. Die »Freude an der Gewalt«, die Journalisten nach zwei Wochen Aufenthalt in Tōkyō aus der japanischen Seele glauben herauslesen zu können, ist zweifellos weniger charakteristisch und vorherrschend als der seelische Masochismus, dem sich das Fernsehen in der Gattung des *home drama* oder in Sendungen der tränenreichen Geständnisse ausgiebig widmet.

Diesem Schuldgefühl begegnet das japanische Kind bereits, ohne daß es aus der dualen Beziehung heraustreten müßte, die es so sehr von seiner Mutter abhängig macht. Die ödipale Eifersucht bleibt ihm weitgehend erspart. Die Entwöhnung von der Brust erfolgt spät, die Erziehung zur Sauberkeit verzichtet auf Strafen, paßt sich der Muskelentwicklung des Kleinkinds an. Die Eltern verlangen nicht, daß sich die biologischen Funktionen wie Nahrungsaufnahme, Ausscheidung und Schlaf diszipliniert an die Uhr halten. Wird das Kind müde, ist es üblich, daß sich die Mutter wenigstens eine Zeitlang dazulegt, um ihm das Einschlafen zu erleichtern. Bei ihm, meist im selben Bett, wird sie die Nacht verbringen. Das Schlafzimmer der Eltern gehört dem Kind – ohnehin ist in der japanischen Architektur ein abgeschlossener Raum gar nicht vorstellbar. So vermeiden es japanische Eltern, die Kinder Einsamkeit und Trennung erfahren zu lassen, die europäischen und amerikanischen Kindern von Anfang an zugemutet wird; vielmehr tritt die eheliche Sexualität hinter der Intimität des Familienlebens zurück.[22]

Modulation des Ödipus

Die westliche Erziehungsnorm, die uns die Psychoanalyse lediglich bewußter macht, verlangt dagegen, daß das Kind zu einer festen Zeit in sein Bettchen geschickt wird, das möglichst in seinem eigenen Zimmer stehen soll. Eine gute Erziehung läßt das Kind frühzeitig Disziplin, Trennung und Strafe erfahren und bringt es dazu, sich vor dem Gesetz, vor der Autorität, vor dem Nein des Vaters, als ein von den anderen unterschiedenes Subjekt zu begreifen. Es soll sich seiner Freiheit würdig erweisen. Das japanische Kind wird zunächst mit grenzenloser Nachsicht behandelt und spürt erst nach und nach die Beziehungen, in die es eingebunden ist. In Japan ist der Ödipus also in ganz anderer Weise ausgeprägt: Man weicht ihm aus, schiebt ihn hinaus, erstickt ihn in der Symbiose von Mutter und Kind. Bei uns dagegen nimmt er eine sehr bestimmte Form an, wie z. B. die weithin befolgte Erziehungsregel von Françoise Dolto zeigt, die den Vater zum Kind sagen läßt: »Hör mal, sie ist zunächst einmal meine Frau und dann erst deine Mutter. Ich bin es, bei dem sie schlafen wird. Wenn du groß bist, wirst du auch eine Frau haben.« Dieser ungeschminkte Diskurs, dem lediglich im Geltungsbereich der uranfänglichen, selbstgewählten, wesentlichen Normen unserer Kultur Wahrheitswert zukommt, kann sicherlich zur Individuation beitragen – in Japan aber erschiene er verrückt. Unserer Meinung nach ist es der ödipale Laxismus, der gefährlich ist; die Symbiose mit der Mutter scheint naturgemäß die Bindungen der Entfremdung zu verstärken, die wir aufgrund unserer individualistischen Dogmen fürchten. Die Abhängigkeit ist bei uns schuldbesetzt (Vorenthalten, Kastration), und die besitzergreifende Mutter sowie der Vater, der seine Macht mißbraucht, werden dafür verantwortlich gemacht. In Japan neigt man eher dazu, eine enge Intimität aufzubauen und die Unabhängigkeit mit einem Schuldgefühl zu besetzen (Undankbarkeit, Treuebruch), wobei die Schuld dem untreuen und leichtfertigen Sohn zugeschrieben wird.

Die Individuation erfolgt in Japan also später und ist weniger stabil. Das frühkindliche Paradies der Verschmelzung mit der Mutter hat sich in die Psyche eingeschrieben, wird in der Erinnerung zu einem Moment reiner Harmonie idealisiert, in dem die Disziplin des Schulalters noch unbekannt war, es weder Verpflichtungen, Sanktionen noch Konkurrenz gab. Dieser nostalgische Kern nährt die Regressionsversuche, deren harmlosester die Trunkenheit ist: Ein Fläschchen Sake gibt das Recht, in jedem Alter wieder zu jenem naiven Wesen zu werden, dessen Babbelei und Stolpern eine unbegrenzte Nachsicht entgegengebracht wird. Auch die Drogensucht, die allerdings in Japan streng verfolgt wird, stellt eine Flucht tief in den Schoß der glückspendenden, aber auch todbringenden Mutter dar. Wird die Last jedoch zu schwer, die Rückkehr in die Wirklichkeit unerträglich, ist man versucht, vom Tod die Vergangenheit zurückzufordern. Alles in allem ist die von Heraklit oder Nietzsche formulierte Hypothese der ewigen Wiederkehr weder die am wenigsten weise noch die am wenigsten plausible. In die Depression mischt sich Begeisterung. Wenn schon nicht für die Vernunft, so kann der Entschluß zu sterben doch zumindest im Phantasma die Hoffnung auf eine Wiedergeburt bedeuten.

So nachsichtig die Erziehung während der ersten Lebensmonate auch sein mag, gewisse Momente von Frustration und Zorn lassen sich nicht vermeiden. Der Vater ist außer Reichweite; er herrscht, regiert aber nicht, so daß es dem Kind gar nicht in den Sinn kommen kann, sich an ihm zu vergreifen. Die Mutter aber ist da, und es ist gerade ihre Funktion, die Launen des Kindes zu erdulden. Man erwartet von ihr, daß sie auf das Geschreie und Gestampfe mit beruhigenden Worten reagiert. Aber sie legt Wert darauf, ihre Geduld, ihre Resignation und ihren Schmerz zur Schau zu stellen. Statt den Zorn des Kindes zu brechen, zu dämpfen oder einfach zu verachten, versucht sie, ihn opferbereit zu erdulden – so wie es der von der Tradition nahegelegten Erziehungsmethode entspricht: der Strategie des Nicht-Widerstands. Selbstverständlich weiß man, daß der Moment kommen wird, an dem das Kind Angst davor hat, sein Liebesobjekt anzugreifen und die unverzichtbaren Bande zu zerstören. Plötzlich wird es vor seinem als gefährlich und schlecht wahrgenommenem Zorn zurückschrecken, wird sich sein Haß als Reaktionsbildung in Mitleid verwandeln – die restliche Aggressivität aber wird es gegen sich selbst richten: Es identifiziert sich mit dem Opfer seiner eigenen Aggression, das es liebt und von dem es abhängt. Der jeweilige kulturspezifische mütterliche Masochismus hat die Entstehung des Über-Ichs und des Gefühls der Verantwortlichkeit bewirkt und damit sein Ziel erreicht.

Die Mutterbindung

Wiederum zeigt sich hier ein Gegensatz zum Abendland, wo sich das Über-Ich vor allem durch Verinnerlichung der väterlichen Autorität bildet, durch den Mechanismus der Identifikation mit dem Angreifer, d. h. im gegebenen Fall mit dem ödipalen Rivalen, der Verbot und Strafe verkörpert. Der gegen den Vater gerichtete Haß des Kindes weicht der Kastrationsangst und bindet sich als Über-Ich im Subjekt – so die klassische Darstellung Freuds. Zwar ist der in der ödipalen Phase phantasierte Tod des Vaters stark mit Schuldgefühlen und Angst beladen, doch kommt er niemals der absoluten Katastrophe gleich, als die der Tod der Mutter in der Phantasie eines umsorgten Kindes empfunden werden würde. Wenn er stirbt, kann ich weiterleben – aber sollte sie sterben, noch dazu durch meine Schuld, so müßte ich ihr sogleich in den Tod folgen. Die Funktion des japanischen Vaters ist die des beschämenden Blickes, doch erst durch die Beziehung zur Mutter prägt sich

55

die Schuldangst vollkommen aus. Die Verankerung des Über-Ichs erfolgt also in einem früheren Stadium: Es ensteht nicht aus den Rivalitätsphantasmen, sondern aus der Urerfahrung des Todestriebes, den Melanie Klein schon lange vor dem Einsetzen der Sprachentwicklung beobachtete. Die von der japanischen Tradition der sich aufopfernden Mutter angeregte Erziehungspolitik bleibt nicht ohne Folgen für die Ethik: Nachsicht gibt es nicht umsonst, und Abhängigkeit hat ihren Preis.

So verleiht jede Kultur dem universellen Ödipus ihre eigene Prägung in ihren Riten und Fabeln, mit ihren Gebräuchen und Tugenden. Die Griechen setzten der durch die Mutter begünstigten Auflehnung des Sohnes in den sagenhaften Rivalitäten zwischen Uranos, Chronos und Zeus ein Denkmal. Die Juden entwarfen ein großartiges Bild des väterlichen Zornes, der die Aufständischen aus dem Paradies vertreibt, sie in der Sintflut ertränkt und zu Babel in alle Winde verstreut; auch das Opfer des Sohnes wurde von ihnen zelebriert: Isaak präfiguriert Jesus, dessen Wille bis in den Tod mit dem des Vaters vereint war. Die japanische Theogonie versinnbildlicht die kindliche Gewalt und das Opfer der Mutter: Die Göttin Izanami setzt den Feuergott in die Welt und stirbt an den Verbrennungen, die sie durch ihren Sohn erlitten hat. Das strahlende und nährende weibliche Prinzip droht lediglich damit zu verschwinden: Die Göttin des himmlischen Lichts, Amaterasu, zugleich Ahnherrin des Kaiserhauses, zieht sich, verletzt durch das schlechte Betragen ihres jüngeren Bruders Susanoo, diesem Enfant terrible der Götterwelt, einem wahren Pervers-Polymorphen, weinerlich, schmutzig und stürmisch, in ihre Höhle zurück und taucht damit die vom Tod bedrohte Welt in Finsternis. Daraufhin beginnt eine andere Göttin, Ama no Uzume, zu lachen und zu tanzen: Amaterasu beruhigt sich und erscheint wieder. Alles wird erhellt, alles wiedergeboren, alles vergeben.

Die zunächst biologische, dann affektive Mutterbindung nimmt einen moralischen Wert an. Das Bewußtsein der Mühen, die die Mutter auf sich nahm, die Erinnerung an die Opfer, die sie brachte, an ihre Güte und ihre Vergebung lassen bei den Japanern ein Gefühl der Verantwortlichkeit entstehen, das später auf andere Zusammenhänge übertragen werden und ein Leben lang alle Beziehungen prägen soll. Stets sind es konkrete, besondere, topische Beziehungen, die sich wie ein Netz um den einzelnen legen werden. Mit einem Wort: Das japanische Über-Ich ist das Bewußtsein der Bindung, das abendländische hingegen das des Gesetzes. Unser Vergehen besteht darin, Grenzen zu überschreiten, das der Japaner darin, abtrünnig zu werden. Universell und transzendental erlegt das Gesetz allen gleichermaßen eine unüberwindliche Grenze auf, sei es in der religiösen Version als Wille Gottes, der den Genuß einer begehrenswerten und gefährlichen Frucht verbietet oder in der modernen profanen Version einer Natur- und Gesellschaftsordnung, die die angeborenen Rechte jedes Menschen gewährleistet. Die japanische Bindung ist ein tatsächlicher Zustand, der aus dem Gemeinschaftsleben hervorgeht und sich aus gewachsenen Verbindungen stillschweigender Solidarität zusammenfügt. Sie ist untrennbar verbunden mit den Bedingungen, die das Überleben einer Gruppe sichern, und wird eins mit der Realität, wohingegen sich unsere Gesetze und Werte als Prinzipien und Gebote formulieren und sich vom realen Leben ablösen, um es zu beherrschen und zu korrigieren.

Transzendenz und Immanenz des Guten

Die Autorität ist im Abendland transzendent, in Japan hingegen immanent: Sie übt den Druck aller gegen jeden einzelnen aus, nicht faßbar, schweigsam und unentrinnbar legt sie sich wie die Atmosphäre über alles. Das abendländische Subjekt hat sich lange im Widerstand geübt: Nicht erst seitdem im 18. Jahrhundert seine unveräußerlichen Rechte bestätigt wurden, sondern bereits durch die (vom Christentum nahegelegte) Überzeugung, zu Gott in einer persönlichen Beziehung zu stehen, jenseits der Welt, ihr entgegengesetzt. Platon betonte die Transzendenz des Guten, sogar jenseits des Seins. Schon diese moralische Metaphysik, die vom Christentum mit Leben erfüllt und dramatisiert wurde, neigte dazu, die abendländische Seele von der sozialen Welt zu trennen, in der der Körper die Bedingungen für sein Überleben findet. Diese gesellschaftliche Welt konnte jederzeit im Namen der Transzendenz und des Ideals verurteilt werden: *Fiat iustitia, pereat mundus* – die Gerechtigkeit soll leben, und wenn darüber die Welt zugrunde geht! Platon reicht den Savonarolas von einst und unseren heutigen aufbegehrenden Utopisten die Hand. Die moralische Verurteilung der Welt ist, laut Nietzsche, die antike Quelle des modernen Nihilismus. Das japanische Gefühl hingegen begreift die Gerechtigkeit nur als euphorischen Zustand der Wirklichkeit, als Gleichgewicht der auseinanderstrebenden Kräfte. Jegliche individuelle Anmaßung wird von vornherein zurückgewiesen: Manager und Unternehmer sind willkommen, nicht aber Visionäre. Wer könnte behaupten, gegenüber der Welt im Recht zu sein, wo Recht und Vernunft nichts anderes sind als die implizite Harmonie der Welt? Wo sich das Ressentiment gegenüber dem Wirklichen weder auf den Idealismus noch auf das Universale berufen kann, ist ihm die Möglichkeit genommen, sich zum Aufstand zu erheben, es löst sich unverzüglich in Melancholie auf: Verzicht, Schweigen, Erlöschen, Sühne. Dort, wo das Abendland, angefangen von seiner antiken glühenden Aufwallung bis hin zu seinen jüngsten Entrüstungen, paranoide Töne vernehmen läßt, behält die japanische Kultur ihre manisch-depressive Stimmung bei, zwischen Expansionismus und Rückzug schwankend.

Alles in allem neigt das abendländische Subjekt dazu, zu glauben, seine Pflicht bestünde darin, die Welt im Namen des Guten zu bewachen. Das japanische Subjekt ist dieser Welt, die sein einziges Gut ist, viel zu eng verhaf-

57

tet, so daß es seine Pflicht nur darin sehen kann, über sich selbst zu wachen – im Namen des Guten dieser Welt. Nicht, daß das japanische Über-Ich strenger wäre, aber die Welt wird stets als nahe, vertraut und abgeschlossen empfunden. Sie bietet dem Subjekt Nahrung, Schutz und Geborgenheit. Unter der Bedingung, ihr sorgsam zu dienen, kann man mit ihrer Nachsicht und Milde rechnen. Die japanische Kultur erweist sich seit jeher in zwei Bereichen tolerant: gegenüber den Ideen und gegenüber den Sinnen – ein doppelter Spielraum diesseits von Gut und Böse, genau an der Stelle, wo das Christentum den doppelten Schrecken der Todsünde des Hochmuts und der Sünde der Fleischeslust verbreitet, an der Stelle, an der sich die Moderne bemüht, das Individuum von Schuldgefühlen zu befreien.

Rollennarzißmus

Dergestalt an nahe und positive Pflichten gebunden, war das japanische Über-Ich weniger empfänglich für den Reiz des Unsichtbaren und Fernen, was ihm ermöglichte, aus der bloßen Staatspflicht seine höchste, durch nichts zu umgehende Verpflichtung zu machen. Dagegen erhob es die abendländische Seele einst zu ihrer Pflicht, an die Ewigkeit und den Ewigen zu denken, so wie heute an die Menschheit und das Universum. Das Unendliche gestattet es dem Ich, sich seinen Verantwortlichkeiten überlegen zu fühlen, sie als kleinlich anzusehen, wenn sie es belasten. In Japan, wo es kein derartiges Gegengewicht gab, herrschten die sozialen Verpflichtungen uneingeschränkt. Auch heute noch beindruckt die Sorgfalt, mit der sich die Japaner ohne Distanz und ohne Humor ihrer beruflichen Aufgabe widmen. Die Europäer errichten dagegen eine Distanz zwischen ihrer Person und ihrer Arbeit im Brechtschen Sinne: »Vergeßt nicht, daß ich hinter der Maske stecke und meine Persönlichkeit unendlich mehr ist als die Figur, die ich darstellen muß.« In Japan identifiziert man sich dagegen stark mit der Funktion, die man wahrnimmt, löscht sich selbst in ihr aus. Keine Tugend wird höher geschätzt als das bedingungslose Engagement einer Person für ihre Rolle. Dabei handelt es sich nicht um ein kämpferisches Engagement im Sinne Sartres für eine große, auf der Bühne der Geschichte umkämpfte Sache, sondern um den schlichten und stummen Einsatz, der den einzelnen untrennbar an die Alltagsroutine bindet. Besser könnte man die Langeweile einer undankbaren Aufgabe kaum überwinden, als daß man sich ihr mit ganzem Herzen widmet. So klein die Aufgabe auch sein mag, es beruhigt und stärkt, sie gut zu verrichten, und letztlich wird das ganze Dasein zu einer Reihe perfekt ausgeführter Gesten. Hier setzt auch eine Ästhetik an, die in der Tee-Zeremonie den höchsten Grad zwanghaften Handelns erreicht: zehn bis fünfzehn Jahre eifrigen Übens, bis man es endlich versteht, eine Schale so edel und vollkommen wie nur irgend möglich zu halten.

58

Neben dem Narzißmus, der das Subjekt an seinen Körper bindet, gibt es einen Rollennarzißmus, in dem man nach George De Vos einen typisch japanischen Charakterzug erkennen kann – zweifellos einer der Hauptgründe für den gegenwärtigen wirtschaftlichen Erfolg Japans. Um die Dynamik dieses Landes in den fortgeschrittensten Bereichen der japanischen Industrie zu erklären, beruft man sich gerne auf die Erhöhung der Produktivität (9,3 % pro Jahr seit 1975), hebt des weiteren die Spar- und Investitionsrate hervor, mit deren Hilfe die Betriebsanlagen stetig verbessert werden – doch das Kapital ist schließlich nichts anderes als das akkumulierte Residuum geleisteter Arbeit, und der entscheidende Faktor ist die hohe Qualität der japanischen Arbeit, welche wiederum auf dem Gefühl der Verantwortlichkeit beruht, dessen psychosoziale Motivationen es zu begreifen gilt. Diese Identifikation des Subjekts mit seiner Aufgabe schützt es ebenso, wie sie es schutzlos aussetzt: Die Feststellung, ungeeignet für den Beruf zu sein, wird als die schwerste narzißtische Kränkung erfahren, zerstört sie doch die Vorstellung, die sich das Ich von sich selbst machen wollte. Sie läßt die Verwirrung unerträglich werden und kann so eine ganze Existenz in ihren Grundfesten erschüttern.

Strategien der Verantwortlichkeit

Die auf den Schwachpunkt der beruflichen Leistung gerichtete Kritik eines Dritten oder des Subjekts selbst, in der Stille des Gewissens eingestanden, kann zu einer Katastrophe führen. *Shikarare jisatsu* ist die Bezeichnung, die das Japanische für Selbstmorde kennt, die aufgrund einer Rüge hervorgerufen wurden. Das in seiner sozialen Funktion getroffene Subjekt sühnt den Fehler oder die bloße Nachlässigkeit, die man ihm vorwirft, übernimmt emphatisch die Verantwortung und stellt so seine bedrohte Ehre wieder her – zugleich jedoch antwortet es mit dieser nachhaltigen Sühne oft auch auf den Kritiker, dem die Verantwortung für diese Tat übertragen wird: das Subjekt rächt sich, indem es sich bestraft. Das Schuldgefühl ist wie eine Flüssigkeit: es kann gestaut, abgelassen, umgeleitet und ausgetauscht werden. Diese Manipulationen, die der christliche Klerus geschickt monopolisierte und zu einer seiner Einnahmequellen machte, wurden in Japan allen zugestanden – bis auch hier das moderne Unterfangen der Befreiung vom Schuldgefühl sie allmählich beschränkte. Der Selbstmord (manchmal auch nur der Versuch oder die Drohung, sich zu töten) bildete das Kernstück dieser Strategie der Verantwortlichkeit, das Argument ohne Widerrede eines vielleicht hinterhältigen, doch rituellen Kampfes auf Leben und Tod, dessen Einsatz Schuld und Schande waren.

Die traditionelle Familie, deren Sitten weitgehend fortbestehen, war oft der Schauplatz derartiger Manöver, insbesondere zwischen Schwiegermutter und Schwiegertochter.[23] Die weibliche Selbstmordrate ist in Japan relativ hoch: Auf 100 Männer, die sich töten, kommen 70 Frauen; in Polen, wo sie der katholische Glaube schützt, sind es nur 20, 25 in den USA, 50 in Dänemark, der Schweiz und in Deutschland. Gibt es auch nur eine traditionelle Kultur, die den weiblichen Masochismus durch ihre Modulation nicht verstärkt hätte? In Japan wurde das Ideal der Selbstverleugnung und Selbstzurücknahme nahegelegt, das auf viele Frauen seine Anziehungskraft bis hin zum Freitod ausübte. Was mußten sie nicht alles opfern? Zunächst ihre Vergangenheit: Abgeschnitten von der Familie, der sie entstammten, waren sie nunmehr völlig abhängig von derjenigen, in die sie eingeheiratet hatten, deren Wille künftig ihr Gesetz sein sollte. Dann den Traum von der Liebe: Da die Ehe zwischen den beiden Familien ausgehandelt wurde – die vermittelte Heirat ist auch heute noch weithin gebräuchlich – konnten sie nur darauf hoffen, daß die Ehe schließlich durch die Liebe, nicht aber die Liebe durch die Ehe gekrönt würde. Verliebten sich die Frauen tatsächlich in ihren Mann, mußten sie ihre Eifersucht einer Gesellschaft opfern, die der männlichen Sinneslust immer nachsichtig gegenübergestanden hatte und die Abenteuer des Mannes, von der bloßen Prostitution bis hin zum Konkubinat, befürwortete. Den Frauen hingegen war nichts Derartiges erlaubt. Sie lebten unter einem Dach mit ihrer Schwiegermutter, auf deren Wachsamkeit Verlaß war und die stets Anlaß zur Kritik hatte: welche Versuchung, darauf mit Selbstmord zu antworten. Man ging sogar so weit, sie für die Untreue ihrer Ehemänner verantwortlich zu machen: wer sollte auch sonst schuld daran sein? Offensichtlich war sie ja nicht in der Lage, ihn zurückzuhalten. Indem sie die Bindungen zwischen Mutter und Sohn verstärkte, bewirkte die japanische Kultur zugleich eine nie versiegende ödipale Rivalität zwischen Schwiegermutter und Schwiegertochter um den verheirateten Sohn. Für die Schwiegertochter bestand der beste Ausweg gerade darin, sich mit dieser Rivalin zu identifizieren und wie sie einen Sohn zur Welt zu bringen, auf den all die unerfüllte Liebe übertragen werden konnte. Gleichzeitig mit der Reproduktion der Gattung erneuerte sich der Zyklus der immergleichen, kulturell programmierten Gefühle. Blieb dieses Glück aus, konnte die Situation unerträglich werden. Man erinnerte die junge Ehefrau daran, daß ihr die Ehe die höchste Verantwortung übertragen hatte: diejenige, den Namen der Familie, in die sie aufgenommen worden war, fortdauern zu lassen. Die Unfähigkeit, das zu produzieren, was man von ihr erwartete, zwang sie dazu zu verschwinden. In *samurai*-Familien war die Zahl der verstoßenen Ehefrauen sehr hoch. Der Tod mochte als die bessere Lösung erscheinen, sofern sie auch nur die geringste Hoffnung hegen konnte, durch ihr Verschwinden den Betroffenen wohlverdiente Schuldgefühle einzuflößen. Zuvor aber konnte die bloße Androhung, sich zu töten – eine im Rahmen der herrschenden Sitten stets vorhandene Möglichkeit –, ein Mittel sein, dem ausgeübten Druck zu widerstehen und die Böswilligkeit in gewissen Grenzen zu halten.

60

Das Gefühl des Schicksals

Wie man sieht, findet in dieser stark erweiterten Auffassung von Verantwortlichkeit die Absicht des Subjekts keinerlei Berücksichtigung. Nicht, daß man den Wunsch, einen Sohn zu gebären, oder den guten Willen des inkompetenten Angestellten bezweifelte, aber man verweist auf den Sachverhalt und erwartet vom Subjekt, sich selbst zu beurteilen, indem es diesen beurteilt. Wo immer sie einem Menschen schaden und Unrecht zufügen, bewirken Unfähigkeit, Ungeschicklichkeit, Unbesonnenheit oder einfach Mißgeschick bei dem Subjekt ein Gefühl der Verwirrung, das sich durch die Umgebung schließlich ins Unerträgliche steigern kann – es sei denn, der Betreffende bemüht sich um jeden Preis, die Folgen wiedergutzumachen oder sie zu sühnen. So wie Ödipus, der sich die Augen ausstigt und damit die ganze Verantwortung für eine Situation übernimmt, an deren Entstehen sein Wille indes gar keinen Anteil hatte. Dieser ferne Vorfahre flößt uns noch heute ehrfurchtsvollen Schrecken ein, doch seither haben wir Fortschritte gemacht: Auf der Suche nach der Verantwortlichkeit bewegen wir uns zur Absicht als deren Ursprung zurück – gerechte Beichtväter haben uns gelehrt, Mißbilligung und Strafe ins rechte Verhältnis zur Boshaftigkeit des Willens zu setzen. Zugegeben, das Christentum sieht ihn als unerschöpflich an, da es meinem Willen, wie Luther sagt, nie gelingen wird, nicht den Platz Gottes einnehmen zu wollen! Wir müssen also den Schuldigen zum Sprechen bringen: »Was konntest du von dem, was du getan hast, wissen? Was meintest du zu wollen?« Am Ende dieser psychologischen Regression, die im 12. Jahrhundert einsetzte, als Abelard seine Moral der Absicht entwickelte, stand Freud, mit dessen Hilfe wir schließlich das Unbewußte entdeckten. Die Absicht ist nur noch ein Symptom. Diese letztendliche Unverantwortlichkeit des Willens hat schließlich den Strafen, die die Gesellschaft weiterhin verhängt, jegliche moralische Legitimation entzogen. Wie sollte man einen Verbrecher bestrafen, der gar nicht wollte, was er tat, ja nicht einmal wußte, was er wollte?

In der japanischen Kultur schlug man die entgegengesetzte Richtung ein und kümmerte sich nicht um den unergründlichen Ursprung des Aktes. Um die Verantwortlichkeit zu ermessen, begab man sich zu den Folgen. Man erzog das Subjekt dazu, sich für die Folgen, die es nicht gewollt hatte, verantwortlich zu fühlen und bis hin zu den unvorhergesehenen Konsequenzen solidarisch zu seinem Handeln zu stehen. Man überzeugte es davon, sich nicht aus der Schuld zu stehlen. Die buddhistische *karma*-Lehre lieferte die Rechtfertigung dieser Ethik: Was mir heute zustößt, ist der gerechte Lohn für meine früheren Leben; ich kann nicht einmal das Mißgeschick verantwortlich machen, denn es gibt keinen Zufall. Beteuere ich meine Unschuld, laufe ich Gefahr, meinen Mut zu verlieren und mich selbst zu erniedrigen. Besser ist es also, jederzeit die unfaßbare Gesamtheit des Schicksals auf sich zu nehmen. Es mag mich erdrücken, aber ich bleibe der, der ich bin, der, der ich sein soll. Jenseits jeglichen Scheiterns wird mir die Edelkeit zuteil. Mag sein, daß Elend mein Los sein wird, doch wie Ödipus werde ich es verstehen, mit ihm bewundernswerter als mit meinem Glück umzugehen. Schweigend werde ich all diejenigen verachten können, die ihre Unschuld und ihre Unbewußtheit geltend machen, um damit dem Schicksal zu entgehen und ihr armseliges Leben zu verlängern.

Diese selbstgewählten Besonderheiten einer Kultur verleihen Selbstmorden, die in einem anderen historischen Kontext als Verirrung und letzten Endes sogar als abwegig gelten würden, einen ethischen Wert, nicht einen symptomatischen, sondern einen klar formulierbaren Sinn. Als Vatel, der Maître d'hôtel des Fürsten Condé befürchtete, seinen Aufgaben nicht gewachsen zu sein und sich in sein Schwert stürzte, führte man seine Geste auf Übermüdung zurück – hatte er doch zwölf Nächte lang nicht geschlafen, um die Festlichkeiten anläßlich des Besuches Ludwigs XIV. in Chantilly vorzubereiten. Auf uns wirkt das Ehrgefühl, das ihn bis in den Tod an die Last seiner Aufgaben band, höchst ungewöhnlich, fast lachhaft. Unsere Diagnose: Melancholie und Übermüdung. Vatel hätte es verdient, als Japaner geboren zu werden. Am Hofe eines *shōgun* wäre seine Tat weder übertrieben, krankhaft oder zweideutig gewesen – im Gegensatz zu Chantilly. Anstatt als brutales Symptom einer Depression angesehen zu werden, wäre ihm in Japan die volle Würde eines Selbstmordes aus dem Gefühl der Verantwortlichkeit heraus zuteil geworden: *sekinin jisatsu*, eine Form des Selbstmords, die im Sittenkodex vorgesehen war. Das Subjekt allein kann dem, was es tut, keinen Sinn verleihen; um zu agieren, muß es sich auf den Boden seiner Zeit stützen, genau wie beim Sprechen und Denken auf die Wörter.

Oyako shinjū

Dies gilt auch für die Selbstmorde aus Solidarität, die in der japanischen Geschichte ebenfalls eine lange Tradition haben. Die schmerzlichste und verbreiteteste Form ist der Selbstmord einer ganzen Familie: *ikka shinjū* bzw. *oyako shinjū*. Die Eltern nehmen ihre Kinder mit in den Tod, sei es, daß sie sie überreden, sei es ohne deren Wissen. Die heutzutage zu beobachtende Tendenz zur Kernfamilie verstärkt die traditionell verwurzelte Vorstellung von enger Solidarität nur noch mehr. Der häufigste Fall ist der Selbstmord einer Mutter, die sich mit ihrem Baby vergiftet oder ertränkt und so noch in der Katastrophe die Symbiose manifestiert, die beide in der japanischen Kultur miteinander verbindet, in guten wie in schlechten Zeiten. Sie will nicht mehr leben: sei es, daß ein Verführer sie verlassen hat, das Elend sie erdrückt oder sie große Angst vor einer Krankheit hat. Oft ist es Streit mit ihrem Ehemann, der sie dazu treibt, oder tiefer Selbstzweifel: sie glaubt, keine gute

62

Mutter sein zu können. Doch sie liebt ihr Kind zu sehr, als daß sie es der Einsamkeit überlassen würde, zu der ihr Verschwinden es zweifellos verurteilte. Der Tod erscheint ihr wünschenswerter als die Trennung, und sie zweifelt nicht daran, daß das Kind ihrer Wahl zustimmen würde, könnte es bereits sprechen und seine Meinung äußern. Und sie weiß auch, daß sie als Tote des Mitgefühls der öffentlichen Meinung sicher sein kann: Vielleicht wird man ihren Akt nicht gutheißen, aber man wird ihn verstehen. Es kommt ihr nicht in den Sinn, daß das Kind eine selbständige Existenz haben könnte, seit seiner Geburt oder Empfängnis unter der Souveränität Gottes steht und – wie dies im Abendland seit dem 18. Jahrhundert der Fall ist – über Rechte verfügt, die das Gesetz jedem Bürger garantiert. Mehr als 200 japanische Mütter bringen alljährlich dieses doppelte Opfer. Allein für das Jahr 1975 verzeichnete ein Experte in Sachen *oyako shinjū* 494 Fälle. Auch bei uns sind derartige Doppelselbstmorde nicht unbekannt, ja sogar kaum weniger häufig, doch rechnen wir sie zur Kategorie der akuten Symptome der Melancholie, zu der der rohen Taten, die man kennt, ohne sich darin wiederzuerkennen. In Japan hingegen wurde diesem Akt durch die Sitten eine Rationalität verliehen, die sich auf die Erziehungspraktiken stützt, auf die ödipalen Strukturen, auf den Wert der Solidarität und somit letztlich auf die selbstgewählten Prinzipien, die sich in der Geschichte einer Gesellschaft artikulieren.

Jenseits des Symptoms

Die Interpretation des Selbstmords als Symptom, die die Wissenschaften vom Menschen nahelegen, hat also keine Allgemeingültigkeit, denn das Symptom folgt in seiner Manifestation den von der Kultur vorgezeichneten Linien. Die Auffassung, die im Europa des 19. Jahrhunderts konzipiert wurde, um auf die damaligen Bedürfnisse zu reagieren, vermag es daher nicht, Handlungsweisen verständlich zu machen, die sich auf die leitenden Prinzipien einer anderen Gesellschaft beziehen. Wenn wir die Selbstmorde verstehen wollen, die im heutigen Japan begangen werden, dann stoßen wir zunächst auf die miteinander verbundenen Diskurse der Psychologie und Soziologie – doch sehr bald werden wir auf die Institutionen, Werte und Maximen verwiesen, die von der Geschichte des Inselreiches entwickelt wurden und die den Wahrheitshorizont bilden, der diesem oder jenem Akt seinen Sinn verleiht. Nichts spricht dafür, daß diese Institutionen, Werte und Maximen wie Spuren im Sand verwischen und letztlich ausgelöscht werden. Es wäre sehr gewagt, anzunehmen bzw. sich einzubilden, man könne davon ausgehen, daß das Stadium, in dem sich das Abendland gegenwärtig befindet, von der ganzen Menschheit durchlaufen werden müßte. Es gibt mehr als nur diesen Weg in die Zukunft, und das Bemerkenswerte an der japanischen Gesellschaft ist, daß sie anscheinend in der Lage ist, ausgehend von ih-

63

ren einstigen Sitten und Gebräuchen, eine Abkürzung zur Welt der Zukunft einzuschlagen.

Gäbe es so etwas wie die menschliche Natur an sich, bräuchten wir sie uns nur von den Wissenschaften vom Menschen erklären zu lassen. Psychologie und Soziologie würden das vielleicht verschiedenartige und komplexe, jedoch unveränderliche Wesen des Selbstmords erschließen – ebenso wie das der Familie, der Kunst, der Strafe, der Arbeit, des Wahnsinns, der Macht und jeder anderen Grundstruktur des Wesens Mensch. Dies wäre möglich, ließe sich der Mensch von der Zeit trennen – dieser alte Traum des metaphysischen Idealismus, den die Wissenschaft wieder aufgreifen wollte. Wo aber sollte man im Namen des göttlichen Gesetzes, im Namen der Naturgesetze die Grenzen ziehen, die der Mensch nicht zu überschreiten suchte? Wir können beschreiben und verstehen, nicht aber definieren und bestimmen. Was ist der Mensch? Auf diese Frage können wir nur eine Antwort geben: Fragt die Geschichte, denn der Mensch ist sich selbst ein Rätsel, versprengt in der Zeit. Er ist nichts als die verstreute Summe seiner Möglichkeiten, er ist all das, was er vermochte, vermag und vermögen wird. Was er nicht ist, ist das, was er sein kann, und was er sein kann, kann uns nur die zukünftige oder bereits vollendete historische Wirklichkeit sagen – durch die Sammlung seiner Erinnerung, durch die Festigkeit seines Entschlusses, seiner Hoffnung. Die Einheit des Menschen ist nicht durch die selbstgegebene Freiheit, sich zu erfinden, bedroht, denn alle historische Praxis läßt sich verstehen und offenbart bei näherer Prüfung ihre eigene Logik, die allmählich verständlich wird, durch »die ganze lange, schwer zu entziffernde Hieroglyphenschrift der menschlichen Moral-Vergangenheit«[24] hindurch.

Der Selbstmord läßt sich nicht allein durch die psychosozialen Koordinaten definieren, denn im Laufe der Jahrhunderte entkommt er den für ihn erfundenen Bedeutungen, die ihn zu fesseln suchen, und flieht in die noch offene Geschichte – sich überlagernde, miteinander verschlungene Bedeutungen, von denen manche hinfällig geworden sind, viele andere aber lebendiger denn je überdauern.[25]

Wollen wir den Sinn des Selbstmords im heutigen Japan erfassen, werden wir also auf die gesamte Geschichte des Inselreichs zurückverwiesen, denn wir haben uns noch nicht mit dem Sinn dessen, was gemeint ist, befaßt – angefangen von ihrem Anbruch, von der uns die ersten überlieferten schriftlichen Zeugnisse Kenntnis geben. Im Spiegel der anfangs noch lückenhaften und verschwommenen Geschichte hören die flüchtigen Bilder nicht auf, zu uns zu sprechen, uns zu befragen, als befragten sie noch durch uns hindurch sich selbst.

KAPITEL V ● **Anbruch der Geschichte**

Was in den frühesten, auf kaiserliche Veranlassung kompilierten Texten
(»*Kojiki*« 712, »*Fudoki*« 713, »*Nihongi*« 720) und den uralten Mythen und
Riten des Shintōismus aufscheint, ist die Liebe zum Leben, die schlichte und
naive Scheu vor dem Tod. Der Gott Izanagi beweint seine Schwester und
Gemahlin Izanami, die starb, als sie das Feuer in die Welt setzte, und steigt in
die unterirdischen Finsternisse hinab, um sie ihnen zu entreißen. Orpheus
nahm lediglich den flüchtigen Schatten Eurydikes wahr, was Izanagi hingegen im Fackelschein erblickt, ist die verwesende, schon von Würmern wim-
melnde Leiche Izanamis. Von Abscheu überwältigt flieht er, versperrt den
Eingang des Totenreichs mit einem Felsbrocken und unterzieht sich dringend gebotenen Reinigungsritualen.[26]

Tod und Shintōismus

Shintō-Priester zeigen stets die gleiche Abscheu vor Leichen, Blut, Eiter,
übelriechenden und faulenden Stoffen; all das ist mit einem Tabu, *imi,* belegt. Sie halten sich von der Leiche fern und widmen sich der Aufgabe, die
dem Toten Nahestehenden zu reinigen, die er hat besudeln können. Es gibt
keine Religion, die den Geruch des Todes so wenig verträgt. Sie überlassen es
dem Buddhismus, dem Dahinscheiden einen Sinn zu verleihen und das Heil
zu suchen. Sie halten sich an dieses Leben, das es zu bewahren, zu verschönern und zu ordnen gilt. Vom Jenseits wollen sie nichts wissen, sie machen
sich kein Bild von ihm: Dort ist die Nacht, das Nichts ohne Zweifel. Wozu
sich darum sorgen? Unsere Welt genügt uns mit den Pflichten, die sie uns
auferlegt, und der Befriedigung, die sie uns bietet. Der Shintōismus ist eine
Religion ohne Askese und ohne Groll gegenüber der Sinnlichkeit. Die Japaner haben die Lust nie deswegen verurteilt, weil sie ist, wie sie ist – verführerisch und flüchtig –, sondern respektieren sie und haben ihr ihren recht-
mäßigen Platz im Leben eingeräumt. Auch in diesem Punkt scheinen
sie uns bereits auf dem Weg zu erwarten, den wir letztendlich gewählt
haben.

Der Verstorbene gehört nicht mehr zu dieser Welt. Was auch immer seine
Laster und Verbrechen zu Lebzeiten gewesen sein mögen, dort unten wird er
nicht dafür bezahlen müssen. Zwar sollten die Idee der Vergeltung und das
Bild der Hölle später von einigen buddhistischen Sekten eingeführt werden,
im Shintōismus aber wird man allein durch den Tod zu einer Gottheit, *kami,*
wie alle anderen, zu einem mächtigen Fremden, den es zu achten, zu scho-
nen, zu beruhigen und von sich fernzuhalten gilt. Der Zweck etlicher gesun-

gener und getanzter Rituale ist es, dem Geist des Verstorbenen Zerstreuung zu gewähren und sein Ressentiment zu bannen. Wenn er nur nicht wiederkehrt und sich für seinen Tod rächt! Der japanische Animismus überwacht die Grenze, die die Menschen vor den unzähligen Kräften schützt, die das Universum heimsuchen können. Diese Riten erinnern an den Tanz der Ama no Uzume, den sie vor den 80 Myriaden Göttern beim Verschwinden des Himmlischen Lichts, Amaterasu, aufführte. Merkwürdigerweise herrscht jedoch keine Trauer, sondern ausgelassene Freude, denn zur Wintersonnenwende muß der Tod der Sonne durch ein ausgiebiges Fest beschworen werden, um so ihre nachlassende Energie wieder freudig zu neuem Leben zu erwecken. Den gleichen Sinn hatten die Menschenopfer der Azteken: Die Sonne, nach ihrer Vorstellung selbst durch ein freiwilliges Selbstopfer entstanden, benötigte weitere, ebenso großzügige Opfer, um fortstrahlen zu können. So streckten ihre Priester das noch blutwarme Herz ihrer Opfer dem Gestirn entgegen, das das Leben spendet und sich dabei selbst verzehrt.[27]

Gaben und Opfer

Der Shintōismus verabscheut das Blut, und so gibt es keine Schlachtopfer, sondern lediglich Opfergaben. Den Geistern und Göttern werden Reis, Sake, die Früchte der Erde und die der menschlichen Begabung wie Papier, Stoffe, Tanz und Musik dargeboten. Als Agrarkultur ging sie sparsam mit Fleisch um und bedurfte daher, anders als die Griechen, für das Schlachten der Haustiere keiner religiösen Absicherung durch die Vorstellung, das Fleisch auf dem Altar mit den Unsterblichen teilen zu müssen. Aber welche Gesellschaft kann den Tod, der Mensch oder Tier zum Wohl aller auferlegt wird, entbehren? Gibt es auch nur eine einzige Kultur, die sich die reale oder symbolische Opfergeste erspart? In Japan, diesem Land, in dem so viele Traditionen fortleben, ist auch die Gewalt der Urfeste einer prähistorischen Jägerkultur nicht ganz verschwunden: In der Mikawa-Gegend werden im Verlauf eines alljährlich stattfindenden Festes, *kaza matsuri* genannt, Tiere bei lebendigem Leib zerstückelt. Aber kennt nicht auch die Landwirtschaft selbst ihre wilden Grausamkeiten? So sehen manche Riten vor, zur Reispflanzzeit die Eingeweide von Damwild über den Setzlingen zu verstreuen. Der Ethnologe Yanagita Kunio berichtet, daß es in einigen Gegenden noch heute Brauch ist, die jungen Frauen, die die Pflänzchen setzen, anzurempeln und in den Schlamm der Reisfelder zu stoßen. Ist dies nicht der Überrest eines uralten Opferritus, bei dem einst ein junges Mädchen den Wassergöttern geweiht wurde, deren Mitwirken unentbehrlich für das Gelingen des Naßreisanbaus ist? Die Legenden, die vom angeblich freiwilligen Tod einer bis zur Selbstverleugnung ergebenen Frau erzählen, sind so zahlreich, daß sich die Frage stellt, ob nicht einige Provinzen Fruchtbarkeitsriten gekannt haben, die – wie im »Sacre du Printemps« – die Verherrlichung und den Tod der Auserwählten implizierten. Zumindest wurden zahlreiche Jungfrauen, *miko* genannt, wenn nicht gar geopfert, so doch zumindest dem Dienst eines Gottes geweiht, fest an dessen Heiligtum gebunden und mit Heiratsverbot belegt. Ihre durch die Keuschheit geschärfte Sensibilität ließ sie zu Medien oder Schamaninnen werden, die die Toten sehen, mit ihnen sprechen konnten und für sie tanzten. Dieses System, zweifelsohne weniger grausam als der Kindesmord bei der Geburt oder der Verkauf der kleinen Mädchen in Zeiten der Hungersnot, ermöglichte es ländlichen Gemeinschaften dennoch, die Fruchtbarkeit der Frau zu kontrollieren, die nach der von Malthus beschriebenen jahrtausendealten Dialektik der Fruchtbarkeit der Erde unterworfen ist.

Bei Naturkatastrophen, Hungersnöten oder Seuchen kamen die alten anthropologischen Reflexe wieder zum Vorschein. Es galt, die Götter zu besänftigen, doch die üblichen Opfergaben genügten nicht mehr. Also suchte man einen Verantwortlichen und fand den Sündenbock. Eingewanderte Koreaner wurden ebenso wie notorische Freidenker von der Menge nach dem großen Erdbeben, das 1923 Tōkyō und Yokohama verwüstete, niedergemetzelt. Einst ging man sogar so weit, daß man in einer von einer Katastrophe heimgesuchten Region einen Kaiserersatz opferte, denn die Aufgabe des Herrschers der Vor- und Frühzeit bestand darin, mit seiner Person für das Unglück seines Volkes einzustehen, so wie Ödipus für die Pest in Theben Sühne tat. Sehr bald jedoch galt der Kaiser als an allem unschuldig. Er herrschte, ohne über reale Macht zu verfügen und wurde wie ein kostbares Kind betrachtet, dem man helfen und dienen muß, nicht aber wie ein autoritärer Herrscher, dessen Verantwortung ebenso groß ist wie seine Macht. Die japanische Kultur beschritt nicht ernsthaft den Weg der politischen Revolte, den dieser Typ des Opfers eröffnete und dem neben vielen anderen Ludwig XVI. zum Opfer fiel, sondern tendierte mehr zu einer professionellen Lösung. Es gab Spezialisten für die Übernahme von Verantwortung, die den erblichen Stand der Tabu-Gilde, *imibe*, bildeten. Um den erfolgreichen Ausgang eines gefährlichen Unterfangens, wie etwa eine Reise auf hoher See oder die Überfahrt von der Inselgruppe zum Festland sicherzustellen, verpflichtete man – wie uns chinesische Quellen des 3. Jahrhunderts berichten – einen Mann, der sich strengsten Verboten unterwarf und schweigend im Dunkeln fastete. Glückte das Unternehmen, wurde er belohnt, im Falle eines Mißerfolgs erklärte man ihn für schuldig und tötete ihn. Eine weit weniger sichere Garantie als ein Vertrag mit Lloyd's, freilich, und so kam es zum Niedergang und schließlichen Ende des Berufs des Sündenbocks.

Vom erzwungenen zum freiwilligen Opfer

Der Opferinstinkt zieht das weitaus pathetischere unschuldige Opfer dem vermeintlich verantwortlichen vor. Eine Legende aus der Präfektur Akita berichtet von einem Mädchen, das dem drachengestaltigen Regengott geopfert wurde, um das Ende einer Überschwemmung herbeizuführen. Es ist das Opfer Iphigeniens: die Götter dürsten, sie verlangen nach Menschenleben. Lange Zeit hielt sich so auch der Brauch des menschlichen Pfeilers, *hitobashira*. Um die Götter des Ortes gnädig zu stimmen und der Konstruktion Lebenskraft zu verleihen, wurden ein oder mehrere Opfer lebendig (ohne Blut zu vergießen!) in die Grundmauern von Brücken, Dämmen und Burgen eingemauert. Vor kurzem fand man mehrere Skelette unter den mächtigen Mauern der Festung von Edo, die unter den Tokugawa-Shōgunen im 17. Jahrhundert ausgebaut wurde und seit der Meiji-Restauration als Kaiserpalast dient. Auch heute noch ist es undenkbar, ein Haus zu errichten, ohne daß dem ersten Spatenstich eine kleine Zeremonie voranginge. Zwei, drei Flaschen Sake und ein paar rituelle Formeln genügen; die jedoch sind nötig, um die Mächte des Bodens gnädig zu stimmen. Das ganze japanische Leben wird von solchen kleinen archaischen Ritualen begleitet, die einst furchterregend gewesen sein mögen, heute jedoch nur noch anmutig wirken.

Bei der zweiten Art der Opfergabe spürt man noch die Gewalt, die, je nach der Unschuld des Opfers, fast skandalös wirken kann. Der vom Blitz getroffene Ödipus löst Furcht aus, das Mitleid aber, das man angesichts des Scheiterhaufens Iphigeniens empfindet, kann bewirken, daß man beginnt, sich über die Götter und ihre Priester Gedanken zu machen. Also dachte man sich eine Ausflucht aus: Da man nun einmal ein Opfer braucht, soll es ein freiwilliges sein, eines, das sich hingibt und sich aus freien Stücken in den Tod stürzt. Die jüdische Kultur hat, von Isaak bis Jesus, die gleiche Entwicklung wie die japanische zu einer dritten Art von Opfer durchgemacht. Isaak ist noch wie Iphigenie ein unbewußtes und passives Opfer, das der göttliche Wille verlangt. Jesus dagegen ist ein Handelnder; er opfert sich und gibt sein Leben für das Heil der Menschheit. Das Pathetische steigert sich zum Erhabenen – und der Himmel ist frei von aller Schuld. Bei den Opfern, von denen uns die Legenden und die Geschichte Japans berichten, geht es gewiß um weniger große Dinge: um die Ehre einer Familie, den Erfolg einer Expedition, allenfalls um die Ruhe des Kaiserreichs, doch der Verlauf ist der gleiche. Das Opfer verinnerlicht sich schließlich und reinigt sich zum Freitod, bei dem alle Gewalt im Entschluß zu sterben aufgeht und das Opfer, das aus freien Stücken dahinscheidet, nicht nur Mitleid, sondern Bewunderung und Dankbarkeit erregt.

Selbstmord als Selbstopfer

Seit dem Anbruch der japanischen Geschichte ist dieses Thema, in dem Opfer und Selbstmord miteinander verschmelzen, stets gegenwärtig geblieben. Einer der legendären Helden Japans, Yamato Takeru no Mikoto, der große Reisende, Krieger und Bezwinger so manchen Ungeheuers, setzt an, die schmale Meerenge, welche die heutige Bucht von Tōkyō mit dem offenen Meer verbindet, zu überqueren. »Dies Gewässer ist so klein«, sagt er, »daß man von einem Ufer zum anderen springen könnte!« Erzürnt läßt der Gott der Meerenge daraufhin einen Sturm aufziehen – und das Schiff Yamatos Takerus droht am göttlichen Zorn zu zerschellen.

Doch im Gefolge des Prinzen befand sich eine Dame, die Fürstin Ototachibana hieß – die Tochter des Fürsten Oshiyama aus der Sippe der Hozumi. Sie wandte sich an den Prinzen mit den Worten: »Jetzt erhebt sich der Wind, die Wellen entfesseln sich. Euer Schiff ist dem Untergang nahe. All das ist das Werk des Meeresgottes. Ich bitte Euch, laßt Eure wertlose Dienerin ins Wasser gehen, um das ehrwürdige Leben Eurer Hoheit zu retten!« Kaum hatte sie zu Ende gesprochen, sprang sie in die Fluten. Augenblicklich legte sich der Sturm, und das Schiff erreichte wohlbehalten das Ufer.[28]

Verweist die Legende der Dame Ototachibana auf regelmäßige Riten, bei denen den Göttern der Seen und Meere Menschenopfer dargebracht wurden? Ein Band verknüpft im Imaginären den weiblichen Tod mit der Tiefe des Wassers. Die gesamte japanische Tradition hindurch sind die Akte der Hingabe und der Selbstverleugnung zu einem Ideal erhoben worden – um so mehr, als die Realität dieses oft als Lüge entlarvte. Im Falle eines Konflikts wurde der Selbstmord, die Auslöschung der eigenen Person als das einfachste, unmittelbarste Mittel zur Wiederherstellung der Harmonie bejaht. Diese Kultur, die vor der Heian-Zeit und später, vom 12. bis zum 17. Jahrhundert, so stark unter ihren Bürgerkriegen litt, schien sich mit ihrer frühen Befürwortung des Verzichts offenbar vor den Nachfolgestreitigkeiten, die sie oft tief entzweiten, schützen zu wollen. Einer der größten Kaiser der vorgeschichtlichen Zeit, Nintoku Tennō, der nach traditionellen Angaben von 313 bis 399 regiert haben soll, rang so mit seinem Bruder drei Jahre um die Bescheidenheit. Da jeder der beiden sich der Herrschaft weniger würdig als der andere empfand, blieb der Thron verwaist. Ein Fischer, der dem Kaiser eines Tages einen Korb voll Fische bringen wollte, wurde so lange wie ein Spielball von einem Palast zum anderen geschickt, von Naniwa nach Uji und zurück, daß der Fang schließlich – so berichtet das »Nihongi« – bei diesem Hin und Her verdarb! Diese Geschichte ist von einer schwer faßbaren Komik, die man noch heute beim Schauspiel des japanischen Lebens nachempfinden kann: beim Anblick wechselseitiger Bescheidenheitsbezeugungen oder bei den nicht endenwollenden Begrüßungen mit symmetrischen Verbeugungen, die das Höflichkeitsideal vorschreibt. Diese verdrehte Form des Wettstreits kann ebenso eitel und täuschend sein wie jedes andere spiegelbildliche Verhältnis und läßt das japanische Subjekt in einem wahren Narzißmus der Selbstzurücknahme erstarren. Es sei denn, eine entscheidende Geste beendet diese ewig fortführbare Konfrontation. Eben dies hat der kaiserliche Prinz und jüngere Bruder des künftigen Kaisers Nintoku verstanden.

Der Kronprinz dachte sich: »Ich habe begriffen, daß man den Willen des Prinzen, meines älteren Bruders, unmöglich bezwingen kann. Warum sollte ich also, indem ich länger am Leben bleibe, dem Kaiserreich Schwierigkeiten bereiten?« Mit diesen Worten gab er sich den Tod.[79]

Er tötet sich, doch wie? Indem er sich ins Schwert stürzt, sich erhängt? Die Erzählung sagt nichts darüber, ein Wort genügt. Statt detaillierter Darstellung Euphemismen, Anspielungen, Auslassungen. So sprach die Dame Ototachibana nicht davon, sich zu ertränken, sondern davon, »ins Wasser zu gehen«. Den Tod genau zu benennen, hieße ihn herbeizurufen. Auch der freiwillige Tod hat nichts von seiner beunruhigenden Macht verloren. Die Selbstmorde, von denen in japanischen Texten erzählt wird, sind oft diskret, fast verstohlen. Langatmig, ruhig und klar werden alle Motivationen ausgebreitet. Man betont das Pathos dieser Handlung, verklärt ihre edlen Züge. Die Einzelheiten der Ausführung jedoch bleiben dem Leser in der Regel erspart. Die christliche Empfindungsweise mag Gefallen darin finden, das Grauen des Todeskampfes, das Leiche gewordene Fleisch, wie Villon, Holbein oder Grünewald, in Wort und Bild darzustellen, für die Japaner hingegen war dieses Schauspiel nie ein Lehrstück. Zwar haben sie ein ausgeprägtes Gefühl für die Vergänglichkeit des Daseins, legten aber keinen Wert darauf, das fleischliche Elend des Geschöpfs zu beschreiben.

Die Wiederauferstehung am dritten Tag

Prinz Ohosazaki war tief erschüttert über die Nachricht vom Tod des Thronfolgers. Eilig verließ er Naniwa und begab sich zum Palast von Uji. Das Lebenslicht des Erbprinzen war schon drei Tage verloschen. Prinz Ohosazaki schlug sich auf seine edle Brust und stieß, in Verwirrung gestürzt, Schreie und Wehklagen aus. Er löste sein Haar, setzte sich rittlings auf den Leichnam und rief dem Dahingeschiedenen dreimal zu: »Oh, mein fürstlicher Bruder!« Plötzlich erwachte dieser wieder zum Leben und erhob sich. Prinz Ohosazaki sprach zu ihm: »Ach! Wie traurig! Wie bedauerlich! Warum nur seid Ihr von selbst gegangen? Was soll jetzt nur der verstorbene Kaiser, mein Vater, von mir denken, wenn selbst die Toten alles verstehen?« Daraufhin antwortete ihm der Thronfolger: »Nein, das ist mein Schicksal. Wer könnte mich zurückhalten? Sollte ich zum Aufenthaltsort unseres Vaters, des verstorbenen Kaisers, gelangen, werde ich ihm offenherzig sagen, wie weise mein älterer Bruder ist, wie er mir mehrmals den Thron hat überlassen wollen. Doch habt Ihr, mein fürstlicher Bruder, auf die Nachricht meines Todes hin, eilig einen langen Weg zurückgelegt. Wie könnte ich Euch nicht unendlich dankbar dafür sein!« Nach diesen Worten bot er ihm seine jüngere Schwester, Prinzessin Yata an, die von derselben Mutter geboren worden war. »Sie ist gewiß nicht würdig, die Braut eines Prinzen zu werden, doch laßt sie, wenn es Euch geruht, zu den Hofdamen zählen.« Damit legte er sich erneut in den Sarg und verschied.

Welch köstliche Höflichkeit, die einen seit drei Tagen Verstorbenen dazu bewegt, für einige Augenblicke wiederaufzuerstehen, um die ängstlichen Bedenken seines Bruders zu zerstreuen und sich um dessen Erschöpfungszustand zu sorgen! Hinter dem schönen Schein jedoch blickt die Wirklichkeit hervor: Bei jenen Auseinandersetzungen, die durch einen Selbstmord entschieden wurden, war der Tod eher unfreiwillig. Man hatte den Verstorbenen oft in eine nicht zu ertragende Lage versetzt, ihn dazu gedrängt, zu verschwinden – die Gewissensbisse, wenn auch erst nachträglich, sind nur allzu verständlich. Die Geschichte dieser Wiederauferstehung hat also die Funktion eines Traums, erfüllt sie doch den Wunsch, den der Kaiser Nintoku gehegt haben mag, jeder Verantwortung für den Tod seines jüngeren Bruders enthoben zu werden. So überliefern uns die Legenden und ihre Wunder die frühesten Träume einer Gesellschaft, die sich vor ihren ersten Widersprüchen ins Ideal flüchtete.

Wenn das gute Beispiel allein genügte, hätte das Kaiserreich niemals den brudermörderischen Haß, die unerbittlichen Rivalitäten gekannt. Aber gerade in Japan waren sie vielleicht noch häufiger als anderswo, ist doch die ganze Geschichte dieses Landes durch solche Auseinandersetzungen gekennzeichnet. Das Kaisertum, dessen Aufgabe es sein sollte, die Streitigkeiten zu schlichten und die Leidenschaften mäßigend zu lenken, verkam jedoch oft zum Zankapfel rivalisierender Sippenverbände. In kritischen Situationen, in denen die Thronfolge in eine Krise geriet, bildeten sich Interessenkoalitionen; jede Partei unterstützte diesen oder jenen Prinzen aus der kaiserlichen Familie, erhob ihn zu ihrem Thronanwärter – die Gewalt entschied, und mit einem neuen Kaiser wurde oft die Intrige, mitunter der Mord gekrönt.

Aus Liebe sterben

Im Privatleben konnten die rivalisierenden Leidenschaften auch entflammen, ohne daß schlichtend eingegriffen wurde. Die Flucht in den Selbstmord bot sich als beste Lösung an, weniger kostspielig als das Duell bis auf den Tod und genauso radikal. Statt die Konfrontation durch das Auslöschen eines der beiden Rivalen zu lösen, konnte das Erlöschen des Objekts akzeptiert werden. Mit seinem Verschwinden würde der Streit, nunmehr gegenstandslos geworden, beendet werden und wieder Frieden einkehren. Mehrere Gedichte des »*Manyōshū*« lassen diese Konflikte wieder aufleben, die aus der Begierde nach demselben Objekt entstanden und so – nach der Darstellung Hegels – rasch in einen tödlichen Kampf um das bloße Prestige ausarten können. Die Lösung, die sie nahelegen, ist der Selbstmord.

Beim Anblick des Grabes des jungen Mädchens
aus Unahi gedichtet

Das junge Mädchen aus Unahi
im Dorf von Ashiya.
Seit seiner zarten Kindheit
und selbst im Mädchenalter
zeigte es sich nicht in der Nachbarschaft,
blieb es daheim.
Manch einer wurde schier verrückt
vom Wunsch, sie zu sehen;
sich um sie scharend
drängten sich die Freier.
Ein junger Mann aus Chinu
und ein junger Mann aus Unahi
stellten sich als Rivalen,
hielten um ihre Hand an.
Ihren Bogen aus hellem Holz
und ihren Köcher auf dem Rücken,
bereit, sich in die Wellen,
sich in die Flammen zu werfen,
kämpften sie
gegeneinander.
Da sprach das Mädchen zur Mutter:
»Wenn ich zwei tapfere Jünglinge
um meine Wenigkeit
rivalisieren sehe,
wie könnte ich leben
und mich dem einen hingeben?
Im Reich der Toten
werde ich auf sie warten...«
Mit diesen Worten,
seufzend,
ging das Mädchen von dannen.
Der tapfere Jüngling aus Chinu
sah sie nachts im Traum.
Ihr folgend
machte er sich auf, sie einzuholen.
Daraufhin stieß der tapfere Jüngling aus Unahi,

den er hinter sich gelassen,
das Gesicht gen Himmel gewandt,
Schreie der Verzweiflung aus,
taumelte,
knirschte mit den Zähnen, schäumte.
»Ich werde meinem Rivalen
nicht nachstehen«,
sprach er, zog das kurze Schwert,
das man an der Seite trägt,
und folgte seiner Spur.
Nun taten sich
ihre Eltern zusammen,
und damit man sich ihrer
noch lange erinnere,
damit man in fernen Zeiten
ihre Geschichte erzähle,
errichteten sie in der Mitte
das Grab des Mädchens
und an der einen
und an der anderen Seite
die Gräber der beiden jungen Männer.
Als ich ihre Geschichte erzählen hörte,
obgleich es mir Unbekannte sind,
war es wie eine frische Trauer,
und ich brach in Tränen aus.[30]

Man wird bemerkt haben, daß das Objekt seine Faszination dadurch ausübt, daß es sich dem Blick entzieht. Der Schatten macht das junge Mädchen um so begehrenswerter, als es weniger sichtbar ist: seine Bescheidenheit und seine Tugend, sich selbst auszulöschen, genügen, um die heftigste Liebe zu entfachen. Es ist also ausgeschlossen, daß es den Schiedsspruch fällt, wie es in der abendländischen Kultur von ihm erwartet werden würde. Für uns wäre die natürlichste Lösung: Soll sie sich doch entscheiden! Doch das wäre zu grausam für den, der nicht erwählt würde. Sie kann genausowenig entscheiden, wie eine wahre Mutter einem ihrer aufeinander eifersüchtigen Kinder den Vorzug geben kann. Sie kann sich nicht dem Sieger versprechen, denn das hieße, den Konflikt anzuheizen, für den sie sich, obgleich er nicht in ihrer Absicht lag, schon allzu verantwortlich fühlt. Ihr bleibt nur eine Handlung, mit der sie sich rühmen kann, den Frieden, der einem Opfer folgt, wiederhergestellt zu haben. Das weibliche Ideal, sich selbst zurückzunehmen, grenzt logischerweise unabdingbar an den Freitod. Das Beispiel wirkt ansteckend: Der Verehrer, der sie im Traum erblickte, der sie zweifellos als einziger wirklich liebte, begreift, daß der Tod das Maß der Liebe ist – denn was wäre die Liebe, wenn sie sich vor ihm fürchtete und zurückschreckte vor der das Nichts verheißenden Vereinigung? Der zweite Verehrer, der das Bild liebte, das ihm der andere von ihm selbst bot, sieht sich daraufhin in der Falle des Spiegels gefangen, denn sehr zu seinem Unmut gerät er ins Räderwerk des selbstzerstörerischen Wettkampfes: Er muß sich beweisen, daß er seinem Ideal, d. h. seinem Rivalen ebenbürtig ist, und tötet sich ebenfalls. Auch bei Hegel ergänzt der Tod das Dreieck, das die beiden Rivalen mit dem Objekt bilden, zum Viereck. Vor seinem Schiedsgericht wird der Kampf ausgetragen, denn er ist es, den jeder vom anderen zu empfangen fürchtet, und eben diese Angst vor dem Tod setzt der Rivalität ein Ende, indem sie zwischen Herr und Knecht trennt. In dem Gedicht des »*Manyōshū*« aber gilt diese Angst, in bester Romantradition, von vornherein als überwunden. Der Tod wird als die Zuflucht erträumt, in der die vollkommene Harmonie einer Gleichheit ohne Konflikt herrscht: dort vollendet sich endlich die Wiedervereinigung der getrennten Existenzen. Traum der schmelzenden Einhelligkeit. Aller Haß erlischt um den Preis des Selbstopfers. Der Freitod ist dazu berufen, den Frieden zu gewährleisten. Die Protagonisten verschwinden einer nach dem anderen, ihre Gräber sind vereint – und im Dorf, das sie schweigend beobachtete, kann wieder Ruhe einkehren. Das Leben geht weiter für die Gemeinschaft, die von jenen Mißhelligkeiten hätte in Mitleidenschaft gezogen werden können; sie ist bereit, die edlen Verhaltensweisen, die sie nahegelegt hat, durch ihre Tränen gutzuheißen.

Mehrmals kehrt im »*Manyōshū*« dieses Thema der Selbstaufopferung eines allzu heiß umworbenen Mädchens wieder. Einige japanische Literaturwissenschaftler haben darin eine dichterische Ausgestaltung der Selbstmorde der *miko* gesehen: jene einem Gott geweihten Priesterinnen waren zur Keuschheit verpflichtet. Erlagen sie einem Verführer, war der mehr oder weniger auferzwungene Selbstmord die einzige mögliche Sühne. Wahrscheinlich aber läßt der Fall des jungen Mädchens aus Unahi weit alltäglichere Ereignisse wieder aufleben, die durch die in der Enge der Dorfgemeinschaft komprimierten Begierden hervorgerufen wurden. Diese Liebeskonflikte wirkten sich negativ auf die gemeinsame Arbeit aus, stifteten Zwietracht und konnten in eine regelrechte Vendetta ausarten, sobald man die Ehre der Familie berührt glaubte. Der ganze Frieden des Dorfes konnte so nach und nach durch die Koketterie eines jungen Mädchens bedroht werden. Der Reisanbau verlangt jedoch sehr komplexe Formen der Zusammenarbeit. Nichts ist kostbarer als das gute Einvernehmen der einzelnen Hausgemeinschaften, die sich eine Anbaufläche teilen. Die sogenannten primitiven Gesellschaften begegneten jenen Gefahren, indem sie sich die sehr strengen Heiratsregeln auferlegten, die Lévi-Strauss erforscht hat. Die japanische Gesellschaft betrachtete den Austausch der Frauen als Entscheidung der Familiengemeinschaft; dem individuellen Wunsch und seinen Verirrungen sollte entgegengewirkt werden. Dies suchte man durch die Erziehung der Töchter zu bewirken und lehrte sie Zurückhaltung – aus der Befürchtung heraus, sie könnten sich eigensinnig ihrer verführerischen Reize bedienen und die Begierden entflammen. Rivalitäten und die zunichte gemachten Heiratspläne der Eltern wären die Folge. Also hielt man den Mädchen ein hohes Ideal vor Augen, das das Ziel ihrer Träume sein sollte, von dem sie sich gegebenenfalls leiten lassen könnten und das sie einstweilen vor dem großen Unglück, allzu sehr geliebt zu werden, bewahren würde. Der Selbstmord, zugleich pathetisch und abschreckend, wurde zur einzig erlaubten Form romanesken Handelns.

Das Zeitalter der antiken Grabstätten

In jener Krieger- und Bauerngesellschaft gründete die Dorfgemeinschaft den zur Arbeit notwendigen Frieden auf derartige Entsagungen, und die bewaffneten Sippenverbände festigten ihrerseits ihre Macht mittels nicht weniger strenger Formen der Solidarität. Das goldene Zeitalter der Agrarkultur war die Yayoi-Epoche, die fünf Jahrhunderte bis zum Jahr 250 n. Chr. währte. Die Einführung der chinesischen Bewässerungsmethoden zum Reisanbau vervielfachte die Nahrungsgrundlage. Die Bevölkerung wuchs dementsprechend, und nach einigen Generationen wurde zweifellos die malthusianische Grenze erreicht. Um der Urbarmachung neuen Raum zu erschließen, mußte sich die Reisbauernkultur, die auf der dem Festland nächstgelegenen Insel Kyūshū ihren Ursprung genommen hatte, bewaffnen, zur Inlandsee vorrücken und die Yamato-Ebene unterwerfen. Dort entstand das Machtzentrum, aus dem das Kaiserreich hervorgehen sollte. Im Laufe der Jahrhunderte drang man immer weiter nach Osten vor, bis das ganze Inselreich kolonisiert und die Barbaren, Stämme von Jägern und Fischern, die einer anderen Volksgruppe angehörten, verdrängt oder assimiliert waren. In dieser expansiven Epoche gelang es sogar, einen Brückenkopf im Süden Koreas zu errichten, die Kolonie Mimana, die zweihundert Jahre bis 562 n. Chr. fortbestand. Der Bevölkerungsüberschuß wurde durch die Kriegertruppen absorbiert, die im Rhythmus des Reispflanzens mitwuchsen. Jede Sippe erhob Steuern auf die Felder, die sie vor benachbarten Sippenverbänden schützte. Dank der vom Festland eingeführten Schmiedetechniken gelang es auch, bessere Waffen herzustellen, und auf das goldene folgte das Zeitalter des Eisens – ein Schicksal, das sich in der Geschichte der Menschheit immer bewahrheitete. Der Machtwille der Sippenoberhäupter verlangte jetzt nach manifesten Zeichen: er schloß einen Bund mit dem Tod. Es war die Epoche der antiken Grabstätten, *Kōfun-jidai*. Die Bestattungen, die, ganz im ländlich-sparsamen Geist des Shintōismus, lediglich aus einer Reihe von Reinigungen für die Lebenden und Zerstreuungen für die Toten hätten bestehen können, nahmen eine bis dahin nicht gekannte prächtige Feierlichkeit an, und so entstanden im 3., 4. und 5. Jahrhundert auf der schmalen Yamato-Ebene, dem Machtzentrum der kaiserlichen Sippe, im-

75

mer stattlichere Gräber. Der tugendhafte Kaiser Nintoku z. B. liegt in der Nähe von Ōsaka unter einem riesigen Grabhügel von drei Kilometern Umfang begraben. Diese Arbeiten erforderten Tausende von Sklaven und Fronarbeitern – und spektakuläre finanzielle Aufwendungen, denn die Macht sollte sich in der Pracht des Grabhügels widerspiegeln. Zu sterben bedeutete den Ruin.

Doch war die ausdrucksvollste Aufwendung nicht stets die des geopferten Menschenlebens? Die Sippenoberhäupter mochten nicht allein in der feuchten Erde liegen; ihr Ruhm wollte es, daß man sie begleitete. Beim Tod eines Herrschers wurden die ihm Nahestehenden geopfert – erwürgt und begraben, um ihm Geleit zu geben. Menschenopfer, die von den Göttern des Meeres, des Bodens, der Flüsse oder des Regens nur in Ausnahmefällen verlangt wurden, waren beim Tod eines mächtigen Herrschers zur Regel geworden – ein Brauch, den viele antike Kulturen gekannt haben. Man tötete seine Diener, um dem Verstorbenen in der anderen Welt Dienst und Ehre zu erweisen. Vor fünftausend Jahren stiegen die Opfer im chaldäischen Ur ins königliche Grab hinab, um dort Gift zu trinken. Herodot berichtet, daß man bei den Skythen die Nebenfrauen des Königs mitbegrub. In Indien verschwand der *sati* genannte Brauch, der von der Witwe verlangte, mit ihrem toten Mann verbrannt zu werden, erst unter dem Druck der englischen Autoritäten. Bei den Mandschuren sind Menschenopfer beim Tod eines Prinzen noch im 17. Jahrhundert bezeugt. Konfuzius jedoch hatte seine Mißbilligung schon mehr als zweitausend Jahre zuvor bekundet.

Die Erfindung der Nachbildungen

Schließlich wurden die Menschenopfer für den Verstorbenen jedoch als grausam empfunden, und man begann, die lebendigen Diener durch Nachbildungen zu ersetzen. Am fünften Tag des zehnten Monats des zweiundzwanzigsten Regierungsjahres Kaisers Suinin, starb der jüngere Bruder des Herrschers. Einen Monat später wurde sein Sarg unter die Erde gebracht. Man versammelte seine Diener und grub sie lebendig (offenbar bis zum Hals) rings um das Grab herum ein. Sie starben nicht sofort, berichtet das »Nihongi«, sondern weinten und stöhnten mehrere Tage und Nächte lang unablässig. Schließlich starben sie, verwesten, und Hunde und Raben kamen, sie zu verschlingen.

Ihre Schreie und ihr Stöhnen zerrissen dem Kaiser das Herz, und er richtete seine edlen Worte an die hohen Hofbeamten: »Den Toten diejenigen folgen zu lassen, die sie zu Lebzeiten erfreut haben, ist äußerst grausam. Ich weiß wohl, daß es ein alter Brauch ist, doch warum sollten wir uns ihm unterwerfen, wenn er nicht gut ist? Findet einen Weg, das Totengeleit zu beenden.«

[...]

Im Herbst des zweiunddreißigsten Regierungsjahres des Kaisers Suinin, am sechsten Tag des neunten Monats, verschied Ihre Hoheit, die Kaiserin Hibasu. Mehrere Tage sollten vergehen, bevor man sie bestattete, und der Kaiser richtete seine edlen Worte an die hohen Hofbeamten: »Aus Erfahrung weiß ich, daß es nicht gut ist, den Toten Geleit zu geben. Wie lautet Euer Rat für die anstehende Totenfeier?« Daraufhin trat der Fürst Nomi vor und sprach: »Es wäre unheilvoll, lebendige Menschen im Stehen gemeinsam mit Ihrer Hoheit zu begraben. Wie könnte man der Nachwelt einen solchen Brauch überliefern? Ich bitte Euch, erlaubt mir, einen anderen Weg zu finden und ihn Euch darzulegen!« Daraufhin sandte er Boten aus, um nach hundert Männern aus der Töpfergilde von Izumo zu schicken. Er ließ sie Tonfiguren formen; Menschen, Pferde und jede Art von Gegenständen und zeigte sie dem Kaiser mit folgenden Worten: »So möge es für die kommenden Jahrhunderte sein. Diese Tonfiguren sollen anstelle der Menschen und Tiere den Toten mitgegeben werden.« Der Kaiser war sichtlich erfreut und sprach: »Wahrlich, mein Herz ist erfreut über den Weg, den du ersannst!« So stellte man zum ersten Mal tönerne Figuren ins Grab Ihrer kaiserlichen Hoheit Hibasu und gab diesen Gegenständen aus Ton [hani] den Namen haniwa.[31]

Der Selbstmord als Totengeleit

Seither umgab man die Verstorbenen aus fürstlichem Geblüt unter der Erde mit einem ganzen Volk von Tonfiguren, die weniger prekär sind als menschliche Körper und so oft unversehrt in den Vitrinen der Museen überdauern konnten. Der Brauch des Totengeleits verschwand jedoch nicht, sondern blieb als freiwilliger Akt erhalten. Die Entwicklung des Opfergeists, die von Isaak zu Jesus, vom erzwungenen zum freiwilligen Opfer führte, läßt sich mit der gleichen Klarheit sowohl am Selbstmord zum Geleit als auch am Selbstmord aus Hingabe oder Selbstzurücknahme ablesen. Die Gefühle, die den Herrn und seine Diener, den Lehnsherrn und seine Vasallen, das Sippenoberhaupt und seine Vertrauten, den Kaiser und seine Hofbeamten miteinander verbanden, waren so stark, daß das Dasein nach seinem Tod nichtig und unerträglich erscheinen mochte. In einem einzigen Leben konnte man nur einem einzigen Herrn dienen. Die Bindung von Mann zu Mann, oft im Kampf geschmiedet, war enger noch als die eheliche; denn während man den Tod zum Geleit (junshi) unter Kriegern billigte, forderte man die Witwe indes niemals wie in Indien auf, sich sogleich mit ihrem Mann im Tod zu vereinen. Julius Caesar berichtet von einem Treuepakt in Gallien, der die Krieger bis in den Tod an ihren Führer band; gelobten sie doch, ihn nicht zu überleben.[32]

Das Gefolgschaftsverhältnis war hierarchisch und innig zugleich; das Erweisen der Ehrerbietung lähmte keineswegs die Lebendigkeit der Gefühle. Eine Herzlichkeit, von der wir uns heute wohl keinen Begriff mehr machen können, überbrückte die unüberwindbaren Rangunterschiede. Das Abendland neigte eher dazu, die Solidarität als ein horizontales Verhältnis zu begreifen, das Brüder ein und desselben Standes vereint, die sich gleich und herzlich verbunden fühlen, weil sie unter ein und demselben Vater, Patron, Prinzen oder Prinzipal vereint sind – gehorchtem sie einst einem göttlichen Gesetz, so lehnten sie sich seither gegen es auf, jedoch nur, um dadurch um so inniger miteinander vertraut zu sein, überlebten sie doch den Tod ihres Gottes. Der Islam suchte diese Nivellierung dadurch festzuschreiben, daß er sie aus der Größe des Ewigen ableitete, aber sie findet sich auch in unseren Devisen: Gleichheit, Brüderlichkeit. In Japan herrscht seit dem Anbruch der Geschichte eine vertikale Solidarität, die auch heute noch prägend für den Alltag der Industriebetriebe ist. Schon die chinesischen Beobachter des 3. Jahrhunderts bemerkten diese Vorliebe für die Hierarchie. Die Gleichheit ist es, die die Japaner verunsichert. Wie schnell kann sie Prestigekonflikte herbeiführen, die durch die Höflichkeitsformeln nicht aufzulösen sind. Im Gegenteil! Es bedarf der Rang- oder Altersunterschiede, die sie verdecken. Japaner können die Solidarität nur ausleben, wenn sie sich durch einen symbolischen Apparat von Zeichen und Abzeichen beschützt fühlen, wobei jedes Subjekt in ein differenziertes System der Verteilung von Aufgaben und Ehrungen, in ein umfassendes Gleichgewicht von Verpflichtungen und Vorrechten eingebunden ist. Eine japanische Mutter ist so gutmütig und den Kindern so wenig durch das Nein des Vaters verwehrt, daß ein Kind seine Eifersucht auf den jüngeren Bruder, der daherkommt und ihn der Mutter berauben will, nicht bezähmen könnte, würde man nicht dafür Sorge tragen, Rangunterschiede zwischen ihnen herzustellen, und dem Älteren erklären, daß er aufgrund seines Alters und seiner Weisheit der Überlegene ist. Was ihm in der Realität versagt wird – die Symbiose mit der Mutter – wird durch symbolische Privilegien kompensiert. Diese Form der Parteinahme ist vielleicht die menschlichste, denn nur durch sie kann man sich über das Altern hinwegtrösten.

Die Stärke einer Sippe war von jenen vertikalen Bindungen abhängig, deren affektive Intensität alle Hierarchieebenen durchdrang. Die Macht einer Familie beruhte nur auf der Ergebenheit, derer sie sich versichern konnte. Die Ideologie griff diese Gefühle auf, verstärkte und veranschaulichte sie. Mehrere Jahrhunderte Rationalismus zusammenfassend, empfahl uns Kant, die gesunde Apathie der reinen Vernunft ins moralische Leben einzuführen. Auch Konfuzius ist ein ausgezeichneter Lehrmeister der Mäßigung. Die japanischen Krieger des eisernen Zeitalters hingegen und, sieben Jahrhunderte später, die der Kamakura-Zeit, lebten von einem einzigen, bis zum Äußersten gesteigerten Schwung unmittelbar ethischer Emotionen. Sie unterschieden nicht zwischen Leidenschaft und Tugend und wollten beim Tod des Herrn mit ihrer übermäßigen Trauer ein Beispiel geben. Trieben Schmerz und Verwirrung sie nicht dazu, sich zu erhängen oder, sieben Jahrhunderte später, sich den Bauch aufzuschlitzen, um ihrem Herrn nachzufolgen, so fühlten sie sich durch die schönen Sprüche und ihre großen Vorgänger dazu gedrängt. Sie töteten sich manchmal weniger aus Liebe zu ihrem Herrn als vielmehr, um ihren Mut und ihre Treue zu beweisen. Sie verschwanden hinter der pathetischen und ruhmreichen Idee, die sie von sich selbst zurücklassen wollten. Eine einzige Geste trug sie zum Gipfelpunkt des Kummers und des Heldenmuts empor und ließ sie die Reinheit ihrer Gefühle unwiderruflich bezeugen. Man hatte sie gelehrt, diejenigen zu verachten, die nur von Liebe sprachen, statt zu lieben, diejenigen, die ihre Gemütsbewegungen nicht in Taten, sondern in Worten ausdrückten. Denn sagt nicht ein einziger Akt mehr als die längste Rede? Die Rede kann lügen, der Akt niemals. Sie glaubten fest an die absolute Aufrichtigkeit des höchsten, des letzten Aktes, dem kein weiterer mehr folgen kann. Ein illusorischer Glaube, vielleicht, kann sich doch der Selbstmord durch den Anteil an Symptom, den er enthält, als vielschichtig und verdächtig erweisen und weit mehr aussagen als das, was man ihn aussagen lassen möchte. Aber sie glaubten nun einmal, daß man angesichts des Todes nicht lügen kann, und mußten wie alle, die an etwas glauben wollen, sich in ihren Illusionen bestärken und den Preis dafür zahlen.[33]

Der Kaiser konnte diese leidenschaftlichen Akte der Sippentreue nicht vorbehaltlos gutheißen. Zwar stützte sich seine Macht vor allem auf die kaiserliche Sippe selbst, die mächtigste von allen, so reich an Ländereien, Menschen und Ergebenheit wie keine andere, doch das Kaiserreich war etwas anderes: ein Ideal der Einheit, ein Schiedsprinzip, eine Autorität, die in der Lage war, dem ganzen Inselreich Ordnung und Frieden aufzuerlegen. Die besonderen Treueverpflichtungen sollten und konnten nicht ausgelöscht werden, aber sie ließen sich mäßigen: das Ansehen einer Familie war eine wichtige Sache, wieviel bedeutender aber war das Wohl des Reiches! Die Leidenschaften, die die Sippenangehörigen miteinander verbanden, mußten sich einer viel umfassenderen Vernunft unterordnen: der Staatsräson. Japan sollte mehr sein als eine bloße Konföderation miteinander rivalisierender Stämme – die Dialektik, die die treibende Kraft seiner ganzen Geschichte darstellt, war bereits in Gang gesetzt: Das Ideal staatlicher Harmonie setzte sich der Intensität enger Solidaritätsbeziehungen entgegen.

Das Verbot des Selbstmords als Totengeleit

Der Selbstmord als Totengeleit *(junshi)*, auch wenn er vollkommen freiwillig geschah, mußte also zunächst abgewertet und dann geächtet werden. Man appellierte an humanitäre Gefühle, so wie man es 600 Jahre zuvor bei der Erfindung der *haniwa*-Figuren getan hatte. Die wahren Gründe aber waren politischer Natur. Die Gesten der Verzweiflung oder der Begeisterung erschienen einem Staat, der auf Mäßigung bedacht war, als verdächtiger Fanatismus, vor dem er sich hüten mußte. Erfüllte die Selbstaufopferung aus Hingabe einen Zweck, konnte man sie noch zulassen, doch für einen Toten zu sterben, war nichts als die eitle und sinnlose Sucht nach Ruhm. Der Rationalismus, der ein meßbares Kosten-Nutzen-Verhältnis aufzustellen sucht, konnte solche Opfer nicht zulassen, jene Leben, die verschwendet wurden, statt sich im Dienste eines neuen Herrn nützlich zu machen, jene Schätze, die vergraben wurden, statt zu zirkulieren und das Wohlergehen der Lebenden zu sichern. So wurde im Jahre 645 die dem chinesischen Vorbild nachempfundene Große Reform der Taika-Ära verkündet. Zu den von ihr angeordneten Maßnahmen zählten auch Gesetze über Aufwandsbegrenzungen, deren Ziel es war, dem Tod weniger Macht über das Leben zu geben und Selbstmorde sowie auch jegliche andere Form der Opfergeste (finanzielle Aufwendungen, Selbstverstümmelungen), die mit dem Ableben eines Mächtigen einhergingen, zu verurteilen.

Der Kaiser von China hat angeordnet [...], daß man nunmehr den Toten keine Edelsteine mehr in den Mund legen und ihnen auch keine mit
Juwelen verzierten Kleider oder Kästchen mit ins Grab geben solle, denn
das sind törichte Sitten. Er fügte hinzu, daß man die Toten begrabe, um
sie zu verbergen, aus dem Wunsch heraus, sie nicht mehr zu sehen. Die
gegenwärtige Armut und Not unseres Volkes ist einzig und allein durch
den Bau der Gräber verschuldet.

    [...]

    Wenn ein Mensch stirbt, folgen ihm gewöhnlich manche in den Tod,
indem sie sich erhängen oder dazu gezwungen werden, den Toten zu begleiten, indem man sie erwürgt, oder aber man gibt ihm sein Pferd zum
Geleit, legt ihm Schätze ins Grab oder schneidet sich während der Beiset-
zungszeremonie die Haare ab oder fügt sich eine Wunde am Oberschen-
kel zu. Diese alten Bräuche sollen alle ohne Ausnahme ein Ende finden.
Wird diesem Erlaß zuwidergehandelt, sollen alle Mitglieder der Familie
des Toten bestraft werden.[34]

Die großen Grabhügel waren bereits seltener geworden und sollten bald
ganz aus dem Bild der Landschaft verschwinden. Unter dem Einfluß des
konfuzianischen Utilitarismus wurden sogar manche Flächen, die Gräbern
vorbehalten waren, wieder landwirtschaftlich genutzt. Später, im 8. Jahrhundert, setzte sich dann der mit dem Buddhismus eingeführte Brauch der
Leicheneinäscherung durch. Die für die Toten bestimmten Aufwendungen
wurden ihnen nicht mit ins Grab gegeben, sondern für Gebete und Zeremonien verwendet. Die buddhistischen Tempel nahmen die Asche in ihre Obhut und verdankten einen Großteil ihrer Einkünfte dem Glauben, ihre Litaneien würden den ruhesuchenden Seelen helfen.

Der Rückgang der Gewalt

Die Einführung der Schrift – einige Jahrhunderte nach dem Reisanbau und
der Metallverarbeitung vom Festland übernommen – sicherte die Vorherrschaft der Staatsmacht. Nun war es möglich, Sendschreiben zu verschicken,
Steuereinnahmen aufzulisten und Register anzulegen. Koreaner und eingewanderte Chinesen, die mit den (für das Japanische recht ungeeigneten)
Ideogrammen umzugehen wußten, waren die ersten Schreiber. Ein paar
Generationen später gab es auch zahlreiche des Lesens und Schreibens kundige Japaner, so daß es der Kaiserhof des 7. Jahrhunderts in Kalligraphie und
Gelehrsamkeit bereits mit dem Hof der Tang in China aufnehmen konnte.
Ein knappes Jahrtausend vor der europäischen Renaissance bot sich hier das
bewundernswerte Schauspiel einer Gesellschaft, deren Elite bestrebt war,
sich zu bilden, fähig, sich zu verändern, indem sie sich aufklärte. Der Kaiserhof war keineswegs nur eine Institution der Macht und des Profits – er förderte auch Wissen und Weisheit.

82

Mit der Schrift kamen auch die Schriften – die politische Philosophie der Chinesen und alle Spekulationen des indischen Buddhismus. Der Kaiser, so sagten die konfuzianischen Texte, regiere durch das Beispiel seiner Tugend: Übermäßige Strenge sei ein Zeichen der Schwäche. Die Macht des Staates hat ihre Quelle in der Weisheit des Herrschers, ihren Endzweck im Glück des Volkes. Der Buddhismus unterstützte dieses Ideal, indem er vom Souverän forderte, nachsichtig, heiter und mitleidsvoll zu sein. So entwickelte sich unter dem doppelten Einfluß der indischen und chinesischen Weisheitslehren ein Befriedungsprozeß. Jene Ideen wurden Teil der Sitten, die Gewalt ging nach und nach zurück.

Noch im 6. Jahrhundert schreckte das Oberhaupt der Soga-Sippe, einer Familie, die immerhin die Einführung des Buddhismus begünstigt hatte, nicht davor zurück, den herrschenden Kaiser zu ermorden! Die gleichen Soga, die einhundert Jahre lang die Institution des Kaisertums zu ihrem Vorteil manipuliert hatten, nehmen im Jahr 643 den kaiserlichen Prinzen Yamashiro und seine Familie gefangen. Alle, auch Frauen und Kinder, werden gezwungen, sich den Tod zu geben. Ein Jahr später fällt Soga no Iruka seinerseits einer Verschwörung zum Opfer: Vor den Augen der Kaiserin wird er während einer offiziellen Zermonie ermordet. Diese Art politischer Sitten ist auch uns nicht unbekannt, doch zeigt das Japan jener Zeit, daß sie nicht unabänderlich sind: einige Generationen später wird am kaiserlichen Hof kein Platz mehr für sie sein. Im 8. Jahrhundert werden derartige Morde und erzwungene Selbstmorde immer seltener und verschwinden schließlich ganz. Im Jahre 768 z. B. widersetzt sich ein gewisser Kiyomaro den Absichten des Priesters Dōkyō, der damals de facto die Macht innehatte und über die Kaiserin herrschte. Doch Kiyomaro wird weder ermordet noch zum Tode verurteilt oder zum Selbstmord gezwungen. Dōkyō läßt ihm die Beinsehnen durchtrennen und verbannt ihn in eine entlegene Provinz. Ein Jahr später kommt mit dem Tod der Kaiserin der Moment der Rache an dem verhaßten Priester, doch der neue Kaiser begnügt sich damit, ihn in die Verbannung zu schicken. Im Jahr 810 bereut es der Ex-Kaiser Heijō, abgedankt zu haben, und schmiedet ein Komplott – es scheitert, aber seine ganze Strafe besteht darin, sich den Kopf kahl zu scheren und in ein Kloster zurückzuziehen. Vierzehn Jahre lang wird er dort noch in aller Ruhe leben. »Die Geschichte vom Prinzen Genji« (»Genji-monogatari«) beschreibt das Leben des kaiserlichen Prinzen Hachi no Miya, der einstmals versucht hatte, sich des Thrones zu bemächtigen: Im Kreise seiner beiden Töchter verbringt er ein friedliches Leben mit Musik und erbaulicher Lektüre auf einem angenehmen Ruhesitz in der Nähe der Hauptstadt.

So hielten durch den Buddhismus allmählich mildere Sitten Einzug. Zudem war auch die Macht des Staates gewachsen: Nach chinesischem Vorbild gab er sich eine feste Struktur und eine Verfassung, die dem politischen Spiel feste Regeln auferlegte. Anstatt zu konspirieren, können die Ehrgeizigen sich nun daran versuchen, die verschiedenen Stufen der Hofhierarchie zu erklimmen. Aus den japanischen Adligen sind Staatsbeamte geworden, für die man eine ausgeklügelte Laufbahn mit sechzehn verschiedenen Rängen erstellt hat. Anstatt den Stolz ihrer Sippe mit Eisen und Feuer hochzuhalten, träumen sie von der Farbe ihrer künftigen Kopfbedeckung, die ihren endlich anerkannten Verdiensten entsprechen wird. Die Intrigen am Hof von Nara und Heian aber dauern an, denn nichts könnte die Macht daran hindern, stets der Einsatz in den immer wieder von neuem aufflackernden Kämpfen zu sein, die nunmehr aber zumindest festen Spielregeln gehorchen. Zur Heian-Zeit war die letzte Sanktion nicht mehr das Enthaupten oder das Erhängen. Einige Jahrhunderte lang, die der Menschheit zur Ehre gereichen, wurde die Todesstrafe ungebräuchlich, selbst in der indirekten Form des erzwungenen Selbstmords. Man gab sich mit Verbannung zufrieden, und dort, wo man einst in den Tod floh, genügte nunmehr der Gang ins Kloster.

Zauberei, Geisteraustreibung, Aberglaube

Der Buddhismus zügelte die Gewalt auch dadurch, daß er indirekte Kampfmittel bereitstellte: Man konnte sich auf die Gottheiten des mahāyānistischen Pantheons berufen und sie um Schutz ersuchen. Oder aber sich mit gewissen Riten von schrecklicher Wirksamkeit wappnen. Der Haß formulierte sich im Gebet und schritt nur selten zur Tat. Es gab sogar eine buddhistische Sekte – die aus dem indischen Tantrismus hervorgegangene *Shingon-shū* –, deren Hauptbestandteile Zauber, Beschwörungen und Magie waren. Man wandte sich an wunderheilende Mönche und Geisteraustreiber. Allerdings konnte es auch vorkommen, daß man den Geisteraustreiber um etwas Zauberei bat. So ließ im Jahre 995 Fujiwara no Korechika aus Wut über seinen Onkel Michikane, der ihn aus dem Amt des Regenten verdrängt hatte, so starke Zauberformeln gegen diesen sprechen, daß er daran starb. Doch die Geschichte wollte es, daß der Regententitel nicht an Korechika zurückfiel, sondern Fujiwara no Michinaga übertragen wurde. Ein paar Jahre später geriet ein anderes Mitglied der Familie Fujiwara, Akimitsu mit Vornamen, in Konflikt mit Michinaga. Sie stritten über die Frage, wessen Tochter der Vorrang im Bett des Kaisers gebühre. Indem sie stets die kaiserlichen Ehefrauen stellten, sicherten sich die Fujiwara ihre Vormachtstellung. Ihr Monopol wurde nicht mehr in Frage gestellt – doch nun brachen die Rivalitäten unter den Vettern der gleichen Sippe aus. Akimitsu beauftragte den Mönch Dō-man, Michinaga mit einem Fluch zu belegen – doch der Erfolg blieb aus, was ihm, neben dem Beinamen »Minister der bösen Geister«, nur den Spott wegen seiner Rachsucht eintrug.

Diese Praktiken des Gebets und der Magie, ob weiß oder schwarz, hatten die Japaner seit jeher fasziniert. Im Buddhismus sahen sie zunächst eine

Sammlung von Riten, mit denen man erfolgreich Krankheiten, Mißgeschicke und böse Geister bekämpfen konnte. Zwar ließen die Schriften auch das Ideal der Gewaltlosigkeit erkennen, das nach und nach seine Wirkungen entfaltete; die erste Folge des Buddhismus aber war die Entstehung einer aufwendigen Praxis, in der sich eine ebenso furchtsame wie arglistige Frömmigkeit mit den Verboten mischte, die der chinesischen Geomantik und Astrologie entstammten. Nur wenige Gesellschaften waren so abergläubisch. Die Toten hatte man schon immer gefürchtet, der große rituelle Aufwand aber, durch den man sich vor ihnen zu schützen suchte, verstärkte diese Furcht nur noch mehr. Erschien die Todesursache auch nur im geringsten verdächtig, bedurfte es langer Zeremonien, um sich vor postumen Ressentiments zu schützen. Dieser Aberglaube trug dazu bei, die gewalttätigen Sitten zu mäßigen: tot konnte ein Feind viel gefährlicher sein als lebendig. Man tat also besser daran, sich seiner durch Verbannung zu entledigen als durch Mord oder erzwungenen Selbstmord. So wurde in jener sich befriedenden Gesellschaft der gewaltsame Tod weniger alltäglich – aber auch unheilvoller.

Seit jeher fürchtete man die Vergeltung der Toten *(tatari)*, die ermordet worden waren oder sich in Folge von Verleumdung oder ungerechter Behandlung selbst getötet hatten. Der Rachegeist quälte seine Feinde, traf hin und wieder auch Unschuldige und löste Katastrophen aus. In diesem Fall bedurfte es hochkomplizierter Besänftigungsriten *(chinkon)*. Auch heute noch ist der Ort eines Selbstmords oft von einer Aura der Beunruhigung und rituellen Vorsichtsmaßnahmen umgeben – am Fuße des Baumes, an dem sich ein Unbekannter erhängte, wird ein kleiner Altar errichtet, dazu ein paar Blumen, ein Fläschchen Sake, ein wenig Reis. Verschiedene Gedichte aus dem »*Manyōshū*«, wie das des jungen Mädchens aus Unahi, gehören zur Gruppe der *banka*, den Trauergedichten zum Trost derer, die eines gewaltsamen Todes starben, vor allem Selbstmörder. Zeigte sich ein Verstorbener besonders rachsüchtig – etwa wenn ihm Naturkatastrophen oder Epidemien zugeschrieben werden konnten –, verlieh man ihm postume Titel, ließ ihn die Leiter der Ehre etwas höher hinaufklettern, errichtete einen Kult zu seinem Gedenken. Und die Toten, die sich als mächtig und bösartig genug erwiesen, wurden gar zu Göttern erhoben.

Die Rache des Verstorbenen

Folgendes widerfuhr dem berühmten Sugawara no Michizane[35]: Als ausgezeichneter Beamter, begabter Dichter, gehorsamer Untertan und eifriger Minister vereinigte er alle Tugenden aus dem Moralkatalog des treuen Staatsdieners in seiner Person. Er machte eine glänzende Karriere – ein wenig zu glänzend sogar, denn sie warf einen Schatten auf die Sippe der Fujiwara, deren Vormachtstellung im Kaiserreich Michizane begrenzen wollte. 899 war er zum *udaijin*, zum Minister zur Rechten, ernannt worden, doch zwei Jahre später fiel er plötzlich in Ungnade: Man beschuldigte ihn, den Sturz des Kaisers Daigo betrieben zu haben. Zwei, drei Jahrhunderte früher oder später hätte man ihn getötet bzw., was wahrscheinlicher ist, zum Selbstmord gezwungen. Doch zur Heian-Zeit waren die Sitten milder: Dürftig mit dem Titel eines Gouverneurs ohne Geschäftsbereich bekleidet, wurde er nach Kyūshū versetzt – eine äußerst schwerwiegende Beleidigung für eine der führenden Persönlichkeiten des Staates. Michizane sollte sie nur einige Monate überleben. Er hatte gerade noch Zeit, mehrere Klagelieder über sein Mißgeschick zu verfassen: viele Tränen, doch kein einziges bitteres Wort über den Kaiser, der ihn in die Verbannung geschickt hatte. Er tröstete sich im fernen Kyūshū damit, den Berg Tenpai zu besteigen und dort, zur Hauptstadt gewandt, die Gesten der Ergebenheit eines ehrfürchtigen Untertanen zu vollführen. So weit ging sein Gehorsam, daß er rasch und ohne Aufsehen starb. Michizane war sogar so diskret, sich nicht zu töten – er ließ sich einfach sterben.

Aber dann kam die Stunde seiner Rache. Sein Feind Fujiwara no Tokihira folgte ihm nur wenig später, auf dem Höhepunkt seiner Macht, in den Tod, ebenso wie dessen 20jähriger Enkel und der 4jährige Urenkel. Die Rache des Michizane: So deuteten seine Freunde, die Feinde seiner Feinde und vielleicht auch das späte Schuldgefühl derer, die ihn verleumdet hatten, die Geschehnisse – eine Interpretation, die der Aberglaube des Publikums, der stets bereit ist, die Missetaten des Zufalls der Böswilligkeit verborgener Mächte zuzuschreiben, sofort bekräftigte. In den Jahren 909 bis 911 traten Epidemien und Überschwemmungen auf – wieder Michizane. Und als 930 der Blitz im Kaiserpalast einschlug, hieß der Schuldige immer noch Michizane. Obwohl er nun schon seit 30 Jahren tot war, schrieb man ihm nach wie vor alle möglichen Racheakte zu. Nach einem Leben als gehorsamster aller Untertanen erwies er sich nun als der unruhigste, der beunruhigendste aller Toten. Ein sinnreicher Widerspruch, denn unterhalb der Staatsmoral, die es verlangte, der kaiserlichen Autorität uneingeschränkt zu dienen, bestand die Sippenmoral fort, für die die Blutrache eine Tugend war. Die Kompromißlösung sah folgendermaßen aus: Man durfte sich rächen, jedoch nur sofern man bereit war, zu sterben, und einverstanden, sein Leben für die Rivalitäten hinzugeben, die die Ruhe des Kaiserreiches bedrohten. An dem Entschluß, alles aufs Spiel zu setzen, ließ sich das Ausmaß der Anklage ermessen. Michizane hatte den Preis im voraus gezahlt: Seine Fügsamkeit, sein stiller Tod, der, wenn schon kein freiwilliger, so doch zumindest ein akzeptierter, hingenommener Tod war, gaben ihm das Recht, seine Feinde zu verfolgen. So hatte auch das junge Mädchen aus Unahi mit seinem Leben für die Freiheit zu lieben bezahlt, für das Recht, sich im Grab mit ihren Liebhabern zu vereinen. Viele von Rachegefühlen gedrängte Selbstmörder wollen mit ihrem Tod die Freiheit erwerben, zu hassen und Schaden zufügen zu können. Das Reich brauchte Frieden, also lehrte man die Unterwerfung bis in den Tod – ein Tod allerdings, der auch wie ein Vorwurf, wie eine Drohung wirken konnte. Frieden ohne Gerechtigkeit, hätte das überhaupt einen Sinn? Man erinnerte deshalb die Hochmütigen daran, daß die Toten die erlittenen Ungerechtigkeiten niemals vergessen. Im Judaismus behält sich Gott die Rache vor, im Christentum wird sie durch das Vaterunser beschworen, das von der Pflicht zu vergeben spricht. Unter dem von den Weisheiten Indiens und Chinas gewobenen Schleier des staatlichen Friedens aber verließ man sich in Japan darauf, ein Gleichgewicht herzustellen, indem man sich wechselseitig davon abriet, Rache zu nehmen: »Treibe deinen Gegner nicht zum Äußersten, denn er könnte plötzlich bereit sein zu sterben. Nichts könnte ihn dann mehr zurückhalten, und du würdest sehen, daß er keine deiner Beleidigungen vergessen hat«.

Es galt also, den postumen Zorn Michizanes zu besänftigen. Feierliche Abbitte wurde angeordnet, man rehabilitierte ihn, gab ihm nicht nur alle seine Titel zurück, sondern verlieh ihm darüber hinaus auch neue, ernannte ihn zum Minister für Höchste Angelegenheiten. 947 erhob man ihn schließlich zum Gott und errichtete ihm nördlich der Hauptstadt das Heiligtum von Kitano – überall im Land sollten viele andere Kultstätten folgen. Das Schicksal Michizanes, in dem sich Gehorsam und Rache vereinen, bildet den Schnittpunkt zweier, in ständigem Dialog begriffener, ethischer Lehren, erschien mithin so beispielhaft, daß es ihn sogar zu einer der populärsten japanischen Gottheiten werden ließ.

Die Rehabilitierung Michizanes führte bis zu seiner Vergötterung, ohne daß auch nur im geringsten an der Unschuld des Kaisers, der ihn schließlich verbannt hatte, gezweifelt wurde. Man erklärte seine Verleumder für alleinverantwortlich, schrieb ihnen alle Schuld zu. Der Kaiser war getäuscht worden, Seine Majestät konnte nur unschuldig sein. In der Tat bestand die Aufgabe des kaiserlichen Siegels oft nur darin, die Entscheidungen der herrschenden Faktionen abzusegnen. So konnten sich die Angehörigen von Minderheiten, die Unzufriedenen, Unterdrückten und Beleidigten im Namen des Kaisers gegen seine Minister auflehnen. Die kaiserliche Idee war so zweideutig wie die Rolle, die dem Gott der monotheistischen Kulturen zukommt. Er ist auf der Seite der etablierten Mächte, er liebt Ruhe und Ordnung – aber ebensosehr die Gerechtigkeit. Deshalb kann man sich also nicht nur auf ihn berufen, um Aufstände niederzuschlagen oder Könige zu disziplinieren, sondern auch, um einen Aufruhr anzustacheln und Revolutionen durchzuführen. Nebenbei bemerkt, welche Revolution muß nicht irgendwann ihre eigenen Aufständischen bekämpfen? In Japan wurde der kaiserliche Absolutismus nicht durch das Auge Gottes, sondern durch die konfuzianischen Prinzipien gemäßigt: Regieren bedeutet, zwischen mehreren Klippen hindurchzuschiffen; stets gilt es, den Weg der Mitte zu wählen. Der

Buddhismus verpflichtete die Macht zum Ideal der Milde; die animistischen Traditionen, die den Verstorbenen übernatürliche Kräfte zuschrieben, rieten zu Vorsichtsmaßnahmen. So entschloß man sich zu einer vorbeugenden Zeremonie, die erstmals im Jahre 863 unter Kaiser Seiwa abgehalten wurde. Diese Versammlung zu Ehren der Geister der Toten, *goryō-e*, richtete sich an die großen, den Hofintrigen zum Opfer gefallenen Persönlichkeiten und bat sie, im Jenseits auf all ihre Rachegelüste zu verzichten, dem Volk und seinen Führern die schrecklichen Dinge zu ersparen, die ihr Zorn herbeiführen könnte. Seit jeher tanzten so die *miko* auf der Vorbühne selbst der allerkleinsten Dorfheiligtümer, um die Toten zu zerstreuen, sie von ihrer gefürchteten Verbitterung abzulenken.

Der Rückgang des Freitods

Das kaiserliche Verbot des *junshi,* die allgemeine Besänftigung der Sitten und der Glaube an die postume Rache – alles deutet darauf hin, daß man sich in den zwei bis drei Jahrhunderten um das Jahr 1000 herum weniger häufig umbrachte, der Selbstmord seltener angeordnet wurde. In der ganzen, sehr umfangreichen »Geschichte vom Prinzen Genji« findet sich, abgesehen von der Episode um Ukifune, keine einzige Anspielung auf den Freitod, nicht einmal auf die Absicht, sich zu töten. Dabei war er nicht wie in den monotheistischen Kulturen mit einem Anathema belegt, sondern blieb stets eine offene Möglichkeit der Hingabe und der Verzweiflung, die nur im Ausnahmefall anzuwenden war. Die Regeln, die zu anderen Zeiten der japanischen Geschichte in gewissen Situationen dazu verpflichtet hätten, sich selbst zu töten, waren nicht mehr bzw. noch nicht gültig. Pax Nipponica: das Leben im Kaiserreich war ruhig geworden. Prinz Genji vollbringt keine jener Heldentaten, die die Legende seinen Vorfahren zuschreibt oder das Epos seinen Nachfahren. Er träumt von seiner Karriere, seinen Liebschaften, seinen Vergnügungen, von der Stellung seiner Kinder. Schleicht sich der Tod in seine Gedanken, so nur, um sein Glück mit etwas Melancholie zu färben oder seine Geduld zu stärken, wenn er leidet; denn in dieser vergänglichen Welt können weder Schmerz noch Freude überdauern. Sich töten? Eine illusorische Lösung, die die Qualen in einem anderen Leben nur noch verstärken würde. Der wahre Frieden wird nicht vom Tod verheißen – nur Verzicht und Entsagung vermögen ihn zu geben.

Die Verurteilung, die der Buddhismus weniger gegen den Selbstmord als gegen die Gewalt im allgemeinen formulierte, hätte nicht derart abschreckend wirken können, wäre von ihm nicht zugleich eine Ersatzlösung angeboten worden: das Kloster, mit dessen Hilfe es möglich war, der Welt zu entsagen, ohne sich töten zu müssen. Man schor sich den Kopf kahl, legte die erforderlichen Gelübde ab und zog sich in ein Bergkloster zurück. Der Shintōismus hatte es nicht verstanden, diesen Weg der Befreiung zu erfinden; solange er die die alleinige Religion war, gab es keinen anderen Ausweg als den Selbstmord. Doch zur Heian-Zeit boten die Gemeinschaften derer, die der Welt entsagten, ein Asyl am Rande der Trübsal des Lebens. Auch das christliche Selbstmordverbot erscheint weniger grausam, sieht man es von Augustinus bis hin zum Heiligen Benedikt in Zusammenhang mit der Entwicklung der Institution des Klosters.

Die Episode der Ukifune in der »Geschichte vom Prinzen Genji« stellt beide Fluchtmöglichkeiten nebeneinander: Selbstmord und Kloster. Wie das junge Mädchen aus Unahi ist auch die schöne Ukifune eine sehr diskrete Person: sanft, unaufdringlich, furchtsam, zurückhaltend, naiv, bescheiden, schüchtern und verschwiegen. Kurz: ein Muster an weiblicher Tugend. Prinz Kaoru liebt sie in friedlicher Zuneigung. Zwar ist er schon mit einer Tochter des Kaisers verheiratet, doch steht es ihm nach den herrschenden Sitten offen, so viele Nebenfrauen zu unterhalten, wie es seine Phantasie nur wünscht und sein Vermögen erlaubt. Ukifunes Zukunft wäre gesichert, ließe sie sich nicht gerade jetzt von einem anderen Märchenprinzen verführen, dem schönen Niou, der ihr mit List und Leidenschaft den Kopf verdreht. Erzieht man junge Mädchen allzusehr zum Gehorsam, können sie am Ende zu niemandem mehr nein sagen. Zu spät bemerkt Ukifune, in welche Sackgasse sie geraten ist. Sie muß sich zwischen der ruhigen und dauerhaften Zuneigung und der wahren, aber zweifellos kurzlebigen, leidenschaftlichen Liebe entscheiden, muß sich rasch entscheiden, denn schon bereitet sowohl der eine wie auch der andere für sie ein Haus in der Hauptstadt vor. Und schließlich besteht die Gefahr, daß sich ihre beiden Prinzen bei einem der nächtlichen Besuche in ihrem Schlafgemach über den Weg laufen. Sie sind zwar gute Freunde, aber die Situation wäre so peinlich, daß es um Ukifunes Ehre für immer geschehen wäre. Wie soll sie sich entscheiden? Sie liebt den einen, kann aber das Band der Dankbarkeit, das sie mit dem anderen verbindet, nicht durchtrennen. Doch es ist schon zu spät, völlig verwirrt weiß sie, daß die Wahrheit ans Licht kommen wird. Die archetypische Situation des jungen Mädchens aus Unahi wiederholt sich. Aber während das Gedicht aus dem »*Manyōshū*« nur grob ein einfaches Schema skizziert, entfaltet die »Geschichte vom Prinzen Genji« eine so subtile und scharfsinnige Analyse, daß ein fortwährender Zauber von den zweihundert Seiten dieser Episode ausgeht. Ukifune hat die Ausweglosigkeit ihrer Situation begriffen. Wie aber kann sie der Schande entgehen? Wie die unfreiwillige Schuld sühnen, die sie all ihre Pflichten verraten ließ? Plötzlich weiß sie, was zu tun ist.

»Ach! Wirklich! Ich wollte, ich wäre bereits tot! Denn es wird etwas höchst Bedauerliches vorfallen, etwas, das anstößige Gerüchte hervorrufen wird.« Diese Gedanken kreisten unablässig in ihrem Kopf, als ihre Mutter, angesichts des tosenden Flusses mit lauter Stimme rief: »Es gibt doch auch andere Flüsse! Sicherlich wird es den Prinzen betrüben, Euch an einem so trostlosen Ort zu wissen, von dem man sagen würde, er sei nicht von dieser Welt.« Und sie begann, so zu sprechen, als wüßte sie alles.

So fuhren Ukifunes Zofen fort:

»Seit jeher gilt dieser Fluß als ungestüm und furchterregend.«

»Neulich machte der Enkel des Fährmannes ein falsches Manöver mit der Stange und wurde vom Strom fortgetragen.«

»Man zählt die, die hier ihr Leben ließen, schon gar nicht mehr!«

»Ach!« dachte sich das Fräulein, »würde ich auf die gleiche Art verschwinden, fühlten sich alle eine Zeitlang ratlos und unglücklich. Wenn ich aber weiterleben und großen Ärger verursachen würde, der mich zum Gespött der Leute machte, könnte ich mich niemals darüber hinwegtrösten.« Bei reiflicher Überlegung schien ihrem Vorhaben nichts im Wege zu stehen, und so plante sie ruhig alles bis in die kleinsten Details. Andererseits jedoch fühlte sie sich so unglücklich.[36]

Arme Ukifune! Es fällt ihr nicht leicht, ihr junges Dasein auszulöschen, empfindet sie doch soviel Zuneigung zu ihrer Mutter! Sie ist sich auch der konfuzianischen Tugend der Pietät bewußt, die es dem Kind verbietet, seine Eltern im Stich zu lassen, indem es vor ihnen stirbt. Doch sie liebt ihre Mutter zu sehr, als daß sie ihr die Schande zumuten wollte, die ihre Tochter umgäbe. Sie muß ein Ende machen. Jeden Augenblick können die beiden Prinzen einander begegnen. Sie sind zu wohlerzogen, um sich aneinander zu vergreifen – das Duell ist am Heian-Hof unbekannt. Doch ihre Diener sind weniger fein gesittet, könnten handgreiflich werden; es würde Tote geben. Sie muß sich für den Frieden opfern, muß sterben, um zu verhindern, daß man ihretwegen leidet oder stirbt. Mehr noch als die Hoffnung, entfliehen zu können, mehr als das Bedürfnis zu sühnen, wird ihr das Ideal der Aufopferung schließlich den nötigen Mut verleihen.

»Was ich auch tue, ob ich mich für den einen oder für den anderen entscheide, zweifellos wird es großen Ärger hervorrufen. Nur mein Verschwinden kann Frieden bringen. Die Vergangenheit kennt viele Beispiele junger Mädchen, die nur deshalb ins Wasser gingen, weil es sie zu sehr quälte, daß ihnen zwei Männer gleichermaßen zugetan waren. Aber wie könnte ich es bedauern, dieses Leben zu zerstören, das mir doch, wenn ich es fortsetzte, viel Leid brächte. Gewiß wird es meiner Mutter einige Zeit Kummer bereiten, doch die Fürsorge für ihre anderen Kinder wird sie zerstreuen. Irgendwann wird sie ihn ganz vergessen haben. Es würde sie hingegen sehr bekümmern, mich nur weiterleben zu sehen, um von einem Scheitern zum nächsten zu wandern, hin- und hergetrieben vom Leben, dem Spott der Leute ausgesetzt.«

90

Der gescheiterte, mithin doppelt gelungene Selbstmord

Mitten in der Nacht läuft Ukifune in Wind und Wetter zum Fluß, um sich in die Fluten zu stürzen. Doch sie ertrinkt nicht. Nicht, daß es ihr an Mut fehlte – sie könnte doch ihre Leser mit einer derartigen Schwäche nicht im letzten Augenblick enttäuschen –, nein, vielmehr gestattet sich die Verfasserin in Nachahmung indischer Legenden ein wenig buddhistische Zauberei. Ukifune wird zum Spielball übernatürlicher Mächte. Einem umherirrenden Geist, der die Flußufer heimsucht – ein ehemaliger Geisteraustreiber, der aufgrund eines Rachebedürfnisses im Tod keine Ruhe findet –, gelingt es, in ihren Körper zu schlüpfen. Doch glücklicherweise ist der wachsame Bodhisattva Kannon zur Stelle und belohnt sie für ihre Demut: Ukifune wird durch die Lüfte zum Garten eines verfallenen Palastes getragen. Bei Tagesanbruch finden vorüberziehende Pilger sie entkräftet und bewußtlos auf. Man nimmt sich ihrer an, pflegt sie und treibt ihr ihren Geisteraustreiber aus – nach so vielen Prüfungen kehrt sie ins Leben zurück.

Ein gescheiterter Selbstmord also. Als Leser spürt man, daß Murasaki Shikibu beim Verfassen dieser Episode der »Geschichte vom Prinzen Genji« daran gelegen war, sich der Pathetik, die Selbstmorden stets anhaftet, zu bedienen. Die quälende Zerrissenheit Ukifunes zwischen ihren beiden Prinzen wird ausführlich geschildert, ihre Motivation in aller Klarheit dargelegt. Die Beschreibung ist psychologisch so stimmig, daß der Vollzug des Selbstmords nichts hinzufügen würde: die Verfasserin erspart ihn uns. Von allen gewaltsamen Todesarten ist das Ertrinken noch die harmloseste, dennoch gäbe es dem Roman eine zu harte, grelle Note. Vor allem aber muß uns Ukifune für neue Abenteuer erhalten bleiben. Ihr Selbstmord macht sie so interessant, daß sie unentbehrlich wird. Ein Paradoxon, das vielleicht viele, die freiwillig in den Tod gingen, erlebten: Der Mut zu dieser extremen Tat veränderte ihr Bild von sich selbst, und indem sie sich töten, beweisen sie sich, daß sie es verdienten zu leben!

Ukifune überlebt ihren Entschluß zu sterben – nichtsdestoweniger trägt sie einen Heiligenschein davon. Ihr Fluchtversuch ist geglückt, ihre Schwächen sind gesühnt, ihr Opfer hat das Schlimmste verhindern können. Sie erntet alle Wohltaten des Selbstmords ohne den gravierenden Nachteil, nicht mehr am Leben zu sein, um die Vorteile zu genießen. Welch höchst romaneske Situation, zwischen zwei Welten zu schweben und das Leben mit der gelassenen Heiterkeit betrachten zu können, die der aus freien Stücken akzeptierte Tod gewährt. Doch ihre Prüfungen sind noch nicht zu Ende. In dem Bergkloster, das sie aufgenommen hat, erblickt durch Zufall ein junger Oberst der kaiserlichen Garde flüchtig ihr Profil – trotz der Stellschirme, Vorhänge und Schleier, hinter denen sie sich zu verbergen pflegt.[37] Welch ein Unglück, so anziehend zu sein! Mit einer Mauer des Schweigens schützt sie sich vor den Gedichten, mit denen man sie überhäuft. Doch das Los der

Schönheit ist es, der Aufopferung geweiht zu sein, um so die tiefe Verwirrung zu sühnen, in die sie die Herzen stürzt, ohne es zu wollen. Abgesehen von ihrer Sittsamkeit erinnern die Abenteuer Ukifunes an die der Justine des Marquis de Sade. Verfolgt von der Begierde, die sie weckt, verzweifelt sie daran, die Ruhe zu erlangen, die sie ob ihrer Tugenden verdiente. Doch wohin fliehen? Nur ein Opferakt kann sie von der sich stets erneuernden Bedrohung durch die Liebe retten. Sie schneidet sich ihr prächtiges Haar ab, das ihre Prinzen so bewunderten, legt die erforderlichen Gelübde ab – endlich ist sie Nonne. Nach dem Selbstmord also das Kloster.

Die Melancholie des Glücks

Wird ihr die Entsagung den Frieden bringen können, den sie im Tod vergeblich suchte? Der Roman gibt darüber keine Auskunft, bricht an dieser Stelle ab, doch es wäre gut möglich, daß uns der Epilog zeigte, wie Ukifune, der Kaoru verziehen hätte, mit ihm in parallel verlaufender Abgeschiedenheit ein frommes zufriedenes Leben führte. Ein solcher buddhistischer Schluß hätte gut zum Geist der Zeit gepaßt. Denn für die wenigen Tausend Privilegierten, zu denen auch die Verfasserin und die Leser der »Geschichte vom Prinzen Genji« zählen, war das Leben süß, schön und traurig – wie Ukifune selbst. Man arbeitete nicht, kämpfte nicht mehr – es war der Sabbat des Lebens, von dem Hegel spricht: die Wogen der Geschichte hatten sich geglättet, man lebte über den Wolken.* Jahraus, jahrein nährten die Steuereinnahmen den Luxus des Hofes. Hatte der Kaiser Schnupfen, stand der ganze Hof Kopf, und die Geburt eines Prinzen geriet zur Staatsaffäre. Mit Zeremonien und anderen Zerstreuungen vertrieb man den leisen Überdruß, der stets der Preis des Glückes ist. Spiele der Eleganz und der Intrigen, in denen nicht der Tod der Einsatz war; Spiele der Musik und der Dichtkunst. Keine Gesellschaft könnte verfeinerter, ritualisierter sein. Weder übertriebener Ernst noch Leichtfertigkeit, doch unter der Zauberwelt des Scheins verbarg sich tiefste Melancholie. Die Unglücklichen haben das Recht zu hoffen, das Glück jedoch ahnt, sofern es nicht dumm ist, daß es flüchtig ist wie ein Traum, unruhig und bedroht. Der Buddhismus hat seine Botschaft von der Vergänglichkeit der Welt tief in alle Herzen eingeschrieben: nur zu gut wußte man, daß nichts von Dauer ist.

Einige Generationen lang war die Gewalt geduldig nach und nach vom Hof verdrängt worden. Sie war nicht gänzlich abgeschafft, nur ausgeschlossen, verworfen. Die Ruhe regierte in Heian-kyō, der Hauptstadt des Friedens, doch schon ein paar Meilen entfernt herrschten weniger zivilisierte

---

* Anspielung auf die Bezeichnung der Hofbeamten, *unjōjin* – Menschen über den Wolken. (Anm. d. Übs.)

Sitten. Noch ferner, insbesondere gen Osten, in der Kantō-Ebene, war das Leben immer noch wild und rauh. Je weiter man sich vom Zentrum entfernte, desto schwächer wurde der Einfluß des Staates, trugen die kaiserlichen Präfekten nur noch Ehrentitel. Die Macht lag bei den örtlichen Adligen, Milizchefs und mächtigen Familien, die oft von den zahlreichen Sprößlingen der kaiserlichen Nebenfrauen gegründet worden waren, die man dazu ermutigt hatte, ihr Glück in den Grenzgebieten des Reiches zu suchen, dort, wo die barbarischen Stämme weiter zurückgedrängt und neue Reisfelder angelegt werden konnten. Trotz all seiner absolutistischen Prinzipien wollte der Heian-Staat nicht totalitär sein, denn dazu hätte er die mächtigen Sippen zerschlagen bzw. zunächst seine hohen Beamten durch Prüfungen auswählen müssen. Statt dessen regierte die Vetternwirtschaft, und eine mächtige Sippe, die der Fujiwara, leitete die Geschäfte des Hofes – zum Besten ihrer eigenen Interessen. Zwar hatte man im Jahre 645 die Große Reform der Taika-Ära ausgerufen, durch die sich der Staat mit einem Schlag den gesamten Grund und Boden übereignet und das ausschließliche Recht, im ganzen Land von der Ernte den Zehnten einzuziehen, zugesprochen hatte. Doch umgehend ließ man sich auf Steuerbefreiungen ein. Die Sippen hatten es verstanden, ihre Landsitze vor der Inspektion der Präfekten und dem Zugriff des Fiskus zu bewahren. Der Grundbesitz der religiösen Institutionen war, ebenso wie alles neu urbar gemachte Land, von Abgaben befreit. Bald bezahlten nur noch diejenigen Steuern, die zu schwach waren, sich zur Wehr zu setzen. Nach und nach triumphierten private Interessen über die Staatsräson. Von der Großen Reform blieben nur leere Worte, und auf die vergebens proklamierte Verstaatlichung folgte eine lange Phase der Wiederaneignung des Kapitals.

Isoliert vom wirklichen Leben hatte der Hof Muße genug, sich drei, vier Jahrhunderte lang seinem Traum von Frieden, Eleganz und Abgehobenheit hinzugeben. In jenen Gruppen von Statuen der berühmten Tempel von Nara und Kyōto, die einen in Meditation versunkenen Buddha darstellen, der von den zwölf himmlischen Generälen umgeben wird, die wild gestikulieren, Grimassen schneiden, Drohgebärden ausführen und ihre Waffen schwingen, um die gelassene Heiterkeit des Glückseligen zu beschützen, versinnbildlichte die Gesellschaft der Heian-Zeit ihre eigene Lage: Die Gewalt, die in ihrem Zentrum erloschen war, wurde auf die Peripherie übertragen. Der Kaiser verfügte über keine andere Armee mehr als die der Gardeoffiziere. Entbrannte in der Provinz ein Aufstand, wie etwa 935 der des Taira no Masakado oder 1055 unter Abe no Yoritoki, mußte er sich an die kriegerischen Sippen des Ostens wenden, um ihn niederzuschlagen, an die Milizen, die von den neu erschlossenen Reisfeldern der Kantō-Region lebten. Der Tag nahte, an dem sich diese Sippen nicht länger mit Dankesschreiben begnügten. Nicht mehr lange und sie sollten die Macht im Staate beanspruchen, die ihnen aufgrund ihrer Stärke zukam. Noch glaubte der Staat, zwischen ihnen den Schiedsrichter spielen zu können – bald jedoch würde er zum bloßen Spielball ihrer konkurrierenden Interessen werden. Die Gewalt, die aus der Ideologie des Kaisertums und dem engen Kreis des Hoflebens verbannt worden war, kehrte in der unbarmherzigen Wirklichkeit der Bürgerkriege wieder zurück. Eine neue Ethik setzte sich durch, die dem Freitod eine wesentliche Funktion verlieh.

KAPITEL VII • **Die Kunst des Kriegers, gut zu sterben**

Die Geschichte kennt nur wenige Schauspiele, die so ergreifend sind wie die Rückkehr der Gewalt, durch die der kaiserliche Frieden zerrissen wurde. Doch dies ist das Schicksal der friedlichen Kulturen: Reich geworden durch die Arbeit, verweichlichen sie im Wohlstand – und werden schließlich zur Beute fremder Eindringlinge. Die Japaner des 12. bis 17. Jahrhunderts verstanden sich sehr gut darauf, in ihrem eigenen Land einzufallen und sich auf ihren Inseln umzubringen. Wie ein ansteckendes Fieber brach die Gewalt, die lange geschlummert hatte, erneut aus. In den Provinzen bewaffneten sich die Sippen; Räuber machten die Umgebung Heians unsicher, ja sogar die buddhistischen Klöster stellten Truppen auf, und die Streitigkeiten zwischen den einzelnen Tempeln arteten zu regelrechten Schlachten aus. Die Mönche, die ihre Klöster einst auf dem Gipfel des Berges Hiei errichtet hatten, um die Hauptstadt mit ihren Gebeten zu schützen, trugen nun selbst den Aufruhr in deren Straßen, schwangen in ihren Prozessionen drohend Hellebarden und heilige Bilder.

Wer allein blieb, war verloren; man mußte in den Dienst einer bedeutenden Sippe treten, mußte die Macht der Stärksten noch verstärken, um ihren Schutz zu genießen. Immer breitere Koalitionen bildeten sich, und schließlich gingen im 12. Jahrhundert zwei annähernd gleich starke, rivalisierende Gruppierungen aus diesem Prozeß der Zusammenschließung hervor. Die eine wurde von dem Haus der Taira, auch Heike genannt, angeführt, die andere von dem der Minamoto oder Genji. Alles teilte und polarisierte sich: Man mußte entweder weiß oder rot sein, wie zu Dantes Zeiten in Florenz weiß oder schwarz. Diese Teilung, die sich durch die ganze japanische Gesellschaft zog, von den entlegensten Reisfeldern bis hin zum Kaiserhof, machte den Kampf auf Leben und Tod unausweichlich. Für die kaiserlichen Minister gab es nichts mehr zu schlichten; sie waren die letzten, die von den Truppenbewegungen, die die Sippenoberhäupter angeordnet hatten, unterrichtet wurden: Eines Morgens sahen sie lange Reihen von Berittenen an ihren kostbaren Gärten vorbeiziehen. Plötzlich schlugen Tausende grobschlächtiger Haudegen, die in den Mundarten des Ostens sprachen, in der Stadt des Friedens ihr Winterquartier auf. Noch glaubten die Fujiwara, lediglich Zuschauer in einem Krieg zu sein, dessen Rivalen sich schließlich gegenseitig aufreiben würden, und warteten auf die wechselseitige Vernichtung durch Gewalt und Gegengewalt – eine illusorische Hoffnung der Neutralen, die stets enttäuscht wird. Der Hof hatte nicht mehr die Macht, in diesem Kampf die Rolle des Schiedsrichters zu übernehmen; er vermochte nicht einmal mehr seine Neutralität zu wahren. Er wurde in das Spiel der rivalisierenden Kräfte hineingezogen, das ihn aufrüttelte und zerrieb. Gleichwohl ließ die

95

neue Kriegerkaste die Institution des Kaisertums, das sie unter ihre strenge Aufsicht stellte, bestehen. Der Hofadel wurde nicht dezimiert, nur auf repräsentative Funktionen reduziert. Die Tugenden des Friedens (Empfindsamkeit, Wissen und Weisheit) wurden von den kriegerischen Werten wie Kraft und Willensstärke überlagert.

Keine Gnade

Das offene Duell der beiden Kriegersippen wurde 1156 durch einen Streit um die kaiserliche Thronfolge ausgelöst. Zunächst gewannen die Taira die Oberhand und setzten ihren Anwärter durch. Drei Jahre später versuchte Yoshitomo, einer der Anführer der Genji, ihre Herrschaft zu erschüttern, doch sein mißglückter Staatsstreich wurde grausam niedergeschlagen. Tagelang enthauptete man an den Ufern des Flusses Kamo die Verschwörer und ihre Anhänger mit dem Schwert – zumindest die, die es nicht vorgezogen hatten, sich durch Selbstmord der Scheingerechtigkeit der Sieger zu entziehen. Andere Sitten waren eingekehrt: Die Verbannung genügte nicht mehr, das Kloster ebensowenig. Todesstrafe, Attentat und erzwungener Selbstmord stellten erneut die letzte Sanktion dieser Machtkämpfe dar. Man zögerte nicht mehr, einen Mönch, der der Verschwörung für schuldig befunden worden war, zu töten oder einen Tempel niederzubrennen, um ein Exempel zu statuieren. Kriegsgefangene wurden enthauptet, an ihren Körpern übte man sich in der Waffenführung, prüfte an ihrem Fleisch die Schärfe einer Klinge. Das Recht, nach einer Niederlage am Leben zu bleiben, wurde nicht anerkannt. Keine Gnade für diejenigen, die nicht zu siegen verstanden hatten, für die Besiegten, die nicht zu fliehen oder, wenn die Flucht unmöglich war, sich nicht zu töten verstanden hatten. Bot sich Gelegenheit, konnte man sein Lager verraten und mit voller Ausrüstung zum Feind überlaufen; sich jedoch in der Schlacht zu ergeben, war unmöglich. Nach dem Gefecht wurden Belohnungen je nach Anzahl und Rang der erbeuteten Köpfe vergeben. Man beeilte sich also, die Verwundeten zu enthaupten und sich mit ihren Köpfen zu schmücken. Der Brauch, Lösegeld zu fordern, war unbekannt. Die Besiegten, die nicht mehr fliehen konnten, baten ihren besten Freund, ihnen den Gnadenstoß zu versetzen, wenn sie selbst keine Kraft mehr hatten, sich zu töten. Minamoto no Yoshitomo, den die Taira 1159 besiegt hatten, war aus der Hauptstadt geflohen, um in der Provinz neue Truppen aufzustellen. Sein Sohn Tomonaga flehte ihn an, ihn mit eigener Hand zu töten, denn die Mönche von Yokawa hatten ihn so schwer verletzt, daß er den Kampf nicht mehr fortsetzen konnte. Yoshitomo erfüllte diesen Wunsch und setzte seinen Sohn anschließend würdig bei. Kurz darauf entweihte Taira no Munekiyo das Grab, enthauptete den Leichnam und schickte den Kopf als Trophäe zu Taira no Kiyomori. Man schreckte vor nichts zurück, um sich des Todes eines gegnerischen Anführers zu vergewissern, so sehr fürchtete man, er könne eines Tages von Kopf bis Fuß wiederhergestellt erscheinen, um erbitterte Rache zu üben. Zweikämpfe ohne Gnade: Erst ein letzter Blick auf das bleiche Antlitz des enthaupteten Gegners konnte das endgültige Gefühl des Sieges vermitteln. Die Verfahren des Identitätsnachweises waren recht anspruchsvoll. Nach dem *seppuku*, zu dem sich der von seinem Bruder Yoritomo verfolgte Yoshitsune gezwungen sah, enthauptete man ihn und sandte seinen Kopf zu Yoritomo. Diese Reise im Sommer 1189 dauerte nicht weniger als sechs Wochen, während derer der unheilvolle Fetisch in einem Krug Sake aufbewahrt wurde.

Krieg Kiyomori, der Anführer der Taira, zu grausam, als er die ersten Unruhen niederschlug? Oder war er eher das Gegenteil? Sein strenges Regiment entzündete das Feuer der Rache, das zwanzig Jahre lang schwelen sollte. Und doch erwies er sich als zu milde, denn er hatte die Schwäche besessen, mehrere Kinder seines Rivalen Yoshitomo am Leben zu lassen. Zwanzig Jahre später standen sie ihm als Anführer einer neuen Koalition gegenüber. Er war alt, sie hingegen erwachsen geworden. Auf dem Totenbett bat er seine Kinder, ihm um des Friedens seiner Seele willen, die Häupter der seinerzeit Verschonten auf sein Grab zu legen. Die Logik der Vendetta, die in diesen Bürgerkriegen herrschte, verlangte weise, den Gegner systematisch zu zerstören, das feindliche Genos bis ins letzte Glied zu vernichten. Es genügte nicht, die besiegten Anführer zu töten, auch ihre Kinder und Enkelkinder mußten vernichtet werden. Genozid als Voraussetzung eines dauerhaften Friedens. Auf jeden Sieg folgte eine maßlose Menschenjagd, die Flüchtigen wurden gehetzt, die Familien ausgerottet. Unter diesen Umständen wird die Geste der Eltern verständlich, ihre Kinder mit in den Tod zu nehmen. Als Yoshitsune auf Befehl seines Bruders im Schloß Koromogawa angegriffen wurde, befahl er sterbend, seine Frau, seinen Sohn und seine erst sieben Tage alte Tochter zu töten. Wo sollte man sich auch verstecken? In irgendeiner Berghütte? Wie den Spähern entgehen, den Denunzianten, die die versprochene Belohnung reizte? Besonders gründlich wurden die Klöster durchsucht; wo sonst hätte man also mit den Seinen Zuflucht finden können, wenn nicht im Tod, der stets bereit ist, einen zu empfangen?

In den Jahrhunderten der inneren Wirren waren die Japaner gnadenloser zu sich selbst, als es fremde Eindringlinge je hätten sein können. Diese Auseinandersetzungen zwischen den Sippen waren weder Rassenkonflikte noch Klassenkämpfe, weder koloniale Abenteuer noch Religionskriege, sie waren rein politischer Natur: Es galt zu bestimmen, wer die Macht ausüben sollte. Und vor allem, wer den Boden besitzen, wer die Reisfelder besteuern dürfe. Die Besiegten mußten verschwinden; die Sieger teilten sich ihre Hinterlassenschaft. Ein konstantes Kapital zirkulierte innerhalb der gleichen Kaste und verteilte sich durch Krisen um. Mit jedem Krieg wurden die Karten neu gegeben. Nichts unterschied die feindlichen, zwillingsgleichen Gegner, **97** die das gleiche blutige Spiel spielten: Beide waren sie Untertanen desselben Kaisers, treue Anhänger derselben Religionsgemeinschaften, von ein und derselben Kultur genährt, geprägt von denselben Überzeugungen, Angehörige derselben Klasse, oft Vettern derselben Sippe, mitunter sogar Brüder derselben Familie – je mehr sie sich in allem glichen, desto unerbittlicher sannen sie darauf, sich gegenseitig zu zerstören.

Der vernünftige Tod

Aber war nicht der Selbstmord in diesem Wechselspiel des Willens zur Macht nicht nur das stolzeste, sondern auch das vernünftigste Verhalten der Besiegten? Denn durch ihren Tod brachten die Anführer den Feind zwar nicht um seinen Sieg, wohl aber um seinen Triumph. Sie entgingen den schlimmsten Erniedrigungen, auf die ohnehin der sichere Tod folgte. Und vielleicht mochte es ihnen Befriedigung verschaffen, sich für ihr Scheitern zu bestrafen, indem sie ihren Zorn gegen sich selbst richteten. Die Gefolgsmänner machten es sich ihrerseits zur Pflicht, ihrem Herrn in die andere Welt oder vielmehr in ein anderes Leben zu folgen – um weiterhin zu dienen. Der Selbstmord war der letzte Ausweg derer, die nicht fliehen konnten, und niemand hätte sie in diesem Moment ihres Ruhmes berauben können. Aber auch für die Sieger war diese Lösung sehr vorteilhaft, ersparte sie ihnen doch die gräßliche Notwendigkeit, einen entwaffneten Feind zu töten, und bannte darüber hinaus auch die Gefahr einer Blutrache: Zwar mögen sich auch die Verstorbenen mitunter rächen, doch zweifellos seltener als die Lebenden. Um den Preis des Freitods wäre die Ruhe des Staates (d. h. der Schlaf des Siegers) also etwas weniger bedroht.

Die Rationalität des Selbstmords, die zu einem Dogma der *bushi*-Ideologie wurde, wird in den japanischen Bürgerkriegschroniken offenkundig, in der heiteren Gelassenheit mancher Überlegung, an deren Ende sich alle Beteiligten einig sind, daß der Freitod alles in allem zwar nicht die leichteste, wohl aber die beste Lösung sei. Auch die Römer teilten diese Überzeugung: Gewiß, der Selbstmord nach einer Niederlage war nicht einfach, nichtsdestoweniger jedoch legitim, ehrenhaft und vernünftig. Das Christentum hat dagegen seit Augustinus jahrhundertelang Cato beharrlich angeklagt – was zweifellos seine Spuren hinterlassen hat. Indem man seit dem Konzil zu Arles im Jahre 452 den Freitod als »teuflische Raserei« interpretierte, überschattete man seine Rationalität. Lange als Komplize des Teufels verurteilt, erscheint uns der Selbstmord auch heute noch als dem Wahnsinn nahe verwandt, und es fällt uns schwer, in ihm nicht nur ein Symptom geistiger Verwirrung zu sehen, sondern einen Akt wie jeden anderen, der je nach den gegebenen Umständen, die ihm seinen Sinn verleihen, mehr oder weniger vernünftig ist.

Ruhm in der Niederlage

Die japanischen Krieger wählten zunächst die einfachste Art und Weise, sich zu töten und stürzten sich wie Cato ins Schwert.[38] So verfuhr 1180 auch Minamoto no Yorimasa, als er, von den Kriegern Kiyomoris bedrängt, seinem Leben im Alter von 75 Jahren vor dem Phönixpavillon zu Uji, der einem Traum entsprungen zu sein scheint, ein Ende setzte – allerdings nicht ohne noch ein letztes Gedicht zu rezitieren. Zuvor hatte er seinen Diener Tōno gebeten, ihn anschließend zu enthaupten.[39]

Der Schmerz, seinem Herrn bei lebendigem Leib den Kopf abschlagen zu müssen, ließ Tōno in Tränen zerfließen: »Ich kann es nicht!« sprach er, »Ich täte es nur, wenn Ihr Euch zuerst selbst den tödlichen Stoß versetztet!« – »Du hast recht«, erwiderte Yorimasa und wiederholte, gen Westen gewandt, zehnmal die Anrufung Amidas, dann sprach er seine letzten Worte – welche Tragik!

> Der kahle Ast,
> der niemals
> Blüten trug.
> Ach, wie betrüblich ist es,
> so zu enden!

Dies waren seine letzten Worte. Dann setzte er die Spitze seines Schwertes an den Leib, ließ sich nach vorne fallen und starb von der Klinge durchbohrt.

Am Ende des 12. Jahrhunderts stürzte man sich also in sein Schwert, d. h. das Aufschlitzen des Bauches der Breite nach war noch nicht eingeführt worden. Der eigentliche *seppuku* sollte erst ein Jahrhundert später praktiziert werden. Die Krieger jener ersten Bürgerkriegsgeneration wandten verschiedene Methoden an, die von den jeweiligen Umständen und der Eingebung des Augenblicks abhingen – man improvisierte. Zumeist gönnte man sich ein paar Minuten Ruhe, zog sich hinter die Gefechtslinie zurück, um sich zumindest einen Augenblick zu sammeln, bevor man sich tötete – gerade Zeit genug für ein letztes Gedicht, allemal für ein Gebet. Man wandte sich gen Westen zum Reinen Land*, jenem Paradies, in dem Amida-Buddha, so sagt man, alle Sterbenden, die sich ihm anvertrauen würden, aufzunehmen gelobt hatte. Aber mitunter legte man auch im größten Schlachtgetümmel Hand an sich, wie etwa Imai Shirō, ein Vasall des Minamoto no Yoshinaka, dem Herrn von Kiso. Im Jahre 1184 standen sich in der Schlacht von Awazu Vettern gegenüber, alle aus dem Hause der Minamoto. Halb im Schlamm eines Reisfelds versunken, wurde Yoshinaka von einem Pfeil getroffen.[40]

---

* Nach Indien, der geistigen Heimat der Buddhisten. (Anm. d. Übs.)

Schwerverwundet sank der Herr von Kiso nach vorne, bis das Visier seines Helms den Hals seines Pferdes berührte. Daraufhin stürzten sich zwei Waffenträger der Ishida auf ihn und schlugen ihm schließlich den Kopf ab, setzten diesen auf eine Schwertspitze und schwangen ihn laut schreiend in die Höhe: »Der Herr von Kiso, der in der letzten Zeit ganz Japan mit dem Ruf seiner Heldentaten erfüllte, ist von dem Jüngeren der Ishida, Tamehisa aus dem Land von Miura, im Kampf getötet worden!« Als er dies hörte, dachte Imai Shirō, der sich noch immer wacker schlug, bei sich: »Für wen soll ich noch kämpfen?« Dann rief er aus: »Seht, Ihr Herren der Länder des Ostens! Hier habt Ihr das Bild eines Selbstmords, das Euch der tapferste Krieger Japans gibt! Und indem er die Spitze seines Schwertes in den Mund steckte, sprang er kopfüber vom Pferd und starb, von der Klinge durchbohrt. So endete die Schlacht von Awazu.

Aus diesen letzten Worten Imais läßt sich ein erhebender Stolz heraushören, mit dem er seinen Mut angesichts des Abgrunds schürt. Dieser Rausch des Ichs ist nie so heftig wie in dem Augenblick, in dem es verschwindet – sofern es dazu bereit ist und es will. Stirbt es? Nein, es tötet sich – was alles ändert. Es sieht nicht mehr die zermalmende Notwendigkeit, sondern nichts als die Ausübung der freien Selbstbestimmung durch die Vereinigung mit dem eigenen Schicksal. Es wird verlöschen, doch nicht ohne noch ein letztes Auflodern, das, wie es sehr wohl weiß, all diejenigen faszinieren wird, die um ihre Sterblichkeit wissen. Eine Stichflamme im ewigen Feuer der Vergänglichkeit. Die Fehler der Vergangenheit, alle Irrtümer und Schwächen, sie alle gehen im Glanz des Freitods auf. Jenseits der Vergebung gibt es sich dem Ruhm und dem Vergessen hin, dem Höchsten des Menschlichen.

Eine bis in den Tod hinein treue Ehefrau

Diesem mannhaften, funkelnden Tod, berauscht vom Blut und Feuer der Schlacht, dieser manischen Hochstimmung läßt sich die (stille, vom Element des Wassers beherrschte, nächtliche) Melancholie eines anderen, nicht weniger bewegenden Freitods entgegensetzen: die des Todes der Dame Kozaishō, der Ehefrau Michimoris, die in Kürze das Kind ihres Mannes zur Welt bringen soll. Sie konnte sich auf eines der Schiffe flüchten, die die besiegten Taira und den Hofstaat des jungen Kaisers Antoku nach Südwesten bringen. Dort erfährt sie, daß ihr Mann in der letzten Schlacht von den Minamoto getötet worden sei. Entgegen jeder Vernunft wartet sie fünf, sechs Tage auf seine Rückkehr. Am Abend des siebten Tages aber vertraut sie ihrer Amme den Entschluß an, den sie nach reiflicher Überlegung gefaßt hat.

100 Gewiß wünschte ich mir, das Kind ruhig zur Welt zu bringen und es aufzuziehen, um in ihm das Bild dessen wiederzuerkennen, der nicht mehr ist. Doch jedesmal, wenn ich es sehen würde, schmachtete ich nach dem Verstorbenen, und meine Qualen vervielfachten sich, ohne daß ich je Trost fände. Es ist eine Wegstrecke, der niemand am Ende entgehen kann. Sollte ich selbst wider Erwarten, vor der Welt verborgen, weiterleben, so läßt sich doch der Lauf der Dinge nicht nach unserem Herzen regeln: Stets wird sich etwas Unerwartetes ereignen. Auch dieser Gedanke lastet schwer auf meinem Herzen: Wenn ich abends einschlafe, erscheint mir mein Mann im Traum, wache ich morgens auf, sehe ich sein Bild vor mir. Eher, als daß ich am Leben bleibe und mich nach ihm verzehre, will ich auf den Grund des Meeres tauchen.

Die Amme sucht ihre Gründe zu entkräften und rät ihr zu einer anderen, einer sanfteren, heilbringenden Form des Freitods: dem Kloster.

Außerdem, gibt es denn unter all denen, deren Ehemänner im Gefecht von Ichi no Tani getötet wurden, auch nur eine einzige, deren Qual unbedeutend wäre? Ihr solltet nicht nur Euer eigenes Los betrachten. Bringt Euer Kind ruhig zur Welt und zieht es auf. Dann könnt Ihr Euch zwischen Felsen und Bäume zurückziehen und das Nonnengewand anlegen, um den heiligen Namen Buddhas anzurufen und für das Heil dessen, der nicht mehr ist, zu arbeiten.

Doch was die Amme auch sagt, sie kann ihre Herrin nicht umstimmen. Zu groß ist die Gelassenheit, mit der sie ihren Entschluß faßte, als daß er sich widerrufen ließe. Nichts bleibt mehr zu tun, als diesen ruhigen, wohlbedachten Akt in aller Zurückhaltung auszuführen. Ohne jeden Aufschrei, ohne jegliche Geste gleitet Kozaishō in den Tod. Sie hat sich entschlossen, nicht länger zu leben als ihre Liebe, und verlangt vom Nichts die Wiedervereinigung, die es zu versprechen scheint. Sie vertraut sich der Tiefe des Meeres an, dem stummen, reglosen, nächtlichen Element, überantwortet sich der namenlosen Intimität, in der schließlich alles versinkt, gleichsam, um aus ihr neu geboren zu werden.

Als die Amme einen Moment eingeschlummert war, erhob sich die Dame Kozaishō heimlich und kletterte auf das Geländer des Schiffes. Da sie sich auf hoher See befanden, konnte sie nicht erkennen, in welcher Richtung Westen lag, doch als sie einen Berg sichtete, hinter dem der Mond unterging, sagte sie sich, daß der Himmel des Amida auf jener Seite liegen müsse. Ruhig rief sie seinen Namen an. Wie stark muß ihre Rührung gewesen sein, als sie den Schrei der Regenpfeifer vernahm, die sich, dem offenen Meer zugewandt, auf den weißen Sandbänken versammelt hatten, oder das Rudergeräusch der Seeleute, als sie die Meerenge durchquerten. Leise wiederholte sie hundertmal die Anrufung Amida-Buddhas: »Gelobt sei der Herr der paradiesischen Welt des Westens, Amida Nyorai! Erweise mir nach deinem untrüglichen Gelübde die Güte, mich ins Reine Land zu führen und die Eheleute, die wider Willen getrennt wurden, ohne Versäumnis auf demselben Lotus zu empfangen!« Tränen über Tränen vergießend wiederholte sie inständig diese Worte, und mit dem Ruf »Gelobt sei er!« stürzte sie sich in die Fluten. [...] Seit alters her gab es viele Frauen, deren Ehemänner ihnen in den Tod vorausgingen, doch eine Regel dieser Welt will, daß die Witwen ihren irdischen Stand wechseln sollen: Selten sind die Beispiele derer, die so weit gingen, sich ins Meer zu stürzen. »Ein treuer Vasall«, so sagt man, »dient nicht zwei Herren, eine tugendhafte Frau kennt nicht zwei Ehemänner.« Jene Beispiele tun dieser Vorschrift Genüge.

Der Tod des kindlichen Kaisers

Die Schiffe der Taira mußten immer weiter fliehen, nach Kyūshū, bis zu dem Tag des letzten Gefechts. Bei Dan no Ura vernichtete die Flotte der Minamoto 1185 unter Führung Yoshitsunes die der Taira. Viele der Besiegten ertränkten sich freiwillig. Als sie sah, daß es keine Hoffnung mehr gab, bewies die Witwe Kiyomoris, die Großmutter des jungen Kaisers Antoku, eine unbeugsame Seelenstärke. Sie nahm ihren Enkel in den Arm und stürzte sich mit ihm in die Fluten. Dieser *oyako shinjū*, der Doppelselbstmord eines Elternteils, der sein Kind mit in den Tod nimmt, ist den Japanern als eine der pathetischsten Szenen ihrer Geschichte im Gedächtnis geblieben.

Beim Anblick dieses Schauspiels zog sich die Dame des Zweiten Ranges nach dem seit langem gefaßten Plan ihr zweilagiges Gewand in Trauerfarbe über den Kopf und steckte die Falten ihres langen Seidenrockes unter den Gürtel; dann drückte sie das Juwel an sich, das Zeichen der Souveränität, legte das kaiserliche Schwert an, nahm den Kaiser in den Arm und sprach: »Obwohl ich eine Frau bin, werde ich nicht in die Hände des Feindes fallen. Ich werde Seine Majestät begleiten. Wer zu ihm gehört, möge sich beeilen, uns zu folgen!« Nach diesen Worten schritt sie zum Geländer. Der Kaiser war damals erst acht Jahre alt, aber an Reife seinem Alter weit voraus. Seine Anmut umgab ihn wie ein Lichtschein; die schwarzen gewellten Haare übertrafen seine Körperlänge. Erstaunt fragte er: »Wo wollt Ihr mich hinbringen, meine Dame?« Ihre Tränen zurückhaltend, entgegnete sie dem Kind, ihrem Souverän: »Versteht denn Eure Majestät noch nicht? Wenn Ihr in diesem Leben als Herrscher des Kaiserreiches geboren worden seid, weil Ihr in einem anderen Dasein die zehn Gebote des Guten befolgt habt, so folgt aus den früheren Verfehlungen, daß sich Euer gutes Los bereits erschöpft hat. Wendet Euch zunächst gütigst nach Osten und nehmt Abschied vom großen Heiligtum von Ise. Dann wendet Euch gen Westen, um den Buddha des Reinen Landes zu begrüßen, der zu Euch herabsteigen wird, und sprecht das Gebet. Dieses Land ist das Gefilde von Leid und Elend; ich werde Euch zu einem glückseligen Aufenthalt, in das Paradies des Reinen Landes führen.« Also sprach sie, eine Flut von Tränen vergießend. Daraufhin faltete das Kind in seinem blaßgelben Kleid, die Haare in Zöpfen um die Ohren gelegt, mit tränennassen Augen, seine niedlichen Händchen und verneigte sich tief gen Osten, um sich vom Heiligtum von Ise zu verabschieden; dann wandte er sich nach Westen und sprach das Gebet. Alsdann nahm ihn die Dame des Zweiten Ranges wieder in den Arm und sprach ihm zum Troste zu: »Unter den Wogen werdet Ihr eine Hauptstadt finden!«, und tauchte mit ihm in die unergründlichen Tiefen hinab. Ach, wie unendlich traurig! Der Frühlingswind der Unbeständigkeit trägt sogleich den Glanz der Blumen hinweg! Ach, wie grausam! Die gewaltsame Flut der Tode und Wiedergeburten verschlingt seinen kostbaren Körper! Man hatte seinen Palast den »Palast der Langlebigkeit« genannt, damit er dort lange leben möge; das Tor trug den Namen »Tor der Jugend«, und man sagte, es schlösse sich erst, wenn der Kaiser alt geworden sei. Doch nun, noch bevor er sein zehntes Lebensjahr erreicht hatte, sollte er zu einer Scherbe auf dem Meeresgrund werden!

Man wird bemerkt haben, daß diese Bürgerkriegsszenen lediglich die Sichtweise der Besiegten widerspiegeln. Keine Spur jenes Triumphalismus, der oft auf der Diffamierung des Gegners beruht, und in anderen Kulturen so viele Schilderungen realer oder legendärer Kämpfe eitel und hohl erscheinen läßt. In diesen schrecklichen Kämpfen haßte man zwar den Gegner, aber man verachtete ihn nicht, hätte dies doch bedeutet, sich selbst zu verachten. Ihn zu vernichten, nicht ihn zu demütigen, war das Ziel. Man durchlitt sogar gemeinsam die ihm auferlegten Prüfungen. Der japanische Erzähler (und mit ihm der Leser) identifiziert sich mit den Opfern und begleitet sie an die Schwelle des Todes, so als verdiente keine der Taten und Gesten der Sieger besondere Aufmerksamkeit. In der Lebensbeschreibung des Minamoto no Yoshitsune (»Gikei-ki«) taucht der glänzende junge Stratege dieser Schlachten in den Berichten seiner Heldentaten nicht selbst auf. Wenn er endlich die Bühne betritt, so in dem Augenblick, in dem er geächtet wird. Verfolgt von der Eifersucht seines Bruders Yoritomo irrt er gehetzt von einem Zufluchtsort zum nächsten – bis zu dem Tag, an dem er von allen Seiten umzingelt ist, und ihm nur noch die Flucht in den Freitod bleibt. Somit erfährt er dasselbe Schicksal wie kurz zuvor viele seiner Feinde. In der Wirklichkeit triumphieren die Stärksten und setzen sich eine Zeitlang durch, in der Dichtung aber werden den Besiegten stets die Tränen der Leser vergönnt sein. Nicht, daß die Japaner nicht nach Erfolg strebten, doch sind sie zu Recht der Meinung, er sei sich selbst genug. Das Scheitern zieht hinunter, doch muß es einen deshalb in den Schmutz ziehen? Nein, ganz im Gegenteil, es reinigt vielmehr, sofern man es zu leben versteht. Es ist schön und gut zu siegen, aber in jedem Leben, und sei es noch so erfolgreich, kommt einmal der letzte Augenblick: dann muß man bereit sein, sich besiegen zu lassen.

Die Inszenierung des Sterbens

Der Freitod war demnach die vernünftige und angemessene Reaktion auf
den unabänderlichen Lauf der Dinge. Doch stellte er nicht nur eine äußerst
extreme Lösung dar, sondern es kam ihm auch zu, klar und anschaulich die
Kardinaltugenden zu manifestieren, die alle *bushi*, alle Krieger, ob *samurai*
oder *daimyō*, vom unbedeutendsten bis zum mächtigsten, jenseits aller Erb-
feindschaften und Wechselfälle des Kampfes von einem Ende des Inselreiches
bis zum anderen mit einem gemeinsamen ethischen Band umschlang. Der
Tod mußte zu einer Demonstration der Idee von Kraft und Willen werden,
die dem Selbstbild der Menschen jener Zeit entsprach. Diese Idee konnte jeder seinen Freunden und Feinden auferlegen, indem er sie verließ, und zugleich sich selbst abringen. Auf die umfassende Schicksalhaftigkeit, die jene
blutigen Situationen bedingte, reagierte die Kriegerklasse mit der Erfindung
ethischer und ästhetischer Disziplinen: Es genügte nicht mehr zu siegen, man
mußte auch schöpferisch sein, um dem Nihilismus zu entgehen, vor dem
auch der Sieg nicht schützte. Die Verheißungen des Amidismus, die Hoffnungen, die auf das Reine Land gesetzt wurden, vermochten die Bitterkeit
des Todes zu mildern, und die Helden der Chroniken versäumen es nicht, sie
sich zu gegebener Zeit in Erinnerung zu rufen. Doch es genügt nicht, bloß in
der Erwartung einer anderen Welt zu leben, dieses Leben selbst ist es, das es
zu gestalten gilt. Nach und nach entfaltete sich die ganze Palette der Kampfkünste, die sich im Laufe der Jahrhunderte immer mehr verfeinerten. Keine
wurde höher geschätzt als die schwierige Kunst des Freitods, denn es ist
schwierig zu siegen, doch wieviel schwieriger noch, sich selbst zu besiegen.
All diese Disziplinen, die aus dem Kontakt mit den Schrecknissen der Wirklichkeit heraus entstanden, nahmen dieser nichts von ihrer Grausamkeit, aber
sie verliehen ihr zumindest Form, Wert und Sinn.

Die Geste, sich zu töten, wurde immer feierlicher, präziser und ritualisierter. Es genügte nicht mehr, sich im Schnellverfahren aufzuspießen oder die
Kehle durchzuschneiden, man sollte sich Zeit nehmen, sich den Bauch aufschlitzen und die eigenen Eingeweide herausreißen – alles, ohne eine Regung zu zeigen. Dies war das Verfahren, das sich unter der Bezeichnung *seppuku* durchsetzte, d. h. in der sino-japanischen, mithin eleganten und gelehrten Lesart der beiden Schriftzeichen für »Aufschlitzen« und »Bauch«, dessen
umgangssprachliche Lesung, bei der die Stellung der beiden Zeichen ver-
tauscht ist, uns vertrauter ist: *harakiri*.

Der Bauch und die Wahrheit

Der moralischen Anatomie jener Zeit zufolge war der Bauch der Sitz des Lebens und des Willens. Die Gesichtszüge gehorchen den Anstandsregeln, der

104

Mund spricht und kann lügen – dort unten aber ist der Sitz der Wahrheit, d. h. der handelnden Kraft. Bauch und Gesicht verhalten sich zueinander wie Sein und Schein. Zahlreiche Redensarten, die mit *hara* (Bauch) gebildet werden, erinnern uns daran, daß diese Vorstellung noch immer in den geläufigen Ausdrücken des täglichen Lebens fortlebt. Der Zen-Buddhismus, dessen Verbreitung mit dem Aufstieg der Kriegerklasse einherging, betonte die Bedeutung von Entschlossenheit, Energie und Disziplin – und er lehrt, sich während der stundenlangen Phasen der Sitzmeditation ganz auf den *tanden* zu konzentrieren, jenen imaginären Punkt, der ein paar Zentimeter unterhalb des Bauchnabels liegt, genau auf der Bahn, auf der sich die Klinge beim *seppuku* ihren Weg bahnen soll. In den Kriegskünsten wie Bogenschießen, Schwertkampf oder *karate* lehrt man auch heute noch, die Bewegungen der Arme und Beine blitzschnell aus diesem Punkt des Gleichgewichts hervorschnellen zu lassen. Es ist also nicht die Seele (ein platonischer bzw. christlicher Begriff), die sich in diesem Zentrum an den Körper knüpft, sondern die Energie, die im Akt selbst die Wahrheit jedes Menschen begründet. Denn ich bin weder das, was ich sage, noch das, was ich denke, noch das, was zu sein ich glaube, noch einzig das, von dem ich weiß, daß ich es bin. Die Theorien des Unbewußten haben jenen alten abendländischen Idealismus des Selbstbewußtseins zerstört. Nicht, daß diesem keine Gültigkeit zukäme, aber es vermag nur die reine Form des Selbst zu erfassen, keineswegs aber das, was ich bin.

Ich bin das, was ich tue, dachten die *bushi* von Kamakura, ich bin das, wozu ich fähig bin, bin die stets unvollständige Summe meiner Akte, die mein Bewußtsein derselben übersteigt. Ich bin *karma*, d. h. das Handeln und die Spur des Handelns, bin das Schicksal, das mich verpflichtet und gefangenhält, auf das sich jedoch meine Freiheit stets stützen kann. Für diese Ideologie beruhte die Wahrheit nicht darauf, daß sich der Diskurs dem Sinn des Daseins näherte (der Zen-Buddhismus ging übrigens davon aus, daß es keinen habe), sondern der Akt selbst, der durch die Entscheidung eines Subjekts gesetzt wird –, insbesondere der höchste Akt, auf den kein anderer mehr folgen kann –, mußte sich ihm annähern. Diese Wahrheit ist es, die die Klinge den Zeugen vor Augen halten sollte, gemäß dem, was Nitobe über die Ideologie der *bushi* in seinem 1899 auf englisch verfaßten, klassischen Werk »*Bushidō*: The Soul of Japan« interessanterweise als »Syllogismus des *seppuku*« bezeichnet: »Der Bauch ist der Sitz der Wahrheit meines Wesens; nun aber öffne ich mir den Bauch, und es ist an dir, festzustellen, ob ich ein wahrer Mensch bin oder nur der Schein eines Menschen.« Alle Tugenden, die mit dem Begriff *makoto* verbunden sind (Aufrichtigkeit, Reinheit, Echtheit, Treue) beruhen auf dieser angenommenen Verbindung, derzufolge die Wahrheit von der Energie in einem entscheidenden Akt abhängt, der es vermag, die Wiederholung der Worte zum Schweigen zu bringen und eine unumkehrbare Tatsache zu schaf-

fen. Ich allein habe das Recht zu entscheiden, wer ich bin – indem ich
handle.

Die Einführung des Bauchaufschlitzens

1189 überantwortete sich der zu Unrecht angegriffene Yoshitsune, eingekreist von Tausenden von Feinden, dem Freitod, gemeinsam mit einer
Handvoll Getreuer, um seine Unschuld zu beteuern und die glänzenden
Siege seines kurzen Lebens durch einen beispielhaften Tod zu krönen. Doch
welches Verfahren sollte er wählen? »Erinnert Euch«, sprach einer seiner Gefolgsmänner zu ihm, »unseres Freundes Tadanobu, der sich unlängst den
Bauch aufschlitzte. Noch immer wird ihm Bewunderung für seinen Mut
zuteil.« Anerkennend stimmt Yoshitsune zu, dies sei die beste Methode, d. h.
die schwierigste, mithin die rühmlichste – und entscheidet sich für sie.

Er setzte sein Schwert unterhalb der linken Brust an und stieß es so heftig
hinein, daß er sich bis zum Rücken durchbohrte. Dann erweiterte er die
Wunde an drei Seiten, riß sich die Eingeweide heraus und wischte anschließend die Klinge mit dem Ärmel seines Kleides ab, bedeckte sich
wieder und stützte sich auf seine Ellenbogenlehne.

Wohlgemerkt, er starb nicht sofort, die Unterleibsverletzungen führten lediglich zu einem längeren Todeskampf. Ein härteres und zugleich unwirksa-
meres Selbstmordverfahren läßt sich kaum vorstellen. Nur durch ihren
symbolischen Wert fiel die Wahl auf diese Methode. Der blutige Glanz dieser Heldentat schmeichelte dem Stolz und behagte dem Masochismus, der
dunklen Kehrseite des Willens. Die körperlichen Qualen waren von einer
kaum vorstellbaren Heftigkeit, doch gingen sie mit einer moralischen Apotheose einher: Jeder konnte in seinem letzten Augenblick zum Helden werden. Der Akt selbst verwandelte ihn, ließ ihn ruhmvoll sterben. Yoshitsune
quälte nicht die Frage des Augustinus, auf die es keine Antwort gibt: »Wer
bin ich, Gott?« Ebenso durchbohrend wie der Stahl, hat sie die abendländische Seele durchdrungen: »Gehöre ich für Gott, der allein seit aller Ewigkeit
die Wahrheit kennt, da er sie beschlossen hat, zu den Auserwählten oder den
Verdammten?« So wie sich unsere Kultur stets um das höchste Wesen drehte,
kreiste die des feudalen Japan um den höchsten Akt – im festen Glauben, er
werde die Wahrheit begründen und offenbaren.

Gegen Ende des 12. Jahrhunderts steckte das Bauchaufschlitzen noch in
den Kinderschuhen, es war eher selten, kaum formalisiert. Doch schließlich
setzte es sich durch, wurde kodifiziert. Der Verfasser der Chronik des Yoshitsune, der zwei Jahrhunderte nach seinem Helden lebte und schrieb, wollte
ihn als frühzeitigen Verfechter einer inzwischen zur Regel gewordenen Praxis darstellen, bei der das unhandliche und für diesen Zweck allzu lange

Schwert durch ein Kurzschwert von 30 cm Länge, genannt *wakizashi*, ersetzt worden war, gefertigt aus jenem einzigartigen Stahl, reiner noch als der aus Damaskus oder Toledo, den einzig die japanischen Schmiede zu härten verstanden. Im Verein mit den göttlichen Winden der Jahre 1274 und 1281 hatte er den Sieg über die Bewaffnung der mongolischen Eindringlinge davongetragen – die japanische Technik ist eben nicht erst seit gestern überaus hoch entwickelt. Die kurze Klinge, die man sich in die linke Seite stieß, mußte den Bauch bis zur rechten aufschlitzen. Einige Virtuosen boten als Zugabe noch einen senkrechten Schnitt vom Unter- zum Oberbauch (*jūmonji*). Danach jedoch mußte man noch die Kraft finden zu sterben. Man tötete sich endgültig, indem man sich die Klinge ins Herz stieß oder aber die Halsschlagader aufschnitt. Seit den Wirren der Jōkyu-Ära (1219–1222), die durch den vergeblichen Versuch des Kaisers Go-Toba, die Macht des Hofes wiederherzustellen, ausgelöst worden waren, praktizierte man den *seppuku* mit Beistand, das sogenannte *kaizoebara*: Hinter demjenigen, der kniend den Akt ausführte, stand ein zweiter mit erhobenem Schwert – ob Lehns- oder Gefolgsmann, Freund oder Gefährte –, dessen Aufgabe es war, jenem den Gnadenstoß zu versetzen, indem er den Kopf des Sterbenden mit einem Hieb sauber vom Rumpf trennte.

Die Verfasser der Kriegschroniken sind oft sehr explizit in ihren Beschreibungen, man spürt förmlich, wieviel Gefallen sie daran finden, die anatomischen Hochleistungen ihrer Helden zu verschönern und in allen Einzelheiten auszumalen, um gewaltsame, pathetische Bilder zu zeichnen. Doch dann wurde dieses Verfahren zur Routine, man legte die Formen fest, die allmählich erstarrten. Bis zum letzten Augenblick hatte man sich an alle Regeln der Kunst zu halten, wagte es nicht mehr, seinen Tod, wie noch im ersten Jahrhundert der Bürgerkriege, zu improvisieren. Nunmehr schrieb man unermüdlich Abhandlungen und Kommentare zu den herausragenden Beispielen, stellte wie in der Rhetorik einen Katalog der Stilfiguren des Bauchaufschlitzens auf. Der große Stil, leicht emphatisch und archaisch, sah vor, die eigenen Eingeweide herauszureißen, um sie dem Feind entgegenzuschleudern.

Eine Kriegslist

So verfuhr im zweiten Monat des Jahres 1333 Murakami Yoshiteru, ein Gefolgsmann des Prinzen Morinaga. Anfang des 14. Jahrhunderts war die Macht des aus der Sippe der Heike hervorgegangenen Hauses der Hōjō, die das Land seit über einem Jahrhundert von Kamakura aus regieren, ins Wanken geraten. Kaiser Go-Daigo zettelte eine Verschwörung an, um die absolute Macht des Hofes wie zur Heian-Zeit wiederherzustellen; sein Sohn Prinz Morinaga führte indes einen Guerilla-Kampf in den südlich der

Hauptstadt gelegenen Bergen von Yoshino. Doch bald gelang es den Truppen der Hōjō, ihn zu umzingeln: die Lage war aussichtslos. So wartete der Prinz nur noch den letzten Sturmangriff auf sein Schloß ab, um zu sterben. Da aber trat Yoshiteru hervor, um ihn zur Flucht zu überreden: »Gebt mir Eure Rüstung!« sprach er, »Ich werde Euren Namen annehmen und mein Leben opfern, um so Euer Ableben vorzutäuschen.« Doch der Prinz lehnte diesen Notbehelf anfangs ab. »Wenn wir ohnehin sterben müssen, laßt uns, was auch immer geschieht, gemeinsam in den Tod gehen!«[41]

Daraufhin antwortete Yoshiteru heftig: »Ach, wie sehr enttäuschen mich Eure Worte! War nicht zur Zeit der Han der in Eiyō umzingelte Kōso einverstanden, als einer seiner Vasallen ihn darum bat, sich für ihn ausgeben zu dürfen, um so den Feind zu täuschen? Welch ein Unglück, daß sich jemand, dessen Ansichten so kleinlich sind wie die Euren, um die großen Interessen des Kaiserreiches kümmert! Wohlan, wollt Ihr nun die Güte haben, Eure Rüstung abzulegen?« Und er löste den Gürtel des Prinzen. Dieser ließ sich schließlich von der Idee überzeugen, und so tauschten sie Rüstung und Kettenhemd. Der Prinz sprach: »Sollte ich am Leben bleiben, werde ich gewiß für dein Heil in der anderen Welt beten, und falle auch ich in die Hände des Feindes, werde ich wie du unverzüglich den Weg ins Reich der Finsternis einschlagen.« Und weinend zog er am Heiligtum von Katte no Myōjin vorbei und floh nach Süden.

Über alle Standesgrenzen hinweg, trotz der Achtung vor der Rangordnung, die bis zur Selbstverleugnung getrieben wird, herrschen angesichts des Todes Verbrüderung und rückhaltlose Offenheit. Yoshiteru wird durch seine bevorstehende Selbstaufopferung erhöht. Die Autorität, die er ausübt, beruht mehr auf diesem Aspekt als auf seiner Gelehrsamkeit, die ihn chinesische Beispiele anführen läßt. Doch nun gilt es, die List und das Martyrium in die Tat umzusetzen. Der Chronist erspart uns keine Einzelheit.

Yoshiteru stieg auf den Schutzwall des zweiten Innenhofes und sah dem sich entfernenden Prinzen nach. Als seine Silhouette am Horizont verschwunden war, sagte er sich, nun sei der Moment gekommen. Alsdann löste er mit einem Schwertstreich die Läden der Schießscharten und zeigte sich. Dann erhob er die Stimme, um seinen Namen zu verkünden: »Ich, ein Nachfahre der Göttin Amaterasu Ōmikami, zweiter Sohn des Kaisers Go-Daigo, des fünfundneunzigsten Kaisers seit Jimmu Tennō, Prinz des Ersten Ranges, von der Regierung mit dem Amt für militärische Angelegenheiten betraut, wurde von einem abtrünnigen Minister gestürzt. Um meine Rachegelüste in der Unterwelt zu lindern, werde ich mich jetzt töten. Seht mich an: Ich gebe Euch nun das Beispiel, dem Ihr folgen werdet, wenn sich das Kriegsglück gegen Euch gewendet haben wird und Ihr Euch Eurerseits den Bauch öffnen müßt.«
Daraufhin legte er seine Rüstung ab und warf sie den Schutzwall hinunter. Er entledigte sich auch des Kettenhemdes, behielt nur seine weite

Seidenhose an. Dann setzte er die Spitze seines Schwertes an die weiße, makellose Haut und schlitzte sich den Bauch von der linken Hüfte bis zur rechten Seite in einem einzigen Zug auf. Danach nahm er seine Eingeweide in die Hände, warf sie an die hölzerne Abdeckung des Schutzwalles, steckte sich sein Schwert in den Mund und ließ sich nach vorne fallen.

Jeder der Angreifer, gehörte er den Haupttruppen oder den Flanken an, dachte bei sich: »Der Prinz hat sich getötet, nun muß ich der erste sein, der sich seinen Kopf holt.« So kletterten sie die Mauern hinauf und stürzten sich alle gemeinsam auf die besagte Stelle. Inzwischen hatte der Prinz, der in die entgegengesetzte Richtung geflohen war, den Fluß Tennokawa erreicht.

Die Eingeweide in Richtung des Feindes zu werfen, kam einer Heldentat gleich, einer fast schon sarkastisch zu nennenden Herausforderung. Kein Märtyrer hätte stolzer, wildentschlossener, unbändiger sein können. Er starb in stummem Gelächter, das ihm der Erfolg seiner teuer erkauften List eingegeben hatte. Ahnte er bereits, daß er schon bald gerächt werden sollte? An der Schwelle zum Tod sagte er voraus, daß sich das Kriegsglück in Kürze gegen die Hōjō wenden würde. Schon ein paar Monate später sollen sie sich auf das Beispiel Yoshiterus besinnen, als im Sommer 1333 die Regierung von Kamakura zusammenbricht. Zahlreich sind die Besiegten, zahlreich diejenigen, die sich nun ihrerseits den Bauch aufschlitzen.

Das kollektive Bauchaufschlitzen

Als Ashikaga Takauji in den letzten Apriltagen zum ersten Mal die Fronten wechselt, hat das Ende der Hōjō bereits begonnen. Er, der mächtigste Vasall dieser Sippe, verrät sie, um sich mit der Partei derer, die die Macht des Kaisers wiederherstellen wollen, zu verbünden. Die Truppen des *shōgun* unter der Führung von Hōjō Nakatoki werden in der Hauptstadt besiegt. Mit dem jungen Kaiser, nur einer Marionette, der ihnen, wie einst den Taira, als Unterpfand dient, ziehen sie sich nach Kamakura zurück. Doch bald erkennt Nakatoki, daß er seinen Feinden nicht entkommen kann: Die Strecke der Tōkaidō ist zu lang – und außer den regulären Streitkräften setzen ihm auch noch Banden von Kopfgeldjägern zu, die sich eine Belohnung verdienen wollen.

Der frühere Gouverneur der Provinz Echigo, Nakatoki, wartete eine Weile auf die Ankunft Tokinobus. Die vorgesehene Frist war schon abgelaufen; es wurde spät. »Wohlan«, sprach er, »auch er wird wohl übergelaufen sein ... Wohin könnte ich, ob ich nun umkehre oder fliehe, denn gehen? Lieber schlitze ich mir ein für allemal den Bauch auf!« Kaum hatte er diesen Entschluß gefaßt, heiterte sich seine Miene auf, und er wandte sich an seine Truppen: »Obwohl sich das Kriegsglück offensichtlich immer mehr der anderen Seite zuneigt, obwohl das Haus der Hōjō unterzugehen droht, zählte für Euch immer nur der Ruf als Krieger, der der Eure ist, und Ihr seid mir, ohne die zu verleugnen, mit denen Ihr seit langem verbunden seid, treu bis hierher gefolgt. Mir fehlen die Worte, Euch zu sagen, was ich über Eure Haltung empfinde. Mein tiefster Wunsch ist es, Euch meine Dankbarkeit zu bezeugen, doch das glückliche Los unseres Hauses ist erschöpft, und es steht nicht in meiner Macht, dies zu ändern. Deshalb beabsichtige ich, mich jetzt für Euch zu töten, um Euch in einem anderen Leben die Dankesschuld zurückgeben zu können, die ich in diesem auf mich geladen habe. Mittelmäßig wie ich bin, beehre ich mich gleichwohl damit, den Namen unseres Hauses zu tragen. Aus diesem Grund hat der Feind erlassen, daß derjenige, der meinen Kopf beibringt, zum Fürsten eines tausend Haushalte umfassenden Lehens erhoben werden soll. Beeilt Euch also, mein Haupt zu holen, um es den Abkömmlingen der Minamoto als Wiedergutmachung für die früheren Feindseligkeiten, die Ihr ihnen entgegenbrachtet, und als Pfand Eurer zukünftigen Treue auszuhändigen.« Kaum hatte er seine Rede beendet, legte er seine Rüstung ab, öffnete sein Gewand, schlitzte sich den Bauch auf und sank zu Boden.

Bei diesem Anblick rief Kasuya no Saburō Muneaki, indem er mit den Tränen kämpfte, die seinen Ärmel benetzten, aus: »Ach! Ich hätte mich als erster töten sollen, um Euch den Weg ins Totenreich weisen zu können! Welche Bitternis zu sehen, daß Ihr mir dorthin vorausgeht! In diesem Leben habe ich Euch bis zum letzten Moment beigestanden, auch im Totenreich wird sich mein Blick nicht von Euch abwenden. Habt die Güte, einen Moment auf mich zu warten, ich werde Euch über den Berg zur Hölle geleiten!« Mit diesen Worten griff er zum Schwert, das sich der Gouverneur von Echigo bis aufs Heft in den Bauch gestoßen hatte, jagte es sich in den seinen und fiel, indem er die Knie Nakatokis umfaßte, über diesem zusammen.

Nach ihm schlitzten sich Sasaki, der ehemalige Gouverneur der Insel Oki, sein Sohn Jiro Uemon, seine Vettern Saburō Hyōei und Eijumaru, Takahashi Kurōsaemon … [es folgt eine Aufzählung von fast 150 Namen] und viele andere, insgesamt 432 Männer, gleichzeitig den Bauch auf.

Man stelle sich dieses Gemetzel, diese Ströme von Blut, dieses Röcheln in diesem gleichzeitigen hundertfachen Todeskampf vor. Ein Massenmord aus feudaler Solidarität, eine schwindelerregende Krankheit, die sich wie eine Seuche ausbreitet. Denn der Selbstmord ist nicht nur ein einzelner, verstohlener und einsamer Akt, er kann auch kollektiven Gefühlsaufwallungen gehorchen. Die Geschichte kennt unzählige Fälle von derartigen freiwilligen Hekatomben. So töteten sich einst im Jahre 73 die jüdischen Zeloten, die sich gegen die römischen Legionen erhoben hatten, bis zum letzten Mann in der

Festung Masada. Allerdings hatten sie auch das Schlimmste von ihren Besiegern zu erwarten, konnten bestenfalls auf die Sklaverei hoffen. Oder erinnern wir uns an die gar nicht so lange zurückliegende Selbstmordepidemie von Guyana, von der am 18. November 1978 900 Anhänger des Predigers Jim Jones angesteckt wurden und die sie den Tod aus einem großen Kessel voll von mit Valium und Blausäure versetztem Erdbeersirup zu sich nehmen ließ. Der Tod in der Gruppe erscheint leichter, in der Euphorie der Gemeinsamkeit wirft man sich ihm mit Schwung entgegen.

Das Fest des Freitods

Am 5. Juli 1333 begleiteten neue Szenen kollektiven Bauchaufschlitzens den Fall von Kamakura, der Stadt des *shōgun*. Nach fünftägigem Kampf ließ der Anführer der Hōjō-Sippe, der Regent Takatoki (mit seinem geistlichen Namen Laienmönch von Sagami genannt), die Paläste anzünden, die Zeugen seines Ruhmes gewesen waren, und nahm mit einigen hundert Getreuen Zuflucht im Tōshō-Tempel. In der großen Halle, in der die Würdenträger der Regierung versammelt waren, nahm nun ein seltsames Fest seinen Lauf.

Unterdessen begann Takashige schreiend umherzulaufen: »Schnell, schnell! Tötet Euch! Ich, Takashige, werde es als erster tun, um es Euch vorzuführen!« Kaum hatte er zu Ende gesprochen, legte er seine Rüstung bis auf den Brustharnisch ab und warf sie weit von sich. Dann griff er zu der Sake-Schale, die sich vor Seinem Fürstlichen Regenten befand, ließ sie dreimal von seinem jüngeren Bruder Shinuemon füllen, stellte sie vor den Fürsten von Settsu, der der Rechtsabteilung angehörte und unter dem Namen Dōjun Zen-Mönch geworden war, und sprach: »Auf den, dem meine Freundschaft gilt! Und dies als Zukost zum Trunk!« Mit diesen Worten stieß er sich das Schwert in die linke Seite, schlitzte sich den Bauch längs bis zur rechten auf, nahm seine Innereien mit den eigenen Händen heraus und brach vor Dōjun zusammen.

Dieser erhob seinerseits die Schale und rief: »Ach! Welch schöne Beigabe zum Sake! Selbst der mittelmäßigste Trinker könnte sich nicht weigern, darauf anzustoßen!« Derart scherzend leerte er die Schale zur Hälfte und stellte sie vor den Mönch von Suwa. Dann gab auch er sich den Tod, indem er sich den Bauch aufschlitzte.

Der Mönch von Suwa leerte dreimal ruhig die Schale, bevor er sie mit folgenden Worten vor den Regenten, den Fürsten von Sagami, der Mönch geworden war, stellte: »Die jungen Leute haben eben gerade ihr ganzes Können unter Beweis gestellt, doch wie könnte man sich auf das Alter berufen, um sich dieses Aktes zu entziehen? Das ist die Zukost, die wir alle zu unserem Sake beitragen sollten!« Und er schlitzte sich den Bauch kreuzweise auf, zog sein Schwert heraus und legte es vor Seine Fürstliche Hoheit.

111

Der Fürst von Nagasaki, der unter dem Namen Enki Mönch geworden war, schien sich noch bange Fragen über das Los Seiner Fürstlichen Hoheit von Sagami zu stellen und zögerte deshalb, sich den Bauch aufzuschlitzen. Daraufhin verbeugte sich der junge Shinuemon – er hatte gerade sein fünfzehntes Lebensjahr erreicht – vor seinem Großvater und sprach: »Es steht geschrieben, daß man die Treuepflicht des Sohnes dadurch erfüllen solle, daß man den Namen der Väter erhöhe: Buddha und die Götter sowie die Drei Schätze werden mir bestimmt ihre Barmherzigkeit erweisen!« Nach diesen Worten durchstieß er mit zwei Schwertstößen die Arme seines Großvaters am Ellenbogen, schlitzte sich dann selbst den Bauch auf und ließ sich, nachdem er den Greis auf den Boden gelegt hatte, auf ihn fallen.

Durch das Beispiel dieses Jünglings ermutigt, seine Pflicht zu erfüllen, schlitzte sich auch Seine Fürstliche Hoheit von Sagami den Bauch auf; ihm folgte auf der Stelle der Mönch von Jō. Bei diesem Anblick entblößten alle Mitglieder der Sippe sowie die Männer aus den anderen Häusern, die in der Halle Platz genommen hatten, eifrig ihren schneeweißen Oberkörper: Die einen schlitzten sich den Bauch auf, die anderen schnitten sich die Kehle durch, jeder wählte die Todesart, die ihm am meisten zusagte. Welch ein bewundernswertes Schauspiel! [...] Alles in allem wetteiferten 283 Männer der Sippe darum, wer als erster *seppuku* begehen möge.

Da sie in dem Gebäude Feuer gelegt hatten, quollen wütende Flammen hervor und schwarzer Rauch verdunkelte den Himmel. Bei diesem Schauspiel schlitzten sich die in den Höfen oder vor den Toren postierten Waffenträger ihrerseits die Bäuche auf und warfen sich in das Flammenmeer; mitunter stießen sich Väter und Söhne, ältere und jüngere Brüder gegenseitig das Schwert in den Leib und fielen einer über die Leiche des anderen. Das vergossene Blut überschwemmte den Boden wie ein Fluß, der sich ausbreitet, soweit das Auge reicht; die übereinander gehäuften Leichen übersäten die Straßen wie eine weite Ebene. Obwohl sie verkohlt waren und nicht wiedererkannt werden konnten, versuchte man, sie zu identifizieren. Insgesamt fanden allein an diesem Ort über 870 Männer den Tod, und obwohl die Zahl derer unbekannt ist, die sich in den abgelegenen Lehen – ob Verwandte oder Getreue, Mönche oder Laien, Männer oder Frauen – auf diese Nachricht hin für erfahrene Wohltaten erkenntlich zeigen wollten, indem sie ihnen ins Reich der Unterwelt folgten oder, wenn sie in dieser Welt verblieben, dem Schmerz erlagen, übersteigt sie doch allein in Kamakura 6000.

Sehr offen beschreibt der Text den Widerwillen der nicht so heißblütigen, weniger jungen Krieger: Je älter man wird, desto weniger läßt man sich vom Tod begeistern. Dennoch wächst der Druck, dem man nolens volens nachgeben muß. Der Anblick des Blutes wirkt ansteckend, nicht lange, und der sich entfesselnde Selbstmordwahn reißt alles mit sich: Hexensabbat des Freitods. Bei der Lektüre des »*Taihei-ki*«, das von jenen Bürgerkriegen des

14. Jahrhunderts erzählt, erhält man eine Vorstellung, wie häufig das kollektive Bauchaufschlitzen, ob in kleinen Gruppen oder großen Menschenmengen, vorkam. Wie eine Epidemie griff diese Praxis um sich, und schließlich breitete sich diese ursprünglich stolze, zunächst vereinzelte und wilde Heldentat immer weiter aus, bis sie immer mehr dem Verhalten einer Hammelherde glich – was dazu führte, daß sich Stimmen erhoben, die eine allzu schnelle Resignation kritisierten.

Kritik am *seppuku*

In der Schlacht, die am Strand von Kamakura wütete, waren die Streitkräfte Sadanaos, des Gouverneurs der Provinz Mutsu, stark dezimiert worden: Es blieben ihm nur noch dreihundert Reiter. Vom Feind umzingelt, ans Meer zurückgetrieben, ist er von der Stadt abgeschnitten, aus der er bereits Rauchwolken aufsteigen sieht. Nun muß er auch die letzte Hoffnung, zu siegen oder auch nur am Leben zu bleiben, aufgeben.

Etwa dreißig der getreuesten Vasallen Sadanaos – sei es, daß sie dachten, nun sei alles zu Ende, sei es, daß sie ihren Herrn dazu ermutigen wollten, sich zu töten – nahmen auf dem weißen Sand des Hofes in einer langen Reihe Platz, legten ihre Rüstung ab und schlitzten sich den Bauch auf. Bei diesem Anblick rief er aus: »Ach! Das sind doch wirklich die unbesonnensten aller Japaner! Wahren Mut beweist man dadurch, daß man den Feind vernichtet, dadurch, daß man sich einen Namen vor der Nachwelt macht, selbst wenn man einer gegen Tausend ist! Wohlan! Liefern wir uns munter diese letzte Schlacht, um die Soldaten zu ermutigen, ihre Pflicht zu tun!«

Ist der *seppuku* also nicht immer die beste Lösung? Falls die Vasallen, die sich den Bauch aufgeschlitzt hatten, in ihrem Todeskampf noch die Kritik Sadanaos hören konnten, dürfte diese sie zweifellos in Erstaunen versetzt haben. Bedeutet dies, daß dem Freitod nicht in jedem Fall ein absoluter, allgemeingültiger Wert zugeschrieben werden kann? Sollte dieser höchste Akt nur ein Akt wie jeder andere sein, je nach den Umständen gut oder schlecht, mithin einem Urteil unterworfen? Die Kastenmoral der *bushi* hatte sich mit dem *seppuku* das Kernstück ihres Arsenals geschmiedet, Sadanao aber zeigte, daß man sich eben auf dem Feld der Kriegertugenden dem Fatalismus der Selbstmordneigungen entgegensetzen kann – nicht einfach, weil man am Leben hängt, sondern im Namen eines anspruchsvolleren Ideals, das dem impliziten Defätismus des Selbstmords keinen Platz einräumt, einzig den Tod in einem Kampf akzeptiert, der, und sei er noch so aussichtslos, stets lebhaft und freudig ausgefochten werden soll.

113

Aber abgesehen davon lebten selbst in den Köpfen der Krieger, unterhalb der Tugenden ihrer Klasse, noch andere, ältere Werte fort, die es zu berücksichtigen galt. Die Kindespflichten, die der Konfuzianismus predigte, ließen es nicht zu, daß man vor seinen Eltern starb. Die vom Buddhismus gefeierten Beispiele für Sanftmut und Verzeihung, waren an die stets lebendigen Hoffnungen auf das Heil gebunden. Und selbst die opferbereite Hingabe, dieses pulsierende Herz der Feudalgesellschaft, verlangte zwar, sich Gefahren auszusetzen – billigte jedoch niemals den Todeswunsch: Die Treuebindungen verboten es, ein Leben zu vergeuden, das dem Lehnsherrn noch von Nutzen sein konnte. All diese Motive hielten die Ausbreitung des *seppuku* in Grenzen. Zuweilen drückten sie sich auch in den Kriegschroniken aus, wie z. B. in der Argumentation der Witwe Masashiges, die ihren Sohn, den jungen Masatsura, davon abbringen will, sich wie sein Vater zu töten. Kusunoki Masashige – Vorbild nicht nur für alle Tugenden eines Kriegers, sondern auch für den absoluten Gehorsam gegenüber der kaiserlichen Autorität – schlitzte sich am Ende der Schlacht von Minatogawa im Jahre 1336 den Bauch auf. Das Lager derer, die die Macht des Hofes wiederherstellen wollen, ist vernichtet, ein neues Shōgunat beginnt, das der Ashikaga. Einige Tage lang wird der abgeschlagene Kopf Masashiges in der Hauptstadt zur Schau gestellt, dann jedoch erweist der Sieger, Ashikaga Takauji, der Witwe die zarte Aufmerksamkeit, ihr das Haupt ihres Mannes zukommen zu lassen, damit sie ein letztes Mal Abschied nehmen könne.

Die Pflicht zu leben

Als Masashige nach Hyōgo abgereist war, hatte er seine Anweisungen gegeben und Masatsura mit den Worten zurückgelassen, er sei sich dessen gewiß, im nächsten Gefecht umzukommen. Mutter und Sohn hatten sich also an den Gedanken gewöhnt, daß diese Abreise eine endgültige Trennung sein würde. Doch als sie den Kopf sahen, der sehr wohl der seine war, jedoch mit geschlossenen Augen, bleich und ganz und gar verändert, wurden sie von so großem Kummer ergriffen, daß sie die Tränen nicht zurückhalten konnten. Das Kind, das damals in seinem elften Lebensjahr stand, wischte sich beim Anblick des Kopfes seines Vaters, der so anders als zu Lebzeiten aussah, beim Anblick seiner Mutter, die ihre Tränen nicht zurückzuhalten vermochte, die tränennassen Wangen mit seinem Ärmel ab und begab sich zum Familientempel. Mißtrauisch folgte ihm seine Mutter sofort durch eine Außentür, um ihn einzuholen. In seiner Rechten hielt er das mit dem Familienwappen beschlagene, gezückte Schwert, das sein Vater ihm zu seinem Angedenken bei der Abreise nach Hyōgo hinterlassen hatte, die weite, seidene Hose bis zu den Hüften gesenkt – bereit, sich den Bauch aufzuschlitzen. Seine Mutter stürzte zu ihm, ergriff seinen Arm und sprach unter einer Flut von Tränen: »Man sagt, daß der Sandelbaum duftet, sobald er zu sprießen beginnt! Du bist zwar noch jung, aber wie kannst du, wenn du der Sohn deines Vaters bist, deine Pflicht so sehr mißverstehen? Du hast noch eine Kinderseele, doch versuche die Dinge richtig zu sehen! Wenn dich dein seliger Vater bei seiner Abreise nach Hyōgo an der Etappe von Sakurai zurückließ, damit du nach Hause zurückkehrst, so gewiß nicht, auf daß du in der anderen Welt für sein Seelenheil betest. Auch nicht, damit du dir den Bauch aufschlitzt. Selbst wenn sich, so sagte er, mein glückliches Los erschöpft haben und ich mein Leben auf dem Schlachtfeld lassen sollte, versichere dich, wenn du hörst, daß sich Seine Majestät irgendwo niedergelassen habe, der jungen Krieger unseres Hauses und nimm den Kampf wieder auf! Zerstöre die Feinde Seiner Majestät und setze deinen Prinzen wieder auf den Thron! Dies sind die Unterweisungen, die dir dein Vater hinterlassen hat. Wie könntest du, der du seine letzten Worte vollends gehört, der du sie mir wiederholtest, sie nur vergessen haben? Mit einem solchen Verhalten wirst du den Ruf deines Vaters zerstören und Seiner Majestät nicht dienen können!« So ermahnte sie ihn unter Tränen, als sie seiner Geste Einhalt gebot. Daraufhin ließ das Kind, dem sie das Schwert weggenommen hatte, davon ab, sich den Bauch aufzuschlitzen, kletterte, ganz in Tränen aufgelöst, von dem Sitz des Zeremonienpriesters, auf dem es Platz genommen hatte, herunter und fiel in das Schluchzen seiner Mutter ein.

Wie frühreif waren diese Soldatensöhne! In einem Alter, in dem man Krieg nur spielt, waren ihnen bereits die Gesten der schwierigsten Art zu sterben vertraut. Ein melancholischer Drang läßt das Kind sich bis zum letzten mit seinem Vater identifizieren. Um es vor diesem Anflug von Verzweiflung zu retten, spricht seine Mutter nicht von der Liebe, die sie für ihn empfindet – die gleichwohl der Beweggrund ihres Handelns ist –, sondern von der ihm auferlegten, ererbten Pflicht zu dienen, d. h. weiterzuleben. Dort, wo sich der natürliche Hang zum Leben kein Gehör mehr verschaffen kann, bleibt noch eine letzte Verteidigungslinie gegen den Selbstmord bestehen: Die moralische Verpflichtung, die oft durch Metaphysik und Religion untermauert wird. »Ich kann mich nur dann töten, wenn ich mir selbst gehöre.« »Doch du gehörst«, sagt Aristoteles, »deiner Polis.« »Nein, deinem Gott«, widerspricht Platon noch vor Augustinus. »Du gehörst dem Kaiser«, sagt die Witwe Masashiges und verbindet damit das Motiv der persönlichen feudalen Treuebindung mit dem neuerstehenden absolutistischen Staat. Doch noch fünf Jahrhunderte lang soll das Prinzip der ausschließlichen Hingabe an den Kaiser unterhalb der besonderen Sippensolidarität und der engen Bindungen des feudalen Netzes verborgen bleiben. Mit der Meiji-Restauration im 19. Jahrhundert wird sich das Erbe Masashiges in ganz Japan durchsetzen: die Tugenden der Krieger, die sich in den Bürgerkriegen herausgebildet hatten, werden nun in den Dienst der Einheit des Kaiserreiches gestellt.

115

Indem sie sich derartig starre, grausame und emphatische Formen auferlegten, konnten die Selbstmordneigungen im mittelalterlichen Japan ein moralisches Prestige erlangen wie in keiner anderen Zivilisation. Gleichwohl gab es kein anerkanntes Recht zu sterben, auch kein anderes Recht – das ganze moralische Leben formulierte sich in Pflichten. Der Wunsch zu sterben konnte Befriedigung und Rechtfertigung in der Ethik des Dienstes finden, in letzter Instanz aber lag die Entscheidung nicht bei den Gemütsbewegungen des Subjekts, sondern bei dieser Ethik. In einem Jahrhundert der Zerrissenheit, in dem die Neigung, allem ein Ende zu setzen, nur allzu viele Gründe fand, erinnerte die Kritik des *seppuku* bzw. seiner mißbräuchlichen Anwendungen daran, daß sich der Akt den Maximen der Pflicht unterzuordnen habe. Der *seppuku* verlor deswegen aber nicht die Stellung, die er durch die Sitten der Kriegerklasse erlangt hatte: Sein Ansehen blieb unvergleichlich, und er übte weiterhin seine Anziehungskraft aus – doch nahmen seine kollektiven Verheerungen in den folgenden Jahrhunderten weniger spektakuläre Züge an. Die Angst vor Schmerz und Tod allein hätte ihn jedoch nicht zu zügeln vermocht, beruhte seine Macht doch gerade auf dem Schrecken selbst. Wie jede Institution verlor auch er nach und nach seine ursprüngliche Lebenskraft, nutzte sich gerade durch seine Exzesse ab und wurde schließlich in Frage gestellt. Man disputierte über ihn, versuchte ihn in Formeln zu fassen, schuf eine wahre Kasuistik, wollte ihn möglichst allen Zwecken dienstbar machen. Je mehr man von ihm sprach, desto besser ließ es sich auf ihn verzichten. Von dieser extremen Praxis, die anfangs das Zucken eines naiven, von der Niederlage gebrochenen Herzens gewesen war, der letzte Versuch, sich zu einem Ruhm, reiner als der des Sieges, aufzuschwingen, blieb am Ende nichts als das Privileg einer Kaste, ein anachronistisches, ostentatives Emblem, das denjenigen, denen es erlaubt war, Schwerter zu tragen, fünf oder sechs Jahrhunderte lang als Rechtfertigung ihrer Überheblichkeit diente.[42]

116

KAPITEL VIII ● **Das Aufgeben des Körpers**

Als sich Kusonoki Masashige am Ende der Schlacht von Minatogawa im Sommer 1336 besiegt sah, eingekreist von den Truppen der Ashikaga, bat er seinen Bruder Masasue, ihn seinen letzten Wunsch vor dem Tod wissenzulassen. »Ich will«, sagte Masasue lachend, »siebenmal in das menschliche Dasein wiedergeboren werden, um die Feinde des Hofes auszurotten.« Diese Antwort gefiel Masashige. »Ich weiß wohl, daß es Sünde ist zu töten, doch auch ich will in diesen meinen Stand wiedergeboren werden, um noch mehr Feinde Seiner Majestät zu vernichten!« Nach diesen Worten schlitzten sich die beiden Brüder den Bauch auf und gaben einander den Gnadenstoß.[43]

Damit erreicht die Kriegerethik ihren Gipfelpunkt, denn in dem Augenblick, in dem sich ihr blutiges Schicksal vollendet, wünschen sich diese beiden Männer nur eines: daß es genau gleich wiederbeginnen möge. *Amor fati:* Sie wollen, daß ihr Leben wiederkehre, so grausam es auch für sie war. Sie lachen dem Tod, der nichts bedeutet, ins Angesicht und tauchen wieder in ihr bisheriges Dasein ein. Selbst die Niederlage hat sie nicht besiegt, nahm sie ihnen doch nicht die Lust zu wollen, zu handeln und zu leben. Das letzte und verblüffende Wort des Ödipus wird hier wiedergefunden: Alles ist gut. Sterbend können sie sich selbst Zeugnis ablegen, so gehandelt zu haben, nur die Taten gewollt zu haben, die sie immer wieder wollen würden – und nichts darüber hinaus. So verkörpern sie die Nietzschesche Moral, die dem Gedanken der ewigen Wiederkehr entspringt. Ein so schönes Ende ohne Bedauern, ohne Reue, ohne Gewissensbisse drückt keineswegs den Wunsch aus, dem Leben ein Ende zu setzen, sondern bezeugt vielmehr die reine Liebe zum Leben, bis hin zum letzten Augenblick, der es vollendet.

Homo bellicosus und *homo religiosus*

Stellen wir uns vor, ein buddhistischer Mönch hätte diesen letzten Dialog gehört: Er wäre fassungslos gewesen. Ist es möglich, daß ein Mensch dem Leben so sehr verhaftet ist, daß er dessen Bitterkeit nicht mehr verspürt? Kein Gedanke ans Heil, keine Loslösung? Bedeutet diesen Männern der Tod, der sie sich selbst und allem, was sie lieben, entreißt, denn gar nichts? So viel Blindheit und Leidenschaft läßt viel eher eine Wiedergeburt in der Daseinsform der *ashura* befürchten, die sich in den buddhistischen Legenden unermüdlich und erbarmungslos bekämpfen.[44]

117

Einmal gefallen
in die Welt der *ashura*
fernab, ganz nah
sind die Bäume nur Feinde,
der Regen nichts als Pfeilspitzen,
der Boden gut gestählte Klingen,
die Berge eiserne Festungen,
die Wolken Banner, Schilder, die aufeinander stoßen.
Man kreuzt das Schwert des Stolzes;
die Augen glänzen vom Wahn.
Alles ist Leidenschaft, Verlangen, Neid, Zorn, Verblendung.

Der Kriegsmann gibt den Tod und empfängt ihn; notfalls gibt er ihn sich selbst – doch er denkt nicht an ihn. Der Tod ist mehr oder weniger langfristig Gegenstand all seines Handelns, niemals seines Denkens. Er ist für ihn nur ein Mittel, das er verwendet, ohne je dabei innezuhalten. Wenn der Tod kommt, erschrickt er wie jeder andere, doch sobald die Gefahr vorüber ist, sucht er ihn zu vergessen. Daher eine Jugend, eine verführerische Leichtigkeit. Der religiöse Mensch hingegen kann sich nicht mit dieser Sorglosigkeit abfinden. Ist der Todesgedanke einmal in ihm erwacht, verläßt er ihn nicht mehr. Er läßt sich in den primitiven Kulten von dem Schauspiel der Opfergabe und des zerstörerischen Feuers faszinieren. Auch in den höchsten Formen spekulativen Denkens kommt er beständig auf den Tod zurück, und sei es auch nur, um dessen Herrschaft zu verleugnen und sich, wie im Christentum, der Verheißung eines ewigen Lebens zu versichern.

Der Todesgedanke ist das Herzstück des Buddhismus. Nie hat eine Glaubenslehre außer der des Heraklit – ein Zeitgenosse Buddhas – von ihren ersten Worten an eine schonungslose Beschreibung des Wirklichen gegeben: Die Welt ist ein Haus, das in Flammen steht, in dem nichts ist als Werden, unbeständiges Gemisch aus Sein und Nichts. Die Konturen einer Landschaft oder eines Gesichts sind nicht weniger flüchtig als die einer Blume oder einer Flamme. Es gibt nichts, was sich nicht mit der Zeit veränderte, nichts, das außerhalb der Zeit Bestand hätte. Ursprünglich ließ der Buddhismus kein ewiges Prinzip zu, weder Gott noch Seele, nur das Werden ohne Ziel, ohne Ursprung. Alles Sein ist Aggregat, zusammengesetzt aus Elementen, die sich trennen müssen, nachdem sie vereint waren. Der Schmerz des Lebens besteht in diesem Auseinanderreißen, durch das wir früher oder später aus jeder Bindung und schließlich aus unserem Leben selbst gerissen werden. Dem Schmerzensrad des Werdens kann man nur durch die methodische Übung in Verzicht, Loslösung und Hellsichtigkeit entgehen. Dann mag sich ein Weg zum Heil eröffnen: Weisheit des Herzens, das dem Unvermeidlichen, dem Unwiederbringlichen zustimmt. Das *nirwana*, Erwachen zur Wahrheit des *samsara*.

118 Seinem Prinzip nach kennt der Buddhismus also kein Erbarmen mit dem menschlichen Wunsch nach Dauer. Er schmeichelt ihm mit keiner Hoffnung auf die Ewigkeit, gleichwohl ermutigt er aber auch keineswegs den Wunsch nach dem Verschwinden. Denn man verschwindet nicht; sterben heißt, anderen Leben Platz zu machen. Jeder Wunsch, noch zu sein oder nicht mehr zu sein, ist blind; gut ist einzig und allein der Wille zum Erwachen, den die rechte Anschauung des Wirklichen, jenseits der Gegensatzpaare, leitet. Nach der Formulierung der zweiten der »Vier Edlen Wahrheiten« des alten, in Pali verfaßten Kanons verurteilt Buddha gleichermaßen: »1. den Durst nach den Sinneslüsten *(kama tanhā)*, 2. den Durst nach dem Dasein und dem Werden *(bhava tanhā)* und 3. den Durst nach dem Nicht-Dasein (Selbstvernichtung, *vibhava tanhā*)«. Selbstmordneigungen und melancholische Leidenschaften werden in dieser Glaubenslehre, die jenseits der Lebens- und der Todestriebe den Mittelweg der rationalen Praktiken einschlagen will, nicht genährt: weder der Haß gegen noch die Liebe zum Leben, weder die Verabscheuung noch der Reiz des Nichts. Ohne Voreingenommenheit kann man den Buddhismus nicht des Pessimismus oder des Nihilismus beschuldigen, wie das so verschiedene Geister wie Nietzsche und Claudel getan haben, die ihn nur in der Interpretation Schopenhauers wahrnehmen wollten. Aber ist es Nihilismus, dem Werden kein vorgegebenes Ziel vorauszusetzen, um so dazu aufzurufen, ihm eines zu geben, das Hellsichtigkeit und Erlösung heißt?[45]

Der Weg der Mitte

Der Buddhismus befürwortet in allem den Weg der Mitte, hält sich in gleichem Abstand zu den Gegensätzen, z. B. zur Askese und zur Sinneslust. Sechs Jahre lang, so heißt es, habe sich Siddharta Gautama strengstes Fasten auferlegt, nachdem er vor dem Luxus und der Verweichlichung des Palastes, in dem er geboren wurde, geflohen war: Eine Dattel, ein Körnchen Sesam und ein Korn Reis waren seine ganze Mahlzeit! Ihm blieb nur noch die Haut auf den Knochen, und er wäre an Entkräftung gestorben, hätte er nicht begriffen, daß sein Ziel nicht im Tod, dem heimlichen Verbündeten der Geburt, sondern im Erwachen lag. Er war wieder bereit, Nahrung zu sich zu nehmen, setzte seine Meditation fort und erlangte die Erleuchtung. Nach der Versuchung der Lust und der Begierde war es ihm gelungen, der der Askese und des Willens zu widerstehen. Weise vermied der ursprüngliche Buddhismus Opferpraktiken und jegliche Form tödlicher Kasteiung, die von so vielen indischen Asketen jener Zeit praktiziert wurde – insbesondere von den Fanatikern des Jainismus, die tausend Vorsichtsmaßnahmen trafen, um nicht aus Unachtsamkeit ein Insekt zu zertreten, es aber für unendlich verdienstvoll hielten, ihr eigenes Leben durch Fasten bis zum Tode auszulöschen. Parsva, der Begründer dieser Religion, zog sich in die Berge zurück und hungerte sich binnen eines Monats zu Tode. Sich töten, höchste Befreiung.

119

Später gingen manche Anhänger der Sekte der *digambara*, jener Jaina, die sich »in Luft kleideten«, sogar so weit, sich selbst zu verbrennen. Einer dieser indischen Asketen, von den Griechen »nackte Weise« oder Gymnosophisten genannt, ließ einen Scheiterhaufen errichten und opferte sich vor den Augen Alexanders des Großen. Ein anderer tat das gleiche vor Caesar. Vor dem Herrn der Welt stand der Herr seiner selbst, nicht weniger stolz auf das, was er vermochte. Aus dem eigenen Tod eine Heldentat des Willens und aus dieser wiederum ein Schauspiel zu machen – diesen Wunsch hatte auch Mishima. Genau wie der Philosoph Peregrinos, erst Christ, dann Zyniker, der feierlich ankündigte, sich vor der für die Olympischen Spiele des Jahres 165 n. Chr. versammelten Menge den Flammen preiszugeben – und er wußte sein Wort einzulösen, als es soweit war. Wer gefangen ist im Taumel des Willens, bedarf keines anderen Henkers als seiner selbst. Auch ohne Publikum vermag er die berauschende Befriedigung, die er über seine Selbstbeherrschung empfindet, zu genießen, für die ihm das Leben als kein zu hoher Preis erscheint.[46]

Die geistige Anstrengung fordert und entwickelt einen Zuwachs an Willensstärke. Wer jedoch nicht über die bloße Ausübung der erworbenen Kraft hinausgeht, dem wird die Weisheit versagt bleiben, denn der Wille, der nichts als seine eigene Macht sucht, ist so eitel wie die Begierde. Der Buddhismus warnt vor diesem Willen zum Willen, den die Askese in sich birgt, und vor der Befriedigung, die ihm das Selbstopfer verschafft. Die Gewalt ist nicht deshalb weniger verwerflich, weil man sie gegen sich selbst ausübt. Siddharta Gautama starb im Alter von achtzig Jahren, ohne der Versuchung erlegen zu sein, aus seinem Tod ein Ereignis zu machen. Eine Weisheit, reiner noch als die des Sokrates, der nicht dem Wunsch widerstand, ein Märtyrer seiner Tugend zu werden, und so die Böswilligen herausforderte. Das Heil, das Buddha brachte oder vielmehr, zu dem er den Weg wies, beruhte nicht auf seinem Tod, sondern auf seiner Lehre, auf dem Beispiel, das er selbst gab. Ein Religionsstifter, der stirbt, ohne durch das Martyrium zu gehen – durchaus bemerkenswert. Aber ist sein Tod nicht deshalb nutzlos? Zurückhaltender, zugleich jedoch entschiedener hätte man wohl kaum davon abraten können, sich zu töten oder töten zu lassen.

Die Verurteilung des Selbstmords im Christentum

Durch die Kreuzigung nahm das Christentum hingegen von Anfang an die Perspektive des Opfers ein. Es mußte daher eine um so schärfere Trennungslinie zwischen Selbstopfer und Selbstmord ziehen und im Bereich des Freitods zwischen erlaubten, geradezu verherrlichten und verbotenen, ja verabscheuten Formen unterscheiden. Die erstmals im 5. Jahrhundert durch Augustinus formulierte Verurteilung des Selbstmords, die von so vielen

Konzilen (Arles, Orléans, Braga, Toledo, Auxerre, Troyes und Nîmes) bestätigt wurde und bald Eingang in die kanonischen und zivilen Gesetze fand,
stützt sich auf den Begriff eines souveränen Gottes – ein Gedanke, der dem
Buddhismus völlig fremd ist. Ein solcher Gott ist der alleinige Herr über Leben und Tod, und es ist unzulässig, an seiner Gerechtigkeit zu verzweifeln.
Man wird nunmehr Cato im Namen Hiobs verleumden, den Mut zu sterben Feigheit nennen und ihn herabsetzen gegenüber dem Mut, Leid geduld-
dig zu ertragen. Man wird Lucretia verurteilen und sogar die Tat der heiligen Pelagia mißbilligen, die sich vom Dach ihres Hauses stürzte, um der
Vergewaltigung zu entgehen. Sich töten heißt, sich eine Entscheidungsgewalt anzumaßen, die nicht dem Menschen zusteht, sondern dem Herrn –
und den rechtmäßig eingesetzten Autoritäten, die die Todesstrafe verhän-
gen. Für den heiligen Augustinus ist der Freitod nur in einem einzigen Fall
zulässig: Sollte Gott ihn durch einen direkten, an das Gewissen des Subjekts
gerichteten Befehl bedingt haben, wie es bei Samson, so sagt er, unzweifel-
haft der Fall war. Sich töten heißt hier, noch einmal Gehorsam zu üben. Abgesehen von dieser äußerst seltenen Ausnahme jedoch beleidigt der Freitod
den Souverän, indem er ihn des ihm vorbehaltenen Rechtes über das Subjekt
beraubt. Es ist die Kardinalsünde, die Sünde des Judas, die Endsünde, entarte-
ter noch als die Ursünde und noch schwerwiegender; denn zu der trotzigen
Herausforderung gesellt sich die Verzweiflung und verhindert jegliche
Erlösung, gleichsam um der Vergebung eine unüberwindliche Grenze zu
setzen.[47]

Zwischen Hoffnung und Verzweiflung

Die Härte des Verbots mußte ohne Frage der Verheißung angemessen sein!
Warum sollte man sich angesichts der Gewißheit eines anderen Lebens, frei
von Tod und Schmerz, länger in diesem aufhalten? Dieser allzu simple Ge-
dankengang beflügelte zweifellos viele der ersten christlichen Märtyrer. Später, im 7. Jahrhundert, war es die Vorstellung des Paradieses Mohammeds,
die den Kriegern des Islam einen Großteil ihres Mutes gab. »Doch die Zeit
der Märtyrer«, sagt Augustinus, »ist vorbei. Gott will, daß wir leben und die
Prüfungen dieser Welt, die er geschaffen hat, ertragen.« Einst, in den Jahrhunderten der Verfolgung, bestand das Spiel darin, den Zorn des Präfekten
des Römischen Reiches herauszufordern: Man selbst gewann das Heil, sie
die ewige Verdammnis. Sich von den Böswilligen töten zu lassen, hieß, nach
Tertullian, Jesus nachzueifern. »Erhängt oder ertränkt euch«, sagte ein römi-
scher Prokonsul, »aber laßt die Beamten in Frieden.« Die Anhänger des Do-
natus, die Augustinus später bekämpfen sollte, waren Meister in der Kunst
des indirekten Selbstmords: Indem sie demonstrativ die heidnischen Götzen-
bilder entweihten, zwangen sie die Justizbeamten dazu, ihre Grausamkeit zu

121

offenbaren. Sie setzten alles auf die schlechteste Karte: man starb, zufrieden, eine andere Welt zu erreichen und die Bosheit der hiesigen bewiesen zu haben. Ein Jahrtausend später setzten die verfolgten Katharer den sie umgebenden Feinden oft den stillen Entschluß entgegen, sich zu Tode zu fasten. Dieses gefallene, von einem satanischen Demiurg geschmiedete Universum wurde von den Kräften des Bösen beherrscht. Die *endura* aber, die in den durch die Inquisition gequälten Dörfern Okzitaniens sehr verbreitet war, bot ihnen die Möglichkeit, sich durch den freiwilligen Hungertod in den Schoß Gottes zu erheben. Die Berichte über die zu Beginn des 17. Jahrhunderts von den japanischen Autoritäten mit äußerster Grausamkeit durchgeführten Christenverfolgungen sind vom Geist des selbstmörderischen Heldentums durchdrungen, das der religiöse Eifer der Unterdrückung entgegenzusetzen vermag. Viele der neu aufgenommenen Glaubensbrüder eilten mit der gleichen Begeisterung wie die ersten Christen in den Märtyrertod. Den Jesuiten lieferten diese blutigen Themen den Stoff mancher erbaulicher Tragödie, die sie in ihren Klosterschulen in Europa aufführten. Corneille erinnerte sich zweifellos daran: Der Tonfall des »*Polyeucte*« ließ die Zuschauer, die über die jüngsten Prüfungen, welche man dem Glauben auferlegt hatte, unterrichtet waren, für einen Moment der fernen Märtyrer in Japan gedenken.

Aber selbst ohne dem Haß dieser Welt ausgesetzt zu sein, ohne jegliche Verfolgung, kann die Liebe zu Christus genügen, den Tod leichter, ja geradezu wünschenswert zu machen. »Ich habe den Wunsch«, gesteht Paulus in aller Offenheit den Philippern, »diese Welt zu verlassen und bei Christus zu sein.« Zahlreich sind die Herzen, die es sich erlaubten, im Namen der göttlichen Liebe »heilige Todeswünsche« zu hegen. Die Seele erlebt das Paradox, das die heilige Theresa auf die erschütternde Formel brachte: »Es bringt mich um, nicht zu sterben«. Mußte man nicht daran erinnern, daß dieser Gott der Liebe auch ein Gott der Gerechtigkeit ist? Gottes ist man gewiß, doch kann man es auch seiner selbst und der eigenen Unschuld sein? Das käme der Todsünde des Hochmuts gleich, und schon wären die »heilsamen Schrecken des Gerichts« zur Stelle, um die ungeduldige Todessehnsucht zu mäßigen.

Als Augustinus zu Beginn des 5. Jahrhunderts »*De civitate Dei*« schreibt, ist das Christentum bereits Staatsreligion des Römischen Reiches und die Begeisterung für den Selbstmord wirkt verdächtig. Sich töten heißt entsagen, doch auch protestieren; es heißt zweifellos für immer zu schweigen, oft jedoch nur, um zunächst alles anzuklagen, was das Leben unerträglich macht, insbesondere die Unterdrückung. Der Selbstmord ist stets die letzte Zuflucht derer gewesen, die sich nicht in der Lage sahen zu kämpfen. Sofern man bereit ist, den Tod hinzunehmen, kann sich selbst die größte Schwäche als furchtbar erweisen. Nicht, daß sie mit der Stärke rivalisieren wollte, nein, sie erhellt nur die Wirkung der Verzweiflung von unten. In dem Jahrhundert, in dem das inzwischen christlich gewordene Römische Reich ins Wanken geriet, war Augustinus bestrebt, alle Macht dadurch zu konsolidieren, daß er sie auf Gott zurückführte. Politisch erreicht man durch die Idee eines höchsten Souveräns zweierlei: In seinem Namen kann man entweder die Herrscher dieser Welt anprangern oder aber ihre Hoheit absegnen, worauf sich Augustinus in seiner Argumentation stützt. Alle Mächte dieser Welt sollen nur einer einzigen Quelle entspringen: der Oberhoheit Gottes und seiner Kirche. Denn die einzelnen Mächte, von der geringsten bis zur umfassendsten, sind weniger Rivalen als Brüder und Verbündete. Zwanzig Jahre nach dem Tod des Augustinus sollten sich die Bischöfe auf dem Konzil zu Arles dafür verwenden, das gute Gewissen der Sklavenhalter und derer zu verteidigen, die ihre Bediensteten tyrannisierten: »Wenn sich ein Diener, gleich welcher Stellung oder welchen Geschlechts, dazu hinreißen läßt, in diabolischer Raserei Hand an sich zu legen, wird er allein des vergossenen Blutes für schuldig erachtet, und das Odium des Verbrechens, das ein anderer begangen hat, wird nicht auf ihm lasten.« Der Teufel und seine schlechten Ratschläge: eine bewundernswerte Hypothese, die an der Verzweiflung Schuldigen zu entschuldigen. Besser hätte man den Wahnsinn nicht erfinden können, und die Drohung mit psychiatrischer Internierung ist nichts als das mehr und mehr erstickte Echo der Höllenqualen.

Das unbewegliche Zentrum

Dem Buddhismus ist diese unerbittliche Abschreckung immer fremd gewesen, verstand er doch den Selbstmord nie im Sinne einer trotzigen Herausforderung des höchsten Willens. Das unerschütterliche Fundament dieser Glaubenslehre beruht auf einer Weltsicht, in der Transzendenz und Souveränität keine Rolle spielen, in der nichts als die unbeugsamen Gesetze des unerschaffenen Werdens herrschen, allen voran das des *karma*: Das Dasein ist die Frucht der Taten, die es sät. Wozu sich einen höchsten Richter der Taten vorstellen, wo sich doch die Tat in ihren Wirkungen mit der Zeit und von einem Leben zum anderen selbst beurteilt? Sofern der Akt sich zu töten von der Illusion, von der Leidenschaft herrührt, setzt er nur die Dialektik der Gegensätze wieder in Gang – ein trügerischer Abgang. Man stirbt, um in ein anderes Leben zurückzufallen. Aber wird es nicht viel schlimmer als das, das man verlassen will? Wird man auch dort noch den außergewöhnlichen Vorteil genießen, Kenntnis zu haben vom buddhistischen Gesetz und vom Licht, das es mit sich bringt? Auf dem Rad des selbstbedingten Schicksals sich das Leben oder den Tod zu wünschen, heißt, an seinem Rand ins Werden einzutauchen. Im ursprünglichen Buddhismus gibt es nichts außer diesem Werden, man kann dem Rad nicht in eine äußere Transzendenz entkommen, niemals – aber man kann, ob auf einmal oder Schritt für Schritt, sein Zentrum erreichen, sich auf diesem mittleren und somit unbeweglichen Punkt niederlassen, in dem sich die Opposition der Gegensätze wechselseitig aufhebt. Gelangt man zu diesem Ort des vollkommenen Gleichmuts, hat der Schmerz ein Ende, weicht er der Wahrnehmung von Leben und Tod in ihrer Gleichwertig- und Zusammengehörigkeit, denn der Tod des Individuums ist nur die Kehrseite der geschlechtlichen Reproduktion. Leben oder sterben, spielt das eine Rolle? Wer Leben und Tod einander nicht länger entgegensetzt, wird von ihrem nutzlosen und zerreißenden Kampf befreit. Er lebt so, als wäre er bereits tot; denn so ist das wahre Leben: Kontemplation ohne Regung, Handeln ohne Leidenschaft, Freiheit ohne Bestimmung.

Der Buddhismus lehrt höchste Freigebigkeit: Nichts verhaftet zu sein und deshalb bereit, alles zu geben, alles aufzugeben. Und er lehrt höchste Befreiung: durch nichts gebunden zu sein. In Japan wird der Eintritt ins religiöse Leben als *shashin*, das Aufgeben des Körpers, bezeichnet – ein Begriff, der sich auch auf den religiös motivierten Freitod bezieht. Hat man sich bereits aus allen Bindungen befreit, gilt es, noch das letzte Band zu lösen, das das Fleisch in einem Körper, der das Wort »Ich« ausspricht, zusammenhält. Nicht mehr am eigenen Körper zu hängen, nicht mehr von ihm zurückgehalten zu werden, das ist das Ziel. Recht schwer zu erreichen! Dies bekennt auch ein japanischer Mönch des 13. Jahrhunderts: »Ich hänge an diesem Leben, das mir doch gleichgültig sein sollte. In meiner Brust tut sich kein Abgrund auf, in den ich meinen Körper stürzen könnte.« Der Tod, so denkt das Christentum, trennt die unsterbliche Seele vom Körper. »Nein«, widerspricht Buddha, »nichts ist unsterblich, es gibt keine Seele, und nicht der Tod, nur das Erwachen kann die Fesseln lösen.« Es ist nutzlos zu sterben, wenn der erleuchtete Wille nicht zuvor im Laufe des Lebens selbst die vollkommene Loslösung von diesem Leben erlangt hat. Ist dieser Mittelpunkt erreicht, kann der Tod sich einstellen, um die Auslöschung zu vollenden und durch seine heitere Gelassenheit bestätigen, daß der Körper vollends aufgegeben wurde. Die Feuersbrunst des Werdens ist erloschen, Geburt und Tod gibt es nicht mehr, die unaussprechliche Einheit hebt den Dualismus der Gegensätze auf.

Der Tod Buddhas ist, so wie ihn die Schriften überliefern, keinesfalls ein Selbstopfer, will nichts erreichen, niemanden erlösen – und dennoch ist er freiwillig. Wenn er wollte, könnte Buddha noch mehrere Millionen Jahre leben, denn dies ist, so sagt man, das Vorrecht der Tathagatas – doch er hat seine Lehre vermittelt, seine Gemeinschaft gegründet: Seine Aufgabe ist erfüllt; er beschließt zu verschwinden. Und eines Tages kündigt er Mara, dem Gott des Todes, an: »Ich werde in drei Monaten sterben.« Er könnte sein Dasein verlängern, aber nein, er wählt den Tod und setzt vollkommen frei den Zeitpunkt fest. Als der Tag gekommen ist, tröstet er seine Schüler und richtet seine letzten Worte an sie: »Alles Sein ist dazu bestimmt, früher oder später zu vergehen. Seid also wachsam und umsichtig!« Daraufhin tritt er in Versenkung ein und erreicht durch die Kraft seines Geistes den endgültigen Frieden und die vollkommene Auslöschung. Den Schülern bleibt nur, seinen Körper den Flammen zu übergeben. Es ist vollbracht – ohne Furcht vor einer Wiedergeburt.[48]

Die freiwillige Beerdigung bei lebendigem Leib

Viele Buddhisten werden sich später bemühen, wie der Gründer ihrer Religion vollkommen befreit zu sterben. So auch der Mönch Kūkai, postum Kōbō-Daishi genannt, der im 9. Jahrhundert den vom indischen Tantrismus sich ableitenden esoterischen Buddhismus in Japan einführte. Was seinen Tod angeht, nehmen die Überlieferungen eine über China vermittelte Legende wieder auf. Zwei Pilger, Faxian und Xuanzang, haben von ihrer Reise nach Indien im 5. bzw. 7. Jahrhundert den Bericht über die letzten Augenblicke Kāçyapas mitgebracht: Eines Tages zog sich dieser Schüler Buddhas in die Tiefe einer Felshöhle des Berges Hahnenfuß zurück. Dort erstarrte er in Meditation. Die Grotte wurde verschlossen. Ist er tot? Vollkommen reglos wartet er, ohne etwas zu fühlen, jenseits von Leben und Tod, auf die Ankunft des zukünftigen Buddhas, Maitreya. Dann, in einigen tausend Jahren, wird der schlafende Weise im Berg erwachen, um beim Werk des Heils mitzuwirken. Ein japanischer Text aus dem 10. Jahrhundert, »Vorgeschichte der Gründung und der Praktiken des Klosters zur Diamantspitze«, erzählt die Geschichte des Berges Kōya, weit im Süden der Stadt Heian, dessen Wälder Kūkai nach seiner Rückkehr aus China als Sitz der esoterischen Sekte wählte. Im Jahr 835 betrachtete der Patriarch sein Werk auf Erden als vollendet und setzte seiner Aktivität ein Ende: Auch er wird in vollkommener Reglosigkeit auf Miroku, den Buddha der Zukunft, wie Maitreya in Japan genannt wird, warten.[49]

Der Großmeister ließ einen Ort errichten, an dem er in die Versenkung eintreten könne und im zweiten Jahr der Jōwa-Ära, am 21. Tag des dritten Monats, zur Stunde des Tigers begab er sich im Lotussitz, der Sitzhaltung des Dainichi-Buddha, in Meditation. Er stand im 63. Lebensjahr. Entsprechend den Anweisungen, die er hinterlassen hatte, intonierten seine Schüler die Liturgie des kostbaren Namens Mirokus.

Noch lange Zeit danach öffnete man regelmäßig diese Grotte der Versenkung, rasierte dem Großmeister sein edles Haar und wechselte sein erhabenes Gewand. Später hörte dies auf und hatte schon lange nicht mehr stattgefunden, als der Mann, den man Kanken nannte, damals Vorsteher des Klosters Hannya und zweites Oberhaupt des Tō-Tempels (zum Großmeister stand er im Verhältnis eines Schülers der dritten Generation), zu diesem Berg pilgerte und die Grotte der Versenkung öffnete. Sie war in dichten Nebel gehüllt, und plötzlich wurde es finster wie in dunkler Nacht, so daß er nichts erkennen konnte. Nach einiger Zeit lichtete sich der Nebel, und als der Wind hereinwehte, sah er, wie das Gewand des Meisters, das inzwischen vermodert war, zu Staub zerfiel und vom Luftzug davongetragen wurde. Als der Staub sich gelegt hatte, erschien der Großmeister.

Da sein Haar etwa einen Fußbreit gewachsen war, trat der Klostervorsteher, nachdem er sich gewaschen und ein frisches Gewand angelegt hatte, an ihn heran und rasierte ihn mit einem neuen Messer. Die Schnur seines kristallinen Rosenkranzes war zerfallen, und der Klostervorsteher las die Perlen auf, die verstreut vor der erhabenen Person des Großmeisters lagen, fädelte sie in der richtigen Reihenfolge wieder auf und hängte ihm den Rosenkranz über die Hand. Er bereitete ein Gewand in der rechten Weise vor, kleidete ihn darin und ging. Als er nun den Raum verlassen wollte, mußte er unwillkürlich weinen, und ein Kummer ergriff ihn, wie wenn er zum ersten Mal Abschied nähme. Hinfort wurde dieser Raum teils aus Ehrfurcht, teils aus Furcht von niemanden mehr betreten. Stiegen aber doch Pilger zu dem Heiligtum hinauf, dann öffnete sich die Tür wie von selbst einen Spalt, und man vernahm Geräusche, die im Berg widerhallten. Manchmal klang es wie eine Glocke, die geläutet wurde, ja, es gab allerlei eigenartige Dinge. Es ist ein Ort inmitten der Berge, in denen selbst der Gesang eines Vogels selten erklingt, und dennoch überkommt einen nicht der geringste Schauer.

Am Fuße des Berges stehen in einer Reihe die Tore der beiden Gottheiten von Niu und Kōya, die gelobten, dieses Gebirge zu schützen. Es ist ein so außergewöhnlicher Ort, daß die Reihe der Pilger kein Ende nimmt; Frauen jedoch ist der Zutritt verwehrt.

Dies also ist der Mann, den man Kōbō-Daishi von Kōya nennt. So wird es überliefert.

Das Beispiel des Kūkai machte Schule, und so gibt es im japanischen Buddhismus zahlreiche Belege für diese Praxis, sich freiwillig bei lebendigem Leib bestatten zu lassen. Es existiert auch ein eigenes Wort, *ishikozume*, das diese Art der Selbsteinschließung bezeichnet. Auf dem Berg Yudono hat man die Mumien von 24 Asketen gefunden, die sich auf diese Weise begraben ließen, zwei von ihnen recht spät, 1683 und 1783. Der Kandidat für die Mumifizierung hielt zunächst eintausend Tage begrenzten Fastens ein, bevor man seinen abgemagerten Körper in eine drei Meter tiefe Grube hinunterließ, die dann verschlossen wurde. Ein Bambusrohr sorgte für etwas Luftzufuhr. Man fand heraus, daß es sich bei diesen Mönchen zumeist um kaum in die buddhistische Gemeinschaft integrierte Einsiedler handelte. Kūkai ist der einzige Würdenträger, der jemals dieses Schicksal gewählt hat. Dem Unglücklichen fällt die Askese leichter, läßt sie ihn doch hoffen, im Tod einen Erfolg zu erzielen, der ihm im Leben nicht vergönnt war. Die Theorie des *sokushin jōbutsu*, die seit dem 9. Jahrhundert bei den esoterischen Sekten Tendai und Shingon verbreitet war, eröffnete die Möglichkeit, in seinem gegenwärtigen Körper zu einem Buddha zu werden, ohne zuvor im Laufe unzähliger aufeinanderfolgender Daseinsformen die Vollkommenheit erlangt zu haben. Jene Asketen, die sich bei lebendigem Leib begraben ließen, suchten

126

also, den Prozeß des Erwachens durch einen Gewaltstreich zu beschleunigen. Eine voluntaristische Lösung: Man nimmt eine Abkürzung und raubt durch eine außerordentliche Großtat die nur langsam reifende Frucht der transzendenten Weisheit.

Die Wiederkehr der Opferpraxis

Der ursprüngliche Buddhismus hatte sich von der Askese abgewandt, konnte in einem Willen, der sich weit vom Weg der Mitte entfernte, nichts als Gewalt erkennen. Jedoch im Laufe einer gewaltigen Entwicklung, die von den Abhandlungen des *mahāyāna*-Buddhismus begleitet wurde, entfernte sich diese Glaubenslehre immer mehr von dem Materialismus Demokrits und dem griechischen Eudämonismus, denen sie anfangs so nahe gestanden hatte, und ließ sich schließlich von den alten religiösen Reflexen der Opfergrausamkeit wieder einholen. So entstand eine Metaphysik und eine vollständige und reich bevölkerte Mythologie. Buddha stellte man sich als ein höchstes, absolutes, fortwährendes und ewiges Wesen vor und schrieb ihm, unter dem Vorwand, seine früheren Leben zu schildern, Ansichten zu, von denen in den ersten Augenzeugenberichten keine Rede ist. Es genügte nicht mehr, sich methodisch in Loslösung und Versenkung zu üben; den mahāyānistischen Heiligen war daran gelegen, solidarisch die ganze Menschheit zu erlösen. Die Karma-Theorie von Ursache und Wirkung, nach der das Schicksal jedes einzelnen selbstverschuldet ist, wich der Hoffnung auf Hilfe von außen. Man begann wieder zu flehen, und das Gebet, das dem ursprünglichen Buddhismus unbekannt war, kehrte zurück. Es genügte nicht mehr, das eigene Heil zu erlangen, man wollte es auch geben, teilen und empfangen. Und wenn man es schon selbst erwerben mußte, dann lieber durch einen raschen, nachhaltigen Akt als auf dem langsamen Weg des Denkens. Siddharta Gautama hatte sich gegen das Opfer ausgesprochen; das Wort *karma*, mit dem der Brahmanismus diesen Akt bezeichnet, ist in seinem Denken mit unheilvollen Konnotationen behaftet: Es ist eitel und sinnlos, läßt es doch die Illusion entstehen, man könne ein erstrebenswertes Ziel um den Preis der Zerstörung erreichen. Die Gewalt der angewandten Mittel aber ist unrein und das Streben nach einem Ziel nichts als eine Verknechtung seiner selbst. Kein Ziel zu haben, nicht einmal das des Heils – so weit geht die Freiheit des Buddhismus. Nichts zu verneinen, nichts zu zerstören, nichts zu wollen – außer zu erwachen und die wahre Natur des Wirklichen zu erkennen.[50]

So drangen in diese zunächst so maßvolle Glaubenslehre erneut religiöse Gefühle ein, und die Opfergeste, die man Buddha selbst zuschrieb, kehrte zurück. Eine Erzählung über seine früheren Leben läßt ihn die Gestalt des Prinzen Mahasattva annehmen, dem eine ausgehungerte Tigerin mit ihren

127

sieben Jungen begegnet: »Die Zeit ist gekommen«, denkt sich der künftige Buddha, »daß ich mich opfere. Dieser verderbliche Körper, den ich so lange genährt und gekleidet, dem ich so lange gedient habe, er wird mich eines Tages doch verraten und zugrunde gehen. Soll er mir zu einer erhabenen Tat dienen, die mir erlaubt, den Ozean des Werdens zu überqueren.« Und so opfert er sich, sei es aus Mitleid mit dem blinden und grausamen Leben, dem Appetit der Tigerin oder, aus Sorge um sein eigenes Heil, seinem Durst nach Vollkommenheit.[51]

Der liebenswerte Prinz warf sich zu Füßen der Tigerin nieder. Doch diese fügte ihm kein Leid zu. Da merkte der Bodhisattva, daß sie zu schwach war, sich zu bewegen. Als Mann des Friedens, der er war, trug er kein Schwert bei sich, und so schnitt er sich die Kehle mit einem scharfen Bambussplitter durch und brach vor der Tigerin zusammen. Als sie die blutüberströmte Leiche des Bodhisattva sah, verschlang sie sie augenblicklich mit Haut und Haar. Nur die Knochen ließ sie übrig.
Ich bin es, Ananda, der ich damals bei jener Gelegenheit Prinz Mahasattva war.

Diese überaus berühmte Episode aus den buddhistischen Schriften ist, in Öl gemalt, auf einem der lackierten Seitenteile des *tamamushi zushi*, des »Reliquienschreins mit eingelegten Prachtkäferelytren«, dargestellt – einer feinen Arbeit aus dem 7. Jahrhundert, die im Hōryū-Tempel aufbewahrt wird. Manch inbrünstige Träumerei mag sich an sie geknüpft haben. Bestätigt durch ein so schönes Vorbild konnten auch die gewaltsamsten Gesten als die heiligsten erscheinen: Den Opferheldentaten war keine Grenze gesetzt – wenn sie nur freiwillig waren. Der Haß auf den Körper und der Wille, ihn zu beherrschen, verbanden sich mit dem Mitleid mit den Lebewesen und dem Wunsch, sich des Heils durch raschere und nachhaltigere Akte als die der Meditation zu vergewissern. Der Rat zur Mäßigung verhallte nunmehr ungehört. »Tue dein Leben lang nichts, als das Leben zu hassen«, verlangt ein buddhistischer Priester. Im »*Ichigon Hōdan*« (14. Jahrhundert) hat man diese Aphorismen japanischer Priester gesammelt, deren Lehre oft nichts als den verbohrtesten Nihilismus beinhaltet.

Man soll darauf achten, den eigenen Körper zu verabscheuen, ihn beständig zu hassen, und mit ganzem Herzen den Todeswunsch hegen.

Zuweilen hallt in diesen Worten das Echo des »Es bringt mich um, nicht zu sterben« nach – eine Sorge, die manche christliche Seele beschäftigte.

Heute, da meine Krankheit ein wenig nachläßt, werde ich ganz schwach bei dem Gedanken, daß ich nicht sterben könnte.

128

Möglicherweise ist die Strenge eines kargen Lebens kein Feind des Lebens selbst. Sollte man ironischerweise desto länger leben, je weniger man am Leben hängt?

Seit ich mich aus der Welt zurückgezogen habe, übe ich mich in dem Wunsch, früh zu sterben. Da ich mich nun schon seit mehr als dreißig Jahren darin übe, verläßt mich dieser Gedanke keinen Augenblick mehr. Bei meinem Wunsch, früh zu sterben, bricht mir der kleinste Aufschub das Herz und erfüllt mich mit Traurigkeit.[52]

Diese Lust auf den Tod und diese offen ausgesprochene Schwermut sind Gefühle, die Buddha nicht gutgeheißen hätte, er, der hochzufrieden darüber war, daß die von ihm gegründete Gemeinde lächelnd und glücklich zu sein schien. Ippen Shōnin, Anführer einer buddhistischen Sekte und Wandermönch des 13. Jahrhunderts, legt die rechte Sichtweise dar:

Gebt euren Körper auf. Aber gebt auch euer Herz auf, das den Körper aufgeben will. So werdet ihr euch zufrieden in die heitere Gelassenheit Buddhas begeben.

Formen der Askese

Diese Mönche beschränkten sich darauf, seufzend den Tod herbeizuwünschen. Andere schritten zur Tat, attackierten das unreine, unbeständige Fleisch, stellten es im Schmerz auf die Probe, da sie ihm nicht verzeihen konnten, weder unempfindlich noch unsterblich zu sein. Anstrengungen, Entbehrungen, Züchtigungen und Selbstverstümmelungen. Um seine Entschlossenheit zu demonstrieren, konnte man sich z. B. das Ohr abschneiden, wie es Myōe Shōnin, der Reformator der Kegon-Sekte tat, oder man verzichtete auf einen Finger, und tat es so, oft um ein Gelübde zu bekräftigen, mit etwas geringerem Aufwand Huike gleich, dem zweiten Patriarchen des Zen-Buddhismus, der sich den linken Arm vom Ellenbogen abwärts abhackte, um von Boddhidharma als Schüler aufgenommen zu werden. Man erhob es zum selbstauferlegten Gesetz, die Unbilden des Wetters ohne Murren zu ertragen, entfloh der Fadheit der Gesellschaft, um sich allein in den Bergen der ganzen Härte der Natur auszusetzen. Eine weitverbreitete Methode bestand darin, sich sutrenrezitierend unter einen Wasserfall zu stellen und so die bitterste Kälte zu erdulden. Die zentralen Themen des Christentums mögen die wahnwitzigen Bußhandlungen begünstigen, wie sie beispielsweise in den Brüderschaften der Flagellanten ihren Ausdruck finden. In Japan hingegen stand der religiöse Masochismus weniger im Zeichen von Schuld und Strafe als unter dem von Entbehrung und Erdulden. »Würde der

Vater meine Begierde bestrafen?« fragt sich der christliche Büßer, »Würde mir die Mutter mein Bedürfnis versagen?« der japanische Asket. So gibt sich der Mensch unter verschiedenen Vorwänden der düsteren Neugier hin und erforscht die Grenzen seines eigenen Widerstands bis hin zu jenem kaum erkennbaren Punkt, jenseits dessen die Sensibilität unter dem Stachel des Willens in den Abgrund entgleitet und schließlich in der Nacht verlischt.

Ziel des Asketen ist es, geistige Kraft zu erlangen, und wäre es auch nur die Anerkennung, die die Menge jeder halbwegs gewagten Tat zollt. Tiefer als jedes Machtstreben aber reicht die düstere Befriedigung, die er darüber empfindet, sich zu quälen und schließlich zu zerstören. Getrieben von der Logik des Todestriebes gelobten manche am Ende sogar, ihren Körper zu Ehren Buddhas und zum Heil aller Menschen zu opfern. Sie erlegten sich noch einmal so strenge Exerzitien auf, um sich dann zu ertränken, zu Tode zu hungern, von einem Gipfel zu stürzen oder, noch spektakulärer, »ihren Körper in eine Fackel zu verwandeln«. Ein Haupttext des *mahāyāna*-Buddhismus, das »Lotus-Sutra des Wahren Gesetzes«, welcher seit dem 9. Jahrhundert für die Tendai- und später im 13. Jahrhundert für die Nichiren-Sekte von großer Bedeutung war, erzählt in seinem 22. Kapitel, wie sich der Bodhisattva Bhaisajyarāja, der »König der Heilpflanzen« – in Japan unter dem Namen Yakuō-bosatsu bekannt –, in einem seiner früheren Leben entschloß, seinen Körper zu Ehren des Erwachens den Flammen zu übergeben. Ein Vorbild höchsten Ranges, und so lassen sich auch im chinesischen Buddhismus zahlreiche Selbstmorde dieser Art bezeugen. In Japan wird es den Mönchen durch ein 702 in der Taihō-Ära erlassenes Gesetz offiziell verboten werden, sich selbst zu verbrennen.[53]

Die Behörden sind der Selbstmordbegeisterung gegenüber nie nachsichtig, wenn sie sich ins Extrem entwickelt; denn wie schnell kann die Askese die Form einer Kritik annehmen und eine politische Revolte auslösen. 1963 übergossen sich buddhistische Mönche in den Straßen Saigons mit Benzin und opferten sich, um so den Sturz Ngo Dinh Diems herbeizuführen. Schon auf dem Konzil zu Lhasa im Jahre 800 töteten sich zwei Mönche – der eine erstach sich, der andere verbrannte sich bei lebendigem Leib –, um so die subitistischen Thesen des Zen gegen die Mehrheit zu verteidigen, die den Gradualismus vertrat und wollte, daß der Weg zum *nirwana* mit Bedacht und etappenweise zu beschreiten sei. Seit der Nara- und der darauffolgenden Heian-Zeit bis hin zu dem Zeitpunkt, an dem die Tokugawa-Regierung ihn schließlich unter strenge Staatsaufsicht stellte, mischte sich der japanische Buddhismus in die Kämpfe der Zeit ein, und so mancher Mönch wollte die in harten Exerzitien geschmiedete Verachtung des Körpers der guten Sache dienstbar machen. Diese gute Sache konnte, anstelle des Heils aller Menschen, anstelle eines Streitpunktes in der Glaubenslehre mitunter auch die Verteidigung der Steuerprivilegien des eigenen Klosters sein, deren Erhalt man mit Selbstmorddrohung zu erzwingen suchte. Unter dem Vorwand der Askese und der Hingabe eroberte sich die Gewalt ihren Platz im Buddhismus zurück. Die Grundsätze der Mäßigung seines Begründers waren vergessen, die Illusion der Opfergabe herrschte wieder in ihrem Reich, in dem der Erfolg eines Unterfangens oder die Durchsetzung einer Idee von Schmerz und Tod abhängt.

Die Zweideutigkeit des Buddhismus

Den Beispielen für den Freitod in der Geschichte des Buddhismus haftet eine Zweideutigkeit an: Handelt es sich um Akte, die auf ein Ziel gerichtet sind? Dann sind es Opfer – selbst wenn dieses Ziel im Heil besteht – wie sie in der Entwicklung des *mahāyāna*-Buddhismus häufig vorkommen. Aber die Entscheidung zu sterben kann auch im Geist des frühen Buddhismus als ein bloßes Aufgeben des Körpers, als reiner Akt ohne bestimmtes Ziel, mithin völlig frei von *karma* verstanden werden. So wird sie zum Ausdruck größtmöglicher Loslösung durch Meditation. Nichts ist man mehr verhaftet, nicht einmal mehr seinem Körper, man strebt nach nichts, nicht einmal nach dem Heil; das Begehren erlischt, der Wille hält an keinem Objekt, an keinem Vorhaben mehr fest, der Mensch trennt sich in vollkommener Gelassen- und Zufriedenheit von dieser Welt.

Dies ist die Zweideutigkeit des Buddhismus überhaupt: Technik der Leidenschaftslosigkeit oder Religion der Barmherzigkeit? Im mittelalterlichen Japan entfaltete sich diese doppelte Tradition in der gleichzeitigen Blüte von Amidismus und Zen.

Der Zen-Buddhismus, nach seinem eigenen Anspruch streng und elitär, mahnt seine Anhänger, daß sie nur auf die eigene Kraft zählen können, um zum Licht zu gelangen. Im Amidismus hingegen traut man sich selbst wenig zu, überläßt sich statt dessen der Macht des anderen. So entwickelten die japanischen Patriarchen der Sekten des Reinen Landes im 13. Jahrhundert eine vollständige Gnadenlehre. Wie Paulus beteuert auch Hōnen (1133–1212), daß es der Glaube ist, der rettet. Und sein Schüler Shinran schließt mit der Feststellung, Amida-Buddha gebe alles: das Heil gewiß, also zunächst den Glauben, und der genügt, das Heil zu erlangen. In gleicher Weise erwählt der Gott des Augustinus die, denen die Gnade gegeben ist zu glauben. Der Unterschied liegt im Großmut: Das Tor zum christlichen Paradies ist eng. Wie viele sind auserwählt, fragen sich die christlichen Prediger des Mittelalters, einer unter tausend, einer unter zehntausend? Amida hingegen sperrt die Tür zum Reinen Land weit auf: Man ruft seinen Namen – und wird errettet, ganz gleich, welche Verbrechen man auch begangen haben mag. Dieser Nachsicht war in den finstersten Jahren der Bürgerkriege ein klarer Erfolg beschieden: Die Kaste der *bushi* gab sich ihren Zwistigkeiten hin und das Volk jener Hoffnung auf eine andere Welt, derer es bedurfte, um sich über

131

den Jammer dieser hinwegzutrösten. Heute noch beseelt der Fideismus Shinrans die populärste Sekte des japanischen Buddhismus, die Wahre Sekte des Reinen Landes.

Herrscht nicht – trotz der Marienverehrung im Europa des 12. und 13. Jahrhunderts, die zeitlich mit dem japanischen Amidismus einherging – im religiösen Denken abrahamischen Ursprungs von Augustinus bis Kierkegaard das Phantasma des gestrengen Vaters vor? Bis ins 17. Jahrhundert hat die abendländische Zivilisation in Furcht vor dem Zorn Gottes gelebt. Im Amidismus hingegen läßt sich unter den verweiblichten Zügen Kannons, des Bodhisattva des Mitleids (Avalokiteshvara mit seinem indischen Namen) die hilfreiche, nachsichtige und gnadenreiche Mutter wiederfinden, deren Bild über die Erziehungsmethoden Eingang in den japanischen Ödipus gefunden hat. Das Heil des einen setzt das Opfer des anderen voraus. Doch es ist nicht nur sein Leben, das, wie Christus es tat, ein Bodhisattva opfert. Die Opferung des Lebens? Eine geringe Gabe nach dem Maßstab des Buddhismus, gerade gut genug für den Appetit einer Tigerin. Für das Heil der Menschheit, oder vielmehr aller empfindsamen Wesen (denn im Leiden sind die Menschen nicht allein), ist es nichts Geringeres als sein eigenes Heil, das Kannon opfern wird. Welch erhabenes Gefühl: Stellen wir uns vor, Christus opferte seine Göttlichkeit – doch vielleicht ist es ja eben das, was die Theologie meint, die vom Tod Gottes spricht. Ein Bodhisattva, sagen die mahāyānistischen Texte, verzichtet vorsätzlich auf die Allwissenheit und Glückseligkeit, die er im Begriff ist zu erlangen. Er lehnt das *nirwana* ab, das ihm zukommt, wird es nicht eher annehmen, als bis alle Lebewesen befreit sind; er wird nicht bereit sein, dem Leiden zu entfliehen, ehe nicht im ganzen Universum das Leiden erloschen ist. Kann es noch mehr Großmut geben? Diese Religion, die mit der Beharrlichkeit eines Einzelgängers, der unter einem Baum saß, ihren Anfang nahm, erblühte zu unendlicher Solidarität. Die christliche Nächstenliebe fällt im Vergleich dazu, abgesehen von der eines Origenes oder der einer Angela von Foligno, die sich sogar auf die Dämonen erstreckte, eher bescheiden aus, so bescheiden, daß sie am Ende die Seele Iwan Karamasows empören wird.[54] Das Heil der Menschen, auch das derer von äußerster geistiger Stumpfheit und derer, die die perversesten Wünsche hegen – nichts Geringeres ist in der Lage, die buddhistische Barmherzigkeit zu befriedigen. Der Bodhisattva Ksitigarbha, der in Japan unter dem Namen Jizō verehrt wird, hat sich darauf spezialisiert, die Hölle zu durchwandern, um dort das Heil zu bringen – er ist in der Hölle, doch das Paradies ist in ihm. Ein Heiliger, der etwas auf sich hält, befaßt sich mit nichts anderem. Denn auch die himmlischen Symphonien können ein reines Herz nicht zurückhalten, das den Abgrund des Begehrens, des Bösen und des Schmerzes durchmessen hat. Es brennt darauf, sich hineinzustürzen.

Der Trost des Amidismus

Ins Licht dieser grenzenlosen Güte getaucht werden die verschiedenen Theorien, die die Bürde des Leidens durch die Schwere der Sünden zu rechtfertigen suchten, kalt, trocken und hohl erscheinen. Sogar die Lehre von der karmischen Entsprechung verlischt in der Unendlichkeit der Vergebung. Eine tiefere Weisheit legt unter der Hülle von Schuld und Strafe die ergreifende Unschuld des irdischen Schmerzes bloß, seine letzte Absurdität. Du leidest, du läßt andere leiden, leider alles umsonst. Der Schmerz ist nutzlos, hat weder Sinn noch Grund, nicht einmal den einer Lehre oder Gerechtigkeit. Der Gnade Amidas gelingt es, den Menschen, der sich für böse hielt, weil er sich schuldig glaubte, zu seiner Reinheit bei der Geburt, zu seiner wesentlichen Leere zu erwecken. Keine Verzweiflung kann sich dieser Gabe, die keine Gegenleistung verlangt, entziehen. So wird man die Priester in den *nō*-Spielen die Formeln aussprechen hören, die die Seelen aus jenen heftigen Leidenschaften erwecken, jenem nie versiegenden Begehren und jenen sich stets erneuernden Qualen, die durch die Illusion der Sünde sogar den Tod überlebten. Die Hölle ist nur ein böser Traum; du wärest nicht in ihr, glaubtest du nicht an sie.

Die Sterbenden, die den Namen Amidas anrufen, werden ohne jede andere Bedingung in sein Reines Land aufgenommen – dafür verbürgte er sich in dem 18. seiner 48 Gelübde. Welch unermeßlicher Trost: Im letzten Moment werden die Wunden des menschlichen Herzens, das sich vom Leben losreißt, gelindert werden; man wird sich dort oben auf dem gleichen Lotus wiederfinden. Der schwierige Tod, d. h. der vorgestellte, wohlerwogene, auf sich genommene, beschlossene, endlich vollzogene Tod erscheint durch diese Versprechungen, mit denen er sich umgibt, weniger hart und mühevoll. Die besiegten Krieger und die getrennten Liebenden wenden sich gen Westen, bevor sie sterben. So auch der Befehlshaber Taira no Koremori, der sich im Alter von 27 Jahren ertränkte – nicht minder, um sein religiöses Heil zu sichern, als um den Vergeltungsmaßnahmen der Minamoto, die über seine Sippe siegten, zu entgehen. Lebend in deren Hände zu fallen, hieße für ihn, seine Ehre zu verlieren; denn es wäre, dachte er, eine Beleidigung für den Namen seines Vaters, zerrte man ihn in Ketten durch die Straßen. Aber die Ketten des Herzens wiegen nicht weniger schwer. Frau und Kinder hatte er in der Stadt Heian zurücklassen müssen – und dieser Gedanke verließ ihn nicht. Wie könnte man das Heil erhoffen, wenn einen so enge Bande fesseln? So begab er sich zunächst zum Berg Kōya, in der Hoffnung, Zuflucht in der Religion zu finden, aber er spürte, weit entfernt zu sein von der geforderten Entsagung. Gleichwohl rasierte er sich den Kopf, ebenso wie seine beiden Gefährten, die sein Los teilten, und stieg in Richtung Süden über die Bergpfade der Halbinsel Kii bis zum Heiligtum von Kumano, einem berühmten Wallfahrtsort, hinunter. Reifte dort sein Entschluß? Er begriff, daß er sein

Heil nur im Tod finden könnte: Mit einer einzigen Geste würde er seinen Gegnern entkommen und sich zugleich von den Gefühlsbanden befreien, die seinen Geist hinderten, sich weiterzuentwickeln. Er würde sein Leben aufopfern, sich ertränken und dadurch wiedergeboren werden im Reinen Land, gerettet aus den Liebesbanden der unvollkommenen Erde und bereit, von dort oben die zu retten, die er liebte. Begleitet von seinen beiden Gefährten und einem befreundeten Mönch erreichte er das Meer unweit des Wasserfalls von Nachi, wo er das Boot bestieg, das Herz gebrochen bei dem Gedanken an die Seinen, die er nie wiedersehen würde.[55]

Er wandte sich gen Westen, faltete die Hände und rezitierte die Formel der Anrufung Amidas. Indessen dachte er unaufhörlich: »Wie wird man in der Hauptstadt wissen, daß ich gerade meine letzten Augenblicke erlebe? Man wartet sicher fieberhaft auf jegliches Gerücht von mir. Aber mein Los wird wohl am Ende bekannt werden: Welche Wehklage wird auf die Nachricht meines Todes erklingen!«

Das leidenschaftslose Mitleid

Der Freitod Taira no Koremoris wird somit als Vollendung einer Askese dargestellt: Jene letzten Schwächen wird er durch den Willensakt überwinden, der allem ein Ende setzt. Die Askese des Herzens ist nicht weniger streng als die des Körpers. Erahnt man nicht das buddhistische Lächeln im Lichtkreis unsichtbarer Tränen? Diese Gesellschaft erhob nicht die Liebe, sondern die Leidenschaftslosigkeit zum Ideal. Indes war ihr keine Regung der Empfindsamkeit fremd, und unermüdlich war ihr aufmerksames Interesse an der Pathetik der Zerrissenheit. Der Mönch an Koremoris Seite nimmt Rücksicht darauf, daß dessen Entschluß erst bitter reifen muß. Er spricht weder für noch wider, aus seinem Mund kommt keine Weisung, kein Verbot. Das Leben verteidigen oder verbieten? Nach den Grundsätzen des Buddhismus kann ein bedingter Zustand, wie das Leben oder der Tod, nicht über die Freiheit eines Bewußtseins, das die Wahrheit sucht, erhoben werden. Keine vorgegebene Schranke, kein offenbartes Gesetz kann der ihren eigenen Gesetzen folgenden Bewegung des Denkens und des Entschlusses auferlegt werden.

Von seiten des Mönches also keine Mißbilligung, doch auch kein Erbarmen. Konnte das Erbarmen dem Schmerz je die erhoffte Antwort geben? Weder das Erbarmen noch die christliche Nächstenliebe ist es, was der Buddhismus zu geben vermag, sondern das Mitleid. Wo könnte sich tieferes Mitleid auftun, wenn nicht im reinsten Zustand heiterer Gelassenheit? Das Erbarmen schwächt, erniedrigt; die christliche Nächstenliebe läuft Gefahr zu entwürdigen. Wem kann man das Geheimnis des Schmerzes und der Schwäche anvertrauen, wenn nicht dem Mitleid ohne Leidenschaft. Es weiß, aber es urteilt nicht; es versteht alles, und es gibt nichts, was es beunruhigen könnte. Wovon in den *nō*-Spielen, die ebenfalls vom Geist des amidistischen Ideals beseelt sind, die Flöte kündet, ist die Wehmut der anhaltenden unerfüllten Sehnsucht; was der Tanz des Hauptdarstellers ausdrückt, wenn sich der Rhythmus der Trommeln beschleunigt, ist Glut und Gewalt, vergleichbar der überströmenden Lava eines lange ruhenden Vulkans. Tanz der Raserei, Tanz der Befreiung. Dem Wandermönch auf der *nō*-Bühne, den der Zufall eines Abends mit der Hölle des menschlichen Herzens zusammentreffen läßt, genügt diese Begegnung, um im Unabänderlichen zu beharren. Unter seinem unerschütterlichen Blick verzehren sich die lodernden Bande in ihrem eigenen Feuer, ohne daß ein einziges Wort des Erbarmens oder des Tadels ausgesprochen würde.

Als der Moment gekommen ist, tut der Mönch, der Koremori begleitet und ihm beisteht, nichts anderes, als ihn an die Bedingungen zu erinnern, auf denen die Hoffnung auf das Reine Land beruht:

»[...] Euer Glaube muß nur tief sein, und Ihr dürft nicht den leisesten Zweifel hegen. Ruft Ihr dann in vollkommener Ergebenheit zehnmal – was sage ich? ein einziges Mal – seinen Namen, wird Amida Nyorai seinen Körper, der so unermeßlich ist wie der Sand des Flusses Heng, auf die Größe von sechs Fuß und sechs Spannen reduzieren und umgeben von Kannon, Seishi und den dichten Reihen der unendlich großen heiligen Schar von Bodhisattvas und Buddhas, die für Eure Augen sichtbar wurden, auf den Klang der Instrumente und der Hymnen hin, augenblicklich am östlichen Tor des Paradieses erscheinen, um Euch zu empfangen. Daher ist es, selbst wenn Ihr Euch auf dem Grund des wachsfarbenen Meeres glaubt, gewiß, daß Ihr Euch bis über die purpurnen Wolken erheben werdet. Und wenn Ihr, Buddha geworden, die vollkommene Loslösung erlangt und in Erleuchtung lebt, dann werdet Ihr ohne Zweifel wiederkehren in dieses Land des Leidens, dem ihr entstammt, um Eurer Gemahlin und Euren Kindern den Weg zu weisen. So werdet Ihr die Rückkehr in diese befleckte Welt zum Heil der Menschen und der Engel vollenden.«

Bei diesen Worten ließ er sein Zeremonienglöckchen erklingen, um Koremori zum Gebet zu ermutigen. Dieser erkannte die Gelegenheit, die ihm gegeben wurde, sein Heil zu erlangen, und verwarf sogleich jeden Gedanken der Bindung an diese Welt. Mit lauter Stimme rief er einhundert Male den Namen Amidas und stürzte sich mit dem Ruf »Gelobt sei er!« ins Meer. Sein Gefolgsmann Shigekage, der die Mönchsgelübde abgelegt hatte, als auch Ishidōmaru sprachen in gleicher Weise den erhabenen Namen aus und folgten ihm in die Fluten.

Der Tod Koremoris und seiner beiden Gefährten an der Küste von Kumano steht in einer langen Tradition, die vom 9. bis zum 18. Jahrhundert bezeugt ist – der der Wiedergeburt im Paradies durch freiwilliges Ertrinken (*jusui*

135

ōjō). Die mahāyānistischen Legenden hatten dem Bodhisattva des Mitleids den Berg Potalaka (auf japanisch Fudaraku) als Wohnsitz zugewiesen, der sozusagen eine Etappe auf dem Weg ins Reine Land des Amida-Buddha war. Unter den japanischen Amidisten hatte sich die Überzeugung verbreitet, daß dieser Fudaraku Kannons als Insel im Ozean vor der Küste der Halbinsel Kii liege. In dieser Legende lebt der Archetypus der Inseln der Glückseligen wieder auf, verquickt mit dem Glauben der Seevölker, die sich den Aufenthaltsort der Toten in einem Reich jenseits des Meeres vorstellen. Man konnte sich also nach einer letzten Wallfahrt zu den Heiligtümern von Kumano allein oder in der Gruppe zum Fudaraku einschiffen und segelte beim Singen der Litaneien von Kannon und Amida, wiederholte auch das *nenbutsu* nach Herzenslust. In ausreichender Entfernung von der Küste sprang man schließlich über Bord, oder aber man schlug mit der Axt ein Loch in den Boden des Schiffes und versenkte es. Diese religiös motivierten Selbstmorde nahmen seit dem 13. Jahrhundert zu, nachdem durch die Verbreitung des Fideismus von Hōnen und Shinran die Hoffnung auf das Reine Land und die Gewißheit, das Heil durch die Wirkung des *nenbutsu* zu erlangen, fest verwurzelt waren. Die japanische Sorge um den technischen Perfektionismus führte schließlich zur Entwicklung von Schiffen mit abnehmbarem Boden für diese Art von Reisen: sofortiger Untergang garantiert.

Die Jesuiten konnten im 16. Jahrhundert diesen Brauch beobachten. In den Ehrwürdigen des Buddhismus sahen sie ohnehin nur allzugern, wie Francisco de Xavier sagt, »bloße Erfindungen der Dämonen«. Diese Selbstmorde kamen wie gerufen, um die düstersten Schlüsse, die sie gezogen hatten, zu bestätigen: Satan begnügt sich nicht damit, die von ihm Getäuschten im Leben auszubeuten, er überredet sie schließlich dazu, der letzten Versuchung des Todes nachzugeben.

Nichts ist alltäglicher, als vor der Küste Schiffe zu sehen, beladen mit jenen Fanatikern, die sich mit Steinen beschwert ins Wasser stürzen oder Löcher in den Schiffsrumpf schlagen, um es langsam untergehen zu lassen. Dabei singen sie Loblieder auf den Gott Canon, dessen Paradies, wie sie sagen, auf dem Grunde des Meeres liegt. Eine zahllose Menge folgt ihnen mit den Augen, preist ihren Mut unendlich und will ihren Segen empfangen, bevor sie verschwinden.[56]

Pater Charlevoix dramatisiert die Situation nach Herzenslust: Wohl ist der freiwillige Tod durch Ertrinken belegt, aber die Behauptung, nichts sei alltäglicher, geht entschieden zu weit. Im übrigen ist bei Erscheinen seiner »Geschichte und Allgemeinen Beschreibung Japans« im Jahre 1736 der religiöse Eifer nicht mehr das, was er einmal war – auch nicht in Japan. Man glaubt nicht mehr so stark an den Fudaraku, ans Reine Land, an die Gelübde Amidas und die Versprechungen der Priester, und an der Küste von Kumano fand die letzte der Einschiffungen ohne Wiederkehr 1722 statt. Wie die Verheißung einer besseren Welt auch immer lauten mag, man kann in jeder Kultur auf die natürliche Angst vor dem Tod zählen, um die freiwilligen Abreisen in Grenzen zu halten. Man glaubt, aber man weiß nicht; man ist sicher, aber nicht völlig gewiß. Selbst Shinran, der immerhin sein ganzes Leben der Beteuerung der Macht des Glaubens widmete, gesteht in aller Offenheit, daß er es keineswegs eilig habe zu überprüfen, ob all die Hoffnungen, die zu wekken er ein Meister war, auch tatsächlich zuträfen. Zweifellos ermutigte der Amidismus jedoch zum Freitod: So weiß man etwa, daß sich im Sommer 1176 auf dem Höhepunkt der Predigt Hōnens, Dutzende von Gläubigen in die Fluten des Flusses Katsura stürzten, der westlich der Hauptstadt fließt. Jede Mode hat ihre Exzesse, und im Sommer ist ein Bad nicht zu verachten – selbst wenn es tödlich endet. Die Versprechungen der Priester kosteten Jahr für Jahr einigen Enthusiasten, die es kaum erwarten konnten, von den Genüssen, die man ihnen beschrieb, zu probieren, das Leben. Das war wohl kein zu hoher Preis für den unerschöpflichen Trost, den die gute Nachricht des *nenbutsu* allen Sterbenden versprach, wie ein Balsam, der die Härte der letzten Augenblicke zu lindern vermag. Das augustinische Verbot ist eine allzu kostspielige Strenge – und ihre abschreckende Wirkung steht nicht einmal fest. Diejenigen, die wirklich sterben wollen, stürzt es in noch größere Verzweiflung. Eine schöne Gerechtigkeit, diejenigen auf ewig zu verdammen, die eines Tages aus guten oder schlechten Gründen am Leben verzweifelten. Glauben gegen Glauben: ziehen wir den, der besänftigt, dem, der Schrecken verbreitet, vor. Sicher, es gibt sie, die buddhistische Hölle, und die Einbildungskraft der Inder hat sie mit malerischen Foltern ausgestattet. Hölle? Nein, vielmehr Fegefeuer, nichts ewiges, etwas, das man früher oder später wieder verläßt, um in ein weniger qualvolles Dasein überzugehen. Das christliche Dogma, das Francisco de Xavier ab 1549 predigte, ließ seine Neophyten in tiefe Schwermut versinken, und sie vergossen stille Tränen: niemals wäre ihnen etwas so Grausames in den Sinn gekommen. Unsere Eltern verdammt, weil sie keine Christen gewesen waren? Das war ein sehr hoher Preis für die »gute Nachricht«, von der man ihnen kündete.

Ein vorgetäuschtes Ertrinken

Ist es denn nötig, daß der Angst vor dem Tod noch die Drohungen des Dogmas hinzugefügt werden; ist sie nicht ohnehin schon gebieterisch genug? Selbst zu der Zeit, als sie durch die Verheißungen des Amidismus an Kraft verlor, war diese Angst noch stark genug, um im letzten Moment die Ausführung eines Entschlusses zu vereiteln, den das gesamte gesellschaftliche Umfeld in den höchsten Tönen lobte, wie das eher bemitleidenswerte denn lächerliche Mißgeschick eines jungen Mönches aus dem 13. Jahrhundert zeigt, der seine Kraft und seinen Glauben überschätzte.[57]

Auch dies gehört nun der Vergangenheit an.

Ein Mönch, der sich als Asket ausgegeben und angekündigt hatte, er wolle sich in den Fluß Katsura stürzen, richtete sich als erstes im Tempel Gidarin ein, um dort hundert Tage lang das rituelle Bußgebet zu rezitieren. Man kam von nah und fern, ihm zu huldigen, und das Kommen und Gehen der Wagen der Damen versperrte den Weg zum Tempel. Was man dort sah, war ein Mönch im Alter von etwas über dreißig Jahren, von zerbrechlichem Äußeren, dessen Blick es vermied, den der anderen zu kreuzen. Von Zeit zu Zeit rief er leicht verschlafen den Namen Amida-Buddhas, den Rest der Zeit schien er, der Bewegung seiner Lippen nach, das *nenbutsu* zu rezitieren; manchmal stieß er Seufzer aus und ließ seinen Blick über die Gesichter der Umherstehenden schweifen. Dann drängten und stießen sich die Anwesenden, um seinem Blick zu begegnen, und veranstalteten ein schönes Durcheinander.

Am festgesetzten Tag betrat er in aller Frühe das Heiligtum, in dem sich bereits die Mönche versammelt hatten, und der lange Prozessionszug setzte sich in Bewegung. In einem Karren sitzend, gekleidet in ein Gewand aus grobem Papier, über dem er die Stola trug, bildete er das Ende des Zuges. Seine Lippen bewegten sich, als ob er etwas sagen wollte. Dem Blick der Leute wich er aus, und von Zeit zu Zeit stieß er einen tiefen Seufzer aus. Die Zuschauer, die sich am Straßenrand drängten, warfen ihm Reis zu, der wie Hagel auf ihn niederprasselte. Ab und zu ließ der Asket vernehmen: »Der Reis dringt mir in die Augen und die Nase! Unerträglich ist das! Wenn sie ein wenig Feingefühl hätten, würden sie ihn in eine Papiertüte füllen und ihn mir bringen lassen!« Daraufhin murmelten die etwas hellhörigeren unter den Leuten, die gekommen waren, ihn zu preisen: »Was will der Asket sagen? Eigenartig, daß er im Augenblick, in dem er sich ins Wasser stürzen wird, davon spricht, man solle den Reis lieber zum Tempel Gidarin bringen, und daß es unerträglich sei, ihn in die Augen und die Nase zu bekommen...«

So erreichten sie das Ende der Siebenten Straße. Die Menge der Schaulustigen, die gekommen waren, dem Asketen, der sich ins Wasser stürzen sollte, ihre Verehrung zu bezeugen, war angewachsen: sie waren zahlreicher als die Kiesel am Ufer des Flusses.

Der Karren wird ans Wasser gefahren und angehalten. Der Asket fragt, wie spät es sei. »Vier Uhr vorbei«[*], antwortet ein Mönch, der bei ihm war. Darauf der andere: »Das ist noch etwas früh, um sich zur Wiedergeburt ins Reine Land aufzumachen. Laßt uns abwarten, bis der Abend kommt.« Des Wartens müde machten sich die Leute, die von fern gekommen waren, allmählich auf den Heimweg, das Ufer wurde zusehends menschenleer, und so blieben nur diejenigen, die alles bis zum Ende sehen wollten. Unter ihnen befand sich auch ein Mönch, der sprach: »Ist es denn wirklich nötig, einen Zeitpunkt für die Wiedergeburt festzusetzen? Ich begreife das nicht...«

138   [*] D. i. etwa acht Uhr vormittags. (Anm. d. Übs.)

Schließlich legt unser Asket seine Kleidung bis auf die Unterhose ab und stürzt sich, gen Westen gewandt, ins Wasser. Doch nun verfing sich sein Fuß in einem Seil, das vom Geländer herabhing, so daß er an der Wasseroberfläche zappelte. Ein Novize befreite ihn von diesem Hindernis, und so tauchte er blubbernd kopfüber ins Wasser. Bei diesem Anblick reichte ihm ein Mann, der hinabgestiegen war, um eine bessere Sicht zu haben, die Hand und fischte ihn heraus. Der Asket rieb sich mit beiden Händen das nasse Gesicht und spuckte das Wasser aus, das er verschluckt hatte; dann wandte er sich seinem Retter zu, faltete die Hände und sprach: »Ich habe von Euch eine große Wohltat empfangen; das werde ich Euch im Paradies vergelten.« Und er setzte den Fuß auf festen Boden. Da hoben die dort versammelten Leute und die Lausbuben Kieselsteine vom Ufer auf und bewarfen ihn damit. Nackt wie er war, rannte der Mönch den Fluß entlang, doch die Menge fuhr unablässig fort, Steine nach ihm zu werfen, und verletzte ihn schließlich am Kopf.

Dieses mißlungene Opfer wiederholt in lächerlicher Form das so pathetische Zögern Koremoris. Selbst die Anwesenheit eines zahlreichen, vom stets faszinierenden Schauspiel des Todes angezogenen Publikums, ist, im Gegensatz zum Fall des Peregrinos bei den Olympischen Spielen, nicht Hilfe genug: Noch im letzten Augenblick ist seine Angst stärker als die Buhrufe. Ein Mann geringen Gaubens, ein armer Teufel ohne Zweifel, den der Text als einen *hijiri* vorstellt, einen jener Asketen, die sich am Rand der offiziellen Priesterschaft irgendwie durchschlugen. Für ihn war das Leben bestimmt nicht leicht, der Tod leider noch weniger. Andere waren zu jener Zeit weitaus kaltblütiger als er.

Ein starrsinniger Mann

Vor kurzem lebte eine Person, die man Sanuki-no-sani nannte. Der Mann ihrer Amme, der ins religiöse Leben eingetreten war, hatte schon vor langem gelobt, im Reinen Land wiedergeboren zu werden. Eines Tages sagte er sich: »Sollte nicht alles so verlaufen, wie ich es hoffe und ich vielleicht aufgrund einer heimtückischen Krankheit nicht das gewünschte Ende finden, so fiele es mir wohl schwer, mein Gelübde einzulösen.« In der Überzeugung, daß man nur dann in guter Verfassung stirbt, wenn man geht, bevor man krank wird, beschloß er, seinen Körper in eine Fackel zu verwandeln. Um seine Widerstandskraft zu prüfen, erhitzte er zwei Eisen, bis sie rotglühend waren, und drückte sie sich an die Lenden, so daß er bald einen fürchterlichen Anblick bot. Nach einer gewissen Zeit fand er, daß dies so schrecklich doch nicht sei, und traf Vorbereitungen, sich bei lebendigem Leib zu verbrennen.

Doch plötzlich überlegte er es sich anders: Gewiß, es wäre leicht, seinen Körper in eine Fackel zu verwandeln, aber es gäbe einem noch lange nicht die Garantie, im Paradies wiedergeboren zu werden. Ein Mann des Durchschnitts, so wie er, liefe Gefahr, auch im letzten Augenblick noch nicht völlig frei von Zweifeln zu sein. Der Berg Fudaraku hingegen, das sei ein Ort, der sich hier, in unserer Welt befinde, zu dem man sich also lebend hinbegeben könne... Und so faßte er den Entschluß, ihn aufzusuchen.

Er verbindet seine Wunden, und da er einen Ort in der Provinz Tosa kennt, begibt er sich dorthin, besorgt sich ein neues Boot und übt sich in der Kunst des Steuerns; dann nimmt er einem Seemann das Versprechen ab, ihm mitzuteilen, wenn ein kräftiger Nordwind aufziehen wird.

Als das wie erwartet eintraf, setzte er das Segel, ging ganz allein an Bord und lief gen Süden aus.

Wohl hatte er Frau und Kinder, doch angesichts einer solchen Entschlossenheit war jeder Versuch, ihn zurückzuhalten, zwecklos. In Tränen aufgelöst blickten sie daher in die weite Leere, dorthin, wo das Boot entschwunden war. Als die Leute sahen, wie fest sein Wille war, nahmen sie an, er müsse das Ziel seiner Reise erreicht haben.

Der religiöse Eifer tritt hier hinter dem wohldurchdachten Projekt zurück. Eine engherzige Vernunft wägt Gegenwart und Zukunft, Vor- und Nachteile gegeneinander ab. Die feine Ironie des Textes scheint zu besagen, daß die Begeisterung für die buddhistische Großzügigkeit in dieser ebenso mutigen wie kleinlichen Form von Starrsinn enden kann. Selbst die Kreuzigung ist schließlich bei der Wette von Pascal gelandet. Die Sorge um das Heil findet überraschende Wege, die Kälte der Berechnung und die Glut des Verstandes miteinander zu versöhnen.

Schale und Kern

Aber überlassen wir es nicht diesem zwar entschlossenen, aber auch verbohrten Selbstmörder, ja nicht einmal den schönsten Beispielen des mittelalterlichen Amidismus, das letzte Wort zum japanischen Buddhismus zu sprechen: der Fideismus des Reinen Landes war weit verbreitet, aber zu weit entfernt von den ursprünglichen Gedanken Buddhas. Er wies nicht ins Zentrum der Glaubenslehre, wie der Fideismus des Paulus, sondern umriß vielmehr ihre äußere Grenzlinie, den Rand, an dem sie Gefahr lief, sich in bloßer Religiosität zu verlieren. Er verkörperte gleichsam die Schale der Frucht – und viele begnügten sich damit. Doch wenn man ihren harten und fruchtbaren Kern erfassen will, läßt man sich besser vom Zen belehren.

Lerne, sagt der Zen-Buddhismus, nur auf dich selbst zu zählen: der Mensch ist allein in einer Welt ohne Transzendenz. Die Ehrwürdigen, die die Altäre bevölkern, sind lediglich Hilfsmittel (*hōben* auf japanisch, *upāya* auf sanskrit), die honigsüße Hülle, mit der man das Heilmittel umgibt. Das Heil

140

liegt jenseits des Glaubens; man irrt gewaltig, hält man sich mit den Schriften auf. Ein anderes Leben? Nein, in diesem hier wirst du zum Erwachen kommen, wenn du dazu fähig bist. Was du intuitiv begreifen wirst, ist die Einheit der Gegensätze, die Gleichwertigkeit von *nirwana* und *samsara*, die Identität des Absoluten und des unerschaffenen Werdens. Das Sein ist die Zeit. Das Reine Land ist unsere Erde, mit einem reinen Blick betrachtet, der fähig ist, sie so zu lieben, wie sie ist. Torheit ist es, sagt der Zen-Meister Dōgen (1200–1253), zu glauben, daß in der Welt des Wesens keine Blätter fallen und keine Blumen blühen dürfen. Wiedergeboren werden – in eben dieser Welt. Der Tod ist das Nichts, das nicht ist. Hätte ein Zen-Mönch die letzten Worte Masashiges gehört, er hätte sie auf keinen Fall mißbilligt. Nichts anderes außer dieser Welt.

Die Illusion einer mütterlichen Hilfe, die der Amidismus pflegte, ist zerstört. Wird dem wunden Herzen also kein Mitleid mehr zuteil? Es ist geheilt durch stummes Gelächter. Der Zen-Buddhismus lehrt, sich nicht mehr selbst zu bedauern: Ist dies nicht die schnellste Art, nicht unglücklich zu sein? Die Selbstmordneigung lebt von der Sehnsucht nach einer anderen Welt, d. h. vom Ur-Phantasma des Lebens im Mutterleib, von der Rückkehr zum symbiotischen Verschmolzensein vor aller Trennung. Zen ist ein methodischer Entwöhnungsprozeß, mit gelassener Heiterkeit und Distanzierung fördert er die Eroberung der Freiheit durch den Tod der Illusion der mütterlichen Fürsorge. Daher die Anziehung, die er beständig auf das abendländische Denken ausübt, das, bei aller Auflehnung, das Verschwinden der vom Christentum auf Gott projizierten Vater-Imago auf sich nimmt.

Diese Welt von Geburt und Tod ist das erhabene Leben Buddhas. Will man diese Welt hassen, sie verwerfen, so ist es das erhabene Leben Buddhas, das man verlieren wird. Bindet man sich an diese Welt von Geburt und Tod und bleibt man ihr verhaftet, so heißt dies ebenfalls, das erhabene Leben Buddhas zu verlieren.[58]

Weder der Wunsch zu leben, noch der Wunsch zu sterben: Dōgen findet zum Weg der Mitte zurück, den Buddha befürwortete. Man tötet sich nur deswegen, weil man dem Leben zu sehr verhaftet ist, dem, was es gab, dem, was es versprach. Ohne Illusion keine Enttäuschung, warum sollte man sich also töten? Heilsam und läuternd in seiner Wirkung ist der Zen-Buddhismus die beste Selbstmordprophylaxe, auch wenn er nicht die gängigen Methoden, von ihm abzuraten, anwendet. »Es steht einem nicht frei, sich zu töten.« Dieses Argument haben Aristoteles und Plato lange vor Augustinus und Thomas von Aquin wiederholt. Hat man je etwas anderes gefunden? Doch wenn man sich gerade deshalb tötet, um endlich frei zu sein? Groß ist die Versuchung, all jene moralischen oder religiösen, sozialen oder metaphysischen Bande zu zerreißen, in die man den Menschen fest einzuschnüren sucht, um ihn vor sich selbst zu schützen. Alles, was die Freiheit Erhabenes zu

141

bieten hat, scheint sich im Selbstmord zu konzentrieren, wenn man allzuoft die Predigten seiner Gegner hört. Wenn es verboten ist zu sterben, weil leben dienen, nützlich sein, gehorchen heißt, wie kann es da verwundern, daß der Freitod eines Tages als die bessere Wahl erscheinen kann. Hat man nicht endlich in diesem Akt allein die ganze Freiheit, die man haben will? – Leider nicht: Schon vor Freud erkannte der Buddhismus, daß der Wille nicht frei ist, wenn er nicht weiß, was er will. Es genügt nicht, zu wollen und zu handeln, man muß auch wissen, was man tut. Der Zen-Buddhismus kehrt die gängige Schlußfolgerung um: »Sich töten«, sagt er, »heißt, noch nicht frei zu sein«. Diesen warnenden Hinweis, bar jeder moralischen oder religiösen Einschüchterung, vermag der heutige Mensch zu verstehen, und er läßt den Heiligenschein der trotzigen Herausforderung, mit dem sich der Freitod noch immer schmückt, verblassen. Mit der Freiheit erlangt das Leben den einzigen Wert, der seiner würdig ist, jedoch nicht als Endzweck, dem es sich opfern sollte, sondern als eine Eigenschaft, bereit, in ihm aufzublühen, sobald der Schrecken und die Anziehungskraft des Todes überwunden sind.

Der Asket und der Drache

Die Prinzipien des Zen-Buddhismus durchdrangen die japanische Kultur vollständig, waren aber nicht geeignet, die archaischsten religiösen Bedürfnisse zu befriedigen: Wunder, Magie, Geisteraustreibung, Anbetung, Opfer, Gebet und Ergebenheit lebten von Jahrhundert zu Jahrhundert fort – mehr oder weniger bis in unsere Zeit. Ein 1966 von Shinohara Shirō, Priester des Heiligtums von Nachi, verfaßter Text erzählt von einem Aufgeben des Körpers, in dem sich verschiedene, äußerst lebendige religiöse Strömungen vereinen. Held der Geschichte ist ein Bergasket namens Jitsukaga, einer jener *yamabushi*, von denen man annahm, daß ihnen durch strenge Exerzitien übernatürliche psychische Kräfte zuteil geworden seien. »Er war hochgewachsen, trug Haare und Bart lang und hatte ein Auge verloren.« Vor etwa hundert Jahren durchwanderte Jitsukaga die Halbinsel Kii auf den Bergpfaden zwischen Yoshino und Kumano und leitete als Pilgerführer *(sendatsu)* in den dortigen Tempeln asketische Übungen. 1884 ertränkte er sich im Alter von 41 Jahren im Wasserfall von Nachi.

Eines Tages, da man Teeblätter zum Trocknen vor die Tür des Hauses Doi zu Owase gelegt hatte, erschien inmitten dieser Blätter ein weißer Drache. Von diesem Anblick erschreckt wollte der Herr des Hauses ihn mit einem Stock erschlagen, doch das Reptil verschwand.

Am nächsten Tag bekam die Tochter des Hauses hohes Fieber und verfiel in einen Zustand, der sehr dem Wahnsinn ähnelte. Als man bei einem Wahrsager Auskunft über den Ursprung dieser seltsamen Krankheit einholte, verkündete dieser, sie sei das Werk des weißen Drachen.

142

Obwohl man es mit den verschiedensten Mitteln versuchte, konnte keine Heilung erzielt werden. So ließ man nach dem *sendatsu* Jitsukaga schicken, der sich damals am Wasserfall von Nachi in der Askese übte. Im Hause Doi angekommen begann er ein Gesundbeten, in dessen Verlauf sich der Zustand des Mädchens besserte. Doch als er das Haus wieder verließ, verschlimmerte sich das Leiden erneut. Die Tochter der Familie Doi wurde daraufhin zum Meister von Nachi geführt, der sie dem Geheimritual des *hikime* unterzog.

Das Mädchen verfiel in Trance und offenbarte Jitsukaga: »Ich bin der neunköpfige Drachengott von Owase. Als ich erschien, um den Tee des Hauses Doi als Opfer anzunehmen, hat man versucht, mich zu töten. Mit einigem Glück ist es mir gelungen, mein Leben zu retten, doch habe ich beschlossen, die Familie Doi auszulöschen. Da ich die Geheimnisse des *hikime*-Rituals nicht kenne, mußte ich mich dem Gesetz Jitsukagas unterwerfen und mich geschlagen geben. Doch nun werde auch ich mich in der Askese üben und diesen Machtkampf austragen.«

Nach diesen Worten verschwand er, das Mädchen wurde wieder in seinen normalen Zustand versetzt und ging gesund und wohlbehalten nach Hause. Kurz danach verlor Jitsukaga den Kampf und versammelte, nunmehr außer Gefecht gesetzt, eine große Anzahl von Leuten. Er zelebrierte den Großen Gottesdienst der 108 Lampen. Dann lud er anstelle des Mädchens den Fluch des Drachengottes auf sich und stürzte sich im Verlauf der Nacht in den Wasserfall. Noch auf dem Grund des Wassers behielt er die sitzende Stellung der Meditation bei.

Der Großmeister Gokidō aus der Einsiedelei Gyōja-bō von Zenki kam herbei und spaltete das Wasser mit den neunzehn geheimen *mudras* des Schwertes. Dann zog er Jitsukaga auf ein Floß, das er östlich vom Fuß des Wasserfalls zu Wasser gelassen hatte. Er beerdigte ihn an dem Ort, an dem er sich zurückgezogen hatte. Da dies aber eine Befleckung für diesen heiligen Boden bedeutete, wurde die Leiche später auf den Friedhof von Jō-no-Ō verlegt.

Ein großzügiger Spender aus Ichibata ließ eine Grabstele errichten. Im siebenten Monat des fünften Jahres der Taishō-Ära (1916) spendeten Masao Osawa und seine Anhänger anläßlich des 33. Todestages von Jitsukaga die Umzäunung. Der Priester des Heiligtums von Nachi, Mori Shimano, verfaßte die Inschrift, die in die Stele eingemeißelt wurde. 1966, am vierzehnten Tag des zwölften Monats des Jahres 41 der Shōwa-Ära, wurde am 83. Todestag von Jitsukaga ein Gebetstempel am Fuß des Wasserfalls errichtet und die heilige Lampe zum Heil der Seelen angezündet. Seitdem ruhen dort die Seelen Jitsukagas und 48 anderer, die dadurch zur Gottheit zurückgekehrt sind, daß sie sich in den Wasserfall warfen.

Letzter Tag des zwölften Monats des Jahres 41 der Shōwa-Ära (1966).

Geschrieben von Shinohara Shirō (N. B.: die vorliegende Schrift ist auf der Grundlage der Memoiren des Großmeisters Osawa Enkaku, auch Osawa Masao genannnt, verfaßt worden.)[59]

Ausdauer des Wunderbaren: Die Drachen der fernöstlichen Legenden suchten also noch Ende des 19. Jahrhunderts die Umgebung der Bauernhöfe und die Körper der Mädchen heim. Das verborgenste unruhevolle Innerste des Volksglaubens taucht wieder auf: Die mit Talismanen und Zaubersprüchen gewappneten Schamanen strengen sich an, die launischen tiergestaltigen Gottheiten zu zähmen. Aber statt zu versuchen, die animistische Folklore zu entwurzeln, hat der Buddhismus sich ihr angepaßt, indem er die alten panischen Ängste mit seinen geistigen Werten überlagerte: bis zur Selbstaufopferung getriebenes Mitleid und Leidenschaftslosigkeit der Loslösung. Die Motive des Selbstmords von Jitsukaga bleiben verworren, und diese Verwirrung ergibt den Synkretismus der religiösen Strömungen, die in dieser Geschichte zusammenfließen. Hat ihn die Wut über den verlorenen Kampf zu seiner Geste bewogen? Ist dies der logische Endpunkt seiner asketischen Praktiken? Ist es ein Opfer, bei dem er sich anstelle des Mädchens hingibt? Die Haltung jedenfalls, die er im Tod bewahrt – der Lotussitz unter Wasser –, verweist darauf, daß er seinen Körper in genau befolgter buddhistischer Tradition aufgegeben hat, besiegelt mit gelassener Heiterkeit und Versenkung. Das Duell auf Leben und Tod zwischen dem Asketen und dem Drachen gemahnt an Rimbauds Wort: »Der geistige Kampf ist ebenso brutal wie der Menschen Schlacht.« Man muß zu kämpfen wissen, und Buddha nennt man Sieger, doch nicht so sehr, weil er die schrecklichen Gottheiten, sondern vielmehr, da er den ins Herz der Religionen eingeschriebenen Schrecken selbst bezwang. In diesem Fall besteht die Größe des Buddhismus darin, den undurchsichtigen Wechselfällen einer Geisteraustreibung die vollkommene gelassene Heiterkeit als Schluß gegeben zu haben: Zweifellos setzte sie ein letztes Lächeln von Sieg und Frieden auf das unbewegliche Gesicht des ertrunkenen Asketen.

144

Als Francisco de Xavier Mitte des 16. Jahrhunderts auf Kyūshū landete, fand er ein Japan vor, das nicht weniger zerrüttet und gespalten war als der europäische Kontinent – doch nicht in einer Weise, die den Religionskriegen entsprochen hätte oder der großen doktrinalen Spaltung des Christentums. Der japanische Staat hatte unter einem unsichtbaren, stummen Kaiser, unter einem geschwächten, ohnmächtigen *shōgun* aufgehört zu existieren; das ganze Land war in lokale Mächte zerfallen. Jeder kleine König saß auf seiner hohen Burg und war der Feind aller anderen. Instabile Koalitionen, kurzlebige Waffenruhen, Siege für einen Tag, Kriege ohne Friedensschlüssse: *sengokujidai*, die Zeit der kämpfenden Lande.

Diese Kämpfe, die Japan mehrere Generationen lang zu einem ebenso aufgewühlten Land wie die Hölle der *ashura* machten, erscheinen um so entsetzlicher, als sie sich auf keinerlei ideologische Streitpunkte berufen. Man kämpft nur, um zu kämpfen. Im Europa jener Zeit kann sich die Kriegslust wenigstens in die weitreichendsten Vorwände kleiden: Man verteidigt die Einheit des Christentums oder aber die Glaubensfreiheit, man streitet für Gott. In Japan aber ist der Machiavellismus der Kriegsherren ohne Illusionen: Die Macht dient ausschließlich ihrer eigenen, größtmöglichen Vermehrung. Und oft sind ihr alle Mittel recht: Intrige, List, Treubruch, Verrat, Gewalt, Zerstörung. Die Vasallenarmee ist heruntergekommen, die Truppen bestehen nun vor allem aus Söldnern, aus Soldaten und Haudegen, die nur gegen Bezahlung kämpfen. Die Feudalfürsten *(daimyō)* beuten die von ihnen kontrollierten Territorien über alle Maßen aus und besteuern an ihren Zollschranken die Zirkulation der Produkte. Kommt es durch schlechte Witterungsverhältnisse zu einer Mißernte, zieht diese wegen der Zerstückelung des Marktes sofort eine Hungersnot nach sich. Was tun? Sich gegen diesen Machtmißbrauch auflehnen? Die lokalen Bauernaufstände werden schnell unterdrückt. Das Einfachste ist es, dem Boden, den Steuern und der Fronarbeit zu entfliehen und sich dem Meistbietenden zu verkaufen: Man wird Fußsoldat, *ashigaru*. Ein Teufelskreis, ein eherner Kreis: Man kann auf die Opfer zählen, um die Unterdrückung noch zu verschärfen. Oft sind die Schrecken jener jahrhundertelangen Bürgerkriege das Werk jener von ihrer neuen Macht berauschten Fußsoldaten, die gestern noch Bauern waren. Diebstahl, Vergewaltigung, Brandstiftung, Plünderung und Verschwendung ließen die Hauptstadt, die einst als Stadt der Ruhe und des Friedens gegründet worden war, in den zehn langen Jahren des Ōnin-Krieges (1467–1477) in Feuer, Blut und Asche versinken.

Japan war also zum Theater der militärischen Grausamkeit geworden. War das Schauspiel, das der Mensch von sich selbst geben kann, nicht zum

145

Verzweifeln? Und dennoch formte sich gerade in diesem Schmelztiegel der *samurai*, so wie er in den kommenden Jahrhunderten die japanische Gesellschaft beherrschen sollte, so wie er noch heute über uns herrscht, die wir ihn aus zeitlicher Entfernung im Glanz seiner Tugenden erblicken: einer der höchsten Menschentypen, den es je auf Erden gab.

Von der Gewalt zum Willen

Trotz der gesellschaftlichen Umwälzungen *(gekokujō)*, durch die die alten Familien ruiniert worden waren, hatten die ritterlichen Traditionen *(kyūba no michi)* überlebt, die sich nun bei den Emporkömmlingen durchsetzten. Die Kampfkünste entwickelten und verfeinerten sich, und im Laufe der Suche nach Kraft und Geschicklichkeit zeichneten sich allmählich die Umrisse eines Ideals ab. Großes kann sich eben trotz allem niemals ohne Widerstand und Ablehnung herausbilden. Allzu viele Treubrüche, denen sich der Entschluß entgegenstellte, treu bis zur Selbstverleugnung zu sein, beherrschten die Szene.[60] Angesichts der Begehrlichkeiten maß man den Wert des Desinteresses, und die selbstgewählte Enthaltsamkeit verdeutlichte die ganze Hohlheit der Zurschaustellung des äußerlichen Gehabes. Schließlich muß irgendwann der Moment kommen, an dem der Machtwille seinen Gipfelpunkt erreicht und Sühne leistet, indem er in Selbstbeherrschung umschlägt. Genealogie der Moral: die Fähigkeit beweisen, sich aus freien Stücken zu binden. Die gereinigte, sublimierte Grausamkeit ließ also eine Ethik der Härte entstehen. »Was ist Grausamkeit?« fragte Antonin Artaud: »Unter dem Gesichtspunkt des Geistes bedeutet Grausamkeit Strenge, Hingabe, eine unversöhnliche Entscheidung, einen unumkehrbaren und absoluten Entschluß.« Inmitten eitelster Wirrungen verlor der Mensch nicht das Vertrauen zum Leben, denn er nahm sie zum Anlaß, die Tugenden auszuüben, die er sich zu eigen machte. Man stritt nicht für eine große Sache; der Krieg verlangte nicht, daß ihm eine Idee seine Existenzberechtigung liefere: Um ihm einen erhebenden Sinn zu verleihen, genügte es bereits, daß er als Theater der Kriegertugenden erschien.

Die Gewalt wurde zum Willen, und der Wille erhob sich zur Selbstverleugnung. Zu töten wissen, nun gut, doch sich auf das Sterben zu verstehen, darauf, sich selbst zu töten, erschien weitaus edler. Die Tugenden des Kampfes fanden ihren Endzweck in einem bereitwilligen und gänzlichen Verzicht: Will man Sieger sehen, muß es wohl auch Besiegte geben. Die Entscheidung, ein Ende zu setzen, wurde nicht minder gelobt als der stürmischste Angriff. Der Freitod war also das finstere, unveränderliche, zerrissene Herzstück der Kriegerethik. Die letzte Sanktion aller Pflichten nahm die vollendete Form des *seppuku* an. Die etwa sechzig Jahre der jesuitischen Mission genügten nicht, eine vierhundertjährige Tradition auszulöschen. Gleichwohl bauten sie ihre Position, das Augenmerk wie immer auf die Elite richtend, in der Kriegerklasse aus: Zweifellos war der Handel mit portugiesischen Musketen für mehr als einen der Fürsten von Kyūshū der erste Schritt auf dem Weg zum wahren Glauben. Einer der größten Krieger jener Zeit, Konishi Yukinaga, der 1583 auf den Namen Augustin getauft worden war, zeigte sich Christ genug, um die im Jahre 1600 nach der Schlacht von Sekigahara an ihn herangetragene Aufforderung zum Selbstmord auszuschlagen. Die Tokugawa mußten sich schon die Mühe machen, ihn öffentlich zu enthaupten. Ebenso vermied 1638 der junge Amakusa Shirō, der in seinem weißen Kimono mit 17 Jahren der Engel des Aufstands der christlichen Bauern von Kyūshū war, sich im Augenblick der Niederlage zu töten. Verwundet versteckte er sich in den Trümmern einer abgebrannten Hütte, wo ihn ein Widersacher entdeckte, ihm den letzten Stoß versetzte und sich seines Hauptes bemächtigte. Dem alten, in Katastrophensituationen zutage tretenden Instinkt folgend, stürzten sich zur selben Stunde die Frauen und Kinder der Aufständischen, obwohl sie Christen waren, in die Flammen. Rasch wurde die Glut dieses der Verzweiflung entsprungenen Aufstands erstickt: Das so heldenhafte japanische Christentum versank endgültig in der langen Nacht polizeilicher Unterdrückung.[61]

Die Ächtung des Freitods durch das Christentum konnte die Ausbreitung dieser neuen Religion in der Kriegerklasse nur aufhalten – trotz der 700 000 Gläubigen, die es in seiner besten Zeit zählte, war das Christentum nie stark genug, um eine so tief verwurzelte Sitte wie den *seppuku* bedrohen zu können. Zwar traten nicht mehr wie im 14. Jahrhundert Fälle massiven Bauchaufschlitzens auf, doch gab es immer noch zahlreiche Selbstmorde, wie etwa 1615, als die Truppen Tokugawa Ieyasus die Festung Ōsaka erstürmten – die Zeit der *seppuku*-Orgien aber war vorbei. Der Akt neigte dazu, nüchtern und starr zu werden, zeremoniell wie die Darbietung eines Solisten, der die eingeübten Tugenden in nicht mehr zu überbietender Weise vorträgt. Indem sich der Freitod in die immer regelmäßiger werdende Architektur der Klassenethik integrierte, folgte er, dem Geist der Zeit entsprechend, dem Hang zu Formalismus und Moralismus. Für die Damen der Kriegerfamilien war es schicklich, sich mit einem Dolch, *kaiken* genannt, den sie in den breiten Falten ihres Brokatgürtels verbargen, die Halsschlagader zu öffnen. Die Männer hingegen versetzten sich einen Stoß in den Bauch – nach minutiös festgelegten Riten, deren Grausamkeit durch die Intervention des *kaishaku* abgekürzt wurde, der den Kopf mit einem Hieb vom Rumpf trennte, was seit der Muromachi-Zeit zur Regel geworden war. Ein blitzartiger Abschluß einer langsamen und mit aller Sorgfalt ausgeführten Zeremonie.

147

Das Privileg, sich den Bauch aufzuschlitzen

Zwar sind aus der Edo-Zeit einige Beispiele von *seppuku* in den niederen Klassen überliefert, zum Beispiel bei Händlern[62], doch sind diese Fälle so seltene Ausnahmen, daß sie lediglich die Regel bestätigen, und die Zeitgenossen als Anmaßung eines der höchsten Kaste vorbehaltenen Rechts zweifellos schockiert haben. Für Bauern, Handwerker und Händler genügte der Strick oder aber der Fluß. Sich den Bauch aufzuschlitzen war ebenso ein Vorrecht der Kriegerklasse wie das Führen eines Wappens oder das Tragen zweier Schwerter. Ein bitteres Vorrecht, das jedoch unerbittlich ausgeübt wurde – eingeübt seit der Kindheit. Sehr früh lernten Sohn oder Tochter eines *samurai*, daß die Vorrangstellung, die ihnen später zuerkannt werden würde, im Gegenzug die Pflicht mit sich brachte, sich bei mancher Gelegenheit der Ehre des Namens, d.h. dem in Form eines ethischen Anspruchs erlebten Klassenstolz, aufzuopfern. Eine schreckliche Frühreife der Kriegersitten: Das Alter, sich zu töten, ließ kaum auf sich warten. Zwei Brüder hatten versucht, Tokugawa Ieyasu zu ermorden, doch da sie dem Adelsstand angehörten, erhielten sie die Erlaubnis, sich den Bauch aufzuschlitzen. Um jeder Blutrache vorzubeugen, wurde befohlen, daß der letzte Sohn dieser Familie seine älteren Brüder in den Tod begleiten möge: Nachdem er ihre Gebärden genau beobachtet hatte, führte auch er sie wie ein vollkommener *samurai* aus. Sein Alter? Er war gerade acht Jahre alt geworden.[63]

Der *seppuku* war das strengste und spektakulärste der Vorrechte, die Kriegerklasse und gemeines Volk voneinander schieden. Seit Ende des 16. Jahrhunderts war den Führern Japans daran gelegen, diese Kluft zu vertiefen und die soziale Mobilität zu unterbinden. Unüberwindliche Hindernisse sollten zwischen den Ständen errichtet werden. Die christlichen Missionare wurden vertrieben und verfolgt. Bald schon sollte sich das ganze Land durch die Verordnungen von 1633, 1635 und 1639 äußeren Einflüssen verschließen, ebenso wie sich die Teilbereiche der Gesellschaft in ihren Funktionen, Bräuchen, Rechten und Pflichten gegeneinander abgrenzten. Du sollst in dem Stand sterben, in dem dich das Schicksal hat zur Welt kommen lassen: Diese Unbeweglichkeit schien die Voraussetzung für das gesellschaftliche Gleichgewicht und den Frieden des Staates zu sein. Denn alles findet schließlich ein Ende, selbst der Krieg: Über die kriegerischen Fürsten erhoben sich nacheinander drei Diktatoren – Nobunaga, Hideyoshi und Ieyasu –, denen es gelang, das Chaos zu meistern und ihre Vorherrschaft durchzusetzen. Eine jener Ironien, mit denen die Geschichte niemals geizt, wollte es, daß es ein Emporkömmling war, der sich als erster darum bemühte, feste Standesgrenzen zu schaffen. Hideyoshi, ein Niemand von Geburt, der gleichwohl zum Herrn über Japan aufgestiegen war, ordnete 1588 die Schwerterjagd an: Alle, die nicht zu den *samurai* zählten, wurden entwaffnet. Die Honoratioren, die gelegentlich eine örtliche Miliz aufstellen und befehligen konnten, wurden vor die Wahl gestellt: entweder der Waffenberuf im Dienste eines Feudalfürsten oder die Bewirtschaftung ihrer Güter. Man wollte Standesunterschiede schaffen, gleichzeitig aber auch Bauernaufständen vorbeugen, das Eintreiben der Steuern besser absichern und die Unruhen versiegen lassen. Auf eine in fieberhafter Bewegung begriffene Gesellschaft folgten allmählich absolutistische Kälte und Starrheit.[64]

Die neue Ordnung

Der Preis des Friedens war hoch, doch Ieyasu ließ nicht mit sich handeln: Der Sohn Hideyoshis konnte zum Mittelpunkt einer erneuten Oppositionsbewegung werden; man beschloß, ihn zu vernichten. 1615 fiel die gewaltige Festung Ōsaka, und entlang der Straße zur Hauptstadt wurden 35 000 Köpfe enthaupteter Feinde aufgepflanzt. Zur gleichen Zeit suchten die Häscher des *shōgun* nach den Spuren des Enkels von Hideyoshi, des letzten Sprößlings der Familie, eines sechsjährigen Kindes, das aus Gründen der Staatsräson getötet wurde. So begann eine der längsten Friedenszeiten der Geschichte. Doch Militär- und Polizeiterror allein hätten gewiß nicht hingereicht, um die Energien lange im Zaum zu halten. Nach seinem Sieg verstand es Ieyasu, Gesetze zu erlassen: Drakonische, alles bis ins kleinste regelnde Maßnahmen unterstellten die großen Fürsten der Macht des *shōgun*. Zu einer Zeit, da Frankreich sein Geschick der bourbonischen Monarchie anvertraute, führte Japan seine Version des Absolutismus ein und hüllte die feudale Zerstückelung in die unerbittliche Autorität des wiederhergestellten Staates. Pax Tokugawa: Es herrschte Frieden, doch ein bewaffneter, ein Frieden unter Kriegsrecht, unter Aufsicht der Krieger. Die Regierung mit Sitz in Edo bezeichnete sich als Hauptquartier (*bakufu*). Unermüdlich wurde die Oberhoheit der Militärs (*bushi, samurai*) verkündet: Auf sie stützte sich der Staat, um die Strenge der Gesetze walten zu lassen – weniger aufgrund ihrer Zahl (ein knappes Fünfzehntel oder Zwanzigstel der Bevölkerung) als ihres Prestiges. Man achtete sie – aus gutem Grund; denn verstieß ein gewöhnlicher Mann durch ein Wort oder eine Geste gegen die gebotenen Formen der Ehrerbietung, hatte der beleidigte *samurai* das Recht, dem Anmaßenden völlig ungestraft einen Schwertstreich zu versetzen (*kirisute gomen*).

Doch auch der Wille sollte der neuen Ordnung zustimmen, und so mußte zur Gewaltandrohung und den starren Regelungen die moralische Strenge hinzutreten. Ieyasu begriff dies als erster: Nachdem er massenhaft gemordet und strenge Gesetze erlassen hatte, begann er zu moralisieren. Er war ein feuriger Amidist, doch die konfuzianischen Predigten sagten ihm für seine Zwecke mehr zu. Am Ende seines Lebens eröffnete er seinen versammelten Vasallen das Geheimnis seines Erfolges: »Antworte auf das Böse mit dem Guten.« Diese ans Evangelium anklingende Maxime, die übrigens dem *Dao* de jing (»Tao te king«) entstammt, nimmt einen unerwarteten Wohlklang an im Munde dieses alten, im Feuer von fünfzig Schlachten gestählten Despoten. Gleichwohl ist es mit Sicherheit nicht ironisch zu verstehen – vielmehr als Zeichen der neuen Zeit: Der Frieden der Tokugawa wird nicht nur im Zeichen des Militärs, sondern auch in dem der Moral stehen – einer leicht pharisäerhaften allerdings. Man wird von diesen Schwertkämpfern verlangen, die Befriedigung, die der Pflichterfüllung entspringt, zu kultivieren und alle Zeichen der Achtbarkeit offen zu demonstrieren. Die Gewalt soll nunmehr zur Disziplin erstarren. Mit imposanten Gebärden, tiefer Stimme, gesetztem Gang und zeremonieller Haltung wird der *samurai* aus seinem ganzen Körper das Theater seiner Würde machen.

Zur gleichen Zeit moralisiert man auch munter in den europäischen Nationen: Schenkt man Molière Glauben, übt das Prestige der Tugend in den Augen so manchen Orgons keine geringere Befehlsgewalt aus. Die ungestümen Überzeugungen haben anerkannten Normen das Feld überlassen, das Heilige dient nur noch dazu, eine Ethik der gesellschaftlichen Ordnung zu begründen. Obwohl der Schwertadel sich auf dieselben Prinzipien von Dienst und Ehre wie die *samurai* beruft, soll es ihm nicht gelingen, seine Werte triumphieren zu lassen, denn seit dem Scheitern der Fronde erstarkt eine bürgerliche Version der christlichen Wohltätigkeit. Um sich darüber hinwegzutrösten, wird er das Pharisäertum mit bissigen Worten angreifen, die Tartüffs und die von ihnen Betrogenen auslachen und sich geschliffener Ironie und ingeniösem Skeptizismus hingeben. Die französischen Moralisten überbieten sich in Scharfsinnigkeit, um, wie La Rochefoucauld, unter dem dünnen Firnis der Tugend das überall gegenwärtige Interesse aufzuspüren. In Japan gelang es der Kriegerethik, sich durchzusetzen, weil sie die Betonung auf die Selbstverleugnung legte. Sie konnte sich sogar zum Pharisäertum aufblasen, ohne der Heuchelei verdächtigt zu werden – aus einem einfachen Grund: Der physische Mut nämlich ist, wie Stendhal bemerkt hat, die einzige Tugend, die sich nicht vorspiegeln läßt. Wer für seine Ehre mit seinem Leben einsteht, kann nicht der Lüge verdächtigt werden: Er handelt, und das genügt; mit dem Akt setzt er eine Wahrheit, welche die stets verdächtige Rede bei aller Anstrengung vergeblich zu begründen sucht. Alle Tugenden können im Hinblick auf den guten Ruf praktiziert werden, den sie gewähren, aufgrund der Vorteile, auf die man dadurch in dieser oder der anderen Welt für seine Gesundheit, den eigenen Reichtum oder das eigene Heil hoffen kann. Doch wie könnte man eine Moral, die im Freitod gipfelt, verdächtigen, es auf einen Vorteil jenseits ihrer selbst abgesehen zu haben? Die Institution des *seppuku* enthob die Kriegerethik jeglicher Unterordnung unter die Nützlichkeit, sicherte ihr die freie Verfügungsgewalt über das Leben und verlieh ihr die unwiderlegbare Aufrichtigkeit, in der ihr Prestige wurzelte. Wie ein Schlüssel, der ein Haus verschließt, es sicher und wohnlich macht, beglaubigte der Freitod mit seiner höchsten, nicht mehr zu steigernden Sanktion die ganze Konstruktion der kriegerischen Verpflichtungen. Die oft beschworene Möglichkeit einer solchen Sanktion verband jeden *samurai* von Kindheit an mit seiner Klasse, und dieses Gütezeichen, das offen zugab, Vorrecht einer Minderheit zu sein, drückte der gesamten japanischen Gesellschaft seinen Stempel auf und verschloß sie wie ein für die Sicherheit unentbehrlicher Riegel, der die allgemeine Ordnung schützend einschließt. Denn die in den Stürmen des Krieges geschmiedeten Sitten entfalteten ihre volle Wirkung paradoxerweise erst im Schutz des Friedens.

Ehre und Dienst

Der in Gefechtssituationen erfundene *seppuku* entfernte sich weit von seinem Ursprung und folgte den verschiedenen Motivationen des moralischen Bewußtseins auf ihren verschlungenen Wegen als Antwort auf die doppelte Forderung der Ehre und des Dienstes. Der Ruhm des Untertanen erstrahlte am hellsten gerade in dem Augenblick, in dem sich dieser Untertan in der Sache auslöschte, die er als seinen Zweck erkannte. So opferte sich ein Vasall etwa beim Tod seines Herrn *(junshi)* durch *seppuku* – in diesem Fall *oibara* genannt. Der Geist des Dienstes erreichte hierbei seinen Höhepunkt – um so mehr, als dieser letzte Dienst vollkommen nutzlos war! Doch die Tradition verschmolz mit den ältesten feudalen Solidaritäten und konnte Ausdruck der Hingabe sein von der Intensität einer Liebesbeziehung, mitunter verbunden mit platonischen oder nicht-platonischen homosexuellen Beziehungen, und stets von jener Begeisterung durchdrungen, die die Kriegergemeinschaft im Narzißmus ihrer Männlichkeit verschmelzen läßt. Viele Vasallen schätzten es, daß ihr Ruhm auf dem Spiel stand: Sie wollten ihre Selbstlosigkeit und Dankbarkeit unter Beweis stellen. Man soll dienen, sagt der Autor des »*Hagakure*« (»Hinter Blättern verborgen«), als wäre man bereits tot, ohne je an sich zu denken. Indem sie sich verabsolutierte, enthob sich die feudale Hingabe jeglicher Servilität. Keine Gefälligkeit gegenüber den Launen des Herrn: Man gehorchte ihm nur in dem, was zu befehlen ihm zukam. Vasall ja, aber Höfling – nein. Erst zwanzig Jahre alt und doch von einem langen Marsch ermüdet, bittet der Fürst Nabeshima Tsunashige einen seiner Männer, ihm aus einem Ast einen Stock zu schneiden; als der Vasall ihm diesen reichen will, reißt ihm ein anderer, älterer Gefolgsmann den Stock aus der Hand: »Willst du einen Nachzügler aus unserem Herrn machen? Man darf ihm nicht alles geben, worum er bittet. Beweise in Zukunft etwas mehr Urteilskraft!«[65] Offensichtlich blieb dem japanischen Kriegeradel der Übergang vom »Heroismus des stillen Dienstes« zu jenem »Heroismus der Heuchelei« erspart, der laut Hegel die Kultur von Versailles charakterisiert.

Die Disziplin des Dienstes erkannte, daß es die schwierigste ihrer Aufgaben war, den von oben ausgehenden Irrtümern, Dummheiten und Miß-

151

bräuchen zu widerstehen. Der Konfuzianismus, der in der Edo-Zeit wieder an Einfluß gewann, hatte von Anfang an eine Pflicht zur Ermahnung ausgesprochen, die sich in den chinesischen Institutionen in der Form eines Zensorenkollegiums ausdrückte. Doch wie sollte man Widerstand leisten? In Form einer Rebellion? Nein – aber mit Worten, oder besser noch durch einen Akt des Freitods, in dem Protest und Ergebenheit verschmelzen würden, einen jener Akte, dessen Schweigen beredter ist als alles Reden. Der junge Oda Nobunaga gab sich den Vergnügungen hin und vernachlässigte die Verwaltung seiner Domänen. Einer seiner Vasallen formulierte seine Mißbilligung in einem Brief, den er mit seinem *seppuku* beglaubigte. Durch diesen ermahnenden Selbstmord *(kanshi)* zur Besinnung gebracht, änderte Nobunaga sein Betragen so gründlich, daß er ein großer Mann und Herr über ganz Japan wurde.[66] Ein Leben, das sich in der Lehre auslöscht, die es unauslöschlich machen will – das war auch die Absicht Mishimas, der die Seichtigkeit unseres Jahrhunderts nicht ertragen konnte.

Von der Mißbilligung zur Entrüstung, von der Entrüstung zum Ressentiment – die Übergänge sind fließend, bloßer Zorn und moralische Absicht verschmelzen miteinander; man richtete die Waffe gegen sich selbst, um einen Widersacher zu treffen, ihn mit einer Verantwortung zu erdrücken. Man tötete sich aus Wut und Verachtung *(funshi)*, man schlitzte sich aus Rache den Bauch auf *(munenbara)*. Für viele Konfliktsituationen, die in Europa durch das Duell gelöst worden wären, gab es somit einen Ausweg.[67] Man tötete sich, um den anderen herauszufordern, es einem gleichzutun: Es war ein kurzer, blitzartiger Potlatch, eine von Anfang an maximale Verausgabung. Aus Sorge um die öffentliche Ordnung begünstigten die Behörden diese Wendung der Aggressivität nach innen. Ein Selbstmord oder vielleicht zwei – alles, nur keine Straßenschlacht. Sich an einer bewaffneten Auseinandersetzung zu beteiligen, hieß, sein eigenes Todesurteil auszusprechen: Die Überlebenden eines blutigen Zusammenstoßes erhielten vom *shōgun* oder dem *daimyō*, von dem sie abhingen, grundsätzlich den Befehl, sich zu töten – als abschreckendes Beispiel. Schlitzte man sich dagegen gleich den Bauch auf, statt anzugreifen, rechtfertigte man sich, und die Schande fiel auf den anderen zurück. Auf diese Weise konnte man sich für jegliche Erniedrigung rächen und gewiß sein, Zustimmung und Bedauern zu ernten. Den abendländischen Beobachtern fiel dieser Brauch auf, und das Staunen der Jesuiten im 16. Jahrhundert findet ein entferntes, ziemlich anachronistisches Echo in einem der »Schlimmen Gedanken« Paul Valérys: »Befremdliche Rache. Der Japaner schlitzt sich vor der Tür dessen, der ihn beleidigt hat, den Bauch auf und zwingt ihn dadurch, es ihm gleichzutun.« Doch als Valéry dies schreibt, ist diese Sitte nicht mehr gebräuchlich. Ja, ist sie überhaupt jemals sehr verbreitet gewesen? Gleichwohl verdient sie es, verstanden zu werden, fügt sie sich doch in vollkommener Kohärenz in die Gesamtheit der unter der Tokugawa-Regierung geprägten Haltungen und lebt sogar heute noch in stark

abgemilderter Form in gewissen Höflichkeitsregeln fort: Die Selbstzurücknahme des einen zwingt den anderen zu gleicher Selbstzurücknahme, ein
verbaler Potlatch unter verschwenderischer Verwendung abwechselnd vor-
getragener Floskeln. Bei genauerer Betrachtung ist diese Rache nicht »be-
fremdlicher« als unsere eigenen Bräuche. Die unerträgliche Scham und
Schande, die durch den Freitod eines Widersachers, den man zum Äußersten
getrieben hat, hervorgerufen wird, hat ihre Logik – nicht minder als das Gefühl der Sünde, das durch die vorsätzliche Selbstaufopferung Christi um so
ergreifender wirkt.

Praktiken der Selbstbestrafung

Das häufigste und bedeutsamste Motiv für die Anwendung des *seppuku* war
in dieser Epoche der moralischen Ordnung jedoch das Verantwortungsgefühl, das sich bis zur Selbstbestrafung steigerte. Der *samurai* wurde dazu er-
zogen, sich zum Rächer von Ehre und Gesetz zu machen – zunächst gegen
sich selbst. Zudem befürchtete man, ohne eine so prompte und scharfe Sanktion könnte das System von Verpflichtungen an bindender Kraft verlieren
und die Disziplin der Aufmerksamkeit verblassen. Denn der *samurai* setzte
seine Ehre nicht nur darauf, zu dienen und seine Pflichten zu erfüllen, sondern auch, sich zu kontrollieren, zu beherrschen, sich für alle seine Gesten zu
verantworten. Das Ideal der Kontrolle ergänzte das der Ergebenheit. Eine
Nachlässigkeit wurde als erniedrigend erlebt, als eine Schande, die es auszulöschen galt – zuweilen tötete man sich, um eine Leichtsinnigkeit zu sühnen
(*sokotsushi*). Zwischen dem sträflichen Vergehen und dem unschuldigen Irrtum lag der weite Bereich der Fahrlässigkeit, den man unter die Drohung
der äußersten Sanktionen zu stellen suchte. Diese disziplinarische Strenge
ging in die Gesetze ein und dehnte sich auch auf das einfache Volk aus: Ein Erlaß von 1742 schreibt bei einem tödlichen Unfall die Enthauptung des Kut-
schers vor, der seinen Karren nicht zu lenken wußte! Das Verantwortungsgefühl dehnte sich auf Situationen aus, bei denen die Analyse der Absichten
keinen Verantwortlichen erkennen läßt. Doch das Subjekt fragte sich nicht,
was es habe tun wollen; man beurteilte es und hielt es dazu an, sich selbst danach zu beurteilen, was es getan hatte – sofern es in jedem Augenblick hell-
wach und sich seiner Akte bewußt war.[68]

In Europa hatte die christliche Buße das Subjekt seit langem von der Sorge
befreit, sich selbst zu beurteilen. In Japan verlieh die Selbstbestrafung den
Kriegersitten ihren dumpfen Ernst, während zur gleichen Zeit die Kasuistik
der Absicht, die in den Händen der guten Jesuitenpatres lag, den abendländischen Adel in den Schlaf wiegte. Die japanischen Krieger gedachten, diese
Funktion moralischer Führung, die sich die christlichen Priester schon seit
langem anmaßten, in aller Strenge auszuüben. Der erste Theoretiker des

153

bushidō, Yamaga Sokō, stellt sich Mitte des 17. Jahrhunderts die Frage nach der Funktion des *samurai:* »Niemals hat man von ihm verlangt zu arbeiten; das ist gut für die niederen Klassen – und nun, seitdem Frieden herrscht, verbietet man ihm zu kämpfen!« Ist er ein bloßer Schmarotzer? Nein, sagt Yamaga, er hat eine wesentliche Aufgabe zu erfüllen, es ist seine Pflicht, sich zum Lehrmeister des ganzes Volkes zu machen, indem er mit gutem Beispiel vorangeht und sich und die anderen überwacht: »Verstößt jemand aus einer der drei Klassen des gemeinen Volkes gegen die moralischen Grundsätze, bestraft ihn der *samurai* an Ort und Stelle und macht sich so im ganzen Land zum Hüter der Moral.« Doch schnell wäre diese Strenge verhaßt gewesen, wäre er nicht selbst ihr erstes Opfer gewesen. Wenn er sich also zum Soldaten des Guten erhob, mußte er ohne Unterlaß beweisen, daß er sich selbst nicht schonte. Und je grausamer er sich gegen sich selbst zeigte, desto mehr war er sich der Zustimmung der anderen gewiß.

Die Zeremonie

Das Strafgesetzbuch der Tokugawa griff diese Bräuche der Selbstbestrafung auf, legte die Strafen für die Kriegerkaste fest: *hissoku, heimon, chikkyo, kaieki* – einfache Haft, verschärfte Haft, strengste Haft, Streichung aus der Liste der *samurai*, und als krönenden Abschluß eine fünfte Stufe: die Todesstrafe durch *seppuku*. Einer Zeremonie gleich wurden bei diesem erzwungenen Bauchaufschlitzen, dem *tsumebara*, die Formen mit peinlicher Sorgfalt festgelegt. Der Exekutant unterzog sich Reinigungsritualen, band sich die Haare und zog einen zart blaßblau getönten Kimono ohne Familienwappen an. Er durfte seinen letzten Willen formulieren, in Ausnahmefällen auch einen Brief schreiben. Dann schritt er zum Ort der Hinrichtung, der die Halle eines buddhistischen Tempels sein konnte, das Gartenhaus der aristokratischen Residenz, in der er, auf den Urteilsspruch wartend, inhaftiert gewesen war, oder oft einfach eine durch Vorhänge und Wandschirme als Zeichen der Trauer in weiß gehaltene, abgeteilte Stelle in einem Park. Dort lagen, nach Norden ausgerichtet, mit weißem Stoff bedeckte Matten, auf denen er niederkniete. Man verwandte auch rote Filzteppiche, auf die sich das Blut ergießen würde. Ist das im Shintōismus so mächtige Tabu der Verunreinigung für die unfreiwilligen Gastgeber dieser Zeremonie nicht sehr beunruhigend? Nein, heißt es in einer Abhandlung, das Blut hat nichts an sich, was das Haus einer Kriegerfamilie besudeln würde; es besteht also kein Anlaß, sogleich nach dem Priester zu schicken, damit er die Rituale der Geisteraustreibung vollführe. Es genügt, die notwendigen Vorsichtsmaßnahmen zu treffen und etwa, wenn die Zeremonie im Park stattfindet, den Weg, den der Verurteilte zurücklegen muß, lückenlos mit Matten auszulegen, um zu vermeiden, daß er Schuhe tragen muß, steigt doch das Blut in dieser Situation leicht zu Kopf.

154

Er könnte also seine Sandalen verlieren, ohne sich dessen auch nur gewahr zu werden – eine äußerst peinliche Situation! So kümmert sich der Zwangsneurotiker um tausend Kleinigkeiten vor dem Tod, um dessen Leere auszufüllen, und sucht alles bis ins winzigste Detail zu regeln.

Eine Aufführung unter Ausschluß der Öffentlichkeit

Einige wenige Zeugen überwachten regungslos die Szene: Offiziere, die den *shōgun* oder den *daimyō* vertraten, abgesandt, um das leidenschaftslose Auge des Souveräns zu sein, sowie Helfer, *kaishaku* genannt, die den Auftrag hatten, den Exekutanten zu beobachten, ihm beizustehen und seinen Todeskampf abzukürzen. Wie alle Hinrichtungen war das *tsumebara* eine Art Schauspiel, allerdings eines in geschlossener Gesellschaft, eine elitäre Zeremonie, zu der nur wenige Auserwählte Zutritt hatten. Der Öffentlichkeit war nur die Theaterversion vergönnt, die häufig auf der *kabuki*-Bühne aufgeführt wurde. Der *samurai* hörte sich die Verlesung des Richterspruchs an, der ihn zum Tode verurteilte. Mitunter reichte man ihm eine letzte Schale Sake, bevor ein kurzes Schwert von neun *sun* und fünf *bu*, d. h. von dreißig Zentimeter Länge auf einem kleinen tragbaren Eßtischchen aus unbehandeltem Holz vor ihm plaziert wurde, die Schneide zu ihm gewandt. Die Klinge war in weißes Papier gewickelt, lediglich die Spitze ragte um zwei *bu* und fünf *rin*, d. h. um sieben Millimeter, hervor. In manchen Fällen wurde die Strafe durch die Verwendung abgestumpfter Klingen noch verschärft. Der Verurteilte entblößte seinen Oberkörper, schob den Gürtel bis zum Unterleib hinunter. Dann ergriff er das kurze Schwert und stieß es sich in die linke Flanke. In diesem Augenblick enthauptete ihn der *kaishaku*, der sich schweigend mit gezogenem Schwert hinter ihn gestellt hatte, mit einem Hieb in den Nacken. Entscheidend war es, völlig ungerührt, kräftig und an der richtigen Stelle zuzuschlagen. Es gab eine Zeit, im 17. Jahrhundert, in der es als Gipfel der Kunst galt, einen schmalen Lappen Haut stehen zu lassen, der den Kopf am Körper zurückhalten und ihn daran hindern sollte, auf eine als nicht anmutig erachtete Art auf den Boden zu rollen. Die Mode mischt sich überall ein.

Die Handhabung des Schwertes

Die Wahl des *kaishaku* überließ man im allgemeinen dem Verurteilten, der sich an seine besten Freunde wandte. Viele zögerten, diese Rolle zu übernehmen, bei der es, wie es im »*Hagakure*« heißt, keinen Ruhm zu ernten gibt, selbst wenn man seine Arbeit noch so tadellos erledigt – und stellt man sich zufälligerweise einmal ungeschickt an, so ist dies eine unauslöschbare

Schande! Man mußte sich seines Könnens vollkommen sicher sein: Es war also sehr nützlich, die erforderlichen Gesten z. B. an Verbrechern niederen Ranges, die zur Enthauptung verurteilt worden waren, zu üben. Normalerweise wurde das Hinrichten von einer Kategorie der Paria, den *hinin* (»Nichtmenschen«) erledigt. Gelegentlich konnte aber auch ein *samurai* ein wenig Scharfrichter spielen, um seine Nervenstärke zu prüfen. Im »*Hagakure*« ruft sich Yamamoto Tsunetomo die Erziehung seines älteren Bruders in Erinnerung.[69]

Yamamoto Kichizaemon war fünf Jahre alt, als ihm unser Vater Jinuemon befahl, einen Hund zu töten, fünfzehn, als er einen zum Tode verurteilten Menschen töten sollte. Damals mußte man, ob man wollte oder nicht, einen Kopf abschlagen, bevor man 14 oder 15 Jahre alt war. Bereits als Heranwachsender erhielt der Herr Katsushige von seinem Vater Naoshige den Befehl, sich in dieser Praxis zu üben. Es heißt, daß er dabei einmal sogar zehn Leute auf einen Schlag enthauptete. So verhielten sich damals Personen von Rang, während heutzutage selbst die Kriegersöhne niederen Ranges gar nicht mehr wissen, was es heißt, einen Kopf abzuschlagen: ein schwerwiegender Mangel. Man könne es entbehren, sagt man, einen gefesselten Mann zu enthaupten, denn es sei schließlich nicht heldenhaft, sondern falsch; man mache sich nur die Hände schmutzig ... nichts als Ausreden! In Wirklichkeit gibt man meiner Ansicht nach die Tapferkeit auf, um sich nur noch für hübsche Dinge zu interessieren, etwa dafür, sich die Nägel zu polieren ... Untersucht die tiefen Gefühle derjenigen, denen es zuwider ist zu töten! Weil es ihnen an Mut fehlt, nehmen sie Zuflucht zu schönen Reden und geben allerlei Gründe an, weshalb sie nicht töten wollen. Doch weil es sich dabei sehr wohl um etwas Unentbehrliches handelt, gab der Herr Naoshige den Befehl, sich darin zu üben. Ich selbst ging früher zum Üben gelegentlich zum Richtplatz von Kase, wodurch ich eine außerordentliche Fertigkeit erlangt habe. Ekel zu empfinden, ist nichts als ein Zeichen der Feigheit.

Oft wurden die so enthaupteten Leichen von Plebejern zu Übungsobjekten, *tameshimono:* Man überließ sie den *samurai*, die mangels Gelegenheit, an lebendigem Fleisch zu üben, die toten Glieder abhacken durften. Ein anderer Brauch, *tsujigiri* genannt, war zwar nicht erlaubt, doch weithin üblich: Die jungen Krieger gestatteten sich das Abenteuer, auf der Lauer zu liegen, und den erstbesten Bürger, der zufällig vorbeiging, mit dem Schwert niederzustrecken. Es herrschte Frieden, ein starrer, feierlicher Frieden, doch die Grausamkeit der Kriegersitten war stets präsent.

In gewissen Fällen von *tsumebara* wurde der Hieb in den Nacken hinausgezögert, um die Hinrichtung vollkommener zu gestalten oder die Strafe zu verschärfen. Es oblag dem *kaishaku*, auf den angemessenen Vollzug der Geste zu achten.

Im Laufe seines Lebens fungierte Makiguchi Yohei mehrmals als *kaishaku*. Als ein gewisser Kanehara *seppuku* vollziehen sollte, sagte Yohei zu, dieses Amt zu übernehmen. Doch in dem Augenblick, in dem Kanehara die Spitze seines Schwertes bereits angesetzt hatte und sich den Schnitt beibringen sollte, brachte dieser es nicht über sich. Yohei trat an ihn heran und rief ihm ein kräftiges »He!« ins Ohr, wobei er mit dem Fuß auf den Boden stampfte. Daraufhin schlitzte sich der andere den Bauch auf. Nachdem er ihm den Kopf abgeschlagen hatte, sprach Yohei: »Dabei war er doch einer meiner besten Freunde…« und weinte.

Oft jedoch blieb es dem Verurteilten erspart, sich den Bauch aufzuschlitzen: In dem Moment, in dem er die Hand zu dem vor ihm liegenden kurzen Schwert ausstreckte, hieb ihm der *kaishaku* den Kopf ab. Dennoch waren der *seppuku* – selbst in seiner abgekürzten Form – und die Enthauptung – allein schon, weil der Körper dabei gefesselt war, und sie mithin als entehrend erachtet wurde – grundverschieden. Letztere wurde deshalb in Sonderentscheidungen einzig und allein für solche *samurai* parat gehalten, die man aufgrund eines schändlichen Verbrechens ohnehin schon für entehrt hielt. Beim *tsumebara* hingegen blieb der Geist des Freitods, selbst wenn der *kaishaku* zu einem ganz frühen Zeitpunkt eingriff, unangetastet: Der Exekutant war frei in seinen Bewegungen, ihm gehörte die schwindelerregende Wahl des letzten Augenblicks; ihm allein kam die Entscheidung zu, die Hand eine Sekunde früher oder später auszustrecken, und auf diese Zeitspanne konzentrierte sich der Abgrund der Freiheit. Auch wenn der *seppuku* Eingang ins Strafgesetzbuch fand, hörte er gleichwohl nicht auf, ein freier Tod zu sein, edel und geehrt.

Entsetzliche Strafen

In ihrem Gebrauch der Strafen verfolgten die Autoritäten der Edo-Zeit eine Doppelstrategie: Sie setzten auf die Ehre und das Grauen. Es gab zwei Kategorien von Strafen, die erhabenen und die schrecklichen. Das gemeine Volk wurde je nach der Schwere des Vergehens an den Pranger gestellt, tätowiert, ausgepeitscht, verbannt und im Falle der Todesstrafe enthauptet, verbrannt oder gekreuzigt – letzteres war eine häufig angewandte Methode, die mit dem Christentum eingeführt worden war. Kreuzigung und Feuerwaffen: dies waren (abgesehen von der Syphilis) die ersten Früchte der Beziehungen mit dem Abendland – und zwei Jahrhunderte lang auch die einzigen. Derartige Hinrichtungen fanden öffentlich statt, wohingegen sich das *tsumebara* in aller Stille, unter Ausschluß der Öffentlichkeit abspielte. Einer der Richtplätze befand sich in Asakusa, nordöstlich von Edo, ein anderer im Viertel von Shinagawa, entlang der belebten Route der Tōkaidō. Oft blieben die Leichen dort als abschreckendes Beispiel dem Blick der Vorübergehenden ausgesetzt. Engelbert Kaempfer, Arzt der auf Dejima bei Nagasaki niedergelassenen Niederländisch-Ostindischen Compagnie, der 1691 dort vorbeizog, zu einer Zeit, als die abendländische Empfindsamkeit begann, vom Anblick der Hinrichtungen angeekelt zu werden, spricht von einem widerwärtigen Anblick, der sich ihm geboten habe.

Lange Zeit war die japanische Tradition des Strafvollzugs überaus nachsichtig gewesen: Man begnügte sich mit Verbannung. Der Tod auf dem Scheiterhaufen, den man unter der Regierung Kaiser Yūryakus einige Jahre lang – von 457 bis 479 – praktiziert hatte, war seitdem jahrhundertelang aufgegeben worden. Mit der Christenverfolgung aber entfesselte sich das Theater der strafenden Grausamkeit. »Die Bestrafungen werden bei den Japanern«, sagt Montesquieu, »als Rache für dem Fürsten zugefügte Beleidigungen angesehen. Die Freudengesänge unserer Märtyrer mußten als ein Anschlag auf seine Person erscheinen.«[70] Der Staatssadismus des *bakufu* hatte dort Erfolg, wo Rom gescheitert war: Die Kreuzigungen siegten über die Anbetung des Gekreuzigten. Ieyasu, Hidetada und Iemitsu hätten Commodus und Diokletian Lektionen im Despotismus erteilen können! Das Kreuz ging ins Gesetzbuch der Tokugawa als Strafe für die schwersten Verbrechen gegen die Autorität ein: politische Verschwörung, Mord an seinem Herrn, Vater, Ehemann, Lehrer und – in diesem in einzelne Daimyate aufgeteilten Land – die betrügerische Überschreitung der Zollgrenzen. Das Opfer, an das hölzerne Kreuz der Justiz gefesselt, unbeweglich gemacht und vor dem Blick eines ganzen Volkes aufgerichtet, erstickte langsam unter seinem eigenen Gewicht. Nichts unterscheidet sich mehr von dieser Bestrafung des aufständischen Knechts als der *seppuku*, ein kurzer, energischer Akt, eine nüchterne, blitzartige Zeremonie, die eine Elite dem leidenschaftslosen Blick des Souveräns darbrachte.

Das Strafgesetzbuch war ganz und gar asymmetrisch; keine andere Gesellschaft stellte je zynischer die Differenz zur Schau, die die Justiz zwischen der herrschenden und den beherrschten Klassen herzustellen suchte. Diese Gesellschaft war dualistisch, in der Rechtsprechung heterogen, in der Gesetzgebung inegalitär. Montesquieu, der über die Verfolgungen gut informiert war, sieht nur den Despotismus: »In Japan hat er sich wahrlich angestrengt – er ist an Grausamkeit über sich selbst hinausgewachsen«. Das »Edikt in 100 Artikeln« (*»Osamegaki hyakkajō«*), in dem sich die Strenge bis zum Grauen steigert, stammt aus derselben Zeit wie »Vom Geist der Gesetze«, und wenn Montesquieu es gelesen hätte, wäre sein Verdikt bestätigt worden: »Es geht nicht darum, den Schuldigen zu züchtigen, sondern den Fürsten zu rächen.« In Hinblick auf die niederen Klassen zählte man nur auf die Furcht, bei der Kriegerklasse aber ließ man Ehre und Tugend wirken. Oder, um die Kategorien Montesquieus wiederaufzunehmen: Die Souveränität gehörte in ihrem Verhältnis zu den *samurai* nicht mehr zum despotischen, sondern zum monarchischen Typus – und gewisse Züge erinnern sogar an eine

158

Militärrepublik vom Typus Sparta. Gewiß, der Schuldige wurde nicht gezüchtigt – man vernichtete ihn. Doch es war, als hätte er sich freiwillig selbst vernichtet, weniger um dem Zorn des Fürsten zu besänftigen, als vielmehr, um dem ihm eingeprägten unpersönlichen Ideal des kriegerischen Wertes Genüge zu tun.

Das heißt indes nicht, daß man den *samurai* gegenüber nachsichtiger gewesen wäre, im Gegenteil, die waffentragende Klasse wurde strenger überwacht und häufiger bestraft als jede andere. Die Dorfgemeinschaften z. B. genossen die Freiheit, nach ihrem Gewohnheitsrecht zu urteilen: Außer im Falle eines Aufstands mischten sich weder der *shōgun* noch die *daimyō* in ihre Strafverfahren ein. Indem die Klassenjustiz das *tsumebara* den Kriegern vorbehielt, vermittelte sie, daß die Klassenethik den Schlußstein der gesellschaftlichen Ordnung bildete. Legt die herrschende Klasse Wohlverhalten an den Tag, wird es auch dem Lande wohlergehen: ein konfuzianisches Thema. Und wohl verhält man sich nur unter Androhung von Sanktionen: ein legistisches Thema. So ergänzten sich zwei einander entgegengesetzte, chinesische Ideologien – der Optimismus des Konfuzius und der Pessimismus der Legisten – in der strafrechtlichen Begründung der weit zurückreichenden, autochthonen Tradition des *seppuku*.

Die Klasse der Herren beherrschen

Auch in Rom öffneten sich die Senatoren die Adern, wenn ihre Intrigen mißglückten, und der Kaiser war ihnen dankbar, hatten sie ihm doch eine Hinrichtung erspart, die seinen Ruf der Milde getrübt hätte: Ihr Vermögen konnte unangetastet auf ihre Erben übergehen. In China gab es eine Zeit, in der der Sohn des Himmels diesem oder jenem seiner alten Freunde die »drei kostbaren Geschenke« überbringen ließ, unter denen er zu wählen hatte: ein Blatt Gold, um daran zu ersticken, einen Seidenstrick, um sich zu erhängen, ein Fläschchen Opium, um für immer einzuschlafen.[71] Doch es gab keine seit langem etablierte Klassenmoral, auf die sich solche Hilfsmittel des Despotismus hätten stützen können. Das japanische *tsumebara* hingegen stellte eine getreue Nachbildung der herrschenden Sitten dar. Die Ethik des Freitodes erlaubte es den Kriegern, sich selbst zu erkennen und sich als das anerkennen zu lassen, was sie sein wollten. Der Staat nahm sie beim Wort, indem er seine Strafen mit ihren Tugenden verschmelzen ließ. Gab es je ein ökonomischeres Strafsystem? Ohne Frage verschwenderisch in seinem Umgang mit Menschenleben – doch perfekt im Zusammenspiel seiner Funktionen! Man sanktionierte das Vergehen, indem man den Schuldigen auslöschte und sich dabei zugleich seines Gehorsams und seiner Zusammenarbeit versicherte. Er war weder Opfer noch Scharfrichter, die Liturgie der Bestrafung machte ihn vielmehr zum Offizianten des seit der Kindheit auf seinem Körper eingravierten Gesetzes. So streng die Richter auch sein mochten, sie konnten auf die Zustimmung des Verurteilten zählen. Selbst wenn ihm der Urteilsspruch ungerecht erschien, setzte er seine Ehre darauf, die Zeremonie, ohne zu murren, in vollkommener Weise auszuführen. Er war bereit, eine auch nur geringfügige Verfehlung durch einen so schönen Tod zu büßen. Bis zum letzten Augenblick behandelte man ihn als freien und edlen Menschen: Im Gegenzug würde er das Urteil, das über ihn geprochen worden war, niemals anfechten. Ohne sich zu beklagen oder sich aufzulehnen, trat er seinem Schicksal gegenüber. Er wuchs so sehr über sich hinaus, wie es sein Schicksal von ihm verlangte, und bewies seine Größe dadurch, daß er alles hinnahm. Das großzügig verteilte und unermüdlich praktizierte *tsumebara* war die kardinale Institution, die es dem Absolutismus erlaubte, die herrschende Klasse zu beherrschen, indem sie sie in der Idee ihrer selbst bestätigte.

Die Rache des Souveräns

Bei schweren Verbrechen, d. h. bei allem, was Gefahr lief, den Staat zu bedrohen, gestattete es sich der Staat, zuweilen von der Regel des *tsumebara* abzuweichen. 1651 wurde eine Verschwörung von *rōnin* (»Männer der Wellen«) aufgedeckt, d. h. von *samurai* ohne Stellung, ohne Herrn und ohne Lohn, Arbeitslose des militärischen Lebens, die etwa ein Zehntel der waffentragenden Klasse ausmachten – in schweren Zeiten manchmal mehr –, eine Quelle ständiger Sorge für die Autoritäten. Die Stadt Edo sollte in Brand gesteckt werden, um in der Verwirrung, die das Feuer auslösen würde, die Macht zu ergreifen. Einer der beiden Hauptverschwörer, Yui Shōsetsu, hatte Zeit genug, sich zu töten, doch sein Komplize Marubashi Chūya wurde ergriffen und gefoltert – die Strafprozeßordnung nahm die *samurai* keineswegs von der Folter aus. Der Brauch wollte es, daß man keinen Angeklagten ohne Geständnis verurteilte; also bediente man sich aller Mittel, um Geständnisse herauszupressen. Dies änderte sich erst, als eines Tages im Jahre 1873 Gustave Boissonade die Schreie von Gefolterten hörte und die japanischen Autoritäten wegen ihrer altmodischen Methoden rügte. Sämtliche Familienmitglieder der Chūya wurden niedergemetzelt. Der Täter hätte zum *tsumebara* verurteilt werden sollen, doch man kreuzigte ihn – der Souverän rächte sich nach Maßgabe seiner Furcht. Oder um dem Volk ein Schauspiel zu bieten: Ishikawa Goemon, ein berühmter Räuber, war zwar Krieger von Geburt, doch Hideyoshi befahl, ihn in siedendem Öl zu frittieren. Aus Liebe zum Pittoresken? Vielleicht auch, um seine Gelehrsamkeit zu beweisen: Im alten China kam es bekanntlich vor, daß man die Gesetze in Eisenkessel eingravierte, in denen dann diejenigen gekocht wurden, die sie übertreten hatten.[72] So wollte es die finstere Strenge der Legisten, deren Einfluß auf den japanischen Absolutismus ebenso groß war wie der des konfuzianischen

160

Moralismus. Entzieht sich ein Schwerverbrecher der Justiz durch Selbstmord, so soll man, sagt das »Edikt in 100 Artikeln« von 1472, die Leiche in Salz einlegen, um den Richtern Zeit zum Überlegen zu lassen – und den Urteilsspruch dann an der Leiche vollziehen.

Es kam also vor, daß der Souverän die Maske der Kriegerliturgie fallen ließ und sich den alten wilden Instinkten hingab. Trotzdem mäßigten sich die Sitten, wenn auch langsamer als im Abendland. Die Guillotine war zwar noch nicht erfunden, doch einige allzu entsetzliche Hinrichtungsarten, die noch in den Gesetzbüchern vorgesehen waren, wurden allmählich aufgegeben, wie etwa die Hinrichtung durch die Säge *(nokogiribiki)*: Der Schuldige wurde in eine Grube gesteckt, lediglich sein Kopf ragte aus einem Halseisen heraus; daneben legte man zwei blutige Bambussägen – und zwei Tage lang war es jedem aus der Menge erlaubt, nach Herzenslust am Hals des Elenden herumzusägen. Zur Edo-Zeit mußte man die Verurteilten nach Ablauf dieser zwei Tage aus der Grube herausziehen, um sie zu enthaupten: Es fand sich niemand mehr, der die Säge in die Hand nehmen wollte.

Das Garnisonsleben

Wenn das *tsumebara* für unentbehrlich gehalten wurde, so vor allem, um die der Militärgesellschaft innewohnende Unruhe zu dämpfen. Seine disziplinierende Funktion war ebenso wichtig wie die strafrechtliche, denn es war notwendig, den Kriegern die Verhaltensnormen aufzuerlegen, die die Herrschaft des Friedens erforderte. Man hatte versucht, sie von ihrem Grund und Boden abzuschneiden, hatte sie in den Städten am Fuße der Schlösser versammelt *(jōkamachi)* und zur Untätigkeit verurteilt. Edo mit seiner übermäßig großen Festung war die größte Garnisonsstadt, die die Welt je gekannt hat. Es lag in ihrem Stand begründet, daß all diese Schwertkämpfer lebhaft, ungeduldig, streit- und vor allem rachsüchtig waren. Das *»Hagakure«* enthält unzählige Erzählungen von Blutrachen und gewalttätigen Zusammenstößen, die in aller Regel mit *seppuku* endeten. Unter der Oberfläche des allgemeinen Friedens brodelten die Sitten der Krieger fort. Der ordnungsgemäß verfügte Tod brachte am Ende alles wieder ins Lot. Die Logik von Fatalismus und Ehre, die auf eine souveräne Art und Weise dem Leben gegenüber gleichgültig war, konnte einen zu manch seltsamem Verhalten anregen.

Eines Abends hatten sich in Edo vier oder fünf *hatamoto* zum Go-Spiel versammelt. Mitten in der Partie ging einer von ihnen zur Toilette. Unterdessen brach ein Streit aus, bei dem einer der Spieler durch einen Schwertstreich getötet wurde. Das Licht ging aus, es gab ein lärmendes Durcheinander. Der Mann, der zur Toilette gegangen war, kam über-

161

stürzt zurück: »Wohlan, ihr alle! Ruhe! Es ist nichts. Ich nehme alles auf mich. Schafft Licht herbei!« So geschah es und Ruhe kehrte ein. Dann hieb er dem Unruhestifter den Kopf ab und sprach: »Mich muß wohl das Waffenglück verlassen haben, daß ich im Moment des Streits nicht anwesend war. Dafür kann man zum *seppuku* wegen Feigheit verurteilt werden. Sollte man erzählen, ich sei in die Toilette geflüchtet, werde ich gezwungen sein, mir den Bauch aufzuschlitzen, ohne mein Verhalten erklären zu können. Statt allein und mit Schande bedeckt zu sterben, ist es besser, zuvor jemanden getötet zu haben. Deshalb habe ich so gehandelt wie ich es eben tat.« Die Sache kam dem *shōgun* zu Ohren, der, so berichtet man, das Verhalten dieses Mannes lobte.

Die Widersprüche des Friedens unter Kriegsrecht

Eine so paradoxe Haltung ist lediglich ein Symptom des Widerspruchs, in dem sich die Kriegerklasse befand. Man sagte zu jenen Männern: »Seid stets bereit zu kämpfen; verdächtigt man euch der Feigheit, müßt ihr sterben!« Doch gleichzeitig sagt man ihnen auch: »Wenn ihr das Schwert zieht, bedeutet das den Tod!« Durch die Arbeiten von Gregory Bateson weiß man, daß sich bei Kindern, die solchen Situationen der Doppelbindung *(double bind)* ausgesetzt sind, unweigerlich Psychosen einstellen. Gemäß der konfuzianischen Ideologie galt die Souveränität des *shōgun* und der *daimyō*, der die *samurai* unterlagen, als sehr väterlich, doch die Doppeldeutigkeit ihrer Auflagen bedingte eine heillose Zerrissenheit im Geist der Bewußtesten unter ihnen, die oft versucht waren, ihr durch den Tod zu entfliehen. Zuweilen kam es vor, daß eine Situation den Widerspruch offenlegte und einen *samurai* jene Frage formulieren ließ, in der so viele Kinder ihre Angst wiedererkennen könnten: »Ich will ja gehorchen – doch wie soll ich mich denn verhalten?« Eines Tages erfährt einer der Vasallen des Herrn Matsudaira, daß die Angehörigen seiner Sippe in einen Streit verwickelt sind; er eilt zu ihnen, findet sie tot, streckt die Gegner nieder und geht reinen Gewissens nach Hause. Doch ein Offizier des *bakufu* ruft ihn zu sich und bedeutet ihm in feierlichen Worten, welches Vergehen man ihm vorwirft.

Der Mann antwortete darauf: »Jetzt verstehe ich, was Ihr sagen wollt: Ihr klagt mich an, das Gesetz verletzt, die Regel gebrochen zu haben. Aber ich habe nichts dergleichen getan! In der Tat hängen alle Lebewesen und vor allem die Menschen am Leben – das gilt für mich ganz besonders. Und dennoch meinte ich, gegen den *bushidō* zu fehlen, hätte ich mein Ohr der Nachricht, daß meine Gefährten in einen Streit verwickelt seien, verschlossen. Deshalb bin ich zu dem Ort geeilt. Hätte ich mich angesichts meiner getöteten Freunde ruhig abgewendet, hätte ich zwar mein Leben verlängert, den *bushidō* aber verachtet. Folgte ich aber dem *bushidō* um den Preis eines Lebens, das mir teuer war, so tat ich das, um das Gesetz der Krieger zu befolgen, um ihre Regeln nicht zu brechen. Dieses, mein einziges Leben, habe ich dort gelassen. Ich bitte Euch nun, schnellstens Euren Beschluß zu fassen.« Man sagt, der Offizier habe tief bewegt den Fall ad acta gelegt und dem Herrn von Sagami folgende Einschätzung zukommen lassen: »Ihr habt in ihm einen guten Diener. Hütet ihn wie Euren Augapfel!«

Bushidō bedeutet Tod

Die herrschende Klasse mußte für ihre Herrschaft büßen: Der Tod lauerte bei dem geringsten Fehlverhalten – die leichte Lösung aller Konflikte. Als Ausweg aus den Widersprüchen des Friedens unter Kriegsrecht zeichneten sich zwei Linien ab: Man konnte Unterordnung, Ordnung und Disziplin als Werte betonen und die Ethik des Dienstes im Sinne einer nützlichen und fruchtbaren Arbeit interpretieren. Unter dem Einfluß des Konfuzianismus verwandelte sich so der Krieger in einen kleinlichen Beamten, der darauf bedacht war, die ihm anvertrauten Interessen zu wahren. Diese bürokratische Ideologie herrschte im Umkreis der Zentralmacht. In dem Maße aber, in dem man sich von Edo entfernte und sich von den gewitzten und zivilisierten Geistern in derbere Verhältnisse begab, in denen die Krieger (manchmal einfache *rōnin* ohne Arbeit) einzig ihr Leben zu geben hatten, begegneten einem ganz andere Gefühle: die Ehre war rauher; eine übersteigerte Loyalität gab vor, die bloß nützlichen Talente zu verachten, und der Geist des Krieges erwachte von neuem: Kumpanei, Verwegenheit, Sorglosigkeit, Verschwendung. Yamamoto Tsunetomo, dessen Worte im *»Hagakure«* festgehalten sind, macht sich von seinem Provinznest aus zum Interpreten der radikalsten Formen des *bushidō*. Sein Blick richtet sich geradewegs auf die extremsten Lösungen und Schlüsse. Der Krieger soll mit dem Tod verschmelzen. Andere, Bauern oder Städter, mögen sich bereichern, arbeiten, Pläne verfolgen – der Krieger aber soll leben, als gäbe es keinen nächsten Tag, in jedem Augenblick darauf bedacht, all das zu sein, was er sein soll. Er soll so leben, als wäre er bereits tot – dann hat er nichts mehr zu befürchten. Durch eine dem Zen-Buddhismus nahestehende Erfahrung der Einheit der Gegensätze wird er Zugang zur Freiheit, zur heiteren Gelassenheit haben. Seine bis zum Äußersten gespannte Gewalt wird also dieselben Früchte ernten wie die buddhistische Gewaltlosigkeit. Ein solcher Mensch läßt sich weder zum Diener der Zwecke machen, die er verfolgt, noch zu dem der Pflichten, die er erfüllt. Nichts von dem, was er tut, vermag, ihn anzuketten, wenn er sich darin übt, seinen Willen auf der Höhe des Todes aufrechtzuerhalten.

Ich habe begriffen, daß *bushidō* Tod bedeutet. Vor die Alternative gestellt, kann man nur den Tod wählen. Das ist alles. Auf ein Scheitern hin zu sterben, heißt töricht sterben – so lautet wohl die frivole Meinung der Großstadt. Wenn man vor der Wahl steht zwischen Leben und Tod, darf man nicht den Zweck betrachten: Alle Welt zieht es vor zu leben, und das ist zweifellos auch der Wille der Vernunft; aber weiter zu leben, ohne seinen Zweck erreicht zu haben, ist Feigheit, heißt, sich auf schwankendem Boden zu bewegen. Auf ein Scheitern hin zu sterben, heißt töricht sterben; es ist aberwitzig, aber es ist nicht entehrend, sondern der sichere Boden des *bushidō*. Wenn man jeden Morgen und jeden Abend stirbt, wenn man stets und überall mit einem Bein im Tode steht, dann findet man notwendigerweise im *bushidō* die Freiheit und entledigt sich, vor jeder Entehrung geschützt, seiner Berufung.

Der Tod ist der »Weg des Kriegers«

Niemals hat man mit mehr Kraft und Einfachheit die Beziehung ausgedrückt, die den Willen an den Tod bindet, ihn somit vom ganzen Rest entbindet, und dadurch dem Menschen jenseits seiner besonderen Aufgaben den Raum einer wesentlichen Leere eröffnet, ihn zum Unmöglichen erweckt, das er in sich selbst wiedererkennen soll. Diese zu Beginn des 18. Jahrhunderts formulierten Gefühle scheinen zu uns wie aus einem all unseren Überzeugungen fremden Universum zu gelangen. Ohne Furcht und Tadel, ohne Hoffnung bleibt der *samurai* gleichgültig gegenüber der Zukunft, allen Plänen, Erfolgen und Profiten. In der Verachtung der Vernunft genügt ihm seine innige Beziehung zum Tod, dem einzigen Prinzip jeder Tugend.

Der Herr Nabeshima Naoshige hat gesagt: »*Bushidō* ist der Todesrausch; selbst zu Dutzenden wird man nicht mit einem Menschen fertig, der sich im Todesrausch befindet.« Wenn man ganz bei Sinn und Verstand ist, kann keine außergewöhnliche Tat gelingen; um eine solche zu vollbringen, genügt es, den Verstand zu verlieren und sich dem Wahnsinn des Todes hinzugeben. Wenn man bei klarem Verstand ist, verhüllt man sich im *bushidō* distanziert. Es bedarf weder der Loyalität zum Herrn noch der Pietät gegenüber den Eltern: Im *bushidō* zählt allein der Todesrausch. In ihm finden Loyalität und kindliche Pietät ganz natürlich Platz.

Indessen gewann der Rationalismus unter Einwirkung des fortdauernden Friedens und der konfuzianischen Lehren an Bedeutung: Es kam der Moment, wo der Selbstmord als Totengeleit *(junshi, oibara)* sinnlos und barbarisch erschien und seine Nutzlosigkeit als skandalös empfunden wurde: Wozu Leben verschwenden, wozu Talente zerstören, die ein neuer Herr hätte verwenden können?[73] In diese utilitaristischen Einwände mischten sich politische Sorgen: Der Staat wollte die engen Solidaritätsbeziehungen schwächen, die der Freitod erhöhte, aus Furcht, sie könnten sich ihm erneut in den Weg stellen. Aber das *junshi* war weniger sinnlos, als es den Anschein hatte; lange Zeit kam ihm eine wesentliche Funktion im Spiel der Sippengepflogenheiten zu: Als Verausgabung nur um des Prestiges willen stellte es die unauflösliche Einheit der Kriegergemeinschaften zur Schau, die ihre Stärke gewährleistete.[74] Eine Anekdote aus dem *»Hagakure«*, die sich auf Ereignisse aus der Zeit um 1580 bezieht, zeigt eine Potlatch-Situation, in der zwei fürstliche Familien unter Einsatz des Freitods miteinander wetteifern.

Als die Tochter des Herrn Ryūzōji Takanobu dem Herrn Hata von Katsura zur Frau gegeben wurde, entsandte dieser Yanami, den Herrn von Musashi, sie abzuholen. Unterdessen wurde jenes Fräulein so krank, daß jedwede Hoffnung, sie zu retten, vergebens erschien. Daraufhin verkündete Yanami, daß er, der mit dem Auftrag gekommen war, ihr Geleit zu geben, ihr durch *oibara* in den Tod folgen würde, sollte sie nicht wieder gesund werden. Man bemühte sich allenthalben, ihn davon abzubringen, doch er gab nicht nach.

So tagte der Sippenrat des Hauses Ryūzōji: »Es wäre unschicklich, wenn von unserer Seite keiner *oibara* beginge. Doch wir werden wohl niemanden finden, der ein solches Ansinnen akzeptieren würde. Aber vielleicht würde der Offizier Hashino seine Einwilligung geben...«

Man ruft ihn zu sich und erklärt ihm den Sachverhalt: »So ist die Lage. Es ist sehr unangenehm für Euch, aber es ziemt sich, daß Ihr Euch den Bauch öffnet.« Der Offizier erwiderte: »Ein recht unerwartetes Ansinnen! Für eine Angelegenheit, bei der der Ruf dieses edlen Hauses auf dem Spiel steht, schickt es sich nicht, eine Person wie mich zu nehmen. Euch hochgestellten Persönlichkeiten, deren Glanz seit langem leuchtet, kommt es zu, Euch den Bauch aufzuschlitzen.« Er fügte hinzu: »Gleichwohl nehme ich diese Ehre an.« Nach diesen Worten begab er sich unverzüglich in die Herberge, in der Yanami Quartier bezogen hatte, und sagte zu ihm: »Ich habe das Wohlwollen des edlen Fräuleins erfahren. Ich muß mit Euch über das *oibara* sprechen.«

Doch das Fräulein genas, und man konnte Hochzeit feiern.

Der Mechanismus einer mimetischen Duellsituation wird offenkundig: Die Schande wartet auf diejenige der beiden Sippen, die sich weniger verausgaben würde als die andere. Man muß also um jeden Preis einen Freiwilligen finden oder, wie es der unverwüstliche Scherz will, einen benennen. Menschen untergeordneten Ranges sind stets leichter zu dieser Art der Hingabe zu bewegen als wichtige Persönlichkeiten, die sich ihrer Talente wegen gerne für unentbehrlich halten. Der Offizier Hashino ist nicht gerade begeistert, aber er geht zum *seppuku*, so wie er im Kampf ein Himmelfahrtskommando akzeptieren würde. Und tatsächlich handelt es sich auch hier um einen Kampf – um Ruhm und Ansehen der Sippe im Namen des feudalen

Anstands. Seine Antwort ist vollkommen in ihrer nüchternen Ironie. Besser als blinder Gehorsam, erhöht diese leicht bittere Hellsichtigkeit nur noch die Reinheit seiner Ergebenheit. Und so ist es nur gerecht, daß es sich das Fräulein zur Pflicht macht zu genesen, d. h. ihre Ängste und ihren unausgesprochenen Groll darüber zu überwinden, daß man ihr lediglich die Rolle eines Bauern auf dem Schachbrett der Heiratspolitik ihrer Familie zugewiesen hat: Sie hat erkannt, daß hier wie da Menschen bereit waren, ihr Leben für diese Eheschließung einzusetzen. Wenn ihr Widerwille (oder vielleicht eine heimliche Liebe) sie krank machte, so findet sie angesichts des Mutes der anderen den Mut, diese Widerstände zu besiegen.

Rückgang des Todes zum Geleit

Zur Zeit dieser Heirat, gegen 1580, kam der Duellsituation noch die Entscheidungsgewalt zu. Doch weniger als eine Generation später ging sie auf den wiedererrichteten Staat über, der sich zum Schiedsrichter ernannte: Die Beziehungen der Sippen untereinander sollten nunmehr durch ihn geregelt werden.[75] Fortan wurden insbesondere die fürstlichen Heiraten aufgrund der Rolle, die sie bei Koalitionen spielen konnten, streng kontrolliert. Das *bakufu* hatte den Kampf der Sippen abgeschafft, nicht aber die Sippen selbst – und die Vasallen töteten sich weiterhin beim Tod ihres Herrn. So schlitzten sich z. B. 1607 beim Tode von Matsudaira Hideyasu vier seiner ihm nahestehenden Diener den Bauch auf. Doch als der Herr über ganz Japan, Tokugawa Ieyasu, im gleichen Jahr im Sterben lag und zu einem Gott erklärt werden sollte, verbot er in Artikel 76 seines Testaments, ihm in den Tod zu folgen. Von nun an stellte der Konfuzianismus die offizielle Ideologie dar, und die Gelehrten konnten daran erinnern, daß der Begründer dieser Lehre selbst seinerzeit diesen in China üblichen Brauch bekämpft hatte. Die letzte große Welle des Totengeleits folgte dem Ableben des dritten *shōgun*, Tokugawa Iemitsu, im Jahre 1651: Dreizehn seiner Vasallen schlitzten sich den Bauch auf, um auch in der anderen Welt bei ihrem Herrn sein zu können. Doch inzwischen gab es mehrere Fürstenhäuser, wie das der Hoshina, Ii, Ikeda und Kuroda, die den Brauch aus ihren Domänen verbannt hatten. 1663 erließ das *bakufu* schließlich ein allgemeines Verbot. Als fünf Jahre später ein Vasall seinem Herrn, dem *daimyō* Okudaira Tadamasa, in den Tod folgte, statuierte man ein Exempel: Tadamasas Erbe wurde samt der ganzen Sippe zu einem unbedeutenderen Lehen versetzt – die beiden Söhne des allzu treuen Getreuen zum Tode verurteilt. So wich eine der ältesten Traditionen der feudalen Herrlichkeit der Staatsräson. In Frankreich hatte Richelieu gerade einen Sieg über das Duell errungen. In Japan wie in Europa erhob sich der Absolutismus gegen die ostentativsten Formen der Ehre, und der Rationalismus setzte der Verschwendung von Menschenleben Grenzen. Zweifellos wäre Yamamoto Tsunetomo durch seine Unbeugsamkeit zum *junshi* genötigt worden, hätte nicht sowohl das *bakufu* diese Praxis verboten, wie auch die Nabeshima-Sippe, zu der er gehörte, sie durch besondere Regelungen untersagt. So wurde der Selbstmord durch das Kloster ersetzt: Nach dem Tod seines Herrn Mitsushige im Jahre 1700 schor sich Tsunetomo den Kopf und wurde Mönch. In seiner Einsiedelei fand er Muße genug, im »*Hagakure*« viele wilde Anekdoten zu erzählen.

Die Rache der treuen Diener

Andere feudale Traditionen wurden niemals abgeschafft – die Blutrache war eine von ihnen *(katakiuchi)*.[76] Die Autorität des *bakufu* konnte es nicht immer verhindern, daß Streitigkeiten in einen Kampf auf Leben und Tod ausarteten, was mit der Akō-Affäre, die plötzlich, mitten im glanzvollen Gedeihen der Genroku-Ära, ausbrach, offensichtlich wurde: Am 21. April 1701 verlor der junge Fürst Asano Naganori, *daimyō* der kleinen Domäne von Akō, über die anmaßende Haltung eines Hofbeamten des *shōgun*, des großen Zeremonienmeisters Kira Yoshinaka, die Geduld. Gezückten Schwertes stürzte er sich auf Kira, der mit einer Stirnverletzung entkommen konnte. Das Schwert bei Hofe ziehen! Das *bakufu* reagierte erstaunlich schnell: Schon einige Stunden später erhielt Asano den Befehl, sich zu töten – das *tsumebara* fand noch am selben Abend statt. Sein Lehen wurde einer anderen Familie zugeteilt; die dreihundert Vasallen entlassen, d. h. sie wurden zu *rōnin*, Kriegern ohne Stellung. Kira hingegen, der bei Hofe hohes Ansehen genoß, wurde nicht einmal gerügt. Fünf Tage später erreichten diese Nachrichten die Stadt Akō. Eine Vollversammlung der Vasallen wurde einberufen. Sollte man sich unterwerfen oder auflehnen? Auf Anraten des Ältesten der *samurai*, Ōishi, gewann die Partei des Gehorsams die Oberhand, und das Lehen wurde den Abgesandten des *shōgun* ohne Widerstand zurückgegeben. Einige Tage später fand eine zweite Zusammenkunft unter dem Vorwand statt, man müsse über den Selbstmord zur Ermahnung *(kanshi)* beraten, der den Protest der *rōnin* gegen das Urteil des *bakufu* zum Ausdruck bringen sollte. Eine Fraktion von etwa fünfzig Vasallen nahm an der Versammlung teil: Der Schatten des Freitods erlaubte es, nur die Entschlossensten auszulesen. Diesen enthüllte Ōishi sein Racheprojekt: die Ermordung Kiras. Eine Blutsbrüderschaft vereinigte 47 *rōnin* als Mitverschworene in diesem Unternehmen. Doch in einer vom Kriegsrecht so lückenlos kontrollierten Gesellschaft war es keine Kleinigkeit, einen bewaffneten Aufstand erfolgreich durchzuführen. Man mußte die Späher des *bakufu* und den mißtrauischen Kira überlisten. Die *rōnin* ließen sich viel Zeit für tausend Vorsichtsmaßnahmen und Winkelzüge. In der Nacht vom 30. Januar 1703 wurden die unter dem Schnee sanft schlummernden Nobelviertel von Edo plötzlich durch

Trommelklang, Waffengeklirr und Schlachtrufe aus ihrer tiefen Ruhe gerissen. Die 47 treuen Diener stürmten, bis an die Zähne bewaffet, Kiras Residenz, stachen seine Wachen nieder und drangen in die Wohnräume ein. Kira, der sich in einer Kohlenkammer versteckt hatte, wurde schließlich entdeckt und höflich aufgefordert, sich den Bauch aufzuschlitzen. Aber er weigerte sich; man mußte ihn also enthaupten. Der Tag brach über den Toten und Verwundeten an. In tadelloser militärischer Ordnung zogen die *rōnin* durch die Stadt bis zum Sengaku-Tempel, um dort Kiras Haupt auf dem Grab des gerächten Asano niederzulegen.

Das *bakufu* ließ sich mit einer Entscheidung Zeit: Zwei Monate lang warteten die *rōnin*, in mehreren fürstlichen Familien unter Aufsicht gestellt und mit viel Nachsicht behandelt, auf den Urteilsspruch. Hatten sie nicht nur die feudalen Tugenden, die man ihnen beigebracht hatte, in die Tat umgesetzt? – so zumindest lautete die Ansicht des *shōgun* Tokugawa Tsunayoshi. Aber hätten sie sich nicht, wie der Vasall des Fürsten Matsudaira, verteidigen können, indem sie sich auf den *bushidō* beriefen? Konfuzius selbst läßt die Blutrache gelten, wenn er anerkennt, daß ein Sohn nicht unter demselben Himmel wie der Mörder seines Vaters leben sollte. Und nach den japanischen Sitten verdient ein Sippenoberhaupt, dem man die Treue hält und dem man den eigenen Lebensunterhalt verdankt, zumindest die gleiche Anerkennung wie ein Familienoberhaupt. Der Staat aber konnte diesen Handstreich mit Verschwöreralliüren, diesen Affront gegen die öffentliche Ordnung nicht zulassen. Es war möglich, den Tod eines Vaters, eines älteren Bruders, eines Lehrers zu rächen – doch nur unter der Bedingung, daß man im voraus die Genehmigung der Autoritäten einholte. Die *rōnin* aus Akō sollten also weniger für ihre Gewalt büßen, als vielmehr dafür, daß sie ihren Plan geheimhielten. Die Lösung bestand im *seppuku*. Doch war es eine Strafe, die verhängt wurde? Nein, vielmehr eine Apotheose am Ende des Weges des Kriegers. Man wußte sehr wohl, daß sie seit ihrem ersten Eid sehr wohl wußten, daß alles so enden würde.

Das *bakufu* war ihnen für ihre Haltung insgeheim dankbar: Ein bewaffneter Aufstand in der Stadt Akō wäre weit gefährlicher gewesen. Auch ein Selbstmord zur Ermahnung hätte den Autoritäten des *shōgun* einen unmittelbaren Schlag versetzt: denn waren sie nicht die Verantwortlichen für Asanos überstürzten Tod, für die Entlassung der Vasallen, für Kiras Straflosigkeit? Indem Ōishi die Rache wählte, lenkte er das Ressentiment, das sich gegen sie hätte richten sollen, auf Kira ab, stempelte ihn zu einem traurigen, erbärmlichen, feigen, gierigen und bestechlichen Mann ab, machte ihn zum Sündenbock, der es den *rōnin* ersparte, sich aufrührerisch zu zeigen, und dem Staat, sich bedroht zu fühlen. Alles in allem: Nur knapp war der Staat der Gefahr entkommen; er hätte kompromittiert werden können. Die Blutrache gereichte ihm zum Vorteil, denn die Polizei findet viele Entschuldigungen, wenn zwei rivalisierenden Banden sich einen offenen Schlagabtausch leisten. Indem Ōishi den Weg wählte, Kira zu töten, mag er sich vielleicht um seinen verstorbenen Herrn verdient gemacht haben, doch mehr noch um den Staat. Es gab also eine gute und eine schlechte Verschwörung, die guten *rōnin* der Rache und die schlechten des Aufruhrs, die treuen Diener des Jahres 1702, die des *seppuku* und des Rampenlichts würdig waren – und die unwürdigen Untertanen des Jahres 1651, die der Kreuzigung anheimgegeben wurden und von denen niemand redete, weil sie sich an der höchsten Herrschaftsgewalt des Tokugawa-Staates hatten vergreifen wollen.

Das Theater bemächtigte sich des Ereignisses: Als einer der ersten griff 1706 Chikamatsu den Stoff auf, dem er zahlreiche Ausschmückungen hinzufügte. Viele andere Versionen sollten folgen, bis 1748 aus der Zusammenarbeit dreier Autoren die berühmteste Fassung entstand, die zunächst im Puppentheater, dann auf allen Bühnen des *kabuki*-Theaters gespielt wurde: »Der Schatz der treuen Vasallen«, »*Kanadehon-Chūshingura*«, ein Dauerbrenner, dessen das japanische Publikum nie müde wurde. In die Ergriffenheit der Bürger von Ōsaka angesichts des Schauspiels mischte sich zweifellos etwas von jener Angst, die die Faszination vergrößert: Sie begriffen, daß der Frieden der bürgerlichen Gesellschaft, der ihr Glück gewährleistete, etwas Zerbrechliches war, sahen sie doch die Sippenkämpfe, wenn auch nur in sehr geringem Maße, wieder auflodern. Zum Glück, konnten sie sich sagen, ist der Staat der Stärkste, er hat das letzte Wort, vermag er doch die Krieger an ihr eigenes Ideal zu binden: Der *seppuku* setzt allem ein Ende. So wie man beim Anblick eines *bonsai* an einen Wald erinnert wird, rief dieses reduzierte Modell die Schrecken des Krieges wieder in Erinnerung – doch nur, um die von ihm ausgehende Bedrohung sofort zu bannen; denn was sich zu einer Szene des politischen Lebens hätte auswachsen können, stellte sich als eine Reihe von Szenen aus dem Privatleben dar: pathetische Hingabe, ergreifende Situationen, Bestrafung der Bösen.

Wie die Tragödie der Antigone läßt »*Chūshingura*« eine Aufspaltung der ethischen Substanz erkennen: die Autorität des Staates einerseits, die Verpflichtungen gegenüber der Sippe andererseits. Doch die Pietät Antigones erscheint als eine Auflehnung gegen die Tyrannei: Im bereits totalitären Staat des Kreon nimmt jeder private Akt einen unmittelbar politischen Sinn an. Das Tokugawa-Regime war autoritär, aber sein Absolutismus strebte nicht nach der Totalität: Die Sippen- und Familienmoral wurde in dem Maße respektiert, in dem die Blutrache ihrerseits Sorge trug, jeder politischen Zielsetzung zu entsagen. Sophokles besteht auf dem Widerstreit, der die griechische Gesellschaft in schicksalhafter Weise zerreißt; seine Vision ist tragisch, denn sie zeigt ein in zwei Imperative gespaltenes Gesetz. Die Autoren von »*Chūshingura*« haben dagegen eine optimistische Vision: Trotz aller pathetischen Schicksalsschläge siegt das Gute, und der Frieden des Staates stimmt am Ende mit den Ansprüchen der Vasallentreue überein. Über eine Tragödie hinausgehend wird die Geschichte der 47 *rōnin* nunmehr zum

169

Mythos im Sinne von Lévi-Strauss, d. h. zu einer Darstellung, in der eine Gesellschaft sich selbst vorspielt, ihre Widersprüche seien befriedet, gelöst und überwunden.

Wir sind keine Mörder

Der *seppuku* war es, der die Versöhnung ermöglichte. Wo öffentliche Ordnung und feudale Ehre sich überschnitten, erhielt der Freitod in der Form des *tsumebara* den Doppelsinn von Sühne und Apotheose. Diese Zweideutigkeit manifestierte sich in der Artikulation der beiden Elemente der ethischen Substanz: Solange dieser Riegel hielt, würde es keine Mißhelligkeiten zwischen ihnen geben. Unter der Bedingung, daß er im voraus hingenommen wurde, tat der Tod Ehre und Staat gleichermaßen Genüge. Zu Lebzeiten bot Sugawara no Michizane einst das Beispiel eines alles akzeptierenden Gehorsams und als Toter das der Rache, die nichts vergißt. Desgleichen konnten die 47 *rōnin* dadurch, daß sie sich als bereits tot betrachteten, es vermeiden, Mörder zu sein. Rache und Dankbarkeit wurden als Tugenden gleichen Ranges geachtet. Die Pflicht *(gi, giri)* schreibt vor, gegen den, der einem Böses, wie gegen den, der einem Gutes tat, gerecht zu sein und weder die eine noch die andere Schuld zu vergessen. Diese Pflicht zur Rache findet im Freitod den Beweis ihrer Aufrichtigkeit. Sollst du dich rächen? Du darfst es, sofern du bereit bist, daran zu sterben. So zeigst du, daß du den Haß überwunden hast und nach der Gerechtigkeit handelst. Eine große ethische Lehre, wie sie Camus im Leben gewisser russischer Aufrührer wie eines Kaliayev wiederfinden wird: Kein Vorwand kann denjenigen rechtfertigen, der tötet, wenn er nicht zustimmt, durch eigene Hand zu sterben. Zu diesen moralischen Wirkungen des *seppuku* traten politische Vorteile hinzu: Eine im voraus akzeptierte Sanktion durch den Tod begrenzte die Gefahren eskalierender Ansteckung, die jede Blutrache mit sich bringt. Als die 47 *rōnin* die Stadt durchquerten, liefen sie Gefahr, von den Männern des mit Kira verbündeten Hauses Uesugi angegriffen zu werden. Allerdings wäre ihnen das Haus Matsudaira zu Hilfe gekommen, von dem Asano abstammte. Bis wohin wäre man nach und nach gegangen? Doch man wußte, daß sie dem Tod entgegengingen, daß sie ihren Tod hinnahmen, daß sie ihr Schicksal gewählt hatten: Selbst von ihren Feinden geachtet schritten sie vorüber. Keiner griff sie an, und die klar eingegrenzte Vendetta ging mit ihnen unter.

Kritisierte Helden

Die Versöhnung von feudaler Ehre und öffentlicher Ordnung, die durch die Akō-Affäre bekräftigt worden war, war vielleicht weniger stabil, als es den

Anschein hatte. Auf jeden Fall wurde sie von zwei Seiten in Frage gestellt. Der Erfolg der theatralischen Transposition läßt diese miteinander unvereinbaren Kritiken vergessen. Die unbeugsamsten Anhänger des *bushidō*, wie Yamamoto Tsunetomo, verurteilten die langsam vonstatten gehende Verschwörung der *rōnin* mit all ihren Vorsichtsmaßnahmen, Winkelzügen und Täuschungsmanövern wegen ihrer mangelnden Spontaneität, Geradlinigkeit und jener Gleichgültigkeit gegenüber der Zukunft, in der die Kriegertüchtigkeit gipfeln sollte. Während das Publikum des *kabuki*-Theaters ihre Selbstverleugnung bewunderte, kritisierten die Extremisten des *bushidō* gerade das Fehlen derselben, ihre engstirnige Dienstbarkeit gegenüber ihrem Ziel! Man warf den Rittern des Freitods vor, noch zu lange gelebt zu haben.

Mancher, der sich nach einem Streit nicht gerächt hat, ist deshalb mit Schande bedeckt worden. Um sich zu rächen, genügt es, sich auf den Feind zu werfen und sich töten zu lassen. So bleibt einem die Schande erspart. Wenn man sich mit dem Ausgang der Unternehmung beschäftigt, verpaßt man die Gelegenheit, sucht Ausflüchte darin, daß der Feind zahlenmäßig überlegen sei, und zieht schließlich in Erwägung, es damit bewenden zu lassen. Selbst wenn man Tausenden von Feinden gegenübersteht, muß man sich entschließen, sie alle, einen nach dem anderen, auszuschalten, und ihnen die Stirn bieten: So erzielt man den Erfolg; so wird man die Sache vielleicht zu einem guten Ende bringen.

Die 47 *rōnin*, die ihren Herrn, den Fürsten Asano rächten, indem sie nachts die Residenz ihres Feindes stürmten, begingen den Fehler, sich nicht gleich im Sengaku-Tempel den Bauch aufzuschlitzen. Nach dem Tod ihres Herrn haben sie sich mit ihrer Rache viel Zeit gelassen. Wäre ihr Feind mittlerweile an einer Krankheit gestorben, hätte es für sie den Gipfel des Unglücks bedeutet.

Die beharrlichsten Kritiken aber kamen aus den Kreisen der um die öffentliche Ordnung besorgten Rationalisten. Man war von der Gefahr beunruhigt, der der Staat durch jene gewalttätigen Regungen ausgesetzt war. Ließ sich denn durch den Freitod jedes Verhalten rechtfertigen? Sollte es genügen zu sterben, um recht zu haben? In einem der Akō-Affäre gewidmeten Essay stellt der Autor Ogyū Sorai, ein dem Shōgunat nahestehender Konfuzianist, die moralische Verantwortungslosigkeit des Fürsten Asano und seiner Vasallen in Frage. Er weist vor allem darauf hin, wie verlogen es war, die ganze Schuld auf Kira abzuwälzen. Ein sich als bedingungslos verstehender Sippenzusammenhalt führt zu einer freiwilligen Blindheit, die die Prinzipien jeder aufgeklärten Moral völlig mißachtet.

Alle Welt bildet sich ein, daß die Siebenundvierzig ihr Leben dem Dienst ihres toten Herrn geopfert und dadurch eine absolut selbstlose Vasallentreue bewiesen haben. Alle Welt nennt sie »gerechte *samurai*«. Aber

Asano Naganori ist es, der Kira Yoshinaka hatte töten wollen, nicht daß Yoshinaka Naganori getötet hätte: Man kann also nicht sagen, daß Yoshinaka der »Feind« ihres Herrn gewesen wäre, an dem sie sich zu rächen hätten. Weil er versucht hat, Yoshinaka zu töten, hat Naganori den Verlust seines Lehens von Akō verursacht: nicht Yoshinaka ist es, der es zerstört hätte. Wie könnte man also sagen, daß er der Feind ihres Herrn gewesen wäre? Ein Zornesausbruch ließ ihn seine Ahnen vergessen und hat ihn sich zur Gewalt hinreißen lassen. Es ist angebracht zu sagen, daß er gegen die Pflicht gefehlt hat. Man kann wohl sagen, daß die Siebenundvierzig die schlechten Vorsätze ihres Herrn in jeder Hinsicht geerbt haben. Doch kann man das »Pflicht« nennen? Nachdem sie ihren Herrn, solange er am Leben war, nicht vor Entehrung hatten retten können, zogen sie es vor zu sterben, um seinen treulosen Vorsatz zu vollenden. Wie könnte man, wenn man sich ihr Gefühl in einer solchen Situation vorstellt, sie nicht bemitleiden?

Indem er die Gewalt und den Korpsgeist anprangert, scheint Ogyū Sorai bereits aus großer zeitlicher Distanz von einer zukünftigen Gefahr beunruhigt: Die terroristischen Praktiken Rechtsextremer werden in der Tat, in den ersten Jahren der Shōwa-Ära, den japanischen Staat schließlich unterjochen. Die brutale Selbstverleugnung der treuen Vasallen hätte ihre Methode, wenn nicht gar ihre Ziele, in solchen politischen Morden wiedererkennen können. Dabei war man durchaus geneigt gewesen, die Versöhnung der Kriegertüchtigkeit und der Staatsmacht als dauerhaft und wohltuend zu betrachten: Als der Meiji-Kaiser 1868 nach dem Fall der Tokugawa-Regierung in die neue Hauptstadt Tōkyō, ehemals Edo, einzog, bestand eine seiner ersten Handlungen darin, sich zum Sengaku-Tempel zu begeben und andächtig vor dem Grab der 47 *rōnin* zu verweilen. Der Mythos sollte also nicht mit der Gesellschaft sterben, die ihn geboren hatte? Oder vielmehr: Blieb er nicht lediglich unter der Bühnenbeleuchtung, in der nostalgischen, von dem erhabenen Schauder der Theaterereignisse faszinierten Imagination lebendig?

Tod und Theatralität

Denkt man genauer darüber nach, ist es wohl der theatralische Aspekt, der an diesem grausamen Vorfall beeindruckt. Chikamatsu und andere Autoren taten nichts anderes, als der Bühne zurückzugeben, was seinen Ursprung der Bühnenkunst zu verdanken schien. Ein Theater der Grausamkeit: zunächst in der Wirklichkeit gespielt, bevor es im *kabuki*-Theater aufgeführt wurde. Ōishi und seine edlen Gefährten konzipierten ihr Schicksal wie ein Melodrama: Sie stilisierten die Situationen, verstärkten und vereinfachten ihre Konturen, diktierten ihre Interpretation der Tatsachen, verteilten die Rollen, identifizierten sich mit ihren Figuren. Ein Theater mit doppeltem Boden: Wie Hamlet hinter der Maske des Wahnsinns, spiegelten sie Untreue, Vergeßlichkeit, Gleichgültigkeit vor. Ōishi nahm sogar, wie Lorenzaccio, die Maske der Ausschweifung und Liederlichkeit an, um die Späher zu täuschen. Plötzlich traten sie, mit der Waffe in der Hand, in ihrer wahren Rolle auf. Doch es war wieder eine Rolle, die sie vor der ganzen Stadt Edo spielten. Ihr Handstreich war weniger ein Akt als vielmehr eine Geste in den Augen des versteinerten Publikums. Eine nutzlose, höchste, spektakuläre Geste. Sich an Kira rächen? Ja, aber, indem man eine beispielhafte Hingabe zur Schau stellte. Aus reinem Pflichtgefühl handeln? Ja, um so zum feierlichen Ritter der Selbstverleugnung zu werden. Ihre Ästhetik der Haltung ließ sie für immer in einer einfachen, wilden und symbolischen Pose erstarren: Illustrationen in einem Handbuch der Kriegermoral. Alles verlief wie in einem Theaterstück – bis auf den Tod. Denn als sie sich den Bauch aufschlitzten, war es echtes Blut, das floß. Die Kriegerklasse setzte sich durch ihre Sitten, ihre Haltung, durch all ihre Gesten in Szene. In welcher Gesellschaft aber hat sich die Klasse, die die Macht innehatte, je die Macht des Schauspiels nehmen lassen? Was den *samurai* auszeichnet, ist vielmehr die zur Zwangsvorstellung gewordene Aufrichtigkeit. Die Lösung, die er der unlösbaren Dialektik von Sein und Schein auferlegte, besteht darin zu agieren – bis in den Tod. Niemand kann noch länger zweifeln, wenn der Akteur, Opfer seiner Rolle, niedersinkt und sich nicht wieder erhebt. Der Freitod war nicht nur das dem Staat dargebrachte Opfer, um das Übermaß an feudaler Ehre zu sühnen, sondern hatte auch die Funktion, das Theater der Kriegersitten zu beglaubigen und den Anteil an Verstellung zu sühnen, den das Gesellschaftsleben den Herzen aufererlegte, die davon träumten, vollkommen rein und durchsichtig zu sein. Kann man sich denn erst durch den Tod Gewißheit verschaffen, sehr wohl das zu sein, was man ist?

Abnutzung des Systems

Oben spielte sich also das Schauspiel der herrschenden Klasse ab, die mit ein paar Dramen gespickte gewohnte menschliche Komödie. Unten: das Schweigen, die üblichen Arbeiten, die Mühsal aller Tage. Die Jahre der Genroku-Ära, in die die Akō-Affäre fiel, waren die glücklichsten der ganzen Edo-Zeit: Wirtschaftswachstum, Bevölkerungszuwachs, eine der glänzendsten Stadtkulturen. Doch dann, ohne daß der Frieden gebrochen worden wäre, verschlechterte sich die Situation. Die Bevölkerungszahlen der Dörfer waren hoch, doch die Produktion stagnierte. Aus politischer Berechnung erlegten die Tokugawa den *daimyō* hohe Luxusausgaben auf, die sie an den Rand des Ruins brachten. Die verschuldeten Fürsten entließen Vasallen, die die Masse der *rōnin* anwachsen ließen, oder aber sie besteuerten die Zirkula-

173

tion der Produkte und beuteten ihre Domänen übermäßig aus – ohne Rücksicht auf die gesunden Verwaltungsprinzipien, die zur selben Zeit die Physiokraten den europäischen Landadel lehrten. Die Protestbewegungen vermehrten sich – örtliche, stets zerstreute Aufstände der Landbevölkerung, die unfähig war, die geforderten Abgaben zu zahlen, oder der Stadtbevölkerung, die durch die Verteuerung der Lebensmittel zu verhungern drohte. Doch nichts als unerbittliche Unterdrückung war die Folge: Aus den Führern wurden Märtyrer, die sich oft freiwillig opferten. So wurde Sakura Sōgoro zusammen mit seiner Frau gekreuzigt, nachdem seine Kinder vor seinen Augen enthauptet worden waren – weil er es gewagt hatte, sich mit einer Bittschrift in der Hand der Sänfte des *shōgun* zu nähern.[77]

Sklerose des Absolutismus

Der eiserne Rahmen dieser Gesellschaft wurde nicht erschüttert – heilsame oder unheilvolle Starrheit? Auf dem Gipfel schritt die Sklerose fort. Die Entscheidungen fielen mühsam und langsam durch dumpfe Kompromisse; überall herrschten Argwohn und Verschlossenheit. Die Macht verlor sich im Labyrinth ihrer Vorsichtsmaßnahmen; es gab nichts Offenes, nichts Entschiedenes. Von Zeit zu Zeit wurde eine Ära der Reform verordnet, wurden einige bestechliche Beamte abgesetzt, verschiedenen Klassen Predigten erteilt: mehr Nüchternheit, mehr Achtsamkeit. Man versuchte, alle öffentlichen Übel dadurch zu heilen, daß man, rückwärts gewandt, wieder die alten Tugenden praktizierte. Manche, etwa Ōshio Heihachirō, der 1837 die verhungernden Massen von Ōsaka verteidigte, gingen von Konfuzius zu Wang Yangming über, vom politischen Moralismus zum bewaffneten Aufstand. Gleichwohl nahm ein solcher Einsatz stets die kanonische Form der Ermahnung an, dieser selbstmörderischen Geste, die sich von vornherein damit abfindet, den Protest mit dem Scheitern und dem Tod zu bezahlen.[78]

Im festen Vertrauen auf die Unabänderlichkeit der erblichen Stellungen wollten die Führer dieser immerhin buddhistisch geprägten Gesellschaft das Gesetz der Unbeständigkeit vergessen. Man hatte es vermieden, das chinesische Prüfungssystem zu übernehmen, doch auf die Dauer konnten die Funktionen nicht mehr erfolgreich von denjenigen erfüllt werden, denen sie zufielen; die Strukturen wurden durch den Zufall der Geburt untergraben, der den Söhnen andere Begabungen verleiht als den Vätern. Der Absolutismus nahm in seinen Edikten den Ton der Verwarnung an – doch schweigend war eine andere Herrschaft angebrochen, die des beweglichen, unpersönlichen und kalten Elements, die des Geldes, taub gegen Verordnungen, fähig, sich überall einzumischen, sich viele Willen unterzuordnen. Der Vater von Fukuzawa Yukichi entrüstet sich Mitte des 19. Jahrhunderts darüber, daß man

seinen Kindern in der Schule jenes Krämerhandwerk, das Rechnen, bei-
bringe. Noch gibt der *samurai* vor, den Preis der Dinge nicht zu kennen. Ist
er zu arm, sich eine Dienerin zu leisten, die für ihn Einkäufe erledigt, geht er
bei Dunkelheit selbst einkaufen, mit halb verhülltem Gesicht, so daß die
Händler vorgeben können, sie würden ihn nicht erkennen. Doch bald wird
er lernen müssen zu rechnen, d. h. vorauszuschauen, endlich begreifen müssen, daß die Quantität der Dinge nicht weniger mächtig ist als die Qualität
der Herzen.

Dampf und Kanonen

Doch diese inneren Widersprüche allein hätten vielleicht nicht ausgereicht,
eine so streng abgeschlossene und so gut überwachte Gesellschaft zu verwandeln, in der die bestdisziplinierte militärische Klasse, die es je gegeben hat, die
Schlüsselgewalt innehatte. Die Umwälzung kam von außen – in Form
fremder Schiffe. Es waren nicht mehr die Galeonen von einst, und Japan erkannte das ganze Ausmaß seiner Verspätung. Es genügte dieser Gesellschaft
nicht, daß sie es verstanden hatte, sich zu beherrrschen, sondern sie sollte auch
noch andere Kräfte wie den Dampf der Maschinen und das Pulver der Ka-
nonen beherrschen lernen. In den fünfzehn Jahren von 1853 bis 1868 durch-
lief das Land die schwerste Krise seiner Geschichte, in ihrer Schärfe und Tiefe
nur noch mit der Französischen Revolution vergleichbar. Das *bakufu*, das
dazu gezwungen wurde, seine Politik der Abschließung aufzugeben, gab
der Meute der abendländischen Mächte so widerwillig nach, daß es dadurch
den Beweis seiner Schwäche lieferte. So erwachten die Oppositionsbewe-
gungen aus ihrem langen Schlaf. Die einst bei Sekigahara von den Tokugawa besiegten Sippen schöpften Hoffnung auf eine um zweieinhalb Jahrhunderte aufgeschobene Revanche. Doch es war weniger ein Kampf der
Sippen als ein Kampf der Faktionen – jede Sippe war gespalten: Die jüngsten
samurai, und zugleich auch die am wenigsten begünstigten, wollten handeln
und setzten sich fast überall gegen die hohlen, unbeweglichen Konservativen
durch. Die angenommene Ewigkeit des Guten hatte diese Gesellschaft vor
der Geschichte geschützt, doch nun genügte die Moral nicht mehr; die Politik setzte sich, Macht gegen Macht, erneut durch; man mußte sich für Strategien und Ziele entscheiden, mußte zu wollen wissen und wissen, was man
wollen sollte.

Die List der Vernunft

Langfristig wollten alle dasselbe: die Sicherheit des Landes und seine Unabhängigkeit bewahren. Doch mit welchen Mitteln? Mußte man nicht, um

die Ausländer fernzuhalten, zunächst das Geheimnis ihrer Stärke ergründen und sie, gemäß dem Mechanismus der Identifikation mit dem Angreifer, sogar nachahmen? Oder aber genügte es, sie vertreiben zu wollen, es wirklich zu wollen? Die Illusion des Voluntarismus behielt zunächst die Oberhand, und Japan trat rückwärts in die Zukunft ein, den Blick auf seine Vergangenheit gerichtet. Eine Parole faßte diese Zielsetzungen zusammen: »*Sonnō jōi*«, »Verehrung des Kaisers, Vertreibung der Fremden!« Aber die Parolen, die Zielsetzungen waren Strategien des Willens, ein bloßes Mittel, die Tokugawa ihrer Glaubwürdigkeit zu berauben: Kurzfristig wollte der Wille (in der nackten Form des Willens zur Macht) lediglich herrschen. Was sollte man tun? Doch vor allem: Wer sollte das tun, was getan werden mußte? Wer würde die Macht haben, es zu tun? Eine der verschlungensten Listen der historischen Vernunft, die die Welt je gekannt hat, führte die Sieger nun dazu zu tun, was getan werden mußte, was zu wollen sie nicht geglaubt hatten. Wo sie glaubten zu restaurieren, modernisierten sie. Wer wie Saigō Takamori zu rein war, um nur die Macht zu wollen, zu unbeugsam, um seinen Willen mit dem unerwarteten Ergebnis seiner Akte zu versöhnen und um es sich zu verzeihen, daß er zum Betrogenen der Notwendigkeit geworden war, hatte bald keine andere Wahl mehr als den Tod.

Die Teilung der ethischen Substanz spiegelt sich in der Spaltung der Faktionen wider: Die bürokratischen Schichten, die der Zentralmacht am nächsten standen, begriffen die Notwendigkeit einer langfristigen Arbeit, eines Kompromisses, einer kulturellen Anpassung. Alles in allem hatten sie recht, denn die Vernunft braucht viel Zeit. Unterdessen fanatisierten sich die radikalsten Anhänger des *bushidō*. Mangels einer Anstellung gaben sich die *rōnin* selbst einen Auftrag: die Ermordung der Verräter, d. h. der Männer, die die Macht innehatten, zuweilen auch der Ausländer. Raserei und Mysterium. Der Terrorismus übernahm die Methoden der Siebenundvierzig, die klammheimlichen Vorbereitungen und den blitzartigen Sturmangriff. Der Geist der Selbstverleugnung löschte sich schließlich mit der gleichen Glut aus, jedoch nicht länger im engen Rahmen einer Provinzsippe für eine Privatrache – nunmehr ging es um das Heil des ganzen Landes. Eine dumpfe Melancholie lag in der Luft; für den *samurai* war es ein Duell auf Leben und Tod, das er nicht zu überleben gedachte, es sei denn als Sieger: »Wenn die Ausländer sich des Landes bemächtigen, hat das Leben keinen Sinn mehr, gibt es für mich und meine Familie keinen anderen Ausweg als den Tod.« Aber in diesem Duell begegnete der *samurai* nur sich selbst, und sein Sieg sicherte nicht sein Überleben, sondern sein Verschwinden. Die Unterstützung des Kaisers, von den Sippen des Südwestens (Chōshū, Satsuma, Tosa, Hizen) ausgerufen, bedeutete die Überwindung des Sippenbewußtseins angesichts der nationalen Gefahr. Die Sippen, die einst bei Sekigahara besiegt worden waren, glaubten, sich an den Tokugawa zu rächen, doch in Wirklichkeit bereiteten sie ihren eigenen, endgültigen Untergang vor. Genausowenig wie die Siebenundvierzig sollten sie ihre Rache überleben. Gleich nach ihrem Sieg gaben sie ihre Lehen der Autorität des Kaisers zurück, und 1871 wurden die 305 Fürstentümer in kaiserliche Präfekturen umgewandelt.

Der freiwillige Abgang des *samurai*

Es war vor allem ein Faktionskampf, vorübergehend ein Sippenkampf, als die großen Lehen des Südwestens von 1866 bis 1868 gegen das Haus Tokugawa koalierten – niemals jedoch war es ein Klassenkampf. Das Stürmen und Drängen blieb auf die in sich gespaltene Kriegerklasse beschränkt, die sich in den Kampf stürzte, sich aufrieb, bis sie schließlich ganz verschwand. Die Bauern, Handwerker und Händler waren nichts als bloße Zuschauer. Die Bevölkerung stellte die Hoheitsgewalt der herrschenden Klasse keineswegs in Frage, denn um den neuen Gefahren zu begegnen, schienen die Militärs nötiger denn je. Anders als der französische Adel stürzte der *samurai* nicht unter dem Messer einer rivalisierenden Klasse, sondern schaffte sich vielmehr selbst ab, arbeitete daran, ohne es zu wissen – und am Ende stimmte er seinem eigenen Abgang zu: Freitod, auf sich genommenes Schicksal. Am Ende dieses Gefechts, in dem er weniger die Tokugawa als vielmehr sich selbst besiegt hatte, sah der treue Anhänger des *bushidō* in wenigen Jahren alle Zeichen erlöschen, in denen sein Selbstbewußtsein wurzelte. 1870 wurde das Klassensystem abgeschafft, 1873 der Militärdienst eingeführt, d.h. die militärische Funktion war kein erbliches Sonderrecht mehr. Ab 1871 war der *samurai* nicht mehr verpflichtet, zwei Schwerter zu tragen, und 1876 wurde es ihm verboten. Andere Vorrechte, wie Familienwappen und -namen zu führen oder ein Reitpferd zu unterhalten, wurden nun allgemein freigegeben; die erblichen Solde, die von den Fürstentümern gezahlt worden waren, wurden in Staatsanleihen umgewandelt und dann abgeschafft. 1873 wurde das *tsumebara* aus dem neuen Strafgesetzbuch gestrichen. Nichts blieb als Erinnerung und Nostalgie. Während der europäische Adel sich mit Hilfe der Illusionen des Snobismus hartnäckig sein Fortbestehen vorgaukelte, verachtete der Kriegeradel Japans ein Überleben, das nichts als ein Schatten seiner früheren Stellung gewesen wäre, und zog es vor, ganz und gar abzutreten.

Der Tod des *samurai*

Welchen Namen soll man dieser Umwälzung geben? Zwar spricht man von der Meiji-Restauration *(Meiji-ishin)*, doch betrachtet man damit nur die Wiederherstellung der kaiserlichen Autorität, d.h. die Erneuerung der ganzen Gesellschaft wird außer acht gelassen und das Moment des Neuen vergessen, das im japanischen Wort *ishin* enthalten ist. Reform? Ein zu schwaches Wort für so tiefgreifende Veränderungen. Revolution also? Aber nur unter der Bedingung, daß man sich darunter eine Revolution ohne Ideologie der Revolte, ohne Klassenkampf, ohne Volksaufwiegelung (außerhalb aller Kategorien der abendländischen Geschichte) vorstellt. Sprechen wir besser von der Meiji-Renaissance. Es war ein plötzlich hereinbrechender, stürmischer Frühling, voller Hoffnung und Angst. Alles öffnete sich, alles löste sich. Doch die neugewonnenen Möglichkeiten zeichneten sich vor dem Hintergrund der Trauer über die absterbenden Dinge ab. Mit dieser Renaissance sollte ein Aspekt der menschlichen Größe für immer verlöschen. Ein Verschwinden, das um so ergreifender war, als es hingenommen wurde. So schien es, als wäre eines der letzten *tsumebara*, das Anfang 1868 stattfand, von einer Verdoppelung der Emotionen umgeben – es war das *tsumebara* eines Offiziers des Fürsten von Bizen, Taki Zenzaburō, der, nachdem er den besiegten Truppen der Tokugawa zugesetzt hatte, am 4. Februar 1868 Befehl gab, das Feuer auf die ausländischen Konzessionen bei Kōbe zu eröffnen. Es gab nur wenige Verletzte, doch die Regierung des Meiji-Kaisers verhängte die Todesstrafe. Man lud je einen Botschafter als Vertreter der ausländischen Mächte ein, d. h. sieben an der Zahl, um der Hinrichtung beizuwohnen. Mitford, der Sekretär des britischen Botschafters, hielt das Ereignis in einem Bericht fest. Zum ersten Mal wurden ausländische Blicke zu dem sonst streng unter Ausschluß der Öffentlichkeit stattfindenden *tsumebara* zugelassen. Man ahnt den düsteren Stolz, der die Zeremonie umgab: Wißt ihr, was ein *samurai* ist? Kommt, seht es euch an, bezeugt es. Denn bald schon wird all das nur noch Erinnerung sein.[79]

Die Szene spielte sich nachts bei Kerzenschein vor dem Hauptaltar eines buddhistischen Tempels, dem Seifukuji, in Kōbe ab. Auf einer einige Zoll hohen, mit Matten bedeckten Plattform war ein roter Filzteppich ausgebreitet worden. Zur Linken hatten sieben japanische Zeugen in einer Reihe Platz genommen, ihnen gegenüber, zur Rechten, die sieben Vertreter der ausländischen Nationen. Der Verurteilte trat in zeremoniellem Gewand ein: ein stattlicher Mann von zweiunddreißig Jahren. Einer seiner Freunde, ein bekannter Schwertkämpfer, begleitete ihn als *kaishaku*.

Langsam und mit großer Würde stieg der Verurteilte auf den erhöhten Fußboden, verneigte sich zweimal tief vor dem Altar und nahm dann mit dem Rücken zu ihm auf dem Teppich Platz. Der *kaishaku* kniete zu seiner Linken. Nun trat einer der drei Begleitoffiziere vor. Er trug ein Tischchen von der Art, wie sie im Tempel für Opfergaben benutzt werden, auf dem das in Papier gewickelte *wakizashi* lag, das kurze Schwert oder japanischer Dolch, neuneinhalb Zoll lang, dessen Spitze und Schneide so scharf wie ein Rasiermesser sind. Mit einer tiefen Verbeugung reichte er es dem Verurteilten, der es achtungsvoll entgegennahm, mit ausgestreckten Händen bis auf Kopfhöhe erhob und es daraufhin wieder vor sich hinstellte.

Nachdem er sich abermals tief verneigt hatte, sprach Taki Zenzaburō mit einer Stimme, die gerade soviel Gemütsbewegung und Zögern verriet, wie man von einem Mann bei einem peinlichen Bekenntnis erwarten durfte, doch ohne einen Ausdruck in seinem Gesicht oder in seinen Gesten, folgende Worte:»Ich, und ich allein, habe zu Unrecht den Befehl gegeben, auf die Ausländer in Kōbe zu schießen, und ich habe ihn wiederholt, als sie zu fliehen versuchten. Für dieses Verbrechen schlitze ich mir jetzt den Bauch auf, und ich bitte Sie, die Sie hier anwesend sind, mir die Ehre zu erweisen, Zeugen dieses Aktes zu sein.«

Er verbeugte sich noch einmal, streifte sein Gewand bis unterhalb des Gürtels ab und blieb mit nacktem Oberkörper sitzen. Dem Brauch gemäß knotete er seine Ärmel um die Knie zusammen, um seinen Körper daran zu hindern, nach hinten zu kippen, denn ein japanischer Gentleman soll im Sterben mit dem Gesicht nach vorne fallen. Nachdenklich, doch mit fester Hand, nahm er das vor ihm liegende kurze Schwert, betrachtete es aufmerksam, nahezu liebevoll. Einen Moment lang schien er sich zum letzten Mal zu sammeln. Endlich stieß er es sich tief in die linke Seite, unterhalb der Taille, führte die Klinge langsam bis zur rechten, drehte es in der Wunde um und vollführte einen leichten Schnitt aufwärts. Während dieser schrecklich schmerzhaften Operation bewegte sich kein einziger Muskel seines Gesichts. Als er das kurze Schwert herauszog, beugte er sich vor und bot den Nacken dar. Zum ersten Mal zeichnete sich ein Ausdruck des Schmerzes auf seinem Gesicht ab, doch er ließ keinen Laut der Klage vernehmen. In diesem Moment sprang der *kaishaku*, der im Knien jede seiner Bewegungen aufmerksam verfolgt hatte, auf und schwang sein Schwert für eine Sekunde in der Luft: dann ein Blitz, ein dumpfer, schauerlicher Schlag, das Geräusch von etwas Fallendem – der Kopf war mit einem Schlag vom Rumpf getrennt worden.

Die nun folgende Totenstille wurde lediglich vom gräßlichen Geräusch des Blutes durchbrochen, das dem vor uns niedergesunkenen, reglosen Haufen entquoll, der einen Augenblick zuvor ein tapferer und ritterlicher Mann gewesen war. Es war entsetzlich.

Das Verschwinden eines *samurai* – das baldige Verschwinden der *samurai* überhaupt. Doppelt melancholisch für denjenigen, der begriff, daß diese Zivilisation, die fähig gewesen war, solche Männer zu schmieden, ihrerseits am Ende ihres Lebens angekommen war. Eben die Anwesenheit der ausländischen Zeugen war ein Zeichen für die verhängnisvolle Krise, aus der sie sich nicht wieder erheben sollte. Die universelle Unbeständigkeit, die Formen nur zusammensetzt, um sie auszulöschen, flüsterte an jenem Abend Taki Zenzaburō, aber auch all denjenigen, die sich in der Rolle, die er spielte, wiedererkannten, das letzte Wort ihrer bitteren Weisheit ins Ohr:»Wisse zu sterben!«

Während der gesamten Edo-Zeit beherrschten die vom offiziellen Konfuzianismus formulierten Prinzipien von Unterordnung und Autorität gleichermaßen das Familien- wie das öffentliche Leben: In Haus und Staat sollte dieselbe Ordnung herrschen. Auch die von Konflikten und Krisen durchzogene Familienpolitik hatte ihre Sieger und Besiegten, ihre Rebellen und Opfer. Bei all diesen kleinen Spielen um Macht stellte der Freitod die Versuchung einer letzten Lösung dar, die von den Sitten zugelassen und im Bewußtsein der Menschen gegenwärtig war. Geteilte Liebe war oft die entscheidende Motivation: Der Tod zu zweit scheint nur halb so schwierig, wird doch die Einsamkeit gebannt, die schicksalhafte Begleiterin des Selbstmords. Das von der Widrigkeit des Lebens bedrückte Herz vollendet im Sterben die Liebe, aus der es seine Lebenskraft bezog: Es opfert sich ihr, endlich frei, wenn nicht zu leben, so doch zumindest zu lieben. Wie könnte man mehr lieben, als indem man aus Liebe stirbt?

Eine Schwiegermutter, die ihre Macht mißbraucht

Die Familiendramen *(sewamono)*, die Chikamatsu in den ersten beiden Jahrzehnten des 17. Jahrhunderts für das Puppentheater schrieb, enden zumeist – in fünfzehn von vierundzwanzig Fällen – mit einem Doppelselbstmord *(shinjū)* aus Liebe. Das letzte dieser Serie, »Doppelselbstmord in der durchwachten Nacht« *(»Shinjū yoigōshin«)*, welches im 71. Lebensjahr des Autors uraufgeführt wurde, beschreibt einen Familienkonflikt, der seinen Abschluß im doppelten Freitod der jungen Opfer findet. Die Handlung ist äußerst einfach: Hanbei, Sohn eines verarmten *samurai*, ist als junger Mann von einem kinderlosen Händlerehepaar aus Ōsaka adoptiert worden. Einige Jahre später geben ihm seine Adoptiveltern ein sehr junges Mädchen, Ochiyo, zur Frau. Die jungen Leute lieben einander, bald ist ein Kind unterwegs. Nun aber provoziert die Mutter das Drama: Sie nutzt eine vorübergehende Abwesenheit Hanbeis, um ihre im vierten Monat schwangere Schwiegertochter zu verjagen. Ochiyo, die Zuflucht bei ihrem Vater findet, hat zunächst allen Grund zu der Befürchtung, Hanbei sei Komplize dieses Streiches – aber nein, ein kurzer Wortwechsel genügt, um das Mißverständnis aufzuklären; ihr Mann bewahrt eine unwandelbare Liebe zu ihr. Doch die Dankesschuld *(giri)* bindet ihn untrennbar an die Autorität seiner Adoptiveltern. Er begreift, daß die Entscheidung der Mutter unwiderruflich ist, und schlägt seiner jungen Frau vor, gemeinsam in den Tod zu gehen. Traurig stimmt sie zu.

181

Im letzten Akt wanken Hanbei und Ochiyo, einander stützend, in der Nacht zum nahegelegenen Tempel, um dem Mitleid der Buddhas ihre Not und ihre Tränen als Opfergabe darzubieten – dort, im Schatten der geschwungenen, mächtigen Dächer, ersticht er sich, nachdem er Ochiyo die Kehle durchgeschnitten hat.

Chikamatsu sucht das Pathetische. Er weiß, daß sich sein Publikum an der befremdenden Lust zu weinen berauschen will. Unser Sinn für die Wahrscheinlichkeit mag sich weigern, die Motivationen dieses Doppelselbstmords nachzuvollziehen. Die Resignation der jungen Eheleute scheint uns allzu bereitwillig, die Beharrlichkeit der Schwiegermutter allzu willkürlich, um glaubwürdig zu sein. Doch kann man nicht erraten, was nicht gesagt wird? In solchen Suggestionseffekten hat sich die japanische Literatur stets hervorgetan. Einige Anzeichen bringen uns auf die richtige Spur: Hanbei ist spät, erst im Alter von 22 Jahren, in seine neue Familie gekommen. Sollte es da verwundern, wenn die Herrin des Hauses für ihn noch andere Gefühle als die einer Mutter hegte? Vielleicht hätte sie ihre Eifersucht überwunden, gäbe er nicht bald seiner Frau das, was sie niemals von ihrem Mann erhalten konnte: die Hoffnung auf ein Kind. In einem Anfall von Neid verflucht und verbannt die unfruchtbare Frau den Anblick von Zufriedenheit und Fruchtbarkeit, den ihre Schwiegertochter zu ihrem Leidwesen bietet.

Ohne daß auch nur das geringste explizit gesagt würde, ruft die von Chikamatsu erdachte Handlung tiefe Assoziationen hervor: Die Rivalität zwischen Mutter und Ehefrau um den Sohn ist eine der typischsten Situationen des japanischen Ödipus. In diesem Fall rührt das ganze Übel von der Tatsache her, daß die Leidenschaft der Mutter, die sich ihrer auf der moralischen Schuld beruhenden Autorität bedient, auf keinerlei Hindernis stößt: Ihr Mann ist eine unbedeutende, lächerliche Figur, weit entfernt vom konfuzianischen Ideal des Vaters. Von der Schwiegertochter ist kein Widerstand zu erwarten: Bis zur Geburt eines Kindes, vor allem eines Sohnes, der die Linie ununterbrochen fortsetzt, bleibt ihre Situation äußerst prekär; sie soll sich als Gast, fast als Dienerin, im Haus der Schwiegereltern betrachten. Den chinesischen Bräuchen zufolge, die schon in der Nara-Zeit eingeführt und durch den von der Regierung propagierten Konfuzianismus der Edo-Zeit wieder zum Leben erweckt wurden, darf man sie, sollte sie Anlaß zur Klage geben und z. B. kokett oder geschwätzig, ungehörig oder leichtsinnig, eifersüchtig oder unfruchtbar sein, zurückweisen, sie einfach mit einem Begleitschreiben, in dem der Ex-Mann erklärt, daß er auf all seine Rechte verzichtet und die erhaltene Mitgift zurückgeben werde, an ihre Eltern zurückschicken. Unter dem Druck dieser Drohung wird der jungen Ehefrau also eine strenge Unterwerfung auferlegt, für die sie sich später, wenn sie ihrerseits Herrin des Hauses geworden ist, entschädigen wird, fest entschlossen, die Willkür fortzusetzen, indem sie nun ihrer Schwiegertochter die gleichen Demütigungen zufügt, die sie einst erleiden mußte. Dem Sohn käme es zu, seine Frau zu verteidigen, doch in »Doppelselbstmord in der durchwachten Nacht« denkt der unglückliche Hanbei nicht einen Augenblick daran, diesen Streit auszufechten. Aus Schwäche? Nein, nicht daß es ihm an Kraft fehlte, er verwendet sie nur gänzlich darauf, sich selbst zu binden, sich zum *giri* zu zwingen, sich blindlings jener Dankesschuld zu unterwerfen, die von der Moral jener Zeit zum höchsten Wert erhoben wird, der die menschlichen Beziehungen regelt. Für einen von Händlern adoptierten Sohn eines *samurai* ist dieser Rigorismus eine Frage der Ehre. Er räumt sich schließlich gerade noch die Freiheit ein zu sterben. Für das japanische Empfinden erhebt sich das Schauspiel eines Kampfes dadurch zum Pathetischen, daß es zu einem Kampf eines Menschen gegen sich selbst wird, in dem sich seine ganze Kraft konzentriert und verbindet. Das Theater legt weniger Wert darauf, den Zusammenstoß der Willen zu zeigen, als vielmehr diesen unbeweglichen, stummen Schwebezustand, der sich lediglich in einer zitternden Spannung offenbart.

Hanbei hält sich zurück, zwingt sich, strengt sich an, das Bild eines tadellosen Sohnes zu bieten. Vor den Augen seiner Mutter tut er so, als schlüge und verjage er seine Frau. Doch kurz darauf folgt er ihr nach, um zu sterben. Nicht der Pflicht opfert er sich auf, sondern der Liebe. Solange er lebt, bemüht er sich, die Sohnesschuld, die er niemals abtragen kann und die ihm mit der Geburt – und jener zweiten Geburt, der Adoption – auferlegt wird, in Ehren zu halten. Ein Ausweg aber bleibt ihm: Der Freitod wird ihm die Freiheit geben, ohne Grenzen zu lieben. Um diesen Preis hebt sich seine moralische Knechtschaft auf.

Hanbei ist von den konfuzianischen Prinzipien durchdrungen, doch so wie ein Schauspieler von den Gesten, die er spielen soll. Er gehorcht ihnen bis ins Detail, doch dann befreit er sich mit einer einzigen Bewegung von ihnen und wird im Sterben wieder zu dem, was er ist. So erging es vielen vom chinesischen Festland eingeführten Kulturgütern: Sie wurden zu Rollen, die man eifrig und sorgfältig wiederholte. Zum Schluß vergißt Hanbei, daß ein guter Sohn – so steht es in den chinesischen Büchern – es zum Gesetz erhebt, den Körper, der ihm von seinen Eltern, seinen Ahnen anvertraut worden ist, ihm also nicht gehört, unangetastet und ihnen stets zu Diensten zu bewahren. Er soll unnütze Risiken vermeiden, sich von Abgründen und steilen Pfaden fernhalten, ins Schiff steigen, wenn es sein muß – sich jedoch beileibe nicht auf das Abenteuer einlassen zu schwimmen! Konfuzius läßt den Selbstmord aus Ehrgefühl und Tugendhaftigkeit gelten, etwa zur Ermahnung, doch aus Liebe zu sterben ist eine nicht wiedergutzumachende Irrung. In der von ihm konzipierten moralischen Ordnung hat die Freundschaft ihren Platz, ist das Wohlwollen überall gefordert, die Sexualität zur Reproduktion geachtet – doch die Liebe, diese Stifterin von Wirrungen, Gefahren und Qualen, bleibt ausgeschlossen. Das Objekt der Ehe ist also selbstverständlich keineswegs die Befriedigung der Eheleute, sondern die ununterbrochene Fortsetzung, das Gedeihen der Stammlinie. Für die konfuzianischen Lehrer

183

ist die Liebe ein Egoismus schlimmster Art, ein Egoismus zu zweit – überdies verhängnisvoll für das Glück.

Pflicht und Gefühl: diese beiden Prinzipien, *giri* und *ninjō*, zerreißen die Theaterhelden Chikamatsus wie gewisse Helden Corneilles. Doch wird im »*Cid*« beispielsweise eine dialektische Zukunft angekündigt; dort ist der Widerspruch die Verheißung seiner Überwindung: »Laß die Zeit das ihre tun«, sagt der König zu Rodrigue. Die Liebe, die im Abendland einen ethischen Wert darstellt, läßt sich daher am Ende mit jeder Tugend versöhnen. Chikamatsu hingegen hegt diese Hoffnung nicht: allzu starr ist die moralische Ordnung; der Kampf scheint von vornherein verloren; die Liebenden finden sich mit ihrem Schicksal ab: nicht ohne sich zu beklagen, doch ohne zu murren, verzichten sie auf die Zukunft. Niemals klagen sie die Gesellschaft an, die sie voneinander trennt, genausowenig die Familie, die sie zum Freitod treibt oder sie verstößt. In den Umständen, von denen sie erdrückt werden, glauben sie das Gewicht ihrer eigenen Vergangenheit, die unvermeidliche Folge der Verfehlungen ihrer früheren Leben, wiederzuerkennen. Die buddhistische Analyse der Ursachen des Leidens *(inga)* hat sie seit langem davon überzeugt, nur sich selbst die Schuld zu geben. Eilig suchen sie Zuflucht im Tod. Die einzige Hoffnung, die ihnen noch bleibt, ist die auf ein anderes Leben.

Die Not und das Mitleid

Hat die Liebe ihren Platz in dieser Welt? Leider nicht, antwortet Chikamatsu. Dieser pathetische Pessimismus klingt für uns wie das ferne Echo der Legende von Tristan und Isolde. Die eigene Liebe leben heißt, zuviel zu verlangen – doch besser als ein Leben ohne Liebe ist der Verzicht auf das Leben. Ein empfindsames Herz kommt rasch zu diesem Schluß, und man muß sehr kaltherzig sein, um es deswegen zu tadeln; man kann nur schweigen und es beklagen. In fundamentalem Gegensatz zum Konfuzianismus betonte die Religion des Amida die Hoffnung auf eine andere Welt und pries Mitleid und Vergebung als Werte. Auf die Glücklosen wartet unendliche Nachsicht. Bevor sie sich töten, wenden sich Chikamatsus Liebende dem Paradies des Westens zu: Ihre letzten Momente werden durch einen Trost versüßt, den zu verweigern sich das Christentum in seinen ruhmreichen Tagen zur Pflicht machte, als ob die drohenden Strafen die Verzweiflung einschüchtern könnten. Was aber hätte man zu befürchten, wenn man nichts mehr erwartet? Zur dunklen Leidenschaft Tristans paßt der Pessimismus der Katharer besser, wie Denis de Rougemont sah, als die christliche Orthodoxie, die der Ordnung dieser Welt allzu sehr anhängt. In gleicher Weise wandten sich in Japan diejenigen, die sich der ganzen Welt zum Trotz bis in den Tod hinein liebten, vom Konfuzianismus und von einer Moral ab, die nur für dieses Leben taugte – ihre Herzen waren von der Illusion einer anderen Welt erfüllt, einer Welt, in der ihnen vergeben werden würde, in der sie »auf demselben Lotus vereinigt« wiedergeboren werden würden. Sie vermischten ihre Leidenschaft und die Gnade des Amida mit dem Mitleid Kannons. Sie gaben sich dem Tod und der Nacht hin, um in der Morgendämmerung einer Liebe zu erwachen, die kein irdischer Horizont mehr begrenzen würde.

Aufgrund der Idee moralischer Schuld *(giri)* ermutigte der inzwischen in Japan verwurzelte Konfuzianismus gewiß in vielen Fällen dazu, den Despotismus in der Familie zu übertreiben. Gleichwohl besetzte er niemals das ganze Terrain. In der Tiefe beherrschte der Buddhismus weiterhin die Empfindsamkeit. Im Bewußtsein der Menschen blieb die Grenzlinie zum Freitod bestehen. Jene erlaubte und anerkannte Praxis setzte den in die Moral gekleideten Gesetzen eine Drohung entgegen: Der Herr, Vater oder Patron will, daß man ihm gehorche, nicht aber, daß man sterbe; von allen Arten, sich ihm zu entziehen, fürchtet er diese am meisten; dieser Tod ist seine Strafe, bei der er alles zu verlieren hat, vor allem seine Überzeugung, zum Wohl der anderen zu handeln. »Später wird er mir danken, auch wenn er jetzt leidet. Doch wenn er sterben sollte?« Bei diesem Gedanken war die Autorität bereit, ihren Griff zu lockern. Chikamatsus Dramen, die die Zerrissenheit des Herzens darstellten, erregten und stillten nicht nur das mysteriöse Verlangen, zu klagen und zu weinen, implizit hatten sie auch eine warnende Funktion: Vielleicht trugen sie dazu bei, so manche, von ihren Rechten eingenommene Eltern besonnener zu machen.

Man wußte, daß die öffentliche Meinung angesichts des vollzogenen Selbstopfers stets auf der Seite der jungen Täter war: Man würde ihre Irrtümer und das Unrecht, das sie begingen, vergessen, indem man ihre Entscheidung entschuldigte. Die Hypothese eines momentanen Wahnsinns, auf die man sich im Abendland so oft berief, um die Blindheit der Umgebung unter der den Verstorbenen zugeschriebenen Verblendung zu maskieren, würde ihnen erspart bleiben. Auf den stummen Akt würde allein das achtungsvolle Schweigen antworten. Ebensosehr wie durch die Grausamkeit der Umstände konnten junge Menschen, die, zugleich gewaltsam und schüchtern, dazu neigen, sich genauso beklagen zu lassen, wie sie sich selbst beklagen, durch diese breite Zustimmung zum Selbstmord verführt werden. Zart und verletzlich liefen sie dem Tod entgegen, ohne eine einzige Geste des Widerstands, ohne etwas erklären zu wollen, ohne ein Wort des Grolls oder der Entschuldigung. Ihr Tod wäre Rechtfertigung genug. Sie wußten, daß man ihre ach so bereitwillige Resignation beweinen werde, ohne sie ihnen vorzuwerfen. Man würde ihnen nach ihrem Tod das Verständnis entgegenbringen, auf das sie im Leben nicht mehr hoffen konnten.

Eine Textsammlung, 1704 von Shohōken veröffentlicht, bezeugt diese Sympathie gegenüber verzweifelten Liebenden: siebzehn Erzählungen, die in ihrer Mannigfaltigkeit den »Großen Spiegel der Doppelselbstmorde«

(»Shinjū ōkagami«) bilden. Diese Texte, die durch kurze Tagesmeldungen angeregt wurden, beschreiben ausweglose Situationen, heillose Enttäuschungen, oft Fälle von Machtmißbrauch, denen der Doppelselbstmord seine unwiderlegbare Erwiderung entgegensetzt. Der Erzähler faßt den Lauf der Ereignisse kommentarlos zusammen: Er kritisiert weder die Autoritätsprinzipien noch die sozialen und moralischen Zwänge – und er tadelt auch nicht die Geste, die ihnen trotzt und sich ihnen entzieht. So beschreibt er, Text für Text, die Katastrophen, die durch die Faszination des Abgrunds und autoritäre Selbstgerechtigkeit heraufbeschworen werden.

Der väterliche Absolutismus

Einige Seiten, die den Titel »Die Shamisen des Hasses« *(»Nikushimi no shamisen«)* tragen, berichten von einem befremdlichen Mißverständnis, das durch die väterliche Überheblichkeit zum Verhängnis wird. Einst entschloß sich ein verarmter *samurai*, seinen Stand zu verlassen, um Stoff- und Kleiderhändler in der Hauptstadt zu werden. Nachdem er reich geworden war, zieht er sich mit seiner Frau in das einige Kilometer von Kyōto entfernte Dorf Sumizome zurück. Sein Geschäft hat er seinem einzigen, 24 Jahre alten und noch ledigen Sohn Ryūshichi anvertraut, der ebenfalls eine große Begabung für den Handel zeigt. In Sumizome müht sich eine tugendhafte Witwe, die einer Kriegerfamilie entstammt, in äußerster Armut ihre etwa zwölfjährige Tocher Ochō großzuziehen: Die Not zwingt sie dazu, die Hilfe des im Ruhestand lebenden Händlerehepaars in Anspruch zu nehmen, das ihr das Mädchen abkauft, um es Ryūshichi zur Frau zu geben – beiden Seiten ist geholfen. Man schickt Ochō nach Kyōto: Die jungen Leute sind entzückt; ihre Gefühle bestätigen aufs wärmste die Entscheidung der Eltern. Woher aber wird, inmitten dieses Segens, das unerwartete Unglück, stets der Komplize der guten Erzähler, auftauchen? Nun, Ryūshichi setzt sich in den Kopf, viel Geld dafür aufzuwenden, aus seiner zukünftigen Frau eine vollendete Künstlerin zu machen: Mit dem einzigen Ziel, wie man uns versichert, die Muße seiner Ehe zu verzaubern, läßt er sie Tanz und Gesang erlernen und will, daß die besten Meister der Hauptstadt sie zu einer geschickten *kotō*- und *shamisen*-Spielerin ausbilden. Der Vater erfährt von diesem Aufwand und wird von einer plötzlichen, absoluten und rigiden Überzeugung besessen, in der man den paranoiden Akzent wiedererkennen kann, der so häufig in der ödipalen Beziehung zwischen Vater und Sohn auftritt: Der wahre Zweck all jener Ausgaben ist es, das Mädchen auf eine Laufbahn als *geisha* vorzubereiten! So projiziert er auf diesen beneideten Sohn, was er verworren (vielleicht beim Anblick der edlen Witwe) an Niedrigem in sich selbst verspürte: die Gewinnsucht, die ihn zum Händler herabsinken ließ. Eine verrückte, aber nicht unwahrscheinliche Überzeugung. Vater und Sohn wissen beide, daß das Geld unter der Herrschaft der Tugend regiert: Die weiblichen Talente können, gut verwertet, einen ausgezeichneten Ertrag abwerfen. Die väterliche Entrüstung kann nun die ganze Gewalt einsetzen, die die Gesellschaft den Familienoberhäuptern zuerkennt. Unter einem Vorwand läßt man Ochō nach Sumizome zurückkehren, und zur Bestrafung des Sohnes vollzieht der Vater genau das, was er ihm als Absicht unterstellt und vorwirft: Gegen eine Summe Geldes verkauft er das Mädchen an einen in den Westprovinzen ansässigen Besitzer eines *geisha*-Hauses, der aus der Jugend und den Talenten des Mädchens Kapital schlagen wird.

Nichtsahnend verbrachte Ryūshichi seine Tage damit, an der Schwelle seines Hauses mit brennender Ungeduld auf sie zu warten. Nach zehn Tagen erreichte ihn ein Brief von Ochō, in dem sie ihm den Plan seiner Eltern mitteilte und hinzufügte, daß er darüber sehr verärgert sein müsse und daß sie von dem Gedanken betrübt sei, er beschuldige sie zweifellos zu Unrecht, daß aber den Befehlen seiner Eltern so großes Gewicht zukomme, daß sie, ob sie wolle oder nicht, nach dem Westen werde abreisen müssen; gleichwohl bat sie ihn, den Tag ihrer Abreise als den letzten Tag ihres Lebens zu betrachten, denn sie habe nicht die Absicht weiterzuleben, und daß er eingedenk ihres vergangenen, gemeinsam erlebten Glücks für ihr Heil in der anderen Welt beten möge. Die Tinte ihres Briefes war verblaßt, und es schien ihm, als habe sie ihn unter Tränen geschrieben.

Außer sich vor Schmerzen brach Ryūshichi noch am selben Abend nach Sumizome auf. Der Klang der Tempelglocke begleitete ihn. Unterwegs entwarf er seinen Plan. Er hatte sich entschieden, nicht zu seinen Eltern zu gehen, sondern bat Ochōs Mutter, sie unter dem Vorwand heimzuholen, daß sie an jenem Abend bei ihr schlafen solle. Dann kehrten sie auf Schleichwegen zur Hauptstadt zurück. In äußerster Wut schrieben ihm seine Eltern, sie würden sie nicht länger als ihre Kinder betrachten und daß sie Ochōs Mutter an den Bettelstab bringen würden.

Daraufhin sagten sie sich, daß sie, sollten sie weiterleben, nicht zusammenbleiben könnten. Wenn sie aber mit gelassener Heiterkeit zusammen sterben würden, hätten sie von niemandem auch nur das geringste zu befürchten. So faßten die Eheleute ihren Entschluß und starben von derselben Klinge.[80]

Man fühlt die ganze Sympathie, die der Erzähler den jungen Leuten zuteil werden läßt: Gewalt, Verwirrung, sogar Erpressung von seiten der Eltern – doch bei den Opfern: Würde, Entschlossenheit, heitere Gelassenheit. Der Akt wird überlegt und ruhig vollzogen. Das Mädchen ergreift dabei die Initiative, zunächst um ihrer Liebe treu zu bleiben, dann um ihre Mutter zu schützen: Dieses Selbstopfer wird die Eltern entwaffnen und wieder zur Vernunft bringen. Der Sohn hat versucht, zu leben und der Willkür zu entgehen. Hätte er nicht seinen Vater um eine Unterredung bitten sollen? Doch er weiß, daß Erklärungen die Mißverständnisse nur noch genährt hätten: Sein Schweigen bezeugt seine Skepsis gegenüber dem Wort, die einen tiefen Zug der japanischen Kultur erkennen läßt. Das Abendland faßte, seinem doppelten – griechisch-römischen und jüdisch-christlichen – Ursprung zufolge, das Erfassen des Wahren entweder als Logik, Dialektik, Rhetorik, oder als Versprechen, Schrift, Prophezeiung auf – doch in dem einen wie dem anderen Fall stets im vollen Vertrauen auf das explizite Wort: Lehrsätze, Gesetzestexte, Ideendialoge, Zeugnisse, Bekenntnisse, Diskurse, Deklarationen. Japan hingegen traute es nur dem Akt selbst zu, das Wahre zu setzen, läuft doch das Wort, das auf Konventionen beruht, Gefahr, die Klarheit des Aktes zu trüben. Nicht, daß das Gespinst von Worten nichts offenbaren könnte – doch nur durch Anspielungen in verschwiegener, zweideutiger, unvorhergesehener Weise. Die Wahrheit läßt sich nicht in Worte fassen, sie schlüpft – entgegen dem, was die Worte sagen – durch sie hindurch in die Zwischenräume und Nischen: Freudsche Intuition, welche Japan mit seiner entwickelten Praxis des Impliziten vorbereitet zu haben scheint. Keine Kultur achtete so sehr auf die verschiedenen Codes, dehnte deren Herrschaftsbereich auf alle Aspekte des Lebens aus – aber auch keine Kultur ging so herablassend mit ihnen um, faßte sie nur als die Kunstprodukte auf, die sie sind. Wozu versuchen, sich durch Aussagen zu rechtfertigen, deren Gültigkeit von keiner anderen Aussage je gewährleistet werden kann? Dem Akt allein kommt die Aufgabe zu, kundzutun, was war. Sterbend beweist der Sohn seine verkannte Dienstbereitschaft. Paradox des Freitods: Kann man sich nur, indem man aufhört zu sein, Gewißheit darüber verschaffen, was man war?

Ein Freund der Wollust

Aber für andere, zum Glück weniger verletzliche Menschen, hatte das väterliche Anathema nichts Bedrückendes: Die Lebenslust war stark genug, um all diesen Bedrohungen auszuweichen, ja ihnen sogar zu trotzen. In der ersten der 1686 verfaßten Geschichten, die von den leidenschaftlichen Schicksalen der »Fünf Freundinnen der Wollust« (*»Kōshoku gonin onna«*) erzählen, beschreibt der Romancier Ihara Saikaku einen jungen Verschwender, Seijūrō, einen Stammkunden der Freudenhäuser: Die professionellen Verführerinnen finden in ihm ihren Verführer. Obwohl er erst neunzehn Jahre alt ist, belaufen sich die schriftlichen Treueschwüre, die ihm von jenen Mädchen geschickt worden waren, auf eintausend Bündel, und für die Fingernägel, die sie sich als Liebespfand ausrissen, reichte eine kleine Truhe nicht mehr aus. Doch der Tag kommt, da der Vater über den Lebenswandel seines Sohnes außer sich vor Wut gerät: Seijūrō wird geschmäht, verflucht, enterbt. Auf diese Nachricht hin hält die schöne Minagawa, seine Lieblingskurtisane, die weiß, was sich gehört, den Zeitpunkt für gekommen, in Schönheit zu sterben.

Er wollte gerade den Salon verlassen, als Minagawa, ganz in Weiß gekleidet, hereinstürzte, sich fest an ihn drückte und rief: »Wo wollt Ihr denn hin, ohne Euch zu töten? Jetzt ist der Moment zu sterben!«, und sie holte zwei Rasiermesser hervor. Darüber empfand er große Freude. Doch schon stürzten die Leute des Hauses herbei und trennten die beiden voneinander. Minagawa wurde zu ihrem Herrn geführt.[81]

Seijūrōs Freude ist lediglich die eitle Genugtuung, ein neues Liebespfand in Empfang zu nehmen. Saikaku läßt uns sein Widerstreben erraten. Nur die Liebe könnte ihm die Kraft zum Sterben geben. Aber Vergnügungsliebende haben es nicht so eilig, Schluß zu machen: Man wird sich vielleicht eines Tages dazu durchringen müssen, doch später, möglichst spät. Die Eile der schönen Minagawa ist indes sehr bedeutungsvoll: Drückt sie nicht die latente Verzweiflung der Freudenexpertinnen aus, die Saikaku zu erkennen wußte? Schon 1684, im achten Kapitel seines »Großen Spiegels der Verführung« (»*Shoen Ōkagami*«) liefert er eine Aufstellung von achtzehn verstorbenen Kurtisanen aus Shinmachi, einem Vergnügungsviertel von Ōsaka. Alle stammten aus der Provinz Etchū (heute die Präfektur Toyama), einer von armen Bauern bewohnten Bergregion – und alle stürzten sich vom Berg Tateyama hinab, der sich im Westen der Provinz erhebt. So zog es eine nach der anderen vor – wahrscheinlich während eines Heimatbesuches – nie mehr in ihr glänzendes Gefängnis zurückzukehren. Diese einfache Aufstellung läßt die Melancholie der Kurtisanen erkennen, von der auch Chikamatsus Stücke zeugen, die dunkle und ergreifende, sorgsam verborgene Kehrseite dieser leichten Welt, in der um jeden Preis Lachen und Gesang, Luxus und Wollust herrschen sollten.

In seinen ebenso offenherzigen wie verspielten Werken macht Saikaku kein Hehl aus dem Elend der Vergnügung, genausowenig aus den Grausamkeiten der Liebe, doch in der Regel stattet er seine Gestalten mit einer solchen Lebenskraft aus, daß sie den Versuchungen des Freitods widerstehen, die ihnen auf ihrem Weg begegnen. Diese leichten, elliptischen, springenden Erzählungen beschreiben manchmal heftige Leidenschaften, doch meistens sind es leichtfertige Abenteuer, Begegnungen für einen Tag, all die süßen und bitteren Zufälle jener »schwebenden Welt«, *ukiyo*. Dieses mit buddhistischen Konnotationen behaftete Wort bezeichnet die Welt der Unbeständigkeit und der Illusion, die in den Predigten der Mönche angeprangert wird. Doch die Helden Saikakus versuchen nicht, ihr zu entgehen, sondern verwenden ihre Weisheit darauf, sich ihr anzupassen, und ihre Ironie, nicht von ihr betrogen zu werden. Von vornherein nehmen sie alles hin, was die Zufälle dieser Welt ihnen auch zuteilen mögen – und der Zufall ist ihnen gegenüber nicht geizig: In seinem 54. Lebensjahr zieht der Held aus »Ein Freund der Wollust« (»*Kōshoku ichidai otoko*« [1682]) Bilanz und rechnet aus, daß er mit 3742 Frauen und 725 Männern geschlafen habe. Sein weibliches Gegenstück aus »Eine Freundin der Wollust« (»*Kōshoku ichidai onna*« [1686]) denkt am Ende ihrer Laufbahn gar, daß sie über zehntausend Männer gekannt habe!

Diese Erzählungen sind, wie man sieht, offenherzig, zynisch und deftig. In der Art der Libertins? Nein – niemals finden sich in ihnen Vergewaltigung oder Betrug, niemals jener Tonfall von Auflehnung und Trotz, der den schwarzen Heldentaten der abendländischen Libertinage von Don Juan bis Laclos und de Sade zu eigen ist. Um frei in ihren Vergnügungen zu sein, müssen sich die Helden Saikakus nicht für Abtrünnige halten. Um zu genießen, müssen sie sich nicht beweisen, daß sie nicht lieben. Rohe Unschuld des Heidentums in ihren Wechselfällen, die der Humor begleitet: Diese Abenteuer stellen keine Grenzüberschreitung dar, sondern ein Spiel, ja, fast möchte man sagen, einen Sport. Sie laufen nicht Gefahr, plötzlich von einem Blitz aus dem feindlichen Himmel oder der aufgebrachten Gesellschaft getroffen zu werden. Die Lust hat ihren eigenen, ihr fest zuerkannten Platz. Gewiß herrscht die Moral, wie es sich gehört, und der Gesellschaft der Edo-Zeit fehlt es nicht an strengen und rigorosen Aspekten: Die Machthaber sind mächtig, die Bindungen fest geknüpft – und dennoch ist es keine totalitäre, nicht einmal eine puritanische Gesellschaft. Man erläßt harte, mitunter schreckliche Gesetze für die Fälle, von denen man meint, sie könnten der Gesellschaftsordnung gefährlich werden. Man lobt die Tugend, betont die Pflicht und den Willen. Aber man erkennt auch einen Spielraum am Rande der Verpflichtungen an. Diesseits von Gut und Böse duldet man gerne die Launen des Genusses. Die Händler sollen ihr Geld ausgeben, denn sie arbeiten hart, es zu verdienen. Doch was die *samurai* betrifft, so befürchtet man natürlich, daß sie sich ruinieren und dann versucht sein könnten, den Dienst ihres Schwertes an den Meistbietenden zu verkaufen. Man warnt sie also – nicht vor der Lust, sondern vor der Liebe: Hat man sich je für eine Kurtisane ruiniert, außer wenn man verliebt war?

Wenn die Ehe nicht genügt, wenn es einen nach lebhafteren Gefühlen dürstet, als das traute Heim sie bieten kann, ist die Liebe zu Jungen die am wenigsten kostspielige. Man duldet sie, fördert sie, erkennt ihre den brüderlichen Wetteifer fördernden Wirkungen an. Anstatt sich der sprichwörtlichen Raffgier der Freudenmädchen oder der Bordellbesitzer auszusetzen, tut man besser daran, sich für einen jungen, einfachen und herzerfrischend naiven Kameraden aus der Kaserne zu interessieren. Hierzu erteilt das »*Hagakure*« verschwenderisch Ratschläge, die Mishima Yukio sehr einsichtig fand. Die wahre Liebe, sagt Tsunetomo, begegnet einem nur ein einziges Mal im Leben. Man kann also gar nicht vorsichtig genug sein.

190

Wenn man einen Mann liebt, der älter ist als man selbst, muß man ihn etwa fünf Jahre lang auf die Probe stellen; hat man sich einen tiefen Einblick in seine Gefühle verschafft, kann man ihm vertrauen. [...] Da es sich um eine Liebesbeziehung handelt, in der man Hilfe und Beistand selbst um den Preis des eigenen Lebens leisten soll, muß jeder die Seele des anderen bis auf den Grund durchdringen.

Die im Abendland seit jeher, wenn nicht gar für pervers, so doch zumindest für frivol gehaltene Homosexualität, die zunächst vom Christentum negiert und dann mit der Libertinage in Verbindung gebracht wurde, nahm im reinen Herzen der *samurai* diesen keuschen und ernsten Tonfall an.

Die Organisation der Lust

All denjenigen aber, die Bedarf an Frauen haben, und zwar auch an anderen als ihrer eigenen, empfiehlt man die Freudenhäuser: Die besten sind allerdings recht kostspielig, doch ist man dort vor allen Gefahren geschützt, die den Ehebruch mit seinen Abenteuern, Intrigen und Racheakten umgeben. In dieser Gesellschaft der Edo-Zeit sind die Etablissements äußerst gut überwacht, die Namen der Kunden, ihre Gesten und Worte, die Uhrzeiten ihres Kommen und Gehens, alles wird mit der größten Sorgfalt festgehalten. Der tüchtige Geschäftsmann, der 1612 plante, die überall verstreuten Bordelle der Stadt des *shōgun* in einem einzigen Viertel (das berühmte Yoshiwara, das 1958 aufgelöst wurde) zu konzentrieren, gab in seinem Ersuchen an das *bakufu* als Begründung an, daß es dadurch viel leichter wäre, über die Sicherheit der Kunden zu wachen, d. h. die Überwachung derselben zu sichern: Man könne insbesondere die *rōnin*, jene für die Ruhe des Staates stets bedenklichen Elemente, im Auge behalten. Man werde die Familien besser schützen können – indem man einerseits die männlichen Begierden ohne die Gefahr von Abenteuern stille und andererseits die Kinderdiebe aufspüre, deren niederträchtiges Geschäft darin besteht, kleine Mädchen zu entführen, um sie an die heimliche Prostitution zu verkaufen: Bei jedem Kauf werde man den Namen, die Anschrift und die Unterschrift der Eltern verlangen. Niemals wurde eine Bittschrift in vernünftigeren Worten eingereicht: Die sorgfältig organisierte Freiheit aller erlaubten Lüste ist für die Stabilität der Gesellschaft von sehr großer Bedeutung. Das *bakufu*, das einige Monate später die erforderlichen Genehmigungen und die zu den Bauten unentbehrlichen Grundstücke zuteilte, begriff diese Argumente sehr wohl. Sicherheit und Freiheit: Dieses ehrgeizige Ideal des Gesetzgebers hat vielleicht niemals eine adäquatere Verwirklichung erfahren.[82]
Schon seit dem Ende des 17. Jahrhunderts blühten fünfundzwanzig Vergnügungsviertel *(kuruwa, yūkaku, yūri)* in den großen Städten Japans. Yo-

shiwara beschäftigte zu dieser Zeit zweitausend Mädchen *(yūjo, jorō)*, bis zu viertausend in den besten Zeiten des 19. Jahrhunderts. Durch die große Befreiungsbewegung, die den Beginn der Meiji-Zeit markierte, sollten sie ihre Freiheit zurückerhalten: Durch den kaiserlichen Erlaß vom 2. Oktober 1872 wurde jeder Menschenhandel verboten, jeder Prostitutionsvertrag für null und nichtig erklärt. Die Mädchen durften die Häuser, an die sie verkauft, in denen sie jahrhundertelang festgehalten worden waren, verlassen. Doch wohin sollten sie gehen? Was sollten sie anderes tun? Die meisten blieben freiwillig Gefangene, und die Häuser gediehen und rekrutierten weiter. Die Prostitution blieb in Japan auf ein eingegrenztes Vergnügungsviertel beschränkt, auf in Häuser eingeteilte Pensionate *(jorōya, okiya, ageya)*. Diese einer strengen Tarif- und, man könnte sagen, Moralregelung unterworfenen Etablissements waren mehr oder weniger kostspielige Hotel-Restaurants, mit mehr oder weniger jungen und hübschen Mädchen – alles zwar recht verspielt, aber doch anständig, ohne die Spur des Ordinären eines geschlossenen Hauses à la Toulouse-Lautrec. Die frech herausfordernde Art der unabhängigen Straßendirne war in Japan unbekannt. Die reichen Japaner dachten auch nicht im Traum daran, gemeinsam zum Unterhalt einer berühmten Schönheit beizutragen, wie es die europäischen Großbürger des 19. Jahrhunderts taten, indem sie die für einen einzigen Geldbeutel allzu belastende Gunst einer Dame unter sich teilten. Diese Form eines stillschweigenden Vertrags, die den großen Luxus der Cléo de Mérode und der Lyane de Poussy erlaubte, geht zeitlich mit der juristischen Erfindung der Aktiengesellschaft einher. Der japanische Kapitalismus verharrte noch lange nach der Meiji-Restauration im Stadium des Familieneigentums und der Handelsinnungen.

Nach soviel Offenheit hielt man eine Spur Heuchelei für notwendig: Die gewöhnlichen Leute verkehrten mit unverhülltem Gesicht unter den Lampions und Laternen von Yoshiwara in Edo, von Shimabara in Kyōto, von Shinmachi oder Sonezaki in Ōsaka, *samurai* aber sollten anstandshalber beim Häuschen am Eingangstor für ein paar Groschen einen Strohhut *(amigasa)* borgen, dessen herunterhängende Krempe das Gesicht verdeckte. Aus demselben Grund hatte der venezianische Adel die schwarze Samtmaske und den Domino erfinden müssen. In dieser Welt abseits der Gesellschaft hatten die Rangunterschiede keine Geltung mehr: Alle waren gleich – abgesehen vom Geld. Eine kleine künstliche Welt, geschäftig und theatralisch, der friedlichen Glut der Lust gewidmet. Die Schwertträger mußten ihre Waffen am Empfang abgeben. Man wollte auf der einen Seite den Streitigkeiten aus Trunkenheit, den Rivalitäten aus männlicher Eitelkeit vorbeugen – doch auch noch eine andere Sorge beschäftigte die Bordellbesitzer: Es sollte vermieden werden – eine traurige Vorsichtsmaßnahme –, daß eine neben dem Kopfkissen abgelegte Waffe einem jener Mädchen plötzlich den Entschluß eingeben könnte, sich dem Handel zu entziehen, dessen Ware es war. Notgedrungen, zuweilen schon in sehr jungen Jahren von ihren Eltern oder später sogar von ihrem Mann verkauft, waren sie durch einen Vertrag gebunden, dessen Laufzeit in der Regel zehn Jahre betrug. Doch viele erlebten den Ablauf dieser Frist nicht. An eine Flucht war nicht zu denken; das Viertel war mit Mauern und Wassergräben umgeben; sie durften es nur wenige Male im Jahr verlassen, etwa um die Kirschblütenschau in Ueno zu besuchen, einen Tempel zur Erfüllung eines Gelübdes oder zum letzten Besuch ihrer kranken, im Sterben liegenden Eltern. Wo hätten sie auch Zuflucht finden können? Man würde sie ja doch schnell wieder einfangen. Die Mutigsten flohen in den Tod, überglücklich mitunter, so sehr geliebt zu werden, daß ihr Liebhaber sie begleiten wollte. Manch einer – den anderen ein Vorbild an Klugheit und Geschicklichkeit – gelang es, einen Kunden zu überreden, die Dienstjahre, die sie noch abzuleisten hatte, auszulösen: Für eine Summe, über die es mit dem Bordellbesitzer zu verhandeln galt, wurde sie die Konkubine eines reichen Mannes. Die meisten aber fanden sich schließlich damit ab, nicht mehr aus dem Gehege herauszukommen: Wenn sie noch lebten, als ihre Reize dahinschwanden, wurden sie Überwacherinnen der Mädchen, Hausmeisterinnen, Haushälterinnen, Musikantinnen, Schminkerinnen, Ankleiderinnen oder einfache Dienerinnen und Putzfrauen. Viele, gleichgültig gegen jenen Körper, der ihnen nicht gehörte, wurden krank und starben vor sich hin. Seit 1743 bewahrt man im Seikan-Tempel die Totenregister der dort beigesetzten Mädchen von Yoshiwara auf. In ihrer Präzision ist die Zahl von eisiger Beredsamkeit: Sie starben durchschnittlich im Alter von unter dreiundzwanzig Jahren, präzise gesagt mit 22,7!

Gleichwohl schien sich in den besten Häusern um jene Kurtisanen, deren Name und Profil uns die Holzschnitte überliefern, um jene verschlungenen mit Pfingstrosen und Drachen geschmückten Silhouetten, ein ganzes wohlverschlossenes Universum in seiner Glückseligkeit zu genügen: Feste und Gesänge, Tänze, Blumen, Musik, geistreiche Erwiderungen, zarte Anspielungen für Eingeweihte, köstliche Imbisse – alle Verfeinerungen der Kunst, aller Überfluß des Luxus, die ganze Verspieltheit des festlichen Beisammenseins. Als wäre ein anderes Hofleben aufgeblüht, so glänzend wie das der Heian-Zeit, eine Welt für sich, so friedlich in ihren Spielen, ihren Freuden. Am Rande der ernsten gab es hier eine lachende Gesellschaft, die sich einzig und allein ihren Lüsten hingab. Man konnte Stunden verbringen, ohne etwas anderes zu sehen, verzaubert von der Höflichkeit jener Kurtisanen – Hofdamen –, von einem kleinen, lärmendem Hof, der fast so prachtvoll und verfeinert war, wie der des Kaiserpalastes zur Zeit seines höchsten Glanzes. War man eitel und reich genug, konnte man für einige Zeit den wahren Herrn, namenlos und hinterhältig, dieser kleinen Welt vergessen: das Geld, dessen Despotismus sich hinter so viel Lächeln, hinter den Verbeugungen der Eigentümer der Etablissements verbarg.

193

Illusion und Wahrheit

Schwebende Welt, *ukiyo*, Welt der Illusion. Woher konnte unter so viel Bezauberndem das Bedürfnis nach Wahrheit kommen – wenn nicht von der Liebe? Man tat alles, um dem Kunden zu schmeicheln, um ihn treu und verliebt, d. h. freigebig zu machen. Gefühlvolle Blicke, schüchterne Geständnisse, verträumte Haltungen – eine ganze Strategie, die manchmal ihr Ziel erreichte. Doch je mehr er sich verliebte, desto heftiger fühlte der Kunde sein Herz klopfen und fragte sich beunruhigt: »Werde ich wirklich geliebt?« Die Bitte um Liebe ist weniger die Aufforderung »Liebe mich!« als vielmehr die Frage »Liebst du mich?« Denn der andere muß frei sein – man fordert ihn lediglich zur Aufrichtigkeit auf. Selbst wenn sie auf die Ewigkeit verzichtet, will die Liebe Wahrheit. Vergebens. Keine Liebeserklärung vermag sie zufriedenzustellen: die kategorischste ist die verdächtigste, die aufrichtigste die enttäuschendste. Auch König Lear muß erfahren: Die wahre Liebe stimmt dem Schweigen zu. »*Love and be silent*«, flüstert Cordelia. Heißt das, so wie Freud Shakespeare kommentiert, daß die Liebe letztlich dem Tod zustimmen, mit ihm übereinstimmen soll, blaß, schweigsam, doch treu in alle Ewigkeit? In diesem Punkt gibt der Haudegen des »*Hagakure*« der zerbrechlichen Cordelia recht:

Der Gipfel der Liebe besteht, glaube ich, darin, im geheimen zu lieben. Sich ein ganzes Leben lang vor Liebe zu verzehren, schweigend aus Liebe zu sterben. Das ist die wahre Art zu lieben.

Welche Feinfühligkeit unter der rauhen Schale des Kriegers und – im wahrsten Sinne des Wortes – Halsabschneiders –, welche Weisheit auch in dieser Großtat des Willens.[83] Denn die Liebe, die spricht und bittet, ist nicht rein genug, und für diese Schwäche wird sie eines Tages büßen. Ein unruhiges Herz, das nach Worten verlangt, vergißt, daß die Liebe sich erraten, sich vielleicht beweisen, doch niemals erklären und mit Argumenten belegen lassen kann. Der Adolphe von Benjamin Constant fragt sich Stunde für Stunde nach seinen Herzensregungen; je mehr er es wissen will, desto weniger kann er wissen, ob er wirklich liebt. Wie sollte man den anderen dessen versichern können, wessen man sich selbst, ohne heuchlerisch zu sein, niemals versichern kann?

Die Liebe ist nirgends wirklich, außer in ihren Wirkungen; will man ihre imaginäre Quelle erfassen, aus der sie ihren Elan und ihre Dauer schöpft, so entzieht und verleugnet sie sich. Wenn lieben heißt, sich einzubilden, daß man liebt, woher kommt dann die Wahrheit? Die Regel will – und die japanische Kultur unterwirft sich ihr –, daß das Mißverständnis der Worte endlich den stillen Beweisen Platz mache: den Aufregungen des Körpers, dem entschiedenen Einsatz des Willens. Die jungen Erbinnen bei Marivaux, die sich die Gewißheit verschaffen wollen, geliebt zu werden, haben viel Glück: Sie sehen die Wahrheit über den Schein siegen, ohne daß sie die Bühne der Sprache hätten verlassen müssen. Skeptisch gegenüber Worten und Gesten, die nichts kosten, wollten es die Japaner nicht der diskursiven Wahrscheinlichkeit überlassen, für das Glück zu bürgen. Einmal mehr erfanden sie einen Code, nicht einen der Ausdrücke, sondern der Akte – eine ganze Reihe von beweiskräftigen Proben. Nicht in Sätzen, sondern in Willensakten sollte sich das Herz öffnen und sich als solches zeigen. *Shinjū*, das Wort, das seit dem Ende des 17. Jahrhunderts den Selbstmord Liebender bezeichnet, bedeutet zunächst nur den Grund des Herzens und daher die Bürgschaft, die die Wahrheit des für die Sprache unfaßbaren Gefühls gewährleisten soll, den Beweis in Form eines Liebesaktes, notfalls sogar bis in den Tod. Was man zu empfinden glaubt, muß man beweisen – auch wenn man sich durch das Verlangen nach der Wahrheit selbst auslöschen sollte.

Die Liebe und das Gedächtnis

Fasziniert von den Freudenhäusern wollte Fujimoto Kizan (1626–1704) ihren Sitten geistige Gestalt verleihen. Die Kunst der Krieger hat bei all ihrer Grausamkeit gleichwohl ihre Ethik, den *bushidō:* Warum sollte die köstliche Kunst der Kurtisanen nicht auch ihre Vorschriften, ihre Gesetze, ihre Tugenden, ihre Disziplin haben – den *shikidō?* In einem 1678 veröffentlichten Werk, »Der Große Spiegel des Wegs der Liebe« (*»Shikidō ōkagami«*), legt Kizan die verschiedenen Pfänder *(shinjū)* fest, die die Liebenden einander geben und voneinander verlangen können. Dabei unterscheidet er fünf Klassen: Man kann sich, der Reihe nach, an diesem oder jenem Körperteil tätowieren lassen, sich ein Büschel Haare abschneiden, einen schriftlichen Treueeid leisten, sich einen Nagel ausreißen oder sich, als Krönung, schließlich einen Finger abhacken.

Die Pfänder der ersten vier Kategorien (ausgerissene Nägel, Treueeide, abgeschnittene Haare, Tätowierungen) können Teil eines Verführungsplanes sein und eine Frau, selbst wenn sie unaufrichtig ist, wird sich ihnen nicht verweigern. Sich jedoch einen Finger abzuhacken, wird ihr schwer fallen, außer wenn sie wahre Liebe empfindet. Nägel wachsen in einigen Tagen wieder nach, Haare in einigen Monaten, schriftliche Eide können verblassen und eine Tätowierung läßt sich auslöschen, wenn eine Frau nicht mehr mit dem Mann verkehrt, den sie liebte. Aber die Preisgabe eines Fingers verstümmelt eine Frau für ihr ganzes Leben; niemals wird sie wieder genau das werden können, was sie einst war. Ein solcher Akt sollte also erst nach reiflicher Überlegung vollzogen werden.[84]

Ein amüsanter Pragmatismus – als wäre es möglich, die Liebe am Dynamometer, auf einer Opferskala, zu messen: »Der Nagel ..., ich bin mir nicht sicher – doch der kleine Finger ..., kein Zweifel mehr, ich werde geliebt!« Kizan spricht nicht vom Freitod; sein Wert als höchstes Liebespfand ist ihm wohlbekannt; das Wort *shinjū* kommt ihm mit vollem Recht zu, andere Verfahrensweisen sind lediglich abgeschwächte Manifestationen seines Opfergeistes. Auf den Seiten eines vor allem den Liebeslüsten gewidmeten Buches hält es Kizan offensichtlich für bedenklich, ein allzu bedeutendes Thema heraufzubeschwören, oder er ist sich bewußt, daß der Freitod von allen Beweisen der am wenigsten widerlegbare ist, der einzige, der fähig wäre, jeden Verdacht für immer zu zerstreuen: Die Liebe muß sehr groß gewesen sein, wenn man für sie gestorben ist. Doch es ist schon zu spät, dieses Wissen ist sinnlos geworden. Wie der Bauch des Kriegers beim *seppuku* zerreißt das Herz des Liebenden, öffnet sich über einer leeren Wahrheit, über der Wahrheit der nunmehr unabänderlichen Leere.

All jene symbolischen Wunden diesseits des Freitods, der die höchste Stufe darstellt, sind mit dem Selbstopfer und der Inschrift auf dem Körper verwandt: Man opfert einen Teil seines Körpers, schneidet ihn ab, ritzt ihn ein, um eine unauslöschbare Spur zu hinterlassen. So schmiedet sich der Mensch, laut Nietzsche, mittels der Schmerzen ein Gedächtnis, befähigt sich dazu, etwas zu versprechen, und antwortet auf die Zukunft mit der Erinnerung an das, was er sich zugefügt hat. Kann also einzig und allein die Grausamkeit die Zeit und das Vergessen besiegen? Der unmerklichen unaufhaltsamen Zerstreuung des Werdens setzt der Mensch eine feierliche, kostspielige und denkwürdige Zerstörung, dem Verderben die Opfergabe entgegen. So brennen die primitiven Riten ihre Zeichen ins jugendliche Fleisch. In die Psyche schreiben sich die Furchen der Traumatismen ein, die der Wiederholungszwang nachzeichnet, die Geschichte der Völker mit ihren Sippenkämpfen und den Qualen, die sie erduldet haben: Traditionen und Verhängnis – Inschriften, dazu berufen, Schrift zu werden, analytisches Bewußtsein, endlich fähig, die Vergangenheit zu überwinden, indem sie sie aufarbeitet, heraufbeschwört.

Schwebende Welt, *ukiyo*, Welt der Unbeständigkeit. »Erinnert euch«, sagt der Buddhismus: »Alles wird vergessen«. Die Liebe verspricht, nicht zu vergessen, und Kizan glaubt, ihr die Mittel dafür zu geben. »Aber wie hieß doch eigentlich«, fragt sich eine Frau dreißig Jahre später, »jener junge *samurai*, für den ich mir, dumm wie ich war, das erste Fingerglied abschnitt?« Weil alle Lebenden vergessen, weil das Leben weniger im Gedächtnis als vielmehr in der Kraft zum Neubeginn und zur Zerstreuung besteht – Rad der vergeßlichen Wiederholung –, widmet sich der Tod aus Liebe der Verweigerung des Verlöschens: wer auf diese Weise verschwindet, wird niemals mit Bedauern feststellen müssen, sein Komplize gewesen zu sein. Jener Vorwurf bleibt ihnen, die so viele andere Vorwürfe ertragen müssen, erspart. Sie wissen sehr

196

wohl, daß sie ihre Liebe nicht verewigen können, sagen ihnen doch alle um sie herum: »Wartet ein wenig, ihr werdet immer weniger leiden.« Das wissen sie nur zu gut. Doch sie werden dem Vergessen zuvorkommen. Dies ist, neben anderen Motiven, der Gedanke, der sie zur Eile drängt. Sie wollen sich von all ihren Bindungen befreien, wollen in ein anderes Leben fliehen, das sie wieder vereinen wird, wollen der Macht, die sie unterdrückt und trennt, die Stirn bieten, wollen die Beleidigungen auslöschen, sich rechtfertigen, sich die Wahrheit ihres Herzens beweisen, ja, all das – doch sie wollen sich auch endlich, wenn schon nicht immer, so doch zumindest für immer lieben. Lieber jetzt sterben, als die Liebe in diesem unbeständigen und sterblichen Herzen, das durch sie erglühte, sterben zu lassen. Wenn sie die Liebe nicht verewigen können, werden sie sie dennoch um den Preis des Freitods unauflöslich machen. Das Abendland hat die Ewigkeit der Liebe konzipiert: Gott. Japan hingegen wagte es nicht, trotz der Versuche des Amidismus, den Traum des Herzens so weit zu treiben. Über alles setzte es lediglich die Leere, die absolute Leerheit. In der Gesellschaft der Edo-Zeit führte die Liebe ein Dasein am Rande, gefährdet, schwebend und zerbrechlich – oft erniedrigt, stets allzu menschlich, doch um so ergreifender. In Ermangelung der Ewigkeit hing sie dem Tod an. Man kann Blumen, Musik oder schöne Ideen lieben, alles was, so glaubt man, wie der Himmel und das Meer ewig Bestand haben wird – aber die Liebe zu einem Sterblichen, so wie er ist, mit all den schwindelerregenden Enttäuschungen, die man zu befürchten hat, eine solche Liebe ist bei weitem gewagter und läßt sich nur erleben, wenn man sein eigenes Leben dafür einsetzt. Bei Angela von Foligno und Theresa von Avila finden sich zwar erschütternde Aufschwünge der Leidenschaft, doch ihre Liebe ist allzu sehr von den Gefahren des Wirklichen gereinigt. Ein armes Mädchen aus Sonezaki, das sich an den Arm des traurigen, von Schulden erdrückten Liebhabers klammert, erkundet in der Nacht des Zweifels nicht weniger tief die Grenzregionen, in denen die Liebe den Sieg davonträgt. Es bedarf des Horizontes vom Tode Gottes, damit die göttliche, in ihrer Selbstsicherheit erschütterte Liebe ihren Ernst und ihre Gewichtigkeit wiederfindet. Die Größe des Christentums bestand von Anfang an darin, dem Ewigen die jeden Verstand übersteigende Anschauung eines Gottes zu verleihen, der so sehr liebt, daß er sogar den Tod erleidet. Die schwerfälligen Interpretationen, mit denen Paulus ihn einzukleiden vermochte, nahmen ihm niemals ganz seine Schärfe. Man kann Gott nur lieben, wenn er dieser Liebe bedarf, um zu sein, weil er aus seiner Liebe heraus nur sterben kann.

Viele Selbstmorde aus Liebe vereinten also in jenem Japan der Edo-Zeit eine Kurtisane und ihren Liebhaber. Wir mögen vielleicht über diesen charakteristischen Zug der damaligen Sitten erstaunt sein, der von so vielen Tagesnachrichten belegt wird, die oft die Vorlage für zeitgenössische Dramen und Romane lieferten. Denn es ist der Rest von Puritanismus in uns, der darüber staunt: Stets hat man uns gelehrt, die Liebeslüste von der Liebe zu unterscheiden! Die verliebte Prostituierte erscheint uns als Neuheit der romantischen Empfindsamkeit, im übrigen schnell verbraucht. Doch Japan wartete nicht erst auf die Romane von Victor Hugo, Balzac oder Alexandre Dumas dem Jüngeren, um an die Fähigkeiten der Freudenmädchen, Gefühle zu empfinden, glauben zu können.

Nichts hingegen ist dem japanischen Geist fremder als die Erlösung durch die Liebe, wie sie der bürgerliche Spiritualismus des letzten Jahrhunderts zelebrierte. Was gäbe es zu erlösen, wenn nicht der Genuß zunächst für ein Laster gehalten würde? Man muß zwischen Gut und Böse wählen: So kämpfen im ersten Akt von »La Traviata« das Liebesopfer und das Bacchanal der Lust miteinander und verlangen von der »vom geraden Wege Abgekommenen«, sich zu entscheiden. Das gleiche Schema findet sich im »Tannhäuser«, wo der Gefangene des Venusberges danach trachtet, sich durch Leiden zu befreien. Die abendländische Spaltung, die – in sehr abwechslungsreichen Formen – die Liebe hochpries, indem sie sie von der Sinneslust löste, um z. B. die religiöse Mystik im Gegensatz zum Genuß der Libertins und Perversen hervorzubringen, trieb in Japan nicht ihr Unwesen: Die Liebe wurde dort nicht idealisiert, nicht sakralisiert, sondern blieb dem Fleisch näher, einfacher und wahrer. Der in seinem Mitleid so schwülstige Liebhaber der »Kameliendame« hätte die Damen von Yoshiwara früher als uns zum Lächeln gebracht:

Gott öffnet der Frau, der das Gute nicht durch die Erziehung beigebracht wurde, fast immer zwei Pfade, die sie zu ihm führen: den Schmerz und die Liebe. Sie sind voller Mühsal, und wer sie beschreitet, tritt sich die Füße wund, reißt sich die Hände auf, läßt aber an den Dornen der Wegstrecke zugleich den Schmuck des Lasters zurück und erreicht das Ziel in jener Nacktheit, derer man sich vor dem Herrn nicht schämt.[85]

Die Gesellschaft der Edo-Zeit war nicht so heuchlerisch: Sie hatte sich entschieden, der Prostitution eine Funktion, einen Status, einen Bereich im Gleichgewicht ihrer Institutionen zu geben. Sie umgab diesen nützlichen Beruf nicht mit der verruchten Aura des Lasters. Die Prostituierte wurde weder verachtet noch erregte sie Ekel. Man bedauerte sie, in die Zwangslage geraten zu sein, sich verkaufen zu müssen oder verkauft zu werden. Mit den Überschwemmungen, den Hungersnöten und anderen Kalamitäten fielen die Menschenhändler, die Zuhälter *(zegen)*, wie die Geier im Lande ein, um den hungernden Familien ihre Töchter abzukaufen. Die Empfindsamsten konnten sehr wohl das Elend des Gewerbes ermessen: Mit einem buddhistischen Terminus nannte man das Leben der Freudenmädchen *kugai*, Welt des Leidens. Niemand nahm Anstoß daran. An Festtagen ging die ganze Familie oft in die Straßen von Yoshiwara – zur Freude der Kinder, die sich am Anblick der schönen Damen ergötzten, die, umgeben von ihren zierlichen Dienstmädchen, in Seidengewändern unter einem großen Sonnenschirm mit kleinen Schritten durch die Straßen schritten. Wenn die Liebe mit ihrem Geleit von Qualen, Wonnen und Katastrophen unverhofft hereinbrach, wurde sie als fälliges Schicksal empfangen, als Chance und Gefahr in einem. Sie nahm nicht den Aspekt einer kostspieligen Erlösung an, die der Himmel für die früher begangenen Sünden bewilligte.

Wie die Mädchen lieben

Diese Mädchen – so wohlerzogen, so diszipliniert, mitunter so gebildet, daß man sie später, allgemein und euphemistisch, *geisha*, d. h. Künstlerinnen nannte – waren gleichwohl allesamt recht jung: Niemals waren sie so gleichgültig, wie es ihr Beruf – und ihre Ruhe – erfordert hätte. Sie täuschten so oft die Liebe vor, daß sie manchmal in ihre eigene Falle tappten. In den Freudenhäusern verkehrten glanzvolle junge Männer, erfahrene Dandys *(tsū)*, die wie Sakaikus Yonosuke in die Liebe verliebt waren: Ihr Charme und ihre Eleganz *(iki, sui)* hatten verheerende Wirkungen. Sie ließen die Kurtisanen die Grausamkeit ihres Standes gewahr werden, ihre Knechtschaft ermessen und daran denken, ihr zu entfliehen – mit allen Mitteln, um jeden Preis. Praktiken, die noch am Vorabend ganz einfach und gewohnheitsmäßig gewesen waren, erschienen ihnen nun hassenswert; sie träumten davon, sich jedem anderen Kunden als ihrem Lieblingsfreier zu verweigern. Eine gewisse Wahlfreiheit – Geizen mit Koketterie, zuweilen auch launische Weigerungen – wurde den Berühmtesten stets eingeräumt, die die höchsten Stufen der *geisha*-Hierarchie erklommen hatten, wie die *tayū*, Primadonnen, oder *tenjin*, Engel. Doch was für ein schlechtes Beispiel, nur an einem einzigen Kunden Gefallen zu finden! Bei allen anderen nachdenklich und wortkarg zu bleiben, war unzulässig, bedeutete es doch den Ruin des Hauses. Denn die Liebe ist ansteckend, greift wie eine Epidemie in jedem Pensionat um sich – Schule, Kloster oder was es auch immer sei. Ein guter Patron hatte sehr wohl ein Interesse daran, diese ausschließlichen Bindungen schnell und mit allen Mitteln zu zerreißen: um so besser, wenn die Kunden sich verliebten, doch die Mädchen, nein; die Moral des Gewerbes verbot es.

In »Ein Freund der Wollust« berichtet Saikaku von den Strafen, die der Bordellbesitzer Gonzaemon über die kostbarste seiner Pensionärinnen, die schöne Mikasa, verhängt, weil sie sich in Yonosuke verliebt hat. Nicht, daß Gonzaemon schlimmer wäre als ein anderer, er ist nur etwas zu streng, nimmt sich in seiner Rolle zu ernst: Er muß über die Interessen seines Unternehmens wachen, seine Autorität als Herr des Hauses bekräftigen – genauso wie ein Vater, dessen Lieblingstochter aus einer Liebeslaune heraus die glänzendsten Partien ablehnen und sich in Träumen verzehren würde. Jedes Haus, sei es Familien-, Freuden- oder Handelshaus, ist stets denselben Gesetzen unterworfen: den von der Liebe verachteten ökonomischen Notwen-

199

digkeiten, unabdinglich für das Fortbestehen, sein Überleben. Man muß gedeihen oder verschwinden, und sollte der Vater oder der Patron aus Schwäche seiner Verantwortung nicht gerecht werden, würde bald der Ruin drohen. Die ungelehrige, undankbare, schnell aufrührerische und verbotene Liebe wird der Autorität nachgeben müssen. Man stuft Mikasa zurück: Aus einer *tayū* wird eine in Lumpen gekleidete Dienerin für die niedersten Tätigkeiten. Gleichwohl scheinen ihr die Erniedrigungen süß; es ist, als erleide sie alle für ihren Liebhaber oder doch zumindest für ihre Liebe: Es sind Beweise, die darzubieten sie mit Freude bereit ist. Da sie sich verkauft hat, kann sie sich nicht mehr hingeben, nun da die Liebe in ihr das Bedürfnis danach erregt hat. Eine Jungfrau hat Glück: Es genügt, daß sie sich ihrem Liebhaber hingibt, um ihn zu überzeugen. Was aber soll ein Mädchen wie sie geben, einen Fingernagel, den ganzen Finger – das Leben? Mikasa setzt ihre ganze Ehre darauf, ihr Leiden darzubieten, selbst wenn Yonosuke nichts davon weiß: Sie will dienen, selbst wenn er dieser Hingabe gar nicht bedarf. Sie will weniger ihrem Liebhaber als vielmehr der Liebe selbst dienen. Keine Idee von Erlösung, sondern eine Ethik der Frau, des Freudenmädchens, wie die des Kriegers: Ehre und Dienst bis in den Tod, selbst wenn der Tod keinen Sinn hat, außer dem, für immer zu werden, was man war.

Beim ersten Schnee bindet Gonzaemon sie an eine Weide im Hof des Hauses. Dort wird sie, Tag und Nacht, eine ganze Woche verbringen, hartnäckig jede Nahrung ablehnend, wie ein Asket auf der Suche nach der Befreiung durch den Hungertod. »Soll sie doch sterben«, denkt Gonzaemon, »trotz der Summe, die sie mich gekostet hat. Es wird der ganzen Hausgemeinschaft zeigen, daß ich der Herr im Hause bin.« Endlich gelingt es Mikasa, Yonosuke die Nachricht zukommen zu lassen, daß sie dem Tode nahe ist. Nicht, daß er seinerseits sehr verliebt wäre – und zu ihrem Leidwesen weiß sie sehr wohl darum. Doch nunmehr steht in diesem Konflikt der Willen auch die Ehre des Liebhabers auf dem Spiel.[86]

Als sie sich entschlossen hatte, allem ein Ende zu setzen, und sich gerade die Zunge abbeißen will, stürzt Yonosuke herbei. Als er die Nachricht erhielt, hatte er unverzüglich das weiße Gewand des Freitods angezogen. Daraufhin versammelt sich die ganze Hausgemeinschaft. Man versucht, den Hausherrn zur Vernunft zu bringen, vermittelt, so gut man kann, schließlich erhält Yonusuke die Kurtisane. Nie wieder wird man solche Entschlossenheit wie die ihre sehen: Sie hinterließ der Nachwelt den Namen Mikasa, Kurtisane aus dem Hause Ōsakaya.

Mühelos läßt sich die ganze Szene vorstellen, die mit der Kürze des *haikai*-Virtuosen Saikaku lediglich angedeutet wird: Rasch hat sich die Nachricht von Yonosukes Ankunft von Zimmer zu Zimmer verbreitet; eine lärmende Menge – Kurtisanen, Kunden, Zofen, Dienerinnen – ist auf die Korridore gestürzt, um dem Ereignis beizuwohnen, einem Spektakel, so recht nach dem Herzen des Publikums, das plötzlich vom Theater der Wirklichkeit geboten wird. Wie Mikasa ist ihr wütender Liebhaber entschlossen zu sterben, wenn es sein muß: Er weiß sehr wohl, daß alles von der Festigkeit seines Entschlusses abhängt. Er erscheint in einem weißen Kimono, der seine Absicht unmißverständlich erkennen läßt. In der Hand hält er einen Dolch, mit dem er seine Geliebte erstechen wird, bevor er sich selbst hineinstürzt. Wird er auch den tugendhaften Bordellbesitzer bedrohen? Gedenkt er, zunächst ihn zu töten, um sich an ihm dafür zu rächen, daß er selber sterben muß? Nein, es wird genügen, daß Gonzaemon einen Augenblick überlegt, um sich zum Einlenken bewegen zu lassen: Vielleicht wird dann seine Frau, die flexibler und empfindsamer ist als er, eingreifen und ihn mit einem Wort zu seinen wahren Interessen zurückrufen. Es muß ein Ausweg aus diesem dummen Prestigestreit gefunden werden, bei dem Gonzaemons Stolz als Bordellbesitzer auf dem Spiel steht. Denn selbst, wenn ihm die Gesetze und sein Gewissen recht geben, selbst wenn die Untersuchung der Polizei zu seinen Gunsten ausgeht, was für ein Skandal! Das Haus wird sich von diesem Doppelselbstmord in aller Öffentlichkeit nicht mehr erholen. Eine höchst ärgerliche Werbung: im Lustgewerbe ist die Tragik unwillkommen. Und selbst für den größten Pharisäer unter den ehrenwerten Händlern bringt die Nacht Stunden mit sich, in denen alle Gewißheiten dahinschwinden. Dann denkt man an die Verstorbenen. Man sagt sich: Soll sie doch ruhig sterben, die Starrsinnige, wenn sie es so haben will, und er noch dazu, ihr Liebhaber, dieser Spielverderber, dieser Freudenmädchenverderber. Doch wird man diejenigen, denen man tatenlos beim Selbstmord zugesehen hat, so schnell wieder los? Die Erinnerung an sie kehrt zurück und beunruhigt den Schlaf des guten Gewissens: Phantasma oder Phantom – Gewissensbisse allemal. Das Vernünftigste wird es also sein, die schöne Aufrührerin demjenigen, der sie liebt, für eine Summe zu überlassen, über die es zu verhandeln gilt. Man wird dabei zwar einen finanziellen Verlust hinnehmen müssen, doch man erspart sich viel Ärger und vielleicht auch manche seelische Qual. Das Publikum liebt Dramen, aber es liebt auch, wenn sie gut enden: Gonzaemon wird Mikasa den Ruhm gönnen, der ihr wegen des großen Mutes, den sie mit ihrer Liebe bewies, gebührt. Nein, sie soll nicht als Wiedergängerin, als bleiches und blutiges Gespenst, die Träume ihres früheren Patrons heimsuchen.

Gewissensbisse und Wiedergänger

In Japan scherzte man niemals mit Phantomen – früher ebensowenig wie heutzutage. Zahlreiche Fernsehsendungen setzen sich Jahr für Jahr, anhand von Zeugenaussagen und Photographien, immer wieder mit ihnen auseinander – zuweilen auch recht humorvoll. So bleibt der erloschene Untergrund der animistischen Überzeugung bestehen, der anderswo als Aberglauben angeprangert und seit langem vom Monotheismus verjagt wurde. Dieser heidnischen Kultur, die durch den Buddhismus zur Ruhe gebracht wurde, ist die Ehre zuteil geworden, die unheilvolle Heimsuchung des Todes im 15. Jahrhundert zur reinsten aller Kunstformen auszuarbeiten: Das Repertoire des *nō*-Theaters besteht zum größten Teil aus Geschichten von Wiedergängern – zwischen Wachen und Schlafen wahrgenommen, erraten, erträumt. Später, zur Edo-Zeit, ließen die Erzählungen von Phantomen und ungewöhnlichen Erscheinungen *(kaidan)* die Leser erschaudern. Mit »Erzählungen aus dem Regenmonat« (»*Ugetsu-monogatari*«) schrieb Ueda Akinari 1768 das Meisterwerk der Gattung Gespenstergeschichten. Man zitterte vor der Rache der Toten *(tatari)*, fürchtete die erzürnten Geister *(onryō)* kaum weniger als zur Heian-Zeit, hatte vor all denjenigen Angst, die sich entschlossen, einen Umweg über das Jenseits zu machen, um ihre Rechnungen besser begleichen zu können. Wie die Geschichte mit Michizane zeigt, rächt man sich nur als Toter gut – ganz bequem und ohne jede Gefahr.[87] Unter all den verschlungenen Selbstmordmotiven hatte der nachtragende Groll als Erinnerung an erlittene Ungerechtigkeit stets seinen Anteil – und dadurch, daß sie jede Art von Aufruhr entmutigte, trug die Kultur der Edo-Zeit dazu bei, daß sich Ressentiments häuften. Ja, selbst im Herzen des Liebestods ließ sich der Groll vernehmen: Man würde dieser in ihrer Gleichgültigkeit zu grausamen Welt die Wahrheit sagen, sich Gerechtigkeit für so viele schweigend erduldete Ungerechtigkeiten verschaffen.

Für ein Freudenhaus ist es eine traurige Werbung, eine oder zwei Selbstmörderinnen unter seinem verstorbenen Personal zu zählen – doch gar Phantome! Man stelle sich den Kunden vor, der aus seinem Rausch erwacht und einen sich bewegenden Schatten an der Wand zu sehen glaubt: Er erinnert sich an alte Geschichten, die man ihm erzählt hat, und seine Lustnacht findet ein jähes Ende; er denkt nur noch daran, das Etablissement schnellstens zu verlassen und nach Hause zu gehen. Der Patron hatte Interesse daran, einen so schlechten Ruf zu vermeiden, und die Mädchen, die manchmal daran dachten, die Überwachung zu überlisten, um den Weg zu jener Freiheit zu nehmen, wußten sehr wohl darum: Der Tod schützte sie vor Ungerechtigkeit.[88] Was man nicht hat verhindern können, dachte sich ein Patron vor der Leiche eines Mädchens, das sich mit ihrem Gürtel erhängt hatte, muß man zumindest verbergen. Schweigen in der ganzen Hausgemeinschaft. Jede Familie (und das Bordell ist auf seine Art und Weise auch eine) wird stets ihre Geheimnisse, ob betrübliche oder lächerliche, zu verbergen suchen. Viele Tote mußten derart verborgen werden, und das heißt: zweimal sterben! In Chikamatsus Dramen wenden die Liebenden allerlei Listen an, um das geschlossene Haus zu verlassen. Sie fliehen, gehen weg, um unter freiem Himmel, in der Frische der Frühe zu sterben, als wollten sie die Lüge und das Schweigen daran hindern, das letzte Wort zu haben.

Zum Glück konnte man gegen die Phantome Vorsichtsmaßnahmen treffen. Man würde vielleicht, am Ende, den Geisteraustreiber holen, der weiß, wie man wandelnde Geister einschüchtert und beschwichtigt, doch für den Anfang genügte es, eines der naivsten Mittel zu gebrauchen: Man mußte nur an seine Wirksamkeit glauben, damit es tatsächlich wirkte. In Athen hackte man noch im 4. Jahrhundert den Selbstmördern die Hand ab, um ihr Ressentiment zu entwaffnen. Im Japan der Edo-Zeit kam es vor, daß man die an Händen und Füßen gefesselte Leiche zusammenband, in eine Strohmatte hüllte und namenlos in eine gemeinsame Grube warf. So werden Hunde begraben, und da man seit Menschengedenken bekanntlich niemals auch nur ein einziges Hundegespenst hat wandeln sehen – denn Wiedergängerei ist das traurige Vorrecht der Menschenseelen –, glaubte man, damit genug getan zu haben, um das Haus vor unerwünschten Besuchen zu bewahren: Von der dümmsten Dienerin bis zum Bordellbesitzer waren alle beruhigt. Und weil man beruhigt war, zeigte sich das Gespenst auch nicht.

Es galt, alle denkbaren Mittel in Anspruch nehmen: Die Religion hatte sich entschieden, den Freitod weder zu entmutigen, noch böswillig anzuklagen. Sterbend befürchtete man zweifellos die Vergeltung im anderen Leben, erinnerte sich vielleicht sogar an manch buddhistische Höllenvorstellung, die im übrigen nur selten in der Edo-Zeit entstanden – doch der Selbstmord wurde niemals als Sünde betrachtet. Man war über andere Akte beunruhigt, die man hatte begehen können, nicht über jenen. Die Liebenden waren der – vom Amidismus geförderten – Überzeugung, daß man gerade, indem man sich tötete, in einer besseren Welt wiedergeboren werde, in der sie für immer vereint wären. Ein lebendes, mithin leidendes Wesen zu töten oder ein Herz durch rohe Grausamkeit zu brechen, war (hörte man die buddhistischen Priester) schwerwiegend und beunruhigend für das andere Leben: Zur vollkommenen Vergeltung werde man zu jenem zuckenden Tier, jenem zerrissenen Herz, werde jenes Leiden dafür verspüren, daß man es nicht hat verstehen und achten wollten. Doch sich selbst töten, warum nicht, wenn es das kleinere Übel war, wenn die Pflicht es forderte, wenn die Vernunft dazu riet, wenn das Schicksal es auferlegte? Der Buddhismus achtete weniger das Leben als das Leiden, aus dem es besteht. Und wenn er es achtet, so nicht, um es zuzulassen, sondern um sich von ihm zu entfernen. Wenn er dessen Ursache analysiert, so nicht, um es zu rechtfertigen, sondern um einen Ausweg zu finden.

Im Abendland hatte die häusliche Macht keinen Widerstand durch Selbstmord zu befürchten: Durch die Drohung mit dem Bann Gottes hatte das Christentum alles getan, um einen davor zu bewahren, einzuschüchtern. Wenn es dennoch zum Selbstmord kam, war eine doppelte Interpretation zur Stelle, die es erlaubte, jeder Verantwortung auszuweichen: Tobsucht – satanisch und dämonisch obendrein. Diesen Tod wählen, hieß gestehen, von Sinnen zu sein, *»diabolico persecutus furore«*, wie das Konzil zu Arles festgestellt hatte, vom Teufel besessen. Der strenge Vater und der geizige Patron konnten beruhigt jede Schuld von sich weisen: Der Teufel will also meinem Haus schaden, würden sie sich sagen. Und wenn nicht gar besessen, war die Unglückliche zumindest wahnsinnig, wie man bereits vermutet hatte, nun war es offensichtlich.

Das Christentum interpretierte den Selbstmord als eine Krise der Beziehung, die den sterblichen an den ewigen Willen bindet. Es hielt den Akt für eine metaphysische Revolte, der moralischen Verantwortung entlastet, die ihm durch Herstellung eines Bezugs zur menschlichen Welt einen Sinn hätte verleihen können. Das kam zunächst den Überlebenden, den Familien, den von der Schuld reingewaschenen Machtinhabern zugute, doch manchmal auch den Verstorbenen selbst, wenn sie angesichts des Todes nicht stolz genug waren, an ihrer Vernunft festzuhalten. Ihr vermeintlicher Irrsinn diente ihnen als Entschuldigung; man beerdigte sie auf dem Friedhof, neben den anderen. Gott vergibt dir und wir beklagen dich, sagte der Priester, unter der Bedingung, daß du wahnsinnig bist. In Japan wurde der Selbstmord niemals aus der ethischen Ordnung herausgelöst; niemals verlor er die Qualität eines Freitods, eines moralischen, gerechtfertigten, vernünftigen, überlegten, voll in dieser Welt verwurzelten Aktes. Man konnte die Intention verstehen, auf die er sich zurückführen ließ. Er war die Enthüllung einer luziden und ganz menschlichen Wahrheit, genau dort, wo die Ärzte des Abendlandes noch im 19. Jahrhundert nichts sehen wollten als Manie, Melancholie – Geisteskrankheit.

Das letzte Rechtsmittel der Unterdrückten

Die Werte Gerechtigkeit und Liebe konnten sich, da sie nicht auf Gott projiziert wurden, nur durch den Mut zu sterben offenbaren. Dem Freitod fiel diese Verantwortung zu, eines der letzten Rechtsmittel, letzte Zuflucht zu sein. In einer Erzählung von Saikaku vergißt ein junger leichtsinniger Angestellter, die Quittung über eine große Summe Geldes unterzeichnen zu lassen. Der unehrliche Händler streitet alles ab und beschuldigt ihn: »Er hat mir nichts gegeben. Er will das Geld für sich behalten, um es fürs Glücksspiel, fürs Vergnügen auszugeben.« Der Angestellte tötet sich und rechtfertigt sich somit. Das ist genug, damit die Wahrheit ans Licht kommt und Vergeltung geübt wird: Der Ehre verlustig gegangen und entlarvt, steht der Händler kurz vor dem Ruin. Seine Frau ist inzwischen vor Scham gestorben. So findet sich auch Tokubei in »Doppelselbstmord in Sonezaki« (»Sonezaki shinjū«), dem ersten von Chikamatsus Familiendramen mit dem Tod ab, nachdem er von Tahei, den er für seinen besten Freund hielt, übers Ohr gehauen, ausgeplündert, erniedrigt und um die Ehre gebracht wurde: Wie sonst als durch den Tod würde die Wahrheit offenkundig werden? Er versucht zu erklären, zu

204

begründen, zu überzeugen. Doch in dieser Welt des Scheins spricht aller Anschein gegen ihn. Je mehr er spricht, desto weniger hört man auf ihn. Wenn dem so ist: »Wozu die vielen Worte? Binnen drei Tagen werde ich, Tokubei, mich rechtfertigen, indem ich der ganzen Stadt Ōsaka die Reinheit zeigen werde, die im Grunde meines Herzens liegt.« Der Rechtsbeweis wird bei den Ordalien vom Himmel zugebilligt, hier soll es der Wille auf sich nehmen, ihn zu liefern, indem er allein sich im Tode verantwortet. In diesen Tod wird er von Oharu, einer 19jährigen Kurtisane, begleitet bzw. hineingezogen, die er liebt und die ihrerseits niemals an ihm zweifelte noch zögerte. Denn um zu siegen, bedarf die Liebe nicht weniger der Wahrheit als die Gerechtigkeit, und in dieser ungewissen Welt birgt die Gerechtigkeit nicht weniger Gefahren als die Liebe. Doch durch den Freitod kann man sich ihrer vergewissern. Zwar wird man jenen doppelten Sieg nicht erleben können, aber dadurch, daß man sich opfert, weiß man, daß man ihn errungen haben wird. In einem kleinen Wald bei Sonezaki, löst Oharu kurz vor Sonnenaufgang ihren blauen Gürtel und zerteilt ihn der Länge nach mit dem Rasiermesser, um daraus ein langes Seidenband zu machen. Mehrfach um sie beide geschlungen, bindet sie sich und Tokubei an einen Baumstamm. »Nun, töte mich rasch!« Seine Hand zittert, sein Blick verdunkelt sich, zweimal, dreimal glaubt er sie getroffen zu haben. Endlich trifft er den Hals, stößt die Klinge hinein, fühlt, wie Oharu zusammenzuckt und das Bewußtsein verliert – und mit einem gezielten Stoß des Rasiermessers schneidet er sich seinerseits die Kehle durch.

Konnte die häusliche Autorität die Hilfsmittel, die sie nicht von der Religion erhielt, vom Staat erwarten? Man wollte den Liebenden den Mut der Verzweiflung nehmen. 1722 wurde ein Edikt des *bakufu* erlassen, das den *shinjū* verbot, ihn dem Mord gleichsetzte und ihn mit der Verweigerung eines Begräbnisses bestrafte. Die Autoritäten waren endlich alarmiert: Seit zwei Jahrzehnten wurden die großen Städte Japans von einer Welle von Liebesselbstmorden heimgesucht – vor allem Ōsaka –, die die heimliche Melancholie des Vergnügungsmilieus offenbarte. Allein in den Jahren 1703 und 1704 kam es nachweislich zu 36 Selbstmorden von Kurtisanen, doch wie groß mag die Zahl derer gewesen sein, die nicht bekannt wurden? Das Publikum ließ sich zur gleichen Zeit ebenso von diesen Liebes- und Todesgeschichten faszinieren wie von der Blutrache der treuen Diener des Fürsten von Akō. Edo hatte für die Gerechtigkeit seine selbstmörderischen *samurai*, Ōsaka für die Liebe seine Selbstmörder – Angestellte und Kurtisanen. Über all diese erstaunlichen oder bewegenden Tagesereignisse, über große Verbrechen und exemplarische Strafen, über soziale Unruhen und Naturkatastrophen – über all das wurde umgehend in den *ezōshi* berichtet, illustrierten Blättern, die schnell gedruckt und von fliegenden Händlern verkauft wurden. Die namhaften Fälle von Doppelselbstmorden wurden so an den Straßenkreuzungen verbreitet, um erschaudern, weinen, träumen zu lassen – so wie heute die Regenbogenpresse. Das Theater bemächtigte sich dieser Gemütsbewegungen und schürte sie vielleicht, indem es von ihnen zehrte. Schon 1683 war ein Liebesselbstmord auf der Bühne dargestellt worden, allerdings ohne großes Echo. 1695 jedoch erzielte der auf das *kabuki*-Theater übertragene Tod des Händlers Sankatsu und der Kurtisane Hanshichi einen beachtlichen Erfolg: 150 Tage lang wurde das Stück gespielt. Welche Quelle tiefer Tränen ergoß sich im Herzen der geschäftigen Städter, den Bürgern der lärmenden Großstadt, den *chōnin?* Das Trugbild auf der Bühne ließ sie zu spät die Not der Menge erkennen, an der sie, ohne es zu merken, vorübergegangen waren – und in der sie sich nun wiedererkannten.[89]

Ahmten diejenigen, die sich töteten, nun die Bühne nach, die sie nachahmte? Wie im »Werther« wirkte der Widerschein des Wirklichen wie ein schwindelerregender Wiederholungseffekt. Am 22. Mai 1703 waren ein junger verschuldeter Angestellter eines Handelshauses und eine Kurtisane aus dem Sonezaki-Viertel in einen blutigen Tod gegangen. Kaum waren die Leichen erkaltet, da versprach das Puppentheater Takemoto schon in Anschlägen die nächste Aufführung eines Stückes, das das Ereignis wiederholen sollte. Dieses Stück, das Chikamatsu in fieberhafter Eile schrieb, war »Doppelselbstmord in Sonezaki«: Der Auftrag war dringend, und vor allem entdeckte er mit seinen fünfzig Jahren bei dieser Eile sein wahres Genie. Weniger als einen Monat später sah man die bewegenden Puppen im Rhythmus der *shamisen* von Weinkrämpfen geschüttelt. Und mit einem Schlag konnte das Theater Takemoto, das kurz vor dem finanziellen Ruin stand, all seine Schulden zurückzahlen! Dies war das erste der Familiendramen *(sewamono)*, die damals Chikamatsus Ruhm begründeten, der bis heute fortdauert. Eine neue Pathetik war geboren, lebensnah, innig, städtisch, modern. Fünfzig Jahre später glaubte Diderot mit »*Le Fils naturel*« eine neue Literaturgattung erfunden zu haben: das »ehrliche Drama«, wie er sie nannte, doch seine bürgerlichen Helden sind sich ihrer selbst zu sicher, gehören schon zum Biedermeier, ohne es zu wissen. Trotz »*The London Merchant*« von George Lillo (1731) blieb der abendländische Händler ein Gefangener auf der Bühne der Sittenkomödie. Die Kaufleute von Ōsaka dagegen befanden sich mühelos auf der Höhe der extremsten Situationen und des schwingenden Lyrismus: Der alltägliche und vertraute Liebestod bedurfte, um sich Gehör zu verschaffen, nicht, wie beim »*Ruy Blas*« von Hugo oder bei Wagners »Tristan«, des langen Umwegs über die Geschichte und die Legende.

In Japan sind es die *samurai* der historischen Stücke *(jidaimono)*, die oft hohl und eitel wirken: Die Gesellschaftsordnung beruht auf ihren Tugenden; sie scheinen niemals an sich selbst zu zweifeln; so sehr sind sie darum besorgt, das Gesicht zu wahren. *Jidaimono, sewamono:* Diese Teilung durchzieht Chikamatsus Werk und somit auch das ganze *bunraku*- und *kabuki*-Repertoire. Auf der einen Seite sind sie starke, beständige Persönlichkeiten, die mit beiden Beinen im Leben stehen, *tachiyaku* genannt – auf der anderen unsichere, zerbrechliche, schwankende und wahrhaftige junge Verliebte *(nimaime)*; die Wahrheit kommt, wie im Diskurs, lediglich durch die Widersprüche im Verhalten zum Vorschein. So spiegelte sich in diesen beiden Heldentypen, in diesen beiden Stilen des Rollenspiels, dem rauhen und dem sanften, *aragoto* und *wagoto*, die Doppelstruktur der Gesellschaft dieser Epoche wider: oben Edo, das *bakufu*, Kriegersippen, Ideologie der Tugenden, die strenge und starre Fassade der herrschenden Klasse – unten Ōsaka, Überfluß, Schwankungen des Handels, zynische Bereicherung, der Rausch der Lust, Luxus und augenblicklicher Ruin, die einfache Intimität der Familiengewohnheiten, die plötzlichen Ausreißversuche des flüchtigen Herzens, all jene abwechselnden Gemütsbewegungen von hartnäckigem Gewinnstreben bis zu verschwenderischen Ausgaben, aus denen das fieberhafte Leben der Großstadt seine Energie schöpfte.

Die Not des Papierhändlers

»Doppelselbstmord in Sonezaki« steht am Anfang einer Reihe von Familiendramen, die mit einem Doppelselbstmord enden *(shinjū sewamono)*, von denen Chikamatsu in den ersten zwanzig Jahren des 18. Jahrhunderts, die zugleich die letzten seines langen Lebens waren, durchschnittlich eines pro Jahr schrieb. Die Meisterschaft, zu der er es in der Pathetik brachte, gipfelt in »Doppelselbstmord in Amijima« *(»Shinjū ten no Amijima«)*: Der Doppelselbstmord hatte in der Morgendämmerung des 13. November 1720 stattgefunden. Chikamatsu speiste an jenem Abend in einem Restaurant in Kyōto, als ein Mann, den das Puppentheater geschickt hatte, atemlos zu ihm kam, um ihn über das Ereignis zu informieren. Der Schriftsteller bestieg sofort seine Sänfte, um nach Ōsaka zurückzukehren, setzte nach einigen Stunden Reise die Füße auf den Boden und griff sofort zu seiner Feder, um mit flinker Hand sein vollkommenstes Werk zu beginnen. Sechs Wochen später rührten die Qualen des Papierhändlers Jihei, seiner Geliebten Koharu und seiner Frau Osan das Publikum zu Tränen. Das Publikum erkannte sich in diesem Trio gewöhnlicher Helden wieder, die aufgrund ihrer Unschuld um so mehr zu bedauern sind. Tragisch ist nicht der böse Wille –, sondern daß der gute Wille Katastrophen herbeiführen kann – eine erdrückende Wahrheit, die im übrigen seit Ödipus und Antigone bekannt ist. Die drei sind also in der Falle der Pflicht und der Liebe gefangen, zwischen *giri* und *ninjō*, in jener dreimal wiederholten Doppelbindung. Man sucht nach Lösungen, erwürgt sich jedoch, indem man diesen Schmerzensknoten fester zieht, und so wird sich der verhängnisvolle Ausgang im Tod der Liebenden behaupten.

Aus Liebe zu ihrem Mann und aus Pflichtgefühl gegenüber ihrer Familie und ihren beiden Kindern bittet Osan zunächst die junge Koharu, auf Jihei zu verzichten. Nicht, daß sie in der Art einer betrogenen Frau eifersüchtig wäre: Nie hat man sie belogen. Außerdem ist die Geliebte eine Kurtisane, und die japanische Gesellschaft jener Zeit erachtete nur den Ehebruch der Frau als schuldhaft.[90] Osan hat die Eifersucht überwunden – Koharu wird ihrerseits die Liebe überwinden oder vielmehr vollenden. Nachdem sie so viel geopfert hat, opfert sich die Liebe auf dem Gipfel ihrer selbst. Ein zartes Herz wie ihres hat sagen können: »Liebe mich!« – doch wenn es die Zerbrechlichkeit der Menschen und das Leiden der Leidenschaft durchmißt, wünscht es sich schließlich, daß man es nicht mehr liebe. Das Glück des geliebten Menschen scheint allzu kostbar, und der höchste Beweis der Liebe besteht vielleicht darin, zu schweigen, zu erlöschen, sich vergessen zu lassen. Osan versteht nun, daß Koharu dieses Opfer nicht überleben wird, und sie zieht ihre Bitte zurück, zum einen aus Mitleid, doch auch deshalb, weil ihrer Ansicht nach, unter Frauen (sei die eine auch Mutter und verheiratet, die andere verkauft und Prostituierte) eine Schicksalsgemeinschaft besteht, die gewisse Pflichten auferlegt. Die Ehefrau entschließt sich, ihre Kleider und alle Wertgegenstände, die sie besitzt, zu versetzen, um den Rückkauf derjenigen bezahlen zu können, die sich selbst verkaufen mußte. Die ökonomische Knechtschaft, diese moderne Form des Schicksals, wird in aller Klarheit erkannt; Chikamatsu läßt sie, im Gegensatz zum alten, romanesken Idealismus ihre Rolle im Spiel der Widersprüche spielen. Der Schwung der Liebe zerbricht unter dem doppelten Zwang der Prosa dieser Welt: den moralischen Schulden und denen des Geldes. Würde Koharu, wenn man sie mit einer angemessenen Summe freikaufte, Jiheis anerkannte Nebenfrau werden können? Leider nein, denn die Liebe weiß in ihrer kurzen Intensität sehr wohl, daß sie unweigerlich sterben muß, wenn nicht durch ihre eigene selbstzerstörerische Kraft, so doch zumindest durch den allmählichen Verschleiß. Am besten, auf jeden Fall am schönsten, ist es also, wenn sie, ohne sich zu beruhigen, bis zum Ende ihres Ungestüms geht. Zudem hat Osan unglücklicherweise einen Vater, der um ihr Glück besorgt ist: Mit der den Eltern jener Zeit eigenen Autorität greift er ein, um seine Tochter, die er für gedemütigt hält, von Jihei ins Elternhaus zurückzuholen. Der somit alleingelassene Jihei wird also an Koharu zurückverwiesen. Beide sind gleichermaßen von einer gegen die Liebe gleichgültigen Gesellschaft ausgeschlossen und finden im Blick des anderen den Mut, auf das Leben zu verzichten.

Ohne diese letzte Selbstverleugnung, die sie dem Tod entgegenträgt und ihr eigenes Fortbestehen verachten läßt, würde man der Liebe zu Recht vorwerfen – wie es der Konfuzianismus tat –, lediglich ein verdoppelter Egoismus zu sein. Ein Liebender muß auf sich selbst verzichten, um sich dadurch zu rechtfertigen. Als Lehre von Heil und Erlösung beklagte der Buddhismus die Liebesbindung, die engste von allen. Als Lehre der Selbstverleugnung aber konnte er viel besser als ein enger Rationalismus diese durch die Gefühlswallungen ausgelöste Selbstlosigkeit bzw. Auflösung des Selbst *(muga)* anerkennen. Wie könnte man dann die Liebenden verurteilen? Von allen

Schmerzen ist der Liebesschmerz der absurdeste, mithin unschuldigste. Darin, daß sie von Sinnen ist, liegt die Reinheit der Liebe, die einer leeren, durchsichtigen Flamme gleicht. Gewiß kann man sich, aus Liebe sterbend, sagen, man sühne eine Sünde, und wenn auch nur die, mit der Welt zu brechen oder allzu sehr an einem Sterblichen zu hängen: Diese imaginären Verfehlungen helfen einem, das Schicksal zu ertragen, indem sie diesem den Sinn einer Vergeltung geben. Die bedauerlichste Wahrheit ist jedoch die Unschuld des Ganzen, die Sinn- und Zwecklosigkeit der Schmerzen und vor allem der Liebe, die, ohne daß man wüßte warum, aufflammt und wie das Leben erlischt. Diese Offenbarung der Leere hat einzig der Amidismus bis auf den Grund durchdrungen und daraus das unendliche Mitleid jenseits aller Illusionen der Beurteilung geschöpft. Die anderen Religionen und der ursprüngliche Buddhismus selbst, haben Schuldsysteme (Ursünde, Vergeltung nach dem *karma*) erfunden, um den Prüfungen des Lebens etwas Vernunft angedeihen zu lassen. Man leidet, liebt, stirbt – für nichts, so wie man geboren wurde? Um den Geist mit Hilfe der Illusion eines Sinns zu beruhigen, täte man besser daran, an die Schuldhaftigkeit zu glauben. Nur die Liebe, die gibt und vergibt (schnell verloschene Anschauung des Christentums) erlaubt es dem Menschen, besser noch als der Wunsch nach Gerechtigkeit, das Äußerste des Möglichen zu erreichen, das sich vor ihm öffnet.

Die allseitige Vergebung

Schritt für Schritt nähern sich Chikamatsus Liebende auf ihrem Weg zum Tode dem reinen Mitleid des Amida-Buddha, geführt von der Liebe, die in ihnen leuchtet. Nunmehr vergeben sie, vergessen ihren Groll und die erlittenen Ungerechtigkeiten. Der Schwindel der Leere wird vor dem so nahen Nichts für sie zur Erlösung und erweckt sie zu einer Freiheit, die sie niemals gekannt noch jemals erträumt hatten. Endlich vergeben sie sich selbst. Ja, alle Menschen werden gerettet werden – diese unendliche Versprechung ist das letzte Wort, das sie in dieser Welt erreicht. Die lange und auf japanischem Boden so fruchtbare Tradition der Wegstrecke *(michiyuki)* findet am Ende von »Doppelselbstmord in Amijima« ihren tiefsten Ausdruck. In einer bitterkalten Nacht bahnen sie sich, unzählige Ohnmachtsanfälle überwindend, ihren Weg zum Tod – und begreifen, daß er sie auch zum Heil führt. Sie erreichen einen Tempel, der bald zum Gebet erwachen wird. In der Nähe befindet sich ein Kanal, eine Schleuse. Um auf die Ehefrau, die ihnen helfen wollte zu leben, die ihr gebührende Rücksicht zu nehmen, verzichten sie darauf, eng umschlungen zu sterben: Zwischen ihren leblosen und voneinander getrennten Körpern dehnt sich der leere und reine Raum aus, in dem die Liebe, über sich hinausgehend, zur Wahrheit gelangt, die in der Selbstverleugnung liegt.

REZITATOR: Sie hält ihn umarmt. Ihre Gesichter vereinigen sich. Durch ihr tränennasses Haar weht der eisige Wind der Ebene. Hinter ihnen ertönt die Glocke des Daichō-Klosters.

JIHEI: Erbarmen! Wie kurz ist doch selbst diese lange Nacht. So kurz wie unser beiden Leben...

REZITATOR: Schon erhellt der Himmel sich. Die Glocke des Klosters läutet zur Morgenandacht.

JIHEI: Jetzt müssen wir sterben – einen schönen Tod!

REZITATOR: Er zieht Koharu an sich.

JIHEI: Hinterlaß keine Träne auf diesem Gesicht, das der Tod für immer festhalten wird!

KOHARU: Ich werde keine Träne hinterlassen.

REZITATOR: Vor diesem Gesicht, weißer noch als der anbrechende Tag, auf dem ein Lächeln spielt, beginnt Jiheis Hand zu zittern. Er ist es, dessen Blick sich als erster trübt. Wohin soll er mit seinem Schwertstreich zielen? Er vergießt Tränen über Tränen.

KOHARU: Wohlan, sei nicht betrübt! Schnell, schnell!

REZITATOR: Von ihr aufgemuntert greift er zum Schwert. Anrufungen Amidas, die der Wind vom Kloster herüberträgt, ermutigen ihn. »Gelobt sei Amida-Buddha!« Das Schwert der Gnade schwingend, durchbohrt er sie. Er hält sie fest, doch sie hat sich nach hinten zurückgeworfen und windet sich vor entsetzlichen Schmerzen. Ja, die Schwertspitze hat ihre Kehle verfehlt; Koharu ist einem grausamen Todeskampf ausgeliefert. Jihei reißt sich zusammen, nimmt sie erneut in die Arme und versenkt sein Schwert bis ans Heft in ihren Körper. So endet ihr kurzes Leben wie ein vom Tagesanbruch unterbrochener Traum. Sorgsam legt Jihei sie auf die Seite, mit dem Kopf gen Norden und dem Gesicht nach Westen gewandt, und deckt sie mit seinem Mantel zu. Er weint, doch der Schmerz über seinen Verlust übersteigt alle Tränen. Er nimmt den Gürtel und bindet ihn sich um den Hals. Vom naheliegenden Kloster dringen die letzten Verse der Andachtsübung herüber: »Fromme und Unfromme, alle Menschen dieser Welt werden gleichermaßen gerettet werden.« Daraufhin ruft er laut von der Höhe des Schleusentors herab: »Laßt uns auf demselben Lotus wiedergeboren werden. Gelobt sei Amida-Buddha!« – und springt in die Tiefe. Für einen Augenblick schaukelt er in den Qualen des Todeskampfes wie ein Schwammkürbis im Wind hin und her. Doch dann stockt sein Atem wie das von der Schleuse zurückgehaltene Wasser. Alle Bindungen dieser Welt sind für immer zerrissen.

210

Fischer, die sich früh zur Arbeit aufgemacht haben, entdecken sie. »He, zwei Leichen, kommt schnell! Kommt her!« Das Gerücht geht um, verbreitet sich. Und alle, die von dem Doppelselbstmord von Amijima sagen hören, bei dem die Liebenden zum Heil gelangt sind, das Buddha allen Menschen verspricht, vergießen Tränen.

Konnte dieser mächtige Lyrismus vielleicht manche, die sich sonst mit der Prosa dieser Welt abgefunden hätten, faszinieren, sie verführen und sie in die Grenzgebiete des Liebestodes loken? Oder aber trug man, indem man jene im Geist der Zeit verbreiteten Gemütsbewegungen dichterisch verarbeitete, dazu bei, ihre Umsetzung in die Tat zu vermeiden? Ist die Poesie schuldig oder nicht schuldig: eine unlösbare Streitfrage. Wie dem auch sei, die Selbstmorde waren zwei Jahrzehnte lang vor allem in Ōsaka zahlreich gewesen, und die Autoritäten beschlossen, hart durchzugreifen. Schon seit 1704 hatte man den Theatern verboten, anstößige, skandalöse, aktuelle Ereignisse in Szene zu setzen. Man wollte die Großfamilien schützen und darüber hinaus politische Anspielungen vermeiden. Diese Regelung wurde auf Edo angewandt – Ōsaka aber war eine reine Handelsstadt und genoß weitgehend administrative Autonomie. 1712 veröffentlichte das *bakufu*, sehr zur Genugtuung jener auf Ruhe und Ordnung so bedachten Konfuzianisten *(jusha)*, die sich in den führenden Kreisen Gehör zu verschaffen wußten, einen Erlaß, der die szenische Darstellung des Selbstmords aus Liebe verbot; doch da es den Theatern schwergefallen wäre, auf diese Quelle der Gemütsbewegungen (mithin der Einnahmen) zu verzichten, kam man ihnen auf halbem Wege entgegen und beschränkte sich darauf, die Verwendung des Wortes *shinjū* im Titel der auf dem Spielplan stehenden Stücke zu verbieten. Die von Chikamatsu 1720 bzw. 1722 gewählten Titel, *»Shinjū ten no Amijima«* und *»Shinjū yoigoshin«*, zeigen sehr wohl, daß man sich nicht die Mühe machte, den Theatern von Ōsaka jene Disziplin aufzuerlegen. Aus Nachlässigkeit – doch vor allem wohl aus Klassendünkel: Der Liebeskummer von Prostituierten und Ladenbesitzern war nicht von Bedeutung.

Wandlungen des Ehebruchs

Diebstahl, Brandstiftung oder Mord beunruhigten die Autoritäten weit mehr. Auch Raub, Blutrache und alles, was in Auflehnung ausarten konnte, versetzte sie in Alarmbereitschaft. Im Selbstmord manifestiert sich eine Ablehnung, zeichnet sich ein Widerstand ab, doch seine Stimme bleibt erstickt. Selbst wenn er in verräterischer Weise das Unbehagen der Gesellschaft ausdrückt, bedroht er ihren Schlaf nicht. Unterzieht man ihn nicht statistischen

Erhebungen, bleibt er kaum wahrnehmbar, zuweilen unerkannt, verkannt, manchmal auf phantastische Art und Weise aufgebläht – wie der Spleen, der den Engländern im Europa des 18. Jahrhunderts zugeschrieben wurde. Der Ehebruch schien wegen der ihn begleitenden Gefahren der Blutrache die gesellschaftliche Ordnung weit mehr zu bedrohen, und die Gesetze der Edo-Zeit belegten ihn mit hohen Strafen: Enthauptung, in manchen Fällen sogar Kreuzigung. Der Ehebruch der Frau, wohlgemerkt, denn in jener inegalitären und asymmetrischen Gesellschaft behielt der Ehemann seine Freiheiten; die Freudenhäuser standen ihm offen, und er konnte sich eine oder zwei Nebenfrauen *(mekake, tsukai-onna)* in seinem Haushalt leisten oder auch mehr, wenn sein Vermögen es ihm erlaubte. Lange Zeit hatte die japanische Frau eine beneidenswerte Freiheit genossen: »Die Geschichte vom Prinzen Genji« zeigt, daß das Liebesabenteuer von allen Zerstreuungen bei Hofe diejenige war, die die Damen stets mit den süßesten und stärksten Empfindungen versorgte. Einer der ersten Jugendstreiche des Genji, des strahlenden Prinzen, besteht darin, sich in die jüngste Frau des Kaisers, seines geliebten Vaters, zu verlieben, ihr sogar ein Kind zu schenken, einen Sohn, über den sich der Kaiser im Glauben freut, sein Vater zu sein, und der ihm auf dem Thron folgen soll. Im Jahre 1000 trieb man die Romanze recht weit. Auch wenn sie davon wußten oder etwas vermuteten, waren die Ehemänner jener Zeit und jenes Kreises zu fein, um zornig zu werden, und klug genug, um zu verstehen, daß sie als Liebhaber Vorteile aus den Freiheiten ihrer Gefährtinnen zogen. Auch die Krieger der Kamakura-Zeit begegneten später der Untreue der Ehefrau noch mit edler Gleichgültigkeit. Doch in der Muromachi-Zeit verfestigt sich die Familienstruktur, die Sitten werden starrer: Der damals alles beherrschende kulturelle Einfluß Chinas trug zu dieser Entwicklung bei. 1420 enthauptete man zum ersten Mal einen Mann, der sich eines unerlaubten Liebesverhältnisses innerhalb der Umzäunung des kaiserlichen Palastes schuldig gemacht hatte. 1480 wird ein Ehemann freigesprochen, nachdem er seine Frau und ihren Liebhaber getötet hat – ein Grundsatzurteil der Rechtsprechung. Der Mann hatte einen mit dem Stempel der Ehre versehenen Freipaß für Eitelkeit und Grausamkeit erhalten, und jede Ehefrau, die sich von der Liebe besiegen ließ, war sich nun bewußt, daß ihr Leben auf dem Spiel stand – im allgemeinen fand sie sich damit ab, den Entwürdigungen der Strafe mit einem Freitod zuvorzukommen. In der radikalen Abschließung des Landes in der Edo-Zeit ist die Ehefrau nunmehr zur *okusama* geworden, zur Dame im Innern des Hauses, zur Frau am Herd. Die Anstandsregeln halten ihre Beziehungen zur Außenwelt in engen Grenzen, jede Teilnahme am gesellschaftlichen Leben ist ihr verboten; ihre Kinder und ihre nächsten Angehörigen haben ihr zu genügen. Das Familienhaus sperrt die Mütter, das Freudenhaus die Mädchen ein, und bei diesem starren Gleichgewicht auf Kosten der Frauen sind die einen mitunter nicht weniger Opfer als die anderen.

Die Selbstmorde von Händlern und Kurtisanen, auf die Chikamatsu Klagelieder anstimmte, berührten weder die herrschende Klasse noch den häuslichen Bereich unmittelbar. Man machte sich deshalb nur recht langsam daran, Maßnahmen zu ergreifen. Doch schließlich wurde 1723 ein lakonisches und strenges Edikt verkündet, das sowohl die Bordellbesitzer und Mädchenhändler als auch die offiziellen Gelehrten zufriedenstellte.

Wenn ein Mann und eine Frau einen Selbstmord aus Leidenschaft begangen haben, sollen ihre Leichen ohne Bestattung beseitigt werden. Überlebt einer von ihnen, soll man ihn wie einen Mörder behandeln. Überleben beide, sollen sie drei Tage lang an den Pranger gestellt und zum Rang von Nicht-Menschen herabgesetzt werden. Es ist in aller Form verboten, über solche Taten schriftlich zu berichten, sie zu verbreiten oder im Theater zu inszenieren. Zuwiderhandlungen werden verfolgt.

Bei der Formulierung dieses Textes vermied man sorgsam das Wort *shinjū*: Die Gelehrten machten darauf aufmerksam, daß seine Schreibung zwei Zeichen (Herz – Mitte) nebeneinanderstellt, die im Wort *chū*, Loyalität bzw. Vasallentreue, übereinander geschrieben werden. Es schien ihnen unannehmbar, daß man durch einen Zufall der Schrift irgendeine Ähnlichkeit zwischen einer Kardinaltugend und einer beklagenswerten Praktik unterstellte. Ein Zufall? Nein. Die Schrift veranschaulicht, was sie nicht begreifen wollten: Der *shinjū* öffnet den Grund des Herzens; seine Kraft rührt vom loyalen und treuen Willen her. *Chū* ist die Ehre in den Kampfesbeziehungen, wie sie im Dienst des Kriegers erlebt wird – *shinjū* ist die Ehre der Liebesbeziehungen, in denen sich die Frau zur Hingabe berufen fühlt. Ihre ganze Tapferkeit setzt sie dafür ein. Es ist nicht minder gefährlich, und es gehört vielleicht auch nicht weniger Größe dazu, gut zu lieben, als gut zu kämpfen, und der Freitod der Liebenden beweist es wie der *seppuku* der Krieger. Die Tugenden sind nicht immer dort, wo die Gelehrten sie gerne hätten. Man erfand flache, pedantische Wörter: *jōshi*, Tod aus Leidenschaft, *aitai jini*, wechselseitige Tat – doch es gelang nicht, den Ausdruck *shinjū* zu verdrängen, der tief in allen Herzen mit seinem Geleit von Tränen und an den Tod gemahnenden Lyrismus eingeschrieben blieb. In diese Tiefe konnten die Erlasse nicht vordringen.

Die Zahl der Liebesselbstmorde ging zweifellos zurück. War die Kyōhō-Ära wegen ihrer Selbstmorde berühmt gewesen, wurde es die Genbun-Ära, die 1736 einsetzte, wegen ihrer Entführungen, ihrer Fluchten zu zweit. Die Patrone hatten nun ein zusätzliches Mittel, den Widerstand zu entwaffnen: »Denkst du daran, dich zu töten? Das ist nicht mehr in Mode. Verfehle auf keinen Fall dein Ziel, denn sonst wärst du für den Rest deines Lebens aus der Gesellschaft ausgestoßen. Du kennst das Gesetz.« Diese Ausgestoßenen,

213

hinin, wörtlich »Nicht-Menschen«, waren von der Gesellschaft geächtete, verabscheute Paria, meistens Bettler. Zur selben Zeit wurde in Frankreich der Gebrauch der Steckbriefe üblich, die den Familien halfen, ihren unverbesserlichen Sprößlingen Zucht und Ordnung beizubringen. Die Staatsgewalt und die häusliche Gewalt verstehen es, Hand in Hand zu arbeiten. Einem, der darauf brennt zu leben, läßt sich als wirksames Mittel die Freiheitsberaubung androhen, doch wie soll man diejenigen bestrafen, die den Tod wählten, mit welchen Vergeltungsmaßnahmen könnte man ihre souveräne Gleichgültigkeit einschüchtern? Der Erlaß von 1723 verfolgte das Ziel, unschlüssige Selbstmordkandidaten bereits im Vorfeld abzuschrecken – genau wie die religiös inspirierten Gesetze, die in verschiedenen christlichen Ländern für Selbstmörder galten, oft jedoch unter Berufung auf die Unzurechnungsfähigkeit des Täters gemildert wurden. War das Unwiederbringliche vollzogen, so hatte man nicht den abscheulichen Mut, seine Grausamkeit zu vergrößern, lieber verbarg man den Autoritäten alles, als daß man ihnen die Leichen übergeben hätte. Die meisten Kurtisanen, die sich im 18. und 19. Jahrhundert in Yoshiwara töteten, hatten, selbst wenn es ein Doppelselbstmord war, Anrecht auf eine Bestattung auf dem Friedhof des Seikan-Tempels, auf eine Grabstele wie alle anderen auch.

Der Verbotserlaß hielt sich an die *ezōshi* und ans Theater, an das Echo, das die pathetische Erzählung und die lyrische Ausschmückung den wirklichen Ereignissen verleihen konnten. Das Interesse des Publikums in dieser Form anzugreifen, hieß das Symptom für die Ursache zu halten, die dunkler war und vielleicht tief in ökonomischen Zwängen wurzelte. Nach der lebhaften Expansion des 17. Jahrhunderts, nach dem Höhepunkt der Genroku-Ära (1688–1703), stagnierten Produktions- und Bevölkerungswachstum im abgeschlossenen Japan der Tokugawa-Zeit. Um die Probleme zu lösen, versuchte es die Politik des *bakufu* mal mit Strenge und Härte, mal mit Nachgiebigkeit und Nachlässigkeit – allerdings ohne Erfolg. Das System hatte seine institutionellen Grenzen erreicht, und die Autoritäten erwiesen sich als unfähig, die Strukturen der Gesellschaft, die sie verwalteten, in Frage zu stellen; sie konnten sich ihre Macht nur noch an den an der Oberfläche sichtbaren Wirkungen beweisen. Ein Stück wie »Doppelselbstmord in Sonezaki« z. B. konnte man sehr wohl beschuldigen, die Händler von Ōsaka zu demoralisieren! 1705 konfiszierte man das Vermögen der Familie Yodoya, um die Bürger wieder in ihre Schranken zu verweisen. 1706 wertete man die Währung ab. Jedesmal, wenn sich die *daimyō* und ihre Vasallen allzu sehr verschuldet hatten, erließ man willkürliche Zahlungsaufschübe, verkündete Schuldenerlasse auf Kosten der Händler, die Geld verliehen. Zur selben Zeit, da sich Europas Bürgertum seiner Macht bewußt wurde, wurden die japanischen Bürger – die nicht weniger aufgeklärt waren – weiterhin ausgeplündert und von der herrschenden Klasse mit stolzer und selbstgefälliger Miene gebührlich erniedrigt. Gesellschaftliche Zwänge, Demütigun-

214

gen, das Joch des Geldes, Hoffnungs- und Ausweglosigkeit, all das kann einen in den Tod treiben. Zugegeben, man wird nicht nur getrieben, sondern angezogen und gezerrt: Das Unbehagen in der Zivilisation wird als romaneske Weltflucht und Heimweh nach einer anderen Welt erlebt. Auch als zwei Generationen später im Deutschland des Sturm und Drang eine ähnliche Selbstmordwelle ausbrach, klagte man »Werther« an, ohne die Widersprüche als solche in Zusammenhang mit der mühsamen Geburt des Kapitalismus und der modernen Welt zu setzen.

Die im Erlaß von 1723 formulierte Zensurandrohung wurde niemals konsequent angewandt, und bald geriet sie in Vergessenheit. Das Regime war autoritär, nicht totalitär: Alles, was nicht unmittelbar die Gesellschaftsordnung angriff (und die *shinjū*-Dramen hüteten sich sehr wohl davor), schien gleichgültig und erträglich. Obwohl man den Neokonfuzianismus zur Staatsideologie erhoben hatte, herrschte nicht weniger Gedankenfreiheit als im Europa der Aufklärung. Das Verbot des Christentums, das weiterhin genauso streng gehandhabt wurde, hatte weniger ideologische als politische Gründe: Man erinnerte sich an den Aufstand von Shimabara. Der Gedanke, daß eine Idee als solche gefährlich sein könnte, sollte noch zwei Jahrhunderte auf sich warten lassen – bis zum Imperialismus, der dem Pazifischen Krieg vorausging. Zwar neigte der Konfuzianismus zur Orthodoxie, doch niemals hatte er die Kraft, ja nicht einmal den Willen, den Sitten, Werken oder Ideen ein Polizeiregiment aufzuerlegen. Einige Gelehrte begnügten sich damit, in ihrer Ecke über die moderne Dekadenz zu murren. So etwa, als sich ein Jahrzehnt nach dem Verbot des *shinjū* ein neuer *jōruri*-Stil verbreitete, der von Miyakoji Bungonojō erfunden worden war: eine Art Rezitation mit Musik. Niemals hatte man etwas Ausdrucksvolleres, Erschütternderes, mithin Gefährlicheres als jene Balladen gehört: »Seit man diese *jōruri*-Stücke aufführt«, schreibt ein Weiser, »kommt es vermehrt zu Ausschweifungen«.[91] Schenkt man ihm Glauben, so handelt es sich um eine wahre »Unzucht-Seuche«, und man hat sogar »Beamte hohen Ranges« unter diesem Einfluß der Versuchung des Ehebruchs erliegen sehen! Dieser Stil lyrischer Rezitation, genannt *bungobushi*, sowie der *sonohachibushi*, der ihn kurze Zeit später ablöste, ließen sich nicht davon abhalten, das Thema des *shinjū* wiederaufzunehmen, um dessen ergreifendsten Moment, das *michiyuki*, die Wegstrecke zum Tod, zu besingen. Die Empfindsamkeit der Dichter und Zuschauer hatte dem Erlaß der Autoritäten nicht gehorcht. Auch das *kabuki*-Theater erzielte mit den *seppuku*-Szenen, die der Größe und Dienstbereitschaft des Kriegerstandes huldigten, noch immer seine größte Wirkung – doch es beschwor auch erfolgreich Glanz und Elend der Kurtisanen und ihre Liebesselbstmorde. Die bei Chikamatsu so geschätzte Tiefe an Einfachheit, Zärtlichkeit und Mitleid, gehörte nun der Vergangenheit an: Selbst wenn der Tod der Liebenden zelebriert werden sollte, näherte sich das Theater jener barocken, fiebrigen und gequälten Raserei an, in der sich nicht ohne Größe die Dekadenz ankün-

digte, wie in Mokuamis »Izayoi und Seishin« *(»Izayoi Seishin« [1859])*.[92]
Wie könnte man verhindern, daß sich der Traum einer Gesellschaft, die ihre
Widersprüche in sich verschließt und weiterschlafen will, in einen Alptraum
ausartet?

Auf hoher Ebene verfolgte man den Liebestod niemals sehr streng,
denn er war so rücksichtsvoll, die Kriegerklasse weitgehend auszusparen.
Solange er nur das gemeine Volk traf, konnte der Staat die Augen vor ihm
verschließen. Unter den siebzehn Selbstmorden, die von Shohōken in
seinem »Großen Spiegel der Liebesselbstmorde« *(»Shinjū Ōkagami«*
[1704]), angeführt werden, sind acht Händler, sieben Handwerker, ein
Bauer und nur ein einziger Krieger, allerdings ein arbeitsloser, ein *rōnin* – die
gleichen Verteilungsverhältnisse wie bei Chikamatsu also. Wären die Kasernen durch Liebeskummer dezimiert worden, hätte man zweifellos Sofort-
maßnahmen ergriffen. Als sich während des Italienfeldzuges einer seiner
Grenadiere aus Liebe tötete, ließ Bonaparte sogleich als Tagesbefehl ausru-
fen, »daß ein Soldat den Schmerz und die Melancholie der Leidenschaften
besiegen müsse, daß genausoviel wahrer Mut dazu gehöre, die Seelen-
schmerzen mit Beständigkeit auszuhalten, wie unter dem Kanonenfeuer
standhaft zu bleiben«[93].

Zugegeben, bei Saikaku findet man mehrere Erzählungen über *samurai*,
die aus Liebe zu einem ihrer Kampfgefährten zu Mord und Selbstmord getrieben wurden.[94] Vollkommen geschützt vor den Verwirrungen der Liebe
sind weder die Internate noch die Schulen oder die Gefängnisse – nicht
einmal die Armee. Die keusche Geduld, die der Autor des *»Hagakure«* –
(»Wartet fünf Jahre!«) – anempfahl, gab zuweilen dem Sturmangriff der
Leidenschaften nach. Gleichwohl wurden diese Tode verliebter *samurai* von
Saikaku stets als Vorbilder männlicher Tugend dargestellt: Weit entfernt
davon, die Kriegerethik zu bedrohen, gereichen sie ihr im Gegenteil zum
Vorteil, zeigen sie doch, daß Werte wie Tapferkeit, Ehre oder Hingabe durch
die Liebe noch eine Steigerung erfahren. Die Moralisten mögen sich beruhi-
gen: Je verliebter sie sind, desto mehr fühlen sie sich als Soldaten – wie jene
Liebespaare des Epaminondas zu einem unbesiegbaren Bataillon vereint.
Und aus Liebe erlangen sie sehr früh die Tugend: Ein Page von dreizehn Jahren etwa, der von seinem eifersüchtigen Fürsten gefoltert wurde, stirbt lieber, als daß er den Namen seines Liebhabers offenbare – dieser tötet den Denunzianten (die Edo-Zivilisation liebt es nicht, daß man sich an einem
Fürsten vergreift, sei er auch noch so grausam) und geht zum Grab seines Geliebten, um sich dort den Bauch aufzuschlitzen. In einer anderen Geschichte
erkennt ein Knabe von fünfzehn Jahren in seinem Liebhaber den Mörder seines Vaters. »Räche uns!« sagt die Mutter. Die beiden Freunde wetteifern in
Ritterlichkeit: »Ja, töte mich!« »Nein! Nimm dein Schwert und laß uns
kämpfen.« Bewegt greift die Mutter ein: »Ihr seid beide Ehrenmänner. Liebt
euch noch diese Nacht. Der Gerechtigkeit soll morgen Genüge getan

werden.« Und bei Tagesanbruch entdeckt sie die beiden Leichen im selben Bett – mit demselben Schwert durchbohrt. Hier findet sich nichts, was an die düstere Faszination von Chikamatsus Liebenden erinnert, nichts von jenem Schwindel, den Leere und Untergang auslösen, nichts von jener tiefen Hypnose, die ihre taumelnden Schlafwandlerschritte bis zur Erlösung führt. Die verliebten Krieger eines Saikaku töten sich sozusagen aus überschüssiger Lebenskraft.

Ein Betrug

Der Freitod ist ein fester Bestandteil der Gesellschaft, die Saikakus Erzählungen beschreiben – mithin ein häufiges Thema –, doch der Autor findet offenbar keinen Gefallen daran. Seine Helden vermeiden ihn, weichen ihm aus, schieben ihn auf, und wenn sie ihm begegnen, wie Yonosuke bei der Befreiung der schönen Mikasa, so nur, um ihn zu besiegen. Von den »Fünf Freundinnen der Wollust«, deren Liebesabenteuer er uns erzählt, tötete sich nur eine einzige: Osen, die Frau des Faßbinders. Von ihrem Mann auf frischer Tat beim Ehebruch ertappt, greift sie zu einem herumliegenden Meißel und stößt ihn sich ins Herz, während sich ihr Geliebter schleunigst davonmacht. Nur eine verwirrte Geste, eine panische Kurzschlußhandlung – ganz das Gegenteil der langen Zerrissenheit, der langsam voranschreitenden Entwicklung bei Chikamatsu. Zwanzig Jahre vor der Vervollkommnung der Dramaturgie des Liebesselbstmords scheint es, als habe Saikaku sie parodieren wollen, wenn er von der List eines Liebespaares auf der Flucht, von ihrem vorgetäuschten Selbstmord erzählt. Osan, die Frau eines Almanachherausgebers aus Kyōto, ist gerade mit Moemon geflohen, einem jungen Angestellten ihres Mannes, einem braven, sehr sparsamen und alles andere als romanesken Jungen, den sie verführt hat. Die beiden Liebenden, die Zuflucht in einer Herberge am Rand des Biwa-Sees gefunden haben, wissen sehr wohl, was sie riskieren. Damit in den Familien (nötigenfalls durch Schrecken) die Tugend herrscht, hat der neue *shōgun* Tsunayoshi gerade die ohnehin schon strengen Strafen für Ehebruch und Verführung – ein um so schwerwiegenderes Vergehen, wenn es sich um eine Verführung innerhalb der Hausgemeinschaft handelt – noch verschärft. Das japanische Haus von damals ist in sich geschlossen; Fremde kehren dort nicht ein – wie aber steht es mit Lehrlingen, Angestellten und Handwerkern? Durch strenge Strafen soll der Besitz des Hausherrn, seine Frau und seine Töchter, gegen Diebstahl geschützt werden. Osan und Moemon können also auf keine Nachsicht hoffen: Werden sie ertappt, so erwartet sie die Kreuzigung. Aber der Biwa-See, weit wie das Meer, liegt so nah, so ruhig: Osan denkt, es wäre ein leichtes, mit dem, den sie liebt, ins Wasser zu gehen.[95]

Osan sprach: »So oder so wird das Leben auf dieser Welt um so schwieriger werden, je mehr wir es verlängern. Deshalb täten wir besser daran, uns in den See zu stürzen, um im Gefilde des Reinen Landes wiedergeboren zu werden. Dort werden wir für immer als Eheleute vereinigt sein.« Moemon antwortete: »Ich trauere dem Leben auch nicht nach, aber wir wissen nicht, was nach dem Tod kommen wird. Laß uns doch statt dessen ein Schreiben an das Haus in Kyōto hinterlassen, damit man glaubt, wir hätten uns ins Wasser gestürzt und getötet. Dann verlassen wir ruhig diese Gegend, um uns irgendwo auf dem Land niederzulassen, wo wir zusammen leben können.« Osan war von dieser Idee begeistert: »Als ich das Haus verließ, muß auch ich diese Idee gehabt haben, denn ich nahm fünfhundert Goldstücke mit!« Das war in der Tat genug, um ohne Sorgen ein ganz neues Leben zu beginnen.

Um ihre Inszenierung glaubwürdig erscheinen zu lassen, treffen sie die nötigen Vorsichtsmaßnahmen: Osan bezahlt sogar zwei einheimische Fischer für das Versprechen, im passenden Moment in den See zu springen – so wird, in der Dunkelheit, die Illusion des *shinjū* überzeugend sein. Die Nacht bricht herein; in der Herberge sind alle eingeschlafen.

Nachdem sie all ihre Vorbereitungen getroffen hatten, öffneten Moemon und Osan die Tür der Herberge und weckten das ganze Haus mit dem Ruf auf: »Aus Gründen, die nur uns bekannt sind, werden wir unserem Dasein ein Ende setzen!« Und sie stürzten aus dem Haus. Eine Weile später hörte man unterdrückte Stimmen wiederholt Amida-Buddha anrufen. Dann vernahm man das Geräusch von zwei Körpern, die ins Wasser fielen. Alle in der Herberge weinten; alle waren aufs tiefste bewegt.

Die Liebenden hätten in dem abgelegenen Dorf, wo sie sich versteckt hielten, glücklich leben können. Doch Moemon langweilt sich: Er will die Hauptstadt wiedersehen, will einen Abend im Theater verbringen. Er wird erkannt; man benachrichtigt den Ehemann, der Häscher schickt. Die Liebenden werden nun den Behörden ausgeliefert, vor Gericht gestellt, verurteilt und gekreuzigt. Diese grausame Geschichte beruht auf einer wahren Begebenheit: Die Hinrichtung fand am zweiundzwanzigsten Tag des neunten Monats des Jahres 1683 statt. Bedauerte es Osan am Kreuz, nicht den süßeren Tod im Biwa-See gestorben zu sein? Die List hatte ihr immerhin einige Monate Glück gewährt. Es gehört nicht weniger Mut und Ehre dazu, zu leben als zu sterben, wenn man weiß, was man liebt und was man will.

Chikamatsus Helden lassen sich langsam im Ozean des *ukiyo* versinken; sie würden gern wieder hoffen, doch alles gibt nach, nichts hält mehr – sie vernehmen bereits den Ruf des Abgrunds. Saikakus in die Liebe Verliebten schweben dagegen solange wie nur möglich über der schwankenden Tiefe, leicht wie Kork. Gewiß wird das stets bittere Ende kommen, doch das ist ein Schicksal, das man auf sich nimmt. Der Körper verschleißt sich, die Natur erschöpft sich: Hinter allen Zufällen, ob glücklichen oder unglücklichen, offenbart sich allmählich die gefühllose Notwendigkeit. Sie wollen den Tod nicht, müssen ihn aber wohl oder übel akzeptieren lernen, denn es wäre Wahnsinn, ihn zu verabscheuen. Die lächelnde Resignation, die die letzten Seiten jener wollüstigen Erzählungen durchzieht, scheint der Empfindsamkeit unseres Jahrhunderts eng verwandt zu sein. Die Sittenlosigkeit der großen Freigeister des Abendlandes kommt uns gespannt und gezwungen vor. Chikamatsu versetzt uns wie Wagner (allerdings mit ganz anderen Mitteln) in eine lyrische Hypnose, aus der man wohl oder übel erwachen muß. Aber die in die Liebe Verliebten sind so lächelnd, so einfach, so offenherzig, daß man sie zu Freunden haben möchte.

Von der Wollust zur Erlösung

Die Freundin der Wollust, die einst eine stolze und launische Kurtisane hohen Ranges, eine *tayū* war, steigt nun Jahr für Jahr die mannigfachen Stufen der *geisha*-Hierarchie herab, wie ein General, dessen Sterne nach und nach abfallen, und der sich am Ende seiner Laufbahn als einfacher Fußsoldat, der die letzten Drecksarbeiten ausführen muß, wiederfindet. Mit 65 Jahren, die Falten mit Bleiweiß überdeckt, die Frisur mit falschen Haarteilen angestückt, eng in einen geliehenen Kimono geschnürt, geht sie am dunkelsten Ufer von Ōsaka, fernab von den Laternen, von einer Brücke zur anderen. Wie die schöne Frau des Helmschmieds von François Villon wird sie durch die Erinnerung an ihre Schönheit gegen das Leben aufgebracht.

In regnerischen Nächten flehte ich den Blitz, vor dem sich die Leute so sehr fürchten, an, sich meiner zu erbarmen, in das Haus einzuschlagen, mich zu treffen und zu töten. Ich hing nicht mehr am Leben. Nun war mir diese traurige Welt vollkommen zuwider.

Ach! Wenn es genügte, das Leben nicht mehr zu lieben, um sich von ihm lösen zu können! Werden ihr zumindest die Versprechungen des Buddhismus helfen, sich von den letzten Bindungen zu lösen? Eines Abends besucht sie den Daiun-ji, einen der Tempel der Tendai-Sekte in Kyōto, und plötzlich scheint es, als würde sie mit einem Ruck der Erlösung entgegengeworfen werden, wie einst jene getreuen Anhänger, die die Glut des Amidismus ins Wasser getrieben hatte.

Ich war gerade am Fuß des Berges angekommen, aus dem der Narutaki-Fluß entspringt. Nichts hinderte mich mehr daran, den Weg zum Berg der Höchsten Erleuchtung einzuschlagen. Nachdem ich das Tau losge-

219

lassen hatte, das das Boot der Lehre Buddhas zurückhält, mit dem man das Meer der Leidenschaften überquerte, war es mein Wunsch, das andere Ufer zu erreichen, um über den Weg aufgeklärt zu werden. Ich lief los, um mich in den Teich von Hirozawa zu stürzen, der dort lag. Gerade in diesem Moment wurde ich von einem alten Freund daran gehindert, der mich zurückhielt. Er ließ diese mit Bambusgräsern überdachte Hütte für mich bauen; er nahm mir das Versprechen ab, den Tod dem durch das Schicksal festgesetzten Zeitpunkt zu überlassen, und ermahnte mich, das lügnerische Leben, das ich bis dahin geführt hatte, zu verlassen, um zum wahren Willen zurückzukehren und dem Weg Buddhas zu folgen. Voller Inbrunst gebe ich mich jetzt von morgens bis abends, einzig und allein den Anrufungen Amida-Buddhas hin.

Saikaku selbst ist es, der in Gestalt dieses alten Freundes auftaucht, um sie vor dem Sprung ins Wasser zu bewahren, der eine allzu grobe Lösung wäre. »Du suchst das Heil zu erzwingen«, scheint er wie ein Zen-Meister zu sagen, »doch wo wirst du es finden, wenn nicht gar in diesem Leben selbst? Denn es gibt kein anderes. Es genügt nicht zu sterben, man muß ohne Haß sterben – lächelnd. Wie du wohl siehst, ist der Tod nichts Ernstes; der Tod eines Menschen ist nichts: Fürchtest du dich vor dem Nichts, das nicht ist? Laß jenen Haß gegen die Zeit verlöschen; sie hat nur zurückgenommen, was sie dir gegeben. Nichts gehört dir – vollkommene Freiheit. Von dieser Einsiedelei aus kannst du einen langen heiteren Blick auf die Kümmernisse deiner Vergangenheit werfen; Ruf sie wieder hervor, um sie zu verabschieden. Wenn man nicht lernt, darüber zu lächeln, wie sollte man sich da erlöst fühlen? Und sei fromm, wenn es dir gefällt.«

So setzten die Unterströmungen der japanischen Empfindsamkeit unter dem Lack des Konfuzianismus ihren Dialog fort: Beide, Zen und Amidismus, Gelächter und Tränen, sind weniger Gegner als vielmehr Verbündete in ihrer Aufgabe, das menschliche Bewußtsein zur unerschöpflichen und eitlen Unschuld des unerschaffenen Werdens zu erwecken.

Yonosuke, der einstige Liebhaber der tapferen Mikasa, ist schwerhörig geworden, braucht einen Gehstock, und sein Gesicht ist eingefallen – ohne daß er sagen könnte, wie es geschehen sei. Und alle Frauen, die für ihn so bezaubernd gewesen waren, sind nun merkwürdigerweise ergraut. Er läßt ein Schiff bauen, das er auf den Namen *Veneria* tauft. Die Kabine ist mit Liebesbriefen tapeziert; die Taue sind aus Frauenhaaren geflochten, die er als Liebespfand erhalten hat – alles weiter in der gleichen Art. Er lädt sechs seiner alten Freunde an Bord: »Vielleicht kommen wir nie mehr zurück! Laßt uns also auf unsere Abfahrt trinken. Wir haben allmählich den Geschmack am Vergnügen verloren. Ich werde euch jetzt zur Insel der Frauen bringen. Ihr werdet schon sehen!« Derart scherzend lichtet man den Anker, und an einem schönen Tag des zehnten Monats entfernt sich die *Veneria* auf dem ruhigen Ozean – in Richtung auf den Horizont, von dem es keine Wiederkehr gibt.

Eine Parodie auf die Abfahrt der von Gebeten summenden Schiffe, die von der Küste von Kumano ausliefen und die amidistischen Wallfahrer auf der Suche nach ihrem Heil in den Traum vom Fudaraku, der fernen Insel, dem Aufenthalt Kannons und des Buddhas des Mitleids, davontrugen. Doch die Parodie ist vielleicht noch bewegender als die ernsten und frommen Abfahrten, die sie nachahmt, denn Yonosuke gibt sich in einem Augenblick, in dem sie so süß wären, keinen Illusionen hin. Er hat die Größe, weder dem Vergnügen nachzutrauern, noch es zu verurteilen, nun da die vergangenen Vergnügungen nichts mehr bedeuten und ihn selbst die Lust darauf für immer verlassen hat. Er bleibt aufrichtig, bleibt sich selbst und dem Leben – seinem eigenen Leben – treu. Er lächelt, trinkt auf seinen bevorstehenden Tod und schreitet gelassen voran.

Viele große Dinge verschwinden aus eigener Kraft, erlöschen durch freie Wahl aus der Geschichte. Der letzte Beweis ihrer Größe: Sie werden nicht besiegt worden sein, sondern gewußt haben, auf die Einladung des Schicksals zu antworten. Der japanische Schwertadel fiel nicht unter dem Messer einer anderen Klasse, sondern ergriff, angesichts der fremden Bedrohung, selbst die Initiative zu einer Revolution, die er mit seinem Erlöschen bezahlte. Es handelte sich nur um eine nationale Revolution; man wollte die Kräfte des Landes wieder wecken, doch nach und nach wurde das ganze soziale Gleichgewicht in Frage gestellt, und wer sich, wie Saigō Takamori, der Umwälzung entgegenstellte, wurde bald überrollt. Die Kriegerklasse besiegte sich also selbst, und trieb die Selbstverleugnung sogar so weit, ihren eigenen Abgang gut zu inszenieren: Doch ist nicht jeder Abgang, wie der Buddhismus zu verstehen gibt, eine Verwandlung? Ab 1868 wurden die Vorrechte der *samurai* nacheinander durch kaiserlichen Erlaß abgeschafft. Viele traten als Beamte in den Staatsdienst ein oder stellten die notwendigen Kader der Wehrpflichtigenarmee. Andere gingen in die Industrie, lernten ein friedliches Gewerbe, manche wurden sogar Händler und entsagten der Gewohnheit ihrer einstigen Klasse, das Geld zu verachten. So durchdrangen sie die ganze Gesellschaft, in der sie aufgingen. Bald unterschied man sie nicht mehr von den anderen: Ihre Erkennungszeichen wurden ihnen entzogen, doch ihre Qualitäten blieben bestehen. Es war weniger ein Verschwinden als ein Sichverstreuen. Ihr Geist wirkte weiter, indem er allen zugänglich gemacht wurde; Tugenden wie Ehre, Loyalität, Hingabe, Disziplin oder Aufopferung wurden offiziell als Musterbeispiele hingestellt: unermüdlich predigte der Staat sie in Schule und Armee allen seinen Untertanen. Die Kinder Japans sollten zunächst als Schüler, dann als Rekruten *samurai* im Geiste, wenn nicht gar von Geburt zu werden.

Der *bushidō* war nicht länger der Kodex einer untergegangenen Kaste, sondern stellte sich in den Dienst des nationalen Glaubens. »Wir haben keine dem Christentum vergleichbare Religion«, schreibt Nitobe 1899 in seinem Buch über den *bushidō*, in dem er den abendländischen Lesern die Seele seines Landes erläutert, »doch die Moral unserer alten Krieger genügt für unsere Bedürfnisse. Ein Volk kann leben, ohne an eine andere Welt zu glauben, doch nicht, ohne an etwas zu glauben.« Um fortzubestehen, muß es zumindest an sich selbst glauben. Da die Opferbereitschaft der Prüfstein für den Glauben ist, muß es nicht, wenn es überleben will, seine Kinder dazu erziehen, gut zu sterben? Wer den Tod fürchtet, wird als Besiegter sterben; wer ihm trotzt, als Sieger leben: Oft und gern hatte man dieses Paradoxon des Schlachtfelds angeführt. Bei der großen Umwälzung der Meiji-Zeit blieb

223

zunächst ein unwandelbarer Fixpunkt: Die Opfertradition sollte fortdauern. Weniger aus Treue gegenüber der Vergangenheit als aus Sorge um die bevorstehenden Prüfungen: Niemals schienen Rezepte für Unbesiegbarkeit nötiger als in einer Welt, die durch Pulver und Dampf allen Machtgelüsten geöffnet worden war. Andere Völker, sagten sich die Führer des neuen Japan, mögen reicher und besser bewaffnet sein – laßt uns vorsichtig sein. Das Los der Schlacht aber entscheidet stets zugunsten dessen, der zu sterben weiß – laßt uns wagemutig sein: In den internationalen Kämpfen wird unsere lange Übung im Freitod ein entscheidender Trumpf sein. Die Kriegerkaste konnte vor einem verjüngten Militarismus erlöschen, der das Erbe ihrer wesentlichen Traditionen antreten würde, indem er für den Staat töten und sterben lernte.

Aufschwung des Nationalismus

Gibt es eine einzige moderne Revolution von 1789 bis 1917, deren Ergebnis, was immer sie auch beabsichtigte, nicht die Stärkung der Staatsmacht gewesen wäre? Auch die Umwälzungen der Meiji-Zeit entgingen diesem Gesetz nicht. Der neue kaiserliche Staat, der mehrere Jahrzehnte lang von etwa zwanzig sehr aufgeschlossenen Oligarchen aus den südwestlichen Fürstentümern wie Chōshū und Satsuma geführt wurde, verfügte bald über eine Macht, von der die Tokugawa bei all ihrem Streben nach Vorherrschaft nie zu träumen gewagt hätten. Mit einer Verspätung von mehr als einem halben Jahrtausend triumphierte endlich die Restauration, für die Kusunoki Masashige 1336 gestorben war. Alle Treueschwüre, die auf etwa dreihundert feudale Landesfürsten verteilt gewesen waren, wurden plötzlich auf den Kaiser (tennō, den Himmlischen Souverän) übertragen und auf diesen einzigen Brennpunkt des nationalen Schicksals konzentriert. Das Kaisertum, das seit acht Jahrhunderten lediglich eine episodische, marginale und zumeist dekorative Rolle gespielt hatte, sah sich plötzlich, nach dem Sturz des *bakufu* und der Abschaffung der Fürstentümer, als alleiniger Träger eines höchsten Wertes. Unbewegter Beweger und Verkörperung der vermeintlich absoluten Einheit des Staates und der Nation wurde der stille Souverän zur Zweckursache aller politischen Akte – und in dieser Gesellschaft konnte sich jeder moralisch wertvolle Akt als bürgerlicher Wert darstellen: Man studierte, reiste, sorgte für die eigene Gesundheit, damit der Kaiser kundige, aufgeklärte, gesunde Untertanen habe. Keine Handlung, die sich nicht zum Dienst am Kaiser hätte stilisieren lassen. Der Tod, selbst ohne die Hoffnung auf ein Überleben, erschien nicht mehr absurd, wenn er zur Ehre des *tennō* gereichte.[96]

War nicht diese kaiserliche Ideologie, die der Meiji-Staat ohne Unterlaß verkündete, die erträumte Lösung aller Zwistigkeiten, unendlich viel wirksamer als die von den Tokugawa geschmiedeten Fesseln? Wenn sich jeder Japaner, dachten die Oligarchen, dazu überreden ließe, dem Kaiser ohne Vorbehalt zu dienen, werde sich die ganze Nation dem Staat hingeben. Es werde weiterhin äußere Kriege geben, doch die inneren Konflikte würden in dem einmütig geleisteten nationalen Dienst erlöschen, alle Energien in einem einzigen Punkt zusammenfließen. Diese Indoktrinierung wurde vor allem zwei der bestdisziplinierten Staatsapparate übertragen, der Schule und der Armee, in denen das Rezitieren der sogenannten »Kaiserlichen Worte« *(chokugo)* und mannigfache Zeremonien vaterländischer Ergebenheit praktiziert wurden. In den Familien wiederholte man dieselben Prinzipien, wenn nicht aus Bürgerpflicht, so doch zumindest aus Konformismus. Und in den Zeitungen nahmen die verschiedenen Überzeugungen stets Rücksicht auf diese gemeinsame Ideengrundlage. Doch ist selbst die massivste Ideologie je in der Lage gewesen, die Unruhe des Gesellschaftslebens zu beherrschen? Im Japan der Meiji-, Taishō- und der Shōwa-Ära blieben die Interessengegensätze bei aller Phraseologie bestehen, suchten sich die Strategien wechselseitig auszuspielen. Man erlebte Momente einmütiger Begeisterung, doch auch erbitterte Gegensätze. Die Wider- und Aufstände nahmen kein Ende; jedoch, man lehnte sich im Namen des *tennō* auf, um die schlechten Berater, die seine Tugenden überschatteten, von ihm fernzuhalten. Man tötete einander, um ihm zu dienen. Der christliche Gott konnte bei all seiner Allmacht das Abendland niemals daran hindern, sich aufzureiben. Wie hätte die Ergebenheit gegenüber dem Kaiser den Zwistigkeiten der japanischen Gesellschaft vorbeugen können? Vergebens hob man ihn in den Himmel, vergötterte ihn, ehrte ihn mit Opfergaben. Je mehr man seine Transzendenz beteuerte, desto mehr maßte man sich die Autorität an, den Staat, der, wie man sagte, ihm schlecht diene, und die Minister, die ihn verrieten, anzugreifen. 1935 z. B. entrüsteten sich zum Aufruhr entschlossene Offiziere plötzlich über die harmlos scheinende Theorie Professor Minobes, der 25 Jahre zuvor den Kaiser als höchstes Staatsorgan definiert hatte, wie über eine Majestätsbeleidigung. Die Entrüstung war sehr wohl berechnet; diese abgründige Ehrenbezeugung verbarg nur sehr dürftig ihre konkreten Absichten. Man wollte das Staatsschiff entern, evakuierte den Kaiser also höflich in Richtung Himmel. Wenn der Staat ihm dienen sollte und diese Pflicht schlecht erfüllte, dann wurde die Auflehnung zur Tugend. Diejenigen, die verkündeten, daß der Souverän über den Institutionen und den Politikern schweben sollte, gaben sich das Recht, diese Institutionen zu mißbrauchen und die Minister zu ermorden. Die kaiserliche Ideologie, die die Meiji-Oligarchen dem Volk unermüdlich predigten, weil sie ihrer Autorität diente, war eine Generation später so weit verkommen, daß sie die Verschwörungen der Extremisten rechtfertigte und den Protest schürte, ohne daß auch nur ein einziges Wort am herrschenden Diskurs geändert worden wäre. Im Namen ein und desselben Prinzips forderte der Staat Gehorsam, riefen die Aufständischen zum

Aufruhr auf. Die Japaner haben vielleicht nicht so unrecht mit ihrem Mißtrauen gegenüber dem, was gesagt oder auch nur gedacht wird.

Indessen erfüllte die offizielle Glaubenslehre lange ihre Funktion, schützte den Staat, begünstigte den inneren Frieden, stachelte die Energien an, schürte das Feuer der Hingabe. In Wahrheit hatte diese Volksausgabe der kaiserlichen Doktrin nichts, was sie zusammenhielt, sondern speiste sich aus ungleichen Quellen. Bismarck und Konfuzius konnten zu den Mythen der Vorfahren hinzutreten: die Bürgerpflicht sollte bis zur Opferbereitschaft gehen. Die Führer sahen im Einfluß des Liberalismus und der Demokratie aus England und Frankreich eine Gefahr für den Staat, d. h. für ihre Macht, und setzten ihnen die damals triumphierenden preußischen Autoritätsprinzipien entgegen, die den Realismus der Stärke und die Vorherrschaft der vollendeten Tatsache lehrten. Und doch waren sie keineswegs zynisch; ihre konfuzianische Bildung erlaubte ihnen nicht zu vergessen, daß die Politik die Kunst ist, weise und tugendhaft zu herrschen. Im übrigen entsprach der Meiji-Staat weit mehr den Normen des Konfuzianismus als der der Tokugawa: Die stark zentralisierte Autorität nahm die Form eines aufgeklärten Paternalismus an; die erblichen Vorrechte hemmten nicht länger die Auswahl der dem öffentlichen Wohl geweihten Talente durch Schule und Armee; die Bürokratie war niemals fleißiger, fähiger und unparteiischer gewesen.[97]

Seit der Geburt der Sonne

Der japanische Absolutismus beschränkte sich allerdings nicht auf jene weltlichen Glaubenslehren des Staates: Weder die Kraft der Tugend noch die Tugend der Kraft genügten den Wünschen des Volkes. Man berief sich auf die Legenden, um den staatsbürgerlichen Glauben der Bürger zu nähren, wollte sich einer Verheißung gleich den altehrwürdigen Ursprung der Nation, der noch vor Menschengedenken liegt, auf die Fahne schreiben. Religiöse, mitunter wilde, stolze und merkwürdig anachronistische Töne beflügelten den japanischen Nationalismus. Genau zu der Zeit, als die modernen Staaten entdeckten, daß es für ihren Machtwillen von Vorteil wäre, sich der religiösen Überzeugungen und Monarchien von Gottes Gnaden zu entledigen, bestand Japan als einziger Staat bis zur Mitte des 20. Jahrhunderts hartnäckig darauf, in der Sonnenmythologie der kaiserlichen Dynastie die erhebendsten Prinzipien seines Chauvinismus zu suchen. Dieselben Geister, die sich selbst in die methodischen Zweifel und die strengen Verifizierungen der Wissenschaften einweihten, gaben sich auf dem Gebiet des nationalen Lebens im wesentlichen einfachen, holzschnittartigen Ideen, Ammenmärchen, hin. Den Thron besetzte ironischerweise schließlich ein Spezialist der Meeresbiologie, der selbst am allerwenigsten dazu neigte, an das Märchen seiner Göttlichkeit zu glauben.

226

Um sich auf die Zukunft vorzubereiten, befragte man die alten Chroniken nach den Genealogien der Götter. Mitten in den Wechselfällen des Jahrhunderts klammerte man sich an die Ewigkeit einer angeblich seit der Geburt der Sonne unwandelbaren Dynastie, ohne sich eingestehen zu wollen, daß diese ihre Fortdauer lediglich um den Preis ihrer Ohnmacht erlangt hatte. Die Sonnenmythologie setzte sich bei der überwiegenden Mehrheit durch und lieferte die gemeinsame Sprache der herrschenden Überzeugungen. Auf anderen Grundlagen wurden andere Glaubenslehren erarbeitet – liberalen, demokratischen oder sozialistischen Geistes –, doch sie blieben Randerscheinungen: Spekulationen von Intellektuellen, für gefährlich erklärt, in Momenten der Krise von den Wachhunden des Chauvinismus an den Pranger gestellt oder von der Polizei zensiert und verfolgt. Aber wie ließe sich dieser nationale Glaube mit der geistigen Freiheit versöhnen, die für die Wissenschaft im Hinblick auf die Modernisierung notwendig ist, die die allgegenwärtige Parole der Epoche »Fukoku kyōhei«, »Reiches Land, starke Armee«, impliziert? Mori Arinori, der von 1884 bis 1889 das Amt des Erziehungsministers innehatte, nahm folgende Unterteilung vor: Disziplin und Orthodoxie in den Grund- und Mittelschulen – auf der Hochschulebene dagegen völlige Freiheit der Lehre und des Urteils. Die Intellektuellen durften sich der herrschenden Mythologie unter der Bedingung verweigern, daß sie zu diesem Thema schwiegen: Man erlaubte ihnen nicht, an den heilsamen Illusionen zu rütteln, die den Soldaten den Tod leichter machen. Moris eigenes Schicksal – er wurde von einem Fanatiker ermordet, weil er den Vorhang des Ise-Schreins mit der Spitze seines Spazierstocks angehoben hatte – veranschaulichte die Gefahren der Respektlosigkeit. Die hellsichtigsten Geister wurden so zum Schweigen gebracht und in die Einsamkeit verbannt. Im Namen der nationalen Einmütigkeit erlegten sie sich schließlich eine Zensur auf, die den Untertanen der Tokugawa unerträglich vorgekommen wäre. Der stumme Nihilismus der Intellektuellen bis hin zur Verzweiflung, bis hin zum Selbstmord, schien keine Beachtung zu verdienen, im Gegensatz zum Geschrei des für das Heil des Vaterlands für notwendig erachteten kaiserlichen Glaubens. Manche verurteilten sich schließlich selbst, weil sie an nichts von dem glaubten, woran sie glauben sollten, und töteten sich als Sühne für die Ohnmacht, in die sie zurückgedrängt worden waren. Sie opferten sich dem Traum der Nation auf, das Volk werde sich den großen Visionen hingeben können, die es aus seinem Schlaf aufschreckten.[98]

Nahezu ein Jahrhundert lang wußte der kaiserliche Glaube alle Gründe zum Leben und zum Sterben zu liefern und richtete die Opferbühne auf, auf der die Generationen nacheinander auftraten, um ihre bereitwillige Hingabe zur Schau zu stellen. Die kriegerischen Disziplinen, die zunächst auf der Ebene der Fürstentümer praktiziert worden waren, dienten nun in einem größeren Theater: Japan begann, an der Weltgeschichte teilzunehmen. Man mag den nationalistischen Übertreibungen, die sich die Nation dienstbar machten und ihr einen schlechten Dienst erwiesen, jede Billigung verweigern, doch es ist eine Mischung aus Mitleid und Bewunderung, die einen angesichts der reinsten Märtyrer dieses Glaubens, jedes Glaubens, bewegt. Die Religionen scheinen sich durch die Werke von Schönheit und Größe, zu denen sie um den Preis verheerender Ausgaben anregen, loszukaufen. Zudem war die Gewaltsamkeit der Gefühle – wenn man eine Entschuldigung für sie sucht – in den Anfängen den Gefahren angemessen: Bis zum Sieg über Rußland (1905) ließ der Druck von außen nicht nach – und erst 1911 erlangte das von allen Folgen der ungleichen Verträge befreite Japan z. B. die volle Zollhoheit wieder. Der große Krieg der abendländischen Staaten von 1914 bis 1918 hätte die Befürchtungen zerstreuen können, doch es war schon zu spät, um den Imperialismus zu mäßigen: Nachdem er den Widerstand gefördert hatte, unterstützte er die Expansion. Gerade hatte man Korea annektiert (1910). Die *tennō*-Ideologie *(tennō-shugi)* paßte sich den imperialistischen Zielsetzungen vollkommen an, welche alle modernen Staaten nach Maßgabe ihrer Macht an den Tag legten. Könnte er sich nicht, nachdem er das Inselreich vereinigt hatte, auf Korea ausdehnen, die Mandschurei, auf die Mongolei und dann auf China? Eine Parole faßte diesen Ehrgeiz zusammen: *hakkō ichiu*, acht Himmelsrichtungen unter ein und demselben Himmel.

Das Ende einer Kaste

Die Oligarchen der Meiji-Zeit wären zweifellos nicht weniger gewillt gewesen zu expandieren als fünfzig oder sechzig Jahre später gewisse Minister und Generäle der Shōwa-Ära, doch sie waren weise genug, abzuwarten bzw. ganz zu verzichten. Schon 1873 befürwortete Saigō Takamori eine Invasion in Korea als Arbeitsbeschaffungsmaßnahme für die mittellosen *samurai:* dies hieß, das 1592 von Hideyoshi vergeblich unternommene Projekt wiederaufzunehmen. Doch er fand nicht die Unterstützung seiner vorsichtigen Kollegen am kaiserlichen Hof und mußte die Regierung verlassen. Wären die Energien auf eine äußere Beute gerichtet worden, hätte sich Japan die *samurai*-Aufstände erspart, die von 1873 bis 1878 im Südwesten des Landes wüteten. Diese Kaste fühlte ihr Ende nahen – der Todeskampf war unvermeidlich. Auch jetzt kam es unablässig zu Bauernaufständen *(hyakushō ikki)* – wie schon so häufig unter der Tokugawa-Herrschaft: Im ersten Jahrzehnt des neuen Regimes waren es 190. Die Staatssteuern lasteten nicht minder schwer auf dem Volk als die feudalen Abgaben; die Kapitalakkumulation, derer die entstehende Industrie bedurfte, forderte ihre Opfer. Die alte, aus Kriegern und Bauern zusammengesetzte Gesellschaft löste sich auf, aber kein Kampfbündnis konnte diese seit jeher entgegengesetzten Klassen vereinen. Die kaiserliche Ideologie entmutigte den Widerstand, die Regierung beschleunigte die gesellschaftliche Umwandlung. Um den Etat des Kaiserreiches zu entlasten, waren die an die Familien des Schwertadels gezahlten Renten zwangsweise in Staatsanleihen umgewandelt worden, wurden dann aber durch die Inflation schnell entwertet. Nach und nach wurden alle Vorrechte der *samurai* abgeschafft: ihre Art, sich zu kleiden, die Haare zu tragen, das ausschließliche Recht einen Familiennamen zu tragen und ihr eigentümliches Strafsystem, das im *tsumebara* gipfelte. Im Februar 1874 brach in Nordkyūshū ein Aufstand von 5000 *samurai* aus, die darüber entrüstet waren, nicht zur Invasion in Korea aufgerufen zu werden – doch er wurde schnell niedergeschlagen. Ungeachtet aller Traditionen ließ die Regierung den Anführer des Aufstands, Etō Shinpei, enthaupten – ohne ihm das Recht auf Freitod zuzuerkennen.

Das nunmehr auf die allgemeine Wehrpflicht gegründete Heer und die kaiserliche Polizei waren jetzt mächtig genug, um für Ordnung zu sorgen, doch um den Sieg des Staates zu vollenden, mußte man ihnen das alleinige Recht auf Bewaffnung sichern. Ein Gesetz von 1682 hatte alle *samurai* dazu verpflichtet, in der Öffentlichkeit zwei Schwerter zu tragen, das große, *katana* genannt, viereinhalb Fuß lang, und das kleine, *wakizashi*, anderthalb Fuß lang. Um die Kriegerklasse zu schwächen, schaffte der neue Staat 1871 diese Pflicht ab. Bis zum endgültigen Verbot war es nur noch ein kleiner Schritt: Am 22. März 1871 sah ein Erlaß vor, daß nur noch Offiziere im Dienst von Armee und Polizei ein Schwert tragen durften. Die damals fast drei Millionen *samurai*, die bereits halb in der Gesellschaft aufgegangen waren, fanden sich damit ab. Aber schlagartig erhoben sie sich erneut im Süden des Landes: Seit der Mongoleninvasion war ihre Zahl dort groß geblieben, und auch wenn sie oft bedürftig waren, blieben sie um so stolzer und unbeugsamer. Die Kriegerfamilien, zu denen weniger als 10% aller japanischen Familien zählten, stellten in Satsuma mehr als ein Drittel der Bevölkerung, in der Stadt Kagoshima, wo der von der Regierung zurückgetretene Saigō Takamori gerade eine Schule für sie gegründet hatte, sogar zwei Drittel: Unter der Herrschaft einer vom konfuzianischen Aktivismus des Wang Yangming beeinflußten Philosophie wurden dort die Künste und Techniken praktiziert, die man als einzige für notwendig erachtete – die des Kampfes und des Ackerbaus –, um, entgegen der sich anbahnenden Zukunft, eine Gesellschaft tapferer Krieger und fleißiger Bauern für immer fortleben zu lassen. Die *samurai* der südlichen Fürstentümer hatten die Tokugawa besiegt, denen sie vorwarfen, gemeinsame Sache mit den Ausländern zu machen – neun Jahre später mußten sie erkennen, daß sie selbst die Opfer ihres Sieges geworden waren, denn ihre einstigen Führer, die durch die Kämpfe in die Regierung aufgestiegen waren, beschleunigten die Modernisierung des Landes, wandelten seine Gesellschaftsstrukturen um und schafften seine ehrwürdigsten Traditionen ab. Nie, so schien es, gab es eine grausamere Ironie der Geschichte. Wozu den Ausländern Widerstand leisten, wenn man letzten Endes wie sie werden würde. Sterben, sei es drum – doch lebend darauf zu verzichten, das zu sein, was man ist! Die bewaffnete Invasion schien ihnen weniger bedrohlich als die Korruption durch die Neuheiten aus dem Westen. Mehr als das Territorium war eben der Geist der Nation *(yamatodamashii)*, d. h. der Kriegergeist *(bushi no tamashii)* in Gefahr, und dies gerade durch das Vorgehen der Regierung.

Die Klasseninteressen, die politischen Divergenzen, all das übersetzte sich in die moralische Sprache der Reinheit, die im Gegensatz zur gemeinen Erniedrigung steht. Dieser Manichäismus, der durch die dem Shintōismus eigentümliche Abscheu vor Besudelung und den seit langem praktizierten Konfuzianismus dazu inspiriert wurde, die Macht an der moralischen Ordnung zu messen, vereinfachte alles, entflammte alles. In der Stadt Kumamoto, im Zentrum von Kyūshū, hatten erzürnte *samurai* den »Götterwindbund«, »*Jinpūren*«, gegründet – *jinpū* ist die sino-japanische Aussprache der beiden Zeichen, die sich japanisch auch *kamikaze* lesen lassen. 1274 und 1281 hatten die nationalen Götter die mongolische Invasionsflotte durch einen Taifun versenkt: In den gegenwärtigen Gefahren würden sie ihre Hilfe denen nicht versagen, die sich unter Einsatz ihres Lebens entschlossen zeigen würden, den reinen Geist der Nation rein zu erhalten. Mußten sie unter einer Telegraphenlinie durchgehen, schützten sich diese Zeloten mit einem weißen Fächer, und stets trugen sie ein Beutelchen Salz bei sich, um sich zu reinigen, falls ihr Blick eines jener abendländischen Kostüme – Hosen, Hut, Gehrock – kreuzte, die zu ihrem Leidwesen immer öfter getragen wurden. Als ihnen auch noch das Tragen des Schwertes verboten wurde, beschlossen sie zu handeln. Doch was sollten sie tun? In Gruppen die Geste Yokoyama Yasutakes nachahmen, jenes Patrioten aus Satsuma, der sich im dritten Jahr der Meiji-Ära vor dem Gebäude, in dem sich in Tōkyō die neuen Führer Japans versammelten, den Bauch aufschlitzte, nachdem er eine zehn Punkte umfassende Denkschrift an sie gerichtet hatte, in der er ihnen vorwarf, Gut und Böse zu verwechseln, ihre Pflichten zu vergessen und sich dem Luxus hinzugeben? Er hätte mit jenem Schwert genausogut ins Wasser schlagen können: kein Ergebnis; sein Tod zur Ermahnung *(kanshi)* erwies sich als ebenso vergeblich wie bewundernswert. Die Götterwindbündler beschlossen also, einen weniger unschuldigen Weg zu wählen und nicht nur ihr eigenes Blut zu vergießen: Nötigenfalls würden sie, um sich Gehör zu verschaffen, andere töten, bevor sie sich selbst das Leben nähmen. Gleichwohl war ihre Aktion zwar aggressiver, jedoch nicht weniger selbstmörderisch als die des gestrengen Yokoyama. Sie verachteten das Schießpulver als eine unreine Neuheit aus dem Abendland und lehnten jede andere Waffe als ihr Schwert ab. Aus der Ferne zu töten, entsprach nicht ihren Vorstellungen von Mut. Für sie gab es nur ihr Schwert, für das sie kämpften, die Götter – und den seit altersher in der japanischen Kriegskunst wichtigen Überraschungseffekt. Zweihundert Bündler erklommen eines Nachts die Schutzmauern der Burg von Kumamoto, streckten die Wachen nieder, überfielen die schlafende Gar-

230

nison und veranstalteten ein Gemetzel. Doch die Soldaten der kaiserlichen Armee waren zehnmal so zahlreich und ungleich besser bewaffnet – Kugeln mähten die Aufständischen nieder. Wer nicht in jener Nacht getötet wurde, floh bei Tagesanbruch, und die meisten von ihnen setzten ihrem Leben in den darauffolgenden Stunden durch *seppuku* ein Ende. Mit seinem Roman »Unter dem Sturmgott« *(»Honba«),* dem zweiten der Tetralogie »Das Meer der Fruchtbarkeit« *(»Hōjō no umi«),* der sein letztes Werk sein sollte, verfaßte Mishima Yukio einen Lobgesang auf diesen lokalen, anachronistischen, verzweifelten Aufruhr. Detailliert wird von diesen Ereignissen berichtet, deren selbstmörderischem Ausgang die peinlich genaue und faszinierte Aufmerksamkeit des Erzählers gilt.[99]

Die Zahl der Gefährten, die sich auf den Berg Kinpō zurückgezogen hatten, erreichte nicht einmal ein Drittel derer, die anfangs zu den Waffen gegriffen hatten.

Zwei Drittel hatten den Tod im Gefecht gefunden oder aber, nachdem sie sich zurückgezogen hatten, um ihre Wunden zu verbinden, sich heldenhaft den Tod gegeben, als sie sich von den Regierungstruppen verfolgt sahen. Einer der ältesten, Aikyō Masamoto, war bereits bis zum Mikuni-Paß geflohen, doch von drei Polizisten verfolgt, hatte er auf der Stelle am Straßenrand die korrekte Sitzposition eingenommen, sich den Bauch aufgeschlitzt und war gestorben. Er stand damals in seinem 54. Lebensjahr.

Matsumoto Saburō, in seinem 24. Lebensjahr, und Kasuga Suehiko, in seinem 23. Lebensjahr, waren nach Hause zurückgekehrt, wo sie sich den Tod durch *seppuku* gaben. Arao Tatenao, der in seinem 23. Lebensjahr stand, war heimgekehrt und hatte bei seiner Mutter um Vergebung für seine Verletzung der Sohnespflichten gebeten, da er das Leben vor ihr verlassen wollte; er hatte ihr seinen Willen anvertraut, sich zu töten, wozu sie ihn wider Erwarten aufs herzlichste gelobt hatte. Arao hatte darüber vor Freude geweint, sich dann zum Grab seines seligen Vaters begeben und sich dort edelmütig den Bauch aufgeschlitzt.

Tsuruda Goichirō stieg vom Berg Kinpō mit den sieben jungen Leuten, die man ihm anvertraut hatte, wieder herab; er führte jeden von ihnen nach Hause, kehrte dann zu seinem eigenen Heim zurück, wo er Vorbereitungen für den *seppuku* traf.

Er ließ Sake mit einer Zukost anrichten, tauschte mit seiner Gattin Hideko zum Abschied das Trinkschälchen, dichtete einige letzte Verse und redete ihr zu, nach seinem Tod nicht in Mutlosigkeit zu versinken, da ihr einziger Sohn Tanao ihn überleben würde.

Es war bereits der Abend des zweiten Tages nach der Erhebung. Tsuruda hatte auch zwei Töchter im 14. und 10. Lebensjahr, die bereits schliefen. Seine Gattin wollte sie aufwecken, damit sie Abschied von ihrem Vater nähmen, doch er hielt sie zurück: »Nein, weck sie nicht!« Dann entblößte er seinen Oberkörper, schlitzte sich den Bauch auf und stieß sich die Klinge senkrecht in die Kehle. Als er sie wieder herauszog und kurz davor war zusammenzubrechen, kam seine ältere Tochter herein, die zufällig aufgewacht war. Beim Anblick dieses Schauspiels brach sie in lautes Weinen aus.

Als der nächste Tag anbrach, wurde die Eilbotschaft überbracht, daß auch Tanao, ihr einziger Sohn, *seppuku* begangen habe. So erreichte Hideko, am Morgen nachdem sie ihr Gatte mit den Worten verlassen hatte, sie solle ihre Hoffnungen auf dieses Kind setzen, nun die Nachricht vom Tode ihres Sohnes!

Nach der Auflösung der Gruppe in Chikōzu hatte Tanao zusammen mit Itō Masura und Suga Buichirō das große Heiligtum von Shingai aufgesucht. Dort hatte er sie verlassen, um sich allein ins Dorf Kengun zu begeben. Tatsächlich hatte er die Absicht, in Chōshū Zuflucht zu suchen.

In Kengun wohnte sein Onkel Tateyama, den er um Beistand bitten wollte. Doch dort erfuhr er, daß sein Vater Goichirō schon am Nachmittag vorbeigekommen sei, ihm die Seinen und alles weitere anvertraut und ihn wieder verlassen habe, nachdem er seinen Entschluß mitgeteilt hatte. Nun gab es für ihn keinen Zweifel mehr, daß sein Vater bereits *seppuku* begangen hatte. Als er dies erfuhr, schwand der Traum nach Chōshū zu fliehen aus Tanaos Herzen.

Mit der Erlaubnis seines Onkels ließ er unter einem großen Baum in einer Ecke des Gartens eine neue Strohmatte ausbreiten. Gen Osten gewandt verneigte er sich dreimal mit gefalteten Händen in Richtung des fernen kaiserlichen Palastes und verbeugte sich auch in Richtung seines nähergelegenen Elternhauses. Dann griff er zum kurzen Schwert, schlitzte sich den Bauch auf und durchbohrte sich die Kehle.

Diese Nachricht wurde sofort zum Haus der Tsurudas überbracht.

Für den Souverän, gegen den Staat

Wenn man diese Fälle beispielhaften Sterbens guter Väter, Ehemänner und Söhne verfolgt, vergißt man leicht, daß sie gemordet haben. Sie haben es selbst vergessen: Der *seppuku* ist da, um alles zu sühnen, alles auszulöschen. Die Methode der plötzlichen und brutalen Aggression, die der anschließend geforderte Freitod sanktionierte, wurde bereits von den 47 *rōnin* der »Chū shingura« angewendet, doch sie waren lediglich als Märtyrer der feudalen Treuepflicht, für die begrenzten Interessen einer Sippenrache, gestorben. Nunmehr kann ein universelles Prinzip zur Tat begeistern: der *yamato*-Geist, erhabener noch als die Staatsräson, der nationale Glaube, der den Aufrührern erlaubt, sich auf eine Sache zu berufen, anspruchsvoller noch als der bloße Gehorsam gegen die gerade amtierenden Minister. Die Aggression gibt sich die edelsten Motive, weiß aber, daß ihr die Sühne folgen muß. Die Bundesgenossen von Kumamoto haben sich aufgelehnt, haben die Gesetze übertreten, doch durch den Freitod ist ihnen die unmittelbare Erlösung sicher – so lautet das Gesetz der Gesetze, die durch nichts zu rührende, in alle Herzen eingeschriebene Nemesis. Ob erfolgreich oder nicht, ihr Aufruhr wird, wenn nicht gar gerecht, so doch zumindest rein erscheinen, nehmen sie es doch hin, dabei zu sterben: Sie erhofften sich keinen Vorteil. Sie können sich im letzten Moment dem Souverän zuwenden, dessen Garnison sie soeben dezimiert haben.[100]

Die Auflehnung ist nicht weniger heilig als der Gehorsam – unter der Bedingung, daß auch sie ein Selbstopfer impliziert. Das manifeste Gesetz will, daß man dem Tod entgegeneile, sollte der Staat es im Namen des Souveräns verlangen: Die 1882 an die Soldaten und Matrosen gerichteten »Kaiserlichen Worte« formulieren dieses Prinzip in aller Klarheit; die acht Jahre später ausgegebenen »Worte zur Erziehung« mahnen die Schüler an ihre frühe Verantwortlichkeit: »Wenn es die Notwendigkeit verlangt, so bietet dem Staat mutig euer Leben dar.« Wenn man nicht zu sterben weiß, nützt alles Wissen der Freiheit des Vaterlands nichts. Aber stillschweigend verdoppelt und ergänzt ein anderes Gesetz das manifeste: Es verlangt, daß man sich für den Souverän opfere, wenn der verdorbene Staat der Nation schlecht dient. Pflicht zur Ermahnung, zum Widerstand, zum Protest, zum Aufstand, bitterer, heiliger noch als die andere Pflicht, allemal schwieriger, gefährlicher, gewagter. In den letzten Jahrzehnten des 19. Jahrhunderts wurde die Sache des Kaisers zu einem mächtigen Prinzip der Hingabe an die Autorität – aber dieselbe Sache hatte zunächst zum Kampf gegen den Absolutismus und zur Zerstörung des *bakufu* bewogen. Seit Boulainvilliers und Locke hatte das europäische Denken ein rationales Recht auf Widerstand anerkannt und gerechtfertigt. Die japanischen Schlußfolgerungen fielen nicht viel anders aus – welche Gesellschaft könnte leben, ohne der Ablehnung ihren Platz einzuräumen? Doch sie formulierten sich in einer Sprache der Selbstverleugnung und -aufopferung, die sie mit zusätzlicher Gewalt besiegelte. Zehn Jahre lang, von 1858 bis 1868, beseelte diese Pflicht zur Ablehnung den bewaffneten Kampf der *samurai* und *rōnin* gegen die Tokugawa-Regierung – von 1868 bis 1878 war es der Meiji-Staat selbst, der im Namen jener Prinzipien angegriffen wurde. Nach einigen Jahrzehnten der Ruhe begeisterte derselbe Widerstandsgeist zu Terroraktionen, in denen, vom Abendland aus gesehen, die Nihilisten, die revolutionären Sozialisten, die oppositionellen Faschisten ihre durch einen noch flammenderen Opfergeist gekennzeichnete Vorgehensweise hätten wiedererkennen können. Die düstere Kehrseite der kaiserlichen Ideologie verdichtete sich in schneidenden Formeln, durchtränkt von Religiosität, verschanzt hinter der Verachtung der Staatsräson und des bürokratischen Legalismus. Eine lange abendländische Tradition von Boulainvilliers bis zu Kropotkin gefiel sich darin, die Prinzipien des Ungehorsams zu diversifizieren; all jene Aufrührer waren untereinander zerstritten, waren sogar noch über den Tod hinaus in unversöhnliche, einander als ketzerisch bekämpfende Glaubenslehren gespalten. In Japan konnte man bei Gefechten, Attentaten, Unterdrückungen auf keinerlei Mitleid zählen; doch mit dem Tod des

Gegners, vor allem mit seinem Freitod, setzte sich das ergreifende Gefühl seiner Aufrichtigkeit durch, und die Vergebung wurde lediglich um den Preis seines Lebens gewährt. Denn Staatstreue und Aufständische opferten sich alle für das Heil des Kaiserreiches. Über die Mittel und die Personen uneinig, doch einig darüber, für welches Ziel sie kämpften, starben sie alle für dieselbe Sache und waren mit denen, die sie töteten, bald durch den Tod in der Einheit desselben Glaubens versöhnt.

Todeskämpfe

In Wahrheit kamen die Ritter des Götterwindes zehn Jahre zu spät; die Restauration war vollbracht und ihr Aufbegehren drückte lediglich den Todeskampf ihrer Kaste aus. Dieser Aufstand war weniger ein Akt, der sich seines Ziels bewußt war, als vielmehr ein Symptom, bestenfalls eine bloße Geste. Sie wollten das Bewußtsein ihres Landes wachrütteln, hofften, daß ihr Selbstopfer wie ein Appell widerhallen werde. Doch versuchten sie indes nicht vielmehr, die Apathie einer geschlossenen Gesellschaft, einer sich um sich selbst drehenden Kaste zu verlängern, die sich verbittert vom Gang der Geschichte zurückgezogen hatte? Sie töteten und töteten sich selbst, wie im Traum. Der rasende Schlaf ihres Klassenbewußtseins konnte den Übergang nicht daran hindern, sich zu vollziehen und zu vollenden: der Meiji-Staat mußte den mühsamen Weg, den einzuschlagen er bereit gewesen war, bis zum Ende gehen. Die Notwendigkeit, zu deren Agenten er sich nolens volens machte, war nicht weniger universeller Natur als das Wesen der Nation, auf das sich der Chauvinismus der Aufrührer berief. Japan ist nicht alles; der Moment wird kommen, an dem es zu dieser lange abgelehnten Wahrheit erwacht: die Weltgeschichte erwartet es.

Gleichwohl ist es unmöglich, jene Aufständischen zu verurteilen, denn sie hatten keinen Erfolg. Da sie besiegt worden sind, kann man ihnen nicht unrecht geben. Sie selbst legten auch keinen so großen Wert auf ihren Sieg, die Niederlage war kein Fehler für jene Krieger; sie handelten ohne diese Illusion. Wenn sie gewonnen hätten, würden sie unsere Zustimmung verlieren. Hätten sie den Kampf auch nur überlebt, so würden sie nicht das vollendete Symbol des schönsten ihrer Kaste geziemenden Endes darstellen. Lehnten sie den Tod ab, unterwarfen sie sich einzig dem Wunsch zu dauern? Nein, sie lehnten ein Verschwinden ab, das nicht das ihre wäre, das sie nicht gewählt, nicht herbeigeführt hätten. Ihr als Freitod angenommenes Scheitern verewigt sie in unserem nostalgischen Gedenken: Solche Männer hat es gegeben; eine äußerste Möglichkeit des menschlichen Daseins ist durch sie bezeichnet, gekennzeichnet, in eine Geschichte eingeschrieben, die nicht bloß die der Erfolge, der List und Stärke ist. Im Moment des *seppuku*, dieser äußersten Zuspitzung einer einzigartigen Tradition, gehen sie in jeder Hinsicht

234

über ihren eigenen Chauvinismus hinaus: Jeder Mensch kann sich in ihrem Entschluß wiedererkennen, denn die Werte des Selbstopfers hören niemals auf, die Gemüter zu bewegen, und man muß kein Japaner sein, um die anspruchsvollen Formen, die sie sich gegeben haben, zu begreifen und zu bewundern. Diese Bilder sprechen uns auch aus der großen kulturellen Distanz an. Gewiß haben sie nicht für uns sterben wollen, wie von den Propheten und den Heiligen gesagt wird, doch sie sterben vor unseren Augen: Eine Ethik des Willens ist heilsamer als eine Heilsversprechung, vor allem in dem Moment, in dem der Mensch von allen Seiten dazu überredet wird, sich zum Sklaven seines Lebens zu machen. Vor unserem Blick erstarren sie in der Vollkommenheit ihrer letzten Geste.

Shimada Katarō stand in seinem achtzehnten Lebensjahr. Kaum war er heimgekehrt, versuchte man ihn zu überreden, sich als Mönch zu verkleiden und zu fliehen. Aber er weigerte sich. Entschlossen, sich den Bauch aufzuschlitzen, trank er das Abschiedsschälchen; dann ließ er den *judō*-Meister Uchishiba Jūzō kommen, damit dieser ihn in der Technik des *seppuku* unterweise. Als sich der junge Mann den Bauch aufgeschlitzt hatte, legte er die Schwertspitze an seine Kehle und fragte: »Meister, ist dies die richtige Stelle?« Als Uchishiba ihm daraufhin antwortete: »Ja, das ist sie«, stieß er die Klinge auf eine bewundernswerte Weise hinein.

Die ästhetische Wertschätzung mag zunächst abgeschmackt erscheinen: Ist es denn das, was von einen zerrissenen jungen Körper zu sagen sich geziemt? Gleichwohl soll die Gemütsbewegung am Ende zu einer ruhigen, von Anmut gekrönten Form erstarren: Selbst dem Entsetzlichen ist in der Tragik Erlösung verheißen. Jenseits jeder politischen Zielsetzung kann das Selbstopfer nun seinen wahren Endzweck erreichen, der darin besteht, zu sinnlicher und moralischer Vollkommenheit zu gelangen. Und die Schönheit mag sich sehr wohl zum Opfer berufen fühlen, wenn es sich nur der Zerstörung preisgibt, um noch strahlender zu werden. So prägt sich, in der Poesie begründet, das, was bleibt, in das Gedächtnis der Menschen ein, besser als alle flüchtigen Vernunftgründe des Wirklichen.

Saigō der Große

Die entscheidende Prüfung stand noch bevor. Solange Saigō noch am Leben ist, bleibt den zornigen *samurai* noch eine letzte Hoffnung. Saigō selbst macht sich keine Illusionen: Er kannte die Macht der Wehrpflichtigenarmee, zu deren Gründung er beigetragen hatte. Für seine früheren Regierungskollegen hatte er nur noch Verachtung übrig – doch er hätte sich, trotz seiner Wang Yangming entlehnten aktivistischen Prinzipien, nicht auf den Kampf eingelassen, wenn nicht seine Schüler, die darauf brannten, seine Lehre anzuwenden, die Aufrichtigkeit so weit getrieben hätten, sich provozieren zu lassen. Als er von den ersten Schüssen erfuhr, verfluchte Saigō die Naivität seiner Anhänger und überhäufte sie mit Vorwürfen. Dann versöhnte er sich mit seinem Schicksal: Er sah der Niederlage und dem Tod entgegen, setzte seine Ehre darauf, sie hinzunehmen. »Man hat es nicht nötig«, sagte der Schweigsame, »zu hoffen, um etwas zu unternehmen. Vielleicht besteht sogar in der Aktion ohne Hoffnung eine Reinheit, die durch nichts getrübt werden kann – in diesem Spiegel offenbart sich unser Stand eines desillusionierten Sisyphos.« Der Mut erscheint um so größer, als er weiß, daß er einer nutzlosen Sache dient. Das Schicksal vollzieht sich dann wie ein Ritus; das Selbstopfer ist immer noch blutig, erscheint indes unschuldig, weil es sich als nutzlos erkennt.

Es war ein regelrechter Bürgerkrieg, dessen Operationen mehrere Monate, von Februar bis September 1874, andauerten. Die kaiserliche Armee unter Führung des Strategen Yamagata, war 60 000 Mann stark und bestand zu 80% aus jungen Bauern, die sich tapfer schlugen. Die *samurai* sammelten sich um Saigō, wohl wissend, daß dies ihr letztes Gefecht sein würde: Diese Armee zählte sogar 25 000 Mann, doch die angeblich durch die Geburt verliehenen Kriegertugenden wogen die Ungleichheit in zahlenmäßiger Stärke und Ausrüstung nicht auf. Vergebens rechtfertigte Saigō seine Erhebung durch die heilige Pflicht, den Kaiser von seinen schlechten Beratern befreien zu müssen: Diese These, die zehn Jahre zuvor den Sieg über das *bakufu* davongetragen hatte, verfügte nicht mehr über dieselbe Schlagkraft – es war allzu offensichtlich, daß es dem restaurierten, neu gefestigten Staat nicht an Kraft fehlte. Nicht mehr das Interesse der Nation stand auf dem Spiel, sondern nur noch das Überleben einer Kaste. Es war eine Art Vendée-Aufstand tapferer, strenger, tugendhafter Adliger – aber die bäuerlichen Massen blieben neutral: Sie konnten ihre früheren Herrn bewundern, ohne ihrer Herrschaft nachzutrauern. Der neue Staat erwies sich als siegreich. Im Moment des letzten Sturmangriffs hatte der durch eine Kugel verwundete Saigō noch die Kraft, die Tradition zu ehren: Er setzte seinem Leben durch *seppuku* ein Ende, nachdem er sich lange in Richtung des Kaiserpalastes verneigt hatte. Sein Diener Beppu Shinsuke enthauptete ihn, der Kopf wurde versteckt und begraben. Doch für die kaiserlichen Truppen war es eine Pflicht, sein Haupt wiederzufinden: Man wusch es im Wasser einer Quelle und brachte es General Yamagata, der es mit beiden Händen erhob, sich verneigte und flüsterte: »Ach! Von welch gelassener Heiterkeit ist dieses edle Antlitz!«

Mit seinem Freitod hatte Saigōs Erlösung begonnen, und schon erwies der Feind ihm die Ehre. Der Feind? Nein, vielmehr der Gegner. Denn jene tödlichen Kämpfe wurden ohne Haß und Verachtung ausgetragen. Auf beiden Seiten fanden sich derselbe nationale Glaube, dieselben Werte, dieselbe Tradition. Die Toten beider Parteien, Staatstreue und Aufständische, konnten durch ein und dieselbe Opfergeste vereint ruhen. Diese Zivilisation war zu edel, um sich zu wünschen, daß ihre Besiegten der Hölle oder auch nur der Vergessenheit anheimfielen. 1891 wurde Saigō offiziell rehabilitiert, der Kaiser verlieh ihm die Würde des dritten Ranges der Hofhierarchie. Ein volkstümlicher Kult entstand zu seinem Gedenken und man errichtete ihm Standbilder. Heißt dies, daß Gut und Böse also nicht vom Ausgang einer Schlacht abhängen? Die Menschen der Meiji-Zeit bewunderten Bismarck, doch der Nihilismus des Erfolgs hatte sie nicht verdorben. Ihre Tradition war stark genug, um das Recht zu urteilen nicht der Stärke preiszugeben. Seitdem haben wir andere Arten der Geschichtsschreibung kennengelernt: Der Unterschied zwischen Stalin und Trotzki z. B. war nicht größer als der zwischen Yamagata und Saigō, doch welche Erbitterung, den Feind über den Tod hinaus zu verfolgen und ihn sogar aus dem menschlichen Gedächtnis tilgen zu wollen! Von Wyschinskij zu Bucharin der gleiche Glaube, die gleichen Prinzipien, doch es genügt nicht, daß der Besiegte auf das Leben verzichtet. Um seinen Besieger zufriedenzustellen, muß er auch auf die Ehre verzichten, muß sich verleumden, sich imaginärer Verrate anklagen und sich schließlich der Hölle der Geschichte überantworten, in der seine Aufopferung für immer unbekannt bleiben soll. Wie könnte man im Verhältnis dazu eine Tradition für grausam halten, die lediglich die Aufopferung des Lebens verlangt und jeder Form der Hingabe eine gerechte Ehre zuteil werden läßt?[101]

Gewalt und Politik

So endeten zwanzig wirre Jahre, in deren Verlauf eine neue Gesellschaft entstanden war. Der Meiji-Staat hatte sich als fähig erwiesen, seine Rekruten für Tapferkeit und Selbstverleugnung zu begeistern – Tugenden, die noch bis vor kurzem der herrschenden Kaste vorbehalten waren. Doch als noch fruchtbarer für die Zukunft erwies sich die Weisheit all jener früheren *samurai*, die wie Itagaki, Fukuzawa oder Ōkuma versuchten, sich einen Weg jenseits der Opferwerte ihrer ursprünglichen Erziehung zu bahnen. Sollte es das Schicksal der japanischen Geschichte sein, zwischen dem von Yamagata verkörperten Staatsabsolutismus und der empörten, aufbegehrenden Selbstverleugnung eines Etō Shinpei, eines Saigō zu schwanken? War blinde Gewalt die einzige Antwort auf den blinden Gehorsam von Armee und Polizei? Das Selbstopfer, zwecklose Verausgabung überfließender Energien, verdammt eine Gesellschaft zur Stagnation. Ist es nicht möglich, diese Energien zu bündeln, sie für den Fortschritt zu verwenden, sie aufzufordern, sich ein Ziel zu setzen? Itagaki war wie Saigō, wie Etō Shinpei, ein Befürworter der Korea-Invasion und mußte wie sie 1873 die Regierung verlassen. Doch anstatt sich hinter der duellen Rivalität gegenüber seinen früheren Kollegen zu verschanzen, sucht er nach einem dialektischen Ausweg, nach einer dritten Lösung. In demselben Jahr, in dem Etō Shinpei den Saga-Aufstand anführt, gründet Itagaki die »Gesellschaft der hohen Gesinnung«, »*Risshisha*«, um die orientierungslosen *samurai* aus dem früheren Fürstentum Tosa wieder zusammenzuführen. Statt wie Saigō lediglich die Sprache der beleidigten Tugend zu sprechen, statt sich zu einer Klassenerhebung hinreißen zu lassen, versucht er, den Absolutismus stufenweise zu begrenzen, indem er das japanische Volk zum Bewußtsein seiner neuen Freiheitsrechte führt. Die Freiheit ist nichts ohne das Gesetz, und bald wird dieses große Ziel zur Ausarbeitung einer Verfassung führen. 1880 gründet Itagaki die »Liberale Partei«, »*Jiyūtō*«, die erste japanische Partei, die mehr ist als ein durch persönliche Treuebindungen zusammengehaltener Interessenverband. Der politische Kampf läßt sich als eine durch Regeln begrenzte Auseinandersetzung austragen, ohne gleich in einen Krieg der Faktionen auszuarten, von denen die eine die Staatsämter innehat, die die andere erobern will. Im Licht expliziter Gesetze kann eine Gesellschaft sich erkennen, sich mithin frei umgestalten lernen. Als Ōkuma 1881 seinerseits die Regierung verlassen muß, folgt er nicht dem Beispiel Saigōs, sondern dem Itagakis: Er gründet eine Partei und führt Gespräche mit seinen Gegnern.

Diese Mäßigung verlangte Mut: Wie viele andere wurden Itagaki und Ōkuma Opfer von Dolch und Bombe. Die Begeisterung für den Kaiser verwischte die Grenze, die unterhalb der religiösen Leidenschaften einen autonomen politischen Bereich abstecken kann. Sie diente nicht nur dazu, den Absolutismus zu stärken und den Aufstand zu rechtfertigen, sondern brachte zunächst eine Reihe kleiner Fanatiker hervor, die schnell bereit waren, die angeblichen Verbrechen der Majestätsbeleidigung zu rächen. Bereit, sich gegebenenfalls selbst aufzuopfern, zögerten sie jedenfalls nicht, die Frevler zu opfern: Die Achtung, die den heiligen Quellen des nationalen Lebens gebührt, wurde zum Prinzip des Terrors. Man mußte also politische Institutionen gründen, nicht nur, um die Staatswillkür zu begrenzen und die Konflikte anerkannten Regeln zu unterwerfen, sondern auch, um zu versuchen, diesen Märtyrern ihre Waffen zu nehmen. Der Kaiser begriff als erster, daß die Transzendenz seiner Souveränität die Ordnung, die sie krönte, bedrohen werde, wenn man aus ihr das Recht zu töten ableitete. Die Verfassung von 1889 sollte auch die Leidenschaften mäßigen. Man mußte den Opferrausch, der in den Gefechten für die Restauration so oft gepriesen worden war, zum Rückzug vor dem Gesetz zwingen. Eine schwierige Aufgabe in einer Gesellschaft, in der der Freitod jede Form der Aggression und des Abenteuers zu entschuldigen schien, in der seit so langer Zeit dem, der es wagte, dafür zu sterben, alles erlaubt schien. Gerade: ich gewinne, ungerade: ich töte mich. Übernimmt man so die eigene Verantwortung? Man weicht ihr vielmehr aus, denn man überläßt es dem Schweigen, die Akte zu verantworten, die man riskiert hat. Um den Fanatismus auszugrenzen, genügten auf die Dauer weder die Institutionen noch die Unterdrückung: Man mußte Gleichgültigkeit und Ungeduld, die Komplizen verzweifelter Wetten, durch Presse und Erziehung überwinden und vor allem überzeugen, mußte ein ganzes Volk dazu auffordern, nicht nur an den nationalen Gemütswallungen, sondern auch an den nationalen Entscheidungen teilzunehmen. Diese Bemühung, die höchste Einsicht verrät, hätte mehr Erfolg verdient. Die öffentliche Meinung blieb stets, wie im Theater, empfänglich für die Gewalt der Gesten, verstört und doch fasziniert von jenen Reden, die man mit dem eigenen Blut, meistens jedoch mit dem Blut der anderen laut vorträgt.

Eine Epoche der Kämpfe, doch vor allem der harten Lehrjahre: Auf die abendländische Herausforderung antwortete man mit einem bewundernswerten Mut. Zu dieser Zeit führte Japan seine erste industrielle Revolution erfolgreich durch. Der Staat ergriff die Initiative bei der Kapitalakkumulation, indem er Unternehmen gründete, die er an Hauptkonsortien weiter verkaufte, wenn er der Meinung war, eine private Leitung wäre flexibler und kostengünstiger. So wurden die Verflechtungen zwischen der Verwaltung, den politischen Parteien und den industriellen Gruppen mit der Zeit immer enger und verworrener. Der Wohlstand war ein wesentlicher Glaubensartikel der nationalen Glaubenslehre, dem sich ein völlig neuer Führungskreis, bestehend aus hohen Beamten, Unternehmern und Politikern, verschrieb. Man bereicherte sich in der Tat – nur daß der Reichtum der Reichen niemals die Armen trösten konnte und das Elend auf dem Land nicht gelindert wurde. Dieser Kreis von Geschäftemachern, mitunter bestechlichen Emporkömmlingen, schien seiner neuen Macht nicht würdig. Die Stärke der Armee war mit dem Reichtum des Landes verbunden (»*Fukoku kyōhei*«) – gleichwohl bildete sich kein militärisch-industrieller Komplex, der so charakteristisch für unsere modernen Gesellschaften ist: Diese Armee aus sittenstrengen Offizieren und armen Bauern, stolz auf ihre unmittelbare Treuepflicht gegenüber dem Kaiser, beobachtete die neue herrschende Klasse und verachtete deren Luxus, ohne zu begreifen, daß der Krieg der verheerendste Luxus ist. Sie hörte nicht auf die Reden der Parteien: Die »Kaiserlichen Worte« von 1882 warnten die Soldaten vorsorglich vor jeglicher politischen Aktivität. Aber schon seit dieser Epoche waren sie nicht ganz taub gegenüber den ersten nationalistischen Brüderschaften: Das Heil des Kaiserreiches sollte nicht Sache der Politik sein! Zur selben Zeit, da Itagaki und Ōkuma offene, den Prinzipien von Freiheit und Fortschritt gewidmete Parteien konzipierten, wollte sich ein *samurai* aus Fukuoka, Hiraoka Kōtarō, der an der Seite der Aufständischen des früheren Fürstentums von Satsuma gekämpft hatte, ausschließlich auf das imperiale und imperialistische Prinzip berufen: 1881 gründete er die »Gesellschaft des Ur-Ozeans« (»*Genyōsha*«), um Saigōs Korea-Projekt wiederzubeleben und die Expansionspolitik zu fördern. Zwanzig Jahre später versammelt der der Mandschurei und Sibi-

239

rien zugewandte »Verein des Schwarzen Drachens« *(»Kokuryūkai«)* die ge-
wagtesten Konzeptionen des japanischen Chauvinismus in einer Mischung
aus Gewalt und Mysterium.

Militärische Knechtschaft und Größe

Bis zur Shōwa-Ära bewahrte die Armee absolute Treue nicht nur gegenüber
dem kaiserlichen Prinzip, wie es sich von selbst versteht, sondern auch gegenüber den Anordnungen der Regierung. Es genügte ihr, dem Staat zu
dienen; sie hatte noch nicht gelernt, sich seiner zu bedienen, ihn zu beherrschen. Weder in der Macht noch im Sieg, allein in der Selbstaufopferung
fand sie zu ihrer Größe. Die Armee wacht über den Staat, doch wer wird
über die Wächter wachen? Die Tradition. Die an die Rekruten gerichteten
»Kaiserlichen Worte« faßten das Wesen des *bushidō* im Sinne Yamagatas zusammen. In dem Moment, in dem die industriellen Techniken die Kriegskunst revolutionierten, wurden die japanischen Soldaten feierlich an diese alten Maximen erinnert. Was sind die Waffen ohne den Arm, was ist der Arm
ohne das Herz? Ein solcher Idealismus sieht in der materiellen Welt einzig die
Bühne, auf der die mehr oder weniger starken, mehr oder weniger reinen
Willen ihr Schicksal inszenieren. Und daraus resultierte in der nächsten Generation der blindeste Abenteuergeist, der den Wagemut bis zum selbstmörderischen Risiko trieb. Das Waffenhandwerk, dachte man, rührt von der
Übung des Willens her. Des Willens zu siegen? Ja, doch diese Begeisterung
läßt sich von den ersten Rückschlägen entmutigen – man muß also über den
Sieg hinausgehen, bis zur Todesbereitschaft, bis zu einer Askese des Herzens,
das kein Ergebnis erwartet, das sich von sich selbst löst: Durch diese Konver-
sion kommt der Mensch dahin, in Frieden mit dem Tod zu leben. Wille zum
Willen, mit der Selbstaufgabe verschmolzen: das reine Wollen will nichts.
»Bedenkt, daß die Pflicht schwerer wiegt als ein Berg, der Tod jedoch leichter als eine Feder.« Dieser Spruch wurde ohne Unterlaß wiederholt, denn aus
der Selbstverleugnung schienen sich alle für den Kämpfer notwendigen Tugenden zu ergeben: Treue, Tapferkeit, Wagemut, Strenge.

All diese Qualitäten konvergieren schließlich in der Aufrichtigkeit, jener
flüchtigen Tugend, die ständig heraufbeschworen, doch niemals definiert
wurde. »Wenn das Herz nur aufrichtig ist, läßt sich alles vollbringen.« Hierin
verschmilzt die rituelle Reinheit des Shintōismus mit der Lehre Wang Yangmings: Instinktiv erfaßt das Herz die in ihm ruhende Wahrheit und manifestiert sie sogleich, indem es handelt.[102] Erfolg oder Mißerfolg: Das Ergebnis
hängt nicht von uns ab – gleichviel! Man muß nur aufrichtig sein, um in
Frieden mit sich selbst, d. h. mit dem Tod zu sein. Selbstverleugnung und
Aufrichtigkeit: Zwei Aspekte ein und derselben Tugend; das Ich zählt nicht
mehr, nur die Wahrheit in ihm hat Bestand, die glühende Überzeugung, der

die Akte geweiht sind. Yamagata bewunderte Wang Yangming über Yoshida Shōin, seinen älteren Kollegen aus dem Fürstentum Chōshū, der 1859 für die Sache der Restauration enthauptet wurde. Eine solche Aufrichtigkeit ins Zentrum jener militärischen Vorschriften zu stellen, hieß die menschlichen Beziehungen der innigen Übereinstimmung des Subjekts mit sich selbst zu unterwerfen. Dieser Subjektivismus, den die Meister des *bushidō* auf dem durch den Zen-Buddhismus vorbereiteten Boden verwurzelten, hatte es den 47 *rōnin* ermöglicht, sich für ihre Mission einzusetzen, später Ōshio Heihachirō dazu befähigt, einen Aufstand gegen die Spekulanten von Ōsaka anzuführen, und die Helden der Restauration, dem *bakufu* zu trotzen. Yamagata zählte auf diese Begeisterung des Herzens, um die Bereitschaft zur Hingabe zu fördern und wollte nicht einsehen, daß die Erhebung seines Gegners Saigō eben in diesen Prinzipien begründet lag – und er war weit davon entfernt, sich vorstellen zu können, daß Soldaten ihre Waffen eines Tages im Namen derselben Pflicht gegen die Minister erheben werden. Es genügt in der Tat, daß sich das Herz aufrichtig glaubt: Dann muß man auf alles gefaßt sein.

Ein Soldat

Doch die Tradition war noch zu mächtig, um diese Widersprüche erahnen zu lassen: Sie konnte diesem jungen Imperium Helden geben, die der alten Römer würdig gewesen wären, Soldaten, deren Ruhm nicht vom Zufall der Schlachten abhing, der vielmehr der lichte Widerschein einer inneren Reinheit zu sein schien. Dies galt insbesondere für General Nogi, Lehnsmann des Meiji-Kaisers, der sich 1912 tötete, um seinen Herrn in den Tod zu begleiten. Ein großer Soldat, doch nur ein mittelmäßiger Truppenführer. Nicht er, sondern Kodama war es, der den Sieg von Port Arthur errang. Sein Ruhm erinnert uns daran, daß das Kriegerleben der Erben des *bushidō* eine ethische Tradition verkörperte, die etwas ganz anderes als die Kunst der Schlachten war. Er besaß keine jener Gaben, die die Genies auszeichnen, besaß nichts als seinen Willen, die einzige Gabe, die man nicht empfängt, die man sich nur selbst geben kann und von der man, per definitionem, so viel hat, wie man will. Ein guter und rechter Wille, diensteifrig und zu hoch entwickelt, um einem besonderen Ziel anzuhängen. Welches Ziel kann eine Tradition ersetzen, in der das Subjekt erlischt, bis es kein Individuum mehr ist, sondern die Verkörperung eines Typus jahrhundertealter Maximen? Die Größe Nogis rührt von keiner anderen Qualität her als von jenem freiwilligen Erlöschen, das ihn in den reinsten, überlegtesten, folgerichtigsten Tod führte.

Er wurde als *samurai* geboren, im selben Fürstentum wie Yamagata, in jenem Fürstentum Chōshū, dessen Aktion gegen das *bakufu* von entscheidender Bedeutung war. 1868 trat er der kaiserlichen Garde bei und wurde bald in die Kader der Wehrpflichtigenarmee aufgenommen. Zweimal mußte er seine aufrührerischen Jugendfreunde, seine Kasten- und Landesgenossen, die sich gegen die Erlasse des neuen Staates erhoben hatten, bekämpfen. Man kann sich die Qualen dieses empfindsamen, liebenswürdigen Mannes vorstellen, den solche Konflikte zerrissen. Ein Schuldgefühl blieb bei ihm zurück, das er mit verstärkter Strenge und absoluter Treuepflicht gegenüber dem Kaiser bekämpfte und von der noch sein Tod Zeugnis ablegen sollte. Ein Lebemann im übrigen, der Wein, Vergnügen und Gesang liebte, nebenbei Dichter und Kalligraph, wie jene Männer von einst, die Wert darauflegten, Schwert und Pinsel gleichermaßen zu führen. Mit 29 Jahren bekämpfte er Saigō unter dem Kommando Yamagatas: Die Kompanie, die er befehligte, verlor ihre Fahne an die Aufständischen. Nogi, der verwundet zum Feldlazarett gebracht wurde, blieb untröstlich: Mit diesem Ereignis verband er zweifellos das Schuldgefühl, so nahestehende Gegner bekämpfen zu müssen. Er verließ sein Bett und verschwand. Man fand ihn wieder, in den Bergen umherirrend, entstellt, bleich, fast verhungert: Er hatte beschlossen, sich wie die alten Asketen zu Tode zu hungern. Er stimmte zu, weiterzuleben, doch gewissermaßen als Galgenfrist, und in seinem Testament von 1912 erinnerte er sich an jene verlorene Fahne. Blutrote Sonne auf schneeweißem Grund – die Nationalflagge, *hinomaru*, war fünf Jahre zuvor für die Wehrpflichtigenarmee erfunden worden. Nogis Verzweiflung machte allen die Bedeutung der nationalen Symbole begreiflich: Für diese konnte man, mußte man mitunter sterben, sterben wollen. Schon begann die lange Liste der Märtyrer für die majestätischen Embleme: Hier tötet sich ein Leutnant, weil er sich beim öffentlichen Vortrag der »Kaiserlichen Worte« verlesen hat, dort stürzt sich ein Schulmeister in die Flammen, um die Photographien Seiner Majestät zu retten – eine ganze Litanei erbaulicher, manchmal etwas kindischer Tagesmeldungen, die über die Selbstopfer des hingebungsbereiten Volkes berichteten.

Zehn Jahre später wurde Nogi nach Deutschland geschickt, um die Geheimnisse der besten Armee der Welt zu studieren: Begeistert kehrte er zurück, steif und stramm vor lauter Disziplin. Fortan legte er seine Uniform nicht mehr ab, nicht einmal zum Schlafen! Einmal reiste seine Frau von Tōkyō nach Shikoku, wo die Garnison, die er befehligte, stationiert war, um mit ihm das Neujahrsfest zu feiern – doch wegen der Dienstprinzipien weigerte er sich, sie zu empfangen und ließ ihr ausrichten, sie solle umkehren. Er wußte sehr wohl, daß man nur kommandieren kann, wenn man mit gutem Beispiel vorangeht. Das Soldatenleben war für ihn die strenge Praxis der persönlichen Verantwortung; keine Einzelheit erschien ihm dabei unbedeutend. Später diente er im Krieg gegen China (1894–1895), der die japanische Vorherrschaft in Korea sichern sollte – und setzte sich, im Rentenalter, auf dem Land zur Ruhe. Doch bald sollte er auf den Ruf des Vaterlandes hin, wie Cincinnatus, die Felder wieder verlassen: Am 8. Februar 1904 hatte Japan Rußland angegriffen, hatte die in Port Arthur vor Anker liegenden Schiffe im Überraschungsangriff bombardiert. Das große Duell der beiden Kaiserreiche hatte begonnen.[103]

Ablehnung der Hekatombe

Zur Überraschung der ganzen Welt ging Japan als Sieger aus diesem Krieg hervor. Von einem Tag zum anderen betrachtete das Abendland Japan mit völlig anderen Augen. Hatte es bis vor kurzem noch als Land der feinsinnigen Rückständigkeit gegolten, so wich nun der Eindruck des Zierlichen dem des Kriegerischen, die Profile der Kurtisanen den Bajonettreihen. Japan hatte einen überwältigenden Sieg errungen, zu Lande und zur See gleichermaßen ruhmreich. Doch es war ein teuer erkaufter Sieg: Vor allem die Belagerung von Port Arthur wurde zu einem unermeßlichen Massensterben, zu der verheerendsten Opfergabe, die die Menschheit den Kriegsgöttern, zwölf Jahre vor Verdun, je gespendet hatte. Im Namen des Kaisers und des Heils der Nation wurde allem fraglos zugestimmt. Den Japanern erschien dieser in Rußland so unpopuläre Krieg, trotz der Opposition einer Handvoll sozialistischer Intellektueller, gerechtfertigt. Gleichwohl erhob sich 1904 eine Stimme, fern aller politischen Erwägungen, die vereinzelte Stimme einer jungen Frau, Yosano Akiko, die sich an ihren Bruder wandte, um ihn davon abzuhalten, sein Leben den Ambitionen des Staates zu opfern.

Ach, Bruder, ich weine um dich,
Stirb nicht, mein Bruder!
Dir, dem Jüngsten, ist der Eltern besondere Liebe
zuteil geworden.
Haben sie dir je die Klinge in die Hand gegeben,
Dich gelehrt, Menschen zu töten?
Haben sie dich vierundzwanzig Jahre lang aufgezogen,
damit du Menschen tötest und selber stirbst?

Als Nachfolger einer alten Händlerfamilie
der Stadt Sakai
mußt du den stolzen Namen der Eltern fortführen.
Stirb nicht, mein Bruder!
Ob die Festung von Port Arthur fällt oder nicht,
was geht Dich das an?
Darüber steht nichts in den Vorschriften
eines Handelshauses.

Stirb nicht, mein Bruder!
Wie könnte der Kaiser, der nicht selbst ins Feld zieht,

meinen, man solle Blut vergießen
und wie ein Tier sterben?
Wie könnte er meinen,
zu sterben, sei des Menschen Ehre?
Das kann nicht sein,
wenn er so edel gesonnen ist.

[…][104]

Einzig die Dichter wissen, wie die Kinder, die Wahrheit zu sagen, die man schnell verschweigen lernt. Dem alten Minotaurus der Opfergabe stellt eine schwache Stimme erstaunt die Frage der Kinder: Warum? Man hatte sich schon vor Konfuzius bemüht zu zeigen, daß die Nation eine große Hausgemeinschaft sei, daß dieselbe Tugend dazu führe, den Bürger- wie den Familienpflichten zu genügen: ein guter Ehemann, also auch ein guter Untertan; ein guter Sohn, also auch ein guter Soldat. Und plötzlich erinnert eine Stimme wie die der Antigone daran, daß das Gesetz des Staates unfromm und grausam gegen die Familien sein kann, daß in der Politik der Polis die empörendste Bedrohung für die Bindungen des Herzens liegen kann. Der Staat gibt vor, unsere Heime zu beschützen – doch um welchen Preis? Wann wird er seine Ambitionen beschränken? Wo werden seine Ansprüche aufhören? Die kaiserliche Idee war zu jener Epoche so weit verbreitet, daß sich Yosano Akiko spontan auf sie beruft, so wie ein Europäer des 13. Jahrhunderts auf Christus, um all seine Gefühle, all seine Auflehnungen zu rechtfertigen. Der Kaiser, Prinzip der allgemeinen Aufopferung, wird diesmal zur Rechtfertigung eines Widerstands heraufbeschworen, der einem überlebten Partikularismus der Kasten und der künftigen Verweigerung aus Gewissensgründen entspringt. Zu sterben ist leider kein Handwerk der Spezialisten mehr; der Krieg ist nicht mehr allein Sache der Krieger; seine Ansprüche sind nicht mehr umgrenzt, alle Grenzen wurden im universellen Staat aufgelöst. Der Krieg neigt also dazu, total zu werden – und die Frage, die er stellt, richtet sich nunmehr an jedermanns Gewissen: Willst du töten und sterben? Yosano Akiko starb 1942: Sie konnte also jene Maßlosigkeit sehen, mit der der kaiserliche Staat immer aufdringlicher die Opferbereitschaft forderte und die glühendsten Militaristen schließlich dazu führte, den nationalen Selbstmord herbeizuwünschen. Schon 1904 brachte diese schwache Stimme, die aus der Vergangenheit kam, um das Echo der Zukunft zu erwecken, in ihrer zärtlichen Naivität eine Frage zum Ausdruck, die nun, seit der Atomwaffe, das Gewissen jedes Menschen beunruhigt.

General Nogi fiel es zu, die Hekatombe anzuführen. Kurz bevor er die Schützengräben erreichte, hatte er erfahren, daß sein ältester Sohn im Gefecht gefallen war. Am 19. August beschloß er, die russischen Festungen anzugreifen und erklärte, daß man sie in ein paar Tagen erobert haben werde. Eine Woche später zählte man 16 000 Opfer – ohne jedes Ergebnis. Mehrmals wiederholte Nogi diese vergeblichen, verheerenden, wahnwitzigen Frontalangriffe. Als man ihm die Nachricht vom Tode seines zweiten Sohnes überbrachte, verließ ihn jeder Wunsch, diesen Krieg zu überleben. Er gab sich gleichsam dem Todesrausch *(shinigurui)* hin, den das *»Hagakure«* zur Kriegertugend erklärt: In vorderster Front setzte er sich dem Feuer aus. Das Allgemeine Hauptquartier reagierte darauf mit der Entscheidung, Kodama die Operation anzuvertrauen – doch auf den Einspruch des Meiji-Kaisers hin behielt Nogi das Kommando. Die Dankbarkeit kann bei einigen seltenen Seelen ein gewaltiges Gefühl sein. Nogi bewies es, indem er acht Jahre später dem Kaiser in den Tod folgte. General Kodama konzentrierte seine Anstrengungen auf die berühmte 203. Höhe, die im Dezember eingenommen wurde: Von ihr aus konnte man den Hafen bombardieren. Die belagerte Garnison, die keinen Grund mehr sah, den Kampf fortzusetzen, kapitulierte schließlich. Doch die Ritterlichkeit Nogis erlaubte den Journalisten nicht, die Übergabe zu photographieren: Er wußte, daß man sich selbst ehrt, wenn man seinen Gegner ehrt. Nach der Tradition sollte man mit dem Opfer nicht geizen, doch stets über dem Ergebnis stehen.

Sie werden bald sterben, sie wissen es

Nach Beendigung des Krieges überhäufte man Nogi mit Ehren, er wurde zum Vertrauten des Kronprinzen und dazu berufen, die Schule der Adligen *(Gakushūin)* zu leiten, in der die Adelssöhne das Gepräge der alten Tugenden erhielten. Mit dem Alter aber überkam ihn jenes banale Gefühl, in dem sich die Schwäche des Körpers meldet: alles verfällt. Der Tod des Kaisers am 30. Juli 1912 festigte seinen Entschluß. Während der sechs Wochen, die den offiziellen Begräbnisfeierlichkeiten vorausgingen, begab er sich jeden Tag zum Kaiserpalast, um sich zu sammeln. Heimgekehrt sortierte er seine Schriftstücke, brachte seine Sachen in Ordnung. Seine Frau hatte sein Vorhaben erraten. Wann entschloß sie sich, seinen Entschluß zu teilen? Wie überredete sie ihn, dem zuzustimmen? Sie war 54, er 64 Jahre alt. Der Tag der Trauerfeier war auf den 13. September festgesetzt worden: Der Verblichene sollte zunächst in dem Heiligtum, das man ihm zum Gedächtnis einige Kilometer südwestlich des Palastes errichtet hatte, die letzten Ehren entgegennehmen und dann mit der Eisenbahn nach Kyōto, der früheren kaiserlichen Hauptstadt, überführt werden, wo er unter dem Pfirsichberg, *Momoyama*, begraben werden sollte. Vier Krieger aus gebranntem Ton hatte man modelliert, die am Sarg Wache halten sollten, so wie die *haniwa* von einst, die zur Epoche der Grabhügel die Menschenopfer ersetzt hatten.[105]
    Am Morgen begaben sich Nogi und seine Frau in Festgewändern zum Palast – nicht ohne sich noch ein letztes Mal photographieren zu lassen. Er mit einer federgeschmückten Soldatenmütze auf dem Kopf und Orden auf

der Brust, sie im traditionellen, übergroßen Kimono einer Hofdame versunken, beide bescheiden in ihrem Kostüm aufgegangen, denn es gehört mehr Bescheidenheit dazu, eitle Ehrenzeichen anzulegen, als sie abzulehnen; beide reglos wie große Schaufensterpuppen mit leerem Blick. »Sie werden bald sterben, sie wissen es«, schreibt Roland Barthes, »und das ist nicht zu sehen.« Sie wissen in der Tat, daß sie sich noch am selben Abend töten werden – so hat sich ihr schauernder, doch nicht wankender Wille entschieden. Ihr Blick ist leer, dem Abgrund gleich. Ehren, Ämter und Würden, nichts wird sie zurückhalten, nicht einmal die Erinnerung; nichts wird vergessen machen, daß man alles zu verlassen wissen muß. Ihr Akt wird sie zu dem werden lassen, was sie bereits sind: reine Bilder, ruhig, artig, müßig, unseren Augen dargeboten, unseren Herzen gegenwärtig, doch sich selbst abwesend. Unserem noch lebenden Blick, der sie anstarrt, als erwarte er, von ihm ein Geheimnis zu erfahren (ist sterben zu lernen nicht der unerreichbare Wunsch jedes Sterblichen?), flüstert jener Blick, der der ihre war, das Geständnis jedes photographierten Blickes zu, und sei er auch erst gestern aufgenommen worden: »Ich bin tot, du weißt es, und das ist nicht zu sehen.«

Dann kehrten sie zu ihrem kleinen Haus zurück und aßen zu zweit zu Abend – beide allein auf der Welt. Der Abend brach an, ein warmer Septemberabend. Sie beurlaubten die Hausdiener und zogen sich in den Salon im ersten Stock zurück. Eine Dienerin sah noch, wie Frau Nogi, vollkommen ruhig, in die Küche herunterkam, um etwas Sake für ihren Mann zu holen. Um acht Uhr abends kündigte ein Kanonenschuß an, daß der Trauerzug den Kaiserpalast verließ: im Fackelschein ein schwarzlackierter Wagen, der von vier fleckenlosen Ochsen gezogen wurde. Daraufhin half Nogi, dem Bericht des Gerichtsarztes zufolge, seiner Frau zu sterben, indem er ihre mit einem Dolch bewaffnete Hand führte. Dann schlitzte er sich den Bauch auf, zunächst von links nach rechts, dann von unten nach oben – und warf seine Brust mit letzter Kraft auf die Schwertspitze. In seiner verkrampften Hand fand man die Photographien seiner beiden gefallenen Söhne.

Das Erstaunen war übergroß – in Japan selbst nicht weniger als im Ausland: Die im 17. Jahrhundert durch die Gesetze der Tokugawa streng verbotene Praxis des *junshi* war seit jener Zeit verschwunden. Eine sehr alte, längst begrabene Vergangenheit, weit ferner noch als der junge Glaube an den Kaiser, erstand plötzlich wieder auf, die ganze wilde Vergangenheit der feudalen Horden, bei denen der Tod zum Geleit die intensive Hingabe besiegelte. Der Bewunderung mischte sich eine Art Unbehagen, Mitleid, ja fast Abscheu bei, manchmal sogar etwas Hohngelächter; so komplex waren die tiefen Gefühle. In Paris wußten die Journalisten nicht zu schweigen, und *L'Univers* wiederholte sein Credo, das in diesem Fall Ausdruck gedankenloser Dummheit war: »Der Selbstmord ist ein Verbrechen. Er ist ein Zeichen großer Feigheit, wenn nicht gar von Wahnsinn.« *L'Humanité*, stets an der Spitze des

Fortschritts, sprach von einer »Manifestation mystischen, blinden und leicht schwachsinnigen Fanatismus«– doch diese summarische, dem Vorgang nicht angemessene Beurteilung unterschied sich kaum vom Sarkasmus des Romanciers Akutagawa oder von manchen Kommentaren der Gruppe junger Künstler und Schriftsteller, die sich um die Zeitschrift *Shirakaba* (»Die Birke«) versammelten. Denn selbst in Tōkyō war man, genau wie zwei Jahrhunderte zuvor über den Fall der 47 *rōnin*, geteilter Meinung. Denjenigen, die forderten, daß ein Akt u. a. seinen Grund, seine Regel, sein Maß und seinen Zweck haben muß, setzten sich diejenigen entgegen, die dafür hielten, daß eine reine und selbstlose Geste, gerade durch ihren exzessiven Charakter ihr eigenes Maß begründen könne, indem sie die Blicke erwecke, die dazu geeignet sind, sie in ihrem Licht zu betrachten. Gewiß verlöschen die Akte, einer nach dem anderen, in ihrer Verkettung – doch manche bleiben, leer und ruhmreich, vereinzelt, souverän. Nogis Tod war ein höchster Dienst, der nichts und niemandem diente, in dem sich die Tradition in der äußersten Spitze eines Willens konzentrierte. Ein schöner Akt, nunmehr unbeweglich im Himmel des Gedächtnisses, glänzend wie ein ferner Stern, mit seinem kalten, anhaltenden, zerbrechlichen Funkeln.

War das Gefühl des Verfalls, das Nogi bedrückte, nur Einbildung? Dieser Ritter von altem Schrot und Korn ahnte zweifellos, daß sich nach dem erstaunlichen Aufstieg der letzten vier Jahrzehnte vor der Nation – und zunächst vor dem Nationalismus – ein Abgrund auftun würde, in den alles hinabgleiten sollte. Nichts würde sich an der Oberfläche ändern: derselbe Glaube, dieselben Prinzipien, dieselben Institutionen, dieselben Reden, nur etwas schriller – doch schon korrumpierte der Erfolg alles: Die Armee widmete sich weniger dem Geist des Dienstes als dem des Beherrschens, und hinter ihren Projekten schien der Abenteuergeist durch, die heimliche Anziehungskraft des Abgrunds, in dem der Machtwille am Ende seine Grenze findet. 1910 hatte man bereits Korea annektiert, und nun rückte man mit Siedlern, Kapital und Garnisonen in die Mandschurei, in die Mongolei vor. Schon im August 1914 ahnte Yamagata mit seinem in langen Jahren geschärften Spürsinn, daß ein Bündnis zwischen China und den USA die Gefahr der Zukunft sein werde, und beschwor die Regierung, die Chinesen zu beruhigen, sie von der Freundschaft ihrer Rassenbrüder zu überzeugen. Doch es war schon zu spät: Die Regierung war nicht mehr die alleinige Herrin ihrer Entscheidungen; der zunächst vom Staat indoktrinierte Nationalismus war nun mächtig genug, um den Staat selbst zu bedrohen. Man hatte es 1905 gesehen, als Tausende von vaterländischen Bündlern auf den Straßen von Tōkyō gegen den Friedensvertrag mit Rußland demonstriert hatten. Der Sieg war so kostspielig gewesen, daß die errungenen Vorteile geradezu lächerlich erschienen; im Namen der Toten von Port Arthur entrüstete man sich über die Diplomaten: So viele Opfer für so geringe Ergebnisse? Von nun an führten Lobsänger der Selbstaufopferung der anderen immer geschwätziger das Argument der Toten ins Feld, bis sie den Ministern ihr Vorgehen unter Attentatsdrohungen diktierten.[106]

Die konfuzianische Tradition des Selbstmords als Ausdruck der Mißbilligung war noch nicht erloschen, sondern manifestierte sich vermittels des *bushidō* in der Armee. 1891 tötete sich ein Leutnant einer in Hokkaidō stationierten Garnison, um das Kaiserreich auf die russische Gefahr aufmerksam zu machen, deren Vorrücken auf die nördlichen Inseln er zu spüren glaubte. Und als die Regierung gezwungen wurde, der dreifachen Intervention der Mächte Deutschland, Frankreich und Rußland nachzugeben, die 1895 Japan die im Krieg gegen China errungenen Vorteile wieder entreißen wollten, begingen zahlreiche Offiziere, rund vierzig an der Zahl, hier und dort Selbstmord zur Ermahnung: Sie hatten geschworen, dem Staat bis in den Tod zu dienen – und bestand der kostbarste Dienst, den man ihm erweisen konnte, nicht darin, ihm seine Schwäche vorzuhalten?[107] Durch die Wahl des *sep-*

249

puku ließ sich die Wirkung der Geste ins Pathetische steigern: Weil die Regierung sich weigerte, den Bau von zwei Kreuzern in den Etat des Jahres 1933 aufzunehmen, schlitzte sich der Korvettenkapitän Kusuhara in einem Schlafwagen der Strecke Tōkyō – Shimonoseki den Bauch auf – die beiden Kreuzer wurden gebaut. All diese freiwilligen Märtyrer des Militarismus unterscheiden die Kriegertradition Japans von so vielen anderen Formen mißbräuchlicher Gewaltanwendung, die die Welt gekannt hat. Edle Auflehnung ohne Verbrechen, wenn nicht gar ohne Gewalt, vielleicht einer besseren Sache würdig, auf jeden Fall selbstlos. Doch die Sorge um die Wirksamkeit sollte dazu führen, daß aus diesen Selbstmorden ein bloßer Zusatz zum Attentat wurde, um die Einschüchterungsmanöver mit dem Glanz des Märtyrertums zu überdecken. Der Freitod sollte bald nur noch eine überholte, fakultative Zutat zum politischen Mord sein. Vom opferbereiten Ausdruck der Mißbilligung stieg man zum ethisch unreinen, doch politisch viel wirksameren Terrorismus herab: Es ist gewiß nicht schwieriger, andere zu töten als sich selbst, und der Mord an einer Persönlichkeit des öffentlichen Lebens steht auf der Titelseite der Zeitungen, wohingegen sich selbst die tugendhaftesten Selbstmorde stets nur unter unter den kurzen Tagesmeldungen finden.

Die guten Manieren des Terrorismus

Noch waren viele dieser Terroristen bereit, ihre Tat mit dem eigenen Leben zu bezahlen. Nachdem er 1898 den Wagen des Marquis Ōkuma mit einer Bombe in die Luft gejagt hatte, schnitt sich der Täter, Kurushima Tsuneki, ein Mitglied der »Gesellschaft des Ur-Ozeans«, die Kehle durch. Auch 15 Jahre später waren die guten Manieren noch nicht vergessen: Aus der Überzeugung heraus, daß die offizielle Haltung gegenüber China allzu lasch sei, erschoß ein junger Anhänger der »Gesellschaft des Schwarzen Drachens« den Leiter der politischen Abteilung des Außenministeriums. Dann breitete er eine Karte von China auf dem Boden aus, setzte sich darauf und schlitzte sich den Bauch auf. Auch ein mit dem eigenen Leben bezahlter Mord ist zweifellos nicht unschuldig, doch er erteilt sich eine ausreichende Absolution. Es ist nicht die vollkommene Reinheit der Geste Nogis, ebensowenig der hohe Adel des Selbstmords zur Ermahnung, sondern ein krampfhafter, von Haß, manchmal von Verwirrung gekennzeichneter Akt – doch es genügt, ihn nicht zu bewundern, aber man darf ihn auch nicht mit einem bloßen Mord mit einer Zeitbombe verwechseln. Wird dieser Drang zum opferbereiten Terrorismus jemals verschwinden? 1960 sah man, während einer Rede des Generalsekretärs der sozialistischen Partei, Asanuma Inejirō, im großen Saal der öffentlichen Versammlungshalle von Hibiya, einen kindlich wirkenden Studenten mit einem gezückten Messer auf die Rednerbühne stürzen. Der

Mörder wurde überwältigt, festgenommen, inhaftiert. Kurze Zeit darauf fand man ihn erhängt in seiner Zelle. So folgte er seinem Opfer nur wenig später in den Tod.

Derartige Anschläge, bei denen sich die Auflehnung, wie beim *amok* der malaiischen Stämme, der Katastrophe entgegenwirft, begleiten die ganze Geschichte des japanischen Nationalismus: jenseits des Mordes endlich der Tod und mit ihm der Abgrund, in dem sich ein Atom Freiheit in wahnsinniger Energie verzehrt. So erstach 1921 Asahi Heigo, der junge Führer des sogenannten »Gerechtigkeitsbundes des Götterlandes« *(»Shinshū-gidan«)* den Bankier Yasuda Zenjirō, dessen großes Unrecht darin bestand, der reichste Mann Japans zu sein – anschließend tötete er sich selbst, um seinem Akt moralische Reinheit, also beispielhaften Charakter und damit politische Tragweite zu verleihen. In einer postumen Proklamation beschwört er die Notwendigkeit einer »Taishō-Restauration«, entrüstet sich über das Elend der Massen, über die Faulheit der Honoratioren, über die Trägheit der Generäle, über die Bestechlichkeit und Verdorbenheit der Reichen. Mit Worten, die auch von einem Anarchisten hätten stammen können, fordert dieser Rechtsextremist die Abschaffung der Erbschaft, die Konfiszierung der Vermögen, die Verstaatlichung von Boden und Kapital, die Auflösung der parlamentarischen Parteien und der Staatsbürokratie. Doch vor allem sollen die Millionäre wegen ihres Vermögens bestraft werden. »Haltet keine Reden«, sagt er zu seinen Kameraden, »sondern handelt, laßt den Akt seine stumme Wahrheit schaffen, bleibt ruhig. Zieht das Schwert, stecht zu, schießt. Es ist nutzlos, Versammlungen abzuhalten, sich zu organisieren. Es genügt, das eigene Leben zu opfern. Vergeßt eure kleinlichen Interessen, löst alle Bindungen, die euch zurückhalten, verachtet, was man von euch sagen wird.« Die Sache ist einfach: töten, sterben, schlafen. So vereinte der Ultranationalismus dieses Anti-Hamlet die nihilistische Subversion eines Netschajev in einer überraschenden Synthese mit den Selbstverleugnungsmaximen des *»Hagakure«* [108].

War zumindest der Kaiser in Sicherheit? 1910 deckte die Polizei angeblich eine Verschwörung auf, deren Anführer Kōtoku Shūsui sein sollte, ein durch die anarchistischen Ideen jener Zeit beeinflußter Sozialist: es hieß, man hätte einen Anschlag auf den Meiji-Kaiser geplant. Ein Jahr später, nach Abschluß des Untersuchungsverfahrens und des Prozesses, wurden elf Männer wegen angeblicher Teilnahme an dieser Aktion hingerichtet. Im Dezember 1923 verübte ein Anarchist einen mißglückten Anschlag auf den jungen Regenten Hirohito, der bald darauf Kaiser werden sollte. Doch die Gewalt der Linken sollte in Japan keine Zukunft haben. Im benachbarten Reich Rußland hingegen wütete sie, aber die Japaner hatten schon 1868 ihre Revolution vollzogen, und die meisten Anschläge waren chauvinistisch motiviert. Die neue Führungsschicht, in der eine enge Verbindung zwischen Bürokratie, Politik und Kapital bestand, besetzte zwar die Staatsposten in dem Maße, wie die

251

Oligarchen verschwanden, doch ihre Macht war niemals ungetrübt: Schon nach kurzer Zeit lag die Drohung in der Luft, der imperiale Gedanke könnte sich zum Imperialismus steigern. Die vaterländischen Bünde hatten etwas vom Geist Saigōs geerbt: Expansion nach außen, im Innern die schlichte und genügsame Brüderlichkeit einer Kriegergemeinschaft, die die Landbevölkerung beschützt. All jene Unzufriedenen, die manchmal, wie einst die *rōnin*, sozial abgestiegen und deshalb um so unversöhnlicher waren, um so neidischer auf die Begünstigten, verfluchten die offizielle Politik, die ihrer Meinung nach gegenüber dem Ausland allzu schüchtern und innenpolitisch den Interessen der Industriellen allzu sklavisch ergeben war. Bestechlichkeit und Feigheit waren nur zwei Seiten ein und desselben Lasters: Der Staat entfernte sich immer weiter von der Kriegertradition, aus der er entstanden war. Dies war auch Nogis Überzeugung gewesen, doch das Mittel, das er gewählt hatte, um die Tradition wiederzubeleben, erschien den Bündlern etwas zu kostspielig, und so zogen es die meisten von ihnen vor, die Verwirrung, über die sie sich entrüsteten, durch ihre Agitation noch zu verstärken.

Terror und Tugend

Die japanischen Terroristen verzichteten niemals auf den moralischen Idealismus, der bei den aufgewiegelten Jungen oft naiv, bei den alten Agitatoren mitunter hinterlistig wirkte. Robespierre näher als ihren Zeitgenossen, ließen sie die Sprache der Tugend vernehmen. Schon für den Leninismus, dann für den Faschismus und den Nazismus ist die Moral nur noch eine formelle Illusion – man ist zu wissend, um auf sie hereinzufallen. Es gilt, wirkliche Geschichte zu machen; die Wirklichkeit der Zukunft ist es, die über die Bezeichnung »gut« und »böse« entscheiden wird, nicht der Mensch, der hartnäckig darauf besteht, die Dinge zu beurteilen. Der japanische Nationalismus blieb selbst in seinen blutigsten Exzessen vom Moralismus geprägt. Man tötete nicht weniger als anderswo, doch man hatte das Bedürfnis, sich ein gutes Gewissen zu verschaffen: Die Opfer der Anschläge hatten es nicht verdient zu leben. Der im Abendland zulässige Zynismus hätte sie nur verwirrt. Die Gewalt gab vor, bestrafen zu müssen, und die Grausamsten waren zugleich die größten Pharisäer. Sie glaubten an ihre Tugendhaftigkeit, die ihnen das Recht gab zu töten. Sie interessierten sich kaum für die sozialpolitischen Programme – die imperiale Utopie ersetzte alle anderen. Es kam nur darauf an zu handeln; offenbar genügte ihnen der beispielhafte Akt, der die Nation wachrütteln sollte, auf daß die schlechten Ratgeber wie Wolken vom Wind der Opfergabe weggeblasen würden und die allzu lang verdunkelte Sonne endlich wieder in souveräner Vollkommenheit erstrahlen würde. Also schlug man zu. Und sollten sich bei den weniger Abgehärteten Zweifel regen, so gab es immer noch die Möglichkeit des Freitods, des besten Alibis, um das Gewissen zu beruhigen, indem man es auslöschte. Indem man sich tötete, büßte man oder bewies sich vielmehr selbst, daß man ein reines Herz und eine aufrichtige Absicht gehabt habe; man starb, gerechtfertigt durch sich selbst. Denn es genügte dieser Opfermoral, daß sich das Subjekt als selbstlos erwies (oder sich dafür hielt). Der Tod bewies die Selbstverleugnung, und die Verantwortung endete dort; man glaubte nicht an ein Gericht Gottes oder der Geschichte. Jene Märtyrer ihrer eigenen Gewalt schienen sogar die Verbrechen der anderen zu entschuldigen und alles zu legitimieren, was die Anschläge an Verabscheuungswürdigem gehabt hatten.[109]

Die Ausbeutung des Freitods

Der Terrorismus beutete das altehrwürdige Prestige des Freitods schamlos aus, sehr oft auf äußerst durchtriebene Weise. Die rechtsextremen Bündler fanden Gefallen daran, ihren künftigen Opfern Moralpredigten zu halten: »Erkennt eure Schuld an, stellt euch eurer Verantwortung, opfert euch!« Sie wußten sehr wohl, daß man ihren Ratschlägen nicht folgen würde, doch sie schmeichelten sich damit, ihren Gegnern einen moralischen Tadel zu erteilen, indem sie sie als feige, bestechlich und verdorben anprangerten. Nach dem Tod des Meiji-Kaisers wandte sich Tōyama Mitsuru, einer der Gründer der »Gesellschaft des Schwarzen Drachens«, öffentlich an die Minister: Warum hatten sie Seiner Majestät nicht besser geraten, für Seine Gesundheit zu sorgen? Sollten sie sich nicht verantwortlich für das Hinscheiden Seiner Majestät betrachten? Sollten sie also nicht besser zurücktreten oder, besser noch, sich opfern? Aber Tōyama war nicht naiv, sehr wohl wußte er, daß sich Fürst Saionji und seine Kollegen nicht beeilen würden, seinen Forderungen Genüge zu tun. Doch gab er sich damit zufrieden, die moralischen Mängel all jener Liberalen durch die Konfrontation mit dem traditionellen Ideal bloßgelegt zu haben. So wurde eine hinterlistige Erpressungspraxis immer weiter auf die Spitze getrieben: »Wenn ihr euch nicht tötet, seid ihr es nicht wert zu leben.« Die Aufforderung zum Selbstmord stellte das rituelle Vorspiel dar und, alles in allem, die vorweggenommene Entschuldigung des Mordes. So wurde die Tradition mißbraucht, um den trivialsten Praktiken der politischen Einschüchterung ein wenig Würde zu verleihen. Bevor Inoue Junnosuke, der frühere Finanzminister, dessen Sparpolitik die Militaristen entrüstet hatte, 1932 einem Anschlag des »Blutsbrüderbundes« (»*Ketsumeidan*«) zum Opfer fiel, hatte er per Post einen sorgfältig in einem Lacketui verpackten Dolch zugesandt bekommen. Und als Admiral Takarabe am 18. Mai 1930 bei seiner Rückkehr von der Londoner Marineabrüstungskonferenz, auf der Japan den Tonnagereduzierungen zugestimmt hatte, in Yokohama an Land ging, überreichte ihm ein junger Rechtsextremist ein ähnliches Geschenk als Aufforderung zum *seppuku*. Einmal jedoch wech-

253

selte die politische Ausbeutung des Freitods das Lager: Am 20. Januar 1937 hatte ein Abgeordneter der *Seiyūkai*-Partei namens Hamada den Mut, in einer Rede vor dem Abgeordnetenhaus die Usurpation der Macht durch die Armee anzuprangern. Der Heeresminister, General Terauchi, verlangte im Namen der verleumdeten Soldaten eine öffentliche Entschuldigung, woraufhin Hamada entgegnete, er werde sich durch *seppuku* opfern, sollte er sich als unfähig erweisen, Beweise zur Erhärtung seiner Behauptungen beizubringen – unter der Bedingung, wohlgemerkt, daß auch der Heeresminister bereit wäre, sich zu opfern, sollten solche Beweise erbracht werden können.[*] Terauchi stellte sich nicht der Herausforderung. Die noch immer lebendige Tradition des *seppuku* rüstete so das Arsenal der politischen Debatten mit einer neuen Waffe aus, deren Gebrauch man gar nicht genug befürworten kann, um den parlamentarischen Wortgefechten etwas Ernst und Würde zu verleihen.

Die Usurpation der Macht

Mit dem Wort »Usurpation« hatte Hamada den Finger auf die Wunde gelegt. Lange Zeit hatte die Armee ihre absolute Loyalität unter Beweis gestellt, für die sie bereit war, selbst die größten Opfer zu bringen. Doch nach und nach gab sie dem Chauvinismus nach, und Soldaten vom Typ Nogi verschwanden. Die Militärs wurden zu Militaristen. Ehrgeizige Projekte, ein wachsender Etat: Die Armee wurde nicht schlecht bedient, doch der Appetit kam beim Essen, und bald fand sie es bequemer, sich selbst zu bedienen. Für die Generäle war die Politik eine zu ernste Sache, als daß man sie weiterhin den Zivilisten überlassen durfte. In die Verfassung von 1889 hatte Yamagata den Artikel 11 aufnehmen lassen, der den Kaiser zum obersten Kommandanten der Armee ernannte. Aus diesem Vorrecht des »direkten Zugangs zum Thron« sollte man bald die Schlußfolgerung ziehen, daß die Armee nicht der Autorität der Regierung unterstand. Yamagata hatte mit diesem Artikel dafür sorgen wollen, daß die Armee gegen die Politik unempfindlich, gegen die Zufälle der Macht gleichgültig werde, doch dieser Artikel sollte sich als eine verhängnisvolle Vorsichtsmaßnahme erweisen: Indem Yamagata der Armee, außer vom Kaiser, völlige Unabhängigkeit gegeben hatte, hatte er sie auch jedweder Verantwortung enthoben. Der Souverän sollte sich weder zu Kontrollen noch zu Sanktionen herablassen. Seine Rolle bestand darin, unwandelbar und schweigsam über jeder besonderen

---

[*] Die Darstellung des Rededuells ist hier etwas ungenau wiedergegeben, lag doch die Beweislast bei Terauchi. Tatsächlich sagte Hamada: »Überprüfen wir das Stenogramm. Sollte ich auch nur ein Wort gesagt haben, das die Armee beleidigt, dann schlitze ich mir den Bauch auf und bitte Sie um Verzeihung. Wenn nicht, dann schlitzen Sie sich den Bauch auf.« (Anm. d. Übs.)

Entscheidung zu stehen. Die Armee wurde also zu einer autonomen Kraft im Staat, die nur noch an die Tradition des Dienstes gebunden war – sollte sich dieses Band aber lockern, würde sie einer Schiffskanone gleichen, die sich während eines Sturmes aus ihrer Halterung reißt und eine tiefe Furche in die Brücke zieht, eine blinde und taube Masse, die alles verwüstet, bevor sie sich in den Ozean wirft. Die gute Absicht, die Armee vor der Politik zu schützen, hatte letztlich dazu geführt, die Politik der Oberherrschaft der Armee zu unterwerfen. Noch im selben Jahr, in dem Nogi dem Meiji-Kaiser in den Tod folgte, trat der damalige Heeresminister, General Uehara, zurück: Er hatte für Korea zwei zusätzliche Divisionen gefordert, die ihm seine Regierungskollegen verweigerten. Also begab er sich zum Kaiserpalast und bat den Souverän um seine Verabschiedung, ohne auch nur den Premierminister Saionji davon in Kenntnis gesetzt zu haben – dieser erfuhr erst aus der Zeitung davon. Nun galt es, schnell einen Ersatzmann zu finden, doch ein von Yamagata konzipierter Erlaß aus dem Jahre 1900 besagte, daß sowohl der Posten des Heeres- als auch der des Marineministers nur von einem aktiven General bzw. Admiral besetzt werden dürfe. Saionjis Vorschläge stießen bei den Generälen einvernehmlich auf taube Ohren: Aus Korpsgeist unterstützte die Armee Uehara und seine zwei Divisionen. Angesichts dieses Boykotts sah sich die Regierung zum Rücktritt gezwungen – und ein Zögling Yamagatas, Katsura Tarō, nahm den Platz des allzu liberalen Saionji ein. So endete die Meiji-Ära. Nun gab es keinen Zweifel mehr: Die Armee verfügte über die Mittel, die Regierung zu kontrollieren.[110]

Als großer Staatsmann hätte Yamagata die Usurpation der Macht durch die Militärs zweifellos nicht gebilligt, gleichwohl war er es, der sie aus Kastengeist und absolutistischen Vorurteilen heraus erst ermöglicht hatte. Ironie der Geschichte: Die Vorsichtsmaßnahmen dieses Mannes von großer Autorität sollten der Anarchie den Weg bereiten – obwohl er doch die Tradition verkörperte. Als Waise wuchs er bei seiner Großmutter auf, von der es hieß, sie habe sich getötet, nachdem ihre Aufgabe erfüllt war, damit sich das nunmehr von den Sohnespflichten befreite Kind vollkommen dem Vaterland zuwenden könne. Doch die Oligarchen seines Schlages verschwanden einer nach dem anderen – und mit ihnen auch Respekt und Autorität. Die mannigfachen, sektiererischen, zersplitterten rechtsextremistischen Bünde allein – zudem bestochen mit den geheimen Spenden jener Finanzgruppen, die sie zu hassen vorgaben – stellten keine allzu große Gefahr dar. Einige Ideologen wie Kita Ikki, die auf der Suche nach einem nationalen Sozialismus waren, entwarfen Pläne zum Wiederaufbau des Landes, zur gerechten Verteilung des Vermögens und riefen zu einer zweiten Renaissance auf, die man *Shōwa-ishin*, Shōwa-Restauration, tauften. Solange die Armee jedoch an ihrer traditionellen Loyalität gegenüber dem Staat festhielt, war dies nicht sehr beunruhigend. Doch schon sank alles auf der Stufenleiter der Rangordnung hinab, und schließlich hatten die Leutnants, Obristen und Generäle die

Maximen vergessen, die sich in Nogis Tod so edel und doch so vergeblich manifestierten.

Die Zeit der Mörder

Unten hörten die Leutnants den Überpatrioten der nationalistischen Bünde zu, und manche ließen sich zu starken Gefühlsaufwallungen hinreißen, die sie Verschwörungen und Anschläge ausführen ließen. 1927 organisieren sich 200 junge Offiziere in einer Geheimgesellschaft, um über das Heil des Kaiserreiches zu wachen; vier Jahre später gründen andere die »Kirschblütengesellschaft« (»Sakurakai«) und planen eine Verschwörung, die jedoch bald aufgedeckt und unverzüglich zerschlagen wird. Einige Monate später planen wieder andere, eine Kabinettssitzung von einem Flugzeug aus zu bombardieren, um alle Minister mit einem Schlag zu vernichten. Die Zeit, da die Soldaten zu Mördern werden, ist gekommen. Am Abend des 15. Mai 1932 dringen neun Offiziere, von Leutnant Koga angeführt, in die Amtswohnung des Premierministers ein. Der bereits 75 Jahre alte Inukai zündet sich eine Zigarette an und fordert eine Erklärung von ihnen. Doch da stürmt eine zweite Gruppe unter Führung von Leutnant Yamagishi ins Haus: »Keine Diskussionen! Schießt!« Nach dieser Heldentat besaßen sie sogar den Mut, sich wie gewohnt auf die Opfertradition zu berufen: In einer Proklamation beschwören sie das Volk, den Kaiser von seinen schlechten Ratgebern zu befreien, und geben vor, die Fackel der Shōwa-Restauration durch die Aufopferung ihres Lebens zu entzünden. Doch von Selbstmord ist keine Rede. Martialisch bekennen sie sich zur Verachtung des Lebens – des Lebens der anderen allerdings. Diese Mörder im Offiziersgewand sind entschieden menschlich, allzu menschlich. Es genügt ihnen, sich der Polizei zu stellen. Das Prestige einer von Wang Yangming konzipierten Moral der Überzeugung, die von Yoshida Shōin und Saigō Takamori weitergegeben wurde, ist noch so groß, die dunklen Komplizenschaften, die der Terror bei Armee und Staat findet, sind noch so tief, daß man die Täter aufgrund ihrer offensichtlichen »Aufrichtigkeit« nur zu vier Jahren Gefängnis verurteilt. Das Leben eines Premierministers war damals nicht so kostbar, als daß man sich dergleichen nicht hätte gönnen können.

Es ist schon merkwürdig: Ein Leutnant kann sich in einem Anfall von Verantwortungsgefühl töten, weil er sich beim öffentlichen Vortrag der »Kaiserlichen Worte« verlesen hat. Doch wenn man aus der Überzeugung heraus handelt, es ginge um das Heil der Nation, scheint dann nicht sogar ein Mord verzeihlich? »Es sind Soldaten«, wird Baron Kikuchi, selbst General, 1934 in einer Rede vor dem Oberhaus sagen, »sie haben ein Anrecht auf unsere Nachsicht. Wer davon überzeugt ist, aus Vaterlandsliebe zu handeln, soll tun dürfen, was er glaubt, tun zu müssen!« Wie leicht konnte bei aller

Strenge der militärischen Ethik das Dasein sein! Die Ideale des Dienstes und der Aufrichtigkeit bieten zwei Arten, der Verantwortung auszuweichen – nach unten und nach oben. Entweder sagte man: »Ich habe Befehle empfangen; zieht meinen Vorgesetzten zur Rechenschaft; die bedingungslose Loyalität muß nicht wissen, was sie tut.« Oder aber: »Ich habe zwar eigenmächtig getötet, doch für das höchste Ziel, in dem sich jedes Menschenleben vollendet, indem es sich aufopfert – so lautet mein Glaube, und der genügt, um mich loszusprechen.« Mit anderen Worten: Sofern man nicht zum eigenen Nutzen handelt, ist alles erlaubt! Die Bindung der Militaristen an die *tennō-*Ideologie *(tennō-shugi)* wird somit begreiflich, erklärte sie doch die Raserei der einen für unschuldig und diente gleichzeitig der Strategie der anderen. Denn die Generäle waren schlau genug, um jene blinden Akte der Offiziere niederen Ranges für ihre Zwecke zu nutzen. Terrorisiert – und es wird immer etwas davon bleiben! Zwar beklagte man jene jugendlichen Übertreibungen, nichtsdestoweniger benutzte man sie als Argument, um den Staatshaushalt ein wenig mehr zu belasten oder die Entscheidungen zu kontrollieren. Eine von niemandem angeführte Verschwörung ging Schritt für Schritt vor sich, bei der alle Komplizen waren, notfalls auch unwissentlich. Die Armee wurde von Jahr zu Jahr mächtiger, wie einst, am Ende der Heian-Zeit, die Sippen der Taira und der Minamoto.

Die Geschichte wiederholt sich stets: Diese Armee war nicht weniger gespalten. Eine Gruppe, die sich »Faktion des Kaiserlichen Weges« *(»Kōdōha«)* nannte und zu der vor allem Offiziere aus den früheren Fürstentümern des Südens gehörten, deren Abstammung sich bis auf Saigō Takamori zurückverfolgen ließ, zeichnete sich durch ihren Radikalismus aus: Tiefgreifende Reformen, eine neue Restauration und die *tennō*-Ideologie sollten für die Pflicht zur Expansion und zur Erneuerung bürgen. Eine der rivalisierenden Gruppen, die »Kontroll-Gruppe« *(»Tōseiha«)*, wollte u. a. jenes südliche Ungestüm kontrollieren und zeigte sich bereit, mit dem Staat unter der Bedingung zu kooperieren, daß auch er sich kontrollieren ließe. Strategisch gesehen befürwortete die *»Kōdōha«* den Krieg gegen die UdSSR, wohingegen die *»Tōseiha«* nach China und Südostasien vorstoßen wollte.

Die jungen Offiziere

Das Scheitern eines Aufstands, den manche Generäle der *»Kōdōha«* (Araki, Mazaki, Honjō) unterstützten, ließ ihre Gegner, die konservativer, doch nicht weniger chauvinistisch waren, die Oberhand gewinnen. In der Nacht des 26. Februar 1936 wurde die Stille des verschneiten Zentrums von Tōkyō durch den Lärm von Militärfahrzeugen jäh zerrissen: 21 junge Offiziere der ersten Division, Leutnants und Kapitäne, probten den Aufstand. Im Namen des Kaisers und des Heils der Nation befahlen sie den unter ihrem Befehl stehenden Truppen, etwa 1500 Soldaten, das Regierungsviertel zu besetzen. Um ganz sicher zu gehen, verband man den Putsch mit Mord: Mörderbanden wurden abgesandt, um sechs der wichtigsten Persönlichkeiten des Staates mit Maschinenpistolen in ihrem Bett zu erschießen. Ein umstürzlerisches Gedicht aus den letzten Jahren der Edo-Zeit hatte es klar formuliert: »Das Leben ist nicht einmal drei Groschen wert«, und das Erkennungszeichen der Verschwörer vom 26. Februar war eine 3-Groschen-Briefmarke. Doch war ihnen wirklich jedes Menschenleben den gleichen Preis wert? Sie stilisierten sich selbst zu Verfechtern der guten Sache hoch, in der sie ihr eigenes Dasein gerechtfertigt sahen, und maßten sich an, Richter über das Leben der anderen zu spielen. Das Blut ihrer Opfer erfüllte sie nicht mit Trauer: Nach den Morden jener Nacht tranken sie im Glauben, die Partie gewonnen zu haben, begannen zu singen und zu feiern. Man mag ihnen zwar ihre Jugend zugute halten – doch wo war der *bushidō* geblieben?

Sie freuten sich zu früh. Sehr wohl wußten sie, daß sie auf hochgestellte Komplizen zählen durften. Doch sie konnten nicht voraussehen, daß der junge Kaiser selbst aus seiner traditionellen Zurückhaltung erwachen und jeder Kompromißlösung einen festen Widerstand entgegensetzen würde. Denn der Kaiser täuschte sich keineswegs über den Imperialismus und sah sehr wohl, welchen Mißbrauch eine Armeefraktion mit seinem Namen trieb. Je mehr man ihn zu einem Gott erklärte, je mehr man ihn in den Himmel verfrachtete, desto weniger fühlte er seine Existenz. Der Kaiser lehnte sich seinerseits auf: Wie sein Vorfahre Go-Daigo wollte auch er nicht zulassen, daß seine Autorität von der Gnade und Ungnade der Gewalttätigsten und Brutalsten abhängen sollte. Die angebliche Reinheit der Absicht schien ihm nicht alle Mittel zu rechtfertigen. Die von Stacheldraht umgebenen Rebellen kampierten in den Straßen, in denen schon der Schnee taute. Auch die Hoffnung auf Verhandlungsergebnisse schmolz dahin. Es war bereits der 28. Februar, und die jungen Offiziere hatten noch keine ihrer Forderungen durchsetzen können. Sie waren eingeschlossen, die Truppen begannen zu murren. Nun ließen sie verlauten, daß sie sich ergeben und sich töten würden, sofern ihnen ein Bote des Kaisers *(chokushi)* den Befehl dazu brächte. Diese Genugtuung sollte ihnen allerdings versagt bleiben. Der Kaiser antwortete, sie könnten sich töten, wenn sie wollten, doch durch ihren Putschversuch und ihre Morde hätten sie aufgehört, seine Soldaten zu sein, und könnten deshalb auch keine Befehle von ihm erwarten. Mit Tränen in den Augen wandten sich die Rebellen dem Kaiserpalast zu, dessen Konturen sie unscharf in der Nacht erkennen konnten, und stimmten die so langsame und so ergreifende Nationalhymne »*Kimigayo*« an.

Einige Kilometer entfernt, in seinem Haus in Setagaya, bereitete sich Leutnant Aoshima auf den *seppuku* vor. Er hatte sich nicht an dem Putschversuch beteiligt, war aber mit mehreren Offizieren seines Alters freundschaftlich verbunden. Würde man sie zu Aufrührern erklären, brächte er es nicht fertig, sie zu bekämpfen. Der Freitod würde, gemäß den Sitten, diesen Konflikt der Pflichten mit einem Schlag lösen. Seine junge Frau ging mit ihm, dem Beispiel Frau Nogis folgend, in den Tod. In solchen Gesten brannte die Flamme der Tradition noch in reinem Glanz – und 25 Jahre später verarbeitete Mishima Yukio, fasziniert von diesem Beispiel, dieses Thema in einer seiner dichtesten Erzählungen, »Patriotismus« (»Yūkoku«), die er auch bald filmisch umsetzte. Auf der Leinwand wurde er zu Leutnant Aoshima, identifizierte sich in Strömen künstlichen Blutes mit jenem diamantenen Willen. Die Rollen, die die Tradition ausarbeitet, verschwinden weniger schnell aus dem Theater als aus dem Leben, und das Wirkliche knüpft vermittels der Fiktion wieder an das Wirkliche an, denn die Fiktion sühnt ihre Taten, indem sie sich verwirklicht: Bereits damals reifte der Entschluß, der Mishima zehn Jahre später zu seinem eigenen Selbstopfer führen sollte. Der Schauspieler, Opfer seiner Identifizierung, wird vom Schmerz und vom Tod die Gewähr fordern, daß er sich nicht mehr selbst belügt und sie ihm endlich eine Identität verleihen.

Von den 21 Offizieren, die sich an dem Putschversuch beteiligt hatten, töteten sich nur zwei im Moment der Niederlage. Sollte Leutnant Aoshima geglaubt haben, seinen Freunden vorauszugehen und sie durch sein Beispiel zu überzeugen, so hatte er sich gründlich getäuscht. Nachdem diese sich am Morgen des 29. Februar ergeben hatten, führte man sie zum Amtswohnsitz des Heeresministers und fragte sie, ob sie auch den Wunsch hätten, sich zu töten. Ja! Man ließ sie also mit ihren Waffen allein, nachdem man vorher in den Räumen weiße Baumwollaken ausgebreitet hatte, um das Blut aufzusaugen. Doch der kollektive *seppuku*, der 1333 den Fall des Kamakura-*bakufu* besiegelt hatte, war schon längst nicht mehr zeitgemäß. Die jungen Offiziere beratschlagten und änderten nach und nach ihre Meinung: Würde nicht ein allzu plötzlicher Tod ihre Sache verraten? Wäre es nicht besser, vor ein Tribunal zu treten, um dort die Mißstände anzuprangern, die sie hatten bekämpfen wollen, das Elend auf dem Land, die spärlichen Militäretats, die Trägheit der Regierung, die Bestechlichkeit und Verdorbenheit der Politiker? Sie sahen sich als *samurai*, und waren doch bereit, zu Rednern und Anwälten zu werden: Das Abendland, gegen das sie sich so heftig empörten, hatte sie schon stark geprägt. Außerdem töteten sich die Generäle, die schließlich ihre Komplizen gewesen waren, ja auch nicht; man hatte sie nicht einmal verhaftet! Kurzum: Sie besannen sich auf die Zukunft. Die Aufrichtigkeit hatte schon so vielen vor ihnen als Entschuldigung gedient, so daß sie fest mit jener engen Verbindung aus Komplizenschaft und Nachgiebigkeit rechneten. Schnell jedoch wurden sie eines Besseren belehrt: Ihr Prozeß fand im Mai/Juni 1936 im Schnellverfahren unter Ausschluß der Öffentlichkeit statt. Die meisten von ihnen – dreizehn von neunzehn – wurden zum Tode verurteilt und erschossen. Die Schande blieb ihnen nicht erspart: Man sagte, sie hätten sich des *bushidō* unwürdig erwiesen, hatten sie doch nicht zu sterben gewußt. Verdienten sie, die sich nicht getötet hatten, zu leben? Das Argument, mit dem der Terrorismus so oft seine Opfer geschmäht hatte, erdrückte nun sie; die Tradition plädierte gegen sie. Kein hochrangiger Offizier wurde verurteilt. Die »Kontroll-Faktion«, » Tōseiha«, übernahm wieder die Führung in der Armee, und man war nun interessiert, die Affäre als ein Abenteuer junger Verwirrter darzustellen. Kein Erbarmen hatte man jedoch mit den Ideologen: Kita Ikki und Nishida Mitsugi, die die Ungeduld der Militärs sozialistisch zu verbrämen suchten und das in jenen Unruhen zum Ausdruck kommende Unbehagen der Gesellschaft in Worte fassen wollten, wurden, alles in allem, wie Sokrates angeklagt, die Jugend verdorben zu haben. Auch sie, ja sie vor allem, wurden zum Tode verurteilt und hingerichtet.[111]

Krieg mit China

Aber selbst das Scheitern des Aufstands der jungen Offiziere beschleunigte noch die Machtübernahme durch die Armee. Die Generäle nutzten den Aufruhr, um die Staatspolitik zu kontrollieren, indem sie sich als einzige für fähig erklärten, der Wiederkehr neuer Unruhen vorzubeugen. In stillschweigendem Einvernehmen ließen auch die politischen Führungskreise der Armee mehr Freiheit bei ihren auswärtigen Operationen: Es schien weniger gefährlich, wenn sie Kriege führten, als wenn sie einen Staatsstreich oder gar, wer weiß, eine Agrarreform, eine Revolution anzettelten. Unter der Bedingung, daß sie die bestehende Ordnung hinnahmen, ließ man ihre Zügel locker. Außerdem war es schwer, eine andere Lösung zu finden. Die Verschwörungen der Leutnants und die Intrigen der Generäle in der Hauptstadt bereiteten Sorgen – doch nicht weniger schwerwiegend waren die Provokationen der Obristen an den Grenzen des Kaiserreiches. Seit langem bestand ihre Spezialität darin, auf dem Festland vollendete Tatsachen zu schaffen, mit denen sie die offizielle Diplomatie sabotieren und die Regierung dazu zwingen konnten, sich nolens volens immer weiter an der Expansion zu beteiligen. 1928 läßt Oberst Komoto den Zug des Militärdiktators in der Mandschurei, Marschall Zhang Zuolin, in die Luft sprengen. Jedoch ergebnislos: Tōkyō gelingt es, die Wogen zu glätten. Der neue Premierminister Hamaguchi will den Militarismus bremsen – auch wenn er dabei sein Leben riskiert. Im November 1930 sollten ihn die Kugeln eines Terroristen tödlich verletzen. 1931 haben die Offiziere mehr Glück: Am 18. September inszenieren sie erfolgreich den »Mandschurei-Zwischenfall«, (Manshū-ji-hen), den die Obristen Itagaki und Ishiwara vorbereitet hatten. Unter einem Vorwand greifen japanische Truppen die chinesische Garnison Mukden an. Doch diesmal ist die Regierung nicht in der Lage, die eigenmächtige Provokation unter Kontrolle zu halten. Das Schicksal Japans ist besiegelt. Am

7. Juli 1937 soll eine andere Provokation in der Nähe Beijings (Pekings) end-gültig zur Eskalation und damit zum Krieg mit China führen. Der Zweite Weltkrieg hat, ohne daß man sich dessen gewahr wurde, begonnen. Die Armee kann beruhigt sein: An Beschäftigung wird es ihr gewiß nicht mangeln.

Doch ist diese Armee, die sich ab Mitte Dezember 1937 einen Monat lang im Blut Nanjings (Nankings) suhlt, noch die Armee General Nogis? Nichts dauert ewig, und die zerbrechlichsten Errungenschaften sind die, die sich der Mensch selbst abringt, indem er eine Tradition begründet. Der Lack des *bushidō* ist abgeplatzt und die Brutalität der *ashigaru*, jenes leichten Fußvolks, das Kyōto während der Ōnin-Unruhen in Blut und Asche versinken ließ, kam wieder zum Vorschein. 1941 und 1942 die gleichen Grausamkeiten in Hongkong, auf den Philippinen, in Indonesien, Malaysia, Burma. Rausch der Stärke. Erst die herannahende Niederlage läßt diese Militärs, kurz bevor sie in der Katastrophe verschwinden, die sie selbst hervorgerufen haben, sich auf ihre Würde besinnen und durch offen selbstmörderische Unterfangen weniger nach einem unwahrscheinlichen Sieg greifen als nach der Erinnerung an ihre Ehre, und gerade durch einen exzessiven Opferakt suchen sie all die Fehler der letzten Jahre zu sühnen.

An der Front der Ideen

Der Krieg mit China gab der Armee die Möglichkeit, parallel zu den zivilen Institutionen ihre eigenen Entscheidungsorgane einzurichten, so wie es Minamoto no Yoritomo getan hatte, indem er das *bakufu* gründete. Die Kontrolle der Operationen entglitt der Regierung: Seit dem 20. November 1937 lag sie in den Händen des Kaiserlichen Hauptquartiers, das nur dem *tennō* verantwortlich, mit anderen Worten, unabhängig war. Die Diplomatie gegenüber dem Festland wurde dem Außenministerium entzogen und ging im August 1938 zu einem von den Generälen konzipierten und geleiteten »Amt für die Entwicklung Asiens« über. Durch das Allgemeine Nationale Mobilmachungsgesetz vom 16. März 1938 wurde das ganze Land der Armee unterstellt. Mit einem »Die Grundprinzipien der nationalen Einheit« (*»Kokutai no hongi«*) betitelten Werk sollten die Staatsorthodoxie und die Prinzipien der nationalen Struktur erneut bekräftigt werden. Schon einige Monate nach den Zusammenstößen des 26. Februar 1936 hatte ein Pamphlet, das in einer Auflage von zwei Millionen Exemplaren verteilt worden war, die Einmütigkeit der Nation gefeiert: Es genügte, sich zu vergessen, sich über seine persönlichen Interessen zu erheben, um alsbald die allumfassende Gnade des *tennō* zu empfangen. Der neue Erziehungsminister, General Araki, bemühte sich sehr um die Verbreitung der Parole *»Ichioku isshin«*, »Hundert Millionen Menschen, ein Herz«. An der Front der Ideen wollte er jene abendländischen Konzeptionen – den Klassenkampf und den bürger-

261

lichen Individualismus – ein für allemal ausrotten. Alles Übel rührt vom Egoismus her: dem Egoismus der Familien, der Sippen, der Klassen und dem der Individuen; alles Gute von der Selbstverleugnung. Zum wahren Leben gelangt man nur, wenn man es vermag, dieses illusorische Ich sterben zu lassen: fernes Echo der buddhistischen Lehren, doch verformt, entstellt zu Opferforderungen, die nicht im Sinne Buddhas waren, zurechtgebogen. Nur indem sie sich blind und taub gegenüber dem Egoismus einer Armee stellte, die dabei war, das Volk zu unterjochen, gegenüber dem Egoismus einer Nation, die dabei war, ihre Nachbarländer zu unterjochen, gelang es dieser Utopie der Einmütigkeit, die Konflikte zu verleugnen, die die japanische Gesellschaft und Asien zerrissen. Die politischen Parteien sollten der Selbstaufgabe mit gutem Beispiel vorangehen: 1940 wurden sie zwangsaufgelöst und in einer »Vereinigung zur Unterstützung der Kaiserlichen Herrschaft« (»Taisei Yokusankai«) verschmolzen, in der sich die hartnäckigen Faktionsspaltungen unter der verschwommensten Phraseologie verbargen. Die Untertanen des Kaiserreiches wurden ermutigt, in der Vereinigung mit der kollektiven Seele aufzugehen. So verfährt die Manie, um alles im Imaginären aufzulösen: Lösung, Auflösung – das Ich identifiziert sich mit seinem Ideal und bemüht sich, sein wirkliches Sein in einer widerspruchslosen Totalität zu vergessen. Dieser Stil ist hinreichend bekannt; auch wenn er sich in den verschiedensten Kostümen zeigt, bleibt er doch stets der gleiche: Komsomol, Hitlerjugend, Rote Garde. Eines Tages wird die Hochstimmung in sich zusammenfallen, wird das manische Agieren angesichts der Strenge der Wirklichkeit in Depression umschlagen – und das hassenswerte Ich zurückkehren. Um sich dann nicht aus Verzweiflung töten zu müssen, ist es am sichersten, sich völlig zu vergessen und auf dem Gipfel der Begeisterung zu sterben. An Gelegenheiten soll es nicht fehlen: der Pazifische Krieg wird sie vervielfachen.[112]

Der Sprung ins Leere

Im Unterschied zum Krieg mit China war dies keine Angelegenheit von ein paar Obristen. Die führenden Kreise der Armee und des Staates waren recht unentschlossen, zögerten zwei Jahre lang. Aber keine Autorität konnte die Armee dazu bewegen, in Sachen China nachzugeben, ihre Stiefel aus dem Sumpf zu ziehen, in dem sie zu versinken drohte. Der Dialog mit den USA blieb ergebnislos. Fürst Konoe, der junge und hochbegabte Premierminister, den nationale Sozialisten umgaben, hatte zwar die besten Absichten, doch jede Initiative, die dem Frieden gedient hätte, scheiterte an der vorsätzlichen Blindheit der Generäle. Eine verfahrene Situation. Das Individuum macht im Leben zuweilen jene Phasen durch, in denen sich die Wüste ins Unendliche zu erstrecken scheint: Die Widersprüche sind so unversöhnlich, daß sie den Menschen lähmen, anstatt ihn anzuspornen; die Möglichkeit einer dialektischen Zukunft erlischt; alles erscheint düster und verhängnisvoll. Wie ein Schlafwandler sah sich Japan zwei Jahre lang Schritt für Schritt dem Krieg entgegengehen, ohne aufwachen zu können. In einer solchen Situation erscheint der Selbstmord als die letzte Geste, die fähig wäre, die Lethargie zu brechen. Eine Geste, die oft ein Appell ist: Man nimmt sich zusammen, trotzt dem Tod, setzt eigentlich auf das Leben, tötet sich, damit endlich ein Ereignis stattfinde. Man springt.

Pearl Harbor war einer dieser Sprünge ins Leere. Einige Tage vor dem Angriff sagte der neue Premierminister General Tōjō, ein Kriegstreiber, in aller Naivität zu dem zurückgetretenen Fürsten Konoe: »Einmal im Leben muß ein Mann den Mut finden, sich von der Terrasse des Kiyomizu-Tempels zu stürzen.« Glaubte er wirklich, seine Abenteuerlust dadurch rechtfertigen zu können, daß er auch noch stolz darauf war? Risikofreude als militärische Tugend. Tōjō betrachtete sich als Erbe Yamagatas, des großen Gründers der japanischen Armee, doch die Prinzipien jenes Staatsmannes gingen ihm ab: Die Abenteuerlust soll sich unterordnen und darf über nichts entscheiden – Waghalsigkeit in der Taktik, äußerste Vorsicht in der Strategie. Auch in diesem Punkt war die Tradition vergessen, schlimmer noch, sie wurde verkannt. Mit Pearl Harbor glaubte man den Angriff auf Port Arthur zu wiederholen: Die Wiederholung beruhigt immer, vereitelt aber die Absicht, die sich darauf einläßt. Am 7. Dezember 1941 wagte die Armee den Sprung und setzte alles, alle Errungenschaften zweier Generationen, wieder aufs Spiel. Vermag die Macht, unfähig zur Zurückhaltung, mithin zur Selbsterkenntnis und -beherrschung, nur dadurch anzuwachsen, daß sie sich verausgabt, auch auf die Gefahr hin zu versiegen? Es ist schön, sich bis an die Grenze der eigenen Kräfte zu wagen: *quantum potes, tantum aude*. Aber sollte man das Wagnis weiter, immer weiter treiben? Im Japan der Militärs wußte man nicht mehr, wie weit man zu weit gehen kann; so stur behauptete die Krieger-Ideologie, der Wille sei das einzige Maß der Dinge. Schon im Sommer 1941, bei der Ausarbeitung der Pläne für den Angriff auf Pearl Harbor, erkannte Admiral Yamamoto, daß die Flotte nicht länger als ein Jahr durchhalten könne. Doch inzwischen galt es als Sakrileg, der Wahrheit zu gehorchen, hieß dies doch, den Willen zu beleidigen. Also kam man zu dem Schluß, daß der Angriff um so dringender geboten war, um den Gegner einzuschüchtern. Die voluntaristische Illusion, diese japanische Version des Idealismus, führte zu einem Gruppensolipsismus. Über all diesem Wollen und dem Willen zum Wollen, über dem Willen, alle Grenzen zu leugnen, mündete der Wille schließlich ins Leere, entfernte sich von der Welt und konnte sich am Ende nur noch dem Tode weihen. Wenn der Wille das Maß der Macht ist, ist der Tod das Maß des Willens. Um den Krieg fortzusetzen, mußte man ihn ausdehnen; um die Eroberung Chinas zu vollenden, mußte man Südostasien und sein Erdöl erobern. Bei jedem Unterfangen, das immer weiter über sich hinausgeht, ist der Expansion gleichwohl eine Grenze gesetzt: der Abgrund, auf den sie sich zubewegt, ohne es zu wissen. Jede Unternehmung ist von dieser Ambivalenz bedroht: Auf dem Höhepunkt der Lebenskraft, auf dem Gipfel des Elans muß man den Fall riskieren, muß im voraus bereit sein, sich ihm auszusetzen. Die Intensität wird einem nur um diesen Preis zuteil. Weiß der Wille, der sich auf ein Abenteuer einläßt, wirklich, was er will? Ist er nicht vielmehr von der bevorstehenden Feuersglut fasziniert und bereits Komplize der Katastrophe, die auf ihn wartet, der Wüste, in der jeder Brand verlöschen muß?

Bis 1931 hatte sich das Kaiserreich langsam, vorsichtig und regelmäßig über seine Grenzen hinweg ausgebreitet; in den folgenden zehn Jahren suchte es unverschämt und waghalsig zu expandieren. Nun plötzlich rückte es explosionsartig bis an die Grenzen Australiens und Indiens vor. Doch schon im Juli 1942 erfuhr die Marine bei Midway eine Niederlage. In den ersten Tagen des Jahres 1943 mußte sie sich von Guadalcanal, dann von einer Insel zur nächsten zurückziehen, bis von April bis Juli 1945 sogar auf Okinawa gekämpft wurde. Die Zahl der Toten wuchs von Tag zu Tag, die der Gefangenen blieb nach wie vor gering. Siegen oder sterben: Die japanischen Soldaten nahmen diese Devise wörtlich. Befand sich ein Posten in einer verzweifelten Situation, endete das Gefecht mit einem selbstmörderischen Sturmangriff: Die Überlebenden warfen sich mit dem Ruf »Banzai!« vor die Maschinengewehre und Granaten. Die Verwundeten entsicherten eine Handgranate oder baten ihren besten Freund, sie zu töten. Für viele Offiziere war es eine Frage der Ehre, sich den Bauch aufzuschlitzen oder sich ins Schwert zu stürzen, hatten sie doch jenes schwere Emblem in den Dschungeln Südostasiens mit sich getragen, jenes Emblem, das in seiner Vollkommenheit seit einem Jahrtausend unwandelbar gewesen war und nun auf eindringliche Art und Weise unbrauchbar – es sei denn für diesen letzten Zweck. Sie konnten nicht wie Saigō und so viele andere vor ihm stolz darauf sein, dem Gegner durch diese Geste Bewunderung abzugewinnen, wußten sie doch sehr wohl, daß diese als Fanatismus abgetan und überdies Abscheu, schlimmstenfalls Ekel erregen würde. Doch sie hofften weder zu siegen noch zu überzeugen; das Bewußtsein, sich in die lange Tradition des Selbstmords angesichts der Niederlage einzureihen und der Schande der Gefangenschaft zu entgehen, ersetzte ihnen diesen letzten Trost.

Das Räderwerk der Opfergabe

Zu Tausenden warfen sich auch die Zivilisten aus Fatalismus und Panik vor den gefürchteten Gewalttaten des Siegers in den Tod. Im Juli 1944 mußte die kleine Insel Saipan schließlich vor der amerikanischen Feuerkraft kapitulieren. Admiral Nagumo, der den Angriff auf Pearl Harbor so erfolgreich durchgeführt hatte, tötete sich – der alte General Saitō vollzog im Beisein seiner Offiziere *seppuku*, nachdem er den Überlebenden den Befehl gegeben hatte, den letzten Angriff auszuführen. Die Bevölkerung – japanische Siedler – hatte in den Felsenhöhlen hoch über dem Meer Zuflucht gesucht. Viele, vor allem Frauen mit ihren Kindern auf den Armen, stürzten sich von jenen Klippen in die Tiefe. Im Einvernehmen mit der Zensur suchte die Tōkyōer Presse keineswegs die Verluste an Menschenleben herunterzuspielen, sondern übertrieb sie bewußt, als wolle sie sie als lobendes Beispiel darstellen. Von Schlacht zu Schlacht, von einer Insel zur anderen, bis hin zu Okinawa einige Monate später: die gleiche Erbitterung, der gleiche Ausgang. Als der doppelte *seppuku* der Generäle Ushijima und Chō am 22. Juli 1945 diesem Kampf ein Ende setzt, zählt man 12 000 Tote auf amerikanischer gegenüber 130 000 auf japanischer Seite. Je mehr sich der Krieg der Hauptinsel näherte, desto härter und blutiger wurde der Widerstand. General Tōjō war seit dem Fall von Saipan nicht mehr an der Macht, und die führenden Kreise wußten sehr wohl, daß jede Hoffnung, zu siegen oder nicht besiegt zu werden, vergebens war. Doch wie sollte das Räderwerk der Opfergabe angehalten werden? Je zahlreicher die Toten wurden, desto eiliger folgten ihnen die Überlebenden, beschämt, man könne denken, sie geizten mit ihrem Leben. 1869 hatte der Meiji-Kaiser in seiner neuen Hauptstadt Tōkyō einen Schrein errichten lassen, der den Seelen der im Kampf gefallenen Soldaten gewidmet war, den *Yasukuni-jinja*, Schrein des Friedens im Land. Denn der Militarismus – um ihm Gerechtigkeit widerfahren zu lassen – liebt den Frieden so sehr, daß er bereit ist, für ihn in den Krieg zu ziehen. »Wir werden uns im Yasukuni-Schrein wiedersehen«, sagten die Soldaten lächelnd vor dem Sturmangriff. Für seine unzähligen Opfer war der Pazifische Krieg nur noch der Weg zu diesem endgültigen Frieden. Der Mann von Pearl Harbor war nicht mehr an der Macht, doch ein Waffenstillstand à la Badoglio wäre angesichts so vieler geopferter Leben als unerträglicher Affront betrachtet worden. Bis zum Ende berief man sich auf die Toten, um jeden Gedanken an eine Beendigung der Kampfhandlungen zu verdrängen. Überall herrschte Mangel, eine Hungersnot drohte, die Verheerungen der Bombenangriffe weiteten sich aus – doch überall sprach man nur davon, noch mehr, noch viel mehr Opfer zu bringen: Die Trägheit der Verzweiflung konnte sich keinen anderen Ausweg vorstellen.

Nachdem sich die Euphorie der ersten Siege verflüchtigt hatte, sah die Armee die Gefahr einer Niederlage Tag für Tag wachsen, doch sie weigerte sich, dem Rechnung zu tragen. Denn sie begriff, daß sie die Niederlage nicht überleben würde. Zur Zeit des russisch-japanischen Krieges hätten Nogis Truppen und Tōgōs Flotte alle Rückschläge erleiden können, ohne daß ihre Befehlshaber deswegen hätten abtreten müssen, denn es gab Staatsmänner, die die Verantwortung für die getroffenen Entscheidungen auf sich nahmen. Wie aber konnte nun die Armee, nachdem sie die einen ermordet, die anderen eingeschüchtert, die Diplomatie sabotiert, jede Autorität unterjocht und die Feindseligkeiten ausgelöst hatte, die Schande einer Kapitulation unter dem Blick des unbeweglichen Kaisers, der verletzten Nation, der stummen Toten ertragen? Die Armee hatte im Pazifischen Krieg ihre Existenz aufs Spiel gesetzt; die Niederlage wäre ihr Tod – also auch der Tod Japans, identifizierte sie sich doch zu sehr mit der Nation, um einen anderen Schluß ziehen zu können. Zum gleichen Zeitpunkt versuchte die Hitlersche Erbitterung, das Schuldgefühl zu beschwören, indem sie es auf ihre Opfer abwälzte oder aber es verleugnete, indem sie behauptete, daß der Sieger immer Recht habe, daß demjenigen alles erlaubt sei, der die Oberhand behalte, daß einzig die Niederlage die höchste Schuld vor dem Gericht der Geschichte sei. Der japanische Militarismus hatte ein allzu gutes Gewissen, um aus Gewissensangst in eine zynische Selbstrechtfertigung zu flüchten. Doch die Schande ist ebenso bohrend und kann einen genauso zum Äußersten treiben wie die Raserei der Schuld. Niemals zeigte sich der menschliche Stolz starrer, unbeugsamer. Die Kriegertradition legte den Ausweg nahe: Indem man stirbt, macht man sich unbesiegbar. Jeder Kämpfer hielt diese Lösung in der Hand. Was der Pazifische Krieg Neues brachte, war der planifizierte Freitod – durchaus eines Jahrhunderts würdig, das es sich in den Kopf gesetzt hat, jede Freiheit zu organisieren.

Die Geheimwaffe

Die USA arbeiteten am Manhattan-Projekt, Hitler schoß seine V 1-, seine V 2-Raketen ab. Auch die japanische Armee schmeichelte sich damit, 1944 die absolute Waffe, den Schrecken des Feindes entdeckt zu haben: den Freitod, eine immaterielle Waffe, ein geistiges Geheimnis der Yamato-Rasse, ein Unbesiegbarkeitsrezept, nach dem man nicht neue Finessen der Wissenschaftler zu befragen hatte, sondern die tiefe Vergangenheit, die fernen Traditionen, die als unwandelbar angesehene Identität der Nation, die Reinheit der jugendlichen Selbstverleugnung. Um zu siegen, würde es genügen, es wahrhaft zu wollen, es also bis zum Tode zu wollen und die freiwillige Selbstaufopferung gut zu organisieren. Als die Amerikaner auf Saipan landeten, entschlossen sich einige Piloten, denen die strategische Bedeutung der Insel (führte doch ihr Fall unweigerlich zur Bombardierung der japanischen Inseln) und die Unterlegenheit der japanischen Streitkräfte bewußt waren, sich mit ihren Flugzeugen auf die feindlichen Schiffe zu stürzen: Am 20. Juli 1944 stieg ihr Geschwader vom Stützpunkt Iwojima auf. Die meisten wurden abgeschossen; kein Ziel wurde getroffen; siebzehn Piloten verirrten sich und kehrten schließlich zum Stützpunkt zurück, fest entschlossen, ihr Glück zum zweiten Mal zu versuchen. Die Idee verbreitete sich in der Marineluftwaffe. Es war nicht das erste Mal, daß eine vorsätzlich selbstmörderische

Mission entworfen wurde: Der Ausdruck *jibaku* bezeichnet jene offensiven Selbstmorde, bei denen man sich selbst in die Luft sprengt, und alle Schüler Japans kannten die Namen der drei Helden, die sich am 20. Februar 1932 bei den Gefechten um Shanghai mit langen, dynamitgefüllten Bambusstangen dem Feind entgegenwarfen, um eine Bresche in die chinesischen Stacheldrahtverhaue zu schlagen. Zum ersten Mal aber sollten solche Heldentaten nicht mehr der Improvisation der momentanen Gemütsbewegung unterliegen, sondern massenhaft, regelmäßig und systematisch durchgeführt werden.[113]

Am 19. Oktober 1944 begab sich der Kommandant der Marineluftwaffe auf den Philippinen, Vizeadmiral Ōnishi, zur Basis Mabalacat und teilte den versammelten Piloten seine Schlußfolgerungen mit: Den Amerikanern war gerade die Landung auf den Philippinen gelungen, eine entscheidende Seeschlacht stand bevor. Gewöhnliche Methoden reichten nicht mehr aus, doch wenn sich mit einer einzigen Fünfzentnerbombe beladene Null-Jäger auf die feindlichen Flugzeugträger stürzten, könne man etwas Hoffnung schöpfen. »Meldet sich jemand freiwillig?« fragte Ōnishi abschließend. Niemals in der langen Geschichte der menschlichen Kriege hatte man Soldaten eine solche Frage gestellt. Jedes Gefecht bringt gefahrvolle Missionen mit sich, mit denen Freiwillige betraut werden. Wohlwissend, daß die Wahrscheinlichkeit, lebend zurückzukehren, äußerst gering ist, flüstert eine innere Stimme dennoch: »Du wirst davonkommen« – und diese illusorische Selbstvergewisserung verleiht einen Großteil des physischen Mutes. Zuweilen kommt es vor, daß ein Mensch plötzlich auf dem Höhepunkt der Kampfhandlungen den sicheren Tod wählt, so wie der amerikanische Pilot Fleming, der sich am 5. Juni 1942 während der Schlacht um Midway mit seinem Flugzeug auf den Kommandoturm des Kreuzers *Mikuma* stürzte. Die Verzweiflung kann den Besiegten schließlich die Kraft geben, sich zu töten: So taten es die jüdischen Kämpfer, die von der römischen Armee in Massada belagert wurden – und auch im Laufe der japanischen Geschichte hat es an Selbstmorden dieses Typus, mitunter sogar an Massenselbstmorden, nicht gefehlt: Drei Monate zuvor waren eben jene Piloten, an die sich Ōnishi wandte, selbst Zeugen der Hekatombe von Saipan geworden, die sich vor ihren Augen abspielte. Doch nun handelte es sich zum ersten Mal darum, sich für einen absolut sicheren Tod in aller Ruhe, einige Tage oder Wochen im voraus, zu entscheiden. Der reine gute Wille wurde dazu aufgerufen, sich frei – ohne jede Illusion, ohne jede Gemütsbewegung – zu äußern. Die Kriegerethik erreichte eine Kantische Strenge. Doch da Kant und de Sade stets zusammengehören, sollte das Ergebnis dieser Wahl die opfermäßige Vernichtung eines unschuldigen Lebens sein, die brutale Zersplitterung eines jungen Körpers zu Bruchstücken im Spiel der Natur, in der Stille des Ozeans.

Der Syllogismus des Freitods

Die Piloten von Mabalacat hörten Ōnishi aufmerksam zu, schwiegen einige Augenblicke, wogen ihre Entscheidung ab und taten dann ihre Zustimmung kund. Am 20. Oktober 1944, drei Tage nach der ersten amerikanischen Landung auf den Philippinen und drei Tage vor der schrecklichen Seeschlacht von Leyte, wurden zunächst vier Geschwader der »Sondersturmtruppen zum Sturzflug mit dem eigenen Körper«, »*Taiatari Tokubetsu Kōgekitai*«, kurz »*Tokkōtai*«, gebildet. Am Vormittag des 25. Oktober schienen die ersten Erfolge den Anhängern der neuen Taktik recht zu geben: Vier der fünf Maschinen des Geschwaders *Shikishima* gelang es, ihr Ziel zu treffen und den Flugzeugträger *Saint Lô* zu versenken. Als der Kaiser von diesen Ereignissen erfuhr, reagierte er mit einer zurückhaltenden, zweideutigen Billigung: »War es wirklich unvermeidlich, so weit zu gehen? Doch schließlich war es eine erfolgreiche Aktion.« Ōnishi selbst hatte manchmal Zweifel – aber es war die letzte Hoffnung, wie der Name ausdrückt, mit dem man jene Truppen bezeichnete: *jinpū* oder *kamikaze*. Es sollte der Götterwind, der göttliche Taifun sein, die allerletzte Hilfe, der es diesmal, wie schon 1274 und 1281 bei den Mongoleninvasionen, vielleicht erneut gelingen könnte, die Schiffe der Invasionsstreitkräfte zu versenken.

Am guten Willen fehlte es nicht – man mußte sogar eine Warteliste aufstellen. Jene unerhörte Idee, die zu formulieren kein Feldherr vor Ōnishi gewagt hatte, wurde offenbar als eine Selbstverständlichkeit angesehen. Verkörperte sie nicht die glühende, doch zwingende Schlußfolgerung der gesamten Opfertradition? Man spricht von Fanatismus, doch es ist im Gegenteil eine Weitsichtigkeit, deren Prämissen der Siegeswille und das Kräfteverhältnis waren und die daraus ihre Schlußfolgerung zog: Der Freitod gründete sich auf einen Syllogismus. Die zur Selbstaufopferung erforderliche Glut verschmolz mit der strengsten Logik zu einer engen Verbindung aus Eis und Feuer. Warum sich etwas vormachen? Die Piloten wußten, daß sie in einem so ungleichen Kampf früher oder später sterben würden; es erschien also sinnvoller, einen schnelleren, aber auch wirksameren Tod zu wählen. Diese Männer versprachen sich keine Belohnung, kein Paradies, bald nicht einmal mehr den Sieg. Nichts konnte dem Tod seine Schärfe nehmen. Die Kriegertradition Japans hatte für Illusionen stets nur Verachtung übrig – und dieser Aspekt ist es, der sie in die unmittelbare Nähe einer Wahrheitsethik rückt, wie sie die Entwicklung der Wissenschaften impliziert. Auch das Unvermeidliche muß man sehen und wollen lernen: Dergestalt formt sich das Herz durch die Notwendigkeit.

Auf diese Prinzipien gründeten sich Rekrutierung und Ausbildung. Die Schlacht um die Philippinen war verloren, doch der organisierte Freitod war inzwischen zu einer Institution geworden. Nach dem Beispiel der Marineluftwaffe stellte auch die Heeresluftwaffe ihre Sondertruppen auf. Wählte man anfangs nur die Eliteflieger aus und hielt alle, die keine ausgezeichneten Piloten waren, zurück, so warb man einige Monate später bereits Freiwillige an. Das Prinzip der Freiwilligkeit blieb stets gewahrt, doch legte man es nach Bedarf aus: Der Kommandant eines Luftwaffenstützpunktes ließ etwa dreißig Offiziersanwärter antreten, mahnte sie an die Notlage, in der sich ihr Land befand, an die Notwendigkeit ihres Opfers und schloß mit den Worten: »Ihr werdet mir morgen abend, einer nach dem anderen, eure Antwort mitteilen.« Nur wenige lehnten die Ehre ab, die man ihnen zuteil werden ließ – und vielleicht gehörte nicht weniger Mut dazu, sich dem gemeinsamen Schicksal zu entziehen, als sich ihm anzuschließen. Das Gefühl der Solidarität, das bei Zwanzigjährigen so intensiv ist, ließ all jene Willen in einem einzigen Schwung zusammenfinden. Man begab sich also zum Büro des Kommandanten, nahm seine Glückwünsche entgegen, unterzeichnete die Willenserklärung: Die Sonderausbildung konnte beginnen – sofern es, wohlgemerkt, die Benzinreserven zuließen, denn der Versorgungsengpaß spitzte sich immer mehr zu. An allem mangelte es – außer an Menschenleben. Bald zählte man doppelt so viele Freiwillige wie verfügbare Flugzeuge. Die kampferfahrenen Piloten, die immer seltener wurden, behielt man nun den Deckungsmanövern, den Luftgefechten vor, bei denen ihre Geschicklichkeit von Nutzen sein würde. Die jüngsten Piloten waren für den letzten Sturzflug vorgesehen. Man empfahl ihnen, einen kühlen Kopf zu bewahren und das kostbare Flugzeug, das man ihnen anvertrauen würde, verantwortungsbewußt und wirksam einzusetzen. Es galt, seine Beute auszuwählen und entweder tief über den Wellen fliegend sein Ziel zu treffen oder sich senkrecht herabzustürzen: zwei Annäherungsmethoden, um dem feindlichen Abwehrfeuer auszuweichen – mit wachem Geist, ruhigem Herzen und weit geöffneten Augen, um das Ziel zu treffen. Es galt, der Eile, der Angst, der Entmutigung zu widerstehen – alles in allem kam es darauf an, den eigenen Selbstmord ohne jede Gemütsbewegung auszuführen und im Sterben die Selbstbeherrschung zur Vollkommenheit zu erheben.

Mit zwanzig Jahren sterben

Diese Jungen von zwanzig Jahren mußten sich also einige Wochen, manchmal sogar einige Monate im voraus für den sicheren Tod entscheiden. Sie hatten ihre Wahl getroffen und mußten nun dazu stehen. Die meisten waren Studenten, vor allem der juristischen und geisteswissenschaftlichen Fakultäten, denn Angehörige der naturwissenschaftlichen Fächer galten als zu wertvoll für die Zukunft des Landes, als daß sie auf diese Weise hätten verbraucht werden dürfen. Wie lange würde ihre Galgenfrist währen? Viele ihrer Kameraden waren bereits verschwunden. Eines Abends teilte man ihnen mit, daß der nächste Morgen der letzte ihres kurzen Lebens sein werde. Sie schrieben ihre letzten Briefe, ein paar Gedichte, und gingen schlafen – doch was für ein Schlaf war es? Bei Sonnenaufgang stellte man auf dem windigen Flugfeld einen Tisch auf. Das zur Mission berufene Geschwader versammelte sich, und während man die Flugzeuge von den Zweigen befreite, mit denen man sie getarnt hatte, teilte der Kommandant des Stützpunkts ein letztes Schälchen Sake mit den zum Abflug bereiten Piloten. Photographien zeigen sie uns einige Augenblicke vor dem Start, im Cockpit lächelnd, winkend, mit einem Stirnband aus weißer Baumwolle, bedruckt mit einer roten Sonne. Opfer, wie Schlachtvieh gekennzeichnet? Nein, man täte ihnen Unrecht, würde man nicht bedenken, daß sie in ihr Schicksal einwilligten. Man brauchte sie nicht zu zwingen, ebensowenig zu verführen oder auch nur zu indoktrinieren. Sie waren völlig frei in ihrer Entscheidung, die sie angesichts des Todeskampfes der Nation trafen. Mag dieser Tod auch noch so organisiert gewesen sein, hatten sie sich einmal für ihn entschieden, hörten die Piloten nicht auf, ihn Tag für Tag voller Stolz zu wollen und in ihm, alles in allem, ihren ganzen Lebenssinn zu erblicken. Die schwachen Momente ihres Willens blieben geheim, verstohlen: Zuweilen war es Angst, die Erinnerung an einen geliebten Menschen, das allzu empfindsame Gefühl für die Schönheit der Welt. Sie zeigten sich kaum nachdenklicher als andere junge Männer ihres Alters, jedenfalls genauso fröhlich, doch zuweilen schweiften ihre Gedanken ab: »Wenn ich das feindliche Schiff klar erkenne, die Matrosen auf der Brücke laufen sehen werde, wenn der Kommandoturm fast mein Gesicht streifen wird, werde ich dann die Kraft haben, die Augen offen zu behalten?«

Eine Opfergabe soll nützlich sein; erhebt sie Anspruch auf Wirksamkeit, findet sie darin ihre Rechtfertigung, so grausam sie auch sein mag. Und in der Tat flößten die Angriffe der »*Tokkōtai*« dem Feind Furcht ein. Anfangs wußte er nicht, wie er darauf reagieren sollte: Sollte das ins Visier genommene Schiff auf Zickzackkurs gehen oder die Maschinen stoppen, um die Luftabwehrgeschütze zielgenauer einstellen zu können? Doch dann lernte man, sich zu verteidigen; der Überraschungseffekt ging verloren, und die Verluste wurden geringer. Die Selbstmordflugzeuge trafen ihr Ziel in weniger als in einem von acht Fällen; es war zwar nicht die absolute Waffe, doch die Ausbeute war immerhin weit höher als bei gewöhnlichen Methoden: eine hinreichende Rechtfertigung. Die Schlacht um Okinawa wurde zum erbittertsten aller Kämpfe: 300 feindliche Schiffe wurden getroffen, 34 versenkt – doch nicht genug, um das Kaiserreich zu retten. Die erfahrenen Piloten waren inzwischen verschwunden; die Ausbildung wurde mangels Treibstoffs verkürzt; man setzte veraltete Fluzgeuge ein, die kein Luftgefecht hätten aushalten können. Die Benzinration wurde um die Hälfte gekürzt, denn eine Rückkehr war ohnehin nicht vorgesehen. Man erfand sogar einen rasch zusammengebastelten, fliegenden Torpedo, der wie ein Segelflugzeug von einem Flugzeug aus abgeschossen wurde: Der Pilot dieser Flugmaschine zündete, auf einer Tonne Sprengstoff sitzend, drei Raketen, die den Torpedo mit hoher Geschwindigkeit auf sein Ziel zutreiben ließen. Am 21. März 1945 fand die erste Mission dieser Art statt, doch die amerikanische Luft-überlegenheit war zu groß: Die Bombenträger wurden abgefangen und ab-geschossen. Bei einem anderen Angriff am 12. April gelang es endlich, einen einfachen Zerstörer zu versenken – die magere Ausbeute dieser Eliteein-heiten, die feierlich *»Jinrai-ōka«* »Götterdonner-Kirschblüten« getauft wor-den waren. Der Ideenreichtum der Erfinder ersann zahlreiche Variationen des Themas Selbstmord: mit Dynamit beladene Schiffchen, Froschmänner, Mini-U-Boote. Im Ernstfall erwiesen sich diese Methoden zwar als unwirk-sam, gleichwohl setzte man sie rituell bis zum Ende ein. 5000 junge Männer um die zwanzig opferten so ihr Leben bei einem *kamikaze*-Einsatz. Man machte sich keine Hoffnungen mehr, den Krieg durch Einschüchterung des Feindes zu gewinnen, ebensowenig, die Landungsflotte zu dezimieren, ja nicht einmal mehr, die Invasion auf den japanischen Hauptinseln verzögern zu können. Die Funktion der Opfergabe bestand vielmehr darin, wie eine ewige Flamme, auf die sich alle Blicke heften, in der allgemeinen Not zum Ruhme Großjapans im Todeskampf unbeirrt weiter zu leuchten. Bedurfte der kaiserliche Stern, wie die Sonne der Azteken, menschlichen Blutes, um sein Leben zu erneuern? »Ob wirksam oder nicht«, sagte Admiral Ōnishi, »diese Angriffe führen der Welt und uns selbst das Schauspiel des Helden-tums, des Stolzes vor Augen. Was auch immer geschehen mag, sie werden das Überleben unseres geistigen Erbes sichern.« Doch eines Tages gelangte die Opfergabe zu der Erkenntnis, daß sie, obgleich leer und vergeblich, auch ohne ein Ziel zu haben herrschen kann. Ihr Prestige, ihr Glanz verschaffen ihr Geltung – aus Trägheit geht sie den eingeschlagenen Weg bis zum Ende.

Ein unparteiischer Märtyrer

In den Briefen, die sie schreiben, um ihre Eltern zu trösten, greifen die jungen Freiwilligen oft den herrschenden Diskurs wieder auf: Man möge sie nicht beweinen, gehen sie doch glücklich und stolz für den Kaiser und den Sieg in den Tod. Notwendigerweise müssen sie sich von der Wirksamkeit ihrer Hingabe überzeugt zeigen. Aus den Aufzeichnungen, die sie für sich selbst schreiben, sprechen jedoch zuweilen Zweifel: Sie wagen es, der Niederlage, d. h. der kalten Absurdität ihres Todes, ins Gesicht zu sehen. Der Absurdität ihres Todes? Nein, absurd ist nur der erlittene Tod. Der gewollte Tod nimmt den Sinn an, den man ihm gibt, mag er auch noch so nutzlos sein. Oft neh-men die Aufzeichnungen auch antimilitaristische Züge an: Dahin hat uns also die Überheblichkeit unserer Offiziere gebracht. So sucht Sasaki Ha-chirō, der am 14. April 1945 vor Okinawa starb, sich seinen Gerechtigkeits-

271

sinn bis zum letzten Moment zu bewahren. Nur selten gab es skeptische, unparteiische Märtyrer wie ihn, die die Lage klar durchschauten.

In Wahrheit klingt das, was die militärischen Führer sagen, wie eine hohle Litanei in meinen Ohren, bloß dazu bestimmt, die Massen mitzureißen. Ich möchte immer auf der Seite der Gerechten stehen und die Ungerechten, die Hochmütigen immer hassen, egal ob Feinde oder Verbündete. Gut und Böse, Liebe und Haß, all das rührt in meinen Augen nur vom Menschen her, und ich kann jemanden nicht bloß aufgrund seiner Nationalität lieben oder hassen. Natürlich liegen die Dinge anders, wenn ein Unterschied in der Nationalität oder der ethnischen Zugehörigkeit auf beiden Seiten die Unfähigkeit, einander zu verstehen, oder Antagonismen mit sich bringt. Aber ich möchte, nur weil man eine andere Nationalität besitzt, meine Achtung niemals dem verweigern, was menschlich wahrhaft edel und schön, oder die Augen vor dem verschließen, was häßlich oder niedrig ist.

In der Kaserne erhielten diejenigen, die sich durch das Nachsprechen der Propagandaparolen aus dem Radio Mut machen wollten, von ihren Zimmergenossen scherzhaft den Beinamen *kichigai*, Wahnsinnige, Verrückte. Die große Zeit des Nationalstolzes ist vorbei, und es soll dieser Generation von Opfern zukommen, für die Überheblichkeiten anderer zu büßen. Sie werden auf dem Höhepunkt ihrer Kräfte, bei blendender Gesundheit sterben, und die meisten machen kein Hehl daraus, daß sie das Leben lieben. Doch sie müssen von diesem Leben Abschied nehmen wie von einem Traum, der sich gegen Morgen verflüchtigt. Es war ein schöner Traum: Sie werden sich nicht dazu erniedrigen, das, was ihnen entgeht, herabzuwürdigen, und ihr Opfertod ist um so ergreifender, als er frei von Pessimismus, frei von Bitterkeit ist. Dankbar blicken sie auf das kurze Leben, das ihnen geschenkt wurde, zurück. Sie erinnern sich nur der glücklichen Momente. Welch höchste Erlesenheit des Herzens: Sie segnen die Welt, die sie bald verlassen werden. Sie beklagen sich nicht, verzichten auf alles, stimmen allem zu – im Gegensatz zu unseren Aufrührern, die auf nichts von all dem, wogegen sie protestieren, verzichten können. Der bescheidene, doch nunmehr unerfüllbare Traum des *kamikaze*-Anwärters Nagatsuka bestand z. B. darin, »Die Meisterglöckner« von George Sand von Anfang bis Ende lesen zu können. Er dachte auch an seine Mutter, seine Schwestern, die es vor der Invasion zu schützen galt. Ein guter Sohn, ein guter Schüler, ein guter Soldat: Der junge Pilot der Sondertruppe war vielmehr ein Märtyrer seines guten Willens als eines Glaubens. Keine Spur von Waghalsigkeit, keineswegs angeberisch, sondern ernsthaft bemüht, das artige Kind zu sein, mit dem man stets zufrieden ist. Nicht nur der Feind verfluchte ihren Fanatismus, ihre Wahnsinnstaten, sondern die ganze Welt, die ungeduldig darauf wartete, den Frieden genießen zu können, den ihr Opfer hinauszuzögern schien. Ihre Weisheit ist es, die bewegt, ihre Ruhe, ihre Hellsichtigkeit. Hielt man sie nicht gar für Rasende, so sah man bestenfalls Roboter in diesen mitfühlenden Herzen, die zu empfindsam für das Unheil ihrer Zeit waren, um gegenüber dem eigenen Leben nicht gleichgültig zu werden. Man konnte sich ihren Akt, der für die Piloten doch so einfach, so spontan war, nicht erklären, zog alle möglichen Gründe heran: Zwang, Verführung, Versprechungen, Illusionen, Drogen, Gehirnwäsche. Dabei hätte man nur das Kristall der Selbstverleugnung entdecken müssen – unsichtbar, klar und rein wie die Leere. Diese Reinheit ist es, die so sehr bewegt. Man verkannte diese jungen Männer, die sich in einem Alter, in dem das Leben so schön gewesen wäre, bemühten, gut zu sterben: Möge ihnen der Tribut an Bewunderung und Mitleid zuteil werden, den sie verdienen. Sie starben für Japan, doch man muß kein Japaner sein, um sie verstehen zu können – es genügt, sterblich zu sein. Einer von ihnen, Sasaki Hachirō, formulierte in wenigen Zeilen den Entschluß, dem ihre Tugend galt: Inmitten des Kampfes, an dessen Ende der Tod steht, wird man den wahren Frieden des Herzens allein im guten Willen finden.

Ich möchte … meine ganze Kraft dem widmen, mein Leben im Einklang mit den Beschlüssen des Schicksals zu leben. Müssen wir nicht alle das Schicksal auf uns nehmen, das uns bei unserer Geburt zuteil geworden ist, und dafür all unsere Kräfte einsetzen, dafür mit ganzer Kraft kämpfen – jeder auf dem Weg, der ihm vorgezeichnet worden ist? So sehe ich die Dinge. Es ist feige, diesen Weg nicht zu Ende zu gehen, sich davonzustehlen. Laßt uns über das Waffenglück nach den Beschlüssen des Himmels entscheiden und entschlossen den Weg gehen, der uns zuteil wurde. Ich bin davon überzeugt, daß wir zum Fortgang der Weltgeschichte nur beitragen, wenn wir uns mit ganzer Kraft der Aufgabe widmen, die einem jedem von uns zufällt. Ich will als ein Mensch unter anderen leben, bis zum Ende menschlich, ohne Feigheit.

Das Schicksal fällt einem nicht einfach zu, man muß es auch zu lieben und zu erobern wissen; die gelassene Heiterkeit läßt sich nur um diesen Preis erlangen: *amor fati*. Dann erst kann man sich wie Kusunoki Masashige sterbend wünschen, noch einmal, noch sieben Male in ein Leben, das dasselbe ist, wiedergeboren zu werden. Der Wille erlangt den Frieden, indem er versteht, daß er nur das immer wieder wollen kann, was er einmal gewollt hat: Eine andere Welt ist überflüssig.

Im Angesicht des Abgrunds

Der Aufschub, den die Freiwilligen von einer Woche zur anderen durchlebten, brachte sie an die Grenze der Conditio humana, an die Wurzel. Übermenschen? Nein, dieses Gefühl hatten sie nie, vielmehr empfanden sie sich radikal und rückhaltlos menschlich. Mehr noch als das Versprechen eines unwahrscheinlichen Sieges verlieh ihnen die Freundschaft Mut, eine Freundschaft, die aus dem gemeinsamen Willen, der sie vereinte, geboren worden war, jene freundschaftliche Beziehung zur Vergangenheit, die Tradition heißt. Wie bei einem Schriftgelehrten der Heian-Zeit, der stets von neuem das ewige *mono no aware* des in die Zeit geworfenen Daseins formulierte, klang bei Admiral Ōnishi in einem den ersten Geschwadern gewidmeten Gedicht von Anfang an das klassische Gefühl der Unbeständigkeit an:

> Heute in voller Blüte,
> morgen im Wind verstreut.
> So ist des Lebens Blume;
> ein so zerbrechlicher Duft
> könnte nicht lange dauern.

Angesichts der Tradition konnten sich die Freiwilligen sagen, daß es schön sei, bis zum Tod zu dienen, selbst wenn es ein nutzloser Tod sein sollte – daß es schön sei, jung zu sterben, so wie die Kirschblüte, die nicht wartet, am Baum zu welken. Gewiß hätten sie lieber gelebt, vielleicht den Tod vergessen, doch er war da: Man mußte ihm ins Gesicht sehen. Sie bemühten sich, so zu leben, als wären sie bereits tot, in jener Überwindung der Gegenteile, die für den Zen-Buddhismus das zu erreichende Ziel darstellt und vom »*Hagakure*« empfohlen wurde. Gewöhnlich durchlebten sie einige Stunden nach Unterzeichnung ihrer Willenserklärung eine kritische Phase: die Trauerarbeit begann. Danach erlangten sie einen Zustand der heiteren Gelassenheit, der Losgelöstheit, ja fast des Humors. Sie konnten wieder lachen – und die Kasernen der »*Tokkōtai*« waren, so die Erinnerungen, zuweilen von Heiterkeit erfüllt. Ihre Ruhe wurde lediglich durch die Ungeduld zu sterben getrübt, wenn eine vorgesehene, angekündigte Mission aufgeschoben wurde. Sonst waren sie gleichmütig, zugleich resigniert und entschlossen. Sie waren noch lebendig, voller Leben, doch es war, als stünden sie abseits vom Leben, zumindest abseits von jenem beharrlichen Wunsch nach Dauer, dem wir unterworfen sind. So konnten sie jedes Detail des Lebens würdigen: den Regen, die Sonne, die Blätter der Bäume, alles erschien ihnen, wie in einem Spiegel, schöner. Ihnen, die alles gaben, schien alles gegeben zu werden. Und das Gefühl, das in ihren letzten Briefen zum Ausdruck kommt, ist das der Dankbarkeit, gelebt zu haben. Aufrecht standen sie am Rande des Abgrunds, das Gesicht dem zugewandt, was sich nicht sehen, nicht einmal denken läßt. Fest verbunden mit diesem Moment der Geschichte, mit einer übermäßigen, zeitweiligen Krise – und gleichwohl dem Wind der Freiheit vollends ausgesetzt. Vom Chauvinismus bedroht – und gleichwohl wachen Auges seine Übergriffe verfolgend, waren sie sich auf jeden Fall bewußt, in diesem extremen Versuch Zeuge dessen zu sein, was letztlich allen Menschen gemein ist.

22. Februar 1945.

Ich bin nun schließlich in die *kamikaze*-Sondertruppen eingegliedert worden. Werden die kommenden dreißig Tage mein wahres Leben ausmachen? Die Gelegenheit ist gekommen! Die Übung im Sterben wartet auf mich: eine intensive Übung, schön zu sterben.

Angesichts des tragischen Zustands des Vaterlandes gehe ich ins Gefecht. Meine Jugend ist auf diese dreißig Tage konzentriert, mein Leben wird einen überstürzten Verlauf nehmen.

– Einige Tage vor dem Abflug –

Ich bin ein Mensch unter anderen. Weder ein guter noch ein schlechter Mensch. Weder ein besonders Begabter noch ein Dummkopf. Ich bin nur ein Mensch unter anderen. Ich, ein Wanderer, der sein Leben bis zum Ende wie eine Reise auf der Suche nach etwas verlebt hat, möchte mich nun endlich damit abfinden, ein Mensch unter anderen, ein menschliches Dokument zu sein.

Mit diesen Worten erwacht Okabe Hirakazu, der bald, mit 24 Jahren, sterben wird, zu dem unausweichlichen Schicksal eines Menschen, der sich gänzlich sterblich und eben dadurch von Grund auf jedem anderen gleich weiß. Der Entschluß zu sterben zog im Laufe der Galgenfrist, an deren Beginn er stand, die Erosion des Unwesentlichen nach sich. So sehr entzieht sich der Tod dem Denken, daß Worte durchlebte Erfahrungen nicht ausdrücken können (kaum, daß sie sie flüchtig andeuten könnten). Doch wenn sein letzter Augenblick naht, wenn er diesen als solchen erkennt, als solchen will, wenn er wach bleibt, wird der Mensch dazu berufen, sich zu wandeln.

Wird der nationale Selbstmord fällig?

Die Freiwilligen näherten sich so dem Universellen an, während die Priester des Chauvinismus in den Stabsquartieren und in den Zeitungen all das mit der Hülle ihrer Deklamationen umgaben. Im Zentrum der Aktion verstanden es die Besten, klaren Kopf zu behalten. Der Extremismus war vielmehr, wie üblich, der Heroismus aus dem Hintergrund, und die glühendsten Reden entsprangen den Schreibstuben. Man entflammte beim Anblick der Selbstaufopferung und fand im Desaster zumindest den Trost dieses Beispiels, dem es zu folgen galt: Jeder Untertan des Kaiserreiches sollte zu einer menschlichen Bombe werden. Manchmal träumte man sogar unverbesserlich erneut den Traum vom Sieg. Saipan war unlängst zur Entscheidungsschlacht erklärt worden, dann Leyte, dann Iwojima, dann Okinawa – ohne daß auch nur ein einziger es je gewagt hätte, eine politische Entscheidung aus diesen aufeinanderfolgenden Niederlagen abzuleiten. Nun, erklärte man, würde die Entscheidungsschlacht auf den japanischen Hauptinseln stattfinden. »Zwanzig Millionen Freitode«, sagte Ōnishi, »und das Kaiserreich wird

gerettet werden.« Lange vor dem Krieg behauptete General Araki selbstge-
fällig, daß ein mit Bambusstöcken bewaffnetes Volk unbesiegbar sei, wenn
es das nur zu wollen wisse. Der Moment kam, da diese schöne Bambuslan-
zen-Doktrin *(takeyari-shugi)* in die Praxis umgesetzt werden sollte. In den
Bergen von Nagano hatte man einen Schutzraum aus Stahl und Beton gebaut, um die kaiserliche Familie in Sicherheit zu bringen.[114]

Wird das Ich einer allzu harten Prüfung unterzogen, besteht die Gefahr,
daß es sich spaltet: Es erkennt die Wirklichkeit zwar an, verleugnet sie aber
gleichzeitig, soweit es geht. Die japanischen Führer waren in zwei Faktionen
gespalten, in die des Friedens und in die des Krieges, doch die Grenze zwischen ihnen war fließend, manche wechselten von der einen zur anderen – so
sehr war jeder innerlich gespalten. Sturmerprobt wie er war, orientierte sich
Admiral Suzuki, der ehrwürdige und tapfere Premierminister, an der tao-
istischen Tugend des Nicht-Handelns und ließ sich vom Wind treiben. Am
6. Juni 1945 beschrieb er vor seinem Kabinett die Stufenleiter der selbstmörderischen Taktiken, die eine Landung auf den japanischen Hauptinseln auslösen würde – doch noch am Vorabend hatte er die Diplomaten dazu ermäch-
tigt, sich um sowjetische Vermittlung für Friedensverhandlungen zu bemühen. In aller Diskretion, wohlgemerkt, denn ein Führer, der sich für einen
Waffenstillstand ausgesprochen hätte, wäre seines Lebens nicht mehr sicher
gewesen: Der Militarismus war zwar nicht mehr fähig, das Land zu verteidigen, wohl aber in der Lage, es zu terrorisieren. Es schien unvermeidlich, daß
die Nation in der doppelten Schlinge ihrer und der feindlichen Armee er-
drosselt werden würde. Alles ging unter, eine unüberwindliche Lethargie
lähmte die Gesellschaft, ein Abgrund tat sich auf, leicht konnte man hinab-
stürzen, alles legte es nahe, sich dem Tod zu überlassen. Nur noch das Plädoy-
er der Anwälte eines nationalen Selbstmords war zu vernehmen.[115] Niemals
war die Faszination des Freitods so massiv, so beharrlich gewesen. Und dennoch ist es gleichwohl der Freitod selbst, der die Lösung brachte und Japan
den Frieden. Auf die Aufforderung des Kaisers hin war die Armee endlich
bereit zu kapitulieren, d. h. allein zu sterben. Wie einst die Klasse der *samurai*
stimmte sie dem eigenen Verschwinden zu. Der Wille, aus dem sie ihr Vorrecht machte, wußte sich bis zu jenem äußersten Punkt zu steigern, an dem
sich jeder Wille darin vollendet, nicht mehr sein zu wollen.

Die letzte Woche Großjapans begann mit drei furchtbaren Schlägen: Hi-
roshima am 6. August, dem Kriegseintritt der UdSSR am 8. und Nagasaki
am 9. August. Sollte man auf die letzte Schlacht verzichten und die Potsda-
mer Erklärung, d. h. die militärische Kapitulation, die Besatzung, einen
Kriegsverbrecherprozeß, hinnehmen? Die Marine stimmte dem Unvermeidlichen zu, das Heer aber hoffte weiterhin auf das Unmögliche. Einige
Tage lang hing alles vom Heeresminister General Anami ab: durch seinen
Rücktritt hätte er das Suzuki-Kabinett stürzen können – als eine der Folgen
hätte man die Defätisten, die Verräter, die Badoglios an den Pranger gestellt,

und Anami wäre an der Spitze eines Kabinetts des totalen Krieges bis zum Äußersten gegangen. Die jungen Offiziere seines Ministeriums, die ihm glühende Bewunderung entgegenbrachten, flehten ihn an, sie handeln zu lassen, baten ihn, nach der Macht zu greifen, die ihm ein Staatsstreich in die Hand geben würde. Eine bewundernswerte Gestalt, in der Tat, und in gewisser Hinsicht einer Erwähnung bei Plutarch würdig: bestand doch seine Größe darin, dem Tod zuzustimmen und die Diktatur, auch seine eigene, abzulehnen. Er hätte den Krieg nicht gewonnen: Seit Leyte, seit Saipan, waren die Würfel gefallen. Er hätte den Zeitpunkt der Fälligkeit der Niederlage nur um einige Monate aufschieben, seinen Tod um den Preis des Lebens vieler anderer hinauszögern können – so wie es Hitler bis zum Ende getan hatte. Anami entschied, den Frieden nicht zu töten; er zog es vor, sich für ihn zu töten. Zweimal gab er seine Unterschrift zur Einberufung der Konferenzen in Gegenwart des Kaisers vom 9. und 14. August, wohlwissend, daß der Frieden die Oberhand behalten werde. Zweimal hörte er den Kaiser sich gegen die Schlacht auf den Hauptinseln, gegen den Selbstmord des Landes wenden. Er tötete sich bei Tagesanbruch des 15. August.

Der Wunsch des Souveräns

Für gewöhnlich präsentierte man dem Kaiser die einstimmige Entscheidung der Regierung, die er nur noch zu ratifizieren hatte. Dies war auch bei Pearl Harbor der Fall gewesen. Diesmal aber sollte er selbst entscheiden: Die uneinigen Minister forderten ihn zu einer Entscheidung auf. Zweimal plädierten Suzuki, Yonai und Tōgō für den unverzüglichen Friedensschluß, wohingegen die Militärs, Anami und Umezu, das Argument der Toten und die Verteidigung des »Staatskörpers« *(kokutai)* geltend machten, um die Kapitulation hinauszuzögern. Zweimal sprach der Kaiser seinen Willen in klaren, einfachen, erschütternden Worten aus. Er wollte der Opfergabe ein Ende bereiten, war bereit, sich selbst dem Frieden aufzuopfern, sich gänzlich dem Sieger auszuliefern: »Was immer mit meiner Person auch geschehen mag, ich bin entschlossen, das Unerträgliche zu ertragen. Ich setze diesem Krieg kraft meiner Autorität ein Ende.« Von sich aus hätte die Armee die Niederlage niemals akzeptieren können: Indem sich der höchste Wille zum ersten und zum letzten Mal öffentlich äußerte, erlaubte er ihr endlich, einem anderen Prinzip als lediglich dem eigenen Willen zu gehorchen, den Sinn für den Dienst wiederzufinden und die Kapitulation als eine Loyalitätsprüfung hinzunehmen. Indem der Wille über sich selbst hinausging, eröffnete er den Weg zum Frieden, die Armee würde kapitulieren und sich aus dem Leben der Nation auslöschen. Das Land, dem der Souverän das Leben zurückgegeben hatte, sollte nicht sterben müssen, wohl aber sich wandeln. Das Unerträgliche ertragen: Man sollte aus jenem Alptraum aufwachen und sich dem

Unmöglichen, d. h. dem Wirklichen stellen – dann würde sich der Abgrund schließen. Der Bann der imperialen Hypnose, in den die Nation seit so langem geraten war, wäre angesichts der kaiserlichen Entscheidung gebrochen. Vielleicht würde sich aus dem Todeskampf der Gegenwart eine Zukunft entwickeln. Nicht der Tod – sondern die Verwandlung, die noch schwieriger, also nicht weniger rühmlich ist: so lautete der Wunsch des Souveräns. Der Wille, der gewohnt war, sich im Tod zu beweisen, wurde dazu aufgefordert, sich selbst in der bevorstehenden langen Prüfung des Wirklichen zu überwinden.

Zu sterben wissen

Der Bericht über diese Tage der Tränen und des Todeskampfes stellt einen der pathetischsten Momente der menschlichen Geschichte dar, wohingegen die Ereignisse im Berliner Bunker ihre Faszination nur aus dem Schauder beziehen. Man spricht von *Götterdämmerung** – in beiden Fällen gibt es viel Rauch – doch wird dabei Wagners Gedanke allzu sehr außer acht gelassen: Wotan will sterben, um vor der Zukunft zu erlöschen, vor der Freiheit, die der Mensch nach ihm erlangen wird. Selbst im Freitod wußte Hitler nicht, sich zum schweigsamen Großmut eines Menschen zu erheben, der sein Schicksal hinnimmt. Das Nichts ist für ihn nur ein Notausgang; er lernt nichts daraus, verzichtet auf nichts, klammert sich hartnäckig ans Leben, diktiert schließlich sein Testament, um sich von jeder Schuld, sogar von der Niederlage reinzuwaschen – er gibt nur eine einzige Schwäche zu: zu gut gewesen zu sein! Der deutschen Rasse wirft er vor, sie habe nicht zu siegen gewußt. War sein Eintreten für die Sache mit der Rasse also nur ein Vorwand für die alten Haßgefühle, die er unentwegt wiederholt? So verhält sich eine äußerst niedrige Person, die über die anderen urteilen will, um nicht über sich selbst urteilen zu müssen, genauso unfähig, sich zu vergessen wie sich zu erkennen, unfähig, sich selbst im Tod zu überwinden, unfähig, nicht mehr zu verfluchen, und dies selbst vor dem Abgrund, in dem alles Schweigen ist. Er träumt noch von Rache und leugnet die Verantwortung, den Irrtum, die Schuld, die Sühne, die Vergebung, d. h. das ganze menschliche Werden, die Geschichte als Prozeß der Wahrheit, den die stärkste Kraft niemals wird beherrschen können, den kein Sieg jemals wird unterbrechen können. Abgesehen von Eva Braun, die sich so edel zeigte, sich freiwillig in die belagerte Stadt zu begeben, gab es im Bunker niemanden und nichts, was nicht entsetzlich oder lächerlich gewesen wäre. Wie sehr unterschieden sich doch die Selbstmorde der Nazis von denjenigen, die die Niederlage Japans begleiteten! Man darf all jene Akte nicht bloß nach dem Ergebnis beurteilen:

* Deutsch im Original. (Anm. d. Übs.)

Der Tod ist stets derselbe, doch kein Selbstmord gleicht dem anderen. Manche sind hellsichtig und fruchtbar, andere schmutzig und verworren. Jeder einzelne muß verstanden, für sich bewertet werden. Der Tod Neros ist nicht der Catos. Die Militärs Großjapans waren nicht minder brutal, nicht minder grausam als andere, doch sie wußten zu sterben und behielten das Beste ihrer selbst den letzten Augenblicken ihres Lebens vor.

Kurz vor Mitternacht, in der Nacht des 14. August, kehrte General Anami in seine Amtswohnung in Miyakezaka zurück. Er wußte, daß einige Stunden später, um die Mittagszeit des 15. August, die Rede des Kaisers im Radio gesendet werden würde, in der er dem ganzen Volk die Beendigung des Krieges mitteilen sollte. Anami hatte mit seinen Mitarbeitern und den jungen Offizieren des Ministeriums gesprochen. Manche, wie Oberst Ida, befürworteten einen Massenselbstmord der Armeekader, doch Anami selbst hatte sie im Gegenteil an ihre Pflicht gemahnt, für die Zukunft des Landes zu leben. Seinen Worten sollte er die Autorität hinzufügen, die vom Freitod ausgeht. Er schluckte seine gewohnte Vitamindosis, nahm wie üblich sein heißes Bad und zog sich dann auf sein Zimmer zurück. Dort verfaßte er zwei Abschiedsgedichte. Gegen ein Uhr kam sein Schwager, Oberst Takeshita, ins Zimmer. Anami verbarg ihm nicht, daß er sich töten werde: Der Entschluß war seit langem gefaßt, der Moment war gekommen. Dann ließ er Sake herbeibringen, und die beiden Männer begannen zu trinken. Um zwei Uhr hörte man Schüsse aus dem Kaiserpalast: Einige junge Offiziere des Heeresministeriums versuchten ein letztes abenteuerliches Unterfangen. Sie hatten soeben General Mori erschossen, der die Truppen der kaiserlichen Garde befehligte, und mit seinem Siegel stempelten sie nun die Befehle ab, die ihnen Zugang zum Palast verschaffen würden. Urkundenfälschung und Verwendung gefälschter Dokumente: Zu solchen Betrügereien führte der Ultrapatriotismus. Während Mörderbanden, wie in der Nacht des 26. Februar, auszogen, um einige wichtige Verfechter des Friedens mit Maschinenpistolen zu erschießen, durchsuchten die jungen Offiziere die Räume des Palastes nach der Schallplatte, auf der die Rede des Kaisers aufgenommen worden war, Wände und Möbelstücke wie Einbrecher zerschlagend – doch vergeblich. Der Versuch wurde schnell erstickt, schnell mit dem Selbstmord der Verantwortlichen sanktioniert, doch er zeigt deutlich, wieweit die Reflexe der ultranationalistischen Anarchie in ihren letzten Zuckungen gehen konnten. Als er von dem Ereignis erfuhr, ließ Anami sich nicht aus der Ruhe bringen: »Auch das wird mein Tod sühnen«. Er zog das weiße Hemd an, das ihm der Kaiser einige Jahre zuvor geschenkt hatte, und kniete auf der Veranda seines Zimmers nieder. Dann griff er zum kurzen Schwert und schlitzte sich den Bauch von links nach rechts auf. Takeshita bot an, ihm den Gnadenstoß zu versetzen, doch Anami lehnte ab. Mit der linken Hand suchte er nach der Halsschlagader und brachte sich einen Schnitt unterhalb des Ohres bei. Daraufhin verlor er das Bewußtsein und sank zusammen, atmete aber noch. Um den Todeskampf zu verkürzen, führte Takeshita seine Hand und versuchte erneut die Halsschlagader zu treffen – doch der Tod wollte nicht eintreten. Der harte Morgen der akzeptierten Niederlage dämmerte über Japan und über diesem stahlzerfurchten Körper. Anami starb langsam. Ein Arzt wurde gerufen; gegen acht Uhr vormittags stellte er den Eintritt des Todes fest. Neben der Leiche deutete ein Gedicht den Sinn eines so mühseligen Todeskampfes an.

> Von seinen Göttern
> geschützt wird unser Heimatland
> nicht untergehen.
> Dem Kaiser sei mein Tod als Sühneopfer
> für die schwere Schuld geweiht.

So starb in diesem Mann die Armee Großjapans, durch die Niederlage zum Bewußtsein seiner Mißbräuche, seiner Anmaßungen erweckt. Hitler und Anami – man sieht, wer sich edel verhält, denn der Adel läßt sich nicht von der Verantwortung trennen, geizt nicht mit der Bürde, die er auf sich nimmt. Auch Ödipus stach freiwillig auf sich ein, um den Frieden zu finden und ihn seinem Volk zu geben. Sogar über den stets wechselhaften Sieg hinaus träumt der Krieger vom Frieden; er kämpft für ihn und findet ihn im Sterben, überglücklich, wenn er ihn auch geben kann. Die große Seele Anamis befindet sich, wie Janus, an dem Punkt, der die Vergangenheit und die Zukunft, den Krieg und den Frieden, die Schuld und die Vergebung voneinander trennt und wieder zusammenführt. Hitler dagegen wollte, daß ihm der Haß einen Überlebensersatz sichere – daher die Idee, seine Leiche im Benzinrauch verschwinden zu lassen, um als Phantom oder Phantasma umherzugeistern und die Geschichte für immer heimzusuchen. Er versuchte, sich dem dialektischen Taktschlag zu entziehen, nach dem sich die Zukunft auf den akzeptierten, gekennzeichneten, anerkannten Tod stützt, der Befreiung ist. Lange Zeit lehnte die japanische Armee die Niederlage ab, doch als es soweit war, hatte sie die Größe, ihr nicht auszuweichen, denn sie begriff, daß sie darin die Sühne dessen, was sie gewesen war, finden werde. Sie erkannte sich im Sterben. Sie versuchte nicht, die Zukunft zu verbauen, sondern verstand es, ganz und gar zu verschwinden. Viele starben dabei durch eigene Hand. Andere mußten im Schweigen und bei der Arbeit das Unerträgliche ertragen, mußten zu dem werden, was sie nicht waren.

Der Sturm hat sich gelegt

Die Rede des Souveräns an das Volk, die einzige, die er je gehalten hat, so angemessen, so würdevoll, rührte die Herzen zu Tränen; ein ganzes Volk schöpfte gemeinsam aus dieser bitteren und reinigenden Quelle. Im Laufe der darauffolgenden Stunden strömten zahlreiche Männer und Frauen zum Kaiserpalast, um sich zu verneigen, auf dem Kiesboden des weitläufigen Schloßplatzes niederzuknien und ihre Trauer und ihre Not herauszuweinen. Einige, etwa dreißig, töteten sich auf den Schutzmauern des Palastes. Am Abend lud Admiral Ōnishi einige Freunde, Offiziere aus seinem Stab, zu sich und nahm von ihnen Abschied. Um drei Uhr morgens griff er zu seinem Schwert und schlitzte sich den Bauch kreuzweise auf, so wie einst Nogi, zunächst von links nach rechts, dann von unten nach oben. Kurz vor Tagesanbruch bemerkte ein Angestellter des Gebäudes, in dem Ōnishi wohnte, daß in dessen Zimmer noch Licht brannte, und fand ihn in seinem Blute liegend. Aber er lebte noch. Man legte ihn auf ein Bett; einige seiner Freunde stürzten herbei, doch er lehnte jede Hilfe ab. Gleichwohl sprach er zu ihnen, verbot ihnen, sich zu töten, beschwor sie, für das Land zu leben. Auf dem Tisch lag sein Abschiedsgedicht:

Im klaren Himmel
ohne Wolken
scheint nun der Mond.
Der Sturm hat sich gelegt.

Der Fürsprecher des Götterwindes widmete seinen letzten Gedanken der gelassenen Heiterkeit. Indem er sich dem Opfer anschloß, zu dem er aufgefordert hatte, wurde ihm die Seelenruhe zuteil. Er hatte sogar die Kraft zu lächeln! Sie sprachen über sein Gedicht: »Was sagt ihr dazu? Für einen Alten [er war 58 Jahre alt] ist es doch gar nicht so schlecht?« Er litt und konnte doch nicht sterben. Der *seppuku* ohne Gnadenstoß ist nichts für Leute, die es eilig haben. Von so vielen jungen Toten umgeben, die auf ihn zu warten schienen, gab ihm sein Todeskampf die Unschuld zurück. Fanatisch wie kein zweiter, doch von Anfang an fest entschlossen, für alles mit seiner Person einzustehen. Um sechs Uhr abends verstarb er endlich.

Viele entschieden sich an jenem oder an den darauffolgenden Tagen für den Tod. Jeder auf seine Art und Weise. Vizeadmiral Ugaki z.B., der die 5. Luftflotte auf Kyūshū und beträchtliche Teilkräfte der »*Tokkōtai*« befehligte, glaubte wie Ōnishi, die Piloten, deren Opfer er organisiert hatte, in den Tod begleiten zu müssen. Rund zwanzig seiner Männer forderten die Erlaubnis, ihm Geleit geben zu dürfen: Er sollte nicht alleine sterben. *Junshi* von Fliegern, die sich weder für die Hoffnung des Sieges noch für die Schande der Niederlage, sondern für die Freundschaft opferten, indem sie sich den verschwundenen Gefährten anschlossen. Gegen Abend sah man elf Maschinen in Richtung Okinawa abfliegen. Keiner weiß, was aus ihnen geworden ist; sie verloren sich im Ozean, in der Nacht.

Der Ultranationalismus gab auf: Vergessen waren die Aufrufe von gestern, alle gehorchten nun der Stimme des Souveräns. Gleichwohl griff eine kleine Gruppe in der Nacht vom 15. auf den 16. August vergebens den Wohnsitz des Marquis Kido an, der das Siegel des Reiches aufbewahrte und von dem man sagte, er habe dem Kaiser zum Frieden geraten. Die Theorie dieser jungen Leute, meistens Studenten – ein Dutzend Jungen und drei Mädchen –, besagte, daß Verräter den Kaiser gezwungen hätten, in jener Rede die Kapitulation zu erklären. Die Verleugnung der Realität kann kaum weiter fortschreiten, ohne der Psychose zu verfallen. Die Transzendenz des Souveräns gegenüber dem Staat, in der sich das *tennō*-System zusammenfaßte, brachte ihre letzten Verwirrungseffekte hervor: In der völligen Freiheit, sich den Kaiser als losgelöst von den Handlungen seiner Regierung vorzustellen, bestand tatsächlich der so gepriesene »Staatskörper«. Nachdem sie einige Tage in Tōkyō umhergeirrt waren und ihre Isolierung erkannt hatten, versammelten sie sich in der Nacht des 22. August auf dem kleinen Hügel von Atago, bildeten Hand in Hand einen Kreis, zündeten dann gleichzeitig Handgranaten und starben, um nicht für eine Wahrheit leben zu müssen, die sie nicht hinnehmen wollten.

Die Demobilisierung der Streitkräfte ging ohne Zwischenfall vonstatten. Manche Offiziere töteten sich lieber, als daß sie ihre Waffen ausgehändigt hätten – und erlaubten so, gerade durch diesen einschneidenden Akt, daß für alle anderen der Friede mit der gleichen Klarheit einziehen konnte, die seit jeher das Klima des Inselreiches plötzlich von der Kälte zur Wärme übergehen läßt: jede Jahreszeit hat ihren Platz im ewigen Kreislauf der Zeit. Krieg und Frieden sind wie Sturm und Aufheiterung auch Dinge der Natur, sind die Jahreszeiten des Herzens. Nur auf der Luftbasis von Atsugi, unweit von Tōkyō, gab es Schwierigkeiten. Der dortige Kommandant (ein wahrer Psychopath) behauptete, die kaiserliche Rede sei eine Fälschung der Badoglios der Regierung gewesen. Mißtrauisch nahm er keine Telefonanrufe mehr entgegen – und sprach nur noch davon, die amerikanische Flotte zu vernichten. Man mußte ihn ins Krankenhaus einweisen. Auf der Luftbasis waren noch 2000 *kamikaze*-Flieger stationiert, die für die letzte Schlacht aufgespart worden waren: Man bat ihre Väter und Mütter, sie davon zu überzeugen, daß ihre Pflicht nunmehr darin bestand, ihren guten Willen auf das Leben zu verwenden.

Die zweite Welle

Die Entwaffnungsaktionen beschäftigten die Armeeführer einige Wochen lang, während derer der Selbstmord über den dringenden Aufgaben vergessen, auf jeden Fall aufgeschoben wurde. Als sie beendet war, verfielen all jene Männer des nur noch in der Erinnerung existierenden Großjapan in Passivität und Niedergeschlagenheit. Viele sollten als Kriegsverbrecher vor Gericht gestellt werden. Es kam zu einer zweiten Selbstmordwelle. Der tapfere alte

General Tanaka, der das Armeekorps Ost befehligte, das mit der Verteidigung Tōkyōs beauftragt gewesen war, konnte es sich nicht verzeihen, dem Brand des Meiji-Schreins und auch des Kaiserpalastes, der durch Bombenangriffe teilweise zerstört worden war, ohnmächtig zugesehen zu haben. Doch noch eine andere Sorge beschäftigte ihn: Für diesen im Geiste Nogis ausgebildeten Mann mußte der Verlust der Fahne den Opfertod des Heerführers nach sich ziehen. Tanaka übernahm also die Verantwortung, befahl, daß alle Fahnen der unter seinem Befehl stehenden Einheiten zum Hauptquartier des Armeekorps gebracht werden und noch vor Ankunft der Sieger verbrannt werden sollten. Sein Freitod würde die Zerstörung der Embleme sühnen und seinen Untergebenen die Freiheit gewähren zu leben, ohne ihren guten Prinzipien untreu werden zu müssen, die im übrigen nunmehr hinfällig geworden waren. Am Abend des 24. August nahm General Tanaka in Gala-Uniform in einem Sessel vor seinem Schreibtisch Platz und dankte mit fester Stimme seinem Adjutanten, der im Nebenzimmer arbeitete, für die geleisteten Dienste. Dann schoß er sich eine Kugel ins Herz. Auf dem vor ihm stehenden Schreibtisch hatte er einige Abschiedsbriefe, ein Schwert, das ihm einst vom Kaiser überreicht worden war, seine Militärmütze, ein Paar weiße Handschuhe, einige Sutren und sein Gebiß ordentlich hingelegt.

In jenen letzten Augusttagen erreichte die Furcht vor der Besatzungsmacht ihren Höhepunkt: Plötzlich würde man sie landen sehen. Wer sich an die jüngsten Greueltaten erinnerte, die von einigen japanischen Armeeangehörigen seit dem Massaker und der Plünderung von Nanjing begangen worden waren, hatte allen Grund, das Schlimmste zu befürchten. Der Direktor einer Flugzeugfabrik in Utsunomiya z. B. hielt es für angebracht, Zyankalikapseln an seine Arbeiterinnen auszugeben, damit sie vor einer Vergewaltigung in den Tod fliehen konnten. Glücklicher als die heilige Pelagia, die sich von einem Dach stürzte, um den Soldaten des Diokletian zu entkommen, mußten sich diese jungen Japanerinnen nicht für ihre Tugend opfern. Die amerikanischen Truppen richteten sich ordnungsgemäß ein, und alles verlief ohne jegliche Gewalt.

Man war überzeugt, daß sich Tōjō als Hauptverantwortlicher des Pazifischen Krieges töten würde. Doch damit schien er es nicht sehr eilig zu haben. Am 11. September wurden amerikanische Militärpolizisten bei seinem Wohnsitz vorstellig; von einem Fenster des ersten Stockwerkes fragte er sie nach ihren Befehlen. Dann hörte man einen Schuß: Er hatte sich eine Kugel in die Brust geschossen. Doch er starb nicht. Einige Journalisten, die gekommen waren, um der Verhaftung des Mannes von Pearl Harbor beizuwohnen, tränkten ihre Taschentücher mit seinem Blut für ihren Schaukasten mit Kriegsandenken, während ein Arzt die Wunde verband. Man brachte ihn ins Krankenhaus und rettete sein Leben mit Hilfe vieler Bluttransfusionen, um ihn zu inhaftieren, vor Gericht zu stellen – und zu hängen.

General Sugiyama, beim Angriff auf Pearl Harbor Generalstabschef des Heeres, war mit der Demobilisierung so beschäftigt gewesen, daß er darüber vergessen hatte, sich zu töten. Seine Frau erinnerte ihn an die Pflicht. Wohl hatte er den Entschluß gefaßt, doch in einem solchen Fall liegt zwischen dem prinzipiellen Entschluß und seiner Umsetzung ein Abgrund, den es zu überwinden gilt: an diesem Abend, am nächsten Morgen, in einem Monat oder in zwei? »Nun gut«, sagte sie zu ihm, »ich werde zuerst sterben, wenn es sein muß.« Im Laufe der ganzen japanischen Geschichte zeigten sich die Frauen auch den härtesten Bedingungen gewachsen. Sugiyama versprach ihr, sich unter der Bedingung zu töten, daß sie von ihrem Vorhaben abließe. Der mißglückte Selbstmord Tōjōs ließ ihn endgültig seinen Entschluß treffen. Am Tag darauf, dem 12. September, gelang es ihm, sich in seinem Büro im Heeresministerium vier Kugeln in die Brust zu schießen – er war sofort tot. Man benachrichtigte seine Frau telefonisch: Sie legte den Hörer auf, begab sich in ihr Zimmer und kniete vor dem buddhistischen Altar nieder, der den verstorbenen Angehörigen geweiht war. Dann bereitete sie ein Zyankaligemisch zu, leerte die Schale und stieß sich einen Dolch in die Brust.

Als Fürst Konoe einige Wochen später die Nachricht erhielt, daß neben anderen zivilen und militärischen Führern Japans auch gegen ihn Anklage wegen Kriegsverbrechen erhoben werden sollte, war es für ihn eine Frage der Ehre, sich ebenfalls dem Tribunal zu entziehen. Dieser Freund der Generäle, der von 1937 bis 1941 entweder von ihnen betrogen wurde oder gemeinsame Sache mit ihnen gemacht hatte, indem er durch seine unverbindlichen Friedensangebote von ihren Kriegsvorbereitungen ablenkte, gehörte durch seine Ahnen zu jenem fernen Hofadel der Heian-Zeit, der stets die blutigen Vorgehensweisen des Schwertadels verabscheut hatte: Er wählte das Gift.

Der Prozeß der Geschichte

Nun, da der Krieg zu Ende war, galt es nur noch, ihn vor Gericht zu stellen, ihn zu untersuchen, zu versuchen, ihn zu verstehen. Der Prozeß von Tōkyō begann, und etwa dreißig der Führer, die nicht von vornherein den Tod vorgezogen hatten, wurden verhaftet, angeklagt und einer detaillierten Prüfung der Ereignisse und ihrer Entscheidungen unterworfen. Gehörte vielleicht nicht weniger Mut dazu, die lange Prüfung zu ertragen, als sich ihr wie Sugiyama und Konoe zu entziehen? Woche für Woche verfolgte Tōjō reglos, mit dem Kopfhörer auf seinem kahlen Schädel, den manchmal verworrenen Austausch der Argumente. Schließlich verneigte er sich vor dem Tribunal, als er, drei Jahre nach seinem Selbstmordversuch, das ausführlich begründete Todesurteil entgegennahm. Urteilt nicht – das ist leicht gesagt, wenn Gott oder das Karma einem die Last abnehmen. Doch kein Mensch kann heutzutage die Verantwortung ablehnen, seinen Teil in jenem mühseligen Prozeß der Wahrheitsfindung, der unsere Geschichte ausmacht, beizutragen. Ein Volk hat das Recht, nicht sich zu rächen, sondern zu wissen, was es erlebt und erlitten hat – nicht weniger das besiegte als das siegreiche Volk. Gleich vor dem Tod, doch vor allem vor der Wahrheit. Der Freitod hat seine Größe, doch oft hüllt er lediglich alles in Schweigen, in die unmittelbare Nacht, und verführt dann dazu, sich erneut in die gleiche Sackgasse zu manövrieren. Er hat dem letzten Krieg Persönlichkeiten wie Anami, wie Ugaki zu geben gewußt – und es ist notwendig, daß der Krieg selbst nicht dem Nihilismus anheimfalle. Gleichwohl muß selbst die anspruchsvollste Ethik des Krieges vor einem Kampf, dem einzigen, der des Menschen schließlich würdig ist, erlöschen, vor einem Kampf, dem die Wahrheit die Waffen, die Regeln und den Endzweck verleiht.

Die Militärs waren besiegt worden – doch der Militarismus? Dies wurde zur Aufgabe der neuen Verfassung, und all diejenigen, die von der japanischen Kriegslust sprechen, als wollten sie ein Volk unter einem Teil seiner Vergangenheit erdrücken, sollten zunächst dafür kämpfen, daß sich ihr eigenes Land einem so strengen Gesetz wie dem Artikel 9 unterstelle. Es war auch das Verdienst aller Werktätigen: Zehn Jahre nach der Niederlage hatte der Wohlstand bereits das höchste Niveau der Vorkriegszeit erreicht – und überholt. Die verheerende Natur des expansiven Militarismus (der schließlich in die Katastrophe geführt hatte), die grausame und enttäuschende Eitelkeit der Lösungen, die er befürwortete – all das wurde nun zu einer von allen gelebten Wahrheit. Noch einige Jahre lang traf eine Selbstmordwelle, ähnlich einer Flutwelle, die zeitlich versetzt auf ein Erdbeben folgt, die jungen Leute, die im Krieg hätten sterben können, hätten sterben sollen. In den schwierigen Stunden waren viele versucht, sich mit so vielen ihrer Brüder, mit so vielen ihrer Freunde, die die Erinnerung zu einem vollkommenen Ideal erhoben und die der Tod so früh von den Häßlichkeiten, von den Beschwerlichkeiten des Lebens befreit hatte, so weit zu identifizieren, daß sie sich ihnen anschlossen. Mit einiger Verspätung war Mishima Yukio 1970 der letzte jener Japaner, die dem Krieg entkommen waren und die sich vom Minotaurus der Opfergabe mit Nostalgie schlagen ließen. Doch selbst diese Folgeerscheinungen erloschen mit der Zeit. Die jungen Generationen von heute, die alles vergessen haben, weil sie nichts erlebten, können die ultranationalistischen Rasereien (in homöopathischen und abschreckenden Dosen) nur beurteilen aufgrund der mit Flaggen geschmückten Lastwagen der »Patriotischen Partei« (»Aikokutō«) oder manch anderer rechtsextremistischer Kleingruppen, die manchmal in den gleichförmigen Straßen von Tōkyō vorüberziehen und dabei jene schrill-hämmernden Lieder schreien, in die Großjapan einst seine melancholische Beharrlichkeit faßte.

Wenn die Opfertradition bestehen blieb, dann umgewandelt, sublimiert, beruhigt in der Arbeitsethik, in der sich das moderne Japan vereint. Doch ironischerweise bewahrt sie ihre anfängliche Heftigkeit an den Rändern der Gesellschaft, bei den Sippen der Gesetzlosen, den berühmten *yakuza*.[116] Dort scherzt man nicht mit Treue und Hingabe. Die finstersten Geschäfte kleiden sich sittsam in die prinzipientreueste Ehre. Wie ein nutzloser Knochen, der im Knochenbau einer entwickelten Art in einer reduzierten und verkümmerten Form bestehen bleibt, verewigt sich der Stolz der alten Krieger in den Abrechnungen, deren Schauplätze die zwielichtigen Bars sind. Verspürt einer jener Herren das Bedürfnis, die Aufrichtigkeit seiner Seele zur Schau zu stellen, schreitet er zur Tat – nur daß nicht mehr der Bauch als Beweis oder Entschuldigung herhalten muß: Er stutzt sich den kleinen Finger ein wenig oder rasiert sich einfach den Schädel kahl. Besser könnte man der Tradition nicht dienen – genausowenig sich ihrer billiger bedienen.

286

Diese ganze Opfertradition ist es, die der Schriftsteller Mishima Yukio mit seinem Selbstmord verteidigen, veranschaulichen, wiederherstellen wollte. Sein Akt erinnert an den Nogis, doch eines Nogi, der sich viel mit Nietzsche beschäftigt und versucht hätte, dem Nihilismus, den »Der Wille zur Macht« anprangerte, den Weg zu versperren.[117] In der modernen Zivilisation, die in Japan mit der Niederlage siegreich ihren Einzug gehalten hat, erkennt Mishima die mürrische Dekadenz, in der die »Taranteln der Gleichheit«, die Zarathustra beschimpft, zur Herrschaft gelangten: Ideologie der Ruhe, zügelloser Egoismus und heimliches Ressentiment. Alle Werte, denen es bis vor kurzem gebührte, daß man für sie starb, sind erloschen; die Immanenz kennt nun keine Grenzen mehr; der Tod ist nur noch ein Nichts, mit dem man nichts zu schaffen hat; alles ist nivelliert. Für einen jeden gibt es nichts außer seinem Leben; und wie ließe sich, wenn es sich schließlich selbst als Nichts erweist, die Angst, der Skandal des Absurden und die Verzweiflung vermeiden? Die Moderne hat die Opfergabe verbannt und damit, meint Mishima, die Transzendenz versiegen lassen; nichts Souveränes, von dem das Leben einen Sinn empfangen könnte, bleibt mehr bestehen. Wir haben vielleicht keine Illusionen mehr, doch auch kein Ziel, das uns übersteigt, vereint, erhöht. Unterhalb der angestrengten Geschäftigkeit macht sich Apathie breit, und selbst die zum Protest herabgewürdigte Auflehnung kann sich kein Ziel mehr geben, für das sie eintritt. Vom Tod abgeschnitten, hat das Leben seine Lebendigkeit, seine brausende Heftigkeit verloren. Von dieser Ausgrenzung des Risikos und der Opfergabe rühren zugleich Langeweile und Wut her: Anfälle anomischer Gewalt durchbrechen ohne Sinn und Ziel die Starre des offiziellen Pazifismus. Auf die Leere antwortet einzig der Wahn. So lautet, mit Romantik und Nostalgie gefärbt, Mishimas Diagnose. Um gegen die Wüste anzukämpfen, müßte man also mit der Transzendenz zugleich die Opfergabe, von der sie sich nährt, wiedereinführen. Alle Rede wäre sinnlos: Man kann nur handeln und, um zu überzeugen, der schweigsamen Geste vertrauen. Wie Dostojewskis Kirilov[118] wird Mishima sich töten, um auf den Ausweg hinzuweisen; er wird die Gesundheit der Zukunft aufs Spiel setzen, indem er auf die Autorität des Freitods setzt. Am 25. November 1970 setzt er dem Nichts der Moderne seinen letzten Akt entgegen.

Die Konsequenzen des Denkens

Kirilov und Zarathustra – diese Mishima vertrauten Gestalten dürfen über die Besonderheiten des japanischen Falls nicht hinwegtäuschen. Der Nihilismus ist vielleicht das globale Schicksal der modernen Welt und zunächst einmal der Preis für den Machtzuwachs, der durch die Technik freigesetzt wurde – dennoch begibt sich jede Gesellschaft auf ihrem eigenen Weg dorthin. Dostojewski und Nietzsche sehen in ihm den Endpunkt des Christentums: Gott ist tot – wie ließe sich dieser Verlust beschwören, sühnen, wiedergutmachen oder vollenden? Barbey d'Aurevilly stellt Huysmans vor die Wahl: »Die Mündung der Pistole oder die Arme des Kreuzes!«[119] Wahres oder falsches Dilemma? Wenn sich der Mensch, wie Kirilov sagt, im Laufe der Jahrhunderte Gott lediglich eingebildet hat, um der Verzweiflung zu entgehen, wird er sich dann am Ende nicht töten müssen, sofern er auch seiner neuen Überzeugung bis zur letzten Konsequenz treu bleiben will? Die griechische und römische Antike hatte, gemäß ihres Eudämonismus, den Selbstmord als »vernünftigen Ausweg«, als das sicherste Mittel, sich unnützes Übel zu ersparen, gerechtfertigt. Der Stoizismus hatte ihm eine ethische Funktion verliehen, als er ihn aufforderte, die Würde des Weisen zu verbürgen. Die gesamte japanische Kriegertradition hatte, indem sie seine Praxis ritualisierte, sein Verhältnis zur Ehre und zur Selbstverleugnung kodifiziert. Seit der Romantik aber erscheint eine neue Problematik: Ob er zur Bestätigung des Nihilismus führt oder darauf abzielt, ihn zu überwinden, der Freitod gehört nunmehr zu einem geistigen Kampf; er hängt nicht mehr allein von den Umständen und vom Anstand, von Launen und Sitten ab, auch nicht von der Kunst oder der Pflicht, gut zu sterben – er wird zum Beweis einer wesentlichen Desillusion, wird eins mit der Bewegung des Denkens, das seine Schlüsse zieht. »Ein rein philosophischer Akt«, sagt Novalis. »Die vorrangige Frage«, sagt Camus. Die einzig wirklich ernste Frage, die man vor allen anderen lösen muß, seit der Tod Gottes einem verbietet, ihr dadurch auszuweichen, daß man die Souveränität des menschlichen Willens preisgibt. Kann es sein, daß man, sobald man ein gewisses Niveau der Hellsichtigkeit erreicht hat, sich durch die Logik gezwungen sieht, sich zu töten? In einer Welt ohne jedes andere Leben als dieses, ohne jeden anderen Willen als den jedes Subjekts, wird der Mensch nunmehr einzig und allein zum Richter der Totalität des Seins, das im Gleichgewicht auf der Schneide seiner Entscheidung ruht. Dort, wo die göttliche Allmacht glänzte, hat eine gewaltige Implosion den Hohlraum des nihilistischen Selbstmords entstehen lassen, ein schwarzes Loch, in das das Absolutum der Freiheit sich zu stürzen hätte.

Doch diesen Gott hat Japan nicht gekannt. Wie hätte es also unter seinem Verschwinden leiden können? »Niemals haben wir«, stellt Akutagawa fest, »ein höchstes und allmächtiges Wesen konzipiert, das es verdiente, ermordet zu werden!« Die metaphysische Auflehnung, die in zwei Jahrhunderten schließlich den Himmel des Abendlandes leerte, hätte also ein fernes Ereignis bleiben können. Und dies beabsichtigten auch die Meiji-Führer mit dem Motto »Wakon yōsai«: Sie wollten den japanischen Geist bewahren und dem Westen, um ihm besser widerstehen zu können, nur seine militärischen und industriellen Techniken entlehnen. Hatten sie bereits eine Vorahnung dessen, was die abendländische Ideologie an Subversivem und Schädlichem mit sich bringen würde? Sie sahen im Christentum noch eine erobernde Kraft und befürchteten zunächst, in Erinnerung an Shimabara, die Mißhelligkeiten, die es erneut herbeiführen könnte. Überrascht stellten sie fest, daß der Glaube der Fremden einen Großteil seiner Schärfe verloren hatte. Es war nicht mehr gefährlich, die Missionare predigen zu lassen, doch dafür kamen nach und nach andere Gefahren zum Vorschein. Das, was man mehr zu fürchten hatte als die Katechismen, waren all jene tausend verstreuten Episoden der Odyssee einer Freiheit auf der Suche nach sich selbst: die Romane. Bald begriff man, daß sich die Techniken nicht von der Wissenschaft, die Wissenschaft nicht von den Institutionen, die Institutionen nicht von den Ideen und den Sitten trennen lassen würden. Allmählich sickerte die gesamte abendländische Zivilisation mit ihrem Gefolge an Widersprüchen, Rätseln und Verführungen ein. Neugier und Mut, diese sehr japanischen Qualitäten, fanden hier ihr Betätigungsfeld; die besten Geister bahnten sich noch nicht erschlossene Wege zwischen dem Osten und dem Westen, bemühten sich, in einigen Jahrzehnten die Etappen zu durchlaufen, die zu durchmessen die Menschen des Abendlandes zwei Jahrhunderte gebraucht hatten. Viele begegneten dem Scheitern und der Verzweiflung, doch alle gewannen dabei das Gefühl, welche Wagnisse, welche Tragik das Denken mit sich bringen kann. Die Literatur der späten Edo-Zeit zeichnet das Bild einer kraftlos gewordenen Welt: Das Theater verkommt zum Melodrama, die Poesie verkümmert, und die Romane kennzeichnet schwerfälligster Moralismus oder eitle Frivolität. Angesichts der Dramen von Shakespeare und Goethe, der Gedichte von Baudelaire, der Romane von Tolstoi, ermaßen die Leser des neuen Japan die gefahrvolle Souveränität, die Bücher auf das Schicksal des Menschen ausüben können.

Vernunftgrenzen

Fukuzawa Yukichi, dem brillanten Anwalt der Öffnung zum Westen, kam die Rolle zu, den Geist der Aufklärung von Voltaire bis Bentham zu verkörpern. Er befürwortet die Freiheit unter der Bedingung, daß sie sich für das Gemeinwohl nützlich mache. In seinem Moralkodex in 29 Artikeln, den er am 11. Februar 1900 als Zusammenfassung seiner Überzeugungen veröffentlichte, verurteilt er den Freitod uneingeschränkt: »Es ist die Pflicht des Menschen, die ihm zugemessene Zeit bis zum Ende zu leben – sich des eigenen Lebens zu entäußern ist, unter welchen Umständen und aus welchen Gründen auch immer, stets ein irrationaler und feiger Akt, ganz und gar verabscheuungswürdig und der Prinzipien der Unabhängigkeit und der Selbstachtung unwürdig.«[120] Schon vor Fukuzawa hatten auch die meisten Philosophen des europäischen 18. Jahrhunderts darauf beharrt, das Recht zu sterben, das einfache »Recht wegzugehen«, das Baudelaire für sich beansprucht, nicht als eines der Menschenrechte anzuerkennen. Nach Kant kann es der Mensch logischerweise nicht gutheißen, die Macht, die er hat, zwischen Gut und Böse zu wählen, zu zerstören; er hat kein Recht, das moralische Bewußtsein abzuschaffen, das alle Rechte begründet: keine Freiheit für die Zügellosigkeit, jene Feindin der Freiheit. So gibt die Vernunft Gesetze, und die Schranken, die sie errichtet, scheinen auch ohne die Furcht vor den göttlichen Strafen fest genug für diejenigen zu sein, die nicht das dringende Bedürfnis verspüren, allem ein Ende zu setzen. Doch es kommt auch vor, daß diese Argumente, wie die der Eleaten durch das Gehen, im Akt widerlegt werden. Es kommt sogar vor, daß der Philosoph, der jeden Selbstmord verurteilt hat, schließlich jeden Selbstmord vergibt, sobald er nur gewillt ist, ihn zu begreifen, ohne sich durch seine eigenen Theoreme verblenden zu lassen. [121]

Fukuzawa, *samurai* von Geburt, bewunderte Saigō – aber er hatte es sich zum Ziel gesetzt, die Ethik des Schwertadels zu zerstören, die er für die japanische Rückständigkeit verantwortlich machte: Sehr wohl wußte er, daß er ihr mit seiner Verurteilung des Freitodes einen unmittelbaren Schlag versetzen würde, und in diesem Kampf schmeichelte er sich damit, die Vernunft und den Fortschritt mit dem ganzen Gewicht des Abendlandes auf seiner Seite zu wissen. Schon um 1900 traten andere Formen des Freitods auf, die dem *bushidō* und der Opfertradition fremd waren und von eben jenem Abendland angeregt wurden, zu dessen Dolmetscher sich Fukuzawa machte. Indem er seine Prinzipien verteidigte, bereitete er selbst Konsequenzen vor, die er nicht vorausgesehen hatte. Er befürwortete die Unabhängigkeit, die Emanzipation – und schon ließen sich viele Studenten, Intellektuelle und Schriftsteller durch Romantik und Anarchismus zu radikalen Formen individueller Freiheit führen. Er predigte den Utilitarismus und tat damit den ersten Schritt in Richtung Materialismus. Die Freiheit des Subjekts verherrlichen, die Zwänge der Umwelt beschreiben: zwei Projekte, denen sich das europäische 19. Jahrhundert nacheinander gewidmet hat. Der lebendigste Teil der japanischen Kultur um 1900 ließ sich von beiden zugleich anregen. Gleichzeitig wurden Wordsworth und Flaubert, Rousseau und Maupassant übersetzt. In der so fruchtbaren Gattung des autobiographischen Romans *(shishōsetsu)* verschmolzen Romantik und Naturalismus, die wir in der Geschichte der abendländischen Literaturen gewöhnlich als antagonistisch betrachten. Ein und derselbe Schriftsteller, Shimazaki Tōson z. B., kann Shelley und Zola nacheifern. Unsere Kategorien werden auf den Kopf gestellt, doch geschieht das nicht minder in unserer eigenen Literatur, wenn ein umfassender Geist wie Baudelaire den durchdringenden Idealismus und den unerbittlichen Realismus miteinander vereint? Diese Tendenzen, die vom Rationalismus der Aufklärung herrühren, finden einen Konvergenzpunkt im Nihilismus, wenn dieser feststellt, daß nichts Reales die lebenswichtigen Illusionen des Herzens bestätigt. Der Selbstmord, in dem die Notwendigkeiten des Lebens und die Konsequenzen der Träume aufeinanderstoßen, erscheint dann als die Zuckung eines Geistes, der den Tod ersucht, ihn vom Nichts zu befreien.[122]

Das Schicksal eines Romantikers

Der scheinbar unerschütterliche Optimismus Fukuzawas erweist sich leider als prekäres Moment. 1894 scheint ihn alles zu bestätigen: Das aufsteigende Japan entledigt sich der lästigen Exteritorialitätsklauseln, die seine Souveränität einschränkten, schließt eine Allianz mit England und beginnt einen Krieg gegen China, der seine Talente zur Assimilation unter Beweis stellen wird. Aber in eben diesem Jahr bringt eine bloße Tagesmeldung, der Selbstmord eines jungen Dichters von 27 Jahren namens Kitamura Tōkoku, ein Unbehagen zum Ausdruck, das die großen Ereignisse des nationalen Schicksals niemals werden auflösen können. An der Oberfläche verfolgt der Machtwille immer wagemutigere Unternehmungen – der Kreis der Intellektuellen aber, der diesen Projekten fremd und taub gegenübersteht, gleichwohl unfähig, ihnen zu widerstehen, gefällt sich darin, sich auf jede erdenkliche Art der Trübsal hinzugeben. Der Intellektuelle neigt, wenn er nicht bloß Techniker oder Bürokrat ist, stets dazu, sich vom unmittelbaren Sozialleben entfernt zu fühlen: Er beobachtet, beobachtet sich, kritisiert, kritisiert sich und schließt sich, in sich gespalten, spontan keiner Sache an. Im Japan der Meiji-Zeit war diese Entfremdung verdoppelt: Die Intellektuellen, die die Modernisierung unterstützten, wandten sich dem Abendland als einem noch ungenau wahrgenommenen und überschätzten Ideal zu. Viele blieben, wie Don Quichotte oder Madame Bovary, untröstlich darüber, nicht dort geboren worden zu sein, wo sie hätten leben müssen. Sie entfremdeten sich von ihrer Gesellschaft und schwebten zwischen zwei Welten. Ein Gefühl der Unzulänglichkeit, das sich erst im darauffolgenden Jahrhundert lindern wird, quälte Kitamura: »Wir sind in allem unterlegen«, sagte er, »niemals werden wir in diesem Land ein Werk wie ›Les Misérables‹ oder ›La Divina Comedia‹ hervorbringen können, von ›Paradise Lost‹ ganz zu schweigen!«

Die Öffnung zum Westen, die Fukuzawa gefördert hatte, konnte also auch Entwurzelung, Entmutigung hervorrufen. Schon der von Griechenland faszinierte Hölderlin hatte diese Gefahr erkannt: Er befürwortete eine »vaterländische Umkehr«, die den Europäer, den Sohn des modernen Hesperien, wieder dazu bringt, die ihm eigenen Qualitäten ohne Neid und Nostalgie zu kultivieren. Das uns Fremde soll uns lehren, in besserer Weise das zu werden, was wir sind. Die japanischen Intellektuellen vollzogen diese Umkehr (*tenkō*) manchmal einfach aus der Intention heraus, sich mit ihrer

Umwelt zu versöhnen. Manche verleugneten sich und machten sich, ähnlich wie Barrès in Frankreich, zu Lobrednern des Chauvinismus. Die meisten, mit dem Alter weise geworden, folgten jedoch von einer Generation zur anderen dem allgemeinen Schicksal der Verbürgerlichung, in der die Glut der frühen Jahre sanft entschlummerte. Kitamura gestattete sich diese Ausflüchte nicht; sein zerrissenes moralisches Bewußtsein blieb rein und wach: Wenn er schließlich den Tod wählt, so um – wie viele andere junge Menschen auch – der zerbrechlichen Intensität der Gefühle und den Überzeugungen treu zu bleiben, die mit der Zeit verblassen würden. Sehr früh hatte er für die Bürgerrechte gekämpft, doch von List und Gewalt angeekelt, wandte er sich von der politischen Aktion ab. Sein Vorbild, Lord Byron, hatte das Glück gehabt, der Sache der griechischen Unabhängigkeit begegnet zu sein, die wie Balsam auf seinen Spleen wirkte. In einer Gesellschaft, in der er sich beengt fühlte, sah Kitamura kein Projekt, das es wert gewesen wäre, sein Leben dafür zu riskieren. Einige Monate lang hatte er den christlichen Glauben oder glaubte zumindest, wie viele andere Intellektuelle seiner Zeit, ihn zu haben – doch hinterließ dieser lediglich eine gesteigerte Verachtung dieser Welt und das Gefühl eines Scheiterns. Es war ihm nicht gelungen, in sich selbst jenen Gott leben zu lassen, den er hätte lieben wollen. Ganz vom Innenleben eingenommen, glühend und träumerisch, verkörperte er die Bitterkeit der enttäuschten schönen Seele, die ihre Einsamkeit wachsen fühlt. Zumindest gibt sich die schöne Seele mit ihrer eigenen Vollkommenheit zufrieden; ihre Eitelkeit erspart ihr die Verzweiflung. Kitamuras Bewußtsein war zu klar, um sich derart ködern zu lassen; vielleicht hätte er die Enttäuschungen ertragen, die einem von den nichtswürdigen Menschen, von der undankbaren Welt, zugefügt werden – doch sich als erster selbst zu täuschen, war ein Gefühl, das dieser Sohn eines *samurai*, dessen geistige Väter Byron und Emerson gewesen waren, nicht zu ertragen bereit war. Große Träume hegen, Werke und Projekte konzipieren, doch nicht stark genug sein, um sie zu erreichen – diese Unzulänglichkeit verlangte nach Sühne. In einem Essay, den er ein Jahr vor seinem Tod veröffentlicht, bemerkt er, daß der Selbstmord zum Teil durch Rache motiviert sein mag: Man nimmt sich selbst das Unrecht übel, das man sich zugefügt hat. Welch größeres Unrecht könnte es geben, als nicht zu werden, was man zu sein glaubte? Der Idealismus führt den Nihilismus ein und nährt das Ressentiment, indem er das, was ist, an dem mißt, was sein sollte. Schließlich kommt der Moment, in dem der Träumer seinen Traum rächt: Er opfert sich ihm. Die meisten Idealisten wissen diesen Schluß zu vermeiden; sie wälzen die Schuld von sich auf andere ab, und ihre Verurteilung der Welt gereicht ihnen allemal zur Selbstzufriedenheit. Ist es nicht gut, daß es Böses gibt, damit man sich darauf verwenden kann, es zu bekämpfen? Kitamura verachtete diese Ausflucht. Einen Wert gab es gleichwohl, der ihn hätte retten können, wenn er nur vor seinen Augen Gestalt angenommen hätte: die Liebe, die ihm das Leben zu rechtfertigen und sogar dessen Rätsel aufzu-

klären schien. Er hatte den – in der Gesellschaft seiner Zeit recht seltenen –
Mut gehabt, mit zwanzig Jahren eine Liebesheirat einzugehen, doch er sah,
wie sich die Liebe in der Ehe verbrauchte. Als er seiner Frau einige Jahre später einen Doppelselbstmord vorschlug, war es zu spät: Er konnte sich weder
Gehör verschaffen noch Verständnis finden. Hätte sie ihm durch ihre Einwilligung möglicherweise die Lust aufs Leben zurückgeben können? Von der
Enttäuschung zur Desillusionierung – so entfernte er sich immer weiter von
dieser Welt, »in der die Aktion nicht die Schwester des Traumes ist«. Am
28. Dezember 1893 versuchte er sich mit einem Dolch die Kehle durchzuschneiden, doch man rettete ihn, brachte ihn ins Krankenhaus, und die
Wunde vernarbte. Seine Melancholie ließ sich nicht so schnell heilen, und am
16. Mai 1894 erhängte sich dieser Poet, dem es an Geduld mit der Prosa der
Welt fehlte, schlicht und einfach an einem der Bäume seines Gartens.

Jugendlicher Elan

Im kurzen Schicksal Kitamuras manifestiert sich der Geist der neuen Zeit mit
seinen Verheißungen und Gefahren: endlich leben, die Fesseln zerreißen!
Dieses Projekt findet die gleiche Sühne wie der Flug des Ikarus. Eine allzu
glühende Seele verzehrt sich, löscht sich aus, ohne ihre betrogenen Hoffnungen zu überleben: Werther, Emma Bovary, Anna Karenina. So vollendet
sich im Freitod der gebrochene Elan des Idealismus und der Leidenschaft. In
den ersten Jahren unseres Jahrhunderts, ein Jahrzehnt vor dem Ende der Meiji-Ära, übte die vereinte Aktion des Romanesken und der pessimistischen
Philosophien ihre stärkste Wirkung auf die jungen Japaner aus, die durch die
Bücher aus dem Abendland überredet wurden, das Abenteuer der Freiheit
zu wagen.[123] Die Verführung durch die Ideen allein hätte vielleicht nicht genügt, wurde jedoch entscheidend, wenn sie zu den erdrückenden materiellen
Bedingungen hinzutrat, die viele Studenten und Intellektuelle erdulden
mußten: Elend, Entwurzelung, Einsamkeit, die damals so verbreitete Tuberkulose – ja, eine berauschende Lektüre konnte all das plötzlich unerträglich
machen. Die Bedächtigsten faßten den Vorsatz, an der Wurzel selbst, an jenem Willen zum Leben anzusetzen, der – nach Schopenhauer – die Welt der
Widersprüche hervorbringt, in die wir eingeschlossen sind. Ihre Schlußfolgerung war der Selbstmord, von dem Schopenhauer gleichwohl – seinen
buddhistischen Quellen treu – als einem für die Erlösung vom Dasein ver-
hängnisvollen Gewaltakt abriet. Keuschheit, Gelassenheit, Askese, Verzicht,
allenfalls das Fasten bis zum Tode: dies sind, ihm zufolge, die wahren Wege
zur Negation des Lebenswillens. Einen jungen Menschen jedoch zu diesen
kalten Methoden zu zwingen, hieße, zu viel von ihm zu verlangen: Bis in
seine Todesart hinein wird er seine Lebendigkeit unter Beweis stellen.
Manchmal spielt auch die Mode hinein, bleibt doch der Selbstmord, selbst

auf dem tiefsten Grund der Einsamkeit, noch Nachahmungseffekten zugänglich. Ein Wald, Vulkan oder Ufer kann einige Monate oder Jahre lang zu einem beliebten Ort werden, an dem der Tod weniger schwierig erscheint, fühlt man sich doch auf dem dunklen, jedoch bereits erschlossenen Pfad von wohlwollenden Seelen umgeben. 1903 ritzte ein achtzehnjähriger Oberschüler im Wald von Nikkō seine letzte Botschaft in das abgeschälte Holz eines Baumes: »[…] Das wahre Gesicht alles Seienden läßt sich mit einem einzigen Wort gänzlich zusammenfassen: ›unbegreiflich‹. Ich habe mich mit diesem Gedanken gequält und mich schließlich zum Tode entschlossen. […]« Dann stürzte er sich in den Kegon-Wasserfall – andere sollten ihm folgen. In dieser Auseinandersetzung, in der sich das Denken gegen das Schweigen der Welt auflehnt, läßt sich unter der Auflehnung eine düstere Begeisterung erahnen und das Hochgefühl, in das Hölderlin seinen Empedokles beim Abschied von der Welt versetzt:

> O Iris Bogen über stürzenden
> Gewässern, wenn die Wog' in Silberwolken
> auffliegt, wie du bist, so ist meine Freude.[124]

Wird man jemals aus dem Tod, wie Zarathustra es wollte, ein Fest machen? Wildes Fest der Einsamkeit: Man stelle sich den Wald, die Sonne, das Tosen der Wassermassen vor – und das Schlagen jenes jugendlichen Herzens, ängstlich verkrampft, doch berauscht vom Schwindel seiner Freiheit und von jenem Gefühl, das mit dem Alter erlischt: der Neugier auf den Tod, dem Wunsch, ihm das Rätsel zu entreißen und endlich zu wissen, was er verbirgt. Es ist wohl diese Neugier, die vor einigen Jahren einen sehr jungen Dichter, den zwölfjährigen Oka Masafumi, dazu trieb, sich am Abend des 17. Juli 1975 vom Dach eines Hochhauses zu stürzen. »Es ist möglich«, sagt eines seiner Gedichte, »daß ich sterben werde. Doch ich kann nicht sterben.« Vielleicht ist es das, was er ein für allemal beweisen wollte.[125] Die Reinsten, die unaufhörlich mit dem Durst zu begreifen leben, mit dem Erstaunen darüber, »da zu sein«, sind gleichsam davon überzeugt, daß sie durch den Tod nichts zu verlieren haben. Man muß sich am anderen Ende des Lebens schon sehr verbraucht und leidend fühlen, um erneut zur selben Freiheit zu gelangen und sich für den »vernünftigen Ausgang« zu entschließen, wohlwissend daß man dadurch nur die eigenen Schmerzen verlieren wird.

Eine soziale Geißel

Eben in jenem Jahr 1903 erreichte die japanische Selbstmordrate ihr höchstes Niveau: Auf 100 000 Einwohner kamen mehr als zwanzig Selbstmörder. Die Statistiken wurden seit 1882 zusammengestellt und veröffentlicht – ein regelmäßiger Anstieg der Kurve zeichnete sich ab: 14,4 im Jahre 1884, 17,2 1895 und 1903 schließlich 20,6. Man konnte nicht wissen, daß diese Ziffer die obere Grenze darstellte und die Werte bald abnehmen sollten, um sich bei ca. 15 einzupendeln. Das Jahr 1939 weist dieselbe Selbstmordrate wie 1884 auf – nichts allzu Beunruhigendes also. Zu Beginn des Jahrhunderts aber hatten all die Kassandren, die sich darauf verwendeten, das unheilvolle Schicksal der Moderne vorauszusagen, genug Material, um ihre Beunruhigung zu stützen, erschien die seit zwei Jahrzehnten beobachtete Selbstmordwelle doch unerbittlich. Läßt sich ein zuverlässigeres Kriterium zur Beurteilung einer Zivilisation finden? Durkheim hatte 1896 diesem Indiz einen wissenschaftlichen Wert verliehen und den Begriff der Anomie geprägt, um das moderne Fieber zu charakterisieren, das die soziale Gesundheit unterminiert. Das Selbstopfer, das er als altruistischen Selbstmord bezeichnet, geht immer mehr zurück, doch der zügellose Individualismus und die Anarchie der Wünsche bringen weit schwerer wiegende Risiken mit sich: Das Subjekt löst sich aus seiner Familie und den verschiedenen weltlichen und religiösen Gruppen, die es zwar einengen mochten, doch auch beschützten; seine Freiheit, d. h. seine Einsamkeit, treibt es in eine Verzweiflung, die häufig im Selbstmord endet. Der Nihilismus ist vollendet, wenn für jeden einzelnen nichts mehr existiert außer ihm selbst: ein Solipsismus, dessen Sühne sich in den Statistiken ausdrückt. Von Tagesmeldungen der Presse genährt, mit dem Ernst der entstehenden Suizidologie untermauert, entstand und festigte sich im Laufe des ersten Jahrzehnts unseres Jahrhunderts ein Bewußtsein vom nihilistischen Tod: Es bewegt vor allem die Kreise von Studenten, Professoren und Schriftstellern, die sich mehr als alle anderen betroffen fühlen von dieser merkwürdigen Bedrohung, deren Opfer freiwillig sind, von dieser Krankheit, die von allen anderen zu heilen vermag. Auf der Bruchlinie zwischen Vergangenheit und Zukunft, Nähe und Ferne, Vertrautem und Fremdem, läuft der Intellektuelle unsichtbare Gefahren. Trotz einer ruhigen Oberfläche ist sein Leben größten Gefahren ausgesetzt; die Statistiken zeigen, daß der Selbstmord diese Bevölkerungsgruppe zehnmal so häufig trifft. Der größte Romancier dieser Epoche, Natsume Sōseki, hat der Unruhe seine Stimme geliehen: In seinem 1905 erschienenen Werk »Ich bin ein Kater« (»Wagahai wa neko de aru«) findet er Gefallen daran, eine zusammenhanglose Diskussion wiederzugeben, wie sie sich für einen ironischen Katzengenossen angehört haben mag. »Einst«, sagt einer der Gesprächspartner, »lehrte man die Menschen, das eigene Ich zu vergessen, heutzutage aber triumphiert der Individualismus – und der Seelenfrieden ist dahin.« Man muß sterben, doch wie? Unsere Zeit stellt sich bei jedem von uns diese immer dringlichere Frage.

»Die meisten Menschen sind nicht sehr intelligent und lassen den Dingen ihren natürlichen Lauf. Am Ende werden sie von den Widrigkeiten der

Welt getötet. Doch Menschen mit Charakter werden sich nicht damit zufriedengeben, auf kleiner Flamme nach und nach, unter den Boshaftigkeiten der Welt leidend, dahinzusterben. Sie denken über mögliche Todesarten nach und kommen nach langer Überlegung auf eine ganz neue Idee. Deshalb kann ich also versichern, daß in Zukunft die Selbstmordrate ansteigen wird und diejenigen, die Selbstmord begehen, diese Welt auf eine Art verlassen werden, die ihren persönlichen Stempel tragen wird.«

»Das Leben wird fürchterlich werden.«

»Ja, zweifellos. In Arthur Jones' Stücken tritt oft ein Philosoph auf, der den Selbstmord befürwortet.«

»Und bringt er sich um?«

»Nein, leider nicht. In tausend Jahren aber wird die ganze Welt Selbstmord begehen und in zehntausend wird man ihn als die einzige Todesart betrachten.«

»Das ist doch schrecklich.«

»Aber so wird es kommen. Dann wird man beginnen, den Selbstmord ernsthaft zu untersuchen und die Suizidologie wird als eine vollwertige Wissenschaft anerkannt werden, die man in Mittelschulen wie der »Unter den Wolken« statt Morallehre unterrichten wird.«[126]

Eine sarkastische Prophezeiung, zwischen ein paar Schälchen Sake dahergesagt. Dennoch spürt man die echte Angst vor dem Nihilismus, die aus ihr spricht. Welches Heilmittel ließe sich verschreiben? In demselben Jahr, in dem Sōsekis Roman erscheint, vergißt Japan im Krieg gegen das Zarenreich seine Uneinigkeiten in der Opfergabe: Eine Gesellschaft, hatte Hegel seinerzeit unterstrichen, schöpft im Krieg neue Kraft – und Durkheim hatte gerade gezeigt, daß die Selbstmordrate unter solchen Umständen tatsächlich abnimmt. Doch wenn dies das Heilmittel sein sollte, ist es nicht schlimmer als die Krankheit? Sōseki hofft auf eine andere Lösung: Er denkt an die Moral der Selbstverleugnung, die in Japan glücklicherweise noch lebendig ist. Vielleicht ist es noch nicht zu spät, um von den traditionellen Disziplinen Schutz vor den Gefahren des übersteigerten Individualismus zu erbitten?

»Deshalb glaube ich, daß die abendländische Gesellschaft zwar recht gut erscheinen mag, in Wirklichkeit aber zum Scheitern verurteilt ist. Dagegen hat sich das Morgenland stets in der Disziplin des Geistes geübt, und das ist richtig. Sehen Sie doch: Die ganze Welt wird infolge der Entwicklung der Persönlichkeit neurasthenisch.«

Sollte ein freier Geist wie Sōseki dem offiziellen Mißtrauen Recht geben, das seit Beginn der Meiji-Zeit Erzieher und Intellektuelle vor den abendländischen Einflüssen warnt? Nein, die Zensur kann man nicht um Hilfe im Kampf gegen den Nihilismus bitten, würde sie ihn doch vielmehr rechtfertigen. Wenn sie eine Zuflucht bieten soll, muß die Tradition von jedem einzelnen zurückerobert, verteidigt, durch seinen persönlichen Einsatz veranschaulicht werden. Darauf wird sich z. B. General Nogi verwenden. Nachdem er bei der Hekatombe von Port Arthur die Führungsrolle innegehabt hatte, vertraut man ihm die Erziehung der Adelssöhne an, wobei er auf recht skeptische Geister stoßen soll. Vielleicht muß man den Gründen zum Sterben, die er in seinem Testament anführt, noch einen weiteren hinzufügen: die Reden, die er hielt und die sich in jenen jungen Ohren leer und stereotyp anhörten, werden nun ihren wahren Widerhall finden können. Das Gewicht des unwiderlegbaren Aktes wird allem Gerede von der Dekadenz Schach bieten. Die Worte sind eitel und vergeblich, halten sich auf dem Terrain des Gegners auf. Nur das freie und schweigsame Selbstopfer kann den Kampf gegen den Nihilismus, gegen seine freiheitlichen Verführungen und seinen Hang zur Verzweiflung gewinnen.

Der Adel des Aktes

Der japanische Traditionalismus erhält den Gegensatz aufrecht, den das Christentum zwischen Selbstopfer und Selbstmord, zwischen Jesus und Judas errichten wollte. Der Freitod läßt sich nicht von seinen Absichten trennen: Er ist gut, wenn er ein Ziel, ein Ideal verfolgt und eine Gemeinschaft stiftet, indem er Werte bejaht – schlecht, wenn er lediglich die Schlußfolgerung aus Hoffnungslosigkeit, Einsamkeit und Verneinung darstellt. Der im 19. Jahrhundert am Rande der Wissenschaften vom Menschen entwickelte suizidologische Diskurs hatte die Aufhebung dieses Gegensatzes zur Folge. Wenn man nur das Verhalten betrachtet, lassen sich Selbstmorde und Selbstopfer miteinander verwechseln, und die Absichten, die sie sich geben – mehr oder weniger illusorisch, mitunter wahnhaft –, müssen wie die Symptome einer Pathologie entziffert werden. Darauf kann ein ethisches Anliegen antworten, daß die Analyse der Absicht als Symptom gerade zum Nihilismus gehört, den es zu bekämpfen gilt. Man muß also wählen: zwischen einem nihilistischen Gebrauch der Wissenschaften und der Bejahung der Werte, die höher stehen als das Leben. Gerade in dem Moment, in dem die Suizidologie ihre klinischen und statistischen Tabellen aufstellt, muß man die Möglichkeit einer Ethik des Freitods offenhalten, die ihm einen Sinn bewahrt und eine Wirksamkeit verspricht. Der Adel des Aktes selbst ist es, der entscheidet: Er erweckt die Geister, die fähig sind, ihn zu hören und sich mit ihm zu verbünden.

So verstand der Schriftsteller Mori Ōgai, der Übersetzer Goethes, Strindbergs und Ibsens, den Tod Nogis als einen Appell. Nunmehr schrieb er vornehmlich strenge Erzählungen, in denen die einstigen Sitten wieder zum Leben erweckt wurden. Der Schriftsteller ist wohl zunächst der Hellsichtigkeit geweiht: Er soll sich also, wie beispielsweise Ibsen, darauf verwenden, das Pharisäertum und die Tugendheuchelei zu entmystifizieren – doch unter der Bedingung, daß er im rechten Augenblick auch die Akte echten Adels anzuerkennen und würdig zu begehen weiß. Anderenfalls droht der Ibsenismus zur Routine zu werden, die zum moralischen Nihilismus führt. Das Tun und Handeln der Menschen kann seine Schönheit haben, die vielleicht nutzlos ist, zumindest aber hilft, die Grenzen des Utilitarismus aufzuzeigen und Werte zu bezeichnen, die höher stehen als das Glück eines jeden. Wenn die Moral lediglich darin besteht, sich durch die Rede zu beweisen, daß man pflichtgemäß handelt, hat der Skeptizismus recht. Doch die Pflicht, bis zum Tode zu agieren, die ein Teil der Sitten des alten Japan ist, verabschiedet die falsche, pseudo-kantianische Tugend, ohne auf die Moral zu verzichten. Eine Ethik des Freitods, wie Mori Ōgai sie in seinen Erzählungen nachzeichnet, erlaubt es, den Skeptizismus zu widerlegen. Wozu in einer Welt leben, in der jeder mogelt, in der jeder seine kleinlichen Interessen unter dem Vorwand des Moralismus verfolgt, wie ein Händler, dem sein Ruf als integrer Mann zu einträglichen Geschäften verhilft. Doch eine solche Mogelei kann nicht vor der Pflicht zu sterben bestehen. Die Scheidelinien, die sie zieht, sind unwiderlegbar, lassen sich nicht auf ihren Nutzen reduzieren. Mori Ōgai unternimmt es, die implizite Moral der verschwundenen Sitten wieder aufzugreifen, um ihr aktuelle Tragweite zu verleihen, zur selben Zeit als Gandhi, ausgehend von einer ganz anderen Tradition, gegen den Imperialismus die gewaltlose Waffe des Fastens bis zum Tode entwickelt. In Japan aber ist der Staat zu stark, sich seiner Zielsetzungen zu sicher: Er monopolisiert die Tradition und versteht es, sie gänzlich für seine Zwecke zu verwenden. Nichts wird vor 1945 das Band lösen können, durch das die Selbstverleugnung der Staatsmacht und dem Eroberungsgeist dienstbar gemacht wird. 1912 befaßt sich die Regierungszensur mit Nogis Geste, um das Ereignis zu einer Mythologie des blinden Gehorsams zu verharmlosen: Man löscht all ihren nutzlosen Adel, ihre leere und ruhige Schönheit aus, um daraus für die Massen das prachtvollste Beispiel des militaristischen Katechismus zu machen.

Die Verzweiflung eines Großbürgers

Es ist also nicht erstaunlich, daß Japans Freigeister dem Tod Nogis zumeist distanziert gegenüberstanden: zu sehr war er durch die offizielle Interpretation, die ihn vereinnahmt hatte, kompromittiert worden. Viele junge Intellektuelle, die sich von 1910 bis 1923 um die Zeitschrift *Shirakaba* gruppierten, kamen aus eben jener Adelsschule, die General Nogi geleitet hatte, doch sie kannten keine Nachsicht: Der Selbstmord van Goghs berührte sie unendlich mehr. Diesen Lesern Tolstois, Whitmans, Maeterlincks und Romain Rollands erschienen Nogis Prinzipien zu eng, zu starr, anachronistisch. Empfindsame Seelen, vom Humanismus und Ästhetizismus durchdrungen:

Die Drohung des Nihilismus beunruhigte sie nicht, und an der Dekadenz nahmen sie lediglich den glanzvollen Überfluß wahr. Würde diesen leidenschaftlichen Kulturliebhabern ihr ganzes Leben jemals genügen, um die Schätze, die die ganze Welt ihnen zur Verfügung stellte, zu erforschen? Die Fruchtbarkeit des menschlichen Geistes schien ihnen eine hinreichende Gewähr gegen den Ruf des Nichts. Gleichwohl offenbart der Selbstmord Arishima Takeos, eines der berühmtesten Mitglieder dieser Gruppe, die Zerbrechlichkeit der humanistischen Prinzipien: Vielleicht sind sie nur unerschütterlich, solange sie abstrakt und theoretisch bleiben – sobald man sie in der wirklichen Gesellschaft in die Tat umsetzen will, beginnen die Widersprüche, und man droht entmutigt zu werden. Doch ein Wissen, dem keine Tat folgt, ist kein Wissen, sagt Wang Yangming. Wie Faust stellt sich auch Arishima die Frage: »Im Anfang war das Wort – Das Wort? Nein, die Tat!« Doch was soll man tun?

Das intellektuelle Leben dieses Sohnes eines hohen Beamten beginnt mit seiner Bekehrung zum Christentum, wovon bei ihm der Widerspruch zwischen dem Begriff der zum höchsten Ideal erhobenen Liebe und dem Gefühl des der Sünde verfallenen Fleisches zurückbleibt. Während eines Studienaufenthaltes in den USA interessiert er sich für die revolutionären Doktrinen, liest Marx, begegnet Kropotkin. Von nun an ist sein Denken zwischen dem Wunsch, den schöpferischen Drang des Individuums freizusetzen, und dem Projekt einer sozialen Revolution gespalten. Einige Jahre später werden André Breton und seine Gesinnungsgenossen ebenso vergeblich versuchen, das unmittelbare Leben und die strengen Vermittlungen des politischen Engagements miteinander zu verbinden. Was Arishima von ihnen unterscheidet, ist sein unglückliches Bewußtsein: Er konzipiert eine Aktion, von der er sich ausgeschlossen fühlt, sieht die Notwendigkeit eines Kampfes, den er nicht zu einem guten Ende führen, ja nicht einmal beginnen kann. Reicher Grundbesitzer, bürgerlicher Intellektueller – was tun, um sich von dem zu befreien, was man ist, was man hat? 1922 verzichtet er auf seine Güter, verteilt sie unter seinen Pächtern, weiß jedoch, daß dieser Versuch eines Agrarkommunismus in einer kapitalistischen Gesellschaft zum Scheitern verurteilt sein muß. Das vereinzelte Individuum kann nichts erreichen, sich nicht einmal ein gutes Gewissen verschaffen. Arishima wird der Erbsünde, als Bürger geboren worden zu sein, nicht entkommen, wird nicht zu den Auserwählten zählen. Der Marxismus ist zur Doktrin seiner Entmutigung geworden. Einen Glauben zu haben und nur Verzweiflung daraus zu schöpfen: dies ist sein Paradoxon. Sein Pessimismus bedarf nur noch einer Gelegenheit, um zur Tat zu schreiten. Im Juli 1922 verliebt sich eine junge Frau in ihn, den Witwer, der mit 44 Jahren in dieser Beziehung die letzte Chance zur Liebe sieht, die ihm das Leben bieten wird. In seinen Werken hat er oft die ebenso zerstörerische wie schöpferische Kraft der Leidenschaft dargestellt und weiß daher sehr wohl, was er riskiert, wenn er sich ihr hingibt. Er will sich von der Frau trennen, doch das ist unmöglich: Sie droht mit Selbstmord. Das Einschreiten des betrogenen Ehemannes, der als Entschädigung Geld verlangt, unterstreicht die unerträgliche Trivialität des bürgerlichen Ehebruchs. Am 8. Juni 1923 verabreden sich die beiden Liebenden, um den Zug nach Karuizawa zu nehmen, einem einige Stunden von Tōkyō entfernten Bergkurort, wo Arishima eine Villa besitzt. Einen Monat später wird man dort die beiden halb verwesten Leichen Seite an Seite von der Zimmerdecke herabhängend finden.

In diesem reichlich kommentierten Ereignis wollten die Zeitungen ein Zeichen für den Verfall der modernen Sitten sehen, die die neue Ära Taishō charakterisieren sollte. Vor allem aber fällt die Entmutigung eines Intellektuellen auf, der im Bewußtsein seiner Einsamkeit angesichts einer mißtrauischen Partei, eines repressiven Staates und der gleichgültigen Massen unbeweglich an der Schwelle zur Tat verharrt. Einen Monat später sollte das große Erdbeben die Kantō-Region erschüttern. In blinder Wut erkor man Koreaner und Linke zu Sündenböcken: Zehn Anarchosyndikalisten wurden auf dem Hof eines Polizeireviers erschossen, und ein Offizier der Militärpolizei hielt es für angebracht, den Anarchisten Ōsugi, dessen Gefährtin und seinen jungen Neffen in ihrer Zelle zu erwürgen. Solche Details lassen den sozialen Druck ermessen, der auf den Intellektuellen lastete. Ein am 6. März 1925 verabschiedetes Gesetz über »gefährliche Gedanken« stellte eine neue Waffe bereit. Drei Jahre später wurden 1500 Personen auf einen Schlag verhaftet, weil sie angeblich die heiligen Prinzipien des »Staatskörpers« (kokutai) und des Privateigentums in Zweifel gezogen hatten.

Die Kunst, nichts ernst zu nehmen

Viele, die an einer ebenso gewaltsamen wie trägen Welt verzweifelten, suchten Trost im Ästhetizismus. Sie nahmen ihre Einsamkeit hin, entschlossen sich, darin ein Zeichen ihres Auserwähltseins zu sehen. Sie wandten sich ausschließlich dem Genuß jener Vorrechte zu, derer Arishima sich geschämt hatte. Genauso hatte sich einst der Hofadel der Heian-Zeit in seine verfeinerten Lebensformen zurückgezogen. Einige der größten Schriftsteller des modernen Japan wie Nagai Kafū, Tanizaki oder Kawabata wählten diese kontemplative Zurückgezogenheit und suchten Zuflucht in der Vergangenheit zum Schutz vor der Gegenwart. Diese Entscheidung war durchaus weise: Zu einer Zeit, da es die meisten als ihre Pflicht betrachteten, sich für den Pazifischen Krieg zu begeistern, beschäftigte sich Tanizaki lediglich damit, die sorglos ausschweifende »Geschichte vom Prinzen Genji« zu übertragen: Das Japan der alten Romane war wohl genausoviel wert wie das der Tageszeitungen. Welche Hilfe der Kult der Kunst sein kann, wird ersichtlich, wenn es darauf ankommt, dem Nihilismus zu entkommen: Die Schönheit pflegt, beruhigt, heilt. Wer an Sätzen feilt, verdient für sich selbst die Achtung, die jedem ehrbaren Handwerker gebührt. Fleißige Arbeit wird stets die sicherste Zuflucht sein: Blickt man von dort aus auf die menschliche Komödie, so verliert die Wirklichkeit an Gewicht, ist schließlich nur noch eine Illusion, die es zu beschreiben gilt – so gelingt es Flaubert, das Gefühl zu ertragen, alles sei nichts. Das Absurde schwächt sich zum Komischen ab. Man kann sich auch, wie Zola, in der Objektivität des Szientismus abkapseln: In der Form psychosoziologischer Dokumente festgehalten, hat das Leben nichts Beängstigendes mehr. Durch die Beschreibung der Qualen des jungen Werther war es schon Goethe gelungen, ein ähnliches Los zu vermeiden. Man kann auch Gide Glauben schenken, der sich nur deshalb nicht im Sumpf ertränkt hat, weil er »Paludes« schreibt. Vielleicht gibt es keine schönere Art, dem drohenden Selbstmord zu entgehen: Man macht sich keine Illusionen mehr, sondern weiß, Abstand zu wahren, lernt, sich von allem, sogar von der Verzweiflung zu lösen. Wer sich tötet, begeht den Fehler zu vergessen, daß die Welt ein Spiel ohne Ziel ist, ein unschuldiges Spiel, gleichgültig gegen Gut und Böse. Der stärkste Einwand, den man gegen ihn erheben kann, ist, daß es ihm an kühlem Kopf und Humor gefehlt habe. Das Leben ist nicht ernst genug, als daß man sich die Mühe geben sollte, es zu verfluchen: Das Lächeln des Buddha erinnert uns an diese Lehre, die der Zen-Buddhismus explizit zu machen gewußt hat.

Von allen japanischen Schriftstellern hatte keiner bessere Voraussetzungen als Akutagawa, Zuflucht in der Kunst zu finden. Er beschreibt sich als jungen Bücherwurm, der, auf der Leiter einer Bücherei sitzend, die Passanten von oben herab mustert: »Das ganze Leben ist nicht soviel wert wie ein einziger Vers von Baudelaire!« Seine Kurzgeschichten, deren Stoffe er gern (wie »Rashōmon«) den alten Chroniken entlehnt, zeichnen sich durch ihren eleganten und ironischen Stil aus, der zwischen Wilde und Swift angesiedelt ist. Gleichgültig gegen die traditionelle Ethik, verhöhnte er die Brutalität und den Sentimentalismus Nogis. Sein Geist war ganz modern, doch er konnte sich nicht mit dem ihm allzu naiv erscheinenden Optimismus des Shirakaba-Kreises begnügen. Sehr früh hatte er begriffen, daß die Schönheit die Komplizin des Bösen ist: Nichts Verführerisches kommt zustande, ohne daß ein Dämon daran mitarbeitet. Steckt die Kunst nicht mit der Grausamkeit unter einer Decke? Eine seiner Erzählungen[*] gibt ein ergreifendes Beispiel dafür. Um die Höllenqualen besser auf einem Faltschirm nachzeichnen zu können, bittet der Maler Yoshihide, daß man einen Menschen vor seinen Augen verbrenne – der fürstliche Auftraggeber gewährt ihm den Wunsch. Doch seine eigene Tochter ist es, die er gefesselt und geknebelt in einem Karren wiedererkennen muß, den man in Brand steckt! Starr vor Entsetzen, gelingt es ihm

---

[*] Es handelt sich um die Erzählung »Jigoku-hen« (»Das Bildnis der Hölle«). (Anm. d. Übs.)

gleichwohl, die Schönheit der Farben und die Pathetik des menschlichen Schmerzes zu betrachten. Dann vollendet er sein Meisterwerk. Doch noch in derselben Nacht wird er sich erhängen. Kann das Leben ein bloßes Schauspiel sein? Alles ist nur Illusion, außer dem unwiderlegbaren Schmerz. Die Kunst bringt kein Heil, nicht einmal Gesundheit – im Gegenteil: Sie muß für ihr Vorhandensein Sühne tun. Welcher Schriftsteller fühlt sich nicht berufen, das Leid, das er beschwört, zu teilen? Durch das Unglück findet er den Zugang zur Wahrheit – wenn es sein muß wie Oscar Wilde im Gefängis. Akutagawas zunächst sehr selbstsicherer Ästhetizismus wird zögerlich und nervös: Das Leben läßt sich nicht auf Distanz halten. Ab 1922 werden seine Erzählungen bewegter und inniger. Das Kunstwerk gleicht weniger einem Kristall als vielmehr einer Flamme, die lebendiger Nahrung bedarf. Und der Künstler wird seine Ehre darauf setzen, sich ihr freiwillig aufzuopfern. Die Ironie mag ihn an der Oberfläche schützen, doch im Innern ist er durch seine Empfindsamkeit schutzlos. Um so besser, wenn er, wie Goethe, in seiner Aufgabe ein Gleichgewicht finden kann – meistens aber gerät die Kunst für ihn durch die Forderung nach Echtheit zu einer nie enden wollenden, äußerst gefahrvollen Suche. Zola, der sich in »L'Œeuvre« von seinem Freund Cézanne inspirieren läßt, treibt die Qualen des vom Absoluten besessenen Malers bis zum Selbstmord durch Erhängen, und Mallarmé beschreibt in »Igitur« die Vernichtung des Selbstbewußtseins auf seinem Höhepunkt.

In den Vorstädten des Nichts

Zerbrechlich und nervös scheint sich Akutagawa von einem Jahr zum anderen am Spiel der Schrift zu verzehren. Seine »Jahreszeit in der Hölle« setzt sich fort. Er beneidet diejenigen, die wie Verlaine, Claudel, Strindberg und Max Jacob einen Ausweg in der religiösen Bekehrung hatten finden können. Er selbst fühlt sich dem Christentum zu fremd, und dennoch glaubt er sich zu verwestlicht, um anderswo zu suchen: Jesus widmet er seine letzten Seiten, doch dem Menschen Jesus, dem tragischen Intellektuellen, dem Sohn des Geistes, d. h. der Inspiration, dazu berufen, das Pharisäertum zu bekämpfen, intensiv zu leben, Abenteuer zu wagen, bis er besiegt und verzweifelt stirbt: »Eli, Eli, lema sabachthani!« In den letzten Monaten fühlt Akutagawa die Angst beständig wachsen. Er nimmt Schlafmittel und klagt darüber, nur noch eine Stunde am Tag bei wachem Verstand zu sein. Er glaubt sich am Ende seiner Schaffenskraft – dabei sollen seine letzten Monate auch seine fruchtbarsten werden –, und vor allem glaubt er sich, wie seine Mutter, vom Wahnsinn bedroht. Lieber sterben: »Seit zwei Jahren«, sagt er, »beschäftige ich mich beständig mit dem Selbstmord.« Welche andere Zuflucht könnte es geben, wenn selbst der traumgeplagte Schlaf die Ruhe verweigert? Keine impulsive Handlung, keine Spur von Verwirrung. Noch in der Verzweiflung behält er einen kühlen Kopf, verschließt die Augen nicht vor dem nahenden Abgrund. Der Akt ist lange vorweggenommen, bedacht und vorbedacht. Einst hatte er aus jugendlicher Neugier an sich selbst Erwürgungsversuche durchgeführt, bei denen er die Zeit stoppte – und festgestellt, daß man eine Minute und zwanzig Sekunden lang leidet, bevor sich das Bewußtsein trübt. Nun gilt es, sich für ein Verfahren zu entscheiden, doch die meisten erscheinen ihm abstoßend. Am besten überantwortet man sich den pharmazeutischen Produkten, denn dann bleibt der Körper unversehrt. Mit einer Spur Humor bedauert er, nicht wie die Reichen eine Villa in Karuizawa zu besitzen. Er wird seinen Entschluß und seine Vorbereitungsmaßnahmen vor seiner Umgebung zu verbergen haben, wird so tun müssen, als plane er nichts dergleichen. Unlängst hatte ihm eine Frau angeboten, ihn in den Tod zu begleiten, doch er lehnt ab, findet es einfacher, allein zu gehen. Er sagt niemandem etwas, schreibt aber – Schriftsteller bis zum Ende – mehr denn je, so als beflügelte der nahe Tod die Feder. Gleichen die schwarzen, stummen Zeichen, die dazu bestimmt sind, die Hand zu überleben, die sie schrieb, nicht von vornherein einem Testament? In ihnen bezeugt und verflüchtigt sich das Leben. Man denkt an den letzten Tag jenes von Victor Hugo beschriebenen Verurteilten, der zu schreiben nicht aufhört und noch schnell einige Zeilen verfaßt, bevor er die Stufen zur Guillotine hinaufsteigt. Jeder Schriftsteller fühlt sich diesem Verurteilten nahe, mag sein letzter Tag auch fünfzig Jahre währen: Er schreibt in zeitlicher Bedrängnis, am Fuße des Schafotts.

Akutagawa erinnert sich vielleicht daran, daß der von ihm so verehrte Voltaire diejenigen, die aus dem Leben scheiden wollen, dazu auffordert, ihre Gründe »mit einem Wort ihrer Philosophie« schriftlich zu hinterlassen, um so der Geschichte des menschlichen Geistes zu dienen. Seinem Metier treu, das darin besteht, zu begreifen, zu erklären, beginnt er für einen seiner alten Freunde Notizen zu verfassen. Er versucht, sich offen und ehrlich zu erklären. Klar bringt er das Gefühl der Notwendigkeit seines Todes zum Ausdruck: Er weiß, daß er nicht umhinkann, sich zu töten. Doch die Gründe für dieses Schicksal zerstreuen sich, entgleiten ihm, wenn er versucht, sie in Worte zu fassen. »Bei mir«, sagt er, »handelt es sich nur um eine vage Beunruhigung. Ja, nur um eine Beunruhigung im Hinblick auf meine Zukunft. Wahrscheinlich wirst du mir nicht glauben können.« Das also ist der Endpunkt all seiner Hellsichtigkeit. Der Tod scheint dem Zugriff mit Worten keinen Halt zu bieten, er ist das Unfaßliche, das die Schrift hervorbringt, sie jedoch auch das Gleichgewicht verlieren läßt: der gleiche Eindruck wie bei der Lektüre des »Récit secret« von Drieu la Rochelle stellt sich ein. Wie eitel ist doch der, der glaubt, ihn einem Sinn unterwerfen, ihn Gründen unterordnen, ihm ein anderes Ziel als das Nichts geben zu können. Der Nihilismus findet hierin seine Vollendung: Der Wille, der sich dem Nichts weiht, will nichts darüber hinaus.

Die Welt, in der ich gegenwärtig lebe, ist so durchsichtig wie Eis; es ist die Welt der krankhaften Nervosität. Gestern abend sprach ich mit einer Prostituierten über ihren Lohn (!) und spürte bis ins Mark, wie erbärmlich wir sind, arme Menschen, die wir »leben, um zu leben«. Wenn wir uns damit begnügen könnten, in den ewigen Schlaf zu fallen, fänden wir sicherlich, wenn nicht gar das Glück, so doch zumindest den Frieden. Aber ich weiß nicht, wann ich den Mut finden werde, mich zu töten. Nur ist in diesem Zustand, in dem ich bin, die Natur für mich schöner denn je. Sicher wirst du über meine Widersprüchlichkeit lachen, will ich mich doch töten, bei aller Liebe zur Natur. Aber wenn mir die Natur so schön erscheint, so deshalb, weil ich sie mit Augen sehe, die sich bald für immer schließen werden. Mehr als jeder andere habe ich gesehen, geliebt, begriffen. Das zumindest verschafft mir, in meinem aufgestauten Leiden, Genugtuung.[127]

In der schwülen Sommernacht des 24. Juli 1927 trägt eine tödliche Dosis Veronal diesen Mann von 35 Jahren schließlich von seiner Frau, seinen drei Söhnen, seinem großen Ruf, seinen zahlreichen Freunden, seinen Büchern, seinen Manuskripten, seinen Träumen, seinen Ängsten fort. Wie einst bei Nogi hatte man beim Tod Akutagawas das Gefühl, daß eine Epoche zu Ende geht, daß dieser Tod einen Einschnitt in der Geschichte des modernen Japan darstellt. Gerade wegen seiner Zweideutigkeit hallte dieses Ereignis noch lange nach. An oberflächlichen Interpretationen sollte es nicht fehlen, so als wollte man die gähnende Leere des Sinns mit vorgefaßten Floskeln zudekken. Akutagawa selbst hatte sich, nebenbei bemerkt, einige Monate zuvor das bittere Vergnügen geleistet, sich darüber lustig zu machen, indem er in »Kappa, Wasserkobold« (»Kappa«) den Selbstmord des Herrn Toc, Poet seines Standes, kommentierte: »Er war ein Egoist«, »er hatte Magenbeschwerden«, »er verfiel des öfteren in Melancholie«, »sein poetisches Genie war versiegt«, »er litt unter Einsamkeit«, »Herr Toc hatte keinen Glauben«.

Die bürgerliche Krankheit

Miyamoto Kenji, dem jungen, mit allen Begriffen des Marxismus–Leninismus gewappneten Intellektuellen sollte es zukommen, eine schlüssige Interpretation durchzusetzen, die ihre Stärke daraus bezog, daß die neue Orthodoxie in den intellektuellen Kreisen Japans bereits über eine solide Machtposition verfügte. Im Tod Akutagawas sah er die Abenddämmerung des bürgerlichen Bewußtseins. Eine von der Geschichte verurteilte Klasse, die bereits besiegt oder im Begriff ist, es zu werden, kann nur eine nihilistische, selbstzerstörerische Ideologie haben. Das vage Unbehagen, über das Akutagawa klagte, ist nur ein Symptom für den Defätismus des Bürgertums. Der Ästhet glaubt, sich mit der Behauptung, er sei gleichgültig gegen Gut und

Böse, unabhängig von den Interessen seiner Klasse zu machen, doch in Wirklichkeit ist er deren Opfer: Er verurteilt sich zur Unbeweglichkeit, zur Einsamkeit, zu allen Rückschlägen des schlechten Gewissens. Ästhetizismus und Immoralismus sind, wie der Nihilismus, Symptome der bürgerlichen Dekadenz. Der einzige Ausweg liegt in der politischen Aktion: Jene Kategorien »Gut« und »Böse« sind in der Geschichte der Gesellschaften verwurzelt; durch die Tat ist es möglich, ihnen einen neuen Inhalt zu geben; das Leben wird sich wieder einen Sinn geben als Schöpfung einer Zukunft. Miyamoto scheint das Ultimatum Barbey d'Aurevillys wieder aufzugreifen: »Die Mündung der Pistole oder die Partei der Revolution!« Heilige Brutalität, die die trägen Geister wieder erweckt. Jede Doktrin nimmt eine Selektion vor, wählt ihre Elite aus, gibt den einen Hoffnung, die sie den anderen, den allzu schwachen, allzu skeptischen, nimmt. Sollen sie doch sterben, wenn sie zu nichts anderem fähig sind, wenn selbst die Wahrheit sie nicht überzeugt. Was schwankt, muß man noch stoßen: unsere Ideologen haben sich dieses schöne Prinzip zu eigen gemacht. Nietzsche z. B. war fest davon überzeugt, daß die fortschreitende Verbreitung der Ideen vom Tode Gottes, vom Willen zur Macht, von der ewigen Wiederkehr eine großartige Wirkung, einen ansteckenden Nihilismus auslösen würde: Die Schwachen, die Schlechtweggekommenen, die von ihren tröstenden Illusionen Enttäuschten würden sich aus Ekel vor sich selbst ins Nichts stürzen – und die bürgerliche Welt der Knechte ohne Herren, die die unsere ist, würde sich durch diese Befreiung von Ballast in eine neue Welt der Herren ohne Knechte verwandeln. Dann wäre die Schwäche ausgelöscht, die Verzweiflung ausgezehrt, und als einzige Form des Freitods bliebe das freie Fest zum Abschied vom Leben.[128]

Der Selbstmord hat sowohl der Linken als auch der Rechten stets Argumente geliefert, erheben doch Revolution und Tradition gleichermaßen Anspruch darauf, diese Plage zu besiegen. »Wohlan, guten Mutes, junge Freunde von zwanzig Jahren, studiert, propagiert die Idee, arbeitet redlich, und die Lust am Leben wird in euren Herzen wie eine schöne Frühlingsrose wachsen.« So predigt ein Artikel des *Libertaire*, den *La Révolution surréaliste* 1924 nicht ohne Ironie zitiert. Inspiriert durch den Fall Akutagawa nimmt Miyamoto das Projekt oder die Utopie einer Gesellschaft von Frühlingsrosen wieder auf, die, vom Nihilismus gesäubert, zwar noch bereit ist, die opferbereite Begeisterung aufzunehmen, sich jedoch schon der beschämenden Krankheit des Selbstmords entledigt hat. Ein schönes Projekt, das bald der Tod eines Sohnes der leninistischen Revolution Lügen strafen soll: Majakowski, der berühmteste und bis vor kurzem noch glühendste ihrer Dichter, tötet sich am 14. April 1930 im Alter von 37 Jahren.[129] Wird man je mit diesem angeblich bürgerlichen Geburtsfehler, mit der Einsamkeit und der Verzweiflung, diesen Lasten der Vergangenheit, fertig werden können? André Breton merkt aus diesem Anlaß an, daß das Dasein nicht bloß einhellig und kollektiv sei und der Geist sich von den Widersprüchen des sogenannten Privatlebens besiegen lassen könne: ein schüchterner Protest gegen die totalitäre Zielsetzung, die sich damals bemühte, das Individuelle und das Gesellschaftliche auf dem Feld des Staatlichen zu vereinen, aus dem der Selbstmord und alle anderen abweichenden Verhaltensweisen verbannt werden sollten. Viele japanische Intellektuelle lebten in ständiger Erwartung einer Revolution, die ihr Unbehagen beenden würde. Doch sie fühlten sich unfähig, sie zu beschleunigen. Dem zerbrechlichen Akutagawa, der von den Marxisten so schimpflich behandelt wurde, für die er, nebenbei bemerkt, Sympathien hegte, sollte gleichwohl eine Art Revanche zuteil werden: Für ihn bestand die Rolle des Schriftstellers in einer Welt, in der niemand die Wahrheit sagt, darin, das Gemurmel, die Gerüchte, das Geflüster wie ein Lautsprecher einzufangen und zu verstärken. Und siehe da: Abseits der von allen Akademien gekrönten Epen, abseits der vor lauter positiven, gesunden, robusten, brüderlichen Helden überquellenden, endlos langen Romane ereignet es sich eines Tages, daß ein Solschenizyn beginnt, in einem Totenhaus zu kritzeln. Die Literatur ist unverbesserlich.

Eine glühende Seele

In dem von den politischen Kämpfen zerrütteten Japan der dreißiger Jahre suchten die Intellektuellen vor allem durch persönliches Engagement dem unbestimmten Unbehagen zu entgehen, das Akutagawa zugrunde gerichtet hatte. Die marxistische Doktrin befriedigte jenes Bedürfnis nach Aktion, worin der Geist sein Heil suchen kann. Durch die Revolte und die Revolution, die Verweigerung und die Hoffnung, dem Leben einen Sinn geben, aus sich und aus dem Nichts heraustreten. Der Marxismus mag das Opium der Intellektuellen sein, auf jeden Fall ist er ihr Herzbalsam: Er stachelt sie an, rechtfertigt sie, organisiert sie, spannt sie in die Geschichte ein, erweckt sie zu den Wirklichkeiten des Elends und des Kampfes. Kurz: Er erweckt sie wieder zum Leben. Er stillt ihre Einsamkeit, beruhigt ihre Entfremdung: Die Massen folgen uns nicht, doch eines Tages werden sie begreifen, daß wir recht hatten. Die japanischen Massen folgten in der Tat nur sehr spärlich: Bedroht und verführt wurde der Staat vom Terrorismus, vom Abenteurertum des Militärs, nicht von den Flugblättern der Parteiaktivisten. Der Marxismus blieb vor allem das Spezialgebiet der Professoren und Studenten, begierig darauf, im Untergrund zu agieren, verliebt in Doktrinstreitigkeiten und gegenseitige Exkommunizierungen. Manche brachten, wie Kawakami Hajime, einen sehr reinen Willen mit: In seiner Jugend hatte er unter dem Einfluß Tolstois, der Evangelien und des Reinen Landes einen kompromißlosen Altruismus praktiziert. Sein Wahlspruch lautete: »Nichts tun, was den anderen nicht nützen würde.« So erlegte er sich strenge Entbehrungen auf, um sich ganz der leidenden Menschheit zu widmen. Er hatte seine Frau, seine

Kinder, sein Hab und Gut verlassen, um mit den Armen zu leben. Er entschloß sich sogar, seine Zeit nicht mehr mit Schlaf zu vergeuden. Zwar wußte er, daß dies mittelfristig den Tod bedeuten würde, doch er brannte darauf, sein Leben hinzugeben. Nicht aber darauf, sich zu töten: um Hand an sich zu legen, muß man sich das Recht darauf zuerkennen; doch dieses Leben gehörte ihm nicht, er hatte es von der universellen Liebe empfangen, also würde er es zurückgeben und nicht nehmen. Dann wandte er sich dem Zen-Buddhismus zu, der seine Ansichten mäßigte – er lebte. Als Professor der politischen Ökonomie wurde er Marxist und trat in die Kommunistische Partei ein. 1928 vertrieb man ihn von der Kyōto-Universität, an der er lehrte. Er sehnte sich nach dem Märtyrertum, hätte hundertmal sein Leben geopfert, um den Krieg zu bannen, den er heraufziehen sah. Man ließ ihn zum Märtyrer werden und gewährte ihm Zeit genug, die Nutzlosigkeit seines Märtyrertums zu erkennen: 1933 wurde er ins Gefängnis geworfen, dreizehn Jahre später starb er an den Folgen der schlechten Behandlung, nachdem er die verheerende Lage nach dem verlorenen Krieg hatte mitansehen müssen – vereinsamt, gebrochen, ohnmächtig.[130]

Doch ebenso wie großmütigste Opferbereitschaft kann der Marxismus mitunter, wie man nur allzu gut weiß, einen denkbar hochfahrenden Zynismus an den Tag legen. In Marx selbst steckt etwas von Bismarck, um so mehr in seinen Epigonen. In letzter Instanz entscheiden die Kräfteverhältnisse über die Wahrheit, und indem man die Besiegten verleumdet, trägt man den endgültigen Sieg über sie davon. Hierin läßt der Nihilismus eines seiner Profile erblicken: Wenn es sich durchzusetzen weiß, wird das zum Rationalen erklärte Wirkliche stets recht haben. Genau wie der Idealismus kann der Realismus bis zur Verzweiflung niederdrücken: »Es gibt nichts Wirkliches«, sagt der eine, »das der Idee würdig wäre« – »Es gibt kein Ideal«, sagt der andere, »das keine Illusion des falschen Bewußtseins wäre.« Die Eroberung der Macht rechtfertigt alles, sei es eine Politik, bei der man nichts zu verlieren hat oder die der lohnenden Kompromisse. Ist die Macht einmal erobert, enthüllt sich das Nichts unter der Moral des Erfolges: Wollte der Machtwille denn nichts darüber hinaus? Diese Folgeerscheinung hatte ihren Anteil an den Selbstmorden Jessenins und Majakowskis. Dann ist es am leichtesten, dem Hang zum Opportunismus nachzugeben – viele japanische Marxisten sollten sich schließlich damit abfinden. Wenn das, was man stößt, nicht schwankt, muß man sich damit abfinden. Stark gegenüber den Schwachen, schwach gegenüber den Starken zu sein, das ist der Realismus der Kräfteverhältnisse. Manche verbündeten sich also mit dem sich verschärfenden Nationalismus ihrer Umgebung, nur daß sie ihn mit ihrem anfänglichen Sozialismus färbten. Unter dem Druck des Staates, seiner Gesetze und seiner Polizei vollzogen sich zahlreiche solcher Umkehrungen *(tenkō)*. Als schließlich der Krieg ausbrach, gaben die Oppositionellen angesichts der vollendeten Tatsachen den Kampf auf; die Mehrheit wußte sich nicht anders zu helfen, als sich mit der Sache des Kaiserreiches zu verbünden, das sich zudem mit seinen Hetzparolen gegen den weißen Kolonialismus antiimperialistisch gebärdete.[131] Gleichzeitig sanken – gemäß des Durkheimschen Gesetzes – die Selbstmordraten: 13,51 im Jahre 1940, 13,11 für 1941, 12,59 für 1942, 11,49 für 1943. Das Unbehagen Akutagawas war nicht mehr zeitgemäß, der Todestrieb konnte sich draußen zur Genüge ausleben. Angesichts der Hekatomben der Selbstopfer erlosch der Selbstmord, wurde anekdotisch, belanglos. Die Gefechte, die Bombenangriffe: So banal war der gewaltsame Tod geworden, daß man 1944 und 1945 sogar aufhörte, Statistiken zur Selbstmordrate zu führen. Die Katastrophe hatte die Verzweiflung versiegen lassen.

Die Verzweiflung setzte am Ende der Kämpfe zunehmend wieder ein. Japan war ein einziges Trümmerfeld. Trauer und Trümmer auch in den Herzen. Eine so schwere Niederlage bringt unweigerlich eine Ratlosigkeit mit sich, bei der zunächst der Ekel vor sich selbst vorherrscht. Japan schwor sich, für alle Zeiten zur Schweiz des fernen Ostens zu werden. Doch mußte man, um sich zu jenen Höhen zu erheben, sich nicht zuerst von seinem eigenen Gewicht entlasten? Damals stellte sich auch einer der bekanntesten Schriftsteller Japans und ehemaliges Mitglied der *Shirakaba*-Gruppe, Shiga Naoya, eine tiefe, maßvolle Persönlichkeit, die Frage nach den Ursachen der nationalen Katastrophe und kam zu dem Schluß, daß die Struktur des nationalen Geistes, d. h. die japanische Sprache selbst, dafür verantwortlich zu machen sei. Was also war zu tun? Die Antwort hieß: Seine Identität abtöten, sich transformieren! Eine vernünftige Sprache, wie etwa Französisch, wählen, sie Kinder und Erwachsene lehren, ihren Gebrauch verbindlich, ausschließlich, alltäglich machen – und so das Japanische, mit dem so furchtbare Erinnerungen verbunden sind, in einigen Monaten, in einigen Jahren zu einer toten Sprache werden lassen.[132] Schon anläßlich einer früheren Krise zur Zeit der Meiji-Restauration, hatten sich manche gefragt, ob es nicht besser wäre, Buddhismus und Shintōismus zu verbannen und das Christentum zur Staatsreligion zu erklären. Der Wunsch nach einer Verwandlung und die Scham vor der Vergangenheit erreichten in diesem Vorschlag Shiga Naoyas, in diesem übertriebenen Projekt einer Kulturrevolution ihren Gipfelpunkt. Kulturrevolution? Nein, das wäre untertrieben, vielmehr kultureller Selbstmord eines Volkes als Gegenstück zum nationalen Selbstmord (*»Ichioku gyokusai«* – »Hundert Millionen Japaner zu Edelsteinstaub zerfallen«), den die Fanatiker des Nationalismus noch einige Monate zuvor propagiert hatten.

Die blasse Stunde

Die finsterste nihilistische Nacht brach über Japan an. Die Überlebenden der Heldentaten beteiligten sich an den Schiebereien auf dem Schwarzmarkt, die Witwen zerbrachen sich den Kopf darüber, wie sie die Verschwundenen ersetzen könnten. An den Ecken der zerstörten Straßen spielten die Kriegsversehrten im weißen Krankenhauskimono für ein paar Groschen Ziehharmonika. Doch gleichzeitig dämmerte über diesem Land auch die Frische des neuen Tages: Eine Zukunft wurde geboren. Die Umwertung aller Werte, die Nietzsche angekündigt hatte, war es, die die Japaner in der Dringlichkeit

309

dieser blassen Stunde vollbringen sollten: Alles, was noch am Vorabend als groß, schön, edel und heilig gegolten hatte, wurde plötzlich herabgesetzt, verschrien, um die Glaubwürdigkeit gebracht. Pazifismus, Gleichheit, Demokratie, Freiheit, Toleranz: Diesen neuen Werten kam es zu, die Geister aufzuklären, die Sitten und Gebräuche einer neu aufzubauenden Gesellschaft zu formen. Scheinbar vom Sieger diktierte Werte, die jedoch nicht hätten überleben können, wären sie nicht lange Zeit im Japan von einst gelebt worden: Welche Gesellschaft hätte friedlicher sein können als die der Heian-Zeit, welche Reformen egalitärer als die der Taika-Ära, welche Demokratie konkreter als die der Dorfgemeinschaften, welche Toleranz großmütiger als die des Buddhismus?

Japan wird also mit dem lautesten Teil seiner Vergangenheit brechen und seine militärische Freiheit begrenzen. In Artikel 9 der Verfassung von 1947 verzichtet es auf jeden Einsatz der Waffengewalt in internationalen Beziehungen, auf jenes wesentliche Attribut der Souveränität eines Staats, dessen sich kein Staat je prinzipiell berauben ließ.[133] Eine Nation kann überleben und sogar ohne Waffen kämpfen, wenn sie fähig ist, einig zu bleiben, ihre Spaltungen zu überwinden. Wird die Furcht, jene alte Anstifterin des kriegerischen Mutes, doch wieder den Weg des Militarismus einschlagen? Oder wird es diesem neuen Japan nicht vielmehr gelingen, die Prinzipien Gandhis auf die internationalen Beziehungen zu übertragen und sich eine Politik der Wahrheit und der Gewaltlosigkeit zu eigen zu machen, die seiner großen buddhistischen Tradition würdig wäre? Fortschritt der Wahrheit: Am 1. Januar 1946 verneinte der Kaiser selbst in einer Rundfunkansprache seine angebliche Göttlichkeit und erklärte die seiner Funktion zugeschriebene absolute Souveränität für ungültig – er leugnete den alten, einst harmlosen Mythos, den die militaristischen Faktionen so gut für ihre Zwecke zu manipulieren wußten, um sich den Staat zu unterwerfen. Der Tod Gottes: Jene Leere, die sich seit Nietzsche und Dostojewski, seit Feuerbach und Hegel, ja schon seit Diderot und Spinoza im abendländischen Bewußtsein auftut, hat sich viel Zeit gelassen, um in zwei oder drei Jahrhunderten ihre fortschreitenden, indirekten, unmerklichen Wirkungen zu zeitigen. Das japanische Bewußtsein sollte nun in einem Zeitraum von einigen Wochen eine ähnliche Krise erleiden. Gewiß war der *tennō* niemals ein metaphysisches Wesen, dem eine Allmacht zugeschrieben wurde, auch kein Allwissen oder irgendeine andere Welt, genausowenig die persönliche Ewigkeit. Gleichwohl war seine Transzendenz nicht zu leugnen, und seit der Meiji-Zeit verkörperte er einen symbolischen Brennpunkt, in dem alle Unternehmungen der Nation zusammenliefen. Als dem höchsten, in jede Psyche eingeschriebenen Signifikanten konnte ihm jeder Akt, von der banalsten Anstrengung bis zum kostspieligsten Opfer, in Gedanken gewidmet werden, so als ob das Kaiserreich unter seiner stummen Anwesenheit ein übergroßer Altar gewesen wäre, vor dem sich der ununterbrochene Gottesdienst der guten Absichten abspielen sollte. An die Stelle jener harmonischen Einheit trat nun ein Mensch wie jeder andere, der jeden einzelnen Willen seiner Einsamkeit, seiner Zerstreuung überließ.

Das Erwachen zum Leben

In jenen Jahren nach der Niederlage ließ die Aufopferung, die sich eben durch ihre Exzesse um ihre Glaubwürdigkeit gebracht hatte, den Selbstmord seine alte Position wiedererlangen – zunächst waren die Zahlen noch gemäßigt: 15,6 im Jahr 1947, 15,9 1948. Denn Elend schützt, wie Durkheim sagt: Schwierigkeiten regen an, große Unglücksfälle wecken einen dumpfen Widerstand. Doch wenn das Leben wieder leichter und damit auch fader wird, denkt man daran, sich zu töten. Das am meisten geteilte Gefühl im Japan jener Jahre, war die Verblüffung darüber, überlebt zu haben: ein unerklärliches Wunder. Der Schriftsteller Sakaguchi Ango drückte diese Wahrheit des Augenblicks wie eine Hoffnung aus: »Zu leben, das ist das einzige Wunder!« Der Mensch hat das Bedürfnis, sich ein Ideal zu schaffen, doch er kann es nur um den Preis des Todes aufrechterhalten – sollte er leben, so würde sich seine Illusion Lügen strafen und wie die Schönheit welken. Das Ideal kann die Imagination nur solange heimsuchen, wie es der Wahrheit, der Natur und dem Leben Gewalt antut. Die 47 treuen Diener z. B. verdankten die Vollkommenheit, die man ihnen zuschreibt, dem *seppuku*, der sie der Zeit entzog, in der alles verkommt: Indem man sie aufforderte, sich zu töten, ersparte man ihnen zu vergessen, wer sie waren. Nur die Toten sind auf der Höhe des Traumes, in dessen Namen sie haben sterben wollen; sie allein werden ihn nicht Lügen strafen. Sie setzen die Faszination, deren Opfer sie gewesen sind, wieder in Gang: so dreht sich das Rad der Opfergabe. Der *bushidō*, das Kaiserreich, Großasien, die Weltgeschichte – allesamt Trugbilder, die von den Leben zehren, die sich ihnen opferten. Warum aber, wenn das Rad anhält, so unheilvollen Träumen nachtrauern? Der Mensch – von der Geschichte gelöst, in der er sich entfremdet, aus dem Ideal wiedererwacht, in dem er sich verkennt – wird nun vielleicht endlich anfangen, angesichts eines leeren Himmels geboren zu werden und sich zu erkennen.

Es ist ein großartiges Bild des Menschen, das uns das Ende des Krieges darbietet, dieses Schauspiel der sechzig- und siebzigjährigen Generäle, die sich, statt *seppuku* zu begehen, vor Gericht zerren lassen. Japan ist besiegt, der *bushidō* vernichtet, aber unsere Dekadenz ist der wahre Mutterschoß, aus dem der Mensch endlich geboren worden ist. Leben, verkommen: Kann es außer diesem normalen Prozeß eine bequeme Abkürzung geben, um den Menschen zu retten? Ich mag das *harakiri* nicht.[134]

311

Sich dem Leben hingeben, das sich gibt, es so hinnehmen, wie es ist: Verbrauch, Verkommenheit, Verstreuung, Vergessen – doch auch Geburt, Blüte, Werden. Sakaguchis Projekt, das er in der tiefsten Not eines Volkes formuliert, findet wieder zu den Intuitionen des *mahāyāna*-Buddhismus zurück: Begreifen, daß das jenseitige Ufer dasselbe ist wie das diesseitige, das eigene Heil in dieser Welt erlangen, so wie sie ist, sich hier und jetzt dadurch erretten, daß man sich in Wahrheit zu sehen und anzunehmen weiß, gefallen vielleicht, doch bereit zur Erlösung, d. h. zur Verwandlung, die das Gesetz jedes Lebens ist.

Not und Ratlosigkeit

Gewiß kann man sich bemühen, in allem, und gerade in der Niederlage, etwas Positives zu entdecken: Zum ersten Mal seit der Heian-Zeit fühlte sich Japan von seiner Kriegerkaste befreit. Doch selbst durch diesen Eindruck leicht gemildert war das Gefühl des Verfalls, des Chaos erdrückend: Das Leben setzte sich gleichsam tastend fort. In der Literatur gab eine Tendenz, die sich in aller Offenheit nihilistisch nannte, der Ratlosigkeit eine Form. »Philosophie? Lüge. Prinzipien? Lügen. Ideale? Lügen. Ordnung? Lüge. Ehrlichkeit, Wahrheit, Reinheit? Alles Lügen.« Der größte Schriftsteller jener Zeit, Dazai Osamu, macht reinen Tisch. In dem Zeitraum dieser zwei oder drei Jahre veröffentlicht er seine schönsten Erzählungen, »Villons Frau« *(»Viyon no tsuma«)*, »Die sinkende Sonne« *(»Shayō«)*, »Als Mensch disqualifiziert« *(»Ningen shikkaku«)*, bevor er am 13. Juli 1948 ins Wasser geht. Indem er sich zum Symptom seiner Zeit machte, sich der Strömung hingab, seine eigene Verzweiflung in Einklang mit dem allgemeinen Gefühl brachte, gelang es ihm, seinem Werk eine Tiefe, einen unnachahmlichen Widerklang zu verleihen. Niemals spiegelte sich die Finsternis des entmutigten Herzens, das Dämmerlicht der dargebrachten Zärtlichkeit besser wider als in seinem inneren Himmel, der Nacht gleich, die Chikamatsu einst heraufbeschworen hatte, zitternd und voller Mitleid, kurz vor der Morgendämmerung, der Nacht, in der die Liebenden sterben. Die Töne, die Dazai dem alten Lied hinzufügte, deuten die Dekadenz und den Verfall an, eine bis zur Mutlosigkeit verkommene Schwäche. Alles scheint sich in dieser schwebenden Welt aufzulösen; das Leben treibt wie ein Stück Holz im Wasser. Gleichwohl ist noch in der Schwäche, die sich erkennt, in der Entwertung, eine Vergebung versprochen. Verwundet durch das Übel sind Dazais Figuren jedoch nicht engherzig verschlossen auf dem tiefsten Grund des Unbehagens und des Unglücks, sondern sie teilen sich mit, lösen sich unter Tränen, befreien sich, löschen sich aus. Vielleicht ist es eine Art Hölle, und wenige Werke sind in der Tat rauher, bitterer – doch wo, wenn nicht in der Hölle, könnte einem die heilige Güte begegnen, die einem entgegenschreitet, sich darbietet, liebt,

312

rettet? Der Buddhismus des Reinen Landes, der den Sterbenden Amida, den Schiffbrüchigen Kannon, den Verdammten Jizō schickt und der allen Menschen, selbst den Gemeinsten, selbst den unendlich tief Gefallenen, das Heil verspricht, wenn sie sich nur erkennen, läßt hier, auf die moderne Welt übertragen, seine Stimme voller Hoffnung und Mitleid vernehmen.

Als er noch jung, mit 39 Jahren starb, war Dazai schon ein Profi auf dem Gebiet des Selbstmords. Bei seinem ersten Versuch war er zwanzig Jahre alt. Der noch nicht lange zurückliegende Tod des von ihm bewunderten Akutagawa, spielte dabei vielleicht eine Rolle. Am Vorabend einer Prüfung schluckte er Tabletten – und lag den ganzen Tag im Koma. Im darauffolgenden Jahr, 1930, begegnete ihm ein des Lebens überdrüssiges Barmädchen. Sie fuhren zum Strand nach Enoshima und nahmen gemeinsam Schlafmittel. Wiederum rettete man ihn, diesen Ungeschickten – seine Gefährtin starb. Die Faszination des Scheiterns ließ ihn nicht los; er verschwendete seine Begabung, unfähig, auch nur das Geringste aus seinem Leben zu machen. Doch ist nicht diese Unfähigkeit, Erfolg in der Welt zu haben, an die Berufung zum Schreiben geknüpft, wie Baudelaire, Verlaine, Proust, Kafka und so viele andere bezeugen? Wenn Dazai sich auszeichnet, so durch die Intensität, mit der er sein Leben vergeudet: Schulden, Frauen, Alkohol, bald auch Tuberkulose, die er dadurch pflegt, daß er noch mehr trinkt, und eine ganze Apotheke voller Drogen, mit denen er sich wie mit einer Litanei barbarischer Götter berauscht: »Morphium, Atromol, Narkopon, Philipon, Pantopon, Pabinal, Panopin, Atropin.«[135]

Negativer Dandyismus, Dandyismus der Schwäche und des Verfalls, dessen einziges Sakrament indes der Selbstmord bleibt. Hätte er auf die Frage zu antworten gehabt, die der ersten Nummer der Zeitschrift *La Révolution surréaliste* im Dezember 1924 eine tiefernste Note verlieh, »Ist der Selbstmord eine Lösung?«, so hätte seine Antwort keinen Zweifel gelassen. Kannte er bereits die Namen von Jacques Vaché, von Jacques Rigaut? Oder von René Crevel, der seiner Beschwörung der letzten Geste einen unterkühlten Humor beigab, der ihn entzückt hätte: »Ein Teeaufguß auf dem Gasherd; bei festgeschlossenem Fenster drehe ich den Hahn auf; ich vergesse anzuzünden.«[136] Eines der ersten Werke von Dazai aus dem Jahre 1936 beginnt in diesem Ton der Gelassenheit: »Ich dachte daran, mich zu töten. Doch zu Neujahr schenkte man mir Kimonostoff. Leinen mit feinen grauen Streifen. Für einen Sommerkimono. Ich sagte mir, daß ich bis zum Sommer leben werde.«[137]

Ein gründlich vertanes Leben

Zum großen Entsetzen seiner Familie – und aus Trotz – war er einige Monate lang Mitglied der Kommunistischen Partei: Pamphlete, Plakate, Palaver. Dann besann er sich eines Besseren und begab sich zum Polizeikommissariat seiner Geburtsstadt, um ein Geständnis abzulegen. Die einzige Folge dieser Episode war ein noch größerer Ekel vor sich selbst, vor seinen Anwandlungen, seinen Kehrtwendungen. Seine Versuche in proletarischer Literatur blieben unvollendet, doch der Marxismus hinterließ bei ihm das Gefühl, zu einer verdammten Klasse zu gehören. Auch der mitunter wie sein Zwillingsbruder im Masochismus wirkende Pavese, der sich zwei Jahre nach ihm tötete, zog aus dem antifaschistischen Widerstand und dem Kommunismus ein gesteigertes Schuldgefühl. Als Dazai seinen dritten Selbstmordversuch unternahm, war er 26 Jahre alt. Gerade hatte eine große Zeitung seine Bewerbung abgelehnt. Er begab sich zu den Hügeln von Kamakura und erhängte sich an einem Baum – der Strick riß. Zwei Jahr später, 1937, spielte er erneut mit dem Gedanken, sich zu töten, wiederum mit Hilfe einer Frau, einer ehemaligen *geisha*, die er in aller Heimlichkeit gegen den Willen seiner Familie geheiratet hatte, um sich bald wieder von ihr scheiden zu lassen. Er liebte sie genug, um mit ihr zu sterben, nicht aber, um mit ihr zu leben. Dann sollte ihn das verhängnisvolle, überdimensionale Schauspiel des Krieges einige Jahre lang beschäftigen und ihm gewissermaßen helfen zu überleben. Zudem war er inzwischen, von Scheitern zu Scheitern, erfolgreich geworden – der Ruhm war ihm sicher. Er hätte sich leben oder vielmehr mit Hilfe der Tuberkulose und des Alkohols sterben lassen können, hätte er nur noch ein wenig gewartet. Doch es drängte ihn, das Schicksal noch einmal zu zwingen, so als ob er die aus seiner Inspiration geborenen Erzählungen von Verzweiflung und Zärtlichkeit mit einer wirklichen Gebärde beglaubigen wollte. In ihm gipfelte die Tradition der *shishōsetsu*, des offenherzigen, direkten, intimen, mitunter anstößigen Zeugnisses. Werk und Dasein wurden eins, und für ihn war es eines Schriftstellers unwürdig, vorsichtig Abstand von seinem Imaginären zu halten. Mehr als Alkohol und Tuberkulose verzehrte ihn das Schreiben selbst, jene dunkle Berufung, das Leben herauszufordern, seine Grenzregionen zu erkunden, ihm seine Geheimnisse und Rätsel zu entreißen – und sie zu verraten. Ein Schriftsteller schreibt nicht nur seine Bücher, sondern auch seine Briefe, sein Tagebuch: Nach und nach gehört seine Biographie zur Schrift, bietet sich den Blicken dar. Das Leben enthält gewiß das Werk, doch es scheint einen Teil desselben auszumachen und es zu ergänzen. Rimbauds Harrar ist nicht weniger verwirrend, auch nicht weniger Schrift als »Eine Jahreszeit in der Hölle«.

Dazai hätte jedenfalls sein eigenes Ende aufschreiben und aus seinem letzten Tag die letzte seiner Novellen machen können. Eine Kriegswitwe, Friseuse von Beruf, verliebte sich 1948 in ihn. Ging die Initiative von ihr aus? Riß ihn das Gefühl der Solidarität in der gemeinsamen Ratlosigkeit, das sich durch seine Erzählungen zieht, vielleicht hin, sich aufzuopfern – oder aber wollte er sich noch einmal mit einer nachgiebigen Gefährtin zum Sterben verhelfen? Nachdem beide getrunken hatten, irrten sie in der lauwarmen

Nacht auf den schlammigen Straßen am Stadtrand umher, bis sie zu dem erhöhten Ufer eines engen, bei der Regenzeit Hochwasser führenden Abwasserkanals gelangten. Dort fand man sie einige Tage später, ertrunken. Sein Bedürfnis, sich zu verspotten, wäre zweifellos dadurch befriedigt worden, daß man in dieser Episode einen Versuch erblickte, dem es nicht einmal gelang, so gut zu scheitern wie die vorausgegangenen.

Man schreibt, um geliebt zu werden: Dieser Mann, der sich kaum liebte, kann nun geliebt werden, weiß doch die Stimme, die aus seinem Werk spricht, sich so nah und unmittelbar vernehmbar zu machen. Er setzte seinen Geist ein, um den oft ängstlichen Konformismus des Bürgertums des modernen Japan zu verstören. Er wurde zum Zyniker aus Schüchternheit, aus Feingefühl. Er suchte nach Strafe, doch mit dem Blick auf die Vergebung, um darin jene nachgiebige Liebe, jene Abhängigkeit (*amae*) auszukosten, die das Herzstück des japanischen Ödipus bildet – und der mütterliche Tod versprach ihm den Frieden, das Vergessen. Seine Haltung war weniger auflehnend als vielmehr herausfordernd, es war eben jene herausfordernde Haltung, die Sartre Baudelaire sehr zu Unrecht vorwarf.[138] Zur Literatur, die, wie Kafka sagte, zugleich »Spaß und Verzweiflung« ist, paßt eine solche Unreife: Die großen Pläne können sie gleichgültig lassen; sie arrangiert sich mit dem Schweigen des Willens, weiß, daß die Laune verführerisch ist und das Scheitern dem Leben seine Tiefe gibt.[139] Einem jugendlichen Herzen, das die Trägheit und Gleichgültigkeit des Nächsten zu erkennen beginnt, ohne damit fertig werden zu können, wird Dazai stets Brüderlichkeit und zunächst Hilfe gegen die Moral des Erfolgs zukommen lassen. Leben und Werk sind beide von der herben Schönheit einer Trümmerlandschaft. Der Selbstmord fügt seine Anziehungskraft hinzu, und auch Dazai sollte, wie Werther, viele Nachahmer finden.

Ein Student wurde tot aufgefunden, den Kopf an einen der Bände seines Lieblingsautors gelehnt. Ein junger, etwas unordentlicher Schriftsteller, Tanaka Hidemitsu, auf den Dazai aufmerksam geworden war, den er ermutigt hatte, empfand bei der Nachricht seines Todes so tiefe Qualen, daß er sich entschloß, ihm sofort zu folgen: Er warf sich in denselben Abwasserkanal, doch man fischte ihn wieder heraus. Einige Monate lang bemühte er sich zu leben, zu genesen. Doch am 3. November 1949 zog es ihn zum Zenrinji, dem Tempel in der Tōkyōer Vorstadt Mitaka, wo sich Dazais Grab befindet. Er hatte viel getrunken, in seinen Taschen ein Fläschchen Schlafmittel und ein Rasiermesser. Es war Nacht geworden, als er auf dem Friedhof umhertaumelte und schließlich das Grab Dazais wiederfand – dort öffnete er sich die Pulsadern. Ein Kind, das vorbeikam, fand ihn röchelnd am Boden. »Töten Sie mich! Vergeben Sie mir!« waren seine letzten Worte an die Ärzte, die vergebens versuchten, ihn ins Leben zurückzuholen.

Ich denke, also werde ich nicht mehr sein

»Vergeben Sie mir«, hatte Dazai gesagt, »daß ich geboren worden bin.« Zahlreich waren damals die jungen Japaner, die den Tod um diese Vergebung baten. Ein paar Jahre zuvor hätte der Krieg über ihr Schicksal verfügt. Nun war der Frieden im Land wieder eingekehrt – nicht jedoch in ihren Herzen: Das Überleben, das ihr Los war, erschien ihnen allzu leicht zugefallen. Einer der explizitesten Fälle ist der eines Studenten der Tōkyō-Universität, Haraguchi Tōzō, der sich mit 20 Jahren am 26. Oktober 1946 in Zushi ins Meer stürzte. Er hinterließ einige Notizhefte, die ein glänzendes Zeugnis seiner Hellsichtigkeit und Kompromißlosigkeit ablegen. Das Schreiben erscheint ihm im übrigen verdächtig; er hat das Bedürfnis, sich zu diesem Punkt zu erklären, sich dafür – wie für eine Schwäche – zu entschuldigen. Paradoxerweise spricht er, um zu sagen, daß er besser daran täte, zu schweigen. Er hat bereits entschieden, daß man mit dem Schweigen des Nichts auf das des Seins antworten müsse. Fragen heißt bitten, heißt, sich erniedrigen. Sich ausdrücken, heißt Handel treiben, feilschen. Haraguchi gibt zu, daß er gern das Phantom eines jener Krieger von einst wäre, die Handelsgeschäfte und Erklärungen verachteten. Vom Krieg und von der Niederlage ist in seinen Schriften nirgends die Rede; er stellt die vollendete Tatsache nicht in Frage, wie Mishima dies tun wird. Vielmehr ist es, als überlebe in ihm das Ideal des *bushidō* die Katastrophe und komme, zum Äußersten sublimiert, das Denken zu disziplinieren. Der einzige Kampf, in dem er sich engagiert fühlt, ist geistig, doch »genauso brutal wie der Menschen Schlacht«. Es bedarf keines geringeren Maßes an Mut, Wagnis, Selbstverleugnung, um ihn auszufechten: Das Leben selbst ist es, das es zu besiegen gilt, die Furcht vor dem Nichts. Er macht sich keine Illusionen, erwartet kein Heil, überläßt den Ideologen verschiedener Schulen die lügnerische Kunst zu hoffen. Was gibt es zu begreifen? Er erkennt die Absurdität von allem und entschließt sich, darauf, wie es sich geziemt, mit dem Freitod zu antworten. Er wird es jenem Schüler gleichtun, der sich 1903 in den Kegon-Wasserfall stürzte. Durchdrungen von der Strenge des zwanzigjährigen Saint-Just geht er bis zur letzten Konsequenz seines Denkens. Es ist die ganze Problematik des modernen Nihilismus, die er mit einer klaren Gebärde durchtrennt, mit der Gelassenheit eines erfahrenen Kampfkünstlers. Er wird sich weigern, sich wie Sisyphos zum Komplizen des grausamen Spiels des Seins zu machen, weil er dessen Eitelkeit durchschaut hat. Neben ihm mutet Kirilov geschwätzig an, nervös, fiebrig. Rimbaud ist es vielmehr, dem er sich aufgrund der Ungeduld, der Wortkargheit, der Revolte verbunden fühlt. Nur, Rimbaud hat das Leben zwar verflucht, schließlich aber zugestimmt, es zu leben – in seiner schmutzigsten Form: der eines reichgewordenen Schiebers. Eine solche Inkonsequenz würde Haraguchi sich nicht vergeben. Wäre er weniger hellsichtig, würde er sich vielleicht darauf beschränken, zu leben und zu lieben: Er beschreibt sich als einen »unglücklichen Liebhaber des Lebens«. Es ist indes unmöglich, daß das Leben diejenigen nicht verrate, die es lieben, und es ist besser, darum zu wissen, um der Treulosigkeit zu entgehen. Es genügt nicht zu lieben, nicht einmal glücklich zu sein: Man muß handeln, wie man muß, und wollen, was man will.[140]

Wie für Dazai lautete auch für Haraguchi die Schlußfolgerung, sich zu ertränken. Doch was ihre Haltung betrifft, so könnte man sich keinen größeren Gegensatz vorstellen. Dazai macht sich zugunsten seines Werkes zum Komplizen seines Untergangs. Haraguchi lehnt beides ab. Einsamkeit, Reinheit, Schweigen: Er gestattet sich nur die wenigen Worte, in denen die Transparenz einer Entscheidung zum Ausdruck kommt; er verspottet die Verführungen der Schrift und die Umwege der Fiktion. Man spürt seine Spannung, seine Konzentration auf die äußerste Spitze seines Willens, die sich im Willen zu wollen unendlich widerspiegelt. Dazai hingegen sagt sich verwirrt und pathetisch von jedem Vorsatz los, gibt sich auf, hofft und löscht sich aus. In der Heian-Zeit führte der aus Indien kommende esoterische Buddhismus Mandalas ein – metaphysische Diagramme, die die universelle Ordnung unter ihren beiden Hauptaspekten jeweils als Matrix und als Diamant darstellen –, um Meditation und Devotion darin festzuhalten. Dieser Dualismus sollte später in den beiden Sekten des Reinen Landes und des Zen wieder aufleben. Im Laufe der Jahrhunderte bahnte sich die japanische Empfindsamkeit diese Wege und spontan schlugen sie auch die Vertreter der Moderne ein. Das nihilistische Bewußtsein bildet den Ausgangspunkt, der Freitod den Endpunkt, doch der Weg dorthin kann ein ganz anderer sein, so als führte er durch völlig verschiedene Welten.

Ein sehr begabter junger Mann

Die jungen Leute, die nicht dem Krieg zum Opfer gefallen waren, wurden vom Selbstmord bedroht, dessen Anziehungskraft in den fünfziger Jahren ihren Höhepunkt erreichte. Mishima war der berühmteste Vertreter dieser Generation, nicht jedoch einer, der es sehr eilig hatte, auf den Ruf der Toten zu antworten: Dieser alte junge Mann, der mit 45 Jahren an seinen Jugendträumen starb, war so weise gewesen, sich eine lange Galgenfrist einzuräumen. Ein Jahr älter als Haraguchi war er dessen Kommilitone auf der Tōkyō-Universität gewesen. Hat er in dem Moment, als er sich ein Vierteljahrhundert später tötete, jenes so diskreten Kameraden gedacht, der so viele Jahre vor ihm diesen Weg beschritten hatte? Auch er war nun dort angekommen, wo er nur noch auf den kompromißlosesten Akt vertraute. Seine Verachtung des schamlosen und geschwätzigen Lebens steigerte sich von Jahr zu Jahr, und schließlich vollzog er die Konsequenzen seines Denkens. 1946 jedoch ist der junge Mishima noch weit von den Schlußfolgerungen

Haraguchis entfernt. Er hat überlebt, folglich wird er leben, durchdrungen von einer Glut, die der Tod entfacht, dem er eben gerade entronnen ist. Sein bereits anerkanntes schriftstellerisches Talent scheint die Anziehungskraft des Lebens zu verdoppeln. Überschäumend vor Intelligenz und Energie wird Mishima im besiegten Japan alle Siege erfahren, die ein junger Mann nur begehren kann. Dieser Wille zum Erfolg, der sich auf eine sehr strenge Arbeitsdisziplin stützt, wird bald zu jedem erdenklichen Werbemittel greifen. Es gefällt ihm, die bleichen Intellektuellen Sartrescher Tendenz durch seinen zynischen Konformismus und die Zurschaustellung seines Erfolges herauszufordern, als er sich mit 34 Jahren ein weiträumiges »Anti-Zen-Wohnhaus« errichten läßt, überreich bis zum Kitsch mit schmiedeeisernen Treppen, Kronleuchtern und Kerzenhaltern, einer Apollo-Statue auf dem Rasen, und am Eingang Dienstmädchen in schwarzem Kleid und weißem Schürzchen.[141]

In dieser Haltung, in dem Exzeß selbst, den sie zum Ausdruck bringt, läßt sich ein System psychischer Abwehr erkennen. Das Erfolgsstreben äußert sich mit der Starrheit einer Reaktionsbildung: »Nein, ich werde kein Besiegter sein!« Dies scheint der Wunsch zu sein, an den sich Mishima klammert – entgegen der 1945 hingenommenen Niederlage, vor allem entgegen dem Defätismus, der bei den Intellektuellen von Akutagawa bis Dazai so verbreitet war. Aber die Gefahr würde keine so emphatische Antwort hervorrufen, hätte er nicht schon immer die Anziehungskraft des Nichts, die Zerstörungslust in sich verspürt. Heißt Schriftsteller werden nicht, sich der Nacht überantworten, die man in sich trägt, auch auf die Gefahr hin, sich zu verlieren? Der junge Mishima ist sich sicher, diese Anziehungskraft zum Positiven wenden zu können: Er wird sich zum Kliniker seiner selbst machen, seine Finsternis mit dem Skalpell sezieren. »Geständnis einer Maske« (»Kamen no kokuhaku«), dieses gewagte Werk minutiöser Beschreibung, macht ihn im Alter von 24 Jahren zu einem der namhaftesten Schriftsteller seiner Zeit. Die Vertraulichkeiten der autobiographischen Romane, shishōsetsu, die in den letzten fünfzig Jahren erschienen waren, wirken recht banal, verglichen mit den wildwuchernden Phantasmen, die dem Sadomasochismus dieses artigen Kindes entsprangen, das seine erste Befriedigung vor dem Bild des gemarterten, ohnmächtigen Körpers des heiligen Sebastian erlangte. Paradoxon der Literatur: Indem sie anerkennt, was jeder vor sich verbergen würde, verschafft sie sich bei jedem Anerkennung und verwandelt durch ihre Alchimie die Einsamkeit und Scham in die Herrlichkeit, sich bei allen Gehör zu verschaffen. Hat Mishima seine Nacht dadurch überspielt, daß er sie mit so viel Wagnis an den Tag legte? Er weiß, daß Aristoteles mit dem Wort Katharsis die Heilung von den Leidenschaften durch ihren Ausdruck bezeichnete. Wird die Beschreibung des Abgrunds genügen, damit sich sein Schwindel lege? Auf jeden Fall ist die Lebenslust in ihm gewachsen, nachdem er alles gesagt hat.

Die Sonne und die Nacht

»Ich verabscheue Leute, die Selbstmord begehen«—erklärte Mishima 1945 in einem Artikel über Akutagawa. Bei Kriegsmännern mag es wohl angehen, denn sie gehorchen ihrer Pflicht, bei einem Schriftsteller aber erscheint ihm der Selbstmord als ein unzulässiges Scheitern, als das öffentliche Eingeständnis beruflicher Inkompetenz. Mishima beansprucht für sich das Goethesche Ideal der Gesundheit durch die Kunst: Ein Schriftsteller kann einen Kranken und einen Arzt in sich vereinen, doch der Arzt muß die Oberhand behalten— in diesem Punkt läßt der Autor des »Geständnis einer Maske« keine Widerrede zu. Für Dazai empfindet er lediglich Abscheu, so behauptet er und vermeidet es sogar, dessen Namen zu erwähnen. Vor Akutagawa jedoch hat er Achtung; er schätzt die Vollkommenheit seiner Schreibweise, die hochentwickelte Erzähltechnik. Um so mehr bedauert er Akutagawas Ende: Dieser Selbstmord müsse ein Unfall gewesen sein, die Folge einer krankhaften Einwirkung von außen, die durch die Kunst hätte besiegt und sublimiert werden müssen. Deutlich spürt man, daß sich Mishima vor einem solchen Schicksal zu bewahren sucht. Über Goethe ersucht er nun bei den griechischen Quellen um Anweisungen zum Leben: Begeistert kehrte er kurz zuvor, 1952, von einer Reise dorthin zurück. In Griechenland entdeckt der anfangs so wehleidige und kränkliche Mishima Apollo—Gott der Kunst, Gott der Gesundheit, Gott der Sonne. »Wir werden«, hatte Nietzsche gesagt, »von Tag zu Tag *griechischer*, zuerst, wie billig, in Begriffen und Wertschätzungen, gleichsam als gräzisierende Gespenster: aber dereinst hoffentlich auch mit unserem *Leibe*!«[142] Mishima wird sich bemühen, Nietzsches Wunsch buchstäblich an seinem eigenen Körper in die Tat umzusetzen. Ab 1955 beginnt der dreißigjährige Mishima, regelmäßig Turnhallen und Sportstadien zu besuchen. Und da ihm alles gelingt, bildet sein disziplinierter Körper allmählich jene Muskeln aus, die die Standbildkunst Olympias und des Parthenons unsterblich machte. Und plötzlich schlüpft er aus seinem Kokon, befreit sich zugleich von der Magerkeit, Blässe, Furchtsamkeit, Schamhaftigkeit, Rachsüchtigkeit und Grausamkeit, die einem schwächlichen Kind zu eigen sind. Eine von Nietzsches Stichwort »Lebensbejahung« inspirierte Ideologie rechtfertigt diesen Willen zum Erfolg, zur Kraft, zur Gesundheit, zum Glück. Kein Lebenswille hat je selbstsicherer, glühender, unerschütterlicher sein können.

Doch selbst in seiner ersten Begeisterung kann man Mishima nicht für einen Vorläufer Jane Fondas halten. Sein konzentrierter, so durchkomponierter Lebenskult setzt sich wie eine willentliche, nächtlichen Trieben aufgesetzte Maske zusammen. Wenn er sich bemüht, die Unschuld des Fleisches zu zelebrieren, läßt eine gewisse Lauheit, eine gewisse Fadheit in »Die Brandung« (»*Shiosai*«, [1954]) erkennen, daß das Werk nicht aus seinem tiefsten Innern herrührt. Gewiß liebt er den Körper, den er sich aufbaut, und er findet darin einen Grund zum Leben, hatte er doch stets Mühe gehabt, etwas anderes als sich selbst zu lieben. Gleichwohl ist seinem Narzißmus die glückselige Einfachheit versagt, die von der kalifornischen Sonne all jenen Strandgottheiten gewährt wird, die ruhig auf ihre ersten Fältchen warten. Denn dieser eroberte Körper ist nicht nur der Körper seines Willens, sondern zunächst der Körper, den zu schlagen, zu zerreißen seine freudlosen Gelüste einst träumten und immer noch träumen. Er ist dahin gekommen, sich mit dem Objekt seines Phantasmas selbst zu identifizieren (man tötet einen jungen Mann), das sich auf sich selbst zurückzieht. In seinen Narzißmus mischt sich also eine tragische Komponente: Er hat sich die Schönheit erwerben können, doch hartnäckig wird sie von einem Zerstörungswunsch in ihm selbst verfolgt.

Mishima ist vor allem Schriftsteller – nicht durch die Einzigartigkeit seines Imaginären (nichts ist allgemeinmenschlicher als der Sadomasochismus, der sich unter verschiedenen Masken versteckt), sondern durch seine Vorliebe, sich ihm zu widmen, sich in ihm zu gefallen. All seine Werke nehmen dieses Thema mit Variationen wieder auf; sein ganzes Denken wiederholt diesen Widerhall. Die klassische Dichtung Japans mag ihn daran erinnern, daß die Blüte der Schönheit schnell verwelkt, und die Lektüre von de Sade daran, daß sie dem Opfer geweiht ist. Die europäische Romantik legt ihm nahe, daß es edler ist, gut zugrunde zu gehen. Die Beispiele von Keats, Rimbaud und vor allem von Radiguet zeigen ihm, daß sich das Genie rasch verausgabt und früh stirbt. Doch schließlich war es Nietzsche, der die griechische Zivilisation kommentierte und den Mishima nun um eine Idee des Tragischen ersucht, der er vollends anhängen kann. Unter der apollinischen Welt tobt Dionysos, der finstere und zerrissene Gott. Was sich erhebt, wird vom Blitz getroffen und läßt seine Größe an diesem heiligen Opfer erkennen: Der Glanz des Nichts krönt das höchste Leben. Die japanische Kultur, die kaum bereit ist, individuelle Überschreitungen zuzulassen, kannte das Schicksal, wußte mit ihm zu leiden, zelebrierte den Adel des Scheiterns, stimmte ihm indes in buddhistischen Termini zu, als einer Entlohnung, dazu geeignet, den unvermeidlichen Verzicht zu lehren. Sie neigte also dazu, das tragische Gefühl zur Elegie abzumildern. »Ödipus auf Kolonos« hätte sie vielleicht konzipieren können, nicht aber »Ödipus der Tyrann«. Die Faszination der Tragödie, die bei Mishima durch sein anfängliches Phantasma und durch die Katastrophe von 1945 angeregt wurde, konnte sich also nur durch abendländische Lektüre stärken. Diese importierten Konzepte wird er mit einem Überbau aus autochthonen Materialien vervollkommnen – und zum Schluß sein Leben selbst als Vollendung des Werkes darbieten. Sein Freitod ist der Schlußstein, der versucht, den tragischen Individualismus des Abendlandes mit der moralischen Selbstverleugnung aus der japanischen Tradition untrennbar zu vereinen.

Der Wille zur Tragödie

1956 befaßt sich »Der Tempelbrand« (»*Kinkakuji*«) noch damit, die Psychologie des nihilistischen Verbrechens auf den Spuren Dostojewskis zu erforschen. Elemente japanischer Tradition, wie die buddhistische Laufbahn, die zen-buddhistischen Rätsel, die Teezeremonie, schmücken den Roman aus, das Wesentliche aber entstammt den versteckten Winkeln der Seele, die von den russischen Romanen erforscht wurden: Der stotternde Mönch, der den goldglänzenden Tempel in Brand steckt, ist wie der Gymnasiast aus »Geständnis einer Maske« durch das Ressentiment zerrissen, das die unerreichbare Reinheit des Schönen in ihm hervorruft. Mishima hat Spaß daran, in einem drittklassigen Film die Rolle eines Gauners zu spielen, zuweilen läßt er sich wie Jean Genet, wie Pasolini von den Niederungen der Gesellschaft fesseln. De Sade fasziniert ihn. Gleichwohl wird er nicht im Verbrechen sein Schicksal finden, sondern in seiner Kehrseite, dem Selbstopfer. 1960 wechselt er vom Bösen zum Guten: Er beginnt eine lange Novelle, »Patriotismus« (»*Yūkoku*«), und sein ganzes Sein, vom Leuchtendsten bis zum Finstersten, kristallisiert sich in der Liebe jenes jungen Leutnants, der sich einen Tag nach dem Zwischenfall vom 26. Februar 1936 zusammen mit seiner Frau tötete, um seine Treuepflicht gegenüber seinen Kameraden mit seiner Loyalitätspflicht gegenüber der Armee zu versöhnen. Das Thema des *seppuku* wird eingeführt und beharrlich, zwanghaft bis in die kleinsten, grauenhaften Details beschrieben, dann auf der Leinwand gespielt und zur Genüge geprobt, bevor es in die Tat umgesetzt wird.[143]

Ist es möglich, das Ethische und das Tragische zu vereinen? Mishima läßt sich von der auf das *kabuki*-Theater übertragenen Opfertradition inspirieren: Das Schauspiel der strengen Pflichten erregt Gefühle von Schrecken, Mitleid und Bewunderung. Der Synthese, die er versucht, kann man ihre Größe nicht absprechen, dennoch spürt man, daß sie künstlich ist, zusammengestückelt. Er geht über die Gesundheit, den Erfolg und die Lebenskraft hinaus. Die Tragödie ist nunmehr der Gipfel, für den er sich bestimmt. Doch liegt hier nicht ein Widerspruch vor? Um authentisch zu sein, muß die Tragödie unvorhergesehen, willkürlich und launisch sein wie der Blitz. Ödipus konnte seinem vollendeten Schicksal zustimmen, nicht aber es wollen; das Undenkbare ist es, das auf ihn zukam, das Unmögliche, das zuschlug – das Absurde: empörend, aber unausweichlich.

Wenn nicht gar zur tragischen Katastrophe, gehört der Wille zur moralischen Großtat, und Mishima hat durchaus das Recht, sich eine Pflicht auszusuchen, um ihr zu dienen. Doch hat er auch das Recht, sich eine zusammenzubasteln, um sich ihrer zu bedienen? In seiner gewohnten Offenheit weist er in »Sonne und Stahl« (»*Taiyō to tetsu*«) auf den Moment der Verblendung hin, den er durchlebte, als er seine Zerstörungsphantasien in die Uniform der Pflicht kleidete und am hellen Tag paradieren ließ. Nach diesem Kostüm

321

mußte er nicht lange suchen: Die in der Asche des letzten Krieges erloschenen Parolen, die Lieder seiner Jugend, die er wiederentdeckt, all jene entwerteten Werte, alle jene außer Gebrauch geratenen, verbrauchten, verdächtigen Tugenden, all jenes Gute, das so viel Böses schuf. Er, der durch und durch abendländisch geprägte Kosmopolit, vollzieht mit 40 Jahren seine »vaterländische Umkehr«. Er beginnt, seine ethnische und kulturelle Differenz immer und immer wieder zu erwähnen, und scheint stolz auf eine für den Ausländer unfaßliche Japanität zu sein, so als ob die Hellsichtigkeit nicht manchmal gerade durch den Abstand gegeben wäre, von dem aus der fremde Blick die Dinge betrachtet, so als ob die unüberwindliche Conditio humana nicht schon seit jeher, von einer Kultur zur anderen, die tiefe Aufmerksamkeit möglich und notwendig machte und die Assimilation, für die gerade Japan ein so schönes Beispiel ist. Ohne daß er ein Chauvinist wäre, versucht seine Haltung, sich chauvinistisch zu geben. Er erteilt sich einen Auftrag: Die am 1. Januar 1946 vom Kaiser selbst verneinte kaiserliche Doktrin wiederherstellen und den so in Mißkredit geratenen *bushidō* verteidigen, dessen finstere und gewaltsame Aspekte er mit dem Dionysischen von Nietzsches Griechenland vergleicht. Das *»Hagakure«* wird zu seiner Bibel. Er braucht eine Sache, der er sich opfern kann, und er wird sich ihrer bedienen, indem er sich ihr weiht. Wo ist das Mittel und wo der Zweck? Auch die Extremisten der Vorkriegszeit haben oft die Hingabe an die kaiserliche Sache und den sektiererischen Willen zur Macht miteinander verwechselt. Die heftigsten politischen Texte von Mishima haben den Nachgeschmack eines Vorwands: Sie setzen die Maske zusammen, hinter der ein Todeswunsch seinem Ziel entgegenschreitet. Wenn man am Akt allein über das Wahre urteilen kann, wird es der *seppuku* übernehmen, die Reinheit der Absicht, die Aufrichtigkeit der Überzeugung ohne Widerrede zu beweisen. Doch dieser *seppuku* erscheint vielmehr wie der zunächst bewunderte, begehrte, phantasierte, vorbedachte Endzweck, dessen Umsetzung in die Tat die Rechtfertigungen, die sie vorbereiten, in einem verdächtigen Licht erscheinen läßt.

Ach! Wenn man dem Alter und dem Tod entgehen könnte. Aber das Alter kommt unweigerlich. Mishima weiß, daß er bald außer Atem geraten wird, und schon begleitet ihn eine Stimme auf den Sportplätzen, die flüstert: »Wie lange noch?« Es ist hart auszuharren, zudem unwürdig. »Stirb zur rechten Zeit«, lehrt Zarathustra. Für Mishima heißt dies: »Vor dem Verfall«. Zudem fühlt er sich in dieser langweiligen Welt zum Abenteuer des Gefechts berufen; die statischen Muskeln, die nur für den Spiegel, für die Fotos bestimmt sind, genügen ihm schon bald nicht mehr. Ohne die Todesgefahr hat das Fleisch weder Glanz noch Geschmack; nur solange sie gefährdet ist, bewegt uns die Kraft. Die zukünftigen Kämpfe werden ihm das Gefühl zu existieren vermitteln müssen. Von den Hanteln geht er zu den Kampfkünsten über, von diesen zu militärischen Übungen, so als wolle er mit zwanzig Jahren Verspätung seinen Waffendienst ableisten, dem er sich aufgrund der ver-

meintlichen Schwäche seiner Lungen hatte entziehen können. 1945 war er
nicht gesund genug zum Sterben. Die Opferung, die ihn nicht gewollt hatte,
scheint ihn nun, da seine Lebenskraft ihrer würdig ist, zu fordern. Er denkt an
seine Generation: dezimiert, auf dem Altar des Imperiums hingeopfert, vom
Kaiser verraten, als dieser die eigene Souveränität verneinte, um schließlich
im gegenwärtigen Wohlstand vergessen zu werden. Einer von übermächti-
gen Phantomen besessenen Pythia gleich lieh er den Opfern auf dem Feld
der Ehre seine Stimme in »Die Stimmen der Toten« (»*Eirei no koe*« [1966]):
»Warum ist der Souverän zum Rang eines Menschen herabgestiegen?« Das
Gefallen an der Niederlage hat die Transzendenz zerstört, und der Nihilismus herrscht: Es gibt nichts mehr, das einer Selbstopferung wert wäre. Unsere Welt weigert sich, einen höheren Wert als das Leben eines jeden einzelnen anzuerkennen. Eines höheren Ziels beraubt, nivelliert, kann das Leben
nur seinen Sinn verlieren. Könnte aber in Ermangelung eines Sinns die Liebe
genügen, um ihm Intensität zu verleihen? Mishima behauptet, daß zwei
Menschen sich nicht lieben, nicht miteinander übereinstimmen können,
ohne ein gemeinsames Prinzip zu haben. Noch bis vor kurzem war dieses
Andere der Souverän, Garant des Guten, der Pflicht und des gegebenen
Wortes, Bestimmung der Opfergabe, worin sich die Harmonie gründete –
heutzutage jedoch tot wie der Gott der Christen.[144]

Geburt einer Kampftruppe

Die Umrisse seines Projektes, das der hellsichtigen Nüchternheit, die Sakaguchi 1946 befürwortete, genau entgegengesetzt ist, zeichnen sich nun ab:
Die gegenwärtige Welt bekämpfen, im Namen der Träume der Vergangenheit, unter Berufung auf die Zukunft; die Jugend (ihre Elite auf jeden Fall)
zum Sturm auf eine Gesellschaft bewegen, deren Denken nichts mehr zulassen will, was den Menschen übersteigt. Er läßt sich durch den Maoismus inspirieren, allerdings nur, um die Gegenposition zu ihm einzunehmen: Der
Kulturrevolution setzt er die Kulturverteidigung entgegen, um die Einheit
von Chrysantheme und Schwert unter dem Kaiser wiederherzustellen.
Dem zerstörerischen Egalitarismus stellt er sich als Nietzsche-Anhänger
durch seinen Sinn für Hierarchie entgegen und vor allem als Romantiker
durch die nostalgische Beschwörung einer glorreichen Vergangenheit. Aber
eine Sache allein genügt nicht; man braucht eine Gemeinschaft, die sich ihr
widmet. Mishima möchte aus seiner Einsamkeit, seinem Einzeldasein heraustreten: Als guter Japaner soll ihm eine lebendige Gruppe das Prinzip der
Pflicht und die Euphorie der Solidarität verschaffen. Im Laufe des Jahres
1967 rekrutiert er einige Dutzend Jungen im Alter von zwanzig Jahren,
meistens Studenten, die er in der »*Tate no kai*« (»Schild-Gesellschaft«) organisiert – einer Truppe, deren Zweck darin besteht, den Kaiser zu beschützen,

und zunächst dessen Transzendenz durch das Beispiel der Aufopferung und des Glaubens wieder aufzurichten. Die Prinzipien scheinen klar, doch im Detail bleibt alles zweideutig, gibt dieses Projekt doch den Träumereien des Gründers zu viel Raum. Eine Blutsbrüderschaft, die der alten *bushi*-Gruppen oder der *yakuza*-Banden würdig wäre, vereint die ersten Auserwählten: Man ritzt sich in einen Finger, füllt mit dem Blut aller ein Schälchen, aus dem jeder ein paar Tropfen trinkt. Doch nach diesem Anfang, der einem schwarzen Roman entsprungen zu sein scheint, beschäftigt sich Mishima eingehend damit, eine nette Uniform für seine Akolyten zu entwerfen – senffarben, mit Tressen, Streifen, Schulterklappen und zahlreichen Messingknöpfen geschmückt: Pierre Cardin hätte es nicht besser machen können, wenn er eine Wiener Operette in Tōkyō auf die Bühne hätte bringen sollen.[145]

Seiner eigenen Feder überdrüssig, badet der Schriftsteller in diesem Quell der Naivität und der Jugend. Doch was soll die *»Tate no kai«* werden? Ein rechtsextremes Grüppchen, das Fanatismus und Gewalt verbreitet? Nein – Mishima mißbilligt den Terrorismus, verpönt die Parteien, die rechten wie die linken; er ist anderswo, steht darüber: Das kaiserliche Prinzip transzendiert die Politik und bewahrt vor jeder Form eines durch eine Einparteienherrschaft begründeten Totalitarismus. Mishimas junge Patrioten scheinen so harmlos, daß die Selbstverteidigungstreitkräfte ihnen ihr Übungsgelände zur Verfügung stellen. Und nun marschieren sie im Gleichschritt am Fuße des Berges Fuji, salutieren vor der Fahne, schlafen auf dem nackten Boden und stapfen durch den Schnee mit der schönen Begeisterung einer harmlosen Pfadfindertruppe. »Es kommt darauf an«, sagt ihnen Mishima, »allzeit bereit zu sein.« Doch bereit wozu? Den Kaiser zu verteidigen? Doch wer bedroht ihn? Die japanische Kultur zu retten? Doch wo ist sie? Den Nihilismus zu besiegen? Doch er ist überall. Wo soll man also einen klar identifizierbaren Gegner finden, der einem Gefecht seinen Sinn verleihen könnte?

Die Studentenunruhen, die 1969 ihren Höhepunkt erreichen, kommen wie gerufen: Man wird also gegen den »Kommunismus«, jene bequeme Abstraktion, ankämpfen, sich in Anti-Guerilla-Taktiken üben, sich dem Linksradikalismus der *Zengakuren*-Bewegung entgegensetzen. Im Mai 1969 hält Mishima eine Ansprache an die aufständischen Studenten der Tōkyō-Universität und fühlt sich ihnen – abgesehen vom Altersunterschied – sehr nah. Er könnte sich ihren Zorn zu eigen machen – wenn sich die Protestbewegung zumindest dazu fähig zeigte, ein höchstes Ziel zu ihrer Sache zu machen und sich auf einen Kampf bis zum Tod einzulassen. Aber nein, die Studenten teilen die Werte der Gesellschaft, gegen die sie protestieren, schätzen keinen Wert höher ein als das Leben, können nur feilschen, sind weder bereit, für ein Ziel zu töten noch sich töten zu lassen. Mishima will es seinerseits mit dieser Gesellschaft im ganzen aufnehmen: Im Namen des kaiserlichen Prinzips, das das Universelle und das Absolute ist, verurteilt er die individuellen Egoismen, die, befriedigt oder ausgehungert, mit ihren Verschlingungen das

324

zusammensetzen, was Hegel den Lauf der Welt genannt hat. Den kleinlichen Interessen aller, die trotz der allgegenwärtigen Konkurrenz doch allesamt Komplizen sind, setzt er die erhabene Gestalt der opferbereiten Tugend entgegen. Die »Phänomenologie des Geistes« scheint im voraus die Sackgasse beschrieben zu haben, in die sich Mishima begibt: Am Ende ihres Don-Quichotte-Kampfes wird die Tugend gezwungen, ihre Eitelkeit anzuerkennen; sie erlischt endlich vor den reichen konkreten Virtualitäten, die der Lauf der Welt im hellen Licht der Wirklichkeit hervorbringt. Das Individuum, das davon spricht, sich dem Wohl zu opfern, täte besser daran, zum Nutzen aller die in ihm verborgenen Fähigkeiten zu aktualisieren: So lautet das Hegelsche Verdikt – wie gewöhnlich sehr vernünftig.[146]

Der Büßer des Geistes

Doch nun kann Mishima nicht mehr öffentlich abschwören: Unter dem Blick seiner jungen Anhänger muß er vorangehen, muß der Rede vom Opfer, die er wiederholt, einen wenn auch nur willkürlichen Inhalt geben, muß mit seiner Person dafür einstehen. Zudem geht er jede Nacht bis zur Morgendämmerung seiner schriftstellerischen Aufgabe nach: Seit 1965 hat er sich einem langen Werk, »Das Meer der Fruchtbarkeit« (»Hōjō no umi«) gewidmet, das sich aus vier aufeinanderfolgenden Romanen zusammensetzt, die die Summe seines Talentes bilden sollen. Zum letzten Mal wird er in fiktiven Gestalten die Potentialitäten seines Seins entfalten. Doch beim Fortgang dieses ehrgeizigen Projekts fühlt er in sich den Ekel vor Wörtern und Fabeln aufkommen. Ein Mensch kann durch die Imagination so viele Menschen werden! Aber nur an seinen Taten wird er sich als das erkennen, was er in Wahrheit ist.[147] Allein die Tat stellt sich dem Wirklichen entgegen, dem Unabänderlichen, also dem Tod, und kann ihm seine Wahrheit entreißen. Schreiben heißt, im Labyrinth der Bilder bleiben: Das Sein vergißt sich, löst sich, weder wahr noch falsch, weder lebendig noch tot, im Lauf der Sätze auf. Unschuldige Lüge, vielleicht, die gleichwohl Sühne fordert: Aus den Dichtern rekrutieren sich jene Büßer des Geistes, von denen Zarathustra spricht, und die von der Aktion verlangen werden, die Leere des Wortes wiedergutzumachen.[148] Mehr noch als ein großes literarisches Werk zu verfassen, spürt Mishima das Bedürfnis, einen entscheidenden Akt zu vollbringen. Er ist zu hellsichtig, als daß er nicht begriffe, daß die geringe Aufmerksamkeit, die das Publikum der »Tate no kai« gewährt, eine Spur Ironie in sich birgt: Ein reicher Schriftsteller habe sich sein Lieblingsspielzeug zugelegt, eine Truppe junger Leute, die ihn bewundern. Jeder Tag, den sie damit verbringt, lediglich zu paradieren, verstärkt den Eindruck des riesigen Gelächters, das sich überall vernehmen lassen wird. Indessen erschöpft sich die linksradikale Protestbewegung und verebbt. Im Laufe der harten Demonstration

325

vom 21. Oktober 1969 zeigt sich der Staat durchaus fähig, der Subversion mit seinen eigenen Kräften zu widerstehen. Man muß also die Hoffnung auf eine Straßenschlacht, auf einen Anti-Guerilla-Kampf aufgeben, in dem man sein Leben hätte opfern können. Mishima vollzieht also eine Kehrtwendung: Nunmehr wird er den Staat angreifen, da dieser der Sieger ist; er wird auf seine Grundfesten abzielen – die Verfassung von 1947. Das aus der Niederlage hervorgegangene Regime abzuschaffen – kein Projekt könnte großartiger sein, auch wenn es noch so unerreichbar scheint. Mishima macht sich keine Illusionen. Doch im Scheitern ist der Tod nicht weniger glänzend als die Durchführung des Projekts. Wie Ikarus kann der, der aufs Höchste zielt, dem Abgrund zustimmen, der auf ihn wartet.

Plan und Vorbereitungsmaßnahmen

Im Laufe des Jahres 1970 wurden insgeheim Pläne geschmiedet. Mishima hat vier junge Gefährten, die ihm grenzenlos ergeben sind, um sich versammelt: Da ist zunächst Morita, dann »Chibi«-Koga, Ogawa und »Furu«-Koga. Eine ganze Reihe von Zusammenkünften in verschiedenen Tōkyōer Hotels, Saunen und Restaurants erlaubt den Verschwörern, ihren Gewaltstreich mit jenem sehr japanischen Hang zum äußersten Wagnis in Verbindung mit minutiösen Vorbereitungsmaßnahmen auszuarbeiten: Ein kleines Pearl Harbor sozusagen. Man sieht noch nicht ganz klar. Morita hatte schon im Herbst 1969 einen Aufstand größeren Ausmaßes im Stil des Zwischenfalls vom 26. Februar 1936 vorgeschlagen: Die *»Tate no kai«* sollte, unterstützt von Angehörigen der Selbstverteidigungstreitkräfte, das Parlament stürmen. Aber man kann nicht auf die Komplizenschaft der Offiziere, noch weniger auf die der Soldaten rechnen, und einige Dutzend Studenten würden sich schwertun, Tōkyō in einen Belagerungszustand zu versetzen. Das Projekt reduziert sich sehr schnell auf eine Kommando-Operation: Man wird sehen, ob es möglich ist, die Soldaten gegen jene Verfassung aufzuwiegeln, die ihnen das Recht abstreitet, wahre Krieger zu sein.

Es steht fest, daß sich Mishima niemals in der falschen Hoffnung auf Erfolg gewiegt hat: Welches Wunder hätte ihn retten können? Von vornherein war seine Absicht selbstmörderisch, und das glühende und aufrichtige politische Abenteuer, in das er seinen Todeswunsch kleidet, scheint auf diesen Schluß hin abgestimmt gewesen zu sein: Das Verfahren eines Romanciers, der gewohnt ist, eine Intrige von ihrem Ende her aufzubauen. Die Ereignisse werden bis zum Schluß einem wohldurchdachten Szenario folgen: Mishima war stets ein minutiöser Schriftsteller, und seine Imagination arbeitet nun unmittelbar am Wirklichen; sie formt nicht länger Sätze, sondern Tatsachen. Dieser gelebte Roman hat sogar sein romaneskes Element: Drei Wochen vor dem festgelegten Tag nimmt Mishima Ogawa und den beiden Kogas das Gelöbnis ab zu überleben – nur Morita soll ihm in den Tod folgen. Denn dieser kräftige und ruhige Student der Waseda-Universität war zu seinem Freund und zweifellos auch zu seinem Geliebten in der Art der *samurai* des 17. Jahrhunderts geworden, von deren Leidenschaften Saikaku erzählte. Unter der öffentlichen und politischen Handlung spielte sich also ein verdeckter *shinjū* ab. Der Autor von »Geständnis einer Maske« konnte, wenn nötig, sehr offen sein, hatte indes vom *»Hagakure«* gelernt, daß sich die Liebe dadurch vertieft, daß sie geheim bleibt. Auch darin wollte er sich der modernen Neigung entgegenstellen, die zur Zurschaustellung und Entwertung des Gefühls führt. Instinktiv die Freudsche Psychologie der Gruppe beachtend, wußte er auch, daß das Gleichgewicht der *» Tate no kai«* wie die *bushi*-Clans oder die Gemeinschaft der Ritter im »Parzifal« durch die Sublimierung der homosexuellen Neigungen zusammengehalten wird und Zeichen jeglicher Bevorzugung nicht standgehalten hätte. Der einzige Vorzug, sehr edel und verfeinert, den er demjenigen zugestand, den er liebte, bestand darin, mit ihm zu sterben.

Durchführung des Aktes

Nach den langen Vorbereitungsmaßnahmen wurde die Aktion rasch und beherzt durchgeführt: In kürzester Zeit war alles vorbei. Am 25. November 1970, um 11 Uhr vormittags, meldete sich Mishima in Begleitung seiner vier Kameraden bei der Militärbasis von Ichigaya im Zentrum von Tōkyō. Er hatte sich mit General Mashita, dem Chef der Ostarmee, in dessen Büro im Hauptquartier der Selbstverteidigungsstreitkräfte verabredet. Zehn Minuten später fand sich der überraschte General geknebelt und gefesselt als Geisel mit einem Messer an der Kehle in der Gewalt Mishimas wieder – auf Gnade und Ungnade ausgeliefert. Einige seiner Untergebenen, die ihm zu Hilfe eilten, wurden mit gezogenem Schwert daran gehindert – einem kostbaren Schwert aus dem 16. Jahrhundert, das zusammen mit ein paar Kurzschwertern die ganze Bewaffnung des Kommandos ausmachte: Genau wie für die Aufständischen des »Götterwindbundes« 1876 beim Angriff auf das Schloß von Kumamoto war es für Mishima eine Frage der Ehre, keine Feuerwaffen einzusetzen. Dann stellte er seine Bedingungen: Das Leben der Geisel sollte geschont werden, wenn die Militärangehörigen der Basis, ca. 1000 Mann, sich versammelten, um sich ruhig eine Rede anzuhören, die er vom Balkon des Büros im ersten Stock an sie richten würde.[149]

In Mishimas letztem Akt kam nun der zweite Aufzug: die Balkonszene. In der Mittagssonne erschien er, etwa zehn Meter über jener vor Staunen rauschenden Menge. Eine kleine Gestalt, in eine selbstentworfene Uniform gezwängt. Plötzlich sprang er zur Brüstung und richtete sich wieder auf. Die Fäuste in die Hüften gestemmt, hob er zu seiner Mahnrede an. Doch das ab-

327

solute Schweigen, das er gefordert hatte, war nicht mehr zeitgemäß: Die Hubschrauber von Polizei und Presse, das Kommen und Gehen von Fahrzeugen, die Sirenen der Krankenwagen erstickten mehrmals seine Rede. Doch auch wenn man alle seine Worte vernommen hätte, hätte man ihn nicht besser verstanden und seine Worte auch nicht besser aufgenommen. Seine Betrachtungen über den Artikel 9, den nationalen Geist, das militärische Ideal, die moderne Dekadenz schienen verworren, abstrakt. Sein Appell an die Soldaten stieß nur auf Gleichgültigkeit und Feindseligkeit. Sarkasmen und Sticheleien waren die Antwort: »Komm herunter!« »Das genügt!« »Er ist verrückt!« Diese militärische Rebellion, deren Ziel es war, die Abschaffung der Verfassung zu erzwingen, wurde sofort für das genommen, was sie war: eine Ausgeburt politischer Fiktion.

Mishima wurde ungeduldig: »Ruhe! Hört! Ein Mann spricht zu euch. Seid ihr Männer? Kriegsmänner? Ist auch nur ein einziger unter euch, der sich mit mir erheben wird?« Diese aus vollem Hals herausgeschriene Frage »Seid ihr Männer?« (und du, bist du ein Mann?) ist eben diejenige, die, aus seinem Unbewußten kommend, sein ganzes Leben mit einer Faszination durch die Männlichkeit beunruhigt hatte. Nur seine bevorstehende Aufopferung könnte ihm eine Antwort geben und seine Zweifel verstummen lassen. Den Mann, nach dem er suchte, könnte er nur in sich selbst, in seinem geöffneten Bauch finden, um ihn vor aller Augen zur Schau zu stellen. Für die versammelte Menge hatte er nur noch Worte der Resignation und der Verachtung übrig: »Ich sehe, ihr seid keine Männer. Ihr bleibt untätig. Ich mache mir keine Illusionen mehr über euch.« Nachdem er geendet hatte, rief er dreimal »*Tennō-heika banzai!*« – die Arme gen Himmel ausgestreckt, die Hände in weißen Handschuhen. Dann verschwand er.

Er kehrte ins Büro General Mashitas zurück. Unverzüglich knöpfte er seine Uniformjacke auf und entblößte seinen Oberkörper, den verwelken zu lassen das Alter keine Zeit haben sollte. Er zog seine Schuhe aus, kniete nieder – zwei Meter von der noch immer an den Stuhl gefesselten Geisel entfernt. Er löste seinen Gürtel und faltete den oberen Teil seiner Hose unter seinem Gesäß. Wie oft hatte er all jene Gebärden erträumt und geprobt – nun sollte es das letzte Mal sein. Dann nahm er die richtige Sitzposition ein, das Gesäß auf den Fußsohlen ruhend, griff zu einem kurzen Schwert, dessen Spitze er an seine linke Seite anlegte. Hinter ihm schwang Morita mit schweißnasser Stirn das Schwert, bereit, ihm den Gnadenstoß zu versetzen. Dreimal stieß Mishima den rituellen Ruf »*Tennō-heika banzai!*« aus. Dann atmete er tief ein, und mit einem gewaltigen Schrei stieß er das kurze Schwert tief in seinen Körper. Mit beiden Händen rammte er sich die Klinge in den Bauch, unterhalb des Nabels, und zog sie nach rechts. Eine endlose Strecke von einigen Zentimetern, unter tobenden Schmerzen, blutend, durch Organe und Innereien hindurch. Endlich versetzte ihm mit zitternder Hand Morita einen Schwerthieb, doch Mishimas Körper sank zusammen,

und so bohrte sich die Klinge tief in die Schulter. Ein zweiter, schlecht ausgeführter Hieb drang ins noch lebendige Fleisch ein. Beim dritten Versuch
wurde das Genick durchtrennt – und dieser verwüstete Körper hörte auf zu
zucken. Nun zog auch Morita die Uniformjacke aus, kniete nieder und griff
zu dem blutbedeckten kurzen Schwert. Er brachte sich nur einen leichten
Schnitt bei – mit einem einzigen Hieb enthauptete ihn »Furu«-Koga. Die
Überlebenden des Kommandos hoben die Köpfe auf, stellten sie aufrecht neben die beiden Körper und im wilden Geruch des vollendeten Gemetzels
widmeten sie den Hingeschiedenen einige Augenblicke der Tränen und Gebete. Dann banden sie General Mashita los und stellten sich der Polizei.

Alles Dasein ist Labyrinth

Das Ereignis – oder besser dieses Schauspiel – wurde sofort zur Beute der
Journalisten. Der Schock schlug Wellen, hallte vielfach nach: Auch das hatte
Mishima gewollt. Zunächst begriff man gar nichts: »Ich glaube«, sagte Premierminister Satō, »daß er in einem plötzlichen Anfall von Wahnsinn handelte.« Dann begann man, zuviel zu begreifen, auf jeden Fall, zuviel zu erklären; die Interpretationen, von denen jede auf ihre Art teilweise stimmte,
nahmen überhand. Mishimas Akt erschien allmählich in seiner flüchtigen
Komplexität wie ein lange erträumtes, sorgfältig vorbereitetes Werk: Ein
polyphoner Text, der verschiedene Motive versammelt und die lebendigen
Widersprüche eines Daseins vereint.
   Die politischen und ideologischen Themen erklingen im Oberton am
klarsten und emphatischsten – doch beständiger ist der Basso ostinato des ursprünglichen Sadomasochismus, der dieser Umsetzung in einen Akt ihre besondere Heftigkeit verleiht. Eine wohlüberlegte Überschreitung in perver-
sem Stil – doch der Logik der Neurose nachgebildet, die dem Subjekt die
Buße für das Phantasma auferlegt, indem sie es zum Opfer seines Genusses
werden läßt. Dem *shinjū*, der ihn mit Morita in Liebe vereinigt, fügt sich
Mishimas *junshi* hinzu, das ihn im Tod mit der abgelebten Tradition, der ab-
geschafften Souveränität und deren vergessenen Helden wieder vereint.
Selbstmord eines Heranwachsenden, der seine zerstörten Träume nicht
überleben will und sich weigert, sich einer Gesellschaft anzupassen, die zu
verachten er nunmehr vorgibt – oder auch Selbstmord eines gealterten
Mannes, der seine Vergnügungen, Erfolge und Freuden schon hinter sich hat
und der resigniert vor dem Verfall flieht, den ihm die Zukunft verspricht.
Doch noch hat er doch alles, um glücklich zu sein? Ein Grund mehr, das Leben wenn nicht gar ohne Bedauern, so doch ohne Groll zu verlassen. Dieser
Ansicht war auch Plutarch: Gerade wenn ein Mann im Besitz aller Güter ist,
muß er sich zurückzuziehen wissen.[150] Auf dem eigenen Höhepunkt zu verschwinden, eine schöne Entscheidung. Für eine Seele, die sich, wie Mishima,

329

der Größe verschrieben hat, kann das Glück nicht genügen, besteht doch, nach Nietzsche, die höchste Aufgabe darin, so zu leben, daß man zur rechten Zeit den Willen hat zu sterben und die Ehre, eigenhändig den vollkommenen Kreis des gewählten Schicksals zu vollenden.

Also der höchste Aufschwung zum Gipfel des Willens? Oder eher die romantische Faszination des Abgrunds? Nicht weniger als das heroische Wagnis lassen sich die Motive der Selbstbestrafung in den Wirren der Motivationen unterscheiden. Man fühlt, daß dieser verspätete Soldat das Bedürfnis hat, zunächst die halbe Lüge zu sühnen, mittels derer er sich 1945 als angeblich Tuberkulosekranker dem Waffendienst entzog – und dann jene allzu geliebte Literatur, durch die er sein Wesen unter den Masken seiner Phantasie verlor. Er möchte endlich glauben, daß er seinen Glauben gefunden hat, doch die Tugend des Kriegers erweist sich schließlich nur als die anziehendste der Rollen, in denen sich seine Imagination gefällt. Seit der Romantik formt der Schriftsteller nicht nur seine Sätze, sondern auch seine Haltung. Mishima bemüht sich darum, möchte Statue, Monument werden. Doch zugleich besteht sein vollkommen offenes und transparentes Werk darin, nichts von den Kulissen dieses Theaters zu verbergen. Er wäre mitunter bereit, als erster über seine Posen zu lachen, wenn da nicht der Tod wäre, um die ganze Welt an den Ernst zu gemahnen. Oder vielmehr: Ist es nicht der Tod, durch den es nichts Ernstes in der Welt gibt? Er hat seinen letzten Akt als den letzten seines Lebens konzipiert: Um diesen Preis wird er sich eine unwiderlegbare Identität aneignen – wenn er noch an die Wahrheit glauben würde. Doch er denkt mit Nietzsche, daß in dieser Welt alles Schein und Interpretation ist. Er wird also als Soldat des Kaiserreiches sterben. Oder als Schriftsteller, der Soldat spielt? Wenn er bereit ist, die letzte seiner Masken so teuer zu bezahlen, so um die Leere zu sühnen, die der Traum in ihm aushöhlte, um sein Strafbedürfnis an der Eitelkeit des Imaginären zu befriedigen, die seine Qual und seine Wonne war. Überdies wird er die Genugtuung haben, noch eine andere Rolle zu spielen: die des konfuzianischen Zensors, der die heutigen Sitten anprangert. Sein Tod wird der Verweis sein, den er allem und allen erteilt: zunächst dem seiner Souveränität untreu gewordenen Kaiser, dann der von ihrer Tradition abgefallenen Nation, den ihrer Waffen unwürdigen Soldaten, der modernen Welt ohne Wert und Rang, all denen, die zu leben glauben und nicht zu sterben wissen.

Der Zeitgeist

Doch diese Welt hat ihn, was er auch denken mag, gezeichnet, und selbst sein letzter Akt ist ihr Komplize: öffentliche und werbeträchtige Großtat, die Tagesnachricht des Jahrhunderts, so rasch von der »Gesellschaft des Schauspiels« konsumiert, gehörig mit jener Pornographie der Gewalt gewürzt, nach der die Bildschirme immer gieriger trachten. Mißt man diesen lärmenden Tod an dem eines wahren Soldaten reiner Tradition, wie Nogi einer war, sieht man, wie viel Undurchsichtiges und Abgeschmacktes ihm anhaftet. Kitsch und Nostalgie: Heutzutage ist die Tradition nur noch ihre eigene Parodie. Zwei Jahre später, 1972, wird der Selbstmord des Schrifstellers Kawabata (so diskret, daß man ihn für einen Unfall halten konnte) daran erinnern, daß das Schweigen in einer Gesellschaft des Lärms seine Größe und Notwendigkeit besitzt.[151] Mishima könnte sich selbst zensieren: Er läßt sich zu Erpressermethoden herab, beutet die Achtung vor dem Leben, die er ansonsten zurückweist, durch eine Geiselnahme für seine Zwecke aus – gemäß der Logik des Terrorismus, der im Mißbrauch von Rechten und Werten, die er nicht anerkennt, eine Waffe findet. Würde er schon deshalb, durch sein Beispiel, die selbstmörderische Raserei jener Extremisten der terroristischen »Sekigunha« rechtfertigen, die mit Maschinengewehren wahllos auf die Menge im Flughafen von Tel-Aviv schossen?[152] Nein, Mishima vertritt keineswegs den Terrorismus, entschuldigt jene Nihilisten nicht, die glauben, die Furcht sei das einzige Gefühl, das über das menschliche Dasein herrschen könne. Gewiß wird er ungehalten, erhebt moralische Vorwürfe, doch er rächt sich nicht. Fanatisch, doch unschuldig: Die Sache, für die er eintritt, fordert Opfer, keines jedoch, das nicht freiwillig wäre. Anspruchsvoller noch als die Terroristen der Vorkriegszeit, die einen Mord mit ihrem sofortigen Tod sühnten, trägt er dafür Sorge, daß Morita und er die einzigen Opfer seines Gewaltstreichs sind. Hierin zeigt sich die Reinheit seiner Gewalt, die, wenn nicht gar Sympathie, so doch zumindest Achtung verdient. Ausschweifend und aufflammend gehorcht der Akt gleichwohl Prinzipien und weiß sich eine Regel zu geben. Mehr als in der buchstäblichen Nachahmung des Bauchaufschlitzens erweist sich Mishima durch die zur moralischen Strenge sublimierte Gewalt als würdiger Erbe des *bushidō*, als Gegner des Nihilismus.

In der ganzen Welt wurde das Ereignis mit Staunen, in dem ein mehr oder weniger großes Entsetzen mitschwang, aufgenommen. Das Unbehagen war größer als die Bewunderung: Nur zu deutlich erkannte man das Künstliche, das Gewollte dieses Aktes. Mishima hatte oft davon geträumt, jene Einsamkeit, jene Einzigartigkeit, worin sich seine Schriftstellerberufung gefiel, in der kollektiven Hingabe aufgehen zu lassen. Wie T. E. Lawrence in der Royal Air Force genoß er in der Uniform den Frieden der Namenlosigkeit, die Glückseligkeit, kein eigenes Ich mehr zu besitzen, wie ein Vorspiel zur Ekstase der Vernichtung: Er träumte davon, in einer einmütigen Gruppe aufgehend zu sterben. Aber seine narzißtische Übersteigerung und sein Hang zu barocker Übertreibung gewannen die Oberhand: Überraschender als die komplexeste seiner Intrigen war das Szenario seines funkelnden und einsamen Todes. Im Ausland, wo das *harakiri* nach dem vorherrschenden Klischeebild zu den schönen Künsten der japanischen Folklore zählt, zeigte man sich nicht so überrascht. Mishimas Akt wurde also, wie viele seiner Romane, außerhalb Japans wenn nicht gar besser verstanden, so doch zumindest besser aufgenommen, so wie es mitunter einem für den Export bestimmten Produkt widerfährt. So stark war sein Hang, unter dem Blick des Fremden zu leben, daß er so sterben wollte, wie ein wahrer Japaner nach der Vorstellung eines Touristen zu sterben hat.

Katharsis und Souveränität

Im wirklichen Japan aber erreichten Emotion und Unbehagen ihren Gipfel: Man fühlte sich direkt berührt, angesprochen. So viel Asche wurde aufgewühlt, so viele Narben aufgerissen. Man hatte eine bis zur Grenze des Möglichen verkürzte Wiederholung der extremistischen Anschläge der Vorkriegszeit mit angesehen, eine Beschwörung der imperialistischen und militaristischen Themen eines ganzen Jahrhunderts, die in der Katastrophe gipfelten – kurz und prägnant wie ein 17-silbiges *haiku*. Was zuerst kollektive Tragödie gewesen war, stellte sich ein zweites Mal im Register der Parodie dar, das nach Marx die unvermeidliche Wiederholung der großen Ereignisse der Geschichte kennzeichnet. Manche waren beunruhigt angesichts dieses Wiederaufkommens derselben Zwangsvorstellungen: Es war die Wiederkehr einer verdrängten Vergangenheit, die das Schamgefühl des offiziellen Pazifismus erschütterte. Doch die Aufhebung einer Verdrängung bringt –wie groß die Angst, die sie begleitet, auch sein mag – das Versprechen einer Befreiung mit sich. So fanden die Wiener Hysterikerinnen ihr Heilmittel darin, die pathogenen Traumatismen ihrer Vergangenheit vor Breuer und Freud abzureagieren. Gerade die Theatralität von Mishimas Gebärde, ihre aufwendige Eitelkeit ohne Zukunft und ihr monumentaler Ästhetizismus verleihen ihr die Wirksamkeit einer Katharsis. Das japanische Volk wurde erschüttert, aber auch aufgeklärt und gereinigt, wie die Bevölkerung Athens angesichts von »Ödipus der Tyrann«, der den Untergang der hochmütigen Tyrannen von einst wieder in Erinnerung rief. Auch in Japan wird der Selbstmord, wie überall, sein düsteres Werk fortsetzen – doch mit dem Tode Mishimas leuchtete eine Hochstimmung, die dem Blick zu eigen war, den das Inselreich auf den Tod warf, mit einem Glanz wieder auf, der allzu lebhaft war, als daß er nicht der strahlendste gewesen wäre. Er wollte sterben, mehr noch, er wollte freiwillig sterben: Sein Selbstbewußtsein bestand darauf, in diesem Tod das Bewußtsein der Jahrhunderte widerzuspiegeln; seine Einzigartigkeit versuchte sich in einer umfassenderen Zeit aufzulösen, indem sie sich mit jener reinen Entscheidung, nicht mehr zu sein, identifizierte. Ein Leben vollendete sich, das eine Geschichte vollendete, deren Frucht es war. In dem kurzen und blutigen Glanz dieser sinkenden Sonne

332

faßt sich die japanische Tradition des Freitods zusammen – und erlischt zugleich.

Am Zusammenfluß des Wirklichen und des Imaginären war es vielleicht nur der Einzelakt eines rasenden Menschen: Dem Pharisäertum steht es frei, nichts als Wahnsinn und Bedeutungslosigkeit darin zu sehen. Gleichwohl muß diese Raserei als das erkannt werden, was sie ist: Die menschliche Geschichte, die nicht nur von der Produktion, sondern auch von der Verausgabung des Lebens und der Mittel zum Leben herrührt, wird durch ihre Zukkungen skandiert, und früher oder später spürt jedes individuelle Schicksal deren Schwingungen. Dort bricht hervor, was – Furor und Mysterium zugleich – das Menschliche im Menschen übersteigt. Mishimas Einzigartigkeit ist, wie die Einsamkeit eines jeden, unmittelbar universell: Unverzüglich erreicht sie uns, ob Japaner oder nicht, ergreift uns, überzeugt uns. Die Herausforderung, die der Tod unaufhörlich für den Willen darstellt, mag sich besänftigen, sich vergessen. Doch wenn sie, je nach den Umständen, wieder erwacht, erscheint der Skandal des Nichts so einschneidend, das Rätsel des Daseins so undurchdringlich, daß eine seltsam übertriebene Gebärde am besten die maßlose Souveränität des Menschen illustriert, der sich den Tod gibt.

KAPITEL I **Catos »Harakiri«**

1   Der Tod Catos ist der Biographie von Marcius Porcius Cato d. J. aus Plutarchs
    »Vergleichende Lebensbeschreibungen« (70 f.) entnommen. Catos Verfahren
    wurde auch, vier Jahre später, von seinem Neffen Brutus gewählt. Antonius sollte
    auf ähnliche, aber noch ergreifendere Art und Weise und in einem noch größeren
    Durcheinander sterben.
2   In der Bibel, im zweiten Buch der *Makkabäer*, Kap. XIV, befürchtet einer der Äl-
    testen von Jerusalem mit dem Namen Rasi, den die griechische Besatzung der
    Anstiftung zum Widerstand aus Treue zum Judaismus verdächtigt, von den Sol-
    daten des Hauptmanns Nikanor festgenommen zu werden. Er zieht es vor, sich in
    sein Schwert zu stürzen. Sterbend reißt er sich die Innereien mit beiden Händen
    heraus und wirft sie nach seinen Feinden. Vierzehn Jahrhunderte später wird diese
    Trotzgebärde von den *bushi* nacherfunden werden. Bereits im ersten Buch der
    Chronik, Kap. X, stürzt sich auch der von den Philistern besiegte König Saul in sein
    Schwert.
3   Die Liste derjenigen, die für oder gegen Cato argumentiert haben, ist unermeßlich
    lang und reicht von Seneca und Lukian über Augustinus, Montaigne und Victor
    Hugo, der seine Zustimmung verweigert, bis zu Lamartine, der angibt, »den ge-
    duldigen Tod des letzten der Bettler auf dem Stroh« vorzuziehen (*Cours familier de
    littérature*, Paris 1959, S. 73). Adolphe Thiers bietet ein glänzendes Beispiel des
    Opportunismus: Cato hätte manövrieren und auf bessere Zeiten warten sollen,
    um den Kampf mit Brutus und Cassius wieder aufzunehmen. Man beurteilt sich,
    indem man Cato beurteilt.
4   Die klassische Studie Albert Bayets, *Le Suicide et la morale* (Paris 1922), zeichnet
    die verschiedenen Argumentationen, die Rationalisierungen nach, welche der
    selbstmörderische Akt im Laufe der Jahrhunderte abendländischer Zivilisation
    hervorgerufen hat. In der Fortsetzung der ethischen Positionen Montherlants fin-
    det sich ein Kapitel über den Selbstmord der Römer in *Le Défi* (Paris 1965) von
    Gabriel Matzneff. Die Frage des antiken Selbstmordes ist oft untersucht worden.
    Die Arbeiten Paul Veynes lassen ihn in einem neuen Licht erscheinen: Siehe einen
    Artikel in *L'Histoire*, Nr. 27, Okt. 1980, und eine brillante Studie, die in *Latomus*,
    April-Juni 1981, veröffentlicht wurde, »Suicide, fisc, esclavage, capital et droit
    romain«.
5   Vgl. Aristoteles, *Nikomachische Ethik*, 5. Buch, 1138 a, und Platon, *Phaidon*, 62 b
    und *Die Gesetze*, 873 d.
6   Die Indifferenz der japanischen Kultur gegenüber der Metaphysik zeigt Naka-
    mura Hajime, *Ways of Thinking of Eastern Peoples*, Honolulu 1964, auf. In Kapi-
    tel 35 sind Texte von Dōgen (*Shōbōgenzō*, Kap. »Hossho«) und das Gedicht von
    Ōtomo no Tabito, aus dem *Manyōshū*, 348, angeführt. Im Jahre 1610 wirft das
    Testament eines Händlers, Shimai Sōshitsu, den Christen vor, sich allzusehr mit
    ihrem Heil und dem zukünftigen Leben zu beschäftigen: es sei eine Form von
    Egoismus; ein solcher Glaube führe dazu, die Pflichten dieser Welt zu vernachlässi-
    gen (J. Mark Ramseyer, »Thrift and Diligence: House Codes of the Tokugawa
    Merchant Families«, *Monumenta Nipponica*, Tōkyō 1979).

7   Die demographischen und ökonomischen Statistiken Japans werden von einem statistischen Amt zusammengestellt, das dem Ministerpräsidenten untersteht und sie jährlich sowohl auf japanisch als auch auf englisch unter dem Titel *Japan Statistical Yearbook* veröffentlicht.

8   Ein Artikel von René Duchac in der *Revue française de sociologie* (1964, Nr. 5, »Suicide au Japon, suicide à la japonaise«) gibt ein sehr vollständiges Bild der Situation der Epoche. Um einen älteren soziologischen Gesichtspunkt kennenzulernen, siehe »Le suicide et la criminalité au Japon« von E. Tarnowski, in den *Archives d'anthropologie criminelle* von 1907, S. 809, der den deutlichen Anstieg der Selbstmordrate bis zum Beginn des 20. Jahrhunderts hervorhebt: »Die Schwachen und die Überreizten löschen sich aus.«

9   In den oben zitierten *Archives d'anthropologie criminelle* (1897, S. 365) veröffentlicht ein französischer Arzt, Jean-Jacques Matignon, der den langsamen Zusammenbruch des alten Reiches der Mitte beobachtete, einen Artikel über den Selbstmord in China, dessen Häufigkeit die allgemeine Verwirrung widerspiegelt. Die Studie wird in zwei Werken desselben Autors wieder aufgenommen: *Superstition, crime et misère en Chine* (Paris 1909) und *La Chine hermétique* (Paris 1936). Im dekadenten Reich ist der Selbstmord gang und gäbe, und der freimütige Rassismus Matignons sucht nicht lange nach dessen Ursachen: »Der Chinese ist ein von Grund auf egoistisches Wesen«, und alle Spielarten des Selbstmords lassen sich auf eine der »zahlreichen Manifestationen des übermäßigen Egoismus zurückführen, der einer der Charakterzüge der Rasse ist«. Man soll nicht zuviel vom Chinesen verlangen: »Suchen Sie bei ihm nicht nach den Gefühlen von Menschlichkeit und Menschenliebe, die unter den abendländischen Nationen so entwickelt sind.« Man kann von den Elenden noch nicht einmal erwarten, daß sie den Reichen das banale, doch stets lästige Schauspiel ihrer Verzweiflung ersparen: »Zuweilen rächt sich ein abgewiesener Bettler dadurch an Ihnen, daß er sich vor Ihrer Tür die Kehle durchschneidet« (*La Chine hermétique*, S. 103.).

KAPITEL III **Etappen der Selbstmordforschung**

10 Eine Bibliographie zum Selbstmord, über die Jahrhunderte betrachtet, würde einen ganzen Band kritischer Anmerkungen verdienen. Man kann lediglich auf das panoramahafte und anregende Werk eines Soziologen hinweisen, der darauf bedacht ist, der Selbstmordforschung ihre Routine zu nehmen: Jean Baechler, *Les Suicides*, Paris 1975. Seine Typologie mit elf Eingängen läßt sich allerdings auf das einfachere Schema eines sechszackigen Sterns reduzieren.

11 Der auf den Phrenologen Gall bezogene Satz ist in Gabriel Deshaies, *Psychologie du suicide*, Paris 1947, angeführt.

12 In der *Phänomenologie des Geistes* zeigt Hegel, daß die beobachtende Vernunft in dem von der Phrenologie angeführten Beispiel angeblich wissenschaftlicher Objektivierung zu der Feststellung gelangt, daß »das Sein des Geistes ein Knochen ist« (Hamburg 1952, S. 252). Gall ist nicht mehr in Mode, aber die rationalisierende Objektivierung nimmt neue, sophistiziertere Formen an.

13 Durkheims Buch *Le Suicide* (Paris 1897) bildet notwendigerweise den Übergangspunkt; doch in dem schönen Werk von Masaryk, *Der Selbstmord als soziale*

336

Massenerscheinung (Paris 1881), einer der ersten Studien über die Mentalität der städtischen Massen, vernimmt man klarer das Echo der Debatte, die Dostojewski im Oktober 1876 mit seinem *Tagebuch eines Schriftstellers* eingeleitet hatte.

14 Ist man, wie der von Durkheim inspirierte Antonin Artaud über van Gogh sagt, stets nur »der Selbstmörder durch die Gesellschaft«? Ich töte mich, nein, man tötet mich. In *Les Dossiers noirs du suicide* (Paris 1976), in denen Denis Langlois behauptet, jeder könne sich über den Egoismus aller entrüsten, nimmt die Infragestellung der Gesellschaft den Tonfall eines Gerechten an.

KAPITEL IV **Der Selbstmord als Symptom**

15 Gewisse Aspekte des Unbehagens der ökonomisch ausgerichteten Gesellschaft Japans sind von Christian Sautter, *Japon, le prix de la puissance*, Paris 1973, hervorgehoben worden.

16 George De Vos (*Socialization for Achievement, Essays on the Cultural Psychology of the Japanese*, Berkeley 1973) betont die Identifikation des japanischen Subjekts mit seiner sozialen Rolle, die auch Nakane Chie in *Tateshakai no ningen kankei*, (Tōkyō 1967, dt. »Die Struktur der japanischen Gesellschaft, Frankfurt/M. 1985) erläutert.

17 Ein Artikel von Philippe Pons in *Le Monde* vom 24. Dezember 1978 hat auf die Verantwortlichkeit der Wucherer, *sarakin* genannt, hingewiesen. Es scheint ganz so, als würde ihr Treiben endlich etwas eingeschränkt werden.

18 Der 1983 auf dem Festival von Cannes ausgezeichnete Film von Imamura Shōhei, »Die Ballade von Narayama«, der auf einem Erzählungsband von Fukazawa Shichirō beruht, *Narayamabushi-kō* (Tōkyō 1956, dt. »Schwierigkeiten beim Verständnis der Narayama-Lieder, Frauenfeld 1981), zeichnet das mehr oder weniger freiwillige Sterben der Alten in einer Situation äußerster Armut nach, wie es zu Zeiten der Hungersnot vorkommen konnte.

19 Die japanische Presse liefert jedes Jahr reichlich Material an Meldungen, Statistiken und Kommentaren zur Veranschaulichung der wesentlichen Aspekte des Selbstmords in der heutigen japanischen Gesellschaft. Die Selbstmorde ganzer Familien, *oyako shinjū* genannt, sind ein durchgängiges Muster. In den Jahren 1977 bis 1979 betonte die Presse die Selbstmorde Jugendlicher. Heutzutage, 1983/84, schenkt sie vor allem den von den Schülern verübten Gewalttätigkeiten Aufmerksamkeit. Der Psychiater Ohara Kenshiro hat die familiäre Dimension des am meisten durch Selbstmord gefährdeten Alters untersucht. Iga Minoru veröffentlichte eine detaillierte Studie:»Japanese Adolescent Suicide and Social Structure«, *Essay in Self-Destruction*, New York 1967. Es sei auch auf eine allgemeine Studie mit kulturalistischen Ansätzen über den Selbstmord in Japan in Takie Sugiyama-Lebra, *Japanese Patterns of Behavior*, Honolulu 1976, hingewiesen.

20 Der erste japanische Psychoanalytiker, Dr. Kosawa Heisaku, der bereits auf das durch den mütterlichen Masochismus hervorgerufene Schuldgefühl des Sohnes aufmerksam geworden war, legte Freud 1932 eine Studie über den »Ajase-Komplex« vor, zu der ihn eine buddhistische Legende angeregt hatte. Eine Generation später untersuchte der Psychiater und Psychoanalytiker Doi Takeo die Rolle der Abhängigkeit in seinem 1971 in Tōkyō veröffentlichten Buch, *Amae*

337

no kōzō (dt. »Amae – Freiheit in Geborgenheit. Zur Struktur japanischer Psyche«, Frankfurt/M. 1982). Zu den ersten Schritten der Psychoanalyse in Japan siehe James Clark Moloney, *Understanding the Japanese Mind*, New York 1954.

21 Die Bemerkung über Petrus und Judas ist einem Artikel von René Duchac, »Suicide au Japon, suicide à la japonaise« (a. a. O. [Anm. 8]), entnommen und stammt von einem japanischen Hochschullehrer, der seit 30 Jahren Christ ist.

22 Eine sehr aufschlußreiche Studie von William Caudill und David W. Platt beschreibt das Familienleben: »Who sleeps with whom? Parent Child Involvement in Urban Japanese Families«, in *Japanese Culture and Behavior*, Honolulu 1974. In diesem Sammelband findet sich auch ein Artikel von Katō Masaaki, »Self-Destruction in Japan: A Cross-Cultural Epidemiological Analysis of Suicide«.

23 Der Konflikt der Braut (auf japanisch: *yome*) und der Schwiegermutter *(shūtome)* war in Japan nicht weniger hinterlistig als in China: »Sollte die Justiz in diese häuslichen Selbstmorde eingreifen, so könnte man ihr zurufen: »Suchen Sie nach der Schwiegermutter!« In Europa gehört sie in die Karikatur und ins Boulevardtheater; in China hätte sie vor allem das melodramatische Repertoire erweitert« (Jean-Jaques Matignon, *La Chine hermétique*, a. a. O. [Anm. 9], S. 114).

24 In der Vorrede *Zur Genealogie der Moral* spricht Nietzsche von der Entzifferung der menschlichen Moral-Vergangenheit, die sich die Historiker der Mentalitäten heute anscheinend zur Aufgabe gemacht haben. »Es gilt, das ungeheure, ferne und so versteckte Land der Moral – der wirklich dagewesenen, wirklich gelebten Moral – mit lauter neuen Fragen und gleichsam mit neuen Augen zu bereisen.« (F. Nietzsche, *Zur Genealogie der Moral*, Stuttgart 1964, S. 246.)

25 In einer im Februar 1981 in der *Japan Times* erschienenen Studie, »Anti-Suicide Traditions in Japan: Past and Present«, versucht William Wetherall, das Klischeebild von der japanischen Gesellschaft zu ändern, die irrtümlicherweise (ausgehend davon, was wir im Westen vom *seppuku* der *bushi* wissen) als maßlos tolerant gegenüber jeder Form des Selbstmords und gleichgültig gegen den Tod wahrgenommen wird.

Eine von Robert George Sewell 1976 der Universität von Illinois vorgelegte Dissertation, *The Theme of Suicide: A Study of Human Values in Japanese and Western Literature*, versucht, vergleichende Perspektiven zu eröffnen.

1978 führte ein der Selbstmordverhütung gewidmetes internationales Symposium unter dem Vorsitz von Katō Masaaki, dem Direktor des nationalen Instituts für geistige Gesundheit, zur Gründung einer japanischen Gesellschaft zur Verhütung des Selbstmords (J. A. S. P.). Hauptziel dieser Gesellschaft ist es, die Aufmerksamkeit des Publikums gegenüber den Notsignalen zu schärfen und die Kommunikation mit Selbstmordgefährdeten im Hinblick darauf zu fördern, daß diese eine bessere Meinung von sich selbst erhalten.

KAPITEL V **Anbruch der Geschichte**

26 Eine Studie von Charles Haguenauer, »Du caractère de la représentation de la mort dans le Japon antique«, in *Études choisies* (Bd. 2, Leyden 1977), hilft, die Gefühle zu verstehen, die in den Mythen des *Kojiki* und des *Nihongi* zum Ausdruck kommen. Das Gefühl des Abscheus vor der Leiche verdoppelt sich im Fall des Selbstmords: Noch heute haftet ängstlicher Aberglaube in Form von Sühneriten an dem Ort, der durch einen Selbstmord gezeichnet wurde.

27 In *La Part maudite* (Paris 1967) übersetzt und kommentiert Georges Bataille den aztekischen Mythos, der in der Sonnenstrahlung das Ergebnis eines freiwilligen Selbstopfers erblickt.

28 Der Text, der von der Selbstaufopferung der Dame Ototachibana erzählt, ist dem 7. Buch des *Nihongi* entnommen. Das *Kojiki* enthält die gleiche Geschichte, nur kürzer.

29 Die Rivalität der beiden Prinzen um die Bescheidenheit und der Selbstmord des Bruders des zukünftigen Kaisers Nintoku entstammen dem 9. Buch des *Nihongi*.

30 Der Selbstmord des jungen Mädchens aus Unahi, der im 15. Jahrhundert das *nō*-Stück *Motomezuka* inspirierte, ist Thema eines berühmten Gedichts des *Manyō-shū* (Nr. 1809), einer Anthologie, die Mitte des 8. Jahrhunderts zusammengestellt wurde und Gedichte versammelt, von denen einige allerdings einige Jahrhunderte zurückreichen. In den *Mélanges offerts à M. Charles Haguenauer*, Paris 1980, ist eine Studie von Jacqueline Pigeot nachzulesen, »Les suicides de femmes par noyade dans la littérature narrative du Japon ancien«.

31 Die Erfindung der Tonfiguren, die die Menschenopfer ersetzen sollten, findet sich im 6. Buch des *Nihongi*.

32 *Junshi* (*oibara* genannt, wenn es durch Bauchaufschlitzen erfolgte) ist zwar eine japanische Institution, die Gefühle aber, die den Akt motivieren, finden sich überall: In dem ersten Buch der *Chronik*, Kap. X, stürzt sich der Schildträger König Sauls nach dem Tod seines Herrn ins Schwert. Eros, Diener des Antonius, erleichterte diesem den Tod, so Plutarch, indem er sich vor dessen Augen tötete. Dasselbe tat Arria, um ihren Mann zu ermutigen: »Poete, non dolet«, worauf Montaigne in *Essais*, Buch 2, Kap. XXXV, »De trois bonnes femmes«, hinweist. Beim Tod Othons töteten sich mehrere seiner Soldaten, laut Tacitus durch ihre »tiefe Zuneigung« dazu getrieben. Die Begleitung in den Tod ist also eine allgemeinmenschliche Praxis, die in Japan lediglich kodifiziert, intensiviert und ritualisiert worden ist. Der Selbstmord der Witwe wurde in China für rühmlich gehalten, und man zelebrierte ihn mit Inschriften zu ihrem Gedenken, mitunter sogar mit der Errichtung eines Triumphbogens. 1792 verbot ein kaiserliches Edikt derartige Ehrungen. In Indien wurde der freiwillige Opfertod der Witwe, den man *sāti*, d. h. »treue Frau« nannte, trotz der Mißbilligung der Engländer praktiziert und hat sich bis heute hartnäckig gehalten. In Japan erhob die eheliche Bindung, die viel nachgiebiger und nicht so eng war wie die der Vasallität, niemals solche Ansprüche. Schon 834 wendet sich das *Ryō no gige*, ein Kommentar zeitgenössischer Gesetze, in aller Form gegen die halberzwungenen Selbstaufopferungen der Witwen, wie sie in der Provinz Shinano mehrmals vorkamen.

33 Unter dem Einfluß des Buddhismus nahm das *junshi* weniger drastische Formen an: Im Jahr 1219 zogen sich beim Tod des *shōgun* und Dichters Minamoto no Sanetomo rund einhundert seiner Gefolgsleute ins Kloster zurück.

KAPITEL VI **Die Ausgrenzung der Gewalt**

34 Das Edikt zur Begrenzung der Bestattungskosten findet sich im 25. Buch des *Nihongi*.

35 Die Karriere, den Sturz und die postume Rache des Sugawara no Michizane schildert Jacqueline Pigeot in *Michiyuki-bun, poétique de l'itinéraire dans la littéra-*

339

ture du Japon ancien, Paris 1982, auf vier sehr dichten Seiten (289-292), die die Archetypen der Legende beleuchten. Michizanes Fall in Ungnade ist auch Gegenstand eines Kapitels einer Studie, die Ivan Morris den besiegten Helden der Geschichte Japans widmete: *The Nobility of Failure* (London 1975, dt. »Samurai oder von der Würde des Scheiterns«, Frankfurt/M. 1989).

36 Der durch ein Wunder abgewendete Selbstmord des Fräuleins Ukifune (ihr Name bedeutet – beziehungsreich – »schwebender Kahn«) findet sich im 51. Kapitel des *Genji-monogatari* (dt. »Die Geschichte vom Prinzen Genji«, Zürich 1966) der Hofdame Murasaki Shikibu. Die Genji sind Blutsverwandte des Kaiserhauses und Gründer einer wichtigen Seitenlinie der kaiserlichen Familie.

37 Man wird bemerkt haben, daß sowohl Ukifune als auch das junge Mädchen aus Unahi durch den Schatten und die Zurückhaltung, in denen sie verharren, um so begehrenswerter erscheinen. Darin besteht eine Konstante der japanischen Empfindsamkeit, die der Romancier Tanizaki Junichirō in seinem wunderbaren, 1933 in Tōkyō veröffentlichen Buch *Inei raisan* (dt. »Lob des Schattens«, Zürich 1987) analysierte.

KAPITEL VII **Die Kunst des Kriegers, gut zu sterben**

38 Der allererste Text, in dem vom Freitod durch Bauchaufschlitzen die Rede ist, handelt von einer Frau und findet sich in einer jener Monographien, *Fudoki*, die im 7. Jahrhundert veröffentlicht wurden, um die Landschaften, Ressourcen, Bräuche und Legenden, d. h. die Besonderheiten jeder Provinz des Kaiserreiches herauszustellen. Das *Harima-Fudoki* erzählt von einem Teich namens *Harasaki*, der im Land Harima liegt: Einst war eine weibliche Gottheit, Omi no Kami, ausgezogen, um ihren Mann, der ebenfalls ein Gott war, zu suchen. Am Ufer dieses Teiches angekommen, griff sie, verzweifelt und enttäuscht darüber, ihn nicht wiederfinden zu können, zum Schwert und schlitzte sich damit den Bauch auf, bevor sie sich ins Wasser stürzte. Seither nennt man diesen Teich *Harasaki* (Bauchaufreißen), und die Fische, die ihn bevölkern, haben keine Innereien. Man vergleiche diesen Text mit einer Stelle aus dem 1. Buch des *Kojiki*, in der beschrieben wird, wie der Gott Susanoo, stets ein Enfant terrible, ein Pferd, dem er soeben die Haut abgezogen hat, in das Frauengemach wirft. Die Frauen sind gerade mit dem Weben beschäftigt und erschrecken so sehr, daß sie sich das Schiffchen in den Unterleib jagen – und daran sterben. Im 5. Buch des *Nihongi* berichtet eine andere Legende, so unheimlich wie eine Traumerzählung, von der Prinzessin Yamato-toto-hime, die mit einem Gott verheiratet ist, der sie nur nachts besucht. Einmal bittet sie ihn, noch etwas zu bleiben, damit sie seine Schönheit sehen könne. »Nun gut«, sagt der Gott, »ich werde mich morgen früh in Euer Schmuckkästchen setzen, doch erschreckt nicht bei meinem Anblick!« Als die Prinzessin bei Tagesanbruch das Kästchen öffnet, findet sie eine hübsche kleine Schlange darin. Unwillkürlich stößt sie einen Schrei aus. Der Gott nimmt wieder Menschengestalt an und flieht, nachdem er ihr heftige Vorwürfe gemacht hat. Allein in ihrer Scham zurückgelassen, stößt sich die Prinzessin lange Haarpfeile in den Unterleib – und gibt den Geist auf. Diese Geschichte, von der man glauben könnte, sie sei für Psychoanalytiker erfunden worden, legt nahe, daß ein selbstmörderischer Angriff auf den Bauch, bevor er von den besiegten Kriegern praktiziert wurde, die Tat einer Frau gewesen sein mag, die der Einsamkeit, der

Scham und der Wut über ihr Geschlecht erliegt. Sei es, daß ihre Unfruchtbarkeit sie der Verschmähung aussetzt (denn im Zentrum der japanischen Familie stand niemals die eheliche Beziehung, sondern das Interesse an der durch die Empfängnis fortgeführten Stammlinie), sei es, daß ihre unzeitgemäße Fruchtbarkeit sie mit Entehrung zeichnete, wie es z. B. bei den *miko* der Fall war, die wie Vestalinnen dem Tabu der Jungfräulichkeit unterworfen waren. Tatsächlich findet der weibliche Selbstmord am häufigsten durch Ertrinken statt, doch jene Legenden zeigen, daß der Tod mitunter von einem Zerstückelungsphantasma begleitet werden kann, das sich gegen den Bauch als der Ursache des Unglücks richtet.

39 Yorimasas *seppuku* wird im 4. Buch des *Heike-monogatari* dargestellt.

40 Imais Selbstmord entstammt dem 9. Buch des *Heike-monogatari*, das Ertrinken der Dame Kozaishō dem 11., ebenso wie der Tod des kindlichen Kaisers Antoku, der in den Armen seiner Großmutter starb. Yoshitsunes *seppuku* wird im 8. Buch des *Gikei-ki* erzählt, einem Roman über dessen Leben.

41 Die Begebenheit zwischen Prinz Morinaga und Yoshiteru ist dem 7. Buch des *Taihei-ki* (engl. »Taiheiki: A Chronicle of Medieval Japan«, New York 1959) entnommen, die Darstellung des Massen-*seppuku* im Jahre 1333 um Nakatoki und Takatoki den Büchern 9 und 10 dieser Geschichte der erbitterten Bürgerkriege, die euphemistisch und mit einer Antiphrase *Taihei-ki*, »Chronik des Großen Friedens« betitelt ist. Zur Kritik des *seppuku* durch Sadanao siehe *Taihei-ki*, Buch 10, zum *seppuku*-Versuch des Sohnes von Kusunoki Masashige Buch 16.

42 Über den *seppuku* im allgemeinen ist auf japanisch eine Studie von Chiba Tokuji, *Seppuku no hanashi* (Tōkyō 1972, »Über den *seppuku*«) erschienen, offensichtlich angeregt durch die Geste Mishimas im Jahre 1970, die das Interesse der Historiker für diese Praxis geweckt hat. Jack Seward (*Hara-kiri, Japanese Ritual Suicide*, Tōkyō 1968) gibt einen kurzen Überblick, der vor allem dem strafrechtlichen *tsumebara* gewidmet ist.

KAPITEL VIII **Das Aufgeben des Körpers**

43 Der Dialog der beiden Brüder Kusunoki, Masasue und Masashige, findet sich im achten Kapitel des *Taihei-ki*.

44 Die Welt der kämpfenden *ashura* wird am Schluß des nō-Stückes *Kiyotsune* von Zeami (1363–1443) geschildert, das den Untergang der Taira zum Thema hat: Kiyotsune ist ein Krieger dieser Sippe, der sich freiwillig ertränkte, nachdem er durch ein Orakel von der unvermeidlichen Niederlage erfahren hatte. Er erscheint, ob im Traum oder als Phantom, am Bett seiner Frau, die ihm seinen Selbstmord zuerst vorwirft, dann aber verzeiht. Nachdem er in der Hölle der *ashura* die Kämpfe, die er auf der Erde erlebt hatte, noch einmal erleidet, wird er endlich durch die Gnade des Amida-Buddha erlöst.

45 Der alte Buddhismus des Theravāda wird in *L'Enseignement du Bouddha* von Walpola Rahula, Paris 1961, klar dargelegt. Die Verurteilung der Selbstvernichtung, *vibhava tankā*, findet sich auf S. 52.

46 *La Mort de Peregrinos* ist ein Text von Montherlant, *Essais*, Paris 1963, S. 247.

47 Die Verurteilung des Selbstmords durch Augustinus hinderte 1608 den Abbé de Saint-Cyran, immerhin ein großer Freund von Jansenius, des Autors von *Augustinus*, nicht daran, den Freitod gutzuheißen, falls dieser von der Vernunft, dem Strahl des ewigen Lichts, nahegelegt würde. Hierin erweitert Saint-Cyran den

augustinischen Begriff einer direkten, von Gott ans Gewissen gerichteten Weisung, bis dieser sich bei den Stoikern wiederfindet, die ihrerseits die heillose Niederlage, die unheilbare Krankheit, das unerbittliche Mißgeschick als ebenso viele
von der Gottheit ans Urteilsvermögen des vernünftigen Menschen gerichtete
Zeichen auslegten, das Leben zu verlassen. Saint-Cyran und die Jansenisten, beunruhigt durch den fortschreitenden Absolutismus unter Richelieu und Ludwig
XIV., fanden, entgegen den christlichen autoritaristischen Strömungen, zurück
zum Geist des Widerstands und der Freiheit, der Cato im Selbstmord sich gegen
Caesar, Seneca oder Lucianus sich gegen Nero hat erheben lassen.

48   Eine recht praktische Sammlung buddhistischer Texte von Edward Conze
      (*Buddhist Scriptures*, Harmondsworth, Middlesex, Baltimore 1959) zitiert die
      Begegnung mit Mara, dem Gott des Todes, S. 59, und das *Parinirvana* des Bud-
      dha, S. 62.

49   Der legendäre Bericht über den Tod Kūkais (774–835) entstammt dem *Konja-
      ku-monogatari*, XI, 25, (dt. »Konjaku monogatari – Erzählungen des alten Japan«,
      Stuttgart 1965). In Wirklichkeit wurde er eingeäschert. Gleichwohl ist der frei-
      willige Tod anderer Buddhisten durch Fasten oder durch Bestattung bei lebendi-
      gem Leibe, der zur Mumienverehrung führte, zweifelsfrei bewiesen: Noch
      1829 begab sich ein Asket namens Tetsumonkai in die ewige Bewegungslosig-
      keit *(nyūjō)*. Zum Problem der Mumifizierung siehe eine Studie von Paul De-
      miéville, »Momies d'Extrême-Orient« (*Journal des savants*, 1965) bzw. einen
      Aufsatz von Andō Kosei, »Des momies au Japon et de leur culte« (*L'homme*,
      Band 8, Heft 2, 1968).

50   Im Brahmanismus wird die Schöpfung des Universums dem Selbstopfer des
      Prajāpti zugeschrieben; siehe Sylvain Lévi, *La Doctrine du sacrifice dans les Brah-
      manas*, Paris 1898. Der ursprüngliche Buddhismus verzichtet auf das Opfer und
      hält sich in bezug auf die Kosmogonie an den strengsten Agnostizismus. Aber die
      Wiederkehr des Opfergeistes und der metaphysischen Spekulationen manife-
      stiert sich fünf Jahrhunderte nach dem Tod Buddhas im »Lotus-Sutra des Wahren
      Gesetzes« *(Saddharmapundarīka-sūtra)*, das die freiwillige Einäscherung des Bod-
      hisattva Bhaisajyarāja in Beziehung zur Sonnenstrahlung setzt (L. de La Vallée-
      Poussin, *Bouddhisme*, Paris 1925, S. 326). So erwacht vor einem völlig anderen
      Hintergrund das Thema, das die Azteken in ihren grausamen Riten umsetzten:
      Die Sonne entspringt dem Opfer; das Leben, das sich von ihr nährt, soll sich ihm
      unterwerfen.

51   Die Geschichte des Bodhisattva, der sich die Kehle durchschneidet, um von der
      Tigerin verschlungen zu werden, entstammt dem mahāyānistischen Sutra *Su-
      varnaprabhasa*, zitiert bei Conze in *Buddhist Scriptures*, a. a. O. (Anm. 48), S. 26.

52   Die Aphorismen der buddhistischen Priester sind im *Ichigon Hōdan*, Sammlung
      »Nihon shisō«, Ausgabe Chikuma-shobō, Band 5, gesammelt.

53   Die buddhistische Selbstverbrennung hat Anlaß zu zwei französischen Studien
      großen Umfangs gegeben. In »Les suicides par le feu chez les bouddhistes chinois
      du Vᵉ au Xᵉ siècle«, *Mélanges publiés par L'Institut des Hautes Études chinoises*
      (Band 2, 1960), hebt Jacques Gernet elf feierliche Zeremonien des Selbstmords
      durch Verbrennen hervor, die in den Jahren 451 bis 501, dem Höhepunkt des
      buddhistischen Eifers in China, stattfanden. 1963 erinnert Jean Filliozat in »La
      mort volontaire par le feu et la tradition bouddhique indienne« (*Journal asiatique*,
      CCLI) daran, daß der Buddhaschüler zunächst ein in Leidenschaftslosigkeit er-

starrter Yogi ist, bevor er sich dem Rausch der Ergebenheit hingibt, auf souveräne Art gleichgültig gegenüber seinem Körper. Indes besteht darin kein Grund zur Polemik, denn beide Ansichten sind gleichermaßen gültig; die Gernets für den *mahāyāna*-Buddhismus in seiner chinesischen Variante, die Filliozats für das Theravāda. Zu bedenken gilt es die Einheit des Buddhismus in der Breite seiner Entwicklung von Benares nach Heian. Ein Artikel von Étienne Lamotte, »Le suicide religieux dans le bouddhisme ancien«, *Bulletin de L'Académie royale de Belgique* (Sitzung vom 7. Mai 1965), gibt eine knappe Zusammenfassung des Problems. In China blieb, selbst als die Hochzeit der feierlichen Selbstverbrennungen vorüber war, ein Ritus der »Schädeleinbrennungen« bestehen, bei dem Räucherstäbchen mit einer Paste aus Trockenfrüchten auf den glattrasierten Schädel des zukünftigen Priesters geklebt und angezündet wurden – Übergangsritus, Prüfung des Erduldens, in der sich die einstmaligen Heldentaten in reduzierter Form fortsetzen: La Vallée-Poussin, a.a.O. (Anm. 50), S. 327. In Japan warnt jedoch das *Ryō no gige* (»Kommentar des Gesetzes«) die Priester schon seit dem 9. Jahrhundert in aller Form, den Körper den Flammen preiszugeben, stellt dies doch eine schwere Verletzung des Gesetzes dar. Für China dagegen führt Jean-Jacques Matignon in *La Chine hermétique*, (a.a.O. [Anm. 9]) noch eine doppelte Selbstverbrennung im Jahr 1888 in der Provinz Zhejiang an. Das »Lotus-Sutra des Wahren Gesetzes«, *Hokkekyō* auf japanisch, wurde auch im Inselreich verehrt, besonders von der Tendai-Sekte im 9. Jahrhundert und im 13. von Nichiren. Allerdings bezog sich die Aufmerksamkeit der japanischen Leser nicht so sehr auf das 22. Kapitel, das die Selbstverbrennung des Bhaisajyarāja bzw. Yakuō beschreibt. Dieser Bodhisattva hatte kaum eine Bedeutung im japanischen Glauben; die Gebete galten vielmehr dem Bodhisattva Avalokiteshvara, von dem das 25. Kapitel des Lotus-Sutra handelt. Unter dem Namen Kannon erlangte er in Japan sehr große Popularität.

54 *Das Buch der Visionen* von Angela von Foligno, dem die Bewunderung Georges Batailles galt, ist, drei Jahrhunderte vor Theresa von Avila, die Vorhut der christlichen Mystik: »Oh! Laßt mich nicht länger schmachten! Oh! Der Tod, der Tod! Denn das Leben ist mir ein Tod!« Bei ihren Liebesschwüren beteuert sie, »die Lurche, die Kröten, die Schlangen, sogar die Dämonen« zu lieben.

55 Das Ertrinken des Taira no Koremori wird im 10. Buch des *Heike-monogatari* erzählt.

56 Das Zitat des Paters Charlevoix ist seiner *Histoire et description générale du Japon*, Paris 1735, Band 1, S. 224, entnommen.

57 Das mißlungene Ertrinken des Asketen im Fluß Katsura stammt aus dem 11. Buch des *Uji-shūi-monogatari*, Kap. 9 (engl. »A Collection of Tales from Uji«, Cambridge 1970); die Geschichte des Eiferers, der sich mit dem roten Feuer verbrennt, bevor er sich zum Fudaraku einschifft, aus dem *Hosshin-shū*, Buch 3, Kap. 30.

58 Das Zitat von Dōgen, in dem das Leben in der Welt dem Leben Buddhas gleichgesetzt wird, entstammt dem Kapitel »Shōji« des *Shōbōgenzō* (dt. »Die Schatzkammer der Erkenntnis des Wahren Dharma«, Küsnacht, Bd. 1 1975, Bd. 2 1983). In *Le Bouddhisme japonais* von G. Renondeau (Paris 1965) finden sich weitere Anmerkungen zum *Shōbōgenzō*, notiert von einem Schüler Dōgens namens Ejō.

59 Über den Freitod des *yamabushi* Jitsukaga ist ein ausgezeichneter Artikel der

französischen Ethnologin Anne-Marie Bouchy in der *Revue de l'historie des religions*, Nr. 2, 1978, erschienen: »Jitsukaga, *yamabushi* des premières années de Meiji et le *shūgendō*«. Von derselben Verfasserin ist 1977 in Tōkyō ein Jitsukaga gewidmetes Werk auf japanisch erschienen: *Shashin gyōja Jitsukaga no shugendō*. Über diesen zugleich magischen und asketischen Aspekt des japanischen Buddhismus siehe auch G. Renondeau, *Le Shugendō*, Paris 1965. Buddha zu werden in diesem Körper, in diesem Leben: von dieser Möglichkeit sprach auch Kūkai in seinem berühmten kleinen Werk *Sokushin-jōbutsu-gi*. Trotz der Verschiedenheit der Methoden gilt ein und derselbe Monismus, sowohl beim Zen-Buddhismus als auch bei den Sekten der Heian-Zeit, Tendai und Shingon, auf die das *Shugendō* zurückgeht.

KAPITEL IX **Theater der Grausamkeit**

60 Wenn man bedenkt, wie sehr die Ideologie der *bushi* auf der Tugend der Treue gegenüber dem Herrn beruhte, läßt sich erahnen, daß der Verrat eine häufige Praxis während der Bürgerkriege war. Das Geschick einer Schlacht wurde oft durch einen Treubruch besiegelt. Eine der berühmtesten Rebellionen ist die des Akechi Mitsuhide, der sich am 21. Juni 1582 an seinem Lehnsherrn Oda Nobunaga rächen wollte.

61 In *The Nobility of Failure* (a. a. O. [Anm. 35]) widmet Ivan Morris ein Kapitel dem Aufstand von Shimabara bzw. dem kurzen Schicksal des Amakusa Shirō.

62 In *Seppuku no hanashi* (a. a. O. [Anm. 42]) erwähnt Chiba Tokuji einige Fälle von *seppuku*, die zur Edo-Zeit außerhalb der Kriegerklasse vollzogen wurden: äußerst seltene Ausnahmen.

63 Die Praxis des *junshi* entwickelte sich im Laufe der Bürgerkriege des 15. und 16. Jahrhunderts: Der Sippenzusammenhalt wurde enger, die Fürsten festigten ihre Vormachtstellung.

64 Eine äußerst wichtige Sammlung historischer Texte, *Sources of Japanese Tradition* (Iruington/N. Y. 1958), führt Edikte an, die sich auf die große Schwerterjagd des Toyotomi Hideyoshi (Band 1, S. 320) und auf die geschlossene Gesellschaftsordnung der Edo-Zeit (S. 326) beziehen. Sie zeigen auch das Erfolgsgeheimnis Tokugawa Ieyasus auf (S. 321).

65 Die Anekdote vom jungen Prinzen Nabeshima Tsunashige, der um einen Stock bittet, wird im 8. Buch des *Hagakure* (»Hinter Blättern verborgen«) erzählt.

66 Der Selbstmord zur Ermahnung hatte eine lange und ruhmreiche Geschichte in China. Jean-Jacques Matignon erinnert in *La Chine hermétique* (a. a. O. [Anm. 9] S. 123 und 180) daran, daß sich der Reichszensor U Kedou 1879 im Alter von siebzig Jahren erhängte, um gegen die Ernennung eines unfähigen »Sohnes des Himmels« durch die Kaiserwitwe Cixi zu protestieren. In keiner Weise geläutert kam dieselbe zwanzig Jahre später den Zensoren zuvor, die sie darum angefleht hatten, die fremdenfeindlichen und eine abenteuerliche Politik treibenden Minister zu entlassen, indem sie diese am 23. Juli 1900 hinrichten ließ.

67 In Japan, bemerkt Voltaire in seinem *Dictionnaire philosophique*, fordert ein Ehrenmann, der Opfer einer Ungerechtigkeit wurde, nicht zum Duell heraus, sondern er tötet sich selbst. Und »der Angreifer ist für immer entehrt, wenn er sich nicht sofort ein großes Messer in den Bauch jagt.« Die abendländischen Beobachter erstaunte, daß ein zweiter Selbstmord grundsätzlich auf den ersten antworten

344

sollte, und zwar aufgrund einer Logik der Ehre, die noch verheerender war als die ihnen vertraute des Duells.

68 Zum Strafrecht der Edo–Zeit s. J. C. Hall, »Japanese Feudal Laws«, in *Transactions of the Asiatic Society of Japan*, XLI, Tōkyō 1913.

69 Die Lektüre des *Hagakure*, die während des Pazifischen Krieges empfohlen wurde und später durch Mishima Yukio wieder zu Ehren kam, erlaubt es, die reinsten und widerspenstigsten Aspekte des *bushi* zu erfassen. Aus dem *Hagakure* werden hier wiedergegeben: die Texte über das Enthaupten des Todeskandidaten mit dem Schwert (Buch VII, 14), über das *kaishaku*-Amt von Makiguchi Yohei (VIII, 81), über den *samurai*, der während der Zwistigkeiten der *hatamoto* die Toilette aufsuchte (X, 126), über den Vasallen des Herrn Matsudaira (X, 65), über das dem Tod und dem Todesrausch gleichgesetzte *bushidō* (I, 2 und I, 114) und über die Heirat der Tochter des Herrn Ryūzōji Nakanobu (VIII, 47).

70 Montesquieu, Leser von Werken wie denen des Paters Charlevoix, die ihrerseits auf den Erzählungen der verfolgten Missionare beruhen, malt sich vom Tokugawa-Regime das Bild des schwärzesten Despotismus: *L'Esprit des lois* (dt. »Vom Geist der Gesetze«, Tübingen 1951), Buch VI, Kapitel 13 und 14, sowie Buch XIV, Kapitel 15. Das chinesische Regime gehört auch zum Despotismus, aber es ist sehr tolerant, aufgeklärt, von der Vernunft durchdrungen und durch sie gnädig gestimmt. George Sanson kommt auf Seite 371 seiner *History of Japan, 1334–1615* (London 1958) zu dem Schluß, daß die Diktatoren Nobunaga und Hideyoshi bei aller Gewalttätigkeit weit hinter dem Schrecken zurückblieben, den Caligula und Nero verbreiteten.

71 Auf die »drei kostbaren Geschenke« des Kaisers von China verweist Matignon in *La Chine hermétique*, (a. a. O. [Anm. 9] S. 154). In den Augen der Chinesen lag der große Vorteil eines solchen Todes darin, daß er den Körper unangetastet ließ, der bei der Todesstrafe durch Enthaupten verstümmelt worden wäre.

72 Zur Schule der Gesetze in China siehe M. Granet, *La Pensée chinoise* (Brüssel 1934, Buch IV, Kap. 1), worin von den Kesseln die Rede ist, in die man die Strafgesetze eingravierte.

73 Das *junshi*, worin die konfuzianischen Gelehrten lediglich eine irrationale Verschwendung sehen wollten, hatte gleichwohl, wie jede Wirklichkeit, seine Daseinsgründe: Starb ein Fürst, verschwanden seine Minister, seine engsten Berater mit ihm – sei es in den Tod, sei es in ein Kloster –, und machten nicht mehr von sich reden. Dergestalt kam die Erneuerung der regierenden Elite zustande, die in unseren Gesellschaften den wechselnden Gefühlen der Wählerschaft anvertraut wird. Die gerontokratische und konservative Tendenz des Absolutismus wurde somit gezügelt.

74 Eine 1913 in der Zeitschrift *Chūo Kōron* erschienene Erzählung des Schriftstellers Mori Ōgai, *Abe ichizoku* (»Der Untergang des Hauses Abe«, in: »Die fünfstökkige Pagode«, Düsseldorf 1960), kurz nach dem *junshi* General Nogis im Jahre 1912 verfaßt, entwickelt eine vollständige Kasuistik des ehrenhaften Selbstmords, ähnlich der des Duells, die das Abendland gekannt hat. Jene Vasallen, die ihre Ehre darauf setzten, sich zu töten, und die dadurch tödlich verletzt werden konnten, daß sie nicht die Genehmigung dazu erhielten, fürchteten sich davor, so zu erscheinen, als fürchteten sie sich – eine übliche Quelle des Mutes.

75 Die Streitigkeiten zwischen den Fürsten *(daimyō)* wurden zwar vom *bakufu* geschlichtet, aber jeder Fürst war absoluter Souverän seiner Vasallen, d. h. die Strei-

345

tigkeiten zwischen Vasallen und Fürsten wurden nicht durch das *bakufu* geklärt. Im 17. Jahrhundert war der Absolutismus der *daimyō* so gefestigt, daß ein *bushi* gegen den Fürsten, der ihm seine Stellung und seinen Sold gab, nicht mehr Rechtsmittel hatte als ein Kind gegen seinen Vater. Man verachtete alles, was den Anschein juristischer Winkelzüge und Einsprüche hatte, zwang sich aber dazu, wenn sich der Verzicht erschöpft hatte, zu Katastrophenlösungen Zuflucht zu nehmen, wie die letzten Seiten von *Abe ichizoku* (a. a. O. [Anm. 74]) deutlich machen.

76 Über die feudalen Praktiken der Rache siehe D. E. Mills, »Kataki-Uchi: the Practice of Blood Revenge in Pre-Modern Japan«, in *Modern Asian Studies*, X, 4, 1976. Der berühmten Vendetta der treuen Diener ist ein Werk von Übersetzungen und Kommentaren von René Sieffert und Michel Wasserman, *Le Mythe des quarante-sept rōnin*, Paris 1981, gewidmet. Der Verfasser des *Hagakure* verurteilt in Buch I, 55 sowohl ihre langsame Vorgehensweise als auch ihre Berechnung. Die entgegengesetzte Kritik, die Ogyū Sorai (1666–1728) formuliert, entstammt einem Pamphlet, *Shijūshichi shi no koto o ronzu* (»Über die siebenundvierzig rōnin«), das er der Akō-Affäre widmete. Im selben Geist, doch im Sinne des abendländischen und nicht mehr konfuzianischen Rationalismus, äußert sich Fukuzawa Yukichi (1834–1901) anderthalb Jahrhunderte später in Kapitel 6 von *Gakumon no susume* (engl. »An Encouragement of Learning«, Tōkyō 1969) gegen die Sippenrache im Namen der Staatsjustiz.

77 Sakura Sōgoro, der so streng zur Kreuzigung verurteilt wurde, verkörpert die lange Unterdrückung der Bauern der Edo-Zeit. Von ihren sporadischen Aufständen handelt »Peasant Uprisings of the Tokugawa Period« von Hugh Borton in *Transactions of the Asiatic Society of Japan*, Band 16, Tōkyō, Mai 1938.

78 Dem rasch gescheiterten städtischen Aufstand unter Ōshio Heihachirō im Jahre 1837 ist ein Kapitel in Ivan Morris' *The Nobility of Failure* gewidmet (a. a. O. [Anm. 35]).

79 Der Brite A. B. Mitford, später Lord Redesdale, war einer der abendländischen Beobachter der Agonie des feudalen Japan. Er wohnte dem *tsumebara* des Offiziers Taki Zenbzaburō bei und veröffentlichte seine ergreifende Beschreibung 1871 in *Tales of Old Japan*, S. 403 (London 1910). Im selben Jahr, in dem sich Taki den Bauch aufschlitzte, ereignete sich die Sakai-Affäre: Am 16. Februar 1868 wurden dreizehn französische Matrosen in der Nähe von Ōsaka ermordet. Der französische Konsul Léon Roches forderte und erhielt von der neu eingerichteten kaiserlichen Regierung eine beispielhafte Bestrafung: Zwanzig Soldaten aus der Kaserne von Sakai sollten zum *tsumebara* verurteilt werden. Die Zeremonie nahm im Beisein des Konsuls und einer Abordnung der französischen Marine ihren Lauf. Die Verurteilten schlitzten sich einer nach dem anderen den Bauch auf. Beim elften stand Léon Roches, vielleicht von Übelkeit ergriffen, von seinem Platz auf und verließ den Saal. Die Zeremonie wurde unterbrochen, die neun Überlebenden später begnadigt. Mori Ōgai, der 1914 in der Zeitschrift *Shinshōsetsu* von den Geschehnissen in *Sakai jiken* (dt. »Der Zwischenfall in Sakai«, in: Hefte für Ostasiatische Literatur 7, Juni 1988) erzählt, bezieht einen bescheidenen, aber nicht zu verleugnenden Stolz aus diesen japanischen Heldentaten und der Nervenschwäche des ausländischen Konsuls. Jene Soldaten waren nicht einmal *samurai* von Geburt; man verlieh ihnen postum diesen Adelstitel. Dieses Feuer, das die Männer aus dem Volk verschlang, sollte das letzte des feuda-

len *seppuku* sein. Fünf Jahre später, im Strafgesetzbuch von 1873, wurde die Todesstrafe durch *tsumebara* gestrichen, und der *seppuku* setzte seine Laufbahn lediglich als freie Geste, unabhängig von den geschriebenen Gesetzen, fort. Über
die Wandlungen der japanischen Gesetze unter französischem, deutschem und
amerikanischem Einfluß unterrichtet das ausgezeichnete Werk von Noda Yoshi-
yuki, *Introduction au droit japonais*, Paris 1965.

KAPITEL X **Lieben und Sterben**

80   Die Geschichte von Ochō und Ryūshichi entstammt Shohōkens *Shinjū ōka-
     gami*, (»Der große Spiegel der Doppelselbstmorde«) Buch I, 4.
81   Im ersten Buch, erstes Kapitel, von Saikakus *Kōshoku gonin onna* (»Fünf Freun-
     dinnen der Wollust«, engl.»Five Women who loved love«, Tōkyō 1971) schlägt
     Minagawa Seijūrō vor, gemeinsam Selbstmord zu begehen.
82   Zur Organisation des Yoshiwara-Viertels und der Prostitutionspraktiken in der
     Edo-Zeit siehe J. E. De Becker, *The Sexual Life of Japan, being an Exhaustive
     Study of the Nightless City*, erste Ausgabe Yokohama 1899. Das *kabuki*-Theater,
     das in seinem heutigen Repertoire so tugendhaft erscheint, war urspünglich, in
     den ersten Jahren des 17. Jahrhunderts, nichts als eine Reihe ausgelassener Tänze,
     die in enger Verbindung zur Kurtisanenlaufbahn, zur Prostitution der Mädchen
     und Jungen standen. Während des ganzen 17. und 18. Jahrhunderts versuchte
     das *bakufu* diese Aufführungen zu kontrollieren, zu moralisieren, zu reglemen-
     tieren. Zur selben Zeit focht Molière seine Streitigkeiten mit der Kirche aus. An-
     hand von Donald H. Shivelys »*Bakufu* versus *kabuki*«, *Harvard Journal of Asiatic
     Studies*, Dezember 1955, läßt sich dieser Kleinkrieg mit Verboten und Verstößen
     verfolgen.
83   Im geheimen lieben: In seinem Kommentar zum *Hagakure*, *Hagakure nyūmon*,
     (Tōkyō 1967, dt. »Zu einer Ethik der Tat«, München 1987) führt Mishima
     Yukio lobend diese Stelle an: Er setzte sie mit seinem jungen Freund Morita in
     die Praxis um, der drei Jahre später, am 25. November 1970, seinen Tod teilte.
     Die Liebe bedarf genausosehr der Verschwiegenheit wie der Wahrheit; macht
     man sie allgemein bekannt, wird sie gewöhnlich.
84   Der Text von Fujimoto Kizan über die Liebespfänder ist neben anderen Auszü-
     gen aus Werken der Edo-Zeit in Donald Keene, *World within Walls, Japanese Li-
     terature of the Pre-Modern Era 1600–1867*, New York 1976, angeführt.
85   In der *Kameliendame* spricht ihr Liebhaber Armand Duval von den Pfaden, die
     den vom geraden Weg Abgekommenen offenstehen. Die Kameliendame *(Tsu-
     bakihime)* ist eine der populärsten unter den in Japan eingeführten Gestalten der
     abendländischen Fiktion. Eine wache Empfindsamkeit für die Opferbereitschaft
     der Frau hat sie sehr früh Aufnahme finden lassen.
86   Von den Prüfungen der schönen Mikasa erzählt Saikaku 1682 im zweiten Teil
     von *Kōshoku ichidai otoko* (»Ein Freund der Wollust«, engl. »The life of an amo-
     rous man«, Tōkyō 1973) im Kapitel »Die Liebe einer Kurtisane«.
87   Sich rächen, indem man sich tötet: Auch in Griechenland konnte man sich in ein
     Phantom verwandeln, um einen Verfolger zu verfolgen. Ajax stürzt sich in sein
     Schwert, um so die Erinnyen, die Göttinnen der Rache (also der Gerechtigkeit)
     an das Unrecht zu mahnen, das er erlitten hat. Rasender Ajax: Ist die selbstmör-
     derische Gewalt der Gipfel ungerechter Unterstellungen oder gerechter Entrü-

stung? Siehe dazu eine Studie von Marie Delcourt über »Le Suicide par venge-ance dans la Grèce ancienne« in: *Revue de l'histoire des religions,* 1939, S. 154–171. Ein Selbstmörder kann, wie Sugawara no Michizane, furchterregend werden. So kann man sogar Götter zum Nachdenken und Nachgeben zwingen. Orestes erklärt in Vers 973 der *Iphigenie auf Tauris,* daß es ihm gelungen sei, Apollo durch die Drohung zu berühren, er werde sich vor dessen Tempel zu Tode hungern.

88   Die Selbstmorddrohung kann ein Mittel der Erpressung, ein Trick sein. Auf dem Höhepunkt der christlichen Verurteilung des Selbstmords erlaubt sich Molière den Spaß, ihn in *George Dandin* (1668), 3. Akt, 6. Szene, in Szene zu setzen. Nicht ohne die Zornesblitze der Kirche und namentlich von Pater Bourdaloue hervorzurufen, der gegen ein Schauspiel wettert, »in dem die Schamlosigkeit die Maske fallen läßt«. Angélique droht ihrem Dummkopf von Mann damit, sich zu töten: »Mein Herz wird sich zu äußersten Entschlüssen hinreißen lassen, und mit diesem Messer hier werde ich mich auf der Stelle töten.« Sie tut so, als würde sie sich erstechen. »Oh weh!« ruft George Dandin, »sollte sie so böswillig sein, sich zu töten, damit ich gehängt werde?« Und er läßt sich durch die List seiner Frau täu-schen. Im selben Spottgeist läßt Sakaiku Osan und ihren Liebhaber Moemon ei-nen Akt von *shinjū* vortäuschen.

89   Zum *shinjū* siehe einen Artikel von Serge Elisséeff in der Zeitschrift *Japon et Extrême Orient,* September 1924.

90   Auch in China war das Vergnügen mit Prostituierten erlaubt, Gefühle der Liebe zu empfinden, galt jedoch als Beweis für einen verdorbenen Charakter: s. Ro-bert van Gulik, *Sexual life in ancient China,* Leyden 1974, S. 310.

91   Über den neuen *jōruri*-Stil, den Miyakōji Bungonojō 1730 erfand, berichtet eine Studie von Pierre Faure in *Mélanges offerts à M. Charles Haguenauer,* Paris 1980. Der Gelehrte, der diese »Unzucht-Seuche« beklagt, ist Dazai Shundai (1680–1747).

92   Um die Verdichtung des späten *kabuki*-Theaters zum Melodrama, in dem im übrigen das Selbstmordthema hartnäckig bestehen bleibt, ermessen zu können, sei hier auf die die französische Übersetzung eines Werkes von Mokuami (1816–1893) durch Pierre Faure verwiesen: *Le Kabuki et ses écrivains, suivi de »Izayoi et Seishin« ou l'historie amoureuse et tragique d'une courtisane et d'un bonze qui devinrent brigands,* Paris 1977.

93   Bonapartes Tagesbefehl zur Verurteilung des Selbstmords des Grenadiers Go-bain wird in *Roland Barthes par lui-même,* (Paris 1975, S. 94, dt. R.B. »Über mich selbst«, München 1978) angeführt.

94   In mehreren Werken Saikakus finden sich Geschichten homosexueller Liebe, vor allem in *Nanshoku ōkagami* (»Der große Spiegel der männlichen Liebe«), 1687, sowie in den Sammlungen *Budō denraiki* (»Schriften zur Tradition des *bushidō*«) und *Buke-giri-monogatari* (»Geschichten über die Kriegerpflicht«), die von den Sitten und Gebräuchen der Kriegerklasse handeln. Einige dieser Geschichten, die von Satō Ken ins Französische übersetzt wurden, sind schon 1927 unter dem Ti-tel *Contes d'amour des samurai,* Paris, veröffentlicht worden.

95   Der Ehebruch Osans, der Frau des Almanachherausgebers, und des Angestellten Moemon wird in der dritten der wahren Geschichten aus Saikakus *Kōshoku go-nin onna* (»Die fünf Freundinnen der Wollust«) erzählt.

348

96 Der zweite Band der *Sources of Japanese Tradition* versammelt in einer leicht zugänglichen Form charakteristische Texte der nationalistischen und imperialistischen Ideologie. Eine andere Anthologie, herausgegeben von Livingstone, Moore und Oldfather, *Imperial Japan 1800–1945* (New York 1973), enthält einige der besten englischsprachigen Studien über diese Epoche.

97 In *Le Japon* (Paris 1966) zeichnet Jean Lequiller ein hellsichtiges und breitgestreutes Panorama der politischen Geschichte Japans vom Sturz des *bakufu* bis zum Ende des Pazifischen Krieges. Die ausgezeichneten Studien, zu denen das moderne Japan anregte, sind so zahlreich, daß man hier noch nicht einmal die besten nennen kann. Gleichwohl sei auf einige französischsprachige Veröffentlichungen verwiesen: Paul Akamatsu, *Meiji: Révolution et contre-révolution au Japon*, Paris 1968, Jacques Mutel, *La Fin du Shogunat et le Japon de Meiji 1853–1912*, Paris 1970, und den sehr dichten Umriß von Michel Vié, *Le Japon contemporain*, Paris 1971.

98 In *The Intellectual Foundations of Modern Japanese Politics* (Chicago 1974) gibt Najita Tetsuo ein lebendiges Gesamtbild der politischen Ideen Japans von der Edo-Zeit bis zum Beginn des 20. Jahrhunderts. Er stellt ihre Diversität klar heraus, neigt aber dazu, die religiöse, auf jeden Fall opferrituelle Intensität der kaiserlichen Glaubenslehre zu unterschätzen, die tiefer verwurzelt ist als alle Rationalisierungen der Ideologen.

99 Der zweite Roman von Mishimas Tetralogie *Hōjō no umi* (»Das Meer der Fruchtbarkeit«), *Honba* (dt. »Unter dem Sturmgott«, München 1986), wurde in der ersten Hälfte des Jahres 1967 verfaßt; er enthält eine Binnenerzählung, die vom Bund des Götterwindes und dem Sturm auf das Schloß von Kumamoto handelt: Dieser Text lehnt sich an den strengen Stil der Meiji-Zeit an und ist von den feudalen Geschichten beeinflußt, die Mori Ōgai nach Nogis Tod schrieb.

100 In dieser krisenreichen Übergangszeit war der politische Terrorismus gang und gäbe. In seiner Autobiographie äußert sich Fukuzawa Yukichi ausführlich über die Gefahr, ermordet zu werden, die im Zeitraum der fünfzehn Jahre von 1860 bis 1875 über den Verfechtern der Modernisierung schwebte.

101 Hier sei erneut auf das Kapitel über Saigō Takamori in Ivan Morris' *The Nobility of Failure* (a. a. O. [Anm. 35]) verwiesen.

102 Der Konfuzianismus wirkte sich in der rationalistischen Version von Chuxi (1131–1200), die unter den Tokugawa zur offiziellen Lehre erklärt wurde, als konservative Ideologie auf Japan aus. Aber die Interpretation des Konfuzianismus durch den Philosophen und Soldaten Wang Yangming (1472–1528), auf japanisch Ō Yōmei genannt, betonte die Intuition und den unbeugsamen Akt. Yangmings Denken (*Yōmeigaku*) inspirierte 1837 Ōshio Heihachirō, 1859 Yoshida Shōin, 1877 Saigō Takamori und 1970 Mishima Yukio zu ihrer Tat.

103 Nogi und Cincinnatus: Alle abendländischen Historiker, die im 17. und 18. Jahrhundert über Japan schrieben, ließen sich von Livius und Tacitus inspirieren. In den Taten und Gesten der Japaner glaubten sie, den Stil der Römer wiederzufinden.

104 Das Gedicht von Yosano Akiko erschien 1904 in der Septemberausgabe der Zeitschrift *Myōjō* unter dem Titel »Kimi shi ni tamao koto nakare« (»Stirb nicht, mein Bruder!«).

105 Zu Nogi existiert eine überreiche Biographie. Ein jüngeres Werk von Lifton, Katō und Reich, *Six Lives, six Deaths* (New Haven 1979) bemüht sich, die offizielle Legende zu entmystifizieren. Die Photographien Nogis und seiner Frau, am Tag ihres Todes aufgenommen, finden sich in *L'Empire des signes* (Paris 1970, dt. »Das Reich der Zeichen«, Frankfurt/M. 1981) von Roland Barthes, am Beginn des Gedankenganges, den er dann in seinem 1980 erschienenen Werk *La Chambre claire* (Paris, dt. »Die helle Kammer«, Frankfurt/M. 1985) ausführte.

KAPITEL XII **Bis in den Abgrund**

106 Die widersprüchlichen Strömungen der Taishō-Ära sind in einer Sammlung historischer Studien dargestellt, herausgegeben von Silberman und Harootunian, *Japan in Crisis, Essays on Taishō Democracy*, Princeton 1974.

107 In seinem geistreichen Katalog der japanischen Wirklichkeiten, *Things Japanese, Being Notes on Various Subjects connected with Japan*, (London 1890[1], dt. »ABC der japanischen Kultur«, Zürich 1990) beschreibt Basil Hall Chamberlain in dem Artikel »Harakiri« mehrere, seinerzeit nur kurz zurückliegende Fälle von *seppuku* bei den Militärs, die zweifellos als Symptom für die Spannung am Vorabend des russisch-japanischen Krieges angesehen werden können. In der darauffolgenden Generation ging diese Neigung der Militärs zur Selbstaufopferung ein Bündnis mit dem Terrorismus der nationalistischen Verbände ein.

108 Das postume Manifest von Asahi Heigo, der sich am 3. September 1921 tötete, nachdem er den Bankier Yasuda ermordet hatte, findet sich in *Sources of Japanese Tradition*, Band 2, S. 260. Ein selbstmörderischer Mord derselben Art, der an *amok* grenzt und ideologisch gefärbt ist, fand z. B. auch 1976 in Frankreich statt: Am 14. Mai jenes Jahres tötet sich ein junger Mann von 22 Jahren, Jean Bilski, nachdem er auf dem Pariser Boulevard des Italiens den Bankier Chaine, Vorsitzender des Crédit Lyonnais, ermordet hatte. Die Zeitung *Libération* veröffentlichte fünf Tage später ein langes, ein Jahr zurückliegendes Gespräch, in dem Jean Bilski seinen Wunsch äußerte, zu sterben, nachdem er einen Bankier getötet haben würde.

109 In *Les Justes* (»Die Gerechten«) und *L'Homme révolté* (»Der Mensch in der Revolte«) beschreibt Albert Camus die Verbindung zwischen Selbstmord und Terrorismus, indem er an die Anschläge erinnert, die in Rußland zwischen 1903 und 1905 ihren Gipfel erreichten. Man denke auch an das Bild Chens in *La Condition humaine* (Paris 1972, dt. »So lebt der Mensch« München 1991) von Malraux, wie er sich mit der Bombe in der Hand auf das Auto wirft, in dem sich Jiang Jieshi (Chiang Kai-shek) befinden sollte.

110 Der kompetenteste Historiker und Soziologe der nationalistischen, militaristischen und imperialistischen Tendenzen zu Beginn der Shōwa-Ära ist Maruyama Masao: *Thought and Behavior in Modern Japanese Politics*, Oxford 1963. Der unvermeidliche Vergleich mit dem Faschismus und dem Nazismus darf nicht den Blick für die besonderen Züge der japanischen Situation verstellen.

111 In *Revolt in Japan*, Princeton 1973, zeichnet Ben-Ami Shillony die Ereignisse vom 26. Februar 1936 nach. Zur Ideologie Kita Ikkis, auf die sich die jungen Offiziere beriefen, siehe George Wilson, *Radical Nationalist in Japan: Kita Ikki (1883–1937)*, Cambridge 1969. Als das lebendigste Dokument über diesen

Moment der japanischen Geschichte können die Tagebücher des Generals Honjō gelten, der damals Adjutant des Kaisers war. Der Text, *Honjō-nikki*, 1967 in Tōkyō veröffentlicht, ist von Hane Mikiso ins Englische übersetzt worden: *Emperor Hirohito and his chief Aide de Camp, the Honjō Diary 1933–1936*, Tōkyō 1982. David Bergamini *(Japan's Imperial Conspiracy*, London 1971) führt zwar eine leichte Feder, aber seine These über die Verantwortung des Kaisers ist sehr fragwürdig.

112 Viele Autoren haben sich mit dem Pazifischen Krieg beschäftigt, ihn kommentiert und analysiert. Den Weg in den Abgrund schildert eindringlich der Bericht des damaligen amerikanischen Botschafters Joseph C. Grew: *Ten Years in Japan*, New York 1944. Die Erfahrungen der Bevölkerung von Tōkyō wurden sehr früh von einem Augenzeugen, Robert Guillain, in *Le Peuple japonais et la guerre, choses vues, 1936–1946*, Paris 1947, beschrieben.

113 Seit Kriegsende sind auf japanisch mehr als zweihundert Werke über die Sondereinheiten *(kamikaze, tokkōtai)* veröffentlicht worden: daran läßt sich die fortbestehende Gemütsbewegung des Publikums ermessen. Einige Jahre nach dem Krieg erschien eine erste Sammlung von Briefen und Aufzeichnungen, *Kike Wadatsumi no koe* (»Hört die Stimme der Meeresgötter«, frz. »Les Voix qui nous viennent de la mer«, Paris 1954). Sehr lesenswert ist auch die französisch verfaßte Darstellung eines Überlebenden, der seine Orientierungslosigkeit höchst bewegend zum Ausdruck bringt: Nagatsuka Ryūji, *J'etais un kamikaze*, Paris 1972. Einen Überblick bietet Bernard Millot, *L' Epopée kamikaze*, Paris 1969.

114 Über die letzten Tage des Pazifischen Krieges gibt es zahlreiche Berichte. Ein detailliertes Bild vermitteln Werke wie die von Robert J. C. Butow, *Japan's Decision to Surrender*, Stanford 1954, William Craig, *The Fall of Japan*, London 1967, und Lester Brook, *Behind Japan's Surrender*, New York 1968.

115 Das Projekt des nationalen Selbstmords konzentrierte sich in einer Parole: *Ichioku gyokusai*, »Hundert Millionen zu Edelsteinstaub zerfallen« Das Wort *gyokusai* (Edelsteinsplitter, Diamantenstaub) bezeichnet den ehrenvollen Tod in der Hitze des Gefechts, den Tod, in den man sich stürzt, einen reinen, schnellen, erhabenen Tod. Dies ist das Los, zu dem die hundert Millionen *(ichioku)* Untertanen Großjapans aufgefordert wurden.

116 Über das *yakuza*-Milieu und ihren Schein-Traditionalismus berichtet eine Studie von Philippe Pons in *L'Histoire*, Nr. 51, Dez. 1982, sowie das 10. Kapitel des bereits erwähnten Buches von Takie Sugiyama-Lebra (a. a. O. [Anm. 19]).

KAPITEL XIII **Profile des Nihilismus**

117 Der Nihilismus – ein 1862 von Turgeniew populär gemachter Terminus, eine von mehreren großen Romanfiguren Dostojewskis verkörperte Haltung und, nach Nietzsche, die entscheidende Frage der ganzen modernen Zivilisation, die »Gefahr der Gefahren«, der »zweite Buddhismus«, die Krankheit, die man mit Hammerschlägen kurieren muß. Buch I des vor dem Krieg von Elisabeth Förster-Nietzsche zusammengestellten *Der Wille zur Macht* behandelt den Nihilismus unter der Überschrift »Der europäische Nihilismus«. Wenn man die im Namen der exakten Philologie von Karl Schlechta vorgenommene Zerstückelung des »Willens zur Macht« ablehnt, erhält das Problem des Nihilismus wieder

seine ganze Schärfe. Walter Kaufmann widmet ihm das erste Buch seiner Ausgabe, »The Will to Power«, New York 1968. Versucht man, einen in seinen letzten Heften verstreuten Gedanken Nietzsches zusammenzufassen, so erkennt man, daß er in der Diagnose des Nihilismus von 1887 seinen Ausgang nimmt. Nietzsche las damals »Die Dämonen« mit größter Aufmerksamkeit: Er wiederholt die Argumente Kirilovs (»Nachgelassene Fragmente Herbst 1887 bis März 1888«). Der Dichter des Nihilismus ist der frühe Paul Claudel; in der Fassung von *La Ville* aus dem Jahre 1890 findet er dafür die kräftigste Sprache (dt. »Die Stadt«, Basel 1944).

118 Über den lange überdachten Selbstmord Kirilovs sollte man den genausogut begründeten wie mißglückten Selbstmord des jungen Hyppolit in »Der Idiot« nicht vergessen.

119 André Breton zitiert Barbeys »bizarres Ultimatum« an Huysmans in *Les Vases communicants*, Paris 1932, S. 133 (dt. »Die kommunizierenden Röhren«, München 1980, S. 98). In einer Zeit, zu der er mehr denn je dem dialektischen Materialismus anhing, war der Selbstmord für ihn nur noch ein »schlechtes Heilmittel« und »die Konsequenz des zum äußersten getriebenen subjektiven idealistischen Systems«. Doch die Subjektivität zeigt sich ungehorsam gegenüber den guten Gründen der Dialektik: »Amour fou«, Traum und Selbstmord setzten ihre Karriere selbst in der UdSSR fort. Es genügt also nicht, präzisiert Breton, die Welt zu verändern, man muß auch das Leben verändern und zunächst »die Studie des Ich rehabilitieren«.

120 Der Moralkodex von Fukuzawa Yukichi *(Shūshin yōryō)* (1835–1901), am 11. Februar 1900 in der Zeitschrift *Jiji-Shinpō* veröffentlicht, wird von John W. Morrison in *Modern Japanese Fiction*, Logan 1955, zitiert.

121 Das romantische Wiedererwachen des Problems des Freitods in Europa wird besonders deutlich im 41. Brief von *Oberman*, in dem Senancour sich, vermittelt durch seinen Helden, lange fragt, ob der Mensch das Recht, sich zu töten, a priori für sich beanspruchen könne.

122 Über die Selbstmorde der modernen japanischen Schriftsteller findet sich reichlich Material in einer Sondernummer der Zeitschrift *Kokubungaku – Kaishaku to kanshō*, (Tōkyō, Dezember 1971), (»Japanische Literatur – Interpretation und Würdigung«). Diese Sammlung von Studien wurde offensichtlich durch den Selbstmord Mishimas ein Jahr zuvor angeregt. A. Alvarez, *The Savage God*, London 1971, bietet eine knappe, doch sehr anregende Übersicht über den Selbstmord bei abendländischen Schriftstellern von Dante bis Sylvia Plath.

123 Nicht ohne etwas Frivolität zählt Basil Hall Chamberlain in *Things Japanese* (a. a. O. [Anm. 107]) den Selbstmord – neben dem Briefmarkensammeln und den Garden-parties – zu den *»fashionable crazes«*, von denen die Japaner angeblich nicht genug bekommen können. 1903 schreibt er, *»youths nourished on Schopenhauer and Nietzsche took to practising ›the denial of the will to live‹ by jumping into the great waterfall of Kegon at Nikkō«* (S. 159). Eine laxe Anspielung auf den so reinen Selbstmord des Oberschülers Fujimura Misao, der seinerzeit Aufsehen erregt hatte. Diese Selbstmorde von Schülern und Studenten wurden durch die Imagination vergrößert und zu einem Thema der Zeit, das die abendländischen Beobachter wieder aufgriffen und entwickelten. Ein zeitgenössischer Autor, E. Vincent, den Matignon in seinem Buch (S. 97) zitiert, schreckt vor Übertreibungen nicht zurück: »Die Manie des Selbstmords ist eine Seuche unter den

Studenten der Tōkyō-Universität: Die einen werfen sich in den Kegon-Wasserfall, die anderen in den Krater des Asama. Es ist der Tod ohne Worte und ohne Prüfungen. Zweitausend Personen haben sich innerhalb eines Monats in den Krater des Asama geworfen. In Japan begeht man in jedem Alter, aus jedem erdenklichen Grund und auf jegliche Art und Weise Selbstmord.« Die Statistiken, die E. Tarnowski 1907 in einer in den *Archives d'anthropologie criminelle* veröffentlichten Studie angibt, rücken diese Übertreibungen zurecht: Mit einer Rate von 20,6 pro 100 000 liegt Japan auf demselben quantitativen Niveau wie Frankreich und Deutschland. Dennoch muß der Selbstmord, wie alle heimtückischen Krankheiten, die Krankheit des anderen sein. Im 18. Jahrhundert war er für die Franzosen die englische Krankheit, in der Zeit des Japanismus die japanische.

124 Niemals hat der Freitod zu erhabeneren Tönen angeregt als in den drei Fassungen dieses unvollendeten Dramas.

125 Die Gedichte von Oka Masafumi (1962–1975) sind im Verlag Chikuma-Shobō erschienen: *Boku wa jūnisai* (»Ich bin zwölf Jahre alt«). Man fühlt sich an den Selbstmord des jungen Boris in *Les Faux-Monnayeurs* (»Die Falschmünzer«) aus dem Jahre 1925 erinnert. André Gide ließ sich von einer tatsächlichen Begebenheit inspirieren: Im Juni 1909 schoß sich ein 14jähriger Junge im Klassenzimmer des Blaise-Pascal-Gymnasiums in Clermont-Ferrand eine Kugel in den Kopf. Die Zeitung *Journal des débats* machte, laut einem »Anhang« zum *Journal des Faux-Monnayeurs*, »die unablässige und unkontrollierte Lektüre der pessimistischen deutschen Philosophen« dafür verantwortlich.

126 Der zitierte Text ist ein Auszug aus Natsume Sōsekis *Wagahai wa neko de aru* (»Ich bin ein Kater«) (Tōkyō 1906, engl. »I am a cat«, Tōkyō 1971).

127 Akutagawa Ryūnosuke, »Aru kyūyū e okuru shuki« (»An einen alten Freund«) (In: *Gendai Nihon bungaku taikei*, Bd. 43. Tōkyō 1973).

128 Zeigen sich nicht die Wirkungen des ansteckenden Nihilismus, die Nietzsche ankündigte, besonders in Form der Droge? »Ich will den Gedanken lehren, welcher vielen das Recht gibt, sich durchzustreichen, – den großen *züchtenden* Gedanken« (Der Wille zur Macht, Stuttgart 1964, S. 690). Die für die Schwachen überaus erdrückende Idee, die Nietzsche selbst kaum ertragen konnte, ist die der ewigen Wiederkehr des gleichen Lebens.

129 Im Juli 1930 widmete André Breton Majakowski einige Seiten, die in *Point du jour* aufgenommen wurden. Breton wollte ihn so gegen einen Artikel aus *L'Humanité* verteidigen, die Majakowski als einen verspäteten Bürger dargestellt hatte, als einen falschen Revolutionär, der durch seinen Selbstmord entlarvt worden war.

130 »Six Lives, six Deaths« (a. a. O. [Anm. 105]) von Lifton, Katō und Reich enthält ein Kapitel über Kawakami Hajime.

131 Im *Journal of Asian Studies*, Februar 1964, beschreibt Donald Keene die Haltung der japanischen Schriftsteller während des Pazifischen Krieges.

KAPITEL XIV **Der Akt Mishima**

132 Der Vorschlag Shiga Naoyas wurde in dem Artikel »Kokugo mondai« (»Das Problem der japanischen Sprache«) formuliert, der in der Zeitschrift *Kaizō* (4/1946) erschien.

133 In Artikel 9 der Verfassung von 1947 heißt es: »Das japanische Volk ersehnt aufrichtig den internationalen Frieden, der auf Gerechtigkeit und Ordnung gegründet ist; es verzichtet für alle Zeiten auf den Krieg als einem souveränen Recht der
Nation sowie auf militärische Drohung oder Ausübung von Waffengewalt als
einem Mittel zur Lösung internationaler Konflikte. Um das Ziel des vorange-
gangenen Absatzes zu erreichen, verzichtet der japanische Staat auf den Unterhalt von Streitkräften und sonstiger Kampfkraft. Das Recht des Staates auf
Kriegführung wird nicht anerkannt.« Gleichwohl wurden durch ein Gesetz von
1954 Selbstverteidigungsstreitkräfte *(Jieitai)* geschaffen. Die Kontingente für
Heer, Marine und Luftwaffe betrugen 1980 265 000 Mann. Die Staatsausgaben
für die Selbstverteidigungsstreitkräfte werden freiwillig unterhalb der Obergrenze von 1 % des Bruttosozialproduktes gehalten.

134 Der Text von Sakaguchi Ango (1906–1955) ist dem 1946 verfaßten *Darakuron*
(»Über den Verfall der Moral«) entnommen.

135 »Philosophie? Lüge […]« und »Morphium, Atrimol […]« sind Texte, die 1946
von Dazai in »Shayō« (dt. »Die sinkende Sonne«, München 1958) als Auszüge aus
dem Tagebuch Naojis dargestellt werden. Naoji – Widerspiegelung des Autors –
tötet sich am Ende der Erzählung.

136 Der Text von René Crevel (1900–1935), »Ein Teeaufguß auf dem Gasherd […]«
stammt aus *Détours,* Paris 1924.

137 Dazai erwähnt diesen Sommerkimono mit feinen grauen Streifen in den ersten
Zeilen eines seiner ersten Werke, *Bannen* (»Lebensabend«), das er mit 26 Jahren
nach seinem dritten Selbstmordversuch schrieb.

138 Eine treffende Einschätzung der berühmten Studie Sartres über Baudelaire gibt
George Batailles »La Littérature et le mal« (dt. »Die Literatur und das Böse«,
München 1987).

139 Kafka charakterisiert in seinem Tagebuch die Literatur als »Spaß und Verzweiflung« (F. Kafka, *Tagebücher 1910–1923,* Frankfurt/M. 1951, S. 551, Eintragung
vom 6. 12. 1921). Das Zitat wurde von Maurice Blanchot in »De Kafka à Kafka«
(Paris 1981, dt. »Von Kafka zu Kafka« Frankfurt/M. 1989), wieder aufgenommen.

140 Die von Haraguchi Tōzō hinterlassenen Hefte sind unter dem Titel *Nijūsai no
echūdo* (»Etüden eines Zwanzigjährigen«) veröffentlicht worden.

141 John Nathan verfaßte eine Biographie Mishimas, *Mishima: A biography* (Boston
1974). Siehe auch den Essay von Marguerite Yourcenar, *Mishima ou la vision du
vide* (Paris 1980, dt. »Mishima oder die Vision der Leere«, Frankfurt/M. 1988).

142 Vgl. F. Nietzsche, »Der Wille zur Macht«, Stuttgart 1964, S. 285 f.

143 Die französische Übersetzung von Mishimas Novelle *Yūkoku* (dt. »Patriotismus«, in: »Gesammelte Erzählungen«, Reinbek 1971) erschien zunächst in der
Ausgabe des 1. Februar 1970 von *La Nouvelle Revue française,* bevor sie in *La
mort en été,* Paris 1983 aufgenommen wurde. Zuvor aber wurde der von Mishima auf der Grundlage seiner Novelle gedrehte Film in Frankreich bekannt,
der im Januar 1966 auf dem Festival von Tours sehr gut aufgenommen wurde.
Mishima spielte selbst die Hauptrolle. Der recht billig klingende Titel dieses
Films, »Riten der Liebe und des Todes« wurde von ihm für das ausländische Publikum gewählt.

144 Zwei 1968 veröffentlichte Werke Mishimas tragen wesentlich zum Verständnis
der Entwicklung seiner letzten Jahre bei: *Bunka bōei ron* (»Über die Verteidigung

354

der Kultur«) stellt die Werte der modernen Zivilisation in Frage. Doch diese ideologischen Stellungnahmen blieben abstrakt, hätte Mishima nicht einige Monate später in *Taiyō to tetsu* (»Sonne und Stahl«) die Emotionen beschrieben, die die Grundlage seines eigenen Daseins darstellen.

145 Eine sehr fesselnde Mishima-Biographie wurde 1975 in New York veröffentlicht: Henry Scott Stokes *The Life and Death of Yukio Mishima*. Dieses Werk gibt eine detaillierte Schilderung der paramilitärischen Übungen der »*Tate no kai*« am Fuße des Berges Fuji.

146 Die Dialektik der Tugend im Kampf mit dem Lauf der Welt ist in der »Phänomenologie des Geistes« (Hamburg 1952, S. 28) beschrieben. Sie läuft darauf hinaus zu zeigen, daß »die Bewegung der Individualität [...] die Realität des Allgemeinen ist.« Es wird also nicht mehr vom Individuum gefordert, das Wohl durch sein Selbstopfer hervorzubringen. Nicht indem es stirbt, sondern indem es lebt und verwirklicht, was es in sich selbst trägt, kann das Individuum zum Gemeinwohl beitragen. Die Tradition des Opfers wird somit überwunden, gemäß der Hegelschen Version des Werdens der Vernunft in der Geschichte.

147 In Mishimas Aktivismus erkennt man die Gedankengänge Wang Yangmings wieder. In einem Brief, den Mishima an seinen Freund und Übersetzer Ivan Morris unmittelbar vor seinem Tod schrieb, unterstreicht er die Bedeutung, die er der *Yōmeigaku* beimißt (siehe Henry Scott Stokes, (a. a. O. [Anm. 145] S. 249). In »Unter dem Sturmgott« liest der reine, junge und schöne Isao, mit dem sich Mishima sichtlich identifiziert, mit Leidenschaft einen Essay des nationalistischen Philosophen Inoue Tetsujirō (1855–1944) über Wang Yangming.

148 »Verwandelt sah ich schon die Dichter und gegen mich selber den Blick gerichtet./ Büßer des Geistes sah ich kommen: die wuchsen aus ihnen.« (F. Nietzsche, *Also sprach Zarathustra*, Zweiter Teil, »Von den Dichtern«, Stuttgart 1964, S. 141.)

149 Henry Scott Stokes (a. a. O. [Anm. 145]) berichtet sehr detailliert über die Ereignisse vom 25. November 1970, die im übrigen in der Tagespresse ausführlich kommentiert wurden.

150 »Ich tausche die Reste meiner Lebenskraft«, sagt Valerius Maximus im 2. Buch, Kapitel 6, der *Facta et Dicta Memorabilia*: »gegen ein glückliches Ende ein.« So vermeidet man die Rückschläge der Fortuna. In der Tat. Etwas später nimmt Plutarch diese Idee in *De communibus* wieder auf: »Wenn ein Mann im Besitz aller Güter ist und ihm nichts fehlt, was für das Glück und die Seligkeit notwendig ist, ziemt es sich, sich vom Leben zurückzuziehen.« Paul Valéry hat in einer Zeile von *Tel quel* dieses Paradoxon von Plutarch wieder aufgenommen: »Ermächtigung, sich zu töten, nur dem vollkommen Glücklichen« (*Oeuvres*, Band 2, Paris 1959, S. 502). Die Möglichkeit des Selbstmords auf dem Gipfel der Freude, auf dem Höhepunkt des Lebens, »vor Begeisterung«, wie Dimitri Karamazov sagt, wird durch den Versuch Oliviers in *Les Faux-Monnayeurs* (André Gide, *Romans*, Paris 1959, S. 1179, dt. »Die Falschmünzer«) illustriert.

151 Der Romancier Kawabata Yasunari (1899–1972), dem 1968 der Nobelpreis für Literatur verliehen wurde, förderte den jungen Mishima in Schriftstellerkreisen und blieb bis zum Ende einer seiner besten Freunde. Am 16. April 1972 wurde er in seiner kleinen Eigentumswohnung in der Nähe seines Hauses in Kamakura tot aufgefunden – Gasvergiftung. Nichts, weder ein Testament noch ein Abschiedsbrief, ja nicht einmal eine einzige Zeile an seine Freunde und Ange-

hörigen. So konnten sie von einem Unfall sprechen – eine tröstliche Illusion, die Kawabata vielleicht mit seinem Schweigen beabsichtigt hatte. Auch er hatte »vergessen«, das Feuer unter dem Teewasser anzuzünden.

152 Mehr noch als der Akt Mishimas stellt der Anschlag auf dem Flughafen von Tel-Aviv am 30. Mai 1972 das Verhältnis zwischen Ethik und Politik in Frage: Hier verläuft die Grenze, an der das Selbstopfer dem Terror als moralisches Alibi dienen kann. Schon in »Die Dämonen« wird Kirilovs Tod von Verkhovenski gehörig in dessen subversiver Strategie ausgebeutet. Diese beiden fiktiven Figuren verschmolzen in wirklichen Menschen und nahmen lebendige Gestalt an: Man erinnert sich an das Verwirrspiel im Gefängnis von Stammheim, in dem am 18. Oktober 1977 Andreas Baader, Gudrun Enslin und Jan-Carl Raspe starben. Ohne Zeifel handelte es sich um einen dreifachen Selbstmord, den die freiwilligen Opfer in einer letzten politischen Gebärde als dreifaches Verbrechen der Unterdrückungskräfte zu tarnen versuchten. Heißt dies, daß man das Recht hat, die Wahrheit aufzuopfern, wenn man einer Sache nur das eigene Leben aufopfert? *Satyagraha:* die Wahrheit (das, wovon man glaubt, es sei wahr? Nein, das, was sich als verifizierbar erweist) soll kämpfen, und zwar, nach Gandhi, innerhalb der Grenzen der Gewaltlosigkeit, der Unschädlichkeit, *ahimsa,* also unter Ausschluß des Terrorismus. Strenge Grenzen des politischen Kampfes. Im Laufe des Sommers 1981 starben Bobby Sands und neun seiner Kameraden, junge Iren zwischen 23 und 30 Jahren, die wegen Terroranschlägen im Maze-Gefängnis inhaftiert waren, freiwillig, einer nach dem anderen, im Laufe eines siebenmonatigen Hungerstreiks, ohne daß es ihnen gelungen wäre, Margaret Thatchers Regierung durch ihr Martyrium zur Erfüllung ihrer Forderungen zu bewegen. Die opferbereite Verweigerung der Nahrungsaufnahme scheiterte dort, wo Gandhi, der die Politik der Ethik unterordnete, d. h. die Vorrangstellung des Erfolgs ablehnte, Erfolg gehabt hatte. In ihrer Studie aus dem Jahr 1939, »Le suicide de vengeance dans la Grèce ancienne« (a. a. O. [Anm. 87]) spricht Marie Delcourt von einer doppelten Tradition des Fastens bis zum Tode: in Indien und in Irland, d. h. an den beiden Flügeln der Ausbreitung der indogermanischen Bevölkerungsgruppen. Im mittelalterlichen Irland konnte es vorkommen, daß ein Christ zu fasten begann, um gegen Gott, den Verantwortlichen für die Ungerechtigkeiten dieser Welt, zu protestieren.

Bakufu, »Zeltregierung«, Militärregierung des *shōgun* (im Unterschied zur Regierung des kaiserlichen Hofes).   149, 166, 205, 211, 224, 261

Banka, wörtlich: »Gesang beim Ziehen eines Sarges«, Totenklage.   85

Banzai genauer: **Tennō-heika banzai!**, Hochruf auf den Kaiser, »Hoch lebe Seine Majestät der Kaiser!«.   264, 328

Bonsai, wörtlich: »Tablett-Pflanze«, Zwergbaum, Pflanzenzucht im Miniformat. 169

Bu, altes Längenmaß, 3,03 mm.   155

Bunraku, Puppentheater.   206

Bushi, samurai, Krieger, Angehörige des Schwertadels, *bushi* konnotiert wie unser »Ritter« den Adel, *samurai* den, »der dient«, der mit einer Funktion, einer Aufgabe betraut ist.   8, 98, 60, 104 f., 148, 160 f., 164, 173, 175 ff., 192, 195, 206, 223, 228 f., 290, 324, 327

Bushi no tamashii, Kriegergeist.   230

Bushidō, der »Weg des Kriegers«, Ethik der *bushi*.   153, 162 ff., 223, 240 f., 260, 290, 311, 316, 322

Chikamatsu Monzaemon (1653–1724), Dramaturg, schrieb für das *kabuki-* vor allem aber für das *bunraku*-Theater.   169, 181, 185, 206, 215, 217

Chinkon, Zeremonie zur Besänftigung der Seelen der Toten, Ritual schamanistischen Ursprungs.   85

Chokugo, »Kaiserliche Worte«.   225, 233, 239, 242, 256

Chokushi, kaiserliche Verordnung, die vom Souverän selbst erlassen und von einem eigens hierzu ernannten Boten übermittelt wird.   258

Chōnin, Städter, Bürger (im Gegensatz zum *bushi*), bezeichnet in der Edo-Zeit das gewöhnliche Volk, Händler oder Handwerker.   206

Chōshū, Fürstentum im Südwesten des Landes, heutige Präfektur Yamaguchi. 176, 224

Chū, Loyalität bzw. Vasallentreue.   213

Chūshingura, »Der Schatz der treuen Vasallen«, Drama, das die Blutrache der 47 *rōnin* thematisiert.   169, 232

Daigo Tennō, japanischer Kaiser, regierte von 897 bis 930.   86

Daimyō, wörtlich: »großer Name«, Fürst des Schwertadels.   104, 173

Dan no Ura, Meeresenge bei Shimonoseki, Schauplatz der entscheidenden Seeschlacht von Dan no Ura am 25. April 1185, bei der die Flotte der Taira von der der Minamoto vernichtend geschlagen wurde.   102, 162

Dazai Osamu (1909–1948), Schriftsteller, Autor von Novellen und Romanen, beging 1948 Selbstmord.   25, 312 ff.

Dōgen (1200–1253), Priester, Gründer der zen-buddhistischen Sōtō-Sekte in Japan.   21, 141

Dōkyō (?–772), Priester der Hossō-Sekte, der am Hof von Nara durch seinen Einfluß auf die Kaiserin Kōken große politische Macht ausübte.   83

Echigo, alte Provinz, heute die Präfektur Niigata.   110

Edo, ab 1603 Sitz des Tokugawa-*bakufu*, heutige Stadt Tōkyō.   68, 161, 172, 211

Edo-jidai (1603–1868), Edo-Zeit, Herrschaft der Tokugawa-Sippe, Periode, die

u. a. durch die Entwicklung einer bürgerlichen Kultur in Edo gekennzeichnet ist. 148, 152, 157, 181, 198, 202f., 212, 214, 258, 289

Etchū, alte Provinz, heutige Präfektur Toyama.   189

Etō Shinpei (1835–1874), *samurai* aus der Provinz Hizen, Vize-Erziehungsminister, Justizminister in der Meiji-Regierung, Anführer eines Aufstands gegen die Regierung, der niedergeschlagen wurde, 1874 enthauptet.   229, 237f.

Ezōshi, »Bilderblätter«, in der Edo-Zeit auf den Straßen der Großstädte verkaufte Lesehefte.   205, 214

Fudaraku, Potalaka auf sanskrit, in der Mythologie des *mahāyāna*-Buddhismus Name eines Berges oder einer Insel, wo sich der Bodhisattva des Mitleids Avalokiteshvara (Kannon auf japanisch) aufhalten soll.   136, 221

Fudoki, Beschreibungen der Provinzen, im 8. Jahrhundert auf kaiserliche Veranlassung kompiliert.   65

Fujimoto Kizan (1626–1704), Autor des »Großen Spiegels des Weges der Liebe« *(Shikido ōkagami)*.   195f.

Fujiwara, Hofadelsfamilie, die im 10. und 11. Jahrhundert entscheidenden Einfluß auf die kaiserliche Regierung ausübte.   84, 86, 95

Fukoku kyōhei, »Reiches Land, starke Armee«, Parole der Meiji-Regierung.   227, 239

Fukuzawa Yukichi (1835–1901), Reformer, Pädagoge und Schriftsteller, einer der Wegbereiter der japanischen Moderne, Gründer der Keiō-Universität.   174, 237, 289, 291

Funshi, Freitod aus Zorn, Trotz, Verachtung oder Entrüstung.   152

Gakushūin, Tōkyōer Adelsschule.   245

Geisha, wörtlich:»Künstler«, in Künsten wie Musik, Gesang und Tanz ausgebildete Frauen.   186, 199, 219

Gekokujō, gesellschaftliche Umwälzung.   146

Genji-monogatari, »Die Geschichte vom Prinzen Genji«, ein über 1000 Seiten umfassender Roman, der von der Hofdame Murasaki Shikibu 1003 verfaßt wurde. 88f., 91f., 212, 300

Genroku, Ära, (1688–1704), Höhepunkt der Edo-Zeit.   167, 173, 214

Genyōsha, »Gesellschaft des Ur-Ozeans«, 1881 gegründeter ultranationalistischer Bund.   239, 250

Giri, Verpflichtung, Pflicht, moralische Schuld (im Gegensatz zu den Liebesneigungen, s. **ninjō**), in dieser Form besonders in der Edo-Zeit häufiger Terminus.   170, 181, 183ff., 207

Go-Daigo Tennō (1288–1339), japanischer Kaiser, regierte von 1318 bis 1339. 108, 258

Goryō-e, Zeremonie zu Ehren der Geister der Toten, buddhistisches Ritual zur Beruhigung der gereizten Geister.   88

Go-Toba Tennō (1180–1239), japanischer Kaiser.   107

Hagakure, wörtlich: »Hinter Blättern verborgen«, Anfang des 18. Jahrhunderts erschienene Sammlung von 1300 Reflexionen und Anekdoten zum *bushidō*, von dem es eine radikale Interpretation als Entschluß zum Tod gibt.   151, 155f., 161, 163, 165, 167, 190, 194, 274, 322, 327

Haikai, »Posse, Schabernack« humoristische Variante des ernsten Kettenge-dichts.   200

Haiku, 17-silbiges Gedicht.   332

Hakkō ichiu, »Acht Himmelsrichtungen unter ein und demselben Himmel«, Parole der vierziger Jahre.   228

Haniwa, wörtlich: »Tonkreise«, Grabbeigaben, die die Menschenopfer ersetzten. 81, 245

Hara, der Bauch, Sitz der Persönlichkeit.   105

Harakiri, Bauchaufschlitzen, japanische Lesung der Schriftzeichen für »Bauch« und »schneiden«, s. **seppuku**   104, 311, 331

Haraguchi Tōzō (1927–1947), Student der Tōkyō-Universität, ertränkte sich mit 20 Jahren.   316 f.

Hatamoto, unmittelbare Vasallen des Hauses Tokugawa, die eine erbliche Besoldung von über 100 *koku* Reis (1 *koku* entspricht 180 l) erhielten.   161

Heian-jidai (794–1185), Zeitalter der Hofaristokratie.   69, 84, 90, 93, 108, 257, 274, 284, 300, 310, 317

Heian-kyō bzw **Heian**, wörtlich: »Hauptstadt der Ruhe und des Friedens«, heutige Stadt Kyōto.   92

Heijō-kyō, wörtlich: »Hauptstadt des friedlichen Schlosses«, heutige Stadt Nara.   93

Hideyoshi, s. **Toyotomi Hideyoshi**

Hiei-zan, Berg nordöstlich von Kyōto, Hauptquartier der esoterisch-buddhistischen Tendai-Sekte.   95

Hijiri, Asket, der am Rande der offiziellen Priesterschaft lebte.   139

Hikime, wörtlich: »Krötenauge«, Bezeichnung eines esoterisch-buddhistischen Ritu-als, das die *yamabushi* bei Geisteraustreibungen durchführten.   143

Hinin, wörtlich: »Nicht-Mensch«, Bettler, Paria, die als unrein betrachtete Berufe wie Henker, Totengräber oder Leichenträger ausübten.   156, 214

Hinomaru, Kreis der aufgehenden Sonne, japanische Nationalflagge.   242

Hitobashira, »menschlicher Pfeiler«, Menschenopfer beim Bau von Brücken, Dämmen oder Festungen, um die Erd- und Wasssergottheiten gnädig zu stim-men.   68

Hōben, Notbehelf, buddhistischer Terminus, der bequeme Maßnahmen, also fromme Schleichwege zum Heil bezeichnet.   141

Hōjō, aus den Heike hervorgegangene Sippe des Schwertadels, in der zweiten Hälfte des Kamakura-*bakufu* übernahmen sie die Macht von den Minamoto und fungierten als Militärregenten.   107, 109

Hōnen (1133–1212), Priester, Gründer der *Jōdo-shū* (Sekte des Reinen Landes). 131, 136 f.

Hōryūji, Tempel in Nara, 607 von Shōtoku Taishi gegründet.   128

Hyakushō ikki, Bauernaufstände.   228

Hyōgo, heute Name einer Präfektur, früher Bezeichnung der Gegend um Kōbe, Schauplatz der Schlacht von Minatogawa im Juli 1336.   114

Ichigon Hōdan, »Worte und Sprüche«, Titel einer buddhistischen Aphorismen-sammlung, die auf das Ende der Kamakura-Zeit zurückgeht.   128

Ichi no Tani, Ort in der alten Provinz Setsu, Schauplatz der Schlacht von Ichi no Tani.   101

Ichioku isshin, »Hundert Millionen Menschen, ein Herz«, ultranationalistische Parole, die vom Erziehungsminister Araki ausgegeben wurde. 261

Ihara Saikaku (1642–1693), Schriftsteller der Edo-Zeit. 188 f.

Iki, sui, Schick, Eleganz. 199

Ikka shinjū, s. **oyako shinjū**. 62

Imi, Tabu (im Shintōismus). 65

Imibe, imbe, Tabu-Gilde, erbliche Körperschaft. 67

Inga, Ursache und Wirkung, buddhistischer Begriff. 184

Inoue Junnosuke (1869–1932), Bankier und Politiker, 1932 ermordet. 253

Inukai Tsuyoki (1855–1932), Politiker, Premierminister, 1932 ermordet. 256

Ippen Shōnin (1239–1289), Wanderpriester der Sekte des Reinen Landes. 129

Ise, Standort des Ise-Schreins, des wichtigsten Heiligtums des Shintōismus. 102 f., 227

Ishihara Shintarō (geb. 1932), Romancier, Politiker. 25

Ishikawa Goemon (1558–1595), berühmter Räuber. 160

Ishikozume, Bestattung bei lebendigem Leibe, Selbstbestattung. 126

Itagaki Taisuke (1837–1919), liberales Mitglied der Meiji-Regierung, gründete 1881 die »Liberale Partei«. 237 f.

Izanagi, männliche shintōistische Gottheit, Bruder und Mann von Izanami, Ur-Vater. 65

Izanami, weibliche shintōistische Gottheit, Schwester und Frau Izanagis, Ur-Mutter. 56, 65

Jibaku, wörtlich: »Selbstsprengung«. 267

Jidaimono, historisches Stück im *kabuki*- und *bunraku*-Repertoire. 206

Jimmu Tennō, japanischer Kaiser, soll im 6. Jahrhundert geherrscht haben, legendärer erster *tennō* Japans und Ururenkel der Sonnengöttin Amaterasu. 108

Jinpūren, »Götterwindbund«, 1872 von ehemaligen, der Modernisierung feindlich gegenüberstehenden *samurai* gegründet. 230, 327

Jinrai-ōka, »Götterdonner-Kirschblüten«, Name der im Frühjahr 1945 gebildeten Eliteeinheiten. 241

Jisatsu, Selbstmord, ein Wort jüngeren Datums, das allgemein und neutral verwendet wird. 59, 62

Jitsukaga (1843–1884), Asket der Meiji-Zeit, ertränkte sich 1884 freiwillig. 142, 144

Jiyūtō, »Liberale Partei«, zuerst 1881 von Itagaki gegründet, heute in der Regierungspartei *Jiyū-Minshūtō*, »Liberal-Demokratische Partei«, aufgegangen. 238

Jizō-bosatsu, (Ksitigarbha auf sanskrit), Bodhisattva, der schwor, allen leidenden Wesen zu helfen; Beschützer der Kinder, Reisenden und in die Hölle gefallenen Toten. 132, 313

Jōkamachi, Stadt am Fuße eines Schlosses, Hauptstadt eines Fürstentums. 161

Jorō, s. **yujō**

Jorōya, auch **okiya** oder **ageya**, geschlossenes Haus im Freudenviertel, in dem die Kurtisanen lebten. 192

Jōruri, dramatische Gattung, Puppentheater (s. **bunraku**). 215

Jōshi, s. auch **aitai jini**, Tod aus Leidenschaft, in der Edo-Zeit eingeführter Begriff, um das Wort *shinjū* zu vermeiden. 213

Jukai, das »Meer der Bäume«, Bezeichnung eines Waldes auf den Abhängen des Fuji. 43

Junshi, Opfertod, Totengeleit.   25, 77, 81, 88, 151, 164 f., 246, 281, 329
Jusha, konfuzianischer Gelehrter (der Edo-Zeit).   211
Jusui ōjō, Tod bzw. Wiedergeburt im Paradies durch Ertrinken.   136

Kabuki, wörtlich: »Gesang und Tanzkunst«, zu Beginn des 17. Jahrhunderts in Edo entstandene Theaterform.   155, 169, 206, 215, 321
Kaidan, phantastische Kurzgeschichte, übernatürliche Geschichte.   202
Kaiken, Dolch, insbesondere für Damen.   147
Kaishaku, Helfer, der denjenigen, der *seppuku* begeht, enthauptet, um seinen Todeskampf zu verkürzen.   147, 155 f.
Kaizoebara, seit dem 13. Jahrhundert praktizierte Form des *seppuku* unter Beistand des *kaishaku*.   107
Kamakura, südwestlich von Tōkyō gelegene Stadt, von 1185 bis 1333 Sitz des ersten *bakufu*.   108 f., 111
Kamakura-jidai (1185–1333), Zeitalter der Kriegerherrschaft.   8, 212, 259
Kami, shintōistische Gottheit (Geister, Mächte, Energien).   65
Kamikaze Tokubetsu Kōgekitai, kurz **Tokkōtai**, »Sondersturmtruppen des Götterwindes«, Oktober 1944 gegründete Sondereinheiten, in denen sich bis Kriegsende 2198 Piloten opferten.   48, 230, 268, 271 f., 275, 282
Kamogawa, Fluß in Kyōto.   96
Kannon, Avalokiteshvara auf sanskrit, Bodhisattva des Mitleids.   132, 136, 221, 313
Kanshi, Freitod zur Rüge bzw. Ermahnung.   152, 167, 230
Kantō, Ebene, Region um Tōkyō (im Gegensatz zur westlich gelegenen Kansai-Region um Kyōto und Ōsaka).   93, 300
Karate, wörtlich: »leere Hand«, Selbstverteidigungskunst mit bloßen Händen.   105
Katakiuchi, wörtlich: »Angriff auf einen Feind«, Blutrache, Vendetta.   167
Katana, (langes) Schwert.   229
Katsura Tarō (1847–1913), Militärführer und Politiker der Meiji-Zeit.   255
Katsuragawa, Fluß im Westen von Kyōto.   137
Kawabata Yasunari (1899–1972), Romancier (»Schneeland«), Literatur-Nobelpreisträger von 1968, beging 1972 Selbstmord.   300, 331
Kawakami Hajime (1879–1946), Schriftsteller, Wirtschaftswissenschaftler.   306
Kegon no taki, etwa 100 m hoher Wasserfall in der Nähe von Nikkō.   294, 316
Kegon-shū, buddhistische Sekte.   129
Ketsumeidan, »Blutsbrüderbund«, ultranationalistische und terroristische Kleingruppe.   253
Kii-hantō, Halbinsel südlich der Yamato-Ebene.   133, 136, 142
Kimigayo, »Regierungszeit des Kaisers«, japanische Nationalhymne.   258
Kira Yoshinaka, Zeremonienmeister im Palast des *shōgun* in Edo, provozierte Asano Naganori und löste so das Rachedrama der 47 *rōnin* aus.   167, 171
Kirisute gomen, »Niederstrecken erlaubt«, Erlaubnis zum Versetzen eines Schwertstreichs.   149
Kita Ikki (1883–1937), rechter Theoretiker eines japanischen nationalen Sozialismus, 1937 zusammen mit Nishida Mitsugi zum Tode verurteilt.   255, 260
Kitamura Tōkoku (1868–1894), Essayist und Dichter der japanischen Romantik, beging 1894 Selbstmord.   291 ff.
Kitano-jinja, *shintō*-Schrein in Kitano bei Kyōto, der zum 44. Todestag von Sugawara no Michizane erbaut wurde, um seinen gereizten Geist zu beruhigen.   87

Kodama Gentarō (1852–1906), Armeechef im Krieg gegen China und vor allem in Port Arthur und Mugden im Laufe des russisch-japanischen Krieges. 245

Kōdōha, »Faktion des Kaiserlichen Weges«, Offiziersgruppe, die in den dreißiger Jahren mit der *Tōseiha* (»Kontroll-Faktion«) wetteiferte. 257

Kōfun-jidai (ca. 3. Jh. v. Chr. – 659 n. Chr.), Zeitalter der antiken Grabhügel. 75

Kojiki, »Chronik alter Begebenheiten«, 712 vollendetes Werk, in dem mündlich überlieferte Mythen (Schöpfung der Welt, Reichsgründung) schriftlich festgehalten sind. 65

Kokuryūkai, »Gesellschaft des Schwarzen Drachens«, ultranationalistischer Verein. 240, 250, 253

Kokutai, wörtlich: »Staatskörper«, Nationalwesen. 300

Kokutai no hongi, »Die Grundprinzipien der nationalen Einheit«, 1937 im Auftrag des Erziehungsministeriums verteiltes Pamphlet. 261

Konishi Yukinaga (1556–1600), christlicher Heerführer Toyotomi Hideyoshis. 147

Konoe Fumimaro (1891–1945), Nachkomme einer Hofadligenfamilie, Politiker, Premierminister, beging 1945 Selbstmord. 262, 284

Koromogawa, Festung in Nordjapan, in der sich Minamoto no Yoshitsune 1189 tötete. 97

Kōshoku gonin onna, »Fünf Freundinnen der Wollust«, 1686 von Ihara Saikaku veröffentlichtes Werk. 188, 217

Kōshoku ichidai onna, »Eine Freundin der Wollust«, 1686 von Ihara Saikaku veröffentlichtes Werk. 190

Kōshoku ichidai otoko, »Ein Freund der Wollust«, 1682 von Ihara Saikaku veröffentlichtes Werk. 190, 199

Koto, Musikinstrument, japanische Zither. 186

Kōtoku Shūsui (1871–1911), militanter Sozialist und Anarchist, 1911 zum Tode verurteilt und gehängt. 251

Kōya-san, Berg auf der Kii-Halbinsel, Hauptquartier der buddhistischen Shingon-Sekte. 125, 133

Kugai, »Welt des Leidens«, Ausdruck buddhistischen Ursprungs zur Bezeichnung des Loses der Kurtisanen. 198

Kūkai (774–835), postum Kōbō-Daishi genannt, Priester, Gründer der buddhistischen Shingon-Sekte. 21, 125 f.

Kumano, Bergregion an der pazifischen Küste im Südosten der Kii-Halbinsel. 133, 136 f., 142, 221

Kurushima Tsuneki, militanter Rechtsextremist der »Gesellschaft des Ur-Ozeans«, ermordete 1889 den Außenminister Ōkuma Shigenobu. 250

Kuruwa, s. **yūkaku**

Kusunoki Masashige (1294–1336), Kriegsmann, der sich nach der verlorenen Schlacht von Minatogawa tötete, ab der Meiji-Zeit und im ersten Jahrzehnt der Shōwa-Ära zum Vorbild der Kaisertreue erklärt. 114 f., 117, 224, 273

Kyūba no michi, der »Weg von Pfeil und Bogen«, Kunst des Bogenschießens. 146

Kyūshū, südlichste der vier Hauptinseln Japans. 75, 102, 145, 147

Makoto, Aufrichtigkeit, Treue, Loyalität. 105

Manyōshū, »Sammlung der zehntausend Blätter« Mitte des 8. Jahrhunderts herausgegebene älteste Gedichtsammlung Japans. 72, 74, 85, 89

363

Meiji-Ära (1868–1912), Regierungszeit Kaiser Mutsuhitos, die durch die Öffnung zum Westen, die Abschaffung des Shōgunats und damit einhergehend die Wiederherstellung der kaiserlichen Macht gekennzeichnet ist. 172, 192, 223, 225 f., 241, 251, 255, 310

Meiji-ishin, Meiji-Restauration, Wiederherstellung der kaiserlichen Macht im Jahre 1868. 68, 116, 178, 192, 309

Mekake oder **tsukai-onna**, Nebenfrau. 212

Michiyuki, Itenarium, Wegstrecke. 209, 215

Mikawa, alte Provinz, südöstlich der heutigen Stadt Nagoya. 66

Miko, ursprünglich Schamanin, Medium, heutzutage junge Mädchen im Dienste eines *shintō*-Schreins. 67, 74, 88

Mimana, während des 4. bis 6. Jahrhunderts japanische Kolonie im Süden der koreanischen Halbinsel. 75

Minamoto oder **Genji**, Familienname einer vom Kaiserhaus abstammenden Nebenlinie. 95, 102, 257

Minamoto no Yorimasa (1104–1180), Höfling, Krieger und Dichter. 99

Minamoto no Yoritomo (1147–1199), Begründer der ersten Shōgunats-Regierung. 97, 103, 261

Minamoto no Yoshinaka (1154–1184), Krieger, Vetter Yoritomos. 99

Minamoto no Yoshitomo (1123–1160), Kriegsmann, Vater Yoritomos und Yoshitsunes. 96

Minamoto no Yoshitsune (1159–1189), Halbbruder Yoritomos, tötete sich auf der Flucht vor diesem 1189 in der Festung Koromogawa. 97, 102 f., 106

Minatogawa, Ortschaft bei Kōbe, Schauplatz der Schlacht von Minatogawa im Jahre 1336. 114, 117

Miroku, Maitreya auf sanskrit, Buddha der Zukunft. 125

Mishima Yukio (1925–1970), Schriftsteller (»Geständnis einer Maske«), beging 1970 *seppuku*. 25, 44, 120, 190, 231, 259, 285, 287, 316 ff.

Miyakoji Bungonojō (1660–1740), *jōruri*-Rezitator, Erfinder eines neuen Rezitationsstils, der 1739 offiziell verboten wurde. 215

Miyamoto Kenji, marxistischer Essayist und Politiker. 304 f.

Mono no aware, Emotion angesichts der Vergänglichkeit der Welt. 274

Mori Arinori (1847–1889), Staatsmann der Meiji-Zeit. 227

Mori Ōgai (1862–1922), Schriftsteller (»Der Untergang des Hauses Abe«). 297 f.

Morinaga-shinnō (1308–1335), erster Sohn des Kaisers Go-Daigo, 1335 ermordet. 107 f.

Muga, »Nicht-Ich«, zen-buddhistischer Terminus, Selbstlosigkeit, Negation des Ichs. 208

Munenbara, *seppuku* aus Ressentiment über eine erlittene Beleidigung, Entehrung oder Ungerechtigkeit. 152

Murasaki Shikibu (974–1031), Hofdame, Autorin des *Genji-monogatari*. 91

Muromachi-jidai (1333–1573), Herrschaftszeit der Ashikaga-Shōgune. 147, 212

Mutsu, alte Provinz im Norden, heute Präfektur Aomori. 113

Myōe Shōnin (1173–1232), religiöser Reformator der buddhistischen Kegon-Sekte. 129

Nabeshima Naoshige (1537–1619), *daimyō* von Hizen (heute die Präfekturen Saga und Nagasaki). 164, 167

Nachi no taki, Wasserfall in der Kumano-Region im Südwesten der Kii-Halbinsel. 134, 142

Nagai Kafū (1879–1959), Romancier und Essayist. 300

Naniwa, Region, die heute ein Teil der Stadt Ōsaka ist, Residenz Kaiser Nintokus. 69

Nara früher Heijō-kyō, 710 gegründete erste feste Hauptstadt Japans. s. **Heijō-kyō**

Natsume Sōseki (1867–1916), Schriftsteller der Meiji-Zeit. 34, 295 f.

Nenbutsu, Anrufung Amidas. 136

Nichiren (1222–1282), Priester, Gründer der buddhistischen Nichiren-Sekte. 130

Nihongi oder **Nihonshoki**, 720 auf kaiserliche Veranlassung kompilierte Reichsannalen. 65, 69, 76

Nimaime, Hauptrolle im *kabuki*, Verkörperung des Zarten. 207

Ninjō, menschliche Gefühle, Liebesneigungen, (im Gegensatz zur Verpflichtung, s. **giri**), in dieser Form besonders in der Edo-Zeit häufig verwendeter Terminus. 184, 207

Nintoku Tennō, japanischer Kaiser, der im 5. Jahrhundert geherrscht haben soll. 69, 76

Nishida Mitsugi (1901–1937), Offizier, Weggenosse Kita Ikkis und Theoretiker eines japanischen nationalen Sozialismus, stellte die Verbindung zur Armee her, 1937 zusammen mit Kita Ikki zum Tode verurteilt. 260

Nitobe Inazō (1862–1933), Pädagoge und Schriftsteller, Verfasser des 1899 auf englisch geschriebenen Werkes *Bushidō: The Soul of Japan*. 223

Nō, wörtlich: »Talent, Geschicklichkeit«, im 16. Jahrhundert entstandene, mit Musik und Tanz begleitete Theaterform. 135, 202

Nobunaga, s. **Oda Nobunaga**

Nogi Maresuke (1849–1912), General, tötete sich zusammen mit seiner Frau nach dem Tode des Meiji-Kaisers. 241, 245 ff., 255, 297 f., 304, 331

Nokogiribiki, Hinrichtungsart, bei der Passanten den Hals des Verurteilten mit einer Bambussäge bearbeiten konnten. 161

Oda Nobunaga (1534–1582), Fürst und Kriegsherr, einer der drei Einiger Japans am Ende der Bürgerkriegszeit. 148, 152

Ogyū Sorai (1666–1728), konfuzianischer Gelehrter, Philologe und Pädagoge. 171 f.

Oibara, Freitod durch *seppuku* in der Absicht, einem Menschen, mit dem man verbunden ist, in den Tod zu folgen. 151, 164 f.

Oka Masafumi (1962–1975), junger Dichter, beging 1975 Selbstmord. 294

Okiya, s. **jorōya**.

Ōkuma Shigenobu (1838–1922), Reformpolitiker, Gründer der Waseda-Universität, Außenminister, 1922 ermordet. 237 f., 250

Okusama, wörtlich: »Frau im Innern des Hauses«, Hausherrin, Gattin. 212

Ōnin no ran (1467–1477), Bürgerkrieg der Ōnin-Ära (1467–1469) in Kyōto. 145, 261

Ōnishi Takijirō (1891–1945), Vize-Admiral der Marine-Luftwaffe, organisierte die ersten *kamikaze*-Flüge. 267 f., 274, 276, 281

Onryō, verärgerter Geist, erzürnte Seele des Toten, vor dessen Rache man sich fürchtet. 202

Ōshio Heihachirō (1793–1837), Führer des Aufstands vom 19. Februar 1837 in Ōsaka. 174

Ōsugi Sakae (1885–1923), militanter Anarchist. 300

Ōtomo no Tabito (665–731), Kriegsmann, Höfling, hoher Beamter, Gelehrter und Dichter. 18

Oyako shinjū bzw. **ikka shinjū**, gemeinsamer Selbstmord von Eltern und Kindern bzw. Mutter und Kind. 62 f., 102

Rashōmon, Kurzgeschichte von Akutagawa Ryūnosuke. 301

Rin, altes Längenmaß, 0,303 mm. 155

Risshisha, »Gesellschaft der hohen Gesinnung«, 1874 von Itagaki gegründete »Selbsthilfe-Organisation« für ehemalige *samurai*. 238

Rōnin, wörtlich: »Mensch der Wellen«, herrenloser *samurai*. 160, 163, 167, 170, 174, 216, 252

Ryūzōji Takanobu (1529–1584), *daimyō* des Fürstentums Hizen. 165

Saigō Takamori (1827–1877), Mitglied der Meiji-Regierung, Anführer der Rebellenarmee, beging 1877 nach deren Niederschlagung Selbstmord. 176, 223, 228, 235 ff., 240, 290

Saionji Kinmochi (1849–1940), Staatsmann aus einer hofadligen Familie, Premierminister. 253, 255

Sakaguchi Ango (1906–1955), Autor von Novellen und Essays. 311

Sakura Sōgoro, Volksheld der Edo-Zeit. 174

Sakurakai, »Kirschblütengesellschaft«, 1930 gegründeter Geheimbund. 256

Samurai s. **bushi**

Satō Eisaku (1901–1975), Premierminister von 1964–1972, Friedensnobelpreisträger. 329

Satori, zen-buddhistischer Terminus, blitzartige Erleuchtung, Erwachen, Aufhebung der Gegenteile. 21

Satsuma, Fürstentum im Südwesten des Landes, heutige Präfektur Kagoshima. 176, 224, 229

Seiyūkai, vollständig: **Rikken Seiyūkai** (»Gesellschaft der Freunde konstitutioneller Regierung«) gemäßigte Partei, die zwischen 1900 und 1940 eine wichtige Rolle im Parlamentarismus spielte. 254

Sekigahara, Ebene der Gifu-Region, Schauplatz der entscheidenden Schlacht von Sekigahara im Jahre 1600, die die Vormachtstellung der Tokugawa-Familie begründete. 147, 175

Sekigunha, »Rote Armee Fraktion«, 1969 von radikalen Studenten gegründete Extremistengruppe. 331

Sekinin jisatsu, Selbstmord aus dem Gefühl der Verantwortlichkeit. 62

Sendatsu, wörtlich: »Vorläufer«, Asketentitel. 142

Sengakuji, buddhistischer Tempel im Süden von Edo, auf dessen Friedhof die Vasallen Asano Naganoris ruhen. 168, 172

Sengokujidai (1467–1568), »Zeitalter der kämpfenden Lande«, hundert Jahre dauernde Bürgerkriegszeit. 145

Seppuku, Bauchaufschlitzen, sino-japanische Lesung der Schriftzeichen für »schneiden« und »Bauch«, auch jap. **harakiri**. 44, 97, 99, 104 f., 107, 116, 147 f., 162, 170, 236, 254, 259, 281, 311, 321 f.

Sewamono, Familiendramen im *kabuki*- und *bunraku*-Repertoire (im Unterschied zu *jidaimono*). 181, 206

Shamisen, dreisaitiges gitarrenartiges Musikinstrument. 186, 206

Shashin, »Aufgeben des Körpers«, buddhistischer Terminus, der den Eintritt ins religiöse Leben bezeichnet. 124

Shiga Naoya (1883–1971), Schriftsteller der *Shirakaba*-Gruppe, Repräsentant der autobiographischen Romangattung *shishōsetsu*. 309

Shikarare jisatsu, Selbstmord aufgrund einer Rüge. 59

Shikidō ōkagami, »Der große Spiegel des Wegs der Liebe«, 1678 von Fujimoto Kizan veröffentlichtes Werk, das das Leben der Vergnügungsviertel und die dortigen Anstandsregeln beschreibt. 195

Shimabara, Halbinsel bei Nagasaki, Schauplatz des christlichen Aufstands von 1637. 215, 289

Shimazaki Tōson (1872–1943), romantischer Dichter und naturalistischer Romancier. 290

Shingon-shū, 806 von Kūkai gegründete Sekte des esoterischen Buddhismus. 21, 84, 127

Shinjū, wörtlich: »Mitte des Herzens«, Doppelselbstmord aus Liebesleidenschaft oder Familiengefühlen. 181, 195 f., 205, 213, 215, 327, 329

Shinjū ōkagami, »Der große Spiegel der Doppelselbstmorde«, 1704 von Shohōken veröffentlichte Erzählungssammlung. 216

Shinjū ten no Amijima, »Doppelselbstmord in Amijima« 1721 uraufgeführtes Theaterstück von Chikamatsu. 207, 209, 211

Shinran (1173–1263), Priester, Gründer der Jōdo-Shin-Sekte (»Wahre Sekte des Reinen Landes«). 131, 136 f.

Shinshū-gidan, »Gerechtigkeitsbund des Götterlandes«, von Asahi Heigo angeführte ultranationalistische Kleingruppe. 251

Shintō, »Weg der Götter«, japanisch-autochthone Religion, deren Elemente Ahnenkult und Naturverehrung sind. 65 f., 89, 154, 309

Shirakaba, »Die Birke«, Kunst- und Literaturzeitschrift der jungen aristokratischen Ästheten und Literaten (1910–1923), Schriftstellerkreis. 247, 298, 301, 309

Shishōsetsu, bzw. **watakushishōsetsu**, Literaturgattung, »Ich-Roman«, autobiographische Erzählung. 290, 314, 318

Shoen ōkagami, »Der große Spiegel der Wollust«, 1684 von Saikaku verfaßtes Werk. 189

Shōgun, Titel, der erstmals 1192 an Minamoto no Yoritomo verliehen wurde, Generalissimus, eigentlich Oberbefehlshaber der kaiserlichen Armeen, de facto Herr über Japan. 62, 149, 162

Shōgunat, *shōgun*-Amt, s. **shōgun**. 114

Shōwa-Ära (1926–1989), Regierungszeit Kaiser Hirohitos. 225, 228

Shōwa-ishin, »Shōwa-Restauration«, zwischen 1926 und 1936 von radikalen Offizieren und militanten Ultranationalisten verwendete Parole. 255 f.

Soga, Adelsfamilie, während des 6. und 7. Jahrhunderts die vorherrschende Macht am Hofe. 83

Sokotsushi, wörtlich: »Tod aus Leichtsinn«, Freitod zur Sühne eines Fehltritts. 153

Sokushinjōbutsu, »leibhaftige Buddha-Werdung«, von Kūkai entwickelte Doktrin, derzufolge jeder Mensch die in ihm latente Buddha-Natur verwirklichen können soll. 126

Taki Zenzaburō, Offizier, befahl 1868 die Eröffnung des Feuers auf die ausländische Konzession in Kōbe, zum Tode durch *seppuku* verurteilt. 178

Tamamushi zushi, »Reliquienschrein mit Prachtkäferelytren«, Mitte des 7. Jahrhunderts gefertigt, wird im Hōryūji in Nara aufbewahrt. 128

Tameshimono, »Versuchsobjekt«, Leiche oder Leib eines Häftlings, an dem man die Schneide einer Klinge ausprobierte. 156

Tanaka Hidemitsu (1913–1949), Romancier, Schüler und Freund von Dazai Osamu. 315

Tanden, wörtlich: »Bleirot-Feld«, buddhistischer Begriff, Bezeichnung für die Bauchgegend unterhalb des Nabels. 105

Tanizaki Junichirō (1886–1965), Romancier (»Der Schlüssel«). 300

Tatari, Rache des Geistes eines Toten. 85, 202

Tate no kai, »Schild-Gesellschaft«, 1967 von Mishima Yukio ins Leben gerufene Militärsportgruppe, 1970 aufgelöst. 323ff.

Tayū, s. auch **tenjin**, Hauptdarsteller beim *nō*-Theater, metaphorisch: ranghöchste Kurtisane in der Hierarchie der Freudenhäuser der Edo-Zeit. 199, 219

Tendai-shū, 805 von Saichō gegründete esoterisch-buddhistische Sekte. 21, 126, 130

Tenjin, wörtlich: »Engel«, Bezeichnung für eine Kurtisane hohen Ranges (s. auch **tayū**). 199

Tenkō, Umkehr, Richtungsänderung. 291, 308

Tennō, »Himmlischer Souverän«, Kaiser. 224f., 261, 310

Tennō-shugi, *tennō*-Ideologie. 228, 257, 282

Terauchi Hisaichi (1879–1946), General, Heeresminister. 254

Tōgō Heihachirō (1848–1934), Oberbefehlshaber der Marine im russisch-japanischen Krieg. 277

Tōjō Hideki (1884–1948), Heeresminister, Premierminister, einer der Hauptverantwortlichen des Pazifischen Krieges, 1948 nach dem Tōkyōer Prozeß gehängt. 263, 265, 283f.

Tōkaidō, »Weg am östlichen Meer«, Strecke zwischen der Kansai- (Kyōto) und der Kantō-Region (Kamakura, Edo). 109, 157

Tokugawa, Familie des Schwertadels, kam unter Tokugawa Ieyasu Anfang des 17. Jahrhunderts an die Macht und herrschte bis 1868. 68, 150, 154, 158, 169, 173, 175, 177, 226

Tokugawa Hidetada (1579–1632), dritter Sohn Tokugawa Ieyasus, zweiter *shōgun* des Tokugawa-*bakufu*. 158

Tokugawa Iemitsu, (1604–1651) dritter *shōgun* des Tokugawa-*bakufu*. 158, 166, 246

Tokugawa Ieyasu (1543–1616), Begründer des bis 1868 während den Tokugawa-*bakufu*. 147ff., 158, 166

Tokugawa Tsunayoshi (1646–1709), fünfter *shōgun* des Tokugawa-*bakufu*. 168, 217

Tōseiha, »Kontroll-Faktion«, Offiziersgruppe, rivalisierte mit der *Kōdōha*. 257

Tōyama Mitsuru (1855–1944), militanter Expansionist und Ultranationalist. 253, 260

Toyotomi Hideyoshi (1537–1598), Kriegsherr bescheidener Herkunft, einer der drei Einiger Japans nach der Epoche der Bürgerkriege. 148f., 160, 228

Tsū, Geschicklichkeit, Kennerschaft in den Vergnügungen eines Dandy. 199

Tsujigiri, Totschlag an einer Wegkreuzung, dem sich junge *samurai* aus Abenteuerlust hingaben.   156

Tsumebara, erzwungener *seppuku*.   154f., 157, 159f., 167, 177f., 229

Udaijin, Minister zur Rechten.   86

Ueda Akinari (1734–1809), Gelehrter, Dichter, Autor von Kurzgeschichten und Novellen *(Ugetsu-monogatari)*, Arzt, Teemeister, Freigeist.   202

Uehara Yūsaku (1856–1933), General, Heeresminister, dessen Rücktritt 1912 das Saionji-Kabinett stürzte.   255

Ugetsu-monogatari, »Geschichten aus dem Regenmonat«, 1776 erschienene Sammlung phantastischer Kurzgeschichten von Ueda Akinari.   202

Ukifune, »schwebender Kahn«, Titel des 51. Kapitels des *Genji-monogatari*, in dem von dem jungen Mädchen Ukifune berichtet wird.   88f., 91f.

Ukiyo, die »schwebende Welt«, Terminus buddhistischer Herkunft, in der Edo-Zeit zur Bezeichnung der verführerischen und trügerischen Welt der Vergnügungen benutzt.   189, 194

Umezu Yoshijirō (1882–1949), General der kaiserlichen Armee, Generalstabschef, Unterzeichner der Kapitulationsurkunde auf dem Flugzeugträger *Missouri* am 2. September 1945.   277

Wakizashi, wörtlich: »Seitendolch«, etwa 50 cm langes Kurzschwert.   107, 229

Wakon yōsai, »japanischer Geist, westliches Wissen«, Parole der Meiji-Zeit.   288

Yakuō-bosatsu, Bodhisattva, König der Heilpflanzen.   130

Yakuza, Gangster, Mitglied der japanischen Mafia.   286, 324

Yamabushi, Bergasket.   142

Yamaga Sokō (1622–1685), Gelehrter, Historiker, konfuzianischer Moralist, erster Theoretiker des *bushidō*.   154

Yamagata Aritomo (1838–1922), Staatsmann der Meiji-Ära.   236f., 240, 249, 254f., 263

Yamamoto Isoroku (1884–1943), Oberbefehlshaber der Flotte beim Ausbruch des Pazifischen Krieges.   263

Yamamoto Tsunetomo (1659–1719), *samurai* und Gelehrter der Edo-Zeit, lieferte die mündliche Fassung des *Hagakure*, welche Tashiro Tsuramoto (1687–1748) von 1710 bis 1716 schriftlich festhielt.   156, 163, 167, 171, 190

Yamato, Ebene um Nara und Kyōto, Stammgebiet der kaiserlichen Sippe, auch Synonym für Japan.   75f., 266

Yamatodamashii, Yamato-Geist, japanischer Geist.   230, 232

Yamato Takeru no Mikoto, legendärer Held des *Kojiki* und des *Nihongi*, Sohn Kaiser Keikōs.   69

Yanagita Kunio (1875–1962), Begründer der japanischen Ethnologie, Schriftsteller.   66

Yasuda Zenjirō (1838–1921), Bankier, 1921 ermordet.   251

Yasukuni-jinja, *shintō*-Schrein, 1869 in Tōkyō von Kaiser Meiji für die auf dem Schlachtfeld gefallenen Soldaten erbaut.   265

Yayoi-jidai (3. Jh. v. Chr. – 3. Jh. n. Chr.), Zeitalter der Agrarkultur, Bezeichnung einer Epoche der japanischen Frühgeschichte, Einführung des Naßreisanbaus, Bronze und Eisenbearbeitung.   75

Yodoya, Händlerfamilie aus Ōsaka im 17. Jahrhundert.　214

Yonai Mitsumasa (1880–1948), Oberbefehlshaber der kaiserlichen Flotte im Jahr 1936, Marineminister.　277

Yosano Akiko (1878–1942), Dichterin (»Stirb nicht, mein Bruder!«).　243 f.

Yoshida Shōin (1830–1859), Erzieher und Taktiker.　241, 256

Yoshino, Bergregion auf der Kii-Halbinsel.　142

Yoshiwara, 1617 gegründetes Freudenviertel in Edo. Wurde nach dem gesetzlichen Verbot der Prostitution am 31. 3. 1957 aufgelöst.　191 ff., 214

Yui Shōsetsu (1605–1651), Lehrer der Kampfkünste, der Strategie und der Taktik, plante eine Verschwörung zum Sturz des Tokugawa-*bakufu*, tötete sich, als diese aufgedeckt wurde.　160

Yūjo, jorō, Freudenmädchen, Kurtisane.　192

Yūkaku, allgemeine Bezeichnung für das Vergnügungsviertel mit Freudenhäusern, auch **yūri** oder **kuruwa**.　191

Yūkoku, »Patriotismus«, Titel einer 1960 von Mishima Yukio verfaßten Novelle. 321

Yūri, s. **yūkaku**.

Zegen, Zuhälter, Mädchenschmuggler.　198

Zen, buddhistische Schule, deren Hauptsekten *Rinzai* und *Sōtō* sind.　21, 105, 131, 140, 142, 163, 220, 274, 301

Zengakuren, 1948 gegründeter linksextremer nationaler Studentenbund.　324

Der Held eines Filmes von Kobayashi, »Harakiri« (1963), sammelt sich einen Augenblick, bevor er sich den Bauch aufschlitzt. Um seine Ablehnung auszudrücken, hat er sich geweigert, das rituelle weiße Gewand anzulegen. (Photo: Sammlung Max Tessier)

In der Seeschlacht von Dan no Ura im Jahre 1185 wurden die Minamoto von den Taira besiegt. Links oben ist die Witwe Taira no Kiyomoris darge- stellt, die sich mit ihrem Enkel, dem siebenjährigen Kaiser Antoku, in die Fluten stürzt.

(Photo: Idemitsu Museum of Art, Tōkiō)

Die 47 treuen Diener legen den Kopf Kiras, der ihren Herrn Asano beleidigte, auf dessen Grab.
(Holzschnitt von Hokusai, Photo: Nationalbibliothek, Paris)

Eine Gruppe von *kamikaze*-Piloten, Freiwillige der Sondertruppen *Tokkōtai*.
(Photo: Keystone)

Mishima posiert als *bushi*: Neben dem traditionellen Schwert führt er seine
in harter Arbeit antrainierte Muskulatur vor. Das Stirnband trägt die Devise
Kusunoki Masashiges: »Sieben Leben, um dem Vaterland zu dienen«.
(Photo: Kishin Shinoyama)

Maurice Pinguet, geboren 1929, leitete von 1963–68 das französisch-japanische Kulturinstitut in Tōkyō, bevor er Professor für Französische Literatur an der Sorbonne wurde. 1979 ging er erneut nach Japan und lehrte an der Universität Tōkyō. Er starb im April 1991 in Frankreich.

Hotels ohne Schriftsteller? Undenkbar. Die größten Autoren haben ihr halbes Leben in Hotels verbracht, manche ihrer größten Werke sind hier entstanden.

Der prächtig bebilderte Band versammelt die Texte, die in und über Hotels geschrieben wurden, erzählt vom Alltag wie von den großen geschichtlichen Ereignissen, die im Hotel erlebt werden, von abenteuerlichen Begegnungen, von den Launen des Zufalls und des Hotelpersonals.

Wir erfahren, wie Hoteldiener Unterschriften fälschen lernen und was sie damit machen ... wie die Prager Revolution im Keller des Hotels Ambassador stattfindet ... wie Tennessee Williams im New Yorker Ritz, vom Alkohol beflügelt, um Greta Garbo wirbt ... wie Arthur Miller auf Sizilien auf den Mafiaboss Lucky Luciano trifft ... wie die Betten fremder Hotelzimmer Anaïs Nins Einbildungskraft anstacheln ... warum der Hotelier im Posthotel von Martigny wütend wird, wenn jemand Bärensteaks verlangt ... wie Ernest Hemingway sein geliebtes Ritz in Paris von den Nazis befreit ... und warum Scott Fitzgerald sich wie ein Schimpanse an Kronleuchtern durch den Saal schwingt ... warum es für Mark Twain trotz Unterstützung durch den Hotelwirt so schwierig ist, einen Sonnenaufgang auf der Rigi zu erleben ... wie Joseph Roth den Abriß seines Lieblingshotels Foyot vom gegenüberliegenden Café verfolgt ... warum die Hoteliers in Schruns Hemingway den »kirschwassertrinkenden Christus« nennen.

Paul Bowles, Simone de Beauvoir, Graham Greene, James Joyce und Franz Kafka gehören ebenso zu unserer Reisegruppe wie Thomas Mann, George Sand, Anna Seghers, Stefan Zweig und viele andere.

Für viele wurde das Hotel zur Lebensform, zur Anregung oder Bedingung ihres Schreibens, zur unerschöpflichen Quelle von Geschichten.

Eine Einladung zu einer imaginären Reise und ein unverzichtbarer Reisebegleiter. Wer einmal im Hotelbett seines Lieblingsdichters schlafen möchte, findet genaue Adressen und aktuelle Übernachtungshinweise.

Eine literarische Weltreise durch die schönsten Hotels mit den größten Autoren und Autorinnen und ihren sonderbarsten Erlebnissen. Ein amüsantes Lesebuch und ein unverzichtbarer Reisebegleiter.

Hotels
Ein literarischer Führer
Herausgegeben von
Lis Künzli
192 Seiten, Halbleinen
mit rund 250 Abbildungen
49,80 DM / 369 ÖS / 47 SFR
ISBN 3-8218-0638-9

Agustín Alfaro, ein braver Handelsvertreter, versteht die Welt nicht mehr, als sich eine junge Frau bei ihm einfindet, die behauptet, ein Kind von ihm zu erwarten. Er kennt sie nicht, kein Zweifel, er hat sie nie gesehen. Und dennoch: Er heiratet sie.

Er handelt, wie er handeln muß, denn der Verführer war, unter Pseudonym, sein eigener Vater. Also nimmt er den Halbbruder zum Sohn und Remedios zur Frau.

Aber womit beide nicht gerechnet hatten: Sie entdecken eines Tages ihre Liebe füreinander, ohne sie sich je zu gestehen. Das kann auf Dauer nicht gutgehen.

Remedios verläßt aus Verzweiflung Mann und Sohn, versucht in Barcelona eine Arbeit zu finden und wird schließlich eine mondäne Dirne, das reine Bild Agustíns im Herzen, der sie bis zu seinem Tode suchen wird.

Tragik und Komik sind untrennbar miteinander verknüpft in diesem Schicksal, das an lauter guten Absichten scheitert. Nicht nur Agustín, auch die Hasardeure, die jungen Maitressen, die kleinbürgerlichen Wendehälse, die seinen Weg kreuzen, scheinen in ihrer Echtheit und ihrem Witz den großen Romanen der russischen Literatur entsprungen.

Es ist die Geschichte einer Epoche, ein Sittenbild Spaniens, das Max Aub auf genuine Weise mit Gestalten bevölkert, die bis heute lebendig geblieben sind. Nicht nur, wer Madrid, Saragossa und Barcelona kennt, wird fasziniert sein, wie Aub mit oft wenigen Sätzen Lokalkolorit hinzaubert.

Die besten Absichten ist ein Roman der Vorkriegszeit: die Republik wird ausgerufen und der Himmel dröhnt über ersten Gefechten. Spanien steht vor dem Wendepunkt seiner Geschichte.

Der Roman einer großen Liebe und ihres tragischen Scheiterns in den Wirren des Spanischen Bürgerkriegs. Ein Meisterwerk, das Farbigkeit und erzählerisches Tempo auf hohem Niveau bis zur letzten Seite durchhält.

Max Aub
Die besten Absichten
Roman
Aus dem Spanischen von
Eugen Helmlé
Dritter Band der
Gesammelten Werke
256 Seiten, 12,1×21,3,
Halbleinen
39,80 DM / 295 ÖS / 37,80 SFR
ISBN 3-8218-0636-2

Eine packende Geschichte
um ein
Schweizer Bankkonto

Der Privatchauffeur eines reichen Immobilienbesitzers aus dem Tessin, Harry W., ist des versuchten Mordes an seinem Chef angeklagt. Was er zu seiner Verteidigung vorzutragen hat, ist das Absurdeste, was man sich denken kann: Er könne seinen Chef nicht umgebracht haben, da dieser gar nicht existiere, ja, daß er ihn erfunden habe.

Alles begann mit einer mysteriösen Zeitungsanzeige. Nach endlosen Wochen der Bewerbungsschreiberei hatte Harry endlich eine Stelle als Chauffeur gefunden. Es gibt nur einen Haken: der Auftraggeber, Dr. Walter Herrsberg, existiert nicht. Gegenüber seiner Freundin aber beschreibt Harry seinen Chef in allen Details. Diese erfundenen Geschichten haben einen brisanten Hintergrund: die Eröffnung eines Bankkontos, das Harry vor langer Zeit mit seinem Jugendfreund Karl für eine fiktive Person eröffnet hatte, beginnt sich auf fatale Weise auszuwirken.

Der einzige, der Harry aufklären könnte, ist Karl. Dieser aber ist beim Schwimmen im Fluß ertrunken. Inzwischen hat sich die ominöse Figur des Chefs so verselbständigt, daß er gezwungen ist, ihn seiner Freundin vorzustellen. Harry steht vor der Entscheidung, sich von seinem nicht existierenden Chef kündigen zu lassen oder ihn in die Realität zu überführen. Er engagiert einen Schauspieler, bald aber wächst ihm seine Erfindung über den Kopf. In diesem Spiel von Virtuellem und Realität gerät Harry durcheinander und versucht, seine Erfindung wieder zu beseitigen. Er täuscht einen Unfall vor und findet sich im Gerichtssaal wieder, wo ihm Herrsberg als reale Gestalt gegenübersteht.

Der Leser weiß bald nicht mehr, was falsch, was wahr ist. Auch der Erzähler sieht sich einer Tour de force falscher und richtiger, wahrscheinlicher und verräterischer Biographien gegenüber.

Richle zieht den Leser mit seiner kargen, spannungsreichen Erzählweise in den Bann.

Harry W. lebt in einer Welt voller unglaublicher Geschichten. Tote erstehen auf, erfundene Figuren beginnen zu leben, lebende verschwinden. Und Harry wird bezahlt für eine Arbeit, die er gar nicht ausübt.

Urs Richle
Der weiße Chauffeur
Roman
192 Seiten, 12,1 × 21,3,
gebunden mit Schutzumschlag
34 DM / 252 ÖS / 32,80 SFR
3–8218–0635–4